다빈출 코드

2026 학평대비

고1 독해

The expert in anything was once a beginner.

어떤 분야의 전문가든 한때는 초보자였다.

- Helen Hayes

대학수학능력시험 영어 영역
절대평가의 의미와 학습 전략

01 수능 영어 절대평가의 목적

A. 지나친 경쟁을 지양하고 학습 부담을 경감시킴

B. 의사소통 중심의 수업 활성화 등 학생들의 실제 영어 능력을 향상시키는 방향으로 학교 영어교육이 정상화되는 계기를 마련

02 상대평가 vs. 절대평가

구분	상대평가	절대평가
점수 산정 방식	다른 학생들의 점수에 따라 등급이 달라짐	다른 학생들의 순위에 관계없이 본인의 점수에 따라 등급이 결정됨
시험 문항 출제	변별력을 위해 일정 수의 문항은 고난도로 출제하는 것이 불가피	학생 변별보다는 성취 수준을 달성했는지를 중점적으로 고려하여 출제
점수 제공 방식	백분위, 표준점수, 등급(9등급)	등급(9등급)

▶ 백분위와 표준점수를 활용하여 수험생들의 상대적 실력을 평가하는 상대평가 제도와 달리, 절대평가 제도에서는 학생 변별보다는 학력 성취 수준의 달성 여부가 문항 출제의 기준이 되며, 이는 곧 노력 여하에 따라 누구든 높은 등급을 받을 수 있음을 의미한다.

03 수능 영어 영역 대학별 반영 방식

모집시기	반영방법	대학 수
수시	최저학력기준	151개교
정시	최저학력기준	0개교
	비율반영	186개교
	가점부여	10개교
	감점부여	3개교

04 주요 대학 영역별 반영비율

대학명		2026학년도 수능 영역별 반영비율(%)				영어 영역 가점/감점 여부
		국어	수학	영어	탐구	
고려대	인문	35.7	35.7		28.6	등급당 2.4, 4.8, 7.2 …씩 감점 반영
	자연	35.7	35.7		28.6	등급당 3, 6, 9 …씩 감점 반영
서강대	인문	43.3	36.7		20	1등급에 100점 가점 부여 (9등급 92점)
	자연	43.3	36.7		20	

서울대		33.3	40		26.7	등급당 0.5, 2, 4 …씩 감점 반영
성균관대	인문	40	30	10	20	
		30	40	10	20	
	자연	20	40	10	30	
		20	40	10	30	
연세대	인문	33.3	33.3	16.7	16.7	1등급에 100점 부여 (등급별 감점 커짐)
	자연	33.3	33.3	16.7	16.7	
이화여대	인문	30	30	20	20	1~3 등급에 5점 4~5 등급에 4점 …
	자연	30	30	20	20	
한양대	인문	35	35	10	20	1등급에 100점 부여 (등급별 감점 커짐)
	자연	35	35	10	20	

*위 수치는 대략적인 수치이므로 전형별, 모집단위별 세부적인 내용은 각 대학 입시 요강 참고

05 요약

A. 1등급 학생 수 증가

절대평가의 등급 산정 기준이 표준점수가 아닌 원점수이므로 상위권의 척도라 할 수 있는 1등급의 학생 수가 증가할 가능성이 있다.

B. 낮은 영어 비중의 유지

주요 대학들의 2026학년도 정시모집 전형을 보면 영어 영역 반영비율이 소폭 상승한 연세대 외에는 2025학년도와 유사한 수준이다. 이들 대학 대부분이 영어 영역 반영비율을 국어, 수학 등에 비해 낮게 유지하고 있어 영어의 입시 영향력이 약한 편이다.

★ 학습 전략 ★

A. 상위권

상위권 학생들의 경우 영어 1등급을 받는 것이 중요한데, 1·2점차로 당락이 좌우되므로 실수로 문제를 틀려 등급이 내려가지 않도록 주의해야 한다. 지금까지 공부해온 방식에서 크게 벗어나지 않되 EBS 교재 이외의 지문이나 변형 방식 등에 주목하고, 실수를 줄일 수 있도록 잘 틀리는 유형은 오답노트를 작성하는 것도 좋다.

B. 중위권 ~ 하위권

중위권 학생들의 경우 1~2등급으로 성적을 끌어 올려 상위권 대학 진입을 노려볼 수 있기 때문에 영어의 중요성이 더욱 클 수 있다. 중위권 학생들은 어휘와 구문을 탄탄하게 학습하고 어려운 유형(빈칸 추론 등)보다는 쉬운 유형을 모두 맞히는 전략을 세우는 것이 효율적이다. 또한 실제 시험과 같이 70분 안에 문제를 풀어보는 연습이 필요하다. 하위권 학생들의 경우 기초적인 문법과 어휘 학습을 통해 기본을 다지고 한 문장 한 문장 지문을 꼼꼼히 해석하는 연습을 할 필요가 있다.

구성과 특징

다빈출코드 영어 독해

01
글의 목적

출제코드 분석

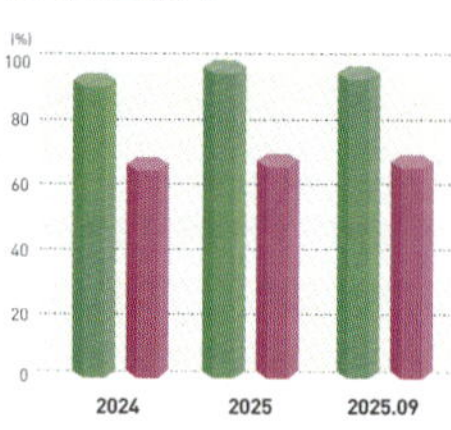

글의 목적을 묻는 유형은 매년 한 문항씩 꾸준히 출제되는 유형이다. 2025학년도 수능의 경우 [글의 목적] 유형의 정답률은 98%로, 독해영역 평균 정답률인 69%를 크게 상회했다. 2024학년도 수능의 경우에도 유형 정답률(94%)이 독해영역 평균 정답률(68%)보다 크게 높았다. 2025년도 9월 고1 학평의 경우 [글의 목적] 유형 정답률은 96%로, 독해영역 평균 정답률인 69%보다 높았다. 전체적으로 다른 유형보다 난이도가 아주 쉬운 편이다.

최근 수능 및 학평 출제 소재

최근 수능에서는 마라톤 경기 취소를 안내하는 글이 출제되었다. 학평에서는 학교 도서관 운영 시간 연장을 요청하는 글이 출제되었다.

학습 전략

유형 설명

필자가 글을 쓴 의도나 목적을 파악하는 유형이다. 주로 이메일이나 안내문 등의 글이 출제된다.

유형 학습 전략

1. 글의 소재를 파악한 후, 글을 쓴 사람과 글을 읽는 대상이 누구인지 확인한다.
2. 글의 목적에 따라 자주 나오는 어휘를 숙지한다. 안내문에서는 inform, notify, confirm, 요구나 요청을 하는 글에서는 ask, require, demand, 항의를 하는 글에서는 disappointed, regret, dissatisfied 등의 어휘들이 자주 등장한다.
3. 글의 후반부에 필자의 의도가 구체적으로 드러나는 경우가 많으므로 이를 주목한다.

출제코드 분석과 학습 전략

출제코드 분석

최근 수능과 학평에서 출제된 각 유형별 문항 수와 정답률, 독해영역 평균 정답률을 도표로 나타냈습니다. 각 유형이 수능 영어독해에서 차지하는 비중과 난이도 파악에 도움이 될 것입니다. 또한 최근 수능과 학평에서 출제된 문제의 내용을 제시함으로써, 유형별로 나올 수 있는 소재를 파악할 수 있습니다.

학습 전략

각 유형에 대한 개괄적인 설명과 함께 유형별 학습 전략을 수록하여, 효율적으로 공부할 수 있도록 했습니다.

코드 접속하기

01 글의 목적

정답 및 해설 p. 2

Q1 2022년 6월 교육청(고1) 18번

다음 글의 목적으로 가장 적절한 것은? 정답률 97%

Dear Boat Tour Manager,

On March 15, my family was on one of your Glass Bottom Boat Tours. When we returned to our hotel, I discovered ❶ that I left behind my cell phone case. The case ❷ must have fallen off my lap and onto the floor when I took it off my phone to clean it. I would like to ask you to check ❸ if it is on your boat. Its color is black and it has my name on the inside. If you find the case, I would appreciate it if you would let me know.

Sincerely,
Sam Roberts

① 제품의 고장 원인을 문의하려고
② 분실물 발견 시 연락을 부탁하려고
③ 시설물의 철저한 관리를 당부하려고
④ 여행자 보험 가입 절차를 확인하려고
⑤ 분실물 센터 확장의 필요성을 건의하려고

• 핵심 코드 •

❶ 명사절을 이끄는 종속접속사 that

접속사 that이 이끄는 명사절은 문장에서 주어, 목적어, 보어의 역할을 할 수 있다.

That people built this huge structure a thousand years ago is unbelievable. (주어)
천 년 전에 사람들이 어떻게 거대한 구조물을 지었다는 것이 믿기지 않는다.

I hope that the Korean national team wins. (목적어)
나는 한국 국가대표팀이 우승하길 희망한다.

The most important thing is that you finished it on your own. (보어)
가장 중요한 것은 네가 혼자서 그것을 다했다는 것이다.

❷ must have + p.p.

지나간 일에 대한 추측, 가능성, 후회 등을 나타내는 「조동사 + have + p.p.」 중 「must have + p.p.」는 '~였음에 틀림없다'의 의미로 과거의 일에 대한 단정적 추측을 나타낸다.

He **must have been** asleep. He didn't hear my footsteps.
그는 자고 있었던 게 틀림없다. 그는 내 발걸음 소리를 못들었다.

❸ 명사절을 이끄는 종속접속사 if

명사절을 이끄는 종속접속사 if는 '~인지 (아닌지)'의 의미를 나타낸다. 단, 종속접속사 if는 문장의 주어절이나 보어절을 이끌 수 없으므로 이 경우 if가 아닌 whether를 쓴다.

다빈출 핵심 어휘

discover 동 발견하다; "알다, 깨닫다 **leave behind** 두고 가다, 둔 채 잊고 가다 **lap** 명 무릎 **appreciate** 동 진가를 알아보다[인정하다]; "고마워하다

01 글의 목적 • 9

핵심 코드

지문을 이해하기 위해 꼭 알아두어야 할 주요 핵심 문법을 제시했습니다. 수능뿐 아니라 내신에서도 응용 출제될 수 있는 부분이므로 확실하게 학습하시기 바랍니다.

多빈출 핵심 어휘

본문에 나온 중요 어휘들을 제시했습니다.

코드 공략하기

실제 기출 문제 중 우수한 문제를 선별하여 제시했습니다. 코드 접속하기에서 학습한 내용과 전략을 적용하여 문제를 풀어봄으로써 실전 감각과 문제 해결 능력을 향상시킬 수 있습니다.

빠른 정답 찾기

본문에 수록된 모든 문제의 정답을 한 페이지에 모아 두었습니다. 문제를 풀어본 후 정답을 빠르게 확인할 수 있습니다.

친절한 정답 해설

친절한 지문분석

모든 지문에 대한 직독직해, 끊어 읽기, 구문 분석을 제공하여 혼자서도 충분한 학습이 가능하도록 하였습니다.

지문 흐름

지문의 내용을 간략히 요약하여 전개 방식을 보여줌으로써, 지문의 구조에 대한 이해를 높이도록 하였습니다.

친절한 오답 풀이

모든 오답 선택지에 대한 오답 이유를 자세히 설명함으로써, 정답을 찾는 노하우를 쌓을 수 있도록 하였습니다.

코드+α 배경지식

지문에 나온 주요 소재에 대한 자세한 설명을 통해, 지문과 관련된 추가적인 정보를 익힐 수 있도록 하였습니다.

목차

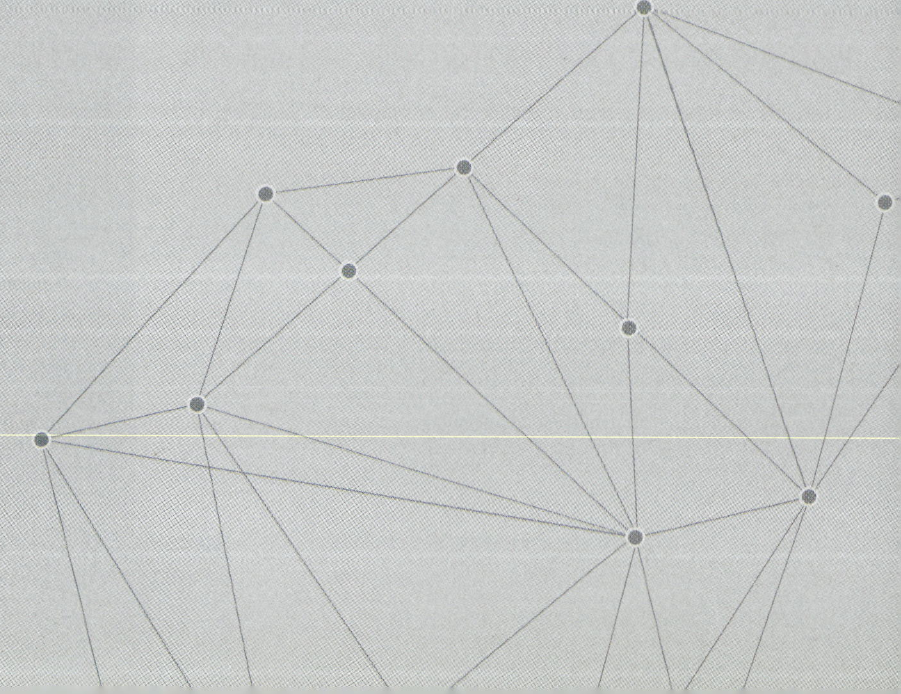

학습계획 하루 1시간, 32일 완성 프로젝트

출제코드별 핵심 개념 학습	코드 접속하기로 연습	코드 공략하기로 실전 감각 향상
최신 기출 출제 경향과 출제 내용을 확인하고 각 유형별 학습 전략 숙지하기	지문 이해를 위해 꼭 알아두어야 할 핵심 코드와 함께 대표 기출 문제 연습하기	선별된 우수 기출 문제를 풀어보면서 실전 감각과 문제 해결 능력 향상시키기

PLANS			DAYS	1차	2차
UNIT 01 글의 목적	코드 접속하기	pp. 9 - 12	월 일	☐	☐
	코드 공략하기	pp. 13 - 15	월 일	☐	☐
UNIT 02 심경 · 분위기	코드 접속하기	pp. 19 - 22	월 일	☐	☐
	코드 공략하기	pp. 23 - 25	월 일	☐	☐
UNIT 03 주장·요지	코드 접속하기	pp. 29 - 32	월 일	☐	☐
	코드 공략하기	pp. 33 - 35	월 일	☐	☐
UNIT 04 주제	코드 접속하기	pp. 39 - 42	월 일	☐	☐
	코드 공략하기	pp. 43 - 45	월 일	☐	☐
UNIT 05 제목	코드 접속하기	pp. 49 - 52	월 일	☐	☐
	코드 공략하기	pp. 53 - 55	월 일	☐	☐
UNIT 06 도표	코드 접속하기	pp. 59 - 62	월 일	☐	☐
	코드 공략하기	pp. 63 - 66	월 일	☐	☐
UNIT 07 내용 일치	코드 접속하기	pp. 69 - 72	월 일	☐	☐
	코드 공략하기	pp. 73 - 75	월 일	☐	☐
UNIT 08 실용문	코드 접속하기	pp. 79 - 82	월 일	☐	☐
	코드 공략하기	pp. 83 - 86	월 일	☐	☐
UNIT 09 함의 추론	코드 접속하기	pp. 89 - 92	월 일	☐	☐
	코드 공략하기	pp. 93 - 95	월 일	☐	☐
UNIT 10 빈칸 추론	코드 접속하기	pp. 99 - 102	월 일	☐	☐
	코드 공략하기	pp. 103 - 107	월 일	☐	☐
UNIT 11 글의 순서	코드 접속하기	pp. 111 - 114	월 일	☐	☐
	코드 공략하기	pp. 115 - 118	월 일	☐	☐
UNIT 12 문장 삽입	코드 접속하기	pp. 123 - 126	월 일	☐	☐
	코드 공략하기	pp. 127 - 129	월 일	☐	☐
UNIT 13 무관한 문장	코드 접속하기	pp. 133 - 136	월 일	☐	☐
	코드 공략하기	pp. 137 - 139	월 일	☐	☐
UNIT 14 요약문	코드 접속하기	pp. 143 - 146	월 일	☐	☐
	코드 공략하기	pp. 147 - 149	월 일	☐	☐
UNIT 15 장문	코드 접속하기	pp. 153 - 156	월 일	☐	☐
	코드 공략하기	pp. 157 - 163	월 일	☐	☐

01 글의 목적

출제코드 분석

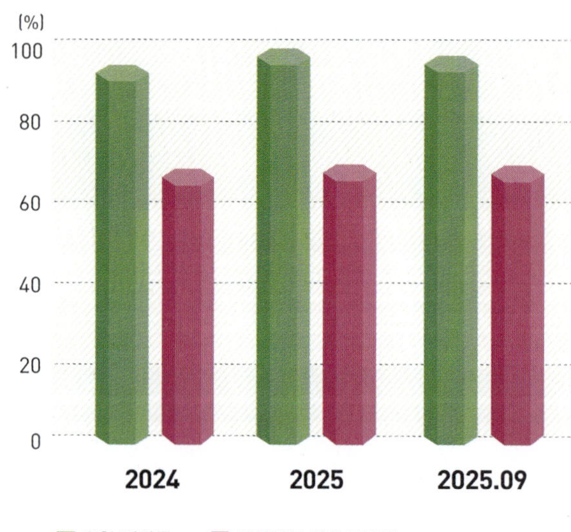

글의 목적을 묻는 유형은 매년 한 문항씩 꾸준히 출제되는 유형이다. 2025학년도 수능의 경우 [글의 목적] 유형의 정답률은 98%로, 독해영역 평균 정답률인 69%를 크게 상회했다. 2024학년도 수능의 경우에도 유형 정답률(94%)이 독해영역 평균 정답률(68%)보다 크게 높았다. 2025년도 9월 고1 학평의 경우 [글의 목적] 유형 정답률은 96%로, 독해영역 평균 정답률인 69%보다 높았다. 전체적으로 다른 유형보다 난이도가 아주 쉬운 편이다.

최근 수능 및 학평 출제 소재

최근 수능에서는 마라톤 경기 취소를 안내하는 글이 출제되었다. 학평에서는 학교 도서관 운영 시간 연장을 요청하는 글이 출제되었다.

학습 전략

유형 설명

필자가 글을 쓴 의도나 목적을 파악하는 유형이다. 주로 이메일이나 안내문 등의 글이 출제된다.

유형 학습 전략

1. 글의 소재를 파악한 후, 글을 쓴 사람과 글을 읽는 대상이 누구인지 확인한다.
2. 글의 목적에 따라 자주 나오는 어휘를 숙지한다. 안내문에서는 inform, notify, confirm, 요구나 요청을 하는 글에서는 ask, require, demand, 항의를 하는 글에서는 disappointed, regret, dissatisfied 등의 어휘들이 자주 등장한다.
3. 글의 후반부에 필자의 의도가 구체적으로 드러나는 경우가 많으므로 이를 주목한다.

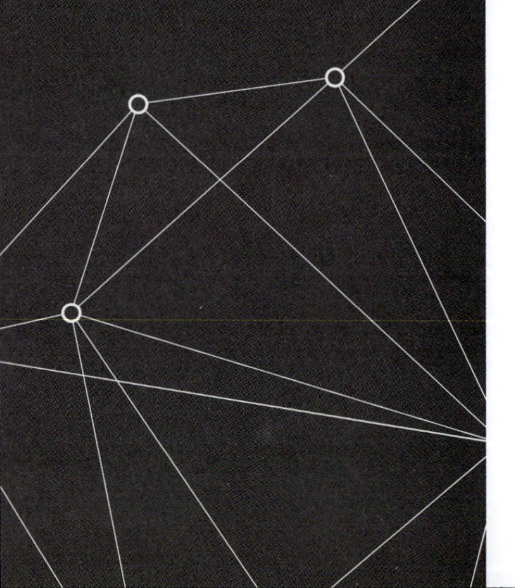

코드 접속하기

정답 및 해설 p. 2

Q1

• 2022년 6월 교육청(고1) 18번

다음 글의 목적으로 가장 적절한 것은? 정답률 97%

Dear Boat Tour Manager,

On March 15, my family was on one of your Glass Bottom Boat Tours. When we returned to our hotel, I discovered ❶ that I left behind my cell phone case. The case ❷ must have fallen off my lap and onto the floor when I took it off my phone to clean it. I would like to ask you to check ❸ if it is on your boat. Its color is black and it has my name on the inside. If you find the case, I would appreciate it if you would let me know.

Sincerely,
Sam Roberts

① 제품의 고장 원인을 문의하려고
② 분실물 발견 시 연락을 부탁하려고
③ 시설물의 철저한 관리를 당부하려고
④ 여행자 보험 가입 절차를 확인하려고
⑤ 분실물 센터 확장의 필요성을 건의하려고

• 핵심 코드 •

❶ 명사절을 이끄는 종속접속사 that

접속사 that이 이끄는 명사절은 문장에서 주어, 목적어, 보어의 역할을 할 수 있다.

That people built this huge structure a thousand years ago (주어) is unbelievable.
천 년 전에 사람들이 이렇게 거대한 구조물을 지었다는 것이 믿기지 않는다.

I hope **that** the Korean national team wins. (목적어)
나는 한국 국가대표팀이 우승하길 희망한다.

The most important thing is **that** you finished it on your own. (보어)
가장 중요한 것은 네가 혼자서 그것을 다했다는 것이다.

❷ must have + p.p.

지나간 일에 대한 추측, 가능성, 후회 등을 나타내는 「조동사 + have + p.p.」 중 「must have + p.p.」는 '~였음에 틀림없다'의 의미로 과거의 일에 대한 단정적 추측을 나타낸다.

He **must have been** asleep. He didn't hear my footsteps.
그는 자고 있었던 게 틀림없다. 그는 내 발걸음 소리를 못들었다.

❸ 명사절을 이끄는 종속접속사 if

명사절을 이끄는 종속접속사 if는 '~인지 (아닌지)'의 의미를 나타낸다. 단, 종속접속사 if는 문장의 주어절이나 보어절을 이끌 수 없으므로 이 경우 if가 아닌 whether를 쓴다.

초빈출 핵심 어휘

discover 동 발견하다; *알다, 깨닫다 **leave behind** 두고 가다, 둔 채 잊고 가다 **lap** 명 무릎 **appreciate** 동 진가를 알아보다[인정하다]; *고마워하다

코드 접속하기

정답 및 해설 p. 2

Q2

2020년 3월 교육청(고1) 18번

다음 글의 목적으로 가장 적절한 것은? 정답률 88%

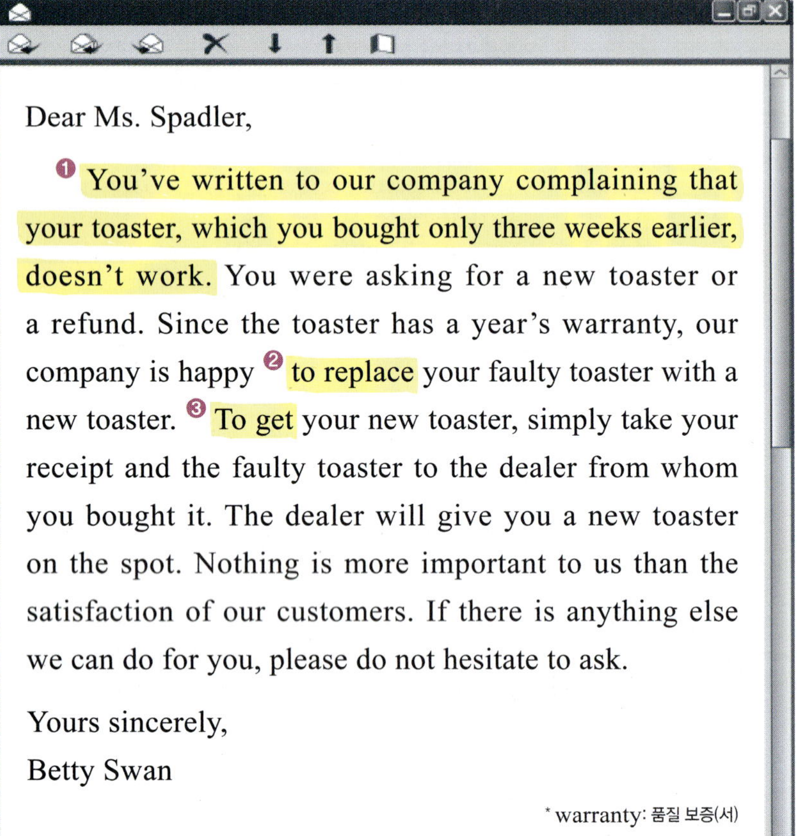

Dear Ms. Spadler,

❶ You've written to our company complaining that your toaster, which you bought only three weeks earlier, doesn't work. You were asking for a new toaster or a refund. Since the toaster has a year's warranty, our company is happy ❷ to replace your faulty toaster with a new toaster. ❸ To get your new toaster, simply take your receipt and the faulty toaster to the dealer from whom you bought it. The dealer will give you a new toaster on the spot. Nothing is more important to us than the satisfaction of our customers. If there is anything else we can do for you, please do not hesitate to ask.

Yours sincerely,
Betty Swan

* warranty: 품질 보증(서)

① 새로 출시한 제품을 홍보하려고
② 흔히 생기는 고장 사례를 알려주려고
③ 품질 보증서 보관의 중요성을 강조하려고
④ 고장 난 제품을 교환하는 방법을 안내하려고
⑤ 제품 만족도 조사에 참여해줄 것을 요청하려고

핵심 코드

❶ 복잡한 문장 구조

You've written to our company [complaining {that your toaster, [which you bought only three weeks earlier], doesn't work}].

complaining ~ work에 해당하는 첫 번째 [ ]는 동시동작을 나타내는 분사구문이다. { }는 접속사 that이 이끄는 명사절로 complaining의 목적어 역할을 한다. which ~ earlier에 해당하는 두 번째 [ ]는 선행사 your toaster를 부연 설명하는 목적격 관계대명사절이 삽입된 형태이다.

❷ to부정사의 부사적 용법 (원인)

감정을 나타내는 형용사인 happy, surprised, excited, glad, pleased, sad, sorry, shocked 등의 다음에 오는 to부정사는 감정의 원인을 나타낸다.

The woman was pleased **to meet** the renowned scholar.
그 여성은 저명한 학자를 만나게 되어 기뻤다.

They were shocked **to hear** the terrible news.
그들은 그 끔찍한 소식을 듣게 되어 매우 충격 받았다.

❸ to부정사의 부사적 용법 (목적)

to부정사가 부사적 용법으로 쓰여 '~하기 위해'라는 의미를 나타낼 수 있다.

He went to the bus stop **to see** Anne off.
그는 Anne을 배웅하기 위해서 버스정류장으로 갔다.

多빈출 핵심 어휘

complain 동 불평하다 **refund** 명 환불 **warranty** 명 (제품의) 품질 보증서 **replace A with B** A를 B로 교환[교체]하다 **receipt** 명 영수증 **faulty** 형 고장 난, 결함이 있는 **dealer** 명 판매인 **on the spot** 그 자리에서 바로, 즉석에서 **satisfaction** 명 만족 **customer** 명 고객 **hesitate** 동 주저하다

코드 접속하기

정답 및 해설 p. 3

Q3

• 2021년 3월 교육청(고1) 18번

다음 글의 목적으로 가장 적절한 것은? 정답률 90%

Dear members of Eastwood Library,

Thanks to the Friends of Literature group, we've successfully raised ❶ enough money to remodel the library building. John Baker, our local builder, has volunteered to help us with the remodelling but he needs assistance. ❷ By grabbing a hammer or a paint brush and donating your time, you can help with the construction. Join Mr. Baker in his volunteering team and become a part of ❸ making Eastwood Library a better place! Please call 541-567-1234 for more information.

Sincerely,
Mark Anderson

① 도서관 임시 휴관의 이유를 설명하려고
② 도서관 자원봉사자 교육 일정을 안내하려고
③ 도서관 보수를 위한 모금 행사를 제안하려고
④ 도서관 공사에 참여할 자원봉사자를 모집하려고
⑤ 도서관에서 개최하는 글쓰기 대회를 홍보하려고

• 핵심 코드 •

❶ enough + 명사 + to-v

「enough + 명사 + to-v」는 '~하기에 충분한 (명사)'의 의미이며, 「형용사/부사 + enough to-v」는 '~할 만큼 충분히 …한/하게'의 의미이다.

I have **enough time to help** you.
나는 너를 도와주기에 충분한 시간이 있다.

He is **old enough to live** alone.
그는 혼자 살 만큼 충분히 나이가 들었다.

❷ by v-ing

「by v-ing」는 '~함으로써'의 의미로, by는 전치사이므로 뒤에 동사가 올 때는 동명사 형태로 써야 한다.

❸ make + 목적어 + 명사

「make + 목적어 + 명사」는 '(목적어)를 (명사)로 만들다'의 의미로, make는 명사나 형용사, 과거분사, 동사원형을 목적격보어로 취할 수 있다.

- 「make + 목적어 + 형용사」: (목적어)를 (형용사)하게 만들다
- 「make + 목적어 + 과거분사」: (목적어)를 (과거분사)되게 만들다
- 「make + 목적어 + 동사원형」: (목적어)를 (동사원형)하게 만들다

多빈출 핵심 어휘

successfully 부 성공적으로 **raise** 동 (자금 등을) 모으다 **remodel** 동 리모델링하다, 개축하다 **local** 형 지역의 **builder** 명 건축업자 **volunteer** 동 자원하다 **assistance** 명 도움 **grab** 동 쥐다 **donate** 동 기부하다 **construction** 명 공사 **become[be] a part of** ~하는 데 참여하다 **information** 명 정보

코드 접속하기

정답 및 해설 p. 3

Q4

• 2022년 3월 교육청(고1) 18번

다음 글의 목적으로 가장 적절한 것은? 정답률 88%

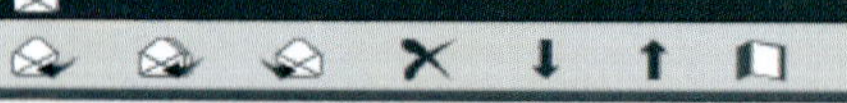

Dear Ms. Robinson,

The Warblers Choir is happy to announce that we are invited to compete in the International Young Choir Competition. The competition takes place in London on May 20. ❶ Though we ❷ wish to participate in the event, we do not have the necessary funds to travel to London. So we are kindly ❸ asking you to support us by coming to our fundraising concert. It will be held on March 26. In this concert, we shall be able to show you ❹ how big our passion for music is. Thank you in advance for your kind support and help.

Sincerely,
Arnold Reynolds

① 합창 대회 결과를 공지하려고
② 모금 음악회 참석을 요청하려고
③ 음악회 개최 장소를 예약하려고
④ 합창곡 선정에 조언을 구하려고
⑤ 기부금 사용 내역을 보고하려고

• 핵심 코드 •

❶ 양보를 나타내는 종속접속사

although[though]는 '(비록) ~이지만'이라는 의미로 양보를 나타내는 종속접속사이다.

She went on talking, **although[though]** she was terribly tired.
그녀는 매우 피곤했지만 얘기를 계속했다.

❷ to부정사를 목적어로 취하는 동사

to부정사를 목적어로 취하는 동사로는 afford, agree, ask, attempt, choose, decide, expect, fail, hesitate, hope, learn, manage, mean, neglect, offer, plan, prepare, pretend, promise, refuse, want, wish 등이 있다.

❸ ask+목적어+to-v

5형식 동사 ask는 목적격보어로 to부정사를 취하며, '(목적어)에게 ~할 것을 요청하다'라는 의미를 나타낸다.

❹ 의문사절

의문사가 이끄는 명사절은 문장에서 주어, 목적어, 보어 역할을 하며 「의문사+주어+동사」의 어순을 따른다.

The coach asked the players [**why**(의문사) **they**(주어) **skipped**(동사) practice]. 〈목적어〉
그 코치는 선수들에게 왜 그들이 연습을 빼먹었는지 물었다.

多빈출 핵심 어휘

choir 명 합창단 **take place** 개최되다[일어나다] **participate** 동 참가[참여]하다 **necessary** 형 필요한 **fund** 명 기금[자금] **support** 동 지지하다; *지원하다 명 지지, 지원 **fundraising** 형 모금의 **passion** 명 열정 **in advance** 미리[앞서], 사전에

코드 공략하기

정답 및 해설 p. 4

01 ○△× • 2024년 9월 교육청(고1) 18번

다음 글의 목적으로 가장 적절한 것은? 정답률 92%

To whom it may concern,

I am writing to express my deep concern about the recent change made by Pittsburgh Train Station. The station had traditional ticket offices with staff before, but these have been replaced with ticket vending machines. However, individuals who are unfamiliar with these machines are now experiencing difficulty accessing the railway services. Since these individuals heavily relied on the staff assistance to be able to travel, they are in great need of ticket offices with staff in the station. Therefore, I am urging you to consider reopening the ticket offices. With the staff back in their positions, many people would regain access to the railway services. I look forward to your prompt attention to this matter and a positive resolution.

Sincerely,
Sarah Roberts

① 승차권 발매기 수리를 의뢰하려고
② 기차표 단체 예매 방법을 문의하려고
③ 기차 출발 시간 지연에 대해 항의하려고
④ 기차역 직원의 친절한 도움에 감사하려고
⑤ 기차역 유인 매표소 재운영을 요구하려고

02 ○△× • 2021년 9월 교육청(고1) 18번

다음 글의 목적으로 가장 적절한 것은? 정답률 91%

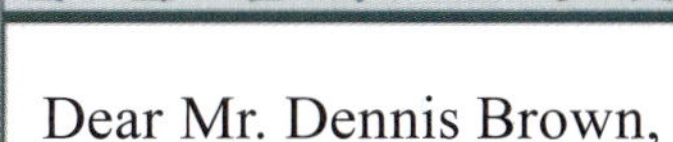

Dear Mr. Dennis Brown,

We at G&D Restaurant are honored and delighted to invite you to our annual Fall Dinner. The annual event will be held on October 1st, 2021 at our restaurant. At the event, we will be introducing new wonderful dishes that our restaurant will be offering soon. These delicious dishes will showcase the amazing talents of our gifted chefs. Also, our chefs will be providing cooking tips, ideas on what to buy for your kitchen, and special recipes. We at G&D Restaurant would be more than grateful if you can make it to this special occasion and be part of our celebration. We look forward to seeing you. Thank you so much.

Regards,
Marcus Lee, Owner - G&D Restaurant

① 식당 개업을 홍보하려고
② 식당의 연례행사에 초대하려고
③ 신입 요리사 채용을 공고하려고
④ 매장 직원의 실수를 사과하려고
⑤ 식당 만족도 조사 참여를 부탁하려고

정답 및 해설 p. 5

03 ○△×

• 2025년 9월 교육청(고1) 18번

다음 글의 목적으로 가장 적절한 것은? 정답률 96%

Dear Principal Jones,

I hope this message finds you well. As student council president, I am reaching out to discuss an important matter regarding our school library's current operating hours. At present, the library closes at 5 p.m., which many students feel limits their ability to fully use its resources for study and research after regular class hours. This is particularly challenging for those preparing for college entrance exams or working on academic projects that demand a quiet and resourceful environment. Therefore, I'd like to ask you to extend the library's operating hours to 7 p.m. This change would greatly benefit students by providing additional time to focus on their academic goals. I hope you will consider this proposal as a step toward improving our academic environment and better supporting our needs.

Sincerely,

Eric Park
Student Council President

① 신간 도서 구입을 건의하려고
② 도서관 프로그램 확대를 부탁하려고
③ 도서관 운영 시간 연장을 요청하려고
④ 도서 대출 시스템 개선에 감사하려고
⑤ 도서관 열람실 공간 확대를 제안하려고

04 ○△×

• 2023년 3월 교육청(고1) 18번

다음 글의 목적으로 가장 적절한 것은? 정답률 93%

To whom it may concern,

I am a resident of the Blue Sky Apartment. Recently I observed that the kid zone is in need of repairs. I want you to pay attention to the poor condition of the playground equipment in the zone. The swings are damaged, the paint is falling off, and some of the bolts on the slide are missing. The facilities have been in this terrible condition since we moved here. They are dangerous to the children playing there. Would you please have them repaired? I would appreciate your immediate attention to solve this matter.

Yours sincerely,
Nina Davis

① 아파트의 첨단 보안 설비를 홍보하려고
② 아파트 놀이터의 임시 폐쇄를 공지하려고
③ 아파트 놀이터 시설의 수리를 요청하려고
④ 아파트 놀이터 사고의 피해 보상을 촉구하려고
⑤ 아파트 공용 시설 사용 시 유의 사항을 안내하려고

코드 공략하기

정답 및 해설 p. 7

05

2024년 6월 교육청(고1) 18번

다음 글의 목적으로 가장 적절한 것은? 정답률 95%

Dear Reader,

We always appreciate your support. As you know, our service is now available through an app. There has never been a better time to switch to an online membership of *TourTide Magazine*. At a 50% discount off your current print subscription, you can access a full year of online reading. Get new issues and daily web pieces at TourTide.com, read or listen to *TourTide Magazine* via the app, and get our members-only newsletter. You'll also gain access to our editors' selections of the best articles. Join today!

Yours,
TourTide Team

① 여행 일정 지연에 대해 사과하려고
② 잡지 온라인 구독을 권유하려고
③ 무료 잡지 신청을 홍보하려고
④ 여행 후기 모집을 안내하려고
⑤ 기사에 대한 독자 의견에 답변하려고

06

2024년 3월 교육청(고1) 18번

다음 글의 목적으로 가장 적절한 것은? 정답률 96%

Dear Ms. Jane Watson,

I am John Austin, a science teacher at Crestville High School. Recently I was impressed by the latest book you wrote about the environment. Also my students read your book and had a class discussion about it. They are big fans of your book, so I'd like to ask you to visit our school and give a special lecture. We can set the date and time to suit your schedule. Having you at our school would be a fantastic experience for the students. We would be very grateful if you could come.

Best regards,
John Austin

① 환경 보호의 중요성을 강조하려고
② 글쓰기에서 주의할 점을 알려 주려고
③ 특강 강사로 작가의 방문을 요청하려고
④ 작가의 팬 사인회 일정 변경을 공지하려고
⑤ 작가가 쓴 책의 내용에 관하여 문의하려고

多빈출 핵심 어휘

01

- □ **concern** 명 우려, 걱정
  express my deep **concern** 깊은 우려를 표현하다
- □ **traditional** 형 전통적인
- □ **vending machine** 자동판매기
- □ **unfamiliar** 형 익숙지 않은
- □ **rely on** ~에 의존하다
  rely on the staff assistance 직원의 도움에 의존하다
- □ **in need of** ~을 필요로 하는
- □ **urge** 동 촉구하다
- □ **consider** 동 고려하다
- □ **regain** 동 다시 얻다
- □ **prompt** 형 신속한
- □ **attention** 명 관심
- □ **resolution** 명 해결

02

- □ **honored** 형 영광으로[명예로] 생각하여
- □ **delighted** 형 기쁜
- □ **invite** 동 초대하다
- □ **annual** 형 연례의
  are **honored** and **delighted** to **invite** you to our **annual** event
  우리의 연례행사에 당신을 초대하게 되어 기쁘고 영광이다
- □ **be held** 개최되다
- □ **introduce** 동 소개하다
- □ **showcase** 동 전시하다, 소개하다
- □ **offer** 동 제공하다
- □ **talent** 명 재능
- □ **gifted** 형 재능이 있는, 뛰어난
  will **showcase** the amazing **talents** of our **gifted** chefs
  우리 뛰어난 요리사들의 멋진 재능을 보여줄 것이다
- □ **provide** 동 제공하다
- □ **tip** 명 조언, 비법
- □ **recipe** 명 요리법
- □ **more than** ~ 이상의; *매우
- □ **grateful** 형 고마워하는, 감사하는
  I'd be **more than grateful**. 나는 아주 고마울 거야.
- □ **make it** (모임 등에) 가다[참석하다]
- □ **occasion** 명 행사
- □ **celebration** 명 축하 (행사), 기념 (행사)

03

- □ **student council president** 학생회장
- □ **reach out** 연락을 취하려 하다
- □ **discuss** 동 논의하다
  reach out to **discuss** an important matter
  중요한 문제를 논의하려고 연락하다
- □ **regarding** 전 ~에 관하여
- □ **current** 형 현재의
- □ **operating hour** 운영 시간
- □ **limit** 동 제한하다
- □ **academic** 형 학업의
- □ **resourceful** 형 자원이 풍부한
- □ **extend** 동 연장하다
  extend the library's **operating hours**
  도서관의 운영 시간을 연장하다
- □ **benefit** 동 유익하다
- □ **additional** 형 추가의
- □ **proposal** 명 제안

04

- □ **resident** 명 주민, 거주자
- □ **recently** 부 최근에
- □ **observe** 동 보다, 보고 알다
- □ **repair** 명 수리 동 수리하다
- □ **pay attention to** ~에 관심을 기울이다
- □ **equipment** 명 장비, 설비
- □ **damage** 동 손상을 주다
- □ **missing** 형 없어진, 빠진
- □ **facility** 명 시설, 설비
- □ **immediate** 형 즉각적인
- □ **matter** 명 문제
  immediate attention to solve this **matter**
  이 문제를 해결하기 위한 즉각적인 관심

05

- □ **appreciate** 동 감사하다
- □ **support** 명 지지, 성원
  appreciate your **support** 성원에 감사하다
- □ **switch** 동 전환하다
- □ **access** 동 이용하다 명 접근
- □ **via** 전 ~을 경유하여; *~을 통해
- □ **editor** 명 편집자
- □ **selection** 명 선택
- □ **article** 명 기사
  editors' selections of the best **articles** 편집자들이 선정한 최고의 기사

06

- □ **impressed** 형 감명을 받은
- □ **latest** 형 최신의
  the **latest** book you wrote 당신이 쓴 최신 도서
- □ **environment** 명 환경
- □ **discussion** 명 토론
  have a class **discussion** 토론 수업을 하다
- □ **lecture** 명 강의
  give a special **lecture** 특별 강연을 하다
- □ **suit** 동 맞추다

02 심경 · 분위기

출제코드 분석

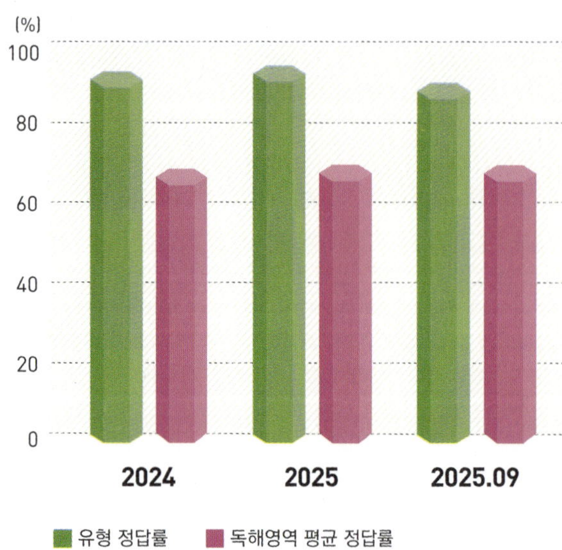

필자나 등장인물의 심경 및 심경 변화를 묻는 유형은 매년 한 문항씩 꾸준히 출제되는 유형이다. 분위기를 묻는 유형은 2010학년도 수능에서 마지막으로, 2014년도 고3 학평에서 마지막으로 출제되었으나, 2021년도 고1 학평에 출제되었다. 2025학년도와 2024학년도 수능에서 [심경] 유형의 정답률은 각각 96%와 94%로, 독해영역 평균 정답률을 크게 상회하였다. 2025년도 9월 고1 학평의 경우 해당 유형의 정답률이 90%로, 독해영역 평균 정답률보다 상당히 높았다.

최근 수능 및 학평 출제 소재

최근 수능에서는 아내를 위한 밸런타인데이 서프라이즈를 준비하는 내용의 글이 출제되었다. 학평에서는 오디션 합격 소식을 듣고 안도와 기쁨을 느낀 필자에 관한 글이 출제되었다.

학습 전략

유형 설명

글에서 드러나는 필자나 등장인물의 심경 및 심경 변화나 글 전반에서 느낄 수 있는 분위기를 파악하는 유형이다. 수필이나 소설류의 짧은 이야기가 주로 출제된다.

유형 학습 전략

1. 세부적이고 자세한 내용보다는 글의 전반적인 상황이나 흐름의 변화를 파악하는 것이 중요하다.

2-1. 등장인물이 처해 있는 주요 사건과 이로 인한 심경 변화 가능성에 주목한다.

2-2. 글에서 묘사하는 광경을 상상하며 분위기를 유추한다.

3. 심경 및 분위기와 관련된 어휘 및 표현에 주목한다.

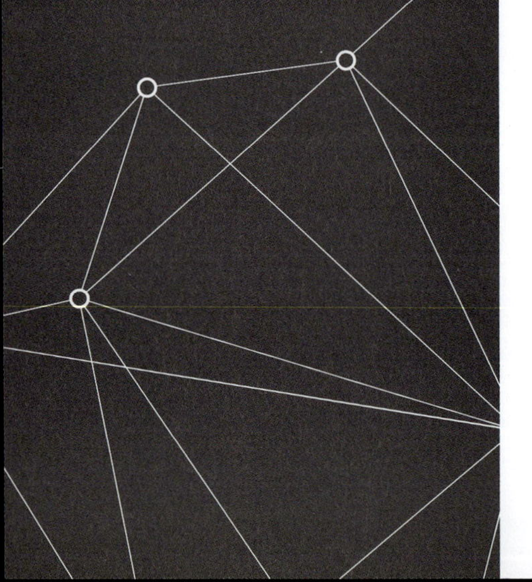

코드 접속하기

정답 및 해설 p. 8

Q1

2025년 3월 교육청(고1) 19번

다음 글에 드러난 'I'의 심경 변화로 가장 적절한 것은? 정답률 83%

The shed is cold and damp, the air thick with the smell of old wood and earth. It's dark, and I can't make out ❶ what's moving in the shadows. "Who's there?" I ask, my voice ❷ shaking with fear. The shadow moves closer, and my heart is beating fast—until the figure steps into a faint beam of light breaking through a crack in the wall. A rabbit. A laugh escapes my lips ❸ as it stares at me with wide, curious eyes. "You scared me," I say, ❷ feeling much better. The rabbit pauses for a moment, then hops away, ❹ disappearing back into the shadows. I'm left smiling. I start to feel at ease.

* shed: 헛간

① envious → hopeful
② anxious → angry
③ frightened → relieved
④ curious → regretful
⑤ excited → disappointed

• 핵심 코드 •

❶ 의문사절

의문사가 이끄는 명사절은 문장에서 주어, 목적어, 보어 역할을 하며, 「의문사+주어+동사」의 어순을 따른다.

Do you know [**how** **your dog** **hurt** her tail]?
(how: 의문사, your dog: 주어, hurt: 동사)
개가 어쩌다가 꼬리를 다쳤는지 아나요?

❷ 분사구문 (동시동작)

동시동작을 나타내는 분사구문은 '~하면서, ~한 채로'의 의미로 해석된다.

Pointing at my cookie, the baby smiled at me.
내 쿠키를 가리키며, 그 아기는 내게 미소 지었다.

❸ 접속사 as

접속사 as는 여러 가지 의미를 가지고 있기 때문에 문맥에 맞게 해석해야 한다. 본문의 as는 '~할 때'의 의미로 쓰였다.

As I opened the door, my dog ran out. [~할 때]
내가 문을 열었을 때, 개가 달려나갔다.

As she was out, I left a message. [~ 때문에]
그녀가 외출하고 없어서, 나는 메시지를 남겼다.

As he grew older, he became wiser. [~함에 따라]
그는 나이가 들수록, 더 현명해졌다.

You would've done **as** I did. [~한 대로, ~처럼]
너도 내가 한 것처럼 했을 거야.

❹ 분사구문 (연속동작)

연속동작을 나타내는 분사구문은 '~하여, 그리고 …'라는 의미로 해석된다.

Opening the door, he walked into the room.
문을 열고 나서, 그는 방으로 들어갔다.

多빈출 핵심 어휘

damp 형 습기 찬 **thick** 형 (공기가) 짙은 **make out** ~을 알아보다, ~을 식별하다 **shadow** 명 그림자 **shake** 동 떨리다 **fear** 명 두려움, 공포 **figure** 명 형상 **faint** 형 희미한 **beam** 명 빛줄기 **crack** 명 틈새 **escape** 동 도망치다; *(웃음 등이) 새어 나오다 **stare at** ~을 바라보다 **pause** 동 잠시 멈추다 **hop** 동 깡충 뛰다 **at ease** 편안한

코드 접속하기

정답 및 해설 p. 9

Q2

2022년 9월 교육청(고1) 19번

다음 글에 나타난 'I'의 심경 변화로 가장 적절한 것은? 정답률 84%

It was two hours before the submission deadline and I still hadn't finished my news article. I sat at the desk, but suddenly, the typewriter didn't work. ❶ No matter how hard I tapped the keys, the levers wouldn't move ❷ to strike the paper. I started to realize that I would not be able to finish the article on time. Desperately, I rested the typewriter on my lap and started hitting each key with as much force as I could manage. Nothing happened. Thinking something ❸ might have happened inside of it, I opened the cover, lifted up the keys, and found the problem—a paper clip. The keys had no room to move. After picking it out, I pressed and pulled some parts. The keys moved smoothly again. I breathed deeply and smiled. Now I knew that I could finish my article on time.

① confident → nervous
② frustrated → relieved
③ bored → amazed
④ indifferent → curious
⑤ excited → disappointed

• 핵심 코드 •

❶ no matter how + 형용사/부사

「no matter how + 형용사/부사」는 '아무리 (형용사/부사)하더라도'의 의미이고 뒤에 「주어 + 동사」가 온다. 지문의 문장에서 부사 hard가 동사인 tapped를 수식한다.

Parents love their children, **no matter how naughty** they are[may be].
자식이 아무리 버릇없이 굴어도 부모는 자식을 사랑한다.

No matter how often you see each other, it's hard to understand someone fully.
아무리 서로를 자주 보아도 누군가의 마음을 완전히 이해하는 것은 어렵다.

❷ to부정사의 부사적 용법 (목적)

to부정사가 부사적 용법으로 쓰여 '~하기 위해'라는 의미를 나타낼 수 있다.

Mike and Jane went downtown **to do** some shopping.
Mike와 Jane은 쇼핑을 하기 위해 시내에 갔다.

❸ may[might] have + p.p.

「may[might] have + p.p.」는 과거에 대한 불확실한 추측을 나타낼 때 쓰이며 '~했을지도 모른다' 혹은 '~했을 수도 있다'로 해석한다.

She **may[might] have left** yesterday.
그녀는 어제 떠났을지도 모른다.

多빈출 핵심 어휘

submission 명 항복, 굴복; *제출 **deadline** 명 기한, 마감 시간[일자] **article** 명 (신문 · 잡지의) 글, 기사 **typewriter** 명 타자기 **tap** 동 (가볍게) 톡톡 두드리다[치다] **lever** 명 (기계 조작용) 레버 **strike** 동 (세게) 치다, 부딪치다 **desperately** 부 절망적으로; *필사적으로 **manage** 동 (힘든 일을) 간신히[용케] 해내다, (어떻게든) ~하다[해내다] **cover** 명 덮개, 커버 **press** 동 (버튼 등을) 누르다 **smoothly** 부 부드럽게[순조롭게]

코드 접속하기

정답 및 해설 p. 10

Q3

2021년 6월 교육청(고1) 19번

다음 글에 드러난 Cindy의 심경 변화로 가장 적절한 것은? 정답률 80%

One day, Cindy happened to sit next to a famous artist in a café, and she was thrilled to see him in person. He was drawing on a used napkin over coffee. She was looking on in awe. After a few moments, the man finished his coffee and was about to throw away the napkin ❶ as he left. Cindy stopped him. "Can I have that napkin you drew on?", she asked. "Sure," he replied. "Twenty thousand dollars." She said, ❷ with her eyes wide-open, "What? ❸ It took you like two minutes to draw that." "No," he said. "It took me over sixty years to draw this." Being at a loss, she stood still rooted to the ground.

① relieved → worried
② indifferent → embarrassed
③ excited → surprised
④ disappointed → satisfied
⑤ jealous → confident

• 핵심 코드 •

❶ 접속사 as의 여러 가지 뜻

접속사 as는 여러 가지 의미를 가지고 있으므로 문맥에 맞게 해석한다.

① ~할 때
I couldn't move **as** a large dog approached me.
커다란 개가 나에게 다가왔을 때 나는 움직일 수 없었다.

② ~ 대로
She believes that her dreams will come true **as** she wishes.
그녀는 자신이 바라는 대로 꿈이 이루어질 것이라 믿는다.

③ ~ 때문에
As he had a runny nose, he couldn't breathe easily.
콧물이 났기 때문에 그는 편하게 숨을 쉬지 못했다.

④ ~할수록
As I grow older, the way I see the world changes.
나이가 들어갈수록, 내가 세상을 바라보는 시각이 변한다.

⑤ ~이긴 하지만
Poor **as** they were, the family were happy.
가난하긴 했지만, 그 가족은 행복했다.

❷ with + 목적어 + 분사/형용사

「with + 목적어 + 현재분사/형용사」는 '~가 …한 채로'의 의미이고, 「with + 목적어 + 과거분사」는 '~가 …된 채로'의 의미이다.

With my eyes watering, I cut the onions.
눈물을 흘리며 나는 양파를 썰었다.

She fell asleep **with her radio turned on.**
그녀는 라디오를 켜 놓은 채 잠이 들었다.

❸ it takes + 사람 + 시간 + to-v

「it takes + 사람 + 시간 + to-v」는 '(사람)이 ~하는 데 (시간)이 걸리다'의 의미이다. 또한 「it takes + 시간/돈/노력 + to-v」는 '~하는 데 (시간/돈/노력)이 든다'의 의미이다.

It took a lot of money to buy this mobile phone.
이 휴대전화를 사는 데 많은 돈이 들었다.

초빈출 핵심 어휘

thrilled 형 (너무 좋아서) 황홀해하는, 아주 흥분한[신이 난] **in person** 직접 **look on** 구경하다, 지켜보다 **awe** 명 경외심 **throw away** 버리다 **at a loss** 어쩔 줄 몰라 하는 **still** 형 가만히 있는 **rooted to the ground** (공포·충격 등으로) 그 자리에서 굳어버린

코드 접속하기

정답 및 해설 p. 10

Q4

• 2022년 3월 교육청(고1) 19번

다음 글에 드러난 Zoe의 심경 변화로 가장 적절한 것은? 정답률 82%

The principal stepped on stage. "Now, I present this year's top academic award to the student who has achieved the highest placing." He smiled at the row of seats ❶ where twelve finalists ❷ had gathered. Zoe wiped a sweaty hand on her handkerchief and glanced at the other finalists. They all looked ❸ as pale and uneasy as herself. Zoe and one of the other finalists ❷ had won first placing in four subjects so it came down to how teachers ranked their hard work and confidence. "The Trophy for General Excellence is awarded to Miss Zoe Perry," the principal declared. "Could Zoe step this way, please?" Zoe felt ❹ as if she were in heaven. She walked into the thunder of applause with a big smile.

① hopeful → disappointed
② guilty → confident
③ nervous → delighted
④ angry → calm
⑤ relaxed → proud

• 핵심 코드 •

❶ 관계부사 where

관계부사 where는 장소나 상황 등을 나타내는 선행사를 수식하거나 서술하는 역할을 한다.

This is definitely the place **where** I lost my keys.
이곳이 내가 열쇠를 잃어버린 장소가 틀림없다.

❷ 과거완료 (대과거)

과거에 일어난 두 가지 일의 순서를 나타낼 때, 과거의 한 시점보다 더 이전에 발생한 일은 과거완료 「had + p.p.」의 형태를 써서 나타낸다.

❸ 원급 비교

「as + 형용사[부사]의 원급 + as ~」는 '~만큼 …한[하게]'의 의미이다.

Bad language is **as harmful** to the person who uses it **as** to the person who hears it.
욕설은 그것을 듣는 사람에게만큼 그것을 하는 사람에게도 해롭다.

cf. 부정의 의미를 나타낼 경우 「not as[so] + 형용사[부사]의 원급 + as ~」의 형태를 취하며, '~만큼 …하지 않은[않게]'으로 해석한다.

❹ as if + 가정법 과거

「as if + 가정법 과거」는 주절과 같은 시제의 반대 사실을 가정하며 '마치 ~인 것처럼'으로 해석된다.

He looks **as if** he **were** sick.
그는 마치 아픈 것처럼 보인다. (실제로 아프지 않음)

cf. 「as if + 직설법」은 '마치 ~인 것처럼'으로 해석되는 것은 같지만, 가정법과 달리 실제로 그럴 가능성이 있는 경우에 사용된다.

He looks **as if** he **is** sick.
그는 마치 아픈 것처럼 보인다. (실제로 아플 수도 있음)

多빈출 핵심 어휘

principal 명 (학)교장 **step** 동 (발걸음을 떼어놓아) 움직이다 **present** 동 수여하다 **academic** 형 학업의 **award** 명 상 동 수여하다 **row** 명 (사람 · 사물이 늘어서 있는) 열[줄] **finalist** 명 최종 입상 후보자 **wipe** 동 (물기 · 먼지 등을 없애기 위해) 닦다 **sweaty** 형 땀에 젖은 **handkerchief** 명 손수건 **glance** 동 힐끗 보다 **pale** 형 창백한 **uneasy** 형 (마음이) 불안한 **rank** 동 평가하다, 순위를 매기다 **confidence** 명 자신감 **declare** 동 선언[공표]하다 **applause** 명 박수갈채

코드 공략하기

정답 및 해설 p.11

01 ○△×

2025년 9월 교육청(고1) 19번

다음 글에 드러난 'I'의 심경 변화로 가장 적절한 것은?

정답률 90%

I glanced at the clock on the wall. 10:00. That meant the casting director would call very soon with the results of my first audition for a musical part in *The Wizard of Oz*. I felt shaky all over, chewing my thumbnail and jiggling my feet. Finally, the telephone rang. While I was coming round, Dad answered. I heard him say, "Ahh, thank you. I'll let her know..." As I got to the bottom of the stairs, he was just putting the phone down. "That was *The Wizard of Oz*. You're second senior munchkin," he announced. I got a little rush of excitement, knowing I was in — that whatever happened I could be involved in one of the productions.

① puzzled → calm
② bored → confused
③ nervous → pleased
④ satisfied → regretful
⑤ confident → disappointed

02 ○△×

2020년 6월 교육청(고1) 19번

다음 글에 드러난 Erda의 심경으로 가장 적절한 것은?

정답률 83%

Erda lay on her back in a clearing, watching drops of sunlight slide through the mosaic of leaves above her. She joined them for a little, moving with the gentle breeze, feeling the warm sun feed her. A slight smile was spreading over her face. She slowly turned over and pushed her face into the grass, smelling the green pleasant scent from the fresh wild flowers. Free from her daily burden, she got to her feet and went on. Erda walked between the warm trunks of the trees. She felt all her concerns had gone away.

① relaxed ② puzzled ③ envious
④ startled ⑤ indifferent

03 ○△×

2021년 9월 교육청(고1) 19번

다음 글의 상황에 나타난 분위기로 가장 적절한 것은? 정답률 92%

In the middle of the night, Matt suddenly awakened. He glanced at his clock. It was 3:23. For just an instant he wondered what had wakened him. Then he remembered. He had heard someone come into his room. Matt sat up in bed, rubbed his eyes, and looked around the small room. "Mom?" he said quietly, hoping he would hear his mother's voice assuring him that everything was all right. But there was no answer. Matt tried to tell himself that he was just hearing things. But he knew he wasn't. There was someone in his room. He could hear rhythmic, scratchy breathing and it wasn't his own. He lay awake for the rest of the night.

① humorous and fun
② boring and dull
③ calm and peaceful
④ noisy and exciting
⑤ mysterious and frightening

04 ○△×

2023년 6월 교육청(고1) 19번

다음 글에 드러난 'I'의 심경 변화로 가장 적절한 것은? 정답률 91%

When I woke up in our hotel room, it was almost midnight. I didn't see my husband nor daughter. I called them, but I heard their phones ringing in the room. Feeling worried, I went outside and walked down the street, but they were nowhere to be found. When I decided I should ask someone for help, a crowd nearby caught my attention. I approached, hoping to find my husband and daughter, and suddenly I saw two familiar faces. I smiled, feeling calm. Just then, my daughter saw me and called, "Mom!" They were watching the magic show. Finally, I felt all my worries disappear.

① anxious → relieved
② delighted → unhappy
③ indifferent → excited
④ relaxed → upset
⑤ embarrassed → proud

05 ○△×

2023년 3월 교육청(고1) 19번

다음 글에 드러난 'I'의 심경 변화으로 가장 적절한 것은?

정답률 85%

On a two-week trip in the Rocky Mountains, I saw a grizzly bear in its native habitat. At first, I felt joy as I watched the bear walk across the land. He stopped every once in a while to turn his head about, sniffing deeply. He was following the scent of something, and slowly I began to realize that this giant animal was smelling me! I froze. This was no longer a wonderful experience; it was now an issue of survival. The bear's motivation was to find meat to eat, and I was clearly on his menu.

* scent: 냄새

① sad → angry
② delighted → scared
③ satisfied → jealous
④ worried → relieved
⑤ frustrated → excited

06 ○△×

2024년 3월 교육청(고1) 19번

다음 글에 드러난 Sarah의 심경 변화로 가장 적절한 것은?

정답률 95%

Marilyn and her three-year-old daughter, Sarah, took a trip to the beach, where Sarah built her first sandcastle. Moments later, an enormous wave destroyed Sarah's castle. In response to the loss of her sandcastle, tears streamed down Sarah's cheeks and her heart was broken. She ran to Marilyn, saying she would never build a sandcastle again. Marilyn said, "Part of the joy of building a sandcastle is that, in the end, we give it as a gift to the ocean." Sarah loved this idea and responded with enthusiasm to the idea of building another castle—this time, even closer to the water so the ocean would get its gift sooner!

① sad → excited
② envious → anxious
③ bored → joyful
④ relaxed → regretful
⑤ nervous → surprised

多빈출 핵심 어휘

01

- □ **shaky** 형 떨리는
- □ **chew** 동 씹다, 물어뜯다
- □ **thumbnail** 명 엄지손톱
  chew my **thumbnail** 엄지손톱을 물어뜯다
- □ **jiggle** 동 가볍게 흔들다
- □ **announce** 동 알리다
- □ **rush** 명 (강한 감정이 갑자기) 치밀어 오름, 북받침
  a little **rush** of excitement 갑자기 밀려오는 약간의 흥분
- □ **production** 명 생산; *작품

02

- □ **clearing** 명 개간지
- □ **mosaic** 명 모자이크 모양
- □ **gentle** 형 온화한; *심하지 않은, 부드러운
- □ **breeze** 명 산들바람, 미풍
- □ **spread** 동 펼치다; *번지다
- □ **pleasant** 형 쾌적한, 즐거운
  in a **pleasant** atmosphere 쾌적한 분위기에서
- □ **scent** 명 향기
- □ **burden** 명 부담
- □ **trunk** 명 (나무의) 기둥
- □ **concern** 명 우려, 걱정
  concerns about climate change 기후 변화에 대한 우려들

03

- □ **awaken** 동 깨우다; *깨다
  He suddenly **awakened**. 그는 갑자기 깼다.
- □ **glance at** ~을 흘긋 보다
  He **glanced at** his clock. 그는 그의 시계를 흘긋 보았다.
- □ **wonder** 동 궁금해하다
- □ **waken** 동 깨다; *깨우다
- □ **rub** 동 비비다
- □ **assure A that ~** A에게 ~라고 장담하다
  assured him that everything was all right
  모든 것이 괜찮다고 그에게 장담했다
- □ **be hearing things** 환청을 듣다
- □ **rhythmic** 형 리드미컬한, 주기적인
- □ **scratchy** 형 (무엇을) 긁는 듯한 소리가 나는
- □ **lie** 동 누워 있다, 눕다 (lie-lay-lain)
- □ **awake** 형 (아직) 잠들지 않은, 깨어 있는
  He **lay awake** for the rest of the night.
  그는 남은 밤 동안 깬 채로 누워 있었다.
- □ **dull** 형 따분한

04

- □ **midnight** 명 자정
- □ **nowhere** 부 아무데도, 어디에도 (~ 없다)
- □ **decide** 동 결심하다
- □ **crowd** 명 군중, 무리
- □ **nearby** 형 인근의, 가까운 곳의
- □ **attention** 명 주의, 집중
  a **crowd nearby** caught my **attention**
  근처에 있던 군중이 내 주의를 끌었다
- □ **approach** 동 다가가다
- □ **suddenly** 부 갑자기, 급작스럽게
- □ **familiar** 형 익숙한, 친숙한
  saw two **familiar** faces 낯익은 두 얼굴이 보였다
- □ **disappear** 동 사라지다

05

- □ **grizzly bear** 회색 곰
- □ **native** 형 태어난 곳의
- □ **habitat** 명 서식지
  in its **native habitat** 토착 서식지에서
- □ **every once in a while** 이따금
- □ **sniff** 동 코를 킁킁거리다
- □ **deeply** 부 깊게
- □ **realize** 동 깨닫다
- □ **giant** 형 거대한
- □ **freeze** 동 얼다; *(두려움 등으로 몸이) 얼어붙다
- □ **no longer** 더는 ~이 아닌
- □ **experience** 명 경험
- □ **issue** 명 문제
- □ **survival** 명 생존
- □ **motivation** 명 동기
- □ **clearly** 부 분명히

06

- ☐ **sandcastle** 명 모래성
  build her first **sandcastle** 그녀의 첫 번째 모래성을 만들다
- ☐ **enormous** 형 거대한
- ☐ **destroy** 동 부수다
- ☐ **in response to** ~에 응하여[답하여]
- ☐ **loss** 명 상실, 손실
- ☐ **stream** 동 흐르다
  tears **stream** down 눈물이 흘러내린다
- ☐ **ocean** 명 바다
- ☐ **respond** 동 반응하다
- ☐ **enthusiasm** 명 열정

03 주장·요지

출제코드 분석

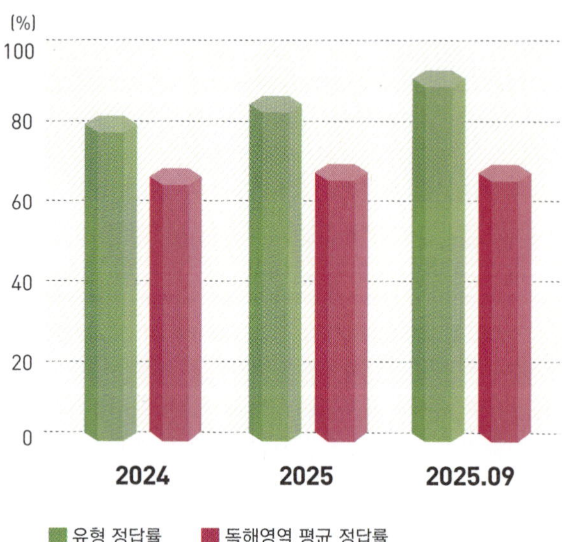

필자의 주장이나 글의 요지를 묻는 유형은 매년 한두 문항씩 출제되고 있다. 2025학년도 수능에서는 필자의 주장을 묻는 문제와 글의 요지를 묻는 문제가 출제되었으며, 각 정답률은 83%, 91%를 기록하였다. 2024학년도 수능에서도 필자의 주장과 글의 요지를 묻는 문제가 출제되었으며, 각 정답률은 86%, 76%였다. 2025년도 9월 고1 학평의 경우 필자의 주장을 묻는 문항의 정답률은 94%, 글의 요지를 묻는 문항의 정답률은 92%를 기록하였다.

최근 수능 및 학평 출제 소재

최근 수능에서는 교육용 게임 개발에 관한 글과, 감정 이해 능력이 집단 소통과 협력에 미치는 영향에 관한 글이 출제되었다. 학평에서는 수업 시작 첫 10분의 중요성과 루틴 마련의 필요성에 관한 글과, 원예 활동이 신체적·정신적 건강에 이롭다는 내용의 글이 출제되었다.

학습 전략

유형 설명

필자의 주장이나 필자가 말하고자 하는 핵심 요지가 무엇인지를 파악하는 유형이다. 주로 논설문 형태의 지문이 출제되고, 선택지는 우리말로 제시된다.

유형 학습 전략

1. 글의 도입부를 읽고 글의 중심 대상이나 소재를 파악한다.
2. 필자의 주장을 드러내는 조동사(must, should, have to), 당위성을 나타내는 형용사(necessary, essential, important 등)에 주목한다.
3. 글의 흐름을 전환하거나 결론을 이끄는 연결사(however, nevertheless, yet, thus, therefore, in short, as a result 등) 뒤에 이어지는 내용에 주목한다.

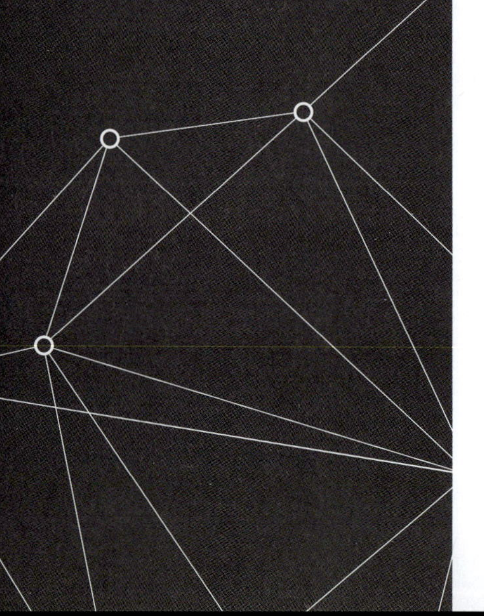

코드 접속하기

정답 및 해설 p. 15

Q1

• 2025년 3월 교육청(고1) 20번

다음 글에서 필자가 주장하는 바로 가장 적절한 것은? 정답률 89%

Improving your gestural communication involves more than just knowing when to nod or shake hands. It's about using gestures ❶ to complement your spoken messages, adding layers of meaning to your words. Openhanded gestures, for example, can indicate honesty, creating an atmosphere of trust. You invite openness and collaboration when you speak with your palms facing up. This simple yet powerful gesture can ❷ make others feel more comfortable and willing to engage in conversation. But be careful of the trap of overgesturing. Too many hand movements can distract from your message, drawing attention away from your words. Imagine a speaker ❸ whose hands move quickly like birds, their message lost in the chaos of their gestures. Balance is key. Your gestures should highlight your words, not overshadow them.

① 메시지를 잘 전달하기 위해서 열린 마음을 지녀야 한다.
② 효과적인 의사소통을 위해 몸짓을 적절히 사용해야 한다.
③ 청중의 반응을 파악하기 위해 그들의 몸짓에 주목해야 한다.
④ 전달하고자 하는 것을 감추기보다 직접적으로 표현해야 한다.
⑤ 상대방을 설득하기 위해서는 메시지를 반복적으로 강조해야 한다.

• 핵심 코드 •

❶ to부정사의 부사적 용법 (목적)

목적을 나타내는 부사적 용법의 to부정사는 '~하기 위해'의 의미를 가진다. 의미를 보다 명확히 나타내기 위해 「in order to-v」나 「so as to-v」를 쓸 수 있다.

I'll do anything **to achieve** my dream.
나는 내 꿈을 이루기 위해 어떤 것이든 할 것이다.

He put in his personal information **in order to join** the website.
그는 웹사이트에 가입하기 위해 자신의 개인 정보를 기입했다.

❷ make+목적어+동사원형

사역동사 make의 목적격보어 자리에 동사원형이 오면 '(목적어)가 ~하게 시키다[만들다]'의 의미를 갖는다.

She **made** me **sit** in the front.
그녀는 나를 맨 앞에 앉게 했다.

❸ 소유격 관계대명사 whose

선행사가 관계사절 안에서 소유격인 경우, 관계대명사 whose를 사용한다. who나 whom은 선행사가 사람인 경우에만 쓰는 반면, whose는 선행사가 사물인 경우에도 쓸 수 있다.

He's a student **whose** grades are always high.
그는 성적이 항상 높은 학생이다.

I read a book **whose** cover was torn.
나는 표지가 찢어진 책을 읽었다.

多빈출 핵심 어휘

gestural 형 몸짓의 **involve** 동 포함하다, 수반하다 **nod** 동 고개를 끄덕이다 **complement** 동 보완하다 **layer** 명 겹 **indicate** 동 나타내다, 보여주다 **atmosphere** 명 분위기 **openness** 명 개방성 **collaboration** 명 협력 **engage in** ~에 참여하다 **overgesturing** 명 과도한 몸짓 **distract from** ~에 집중이 안 되게 하다 **highlight** 동 강조하다 **overshadow** 동 가리다

코드 접속하기

정답 및 해설 p. 15

Q2 · 2022년 3월 교육청(고1) 22번

다음 글의 요지로 가장 적절한 것은? 정답률 92%

Many people view sleep as merely a "down time" when their brain shuts off and their body rests. ❶ In a rush to meet work, school, family, or household responsibilities, people cut back on their sleep, thinking it won't be a problem, because all of these other activities seem ❷ much more important. But research reveals that ❸ a number of vital tasks carried out during sleep help to maintain good health and enable people to function at their best. While you sleep, your brain is hard at work forming the pathways necessary for learning and creating memories and new insights. Without enough sleep, you can't focus and pay attention or respond quickly. A lack of sleep may even cause mood problems. In addition, growing evidence shows that a continuous lack of sleep increases the risk for developing serious diseases.

* vital: 매우 중요한

① 수면은 건강 유지와 최상의 기능 발휘에 도움이 된다.
② 업무량이 증가하면 필요한 수면 시간도 증가한다.
③ 균형 잡힌 식단을 유지하면 뇌 기능이 향상된다.
④ 불면증은 주위 사람들에게 부정적인 영향을 미친다.
⑤ 꿈의 내용은 깨어 있는 시간 동안의 경험을 반영한다.

핵심 코드

❶ 복잡한 문장 구조

In a rush [to meet work, school, family, or household responsibilities], people cut back on their sleep, [thinking it won't be a problem], [because all of these other activities seem ...].

to meet ~ responsibilities에 해당하는 첫 번째 [ ]는 목적을 나타내는 부사적 용법의 to부정사구이다. thinking ~ a problem에 해당하는 두 번째 [ ]는 동시동작을 나타내는 분사구문이고, because 이하에 해당하는 세 번째 [ ]는 이유를 나타내는 부사절이다.

❷ 비교급 강조

far, much, even, still, a lot 등은 '훨씬'의 의미로 비교급과 함께 쓰여 비교의 의미를 강조한다.

Michael's room is **much** bigger than mine.
Michael의 방은 내 방보다 훨씬 더 크다.

The news was **even** worse than we expected.
그 소식은 우리가 예상했던 것보다 훨씬 더 안 좋았다.

I enjoyed the movie **far** more than I expected to.
나는 기대했던 것보다 훨씬 더 재미있게 그 영화를 보았다.

❸ a number of+복수명사

「a number of+복수명사」는 '많은 ~'이라는 의미이며, 주어로 사용될 경우 항상 복수 취급한다.

A number of people were arrested.
많은 사람들이 체포되었다.

cf. 「the number of+복수명사」는 '~의 수'라는 의미이며, 주어로 사용될 경우 the number가 주어이므로 동사는 3인칭 단수 취급한다.

The number of cars is increasing.
자동차 수가 늘고 있다.

多빈출 핵심 어휘

view 동 (~라고) 보다[여기다] **merely** 부 그저, 단지 **down time** 가동되지 않는 시간 **shut off** 멈추다 **in a rush** 서둘러 **household** 형 가정의 **cut back on** ~을 줄이다 **reveal** 동 밝히다, 드러내다 **carry out** ~을 수행하다 **maintain** 동 (수준 등을 동일하게) 유지하다[지키다] **function** 동 (제대로) 기능하다[작용하다] **at one's best** 최상의 수준으로 **pathway** 명 경로 **insight** 명 통찰 **pay attention** 관심을 갖다 **a lack of** 부족한 **cause** 동 ~을 야기하다[초래하다] **mood** 명 기분 **continuous** 형 계속되는, 지속적인 **disease** 명 질병, 병

코드 접속하기

정답 및 해설 p. 16

Q3

• 2021년 6월 교육청(고1) 20번

다음 글에서 필자가 주장하는 바로 가장 적절한 것은? 정답률 91%

Sometimes, you feel the need to avoid ❶ something that will lead to success out of discomfort. Maybe you are avoiding extra work because you are tired. You are actively shutting out success because you want to avoid being uncomfortable. Therefore, overcoming your instinct to avoid uncomfortable things at first is essential. ❷ Try doing new things outside of your comfort zone. Change is always uncomfortable, but it is key to doing things differently ❸ in order to find that magical formula for success.

① 불편할지라도 성공하기 위해서는 새로운 것을 시도해야 한다.
② 일과 생활의 균형을 맞추는 성공적인 삶을 추구해야 한다.
③ 갈등 해소를 위해 불편함의 원인을 찾아 개선해야 한다.
④ 단계별 목표를 설정하여 익숙한 것부터 도전해야 한다.
⑤ 변화에 적응하기 위해 직관적으로 문제를 해결해야 한다.

•핵심 코드•

❶ 관계대명사 that을 주로 쓰는 경우

선행사가 「사람 + 동물/사물」인 경우, 선행사가 all, every, little, few, none 등이거나 이를 포함하는 경우, 선행사가 -thing으로 끝나는 경우, 선행사에 「the + 최상급」, 「the + 서수」, the only, the same, the very 등이 있을 경우 관계대명사는 that을 쓴다.

This is **the only thing that** I have now.
이것은 내가 지금 가진 유일한 것이다.

❷ try v-ing와 try to-v

「try v-ing」는 '(시험 삼아) ~해보다'의 의미이고, 「try to-v」는 '~하려고 애쓰다'의 의미이다.

If you're bored, **try doing** some outdoor activities.
지루하거든 야외활동을 해보렴.

My wife **tried to teach** me how to drive.
내 아내는 나에게 운전하는 법을 가르치려고 애썼다.

❸ in order to-v

in order to-v는 목적을 나타내는 부사적 용법의 to부정사로, in order를 to부정사 앞에 씀으로써 목적의 의미를 분명히 한다.

I do yoga **in order to find** inner peace.
나는 내면의 평화를 찾기 위해 요가를 한다.

多빈출 핵심 어휘

avoid 통 피하다 **lead to** ~로 이끌다 **success** 명 성공 **discomfort** 명 불편 **extra** 형 추가적인 **actively** 부 적극적으로 **shut out** 차단하다 **uncomfortable** 형 불편한 **overcome** 통 극복하다 **instinct** 명 본능 **at first** 처음에 **essential** 형 필수적인 **comfort zone** 안전지대, 편안한 곳 **magical** 형 마법의, 마술의 **formula** 명 공식

코드 접속하기

정답 및 해설 p. 17

Q4 ······ 2022년 6월 교육청(고1) 22번

다음 글의 요지로 가장 적절한 것은? 정답률 85%

Your emotions deserve attention and give you important pieces of information. However, they can also sometimes be an unreliable, inaccurate source of information. You ❶ may feel a certain way, but that does not mean those feelings are reflections of the truth. ❷ You may feel sad and conclude that your friend is angry with you when her behavior simply reflects that she's having a bad day. You ❶ may feel ❸ depressed and decide that you did poorly in an interview when you did just fine. Your feelings can mislead you into thinking things that are not supported by facts.

① 자신의 감정으로 인해 상황을 오해할 수 있다.
② 자신의 생각을 타인에게 강요해서는 안 된다.
③ 인간관계가 우리의 감정에 영향을 미친다.
④ 타인의 감정에 공감하는 자세가 필요하다.
⑤ 공동체를 위한 선택에는 보상이 따른다.

• 핵심 코드 •

❶ 조동사 may

조동사 may는 '~해도 좋다'의 뜻으로 쓰여 허가의 의미를 나타낼 수도 있고, '~할지도 모른다, ~일지도 모른다'의 뜻으로 쓰여 추측이나 가능성을 나타낼 수도 있다. 추측이나 가능성을 나타내는 may는 might로 대체할 수 있는데, 일반적으로 might는 may보다 그 가능성이 더 적을 때 쓴다.

You **may** wait in my office. 〈허가〉
당신은 제 사무실에서 기다리셔도 됩니다.

Jason **may[might]** be at home. 〈추측 · 가능성〉
Jason은 집에 있을지도 모른다.

❷ 복잡한 문장 구조

You may feel sad and (may) conclude [that your friend is angry with you] [when her behavior simply reflects {that she's having a bad day}].
(may feel: 조동사 동사 1 / conclude: 동사 2 / [that ~ you]: 명사절 / [when ~]: 시간의 부사절 / {that ~}: 명사절)

동사 may feel과 (may) conclude가 병렬 연결되어 있다. 첫 번째 [ ]는 접속사 that이 이끄는 명사절로 conclude의 목적어 역할을 한다. 두 번째 [ ]는 접속사 when이 이끄는 시간의 부사절이며, { }는 접속사 that이 이끄는 명사절로 reflects의 목적어 역할을 한다.

❸ 기분 · 감정을 나타내는 분사

기분이나 감정을 나타내는 동사의 분사형은 대개 형용사로 쓰인다. 현재분사는 기분이나 감정을 유발하는 사람이나 사물을, 과거분사는 기분이나 감정을 느끼는 사람을 나타내므로, 분사가 수식하는 대상과의 관계에 유의하여 사용한다.

Tom is an **annoying** person.
Tom은 짜증나게 하는 사람이다.

Tom was **annoyed** because of the noise outside.
Tom은 밖에서 나는 소음 때문에 짜증이 났다.

다빈출 핵심 어휘

deserve 동 ~을 받을 만하다 **unreliable** 형 믿을[신뢰할] 수 없는 **inaccurate** 형 부정확한, 오류가 있는 **source** 명 원천, 근원 **reflection** 명 (거울 등에 비친) 상[모습]; *반영된 것 **conclude** 동 결론[판단]을 내리다 **behavior** 명 행동, 태도 **reflect** 동 (거울 · 유리 · 물 위에 상을) 비추다; *(사람의 태도 · 감정을) 나타내다[반영하다] **depressed** 형 우울한[암울한] **poorly** 부 좋지 못하게, 형편없이 **mislead** 동 호도[오도]하다

코드 공략하기

정답 및 해설 p. 17

01 ○△×

• 2022년 6월 교육청(고1) 20번

다음 글에서 필자가 주장하는 바로 가장 적절한 것은?

정답률 90%

Meetings encourage creative thinking and can give you ideas that you may never have thought of on your own. However, on average, meeting participants consider about one third of meeting time to be unproductive. But you can make your meetings more productive and more useful by preparing well in advance. You should create a list of items to be discussed and share your list with other participants before a meeting. It allows them to know what to expect in your meeting and prepare to participate.

① 회의 결과는 빠짐없이 작성해서 공개해야 한다.
② 중요한 정보는 공식 회의를 통해 전달해야 한다.
③ 생산성 향상을 위해 정기적인 평가회가 필요하다.
④ 모든 참석자의 동의를 받아서 회의를 열어야 한다.
⑤ 회의에서 다룰 사항은 미리 작성해서 공유해야 한다.

02 ○△×

• 2025년 6월 교육청(고1) 22번

다음 글의 요지로 가장 적절한 것은? 정답률 91%

Imagine following the spirit of a silence vow into daily life. Challenge yourself to spend an entire day saying only what you absolutely must say. It's been widely observed by behavioral psychology experts—and anyone who's ever been on a first date—that we too often tend to treat "conversation" as a game of waiting for our own turn to speak. We miss what's being said because we're mentally rehearsing our next utterance. What if you could eliminate the idea that the next available mini-silence is your next opening to express whatever is in your head? What if you were limited to, say, fifty spoken words tomorrow? I think you'd listen quite differently. You'd attend quite carefully to every word you heard. You'd be attuned to what you must respond to. You might discover that the less you say, the more you hear.

* vow: 서약 ** utterance: 발언 *** attune: 맞추다

① 말을 적게 하면 상대방의 말을 경청할 수 있다.
② 첫 만남에서는 언행에 더욱 신중할 필요가 있다.
③ 불필요한 대화를 줄이면 스트레스가 감소한다.
④ 침묵은 의사소통의 효율성을 저해할 수 있다.
⑤ 몸짓 언어는 효과적인 대화에 도움이 된다.

정답 및 해설 p. 19

03 ○△×

2024년 3월 교육청(고1) 20번

다음 글에서 필자가 주장하는 바로 가장 적절한 것은?

정답률 81%

Magic is what we all wish for to happen in our life. Do you love the movie *Cinderella* like me? Well, in real life, you can also create magic. Here's the trick. Write down all the real-time challenges that you face and deal with. Just change the challenge statement into positive statements. Let me give you an example here. If you struggle with getting up early in the morning, then write a positive statement such as "I get up early in the morning at 5:00 am every day." Once you write these statements, get ready to witness magic and confidence. You will be surprised that just by writing these statements, there is a shift in the way you think and act. Suddenly you feel more powerful and positive.

① 목표한 바를 꼭 이루려면 생각을 곧바로 행동으로 옮겨라.
② 자신감을 얻으려면 어려움을 긍정적인 진술로 바꿔 써라.
③ 어려운 일을 해결하려면 주변 사람에게 도움을 청하라.
④ 일상에서 자신감을 향상하려면 틈틈이 마술을 배워라.
⑤ 실생활에서 마주하는 도전을 피하지 말고 견뎌 내라.

04 ○△×

2023년 6월 교육청(고1) 22번

다음 글의 요지로 가장 적절한 것은? 정답률 58%

The promise of a computerized society, we were told, was that it would pass to machines all of the repetitive drudgery of work, allowing us humans to pursue higher purposes and to have more leisure time. It didn't work out this way. Instead of more time, most of us have less. Companies large and small have off-loaded work onto the backs of consumers. Things that used to be done for us, as part of the value-added service of working with a company, we are now expected to do ourselves. With air travel, we're now expected to complete our own reservations and check-in, jobs that used to be done by airline employees or travel agents. At the grocery store, we're expected to bag our own groceries and, in some supermarkets, to scan our own purchases.

* drudgery: 고된 일

① 컴퓨터 기반 사회에서는 여가 시간이 더 늘어난다.
② 회사 업무의 전산화는 업무 능률을 향상시킨다.
③ 컴퓨터화된 사회에서 소비자는 더 많은 일을 하게 된다.
④ 온라인 거래가 모든 소비자들을 만족시키기에는 한계가 있다.
⑤ 산업의 발전으로 인해 기계가 인간의 일자리를 대신하고 있다.

05 ○△× 2023년 3월 교육청(고1) 22번

다음 글의 요지로 가장 적절한 것은? 정답률 86%

When students are starting their college life, they may approach every course, test, or learning task the same way, using what we like to call "the rubberstamp approach." Think about it this way: Would you wear a tuxedo to a baseball game? A colorful dress to a funeral? A bathing suit to religious services? Probably not. You know there's appropriate dress for different occasions and settings. Skillful learners know that "putting on the same clothes" won't work for every class. They are flexible learners. They have different strategies and know when to use them. They know that you study for multiple-choice tests differently than you study for essay tests. And they not only know what to do, but they also know how to do it.

① 숙련된 학습자는 상황에 맞는 학습 전략을 사용할 줄 안다.
② 선다형 시험과 논술 시험은 평가의 형태와 목적이 다르다.
③ 문화마다 특정 행사와 상황에 맞는 복장 규정이 있다.
④ 학습의 양보다는 학습의 질이 학업 성과를 좌우한다.
⑤ 학습 목표가 명확할수록 성취 수준이 높아진다.

06 ○△× 2024년 6월 교육청(고1) 20번

다음 글에서 필자가 주장하는 바로 가장 적절한 것은? 정답률 96%

Having a messy room can add up to negative feelings and destructive thinking. Psychologists say that having a disorderly room can indicate a disorganized mental state. One of the professional tidying experts says that the moment you start cleaning your room, you also start changing your life and gaining new perspective. When you clean your surroundings, positive and good atmosphere follows. You can do more things efficiently and neatly. So, clean up your closets, organize your drawers, and arrange your things first, then peace of mind will follow.

① 자신의 공간을 정돈하여 긍정적 변화를 도모하라.
② 오랜 시간 고민하기보다는 일단 행동으로 옮겨라.
③ 무질서한 환경에서 창의적인 생각을 시도하라.
④ 장기 목표를 위해 단기 목표를 먼저 설정하라.
⑤ 반복되는 일상을 새로운 관점으로 관찰하라.

多빈출 핵심 어휘

01

- encourage 동 격려[고무]하다; *촉진하다
- creative 형 창의적인
  meetings **encourage creative** thinking
  회의는 창의적인 사고를 촉진한다
- on average 평균적으로
- participant 명 참석자
- unproductive 형 비생산적인, 생산성이 낮은 (↔ productive)
- useful 형 유용한, 쓸모 있는
- in advance 미리, 사전에

02

- silence 명 침묵
- challenge 동 도전하다
- entire 형 전체의
- absolutely 부 틀림없이
- behavioral 형 행동의
- mentally 부 마음속으로
- rehearse 동 연습하다
  rehearse our next utterance 우리의 다음 발언을 연습하다
- eliminate 동 제거하다
- express 동 표현하다
- attend 동 주의를 기울이다
  attend quite carefully 매우 신중히 주의를 기울이다
- respond 동 대답[응답]하다

03

- face 동 직면하다
  the real-time challenges that you **face** and **deal with**
  당신이 직면하고 처리하는 모든 실시간의 어려움
- deal with ~을 처리하다
- statement 명 진술
- positive 형 긍정적인
- struggle 동 어려움을 겪다
  struggle with getting up early in the morning
  아침 일찍 일어나는 데 어려움을 겪다
- witness 동 목격하다
- confidence 명 자신감
- surprise 동 놀라게 하다
- shift 명 변화
- powerful 형 강력한

04

- computerized 형 컴퓨터화된
- repetitive 형 반복적인
  the **repetitive** drudgery of work 반복적인 고된 일
- allow 동 허락하다
- pursue 동 추구하다
- purpose 명 목적
  pursue higher **purposes** 더 높은 목적을 추구하다
- leisure time 여가
- work out (일이) 잘 풀리다
- off-load 동 떠넘기다
- value-added 형 부가가치의
- expect 동 기대하다
- airline employee 항공사 종사자
- travel agent 여행사 직원
- bag 동 봉지에 넣다

05

- approach 동 접근하다 명 접근법
- course 명 과목, 과정
- task 명 과제, 과업
- rubberstamp 명 고무도장
- tuxedo 명 턱시도
- colorful 형 화려한, 다채로운
- funeral 명 장례식
- bathing suit 수영복
- religious 형 종교적인
- service 명 예식
  religious services 종교적인 예식
- probably 부 아마
- appropriate 형 적합한, 알맞은
- occasion 명 경우; *행사
- setting 명 상황, 장소
  appropriate dress for different **occasions** and **settings**
  다양한 행사와 상황마다 적합한 옷
- skillful 형 숙련된, 능숙한
  skillful learners 숙련된 학습자
- flexible 형 유연한
- strategy 명 전략
  have different **strategies** 다양한 전략을 갖고 있다
- multiple-choice test 선다형 시험

06

- □ **add up to** 결국 ~되다
- □ **negative** 형 부정적인
- □ **destructive** 형 파괴적인
- □ **psychologist** 명 심리학자
- □ **disorderly** 형 무질서한
- □ **indicate** 동 나타내다
- □ **disorganized** 형 체계적이지 못한
- □ **professional** 형 전문적인
- □ **perspective** 명 관점
  gain new **perspective** 새로운 관점을 얻다
- □ **atmosphere** 명 분위기
  positive and good **atmosphere** 긍정적이고 좋은 분위기
- □ **efficiently** 부 효율적으로

04 주제

출제코드 분석

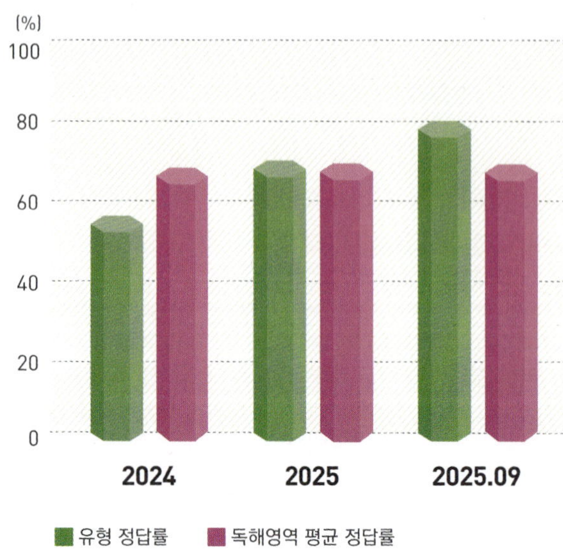

글의 주제를 묻는 유형은 매년 한두 문항씩 꾸준히 출제되고 있다. 2025학년도 수능에서 [주제] 유형의 정답률은 70%로 독해영역 평균 정답률(69%)과 비슷했으며, 2024학년도 수능에서 [주제] 유형의 정답률은 56%로 독해영역 평균 정답률(68%)보다 상당히 낮았다. 2025년도 9월 고1 학평에서는 [주제] 유형의 정답률이 80%로, 독해영역 평균 정답률(69%)보다 높은 수치를 기록하였다.

최근 수능 및 학평 출제 소재

최근 수능에서는 산업화로 인한 노동 시간 변화에 관한 글이 출제되었다. 학평에서는 인간의 감각을 확장·변환해 자연 현상을 인지하게 하는 도구들에 관한 글이 출제되었다.

학습 전략

유형 설명

글의 중심 내용인 주제를 파악하는 유형으로, 글에 대한 포괄적인 이해력을 필요로 한다.

유형 학습 전략

1. 글의 전개 방식을 파악하면 주제문의 위치를 찾기가 쉽다. 주제문은 대개 글의 도입부와 후반부에 위치하는 경우가 많다.
2. 반복적으로 등장하는 핵심 어구에 주목한다.
3. 지나치게 지엽적이거나 일반적인 내용의 선택지는 제외한다.

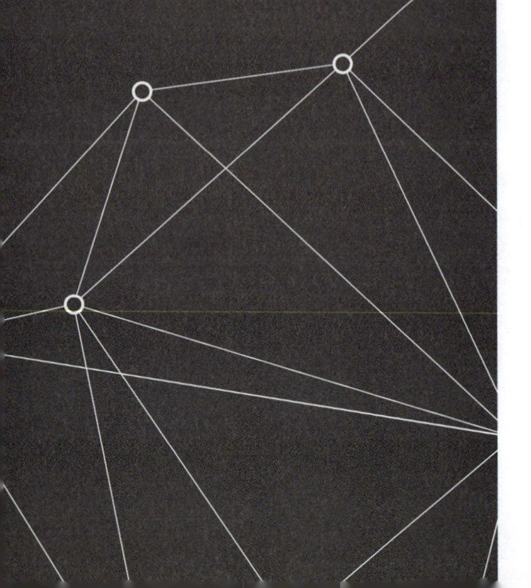

코드 접속하기

정답 및 해설 p. 22

Q1

2025년 6월 교육청(고1) 23번

다음 글의 주제로 가장 적절한 것은? 정답률 83%

Science is concerned with accumulating and understanding observations of the physical world. That understanding alone solves no problems. Individual people have to act on that understanding ❶ for it to help solve problems. For instance, science has found that regular exercise can lower your risk of heart disease. ❷ Knowing this fact is interesting, but it will do nothing for your personal health unless you act on it and actually exercise. And that's the hard part. ❷ Reading an article about exercise is easy. ❷ Getting into an actual routine of regular exercise is harder. In this sense, science really solves *no* problems at all. ❸ Problems are only solved when people take the knowledge provided by science and use it. In fact, many of humanity's biggest problems are caused by lack of action, and not lack of knowledge.

*accumulate: 축적하다

① advantages of putting strategic plans into action
② danger of acting against the wisdom of the crowd
③ difficulty in sharing scientific knowledge with the public
④ problems with lacking specific knowledge about exercising
⑤ need to act on scientific understanding in solving problems

• 핵심 코드 •

❶ to부정사의 의미상 주어

to부정사의 의미상 주어는 보통 to부정사 앞에 「for+목적격」을 써서 나타낸다.

It's important **for students** to get enough sleep.
학생들이 충분한 잠을 자는 것은 중요하다.

This book is difficult **for beginners** to understand.
이 책은 초보자들이 이해하기 어렵다.

❷ 주어로 쓰인 동명사구

동명사구가 주어인 경우 뒤따라오는 목적어, 보어, 수식어 등으로 인해 주어가 길어질 수 있으므로, 주어가 어디까지인지를 파악하는 것이 중요하다. 또한 동명사구 주어는 단수 취급한다는 점에 유의한다.

Taking a walk after dinner(주어) **is**(동사) a great way to relax.
저녁 식사 후 산책하는 것은 긴장을 푸는 아주 좋은 방법이다.

Studying with friends(주어) **makes**(동사) learning more enjoyable.
친구들과 함께 공부하는 것은 학습을 더 즐겁게 만든다.

❸ 복잡한 문장 구조

Problems are only solved [when people **take** the knowledge {provided by science} and **use** it].

[ ]는 시간의 부사절로, 동사 take와 use가 등위접속사 and로 병렬 연결되어 있다. the knowledge는 과거분사구 { }의 수식을 받고 있으며, it은 앞에 나온 the knowledge를 대신하는 대명사이다.

多빈출 핵심 어휘

be concerned with ~와 관련이 있다 **observation** 명 관찰 **physical** 형 물질[물리]적인 **individual** 형 개인의 **act on** ~에 따라 행동하다 **lower** 동 낮추다 **risk** 명 위험 **article** 명 기사 **knowledge** 명 지식 **humanity** 명 인류 **lack** 명 부족 **[문제] strategic** 형 전략적인 **wisdom** 명 지혜 **crowd** 명 사람들, 군중 **specific** 형 구체적인

코드 접속하기

정답 및 해설 p. 22

Q2

• 2021년 3월 교육청(고1) 23번

다음 글의 주제로 가장 적절한 것은? 정답률 69%

When two people are involved in an honest and open conversation, there is a back and forth flow of information. It is a smooth exchange. ❶ Since each one is drawing on their past personal experiences, the pace of the exchange is as fast as memory. When one person lies, their responses will come more slowly because the brain needs more time to process the details of a new invention than to recall stored facts. As they say, "Timing is everything." You will notice the time lag when you are having a conversation with someone ❷ who is making things up as they go. Don't forget that the other person ❸ may be reading your body language as well, and if you seem ❸ to be disbelieving their story, they will have to pause to process that information, too.

* lag: 지연

① delayed responses as a sign of lying
② ways listeners encourage the speaker
③ difficulties in finding useful information
④ necessity of white lies in social settings
⑤ shared experiences as conversation topics

• 핵심 코드 •

❶ since의 여러 가지 뜻

① ~한 이후로(접속사); ~부터, ~이후 (전치사)

He's been working here **since** he moved to this city.
이 도시로 이사온 이후로 그는 여기서 일하고 있다.

We haven't changed much **since** graduation.
우리는 졸업 이후로 크게 바뀌지 않았어.

② ~하기 때문에 (접속사)

Since you are a minor, you cannot vote.
당신은 미성년자이므로 투표할 수 없습니다.

❷ 주격 관계대명사 who

주격 관계대명사는 선행사를 대신하여 관계사절에서 주어 역할을 한다. 관계대명사 who는 선행사가 사람일 때 쓸 수 있다.

The person **who** donated the money wants to remain anonymous.
그 돈을 기부한 사람은 익명으로 남기를 원한다.

❸ 조동사와 to부정사의 진행형

조동사의 진행형은 「조동사+be v-ing」로, to부정사의 진행형은 to be v-ing로 나타낸다.

Aren't you happy? You **should be dancing** now!
기쁘지 않니? 넌 지금 춤추고 있어야지!

Theo appears **to be eating** the cookies.
Theo는 쿠키를 먹고 있는 것 같아.

다빈출 핵심 어휘

be involved in *~에 참여하다; ~와 관련되다 **conversation** 명 대화 **back and forth** 왔다 갔다 하는 **smooth** 형 순조로운, 원활히 진행되는 **exchange** 명 주고받기, 교환 **draw on** ~에 의존하다 **personal** 형 개인적인 **pace** 명 속도 **memory** 명 기억 **lie** 동 거짓말하다 **response** 명 반응 **process** 동 처리하다 **detail** 명 세부 사항 **invention** 명 발명; *꾸며 낸 이야기, 창작 **recall** 동 기억해 내다 **stored** 형 저장된 **as they say** 이른바, 소위 **make ~ up** ~을 꾸며 내다[지어 내다] **disbelieve** 동 믿지 않다, 의심하다 **pause** 동 잠시 멈추다 **[문제] encourage** 동 격려하다 **setting** 명 환경

코드 접속하기

정답 및 해설 p. 23

Q3

• 2023년 6월 교육청(고1) 23번

다음 글의 주제로 가장 적절한 것은? 정답률 72%

We tend to believe that we possess a host of socially desirable characteristics, and that we are free of most of ❶ those that are socially undesirable. For example, a large majority of the general public thinks that they are ❷ more intelligent, ❷ more fair-minded, ❷ less prejudiced, and ❷ more skilled behind the wheel of an automobile ❷ than the average person. This phenomenon is so reliable and ubiquitous that it has come to be known as the "Lake Wobegon effect," after Garrison Keillor's fictional community ❸ where "the women are strong, the men are good-looking, and all the children are above average." A survey of one million high school seniors found that 70% thought they were above average in leadership ability, and only 2% thought they were below average. In terms of ability to get along with others, all students thought they were above average, 60% thought they were in the top 10%, and 25% thought they were in the top 1%!

* ubiquitous: 도처에 있는

① importance of having a positive self-image as a leader
② our common belief that we are better than average
③ our tendency to think others are superior to us
④ reasons why we always try to be above average
⑤ danger of prejudice in building healthy social networks

• 핵심 코드 •

❶ 지시대명사 that vs. those

앞에 언급된 명사의 반복을 피하기 위해 지시대명사 that이나 those를 쓴다. 단수명사는 that, 복수명사는 those로 대신해서 쓴다.

The number of birth is less than **that** of death. (= the number)
출생 수가 사망 수보다 더 적다.

❷ 비교구문

비교구문의 기본 형태는 「형용사[부사]의 비교급+than」이며 than 뒤에는 주로 명사, 대명사, 구나 절 등이 온다.

Time is **more precious than** money.
시간은 돈보다 더 가치 있다.

❸ 관계부사 where

관계부사 where는 장소나 상황 등을 나타내는 선행사를 수식하거나 서술하는 역할을 한다.

That's the restaurant **where** we met for the first time.
저기는 우리가 처음으로 만난 레스토랑이다.

多빈출 핵심 어휘

possess 동 소유하다 **a host of** 다수의 **socially** 부 사회적으로 **desirable** 형 바람직한 **characteristic** 명 특징, 특성 **undesirable** 형 바람직하지 않은 **majority** 명 가장 많은 수, 다수 **general public** 일반 대중 **intelligent** 형 똑똑한 **fair-minded** 형 공정한 **prejudiced** 형 편견이 있는 **skilled** 형 숙련된 **average** 형 평균의, 보통의 명 평균 **phenomenon** 명 현상 **reliable** 형 믿을 수 있는 **fictional** 형 허구적인 **senior** 명 연장자; *상급생 **ability** 명 능력 **get along with** ~와 잘 지내다

코드 접속하기

정답 및 해설 p. 24

Q4

• 2022년 9월 교육청(고1) 23번

다음 글의 주제로 가장 적절한 것은? 정답률 59%

For creatures like us, evolution smiled upon those with a strong need to belong. Survival and reproduction are the criteria of success by natural selection, and forming relationships with other people can be useful for ❶ both survival and reproduction. Groups ❷ can share resources, care for sick members, scare off predators, fight together against enemies, divide tasks ❸ so as to improve efficiency, and contribute to survival in many other ways. In particular, ❹ if an individual and a group want the same resource, the group will generally prevail, so competition for resources would especially favor a need to belong. Belongingness will likewise promote reproduction, such as by bringing potential mates into contact with each other, and in particular by keeping parents together to care for their children, who are much more likely to survive ❹ if they have more than one caregiver.

① skills for the weak to survive modern life
② usefulness of belonging for human evolution
③ ways to avoid competition among social groups
④ roles of social relationships in children's education
⑤ differences between two major evolutionary theories

• 핵심 코드 •

❶ 상관접속사 both A and B

「both A and B」는 'A와 B 둘 다'라는 뜻의 상관접속사이다. 두 개 이상의 어구가 짝을 이루어 쓰이는 접속사를 상관접속사라고 하며, 이때 상관접속사에 의해 연결되는 단어, 구, 절은 병렬구조를 취해야 한다.

She can **both** ski **and** snowboard.
그녀는 스키와 스노보드 둘 다 탈 수 있다.

❷ 병렬구조

등위접속사 and, but, or, so, for, nor 등에 의해 연결되는 단어, 구, 절은 품사나 문법적 구조가 대등해야 한다. 본문에서는 share, care, scare off, fight, divide, 그리고 contribute가 등위접속사 and로 병렬 연결되어 있으며, share 이후의 각 동사 앞에 조동사 can이 생략되어 있다.

❸ so as to-v

「so as to-v」는 '~하기 위해'의 의미를 가지며, 「in order to-v」로 대체할 수 있다. 「so as to-v」의 to부정사는 목적을 나타내는 부사적 용법의 to부정사이다.

❹ 부사절을 이끄는 접속사 if

접속사 if는 조건의 부사절과 양보의 부사절을 이끌며, if가 사용된 조건절은 '~라면', 양보절은 '비록 ~하더라도'의 의미로 해석된다.

If you take your medicine, you'll get well soon. 〈조건〉
약을 먹으면, 너는 곧 나을 것이다.

She will accept the chance to study abroad (even) **if** she has to give up her job. 〈양보〉
그녀는 비록 그녀의 직업을 포기해야 한다고 해도 해외에서 공부할 기회를 받아들일 것이다.

다빈출 핵심 어휘

creature 명 생명이 있는 존재, 생물 **evolution** 명 진화 (**evolutionary** 진화의) **belong** 동 제자리에 있다; *소속감을 느끼다 (**belongingness** 명 (단체에의) 귀속 **belonging** 명 소속감) **reproduction** 명 생식, 번식 **criteria** 명 규준, 표준, 기준 **natural selection** 자연 도태, 자연 선택 **resource** 명 자원, 재원 **predator** 명 포식자, 포식 동물 **enemy** 명 적 **task** 명 일, 과업, 과제 **efficiency** 명 효율(성), 능률 **contribute** 동 기부[기증]하다; *기여하다, 이바지하다 **prevail** 동 만연[팽배]하다; *승리하다[이기다] **favor** 동 호의를 보이다, 찬성하다; *~에 편들다 **promote** 동 촉진[고취]하다 **potential** 형 가능성이 있는, 잠재적인 **caregiver** 명 돌보는 사람 **[문제] theory** 명 이론

코드 공략하기

정답 및 해설 p. 25

01 ○△× • 2020년 6월 교육청(고1) 23번

다음 글의 주제로 가장 적절한 것은? 정답률 70%

Like anything else involving effort, compassion takes practice. We have to work at getting into the habit of standing with others in their time of need. Sometimes offering help is a simple matter that does not take us far out of our way — remembering to speak a kind word to someone who is down, or spending an occasional Saturday morning volunteering for a favorite cause. At other times, helping involves some real sacrifice. "A bone to the dog is not charity," Jack London observed. "Charity is the bone shared with the dog, when you are just as hungry as the dog." If we practice taking the many small opportunities to help others, we'll be in shape to act when those times requiring real, hard sacrifice come along.

① benefits of living with others in harmony
② effects of practice in speaking kindly
③ importance of practice to help others
④ means for helping people in trouble
⑤ difficulties with forming new habits

02 ○△× • 2022년 3월 교육청(고1) 23번

다음 글의 주제로 가장 적절한 것은? 정답률 67%

The whole of human society operates on knowing the future weather. For example, farmers in India know when the monsoon rains will come next year and so they know when to plant the crops. Farmers in Indonesia know there are two monsoon rains each year, so next year they can have two harvests. This is based on their knowledge of the past, as the monsoons have always come at about the same time each year in living memory. But the need to predict goes deeper than this; it influences every part of our lives. Our houses, roads, railways, airports, offices, and so on are all designed for the local climate. For example, in England all the houses have central heating, as the outside temperature is usually below 20°C, but no air-conditioning, as temperatures rarely go beyond 26°C, while in Australia the opposite is true: most houses have air-conditioning but rarely central heating.

① new technologies dealing with climate change
② difficulties in predicting the weather correctly
③ weather patterns influenced by rising temperatures
④ knowledge of the climate widely affecting our lives
⑤ traditional wisdom helping our survival in harsh climates

03 ○△× · 2024년 3월 교육청(고1) 23번

다음 글의 주제로 가장 적절한 것은? 정답률 91%

Crop rotation is the process in which farmers change the crops they grow in their fields in a special order. For example, if a farmer has three fields, he or she may grow carrots in the first field, green beans in the second, and tomatoes in the third. The next year, green beans will be in the first field, tomatoes in the second field, and carrots will be in the third. In year three, the crops will rotate again. By the fourth year, the crops will go back to their original order. Each crop enriches the soil for the next crop. This type of farming is sustainable because the soil stays healthy.

* sustainable: 지속 가능한

① advantage of crop rotation in maintaining soil health
② influence of purchasing organic food on farmers
③ ways to choose three important crops for rich soil
④ danger of growing diverse crops in small spaces
⑤ negative impact of crop rotation on the environment

04 ○△× · 2025년 3월 교육청(고1) 23번

다음 글의 주제로 가장 적절한 것은? 정답률 80%

There is a wealth of evidence that when parents, teachers, supervisors, and coaches are perceived as involved and caring, people feel happier and more motivated. And it is not just those people with power—we need to feel valued and respected by peers and coworkers. Thus, when the need for relatedness is met, motivation and internalization are fueled, provided that support for autonomy and competence are also there. If we are trying to motivate others, a caring relationship is a crucial basis from which to begin. And when we are trying to motivate ourselves, doing things to enhance a sense of connectedness to others can be crucial to long-term persistence. So exercise with a friend, call someone when you have a difficult decision to make, and be there as a support for others as they take on challenges.

* autonomy: 자율성 ** persistence: 지속

① ways of getting out of dependent relationships
② necessity of independent decision-making for happier life
③ key factors required for boosting a competitive atmosphere
④ challenges in maintaining lasting bonds with family members
⑤ importance of building connected relationships in motivation

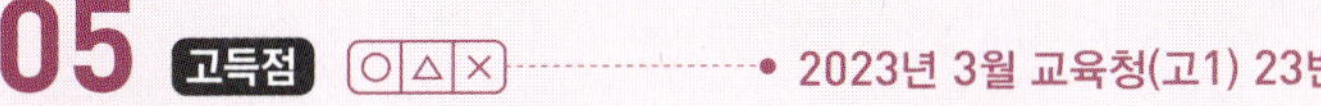

05 고득점 ○△× • 2023년 3월 교육청(고1) 23번

다음 글의 주제로 가장 적절한 것은? 정답률 48%

As the social and economic situation of countries got better, wage levels and working conditions improved. Gradually people were given more time off. At the same time, forms of transport improved and it became faster and cheaper to get to places. England's industrial revolution led to many of these changes. Railways, in the nineteenth century, opened up now famous seaside resorts such as Blackpool and Brighton. With the railways came many large hotels. In Canada, for example, the new coast-to-coast railway system made possible the building of such famous hotels as Banff Springs and Chateau Lake Louise in the Rockies. Later, the arrival of air transport opened up more of the world and led to tourism growth.

① factors that caused tourism expansion
② discomfort at a popular tourist destination
③ importance of tourism in society and economy
④ negative impacts of tourism on the environment
⑤ various types of tourism and their characteristics

06 ○△× • 2023년 9월 교육청(고1) 23번

다음 글의 주제로 가장 적절한 것은? 정답률 63%

The interaction of workers from different cultural backgrounds with the host population might increase productivity due to positive externalities like knowledge spillovers. This is only an advantage up to a certain degree. When the variety of backgrounds is too large, fractionalization may cause excessive transaction costs for communication, which may lower productivity. Diversity not only impacts the labour market, but may also affect the quality of life in a location. A tolerant native population may value a multicultural city or region because of an increase in the range of available goods and services. On the other hand, diversity could be perceived as an unattractive feature if natives perceive it as a distortion of what they consider to be their national identity. They might even discriminate against other ethnic groups and they might fear that social conflicts between different foreign nationalities are imported into their own neighbourhood.

* externality: 외부 효과 ** fractionalization: 분열

① roles of culture in ethnic groups
② contrastive aspects of cultural diversity
③ negative perspectives of national identity
④ factors of productivity differences across countries
⑤ policies to protect minorities and prevent discrimination

多빈출 핵심 어휘

01

- □ **involve** 동 수반하다, 포함하다
  involve an element of risk 위험 요소를 수반하다
- □ **compassion** 명 연민
- □ **get into the habit of** ~하는 습관을 기르다
- □ **occasional** 형 가끔의
- □ **cause** 명 원인; *조직, (사회적인) 운동
- □ **sacrifice** 명 희생
- □ **charity** 명 자선
- □ **observe** 동 ~을 보다; *(논평 · 의견을) 말하다
- □ **benefit** 명 혜택, 이득
  the largest **benefits** of a new treatment
  새로운 치료법의 가장 큰 혜택들
- □ **harmony** 명 조화

02

- □ **whole** 명 전체
- □ **operate** 동 운영되다, 돌아가다
- □ **monsoon** 명 몬순(특히 인도양에서 여름은 남서, 겨울은 북동에서 부는 계절풍)
- □ **crop** 명 작물
- □ **harvest** 명 수확물[량]
- □ **predict** 동 예측하다
  the need to **predict** goes deeper 예측할 필요는 이것보다 더욱더 깊어진다
- □ **influence** 동 영향을 미치다
- □ **railway** 명 철도
- □ **climate** 명 기후
- □ **central heating** 중앙난방
- □ **temperature** 명 기온
- □ **air-conditioning** 명 냉방(기)
- □ **rarely** 부 거의 ~하지 않게
- □ **opposite** 명 정반대(의 것)
  the **opposite** is true 그 정반대가 사실이다
- □ **deal with** ~을 다루다
- □ **traditional** 형 전통적인
- □ **survival** 명 생존
- □ **harsh** 형 혹독한
  traditional wisdom helping our **survival** in **harsh** climates
  혹독한 기후에서 우리의 생존을 돕는 전통적인 지식

03

- □ **crop rotation** 윤작
- □ **field** 명 밭
  the crops they grow in their **fields** 그들이 밭에서 재배하는 작물
- □ **rotate** 동 순환하다
- □ **original** 형 원래의
- □ **enrich** 동 비옥하게 하다
- □ **soil** 명 토양
  enrich the **soil** 토양을 비옥하게 하다

04

- □ **a wealth of** 수많은 ~
- □ **evidence** 명 증거
- □ **supervisor** 명 상사
- □ **perceive** 동 여기다, 인식하다
- □ **motivate** 동 동기를 부여하다
  try to **motivate** others 다른 사람들에게 동기 부여하려고 하다
- □ **relatedness** 명 관계성
- □ **internalization** 명 내면화
- □ **fuel** 동 자극하다, 연료를 공급하다
- □ **competence** 명 유능함, 능숙함
- □ **enhance** 동 향상시키다
- □ **connectedness** 명 유대(감)
- □ **take on** ~에 맞서다
  take on challenges 도전에 맞서다

05

- □ **social** 형 사회의
- □ **economic** 형 경제의
- □ **situation** 명 상황
- □ **wage** 명 임금, 급료
- □ **level** 명 수준
- □ **condition** 명 상태; *여건, 조건
- □ **improve** 동 개선되다, 향상되다
- □ **gradually** 부 점차
- □ **form** 명 형태
- □ **transport** 명 운송, 수송
  forms of **transport improved** 운송 형태가 개선되었다
- □ **industrial** 형 산업의
- □ **revolution** 명 혁명
- □ **lead to** ~을 이끌다[초래하다]
  England's **industrial revolution led to** many of these changes
  영국의 산업 혁명이 이러한 변화 중 많은 것을 일으켰다
- □ **railway** 명 철도
- □ **seaside** 형 해안의, 바닷가의
- □ **resort** 명 리조트, 휴양지
- □ **coast-to-coast** 형 대륙 횡단의
- □ **arrival** 명 도착; *출현, 도래
- □ **tourism** 명 관광 산업
- □ **growth** 명 성장, 발전

06

- □ **interaction** 명 상호 작용
- □ **spillover** 명 파급
- □ **excessive** 형 지나친, 과도한
- □ **transaction cost** 거래 비용
- □ **diversity** 명 다양성
- □ **tolerant** 형 관대한, 아량이 있는
- □ **distortion** 명 왜곡
- □ **discriminate** 동 차별하다

05 제목

출제코드 분석

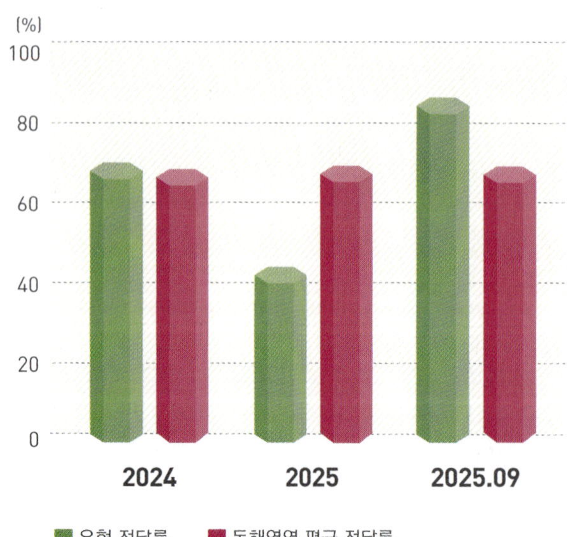

글의 제목을 묻는 유형은 매년 한두 문항씩 꾸준히 출제되고 있다. 2025학년도 수능의 경우 정답률이 44%로 독해영역 평균 정답률인 69%보다 현저하게 낮았다. 2024학년도 수능에서는 70%의 정답률로 독해영역 평균 정답률인 68%과 비슷한 정답률을 기록하였다. 2025년도 9월 고1 학평의 경우 [제목] 유형의 정답률이 86%로, 독해영역 평균 정답률인 69%보다 높았다.

최근 수능 및 학평 출제 소재

최근 수능에서는 셀피가 자화상의 역사와 문화적 의미를 확장했다는 내용의 글이 출제되었다. 학평에서는 동물 실험과 의학 발전의 상관관계에 관한 글이 출제되었다.

학습 전략

유형 설명

글의 중심 내용을 함축적으로 표현한 제목을 찾는 유형이다. 글의 제목이 상징적이거나 비유적인 방식으로 표현되는 경우도 있으므로 이에 유의한다.

유형 학습 전략

1. 글의 도입부와 자주 등장하는 핵심 어구를 통해 글의 중심 소재를 파악한다.
2. 글의 전개 방식(두괄식, 미괄식, 중괄식)에 유의하여 글의 주제를 파악한다.
3. 주제를 함축적으로 표현한 제목을 찾는다. 지나치게 지엽적이거나 광범위한 내용의 선택지는 제외한다.

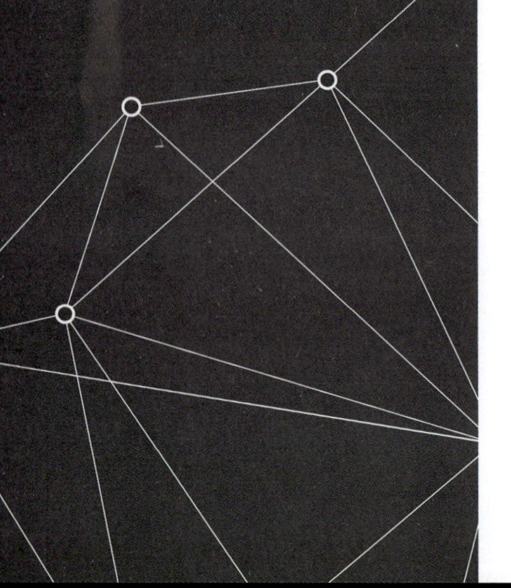

코드 접속하기

정답 및 해설 p. 29

Q1

2025년 3월 교육청(고1) 24번

다음 글의 제목으로 가장 적절한 것은? 정답률 82%

Modern brain-scanning techniques such as fMRI (functional Magnetic Resonance Imaging) have revealed that reading aloud lights up many areas of the brain. There is intense activity in areas ❶ associated with pronunciation and hearing the sound of the spoken response, which strengthens the connective structures of your brain cells for more brainpower. This leads to an overall improvement in concentration. Reading aloud is also a good way to develop your public speaking skills because it forces you to read each and every word—something ❷ people don't often do ❸ when reading quickly, or reading in silence. Children, in particular, should be encouraged to read aloud because the brain is wired for learning through connections that are created by positive stimulation, such as singing, touching, and reading aloud.

* stimulation: 자극

① Reading Aloud: Improving Brainpower and Speaking Skills
② Reading Practices: Shortcuts to Academic Achievements
③ Improve Your Writing Skills Through Reading Aloud
④ How Your Brain Changes When You Read in Silence
⑤ Techniques for Faster and More Effective Reading

핵심 코드

❶ 과거분사구

과거분사구는 명사 뒤에서 명사를 수식하여 수동이나 완료의 의미를 나타낸다.

There were brick walls **covered with graffiti.**
낙서로 뒤덮인 벽돌 담이 있었다.

The house **built in the 19th century** is now a museum.
19세기에 지어진 그 집은 지금 박물관이다.

❷ 목적격 관계대명사의 생략

목적격 관계대명사 that, which, who(m)는 생략할 수 있다. 이때, 선행사 다음에 관계사절의 「주어+동사」가 바로 이어지는 데 이를 주절의 「주어+동사」와 혼동하지 않도록 한다.

I lent her the book **[(which/that)** I bought last month**].**
내가 지난달에 산 책을 그녀에게 빌려주었다.

The man **[(who/whom/that)** we met at the party**]** is a famous writer.
우리가 파티에서 만난 남자는 유명한 작가이다.

❸ 접속사가 있는 분사구문

분사구문에서 대개 접속사를 생략하지만 분사구문의 뜻을 명확히 하기 위해 접속사를 남겨두는 경우가 있다. 본문에서는 시간을 나타내는 접속사 when이 남아 있다.

Although feeling tired, she continued working.
비록 피곤했지만, 그녀는 계속 일했다.

After joining the tennis club together, we became closer friends.
테니스 클럽에 함께 가입한 후, 우리는 더 가까운 친구가 되었다.

多빈출 핵심 어휘

modern 형 현대의 **technique** 명 기술 **fMRI(functional Magnetic Resonance Imaging)** 기능적 자기 공명 영상 **reveal** 동 드러내다 **light up** ~을 밝히다 **intense** 형 강렬한 **associated with** ~과 연관된 **pronunciation** 명 발음 **response** 명 반응 **strengthen** 동 강화시키다 **overall** 형 전반적인 **improvement** 명 향상 **concentration** 명 집중력 **force** 동 강요하다 **in particular** 특히 **encourage** 동 장려하다 **[문제]** **shortcut** 명 지름길 **academic** 형 학업의 **effective** 형 효과적인

코드 접속하기

정답 및 해설 p. 30

Q2 • 2022년 6월 교육청(고1) 24번

다음 글의 제목으로 가장 적절한 것은? 정답률 80%

Only a generation or two ago, mentioning the word *algorithms* ❶ would have drawn a blank from most people. Today, algorithms appear in every part of civilization. They are connected to everyday life. They're ❷ not just in your cell phone or your laptop but in your car, your house, your appliances, and your toys. Your bank is a huge web of algorithms, ❸ with humans turning the switches here and there. Algorithms schedule flights and then fly the airplanes. Algorithms run factories, trade goods, and keep records. ❹ If every algorithm suddenly stopped working, it would be the end of the world as we know it.

① We Live in an Age of Algorithms
② Mysteries of Ancient Civilizations
③ Dangers of Online Banking Algorithms
④ How Algorithms Decrease Human Creativity
⑤ Transportation: A Driving Force of Industry

• 핵심 코드 •

❶ would have + p.p.

지나간 일에 대한 추측, 가능성, 후회 등을 나타내는 「조동사 + have + p.p.」 중 「would have + p.p.」는 '~했을 것이다'로 해석하며 과거에 대한 추측의 의미를 나타낸다.

Jake **would have had** to get up early that morning.
Jake는 그날 아침 일찍 일어나야 했을 것이다.

By now you **would have heard** the news about your coworker leaving.
지금쯤 당신은 동료가 떠난다는 소식을 들었을 것이다.

❷ 상관접속사 not just A but (also) B

상관접속사 「not just[only] A but (also) B」는 'A뿐만 아니라 B도'의 의미를 나타낸다.

❸ with + 목적어 + 현재분사(v-ing)

「with + 목적어 + 현재분사(v-ing)」는 '~가 …한 채로[…하면서]'의 의미이다.

She sat on the chair **with her legs swinging.**
그녀는 다리를 흔들며 의자에 앉아 있었다.

❹ 가정법 과거

「if + S + 동사의 과거형/were, S + would[could/might] + 동사원형」의 형태인 가정법 과거는 '만약 ~라면 …할 것이다'로 해석하며 현재의 사실을 반대로 가정, 상상하거나 현재나 미래에 실현 가능성이 거의 없는 일을 가정, 상상, 소망할 때 사용한다. 가정법 과거에서는 과거시제를 사용하나 의미상으로는 현재나 미래를 나타낸다.

If we **saved** $2,000, we **would have** enough for a holiday next year.
만약 우리가 2천 달러를 저축한다면 내년 휴가를 위해 충분할 것이다.

다빈출 핵심 어휘

generation 명 세대 **draw a blank** 아무 반응을 얻지 못하다 **civilization** 명 문명 **appliance** 명 가전제품 **web** 명 거미줄; *(복잡하게 연결된) ~망 **schedule** 동 일정[시간 계획]을 잡다, 예정하다 **run** 동 달리다[뛰다]; *운영[경영/관리]하다 **trade** 동 거래[교역/무역]하다 **goods** 명 《*pl.*》 상품, 제품 **[문제] decrease** 동 줄다, 줄이다 **transportation** 명 수송, 운송 **driving force** 원동력

코드 접속하기

정답 및 해설 p. 30

Q3

• 2021년 3월 교육청(고1) 24번

다음 글의 제목으로 가장 적절한 것은? 정답률 79%

Think, for a moment, about ❶ something you bought that you never ended up using. An item of clothing you never ended up wearing? A book you never read? Some piece of electronic equipment that never even made it out of the box? It is estimated that Australians alone spend on average $10.8 billion AUD (approximately $9.99 billion USD) every year on goods they do not use — more than the total government spending on universities and roads. That is an average of $1,250 AUD (approximately $1,156 USD) for each household. ❶❷ All the things we buy that then just sit there gathering dust are waste — a waste of money, a waste of time, and waste in the sense of pure rubbish. As the author Clive Hamilton observes, ❷ 'The difference between the stuff we buy and what we use is waste.'

① Spending Enables the Economy
② Money Management: Dos and Don'ts
③ Too Much Shopping: A Sign of Loneliness
④ 3R's of Waste: Reduce, Reuse, and Recycle
⑤ What You Buy Is Waste Unless You Use It

• 핵심 코드 •

❶ 복잡한 문장

• ... something (**that**) you bought **that** you never ended up using.
(something: 선행사 / (that) you bought: 목적격 관계대명사절 / that you never ended up using: 목적격 관계대명사절)

: 두 번째 목적격 관계대명사절의 선행사는 something you bought이다.
: 선행사가 something이므로 관계대명사는 that만 가능하다.

• All the things (**that**) we buy **that** then just sit there **gathering** dust ....
(All the things: 선행사 / (that) we buy: 목적격 관계대명사절 / that then just sit there gathering dust: 주격 관계대명사절)

: 주격 관계대명사절의 선행사는 All the things we buy이다.
: 선행사에 all이 있으므로 관계대명사는 that만 가능하다.
: gathering dust는 주격 관계대명사절 안에서 동사 sit을 부연설명하는 분사구문(동시동작)이다.

❷ 주어와 동사의 수 일치

• **All the things** we buy that then just sit there gathering dust **are** waste ....
주어는 두 개의 관계대명사절의 수식을 받는 All the things이므로 복수동사 are를 써야 한다.

• **The difference** between the stuff [we buy] and what we use **is** waste.
: 주어는 전치사구 between A and B의 수식을 받는 The difference이므로 단수동사 is를 써야 한다.
: A는 목적격 관계대명사절 we buy의 수식을 받는 the stuff이고, B는 관계대명사절 what we use로, what은 선행사를 포함하는 관계대명사이다.

多빈출 핵심 어휘

end up v-ing 결국 ~하다 **an item of clothing** 옷 한 벌 **electronic equipment** 전자 기기 **estimate** 통 추산하다 **spend** 통 쓰다, 소비하다 **average** 명 평균 **billion** 명 십 억 **approximately** 부 약, 대략 **government** 명 정부 **household** 명 가구, 세대 **gather** 통 모으다 **dust** 명 먼지 **waste** 명 낭비, 쓰레기 **in the sense of** ~이라는 의미에서 **pure** 형 순전한, 순수한 **rubbish** 명 쓸모없는 물건, 쓰레기 **author** 명 작가, 저자 **observe** 통 관찰하다; *(발언, 의견을) 말하다 **[문제] enable** 통 가능하게 하다 **loneliness** 명 외로움 **recycle** 통 재활용하다

코드 접속하기

정답 및 해설 p. 31

Q4

2023년 3월 교육청(고1) 24번

다음 글의 제목으로 가장 적절한 것은? 정답률 71%

Success can lead you off your intended path and into a comfortable rut. If you are good at something and are well rewarded for doing it, you may want to keep doing it even if you stop enjoying it. The danger is ❶ that one day you look around and realize you're ❷ so deep in this comfortable rut that you can no longer see the sun or breathe fresh air; the sides of the rut have become ❷ so slippery that it would take a superhuman effort to climb out; and, effectively, you're stuck. And it's a situation that many working people worry they're in now. The poor employment market has ❸ left them feeling locked in what may be a secure, or even well-paying — but ultimately unsatisfying — job.

*rut: 틀에 박힌 생활

① Don't Compete with Yourself
② A Trap of a Successful Career
③ Create More Jobs for Young People
④ What Difficult Jobs Have in Common
⑤ A Road Map for an Influential Employer

핵심 코드

❶ 명사절을 이끄는 종속접속사 that

접속사 that이 이끄는 명사절은 문장에서 주어, 목적어, 보어의 역할을 할 수 있다.

That she drew the picture is unbelievable. (주어)
그녀가 그 그림을 그렸다니 믿을 수가 없다.

I think **that his English is quite good**. (목적어)
나는 그의 영어 실력이 꽤 괜찮다고 생각한다.

My conclusion is **that you have to finish it**. (보어)
나의 결론은 네가 이것을 끝내야 한다는 것이다.

❷ 「so ~ that ...」 구문

「so + 형용사[부사] + that + 주어 + 동사」는 '너무 ~해서 …하다'의 의미를 나타낸다.

The weather was **so** warm **that** we could go for a swim.
날씨가 너무 따듯해서 우리는 수영하러 갈 수 있었다.

He is **so** fast **that** he can win the race.
그는 너무 빨라서 경주에서 이길 수 있다.

❸ leave + 목적어 + 목적격보어

'(목적어)가 ~한 상태로 두다'라는 의미로, 목적어가 '느끼는' 주체이므로 능동의 의미인 현재분사 feeling이 쓰였다.

多빈출 핵심 어휘

success 명 성공 **lead** 동 이끌다 **intend** 동 의도하다 **path** 명 길 **reward** 동 보상을 주다 **realize** 동 깨닫다 **breathe** 동 호흡하다, 숨쉬다 **slippery** 형 미끄러운 **superhuman** 형 초인적인 **effort** 명 노력 **effectively** 부 효과적으로; *사실상, 실제로 **situation** 명 상황 **employment** 명 고용 **secure** 형 안정적인 **ultimately** 부 궁극적으로 **unsatisfying** 형 만족스럽지 못한

코드 공략하기

정답 및 해설 p. 32

01 ○△× • 2022년 3월 교육청(고1) 24번

다음 글의 제목으로 가장 적절한 것은? 정답률 66%

Our ability to accurately recognize and label emotions is often referred to as *emotional granularity*. In the words of Harvard psychologist Susan David, "Learning to label emotions with a more nuanced vocabulary can be absolutely transformative." David explains that if we don't have a rich emotional vocabulary, it is difficult to communicate our needs and to get the support that we need from others. But those who are able to distinguish between a range of various emotions "do much, much better at managing the ups and downs of ordinary existence than those who see everything in black and white." In fact, research shows that the process of labeling emotional experience is related to greater emotion regulation and psychosocial well-being.

* nuanced: 미묘한 차이가 있는

① True Friendship Endures Emotional Arguments
② Detailed Labeling of Emotions Is Beneficial
③ Labeling Emotions: Easier Said Than Done
④ Categorize and Label Tasks for Efficiency
⑤ Be Brave and Communicate Your Needs

02 ○△× • 2025년 9월 교육청(고1) 24번

다음 글의 제목으로 가장 적절한 것은? 정답률 86%

Many opponents of animal experimentation argue that not only is modern medicine not the only cause for the decline in mortality, many medical advances that did contribute to human health were not the result of animal experimentation. Defenders of research have claimed that since there is a strong correlation between the practice of animal experimentation and medical advancement, the former caused the latter. Opponents of research reject this inference. After all, we have independent reasons to expect these phenomena to be correlated. Since the law prescribes that all new drugs, prosthetic devices, and surgical techniques be tried on animals before they are used in humans, we will subsequently find that all medical advances are correlated with prior experimentation on animals. Consequently, the correlation between animal experimentation and medical discovery is the result of legal necessity, not evidence that animal experimentation led to medical advances. Moreover, several influential physicians have offered historical evidence that animal experimentation has not been as responsible for biomedical discovery as defenders suggest. They claim that clinical discoveries played a more substantial role than animal researchers have led us to believe.

* prosthetic: 보철의

① Bio-medicine: Unlocking New Frontiers in Health Care
② Is Medicine Advanced by Experimenting on Animals?
③ Refer to Historical Evidence to Solve Medical Issues
④ Why Aren't There Strict Laws for Animal Adoption?
⑤ Medical Advances for Extending Human Life Span

03 ○△×

2024년 3월 교육청(고1) 24번

다음 글의 제목으로 가장 적절한 것은? 정답률 77%

Working around the whole painting, rather than concentrating on one area at a time, will mean you can stop at any point and the painting can be considered "finished." Artists often find it difficult to know when to stop painting, and it can be tempting to keep on adding more to your work. It is important to take a few steps back from the painting from time to time to assess your progress. Putting too much into a painting can spoil its impact and leave it looking overworked. If you find yourself struggling to decide whether you have finished, take a break and come back to it later with fresh eyes. Then you can decide whether any areas of your painting would benefit from further refinement.

* tempting: 유혹하는 ** refinement: 정교하게 꾸밈

① Drawing Inspiration from Diverse Artists
② Don't Spoil Your Painting by Leaving It Incomplete
③ Art Interpretation: Discover Meanings in a Painting
④ Do Not Put Down Your Brush: The More, the Better
⑤ Avoid Overwork and Find the Right Moment to Finish

04 ○△×

2024년 9월 교육청(고1) 24번

다음 글의 제목으로 가장 적절한 것은? 정답률 79%

Whales are highly efficient at carbon storage. When they die, each whale sequesters an average of 30 tons of carbon dioxide, taking that carbon out of the atmosphere for centuries. For comparison, the average tree absorbs only 48 pounds of CO_2 a year. From a climate perspective, each whale is the marine equivalent of thousands of trees. Whales also help sequester carbon by fertilizing the ocean as they release nutrient-rich waste, in turn increasing phytoplankton populations, which also sequester carbon — leading some scientists to call them the "engineers of marine ecosystems." In 2019, economists from the International Monetary Fund (IMF) estimated the value of the ecosystem services provided by each whale at over $2 million USD. They called for a new global program of economic incentives to return whale populations to preindustrial whaling levels as one example of a "nature-based solution" to climate change. Calls are now being made for a global whale restoration program, to slow down climate change.

* sequester: 격리하다 ** phytoplankton: 식물성 플랑크톤

① Saving Whales Saves the Earth and Us
② What Makes Whales Go Extinct in the Ocean
③ Why Is Overpopulation of Whales Dangerous?
④ Black Money: Lies about the Whaling Industry
⑤ Climate Change and Its Effect on Whale Habitats

05 ○△× 2024년 6월 교육청(고1) 24번

다음 글의 제목으로 가장 적절한 것은? 정답률 76%

Your behaviors are usually a reflection of your identity. What you do is an indication of the type of person you believe that you are — either consciously or nonconsciously. Research has shown that once a person believes in a particular aspect of their identity, they are more likely to act according to that belief. For example, people who identified as "being a voter" were more likely to vote than those who simply claimed "voting" was an action they wanted to perform. Similarly, the person who accepts exercise as the part of their identity doesn't have to convince themselves to train. Doing the right thing is easy. After all, when your behavior and your identity perfectly match, you are no longer pursuing behavior change. You are simply acting like the type of person you already believe yourself to be.

① Action Comes from Who You Think You Are
② The Best Practices for Gaining More Voters
③ Stop Pursuing Undesirable Behavior Change!
④ What to Do When Your Exercise Bores You
⑤ Your Actions Speak Louder than Your Words

06 ○△× 2023년 6월 교육청(고1) 24번

다음 글의 제목으로 가장 적절한 것은? 정답률 69%

Few people will be surprised to hear that poverty tends to create stress: a 2006 study published in the American journal Psychosomatic Medicine, for example, noted that a lower socioeconomic status was associated with higher levels of stress hormones in the body. However, richer economies have their own distinct stresses. The key issue is time pressure. A 1999 study of 31 countries by American psychologist Robert Levine and Canadian psychologist Ara Norenzayan found that wealthier, more industrialized nations had a faster pace of life — which led to a higher standard of living, but at the same time left the population feeling a constant sense of urgency, as well as being more prone to heart disease. In effect, fast-paced productivity creates wealth, but it also leads people to feel time-poor when they lack the time to relax and enjoy themselves.

* prone: 걸리기 쉬운

① Why Are Even Wealthy Countries Not Free from Stress?
② In Search of the Path to Escaping the Poverty Trap
③ Time Management: Everything You Need to Know
④ How Does Stress Affect Human Bodies?
⑤ Sound Mind Wins the Game of Life!

多빈출 핵심 어휘

01

- □ **accurately** 부 정확히
- □ **recognize** 동 알아보다[알다]; *인정[인식]하다
- □ **label** 동 표[딱지, 라벨]를 붙이다; *이름을 붙이다, (~이라고) 부르다
- □ **emotion** 명 감정
  ability to **accurately recognize** and **label emotions**
  감정을 정확하게 인식하고 그것에 이름을 붙일 수 있는 능력
- □ **granularity** 명 입상(粒狀), 입도(粒度)
- □ **psychologist** 명 심리학자
- □ **vocabulary** 명 어휘
- □ **absolutely** 부 극도로, 굉장히
- □ **transformative** 형 변화시키는
- □ **rich** 형 부유한, 돈 많은; *다채로운, 풍요로운
- □ **distinguish** 동 구별 짓다, 차이를 보이다
- □ **a range of** 다양한, 광범위한
- □ **various** 형 여러 가지의, 다양한
  a range of various emotions 광범위한 다양한 감정들
- □ **ordinary** 형 보통의, 일상적인
- □ **existence** 명 존재
  ordinary existence 보통의 존재
- □ **regulation** 명 규제, 통제, 단속
- □ **psychosocial** 형 심리 사회적인
- □ **well-being** 명 안녕, 행복
  psychosocial well-being 심리 사회적인 행복
- □ **endure** 동 견디다, 참다
- □ **categorize** 동 분류하다
- □ **task** 명 일, 과업
- □ **efficiency** 명 효율(성), 능률
  categorize and label **tasks** for **efficiency**
  효율성을 위해 과업을 분류하고 이름 붙여라

02

- □ **opponent** 명 반대자
- □ **experimentation** 명 실험
- □ **decline** 명 감소
- □ **mortality** 명 사망률
  the **decline** in **mortality** 사망률의 감소
- □ **advance** 명 진전, 발전 동 진보시키다
- □ **contribute to** ~에 기여하다
- □ **defender** 명 옹호자
- □ **correlation** 명 상관관계
  the **correlation** between animal **experimentation** and medical discovery 동물 실험과 의학적 발견 간의 상관관계
- □ **inference** 명 추론
- □ **independent** 형 독립적인
- □ **phenomena** 명 《*pl.*》 현상
- □ **prescribe** 동 규정하다
- □ **surgical** 형 외과의, 수술의
- □ **subsequently** 부 그 뒤에, 나중에
- □ **consequently** 부 따라서
- □ **necessity** 명 필요(성)
- □ **evidence** 명 증거
- □ **influential** 형 영향력 있는
- □ **physician** 명 의사
- □ **biomedical** 형 생물[생체] 의학의
- □ **clinical** 형 임상의
- □ **substantial** 형 (양·가치·중요성이) 상당한

03

- □ **concentrate** 동 집중하다
- □ **area** 명 지역, 영역
- □ **at a time** 한 번에
- □ **consider** 동 여기다, 간주하다
- □ **assess** 동 평가하다
- □ **progress** 명 진척, 진행
  assess your **progress** 당신의 진행 상황을 평가하다
- □ **spoil** 동 망치다
- □ **impact** 명 영향(력)
  spoil its **impact** 그것의 영향력을 망치다
- □ **overwork** 동 과하게 작업하다
- □ **benefit** 동 득을 보다
- □ **further** 형 더 이상의, 추가의

04

- □ **efficient** 형 효율적인
- □ **carbon** 명 탄소
- □ **storage** 명 저장
- □ **carbon dioxide** 명 이산화탄소
- □ **atmosphere** 명 대기
- □ **comparison** 명 비교
- □ **absorb** 동 흡수하다
- □ **perspective** 명 관점
- □ **marine** 형 해양의
- □ **equivalent** 명 상응하는 것
- □ **fertilize** 동 비옥하게 하다
  fertilize the ocean 바다를 비옥하게 하다
- □ **in turn** 결과적으로
- □ **population** 명 개체수
- □ **ecosystem** 명 생태계
- □ **economist** 명 경제학자
- □ **monetary** 형 통화[화폐]의
- □ **estimate** 동 추정하다
  estimate the value 가치를 추정하다

□ **call for** ~을 요구하다
call for a new global program 새로운 글로벌 프로그램을 요구하다
□ **preindustrial** 형 산업화 이전의
□ **restoration** 명 복원

05

□ **behavior** 명 행동
□ **reflection** 명 반영
□ **identity** 명 정체성
a **reflection** of your **identity** 정체성의 반영
□ **indication** 명 (사정·생각·감정을 보여주는) 말[암시/조짐]
□ **consciously** 부 의식적으로
□ **nonconsciously** 부 무의식적으로
□ **particular** 형 특정한
□ **aspect** 명 측면
□ **voter** 명 유권자
□ **vote** 동 투표하다
□ **claim** 동 주장하다
□ **similarly** 부 마찬가지로
□ **accept** 동 받아들이다
□ **convince** 동 설득하다
□ **pursue** 동 추구하다
pursue behavior change 행동 변화를 추구하다

06

□ **poverty** 명 가난
poverty tends to create stress 가난이 스트레스를 유발하는 경향이 있다
□ **publish** 동 출판하다
□ **note** 동 주목하다; *언급하다
□ **socioeconomic status** 사회 경제적 지위
□ **associate** 동 연관짓다
□ **distinct** 형 뚜렷한, 분명한
□ **pressure** 명 압박
□ **industrialized** 형 산업화된
□ **pace** 명 속도
□ **standard** 명 수준, 기준
□ **population** 명 인구
□ **constant** 형 끊임없는
□ **urgency** 명 긴박, 촉박
□ **productivity** 명 생산성
□ **time-poor** 형 시간에 쪼들리는
□ **lack** 동 ~이 부족하다
lack the time to relax 긴장을 풀 시간이 부족하다

06
도표

출제코드 분석

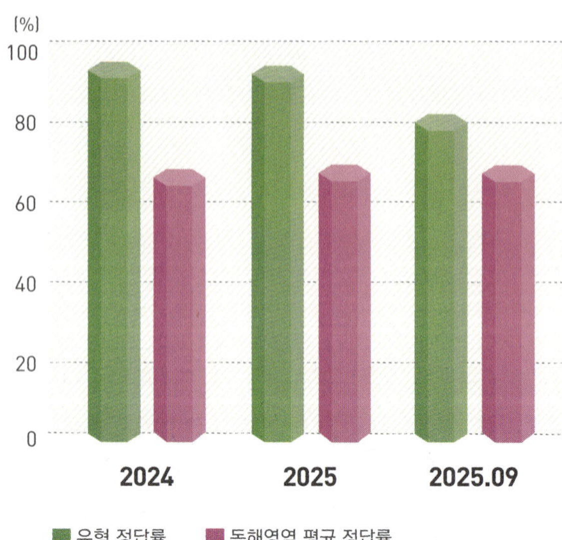

도표의 내용과 일치하지 않는 것을 고르는 유형은 매년 한 문항씩 출제된다. 2025학년도 수능과 2024학년도 수능에서 [도표] 유형의 정답률은 각각 94%, 95%를 기록하여 매우 쉬운 수준으로 출제되었다. 2025년도 9월 고1 학평에서 [도표] 유형의 정답률은 82%로, 독해영역 평균 정답률(69%)보다 높은 수치를 기록하였다.

최근 수능 및 학평 출제 소재

최근 수능에서는 미국 영화 산업에서 여성 종사자 비율을 보여주는 도표가 출제되었다. 학평에서는 2020년 6개국의 온라인 뉴스 소비 방식에 대한 선호를 보여주는 도표가 출제되었다.

학습 전략

유형 설명

도표의 내용을 설명한 문장 중에서 도표의 내용과 일치하지 않는 것을 고르는 유형이다. 증가나 감소 표현, 비교급과 최상급 표현, 배수나 분수 표현 등을 미리 익혀두는 것이 도움이 된다.

유형 학습 전략

1. 도표의 제목 및 가로축과 세로축을 먼저 확인하여 무엇에 관한 내용인지를 확인한다.
2. 도표의 수치가 가장 높거나 가장 낮은 것, 수치 변화가 급격하거나 완만한 것 등의 눈에 띄는 특징에 주목한다.
3. 본문의 선택지와 도표의 해당 부분을 하나씩 꼼꼼하게 대조하며 내용 일치 여부를 판단한다.

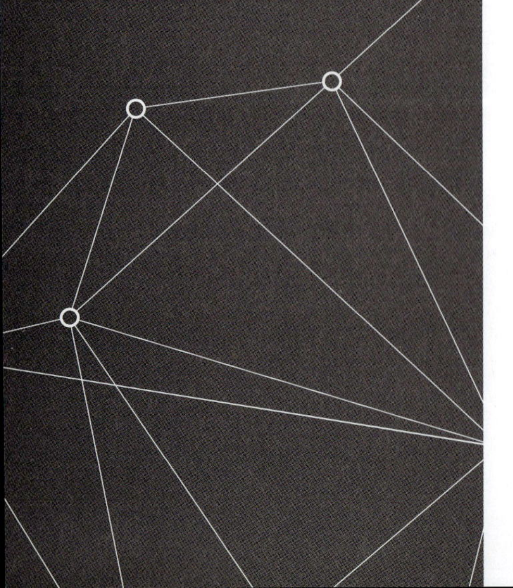

코드 접속하기

정답 및 해설 p. 37

Q1

• 2025년 6월 교육청(고1) 25번

다음 도표의 내용과 일치하지 않는 것은? 정답률 89%

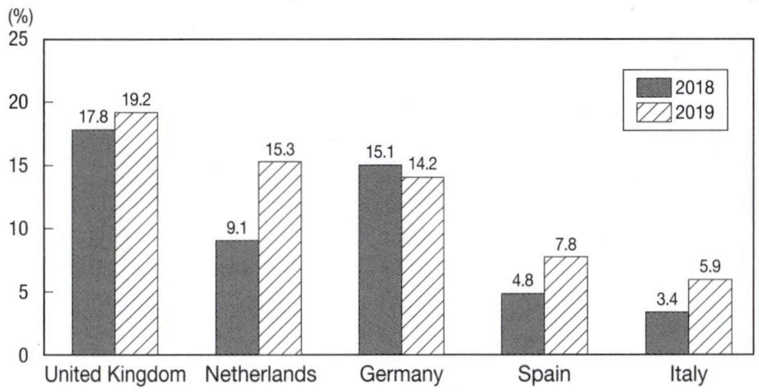

The graph above shows the online share of retail trade in selected European countries in 2018 and 2019. ① In 2019, the United Kingdom recorded the highest online share of retail trade, reaching 19.2 percent. ② The Netherlands showed the largest increase in its online share of retail trade among the countries from 2018 to 2019, with a jump of over 6 percentage points. ③ In 2018, Germany had a ❶ higher online share of retail trade than the Netherlands, whereas, in 2019, Germany fell behind the Netherlands. ④ In 2018, Germany's online share of retail trade was over ❷ four times higher than that of Spain. ⑤ Among the five countries, Italy recorded the lowest online share of retail trade in ❸ both 2018 and 2019.

• 핵심 코드 •

❶ 비교구문

비교구문은 「형용사[부사]의 비교급+than」의 형태로 나타내며, than 뒤에는 주로 (대)명사, 구, 또는 절이 온다.

Your suitcase is **bigger than** mine.
네 여행 가방은 내 것보다 더 크다.

He liked the movie star **more than** I did.
나보다 그가 그 영화 배우를 더 좋아했다.

❷ 비교를 나타내는 배수 표현

「배수사+형용사[부사]의 비교급+than」은 '~보다 몇 배 더 …한[하게]'의 의미를 나타내며, 「배수사+as+형용사[부사]의 원급+as」로 바꿔 쓸 수 있다.

Jupiter is about **fourteen hundred times larger than** the Earth.
→ Jupiter is about **fourteen hundred times as large as** the Earth.
목성은 지구보다 약 1,400배 더 크다.

❸ 상관접속사 both A and B

「both A and B」는 'A와 B 둘 다'라는 뜻의 상관접속사이다. 두 개 이상의 어구가 짝을 이루어 쓰이는 접속사를 상관접속사라고 하며, 이때 상관접속사에 의해 연결되는 단어, 구, 절은 병렬구조를 취한다.

She visited **both** a famous museum in Seoul **and** an old palace near it.
그녀는 서울에 있는 유명 박물관과 그 근처의 고궁 둘 다 방문했다.

多빈출 핵심 어휘

share 명 몫; *점유율, 비율 **retail trade** 소매업 **selected** 형 선택된 **record** 동 기록하다 **reach** 동 ~에 이르다[도달하다] **increase** 명 증가 **whereas** 접 ~인 반면에 **fall behind** ~에 뒤처지다

코드 접속하기

정답 및 해설 p. 37

Q2 • 2025년 3월 교육청(고1) 25번

다음 도표의 내용과 일치하지 않는 것은? 정답률 88%

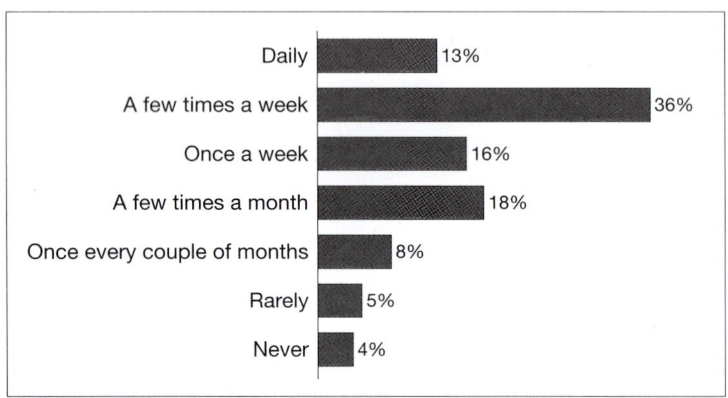

The above graph shows ❶ how often people in America consumed fast food in 2023, sorted according to frequency of consumption. ① More than 50 percent of individuals consumed fast food once a week or more frequently. ② The most highly reported pattern of consumption was a few times a week, which was 36 percent of the total. ③ The second most highly reported pattern was a few times a month, accounting for 18 percent of the total. ④ The percentage of people ❷ who ate fast food once every couple of months was more than ❸ that of those ❷ who consumed it daily. ⑤ The combined share of those ❷ who rarely or never ate fast food was less than 10 percent.

• 핵심 코드 •

❶ 의문사절

의문사가 이끄는 명사절은 문장에서 주어, 목적어, 보어 역할을 하며 「의문사 + 주어 + 동사」의 어순을 따른다.

[**When the results will be announced**] hasn't been decided yet. 〈주어〉
언제 결과가 발표될지는 아직 결정되지 않았다.

Does anyone know [**how tall the building is**]? 〈목적어〉
그 건물이 얼마나 높은지 누구 아나요?

The biggest mystery is [**how they escaped**]. 〈보어〉
가장 큰 미스터리는 그들이 어떻게 탈출했는가이다.

❷ 주격 관계대명사 who

선행사가 사람이고 관계사절 안에서 주어 역할을 하는 경우, 관계대명사 who 또는 that을 쓴다.

We met a woman [**who** works at the space research center].
우리는 우주 연구소에서 일하는 한 여성을 만났다.

The boy [**who** helped me find my wallet] was very kind.
내가 지갑을 찾도록 도와준 그 소년은 아주 친절했다.

❸ 반복되는 명사를 대신하는 지시대명사

앞에 나온 명사가 반복되어 나오는 것을 피하기 위해 지시대명사를 사용할 경우, 단수명사일 때는 that을, 복수명사일 때는 those를 사용한다.

Some biological features of chimpanzees look like **those** of humans.
= biological features
침팬지의 몇몇 생물학적 특징들은 인간의 그것들과 비슷해 보인다.

多빈출 핵심 어휘

consume 동 먹다 **rarely** 부 거의 ~ 않다 **sort** 동 분류하다; *정렬하다 **frequency** 명 빈도 **consumption** 명 소비; *섭취 **frequently** 부 자주 **account for** ~을 차지하다 **percentage** 명 비율 **combine** 동 합치다

코드 접속하기

정답 및 해설 p. 38

Q3

• 2022년 6월 교육청(고1) 25번

다음 도표의 내용과 일치하지 않는 것은? 정답률 90%

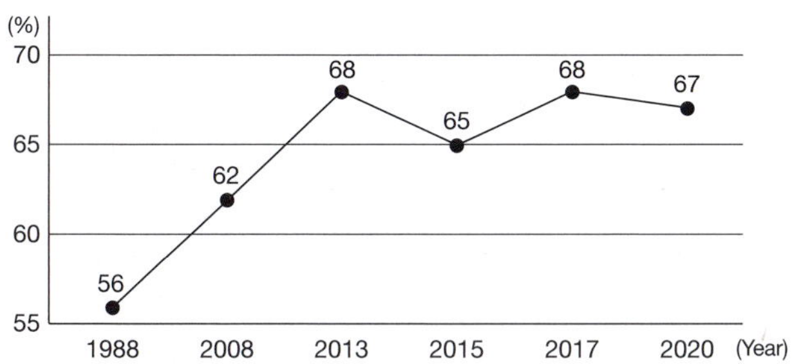

The graph above shows the percent of households with pets in the United States (U.S.) from 1988 to 2020. ① In 1988, more than half of U.S. households owned pets, and more than 6 out of 10 U.S. households owned pets from 2008 to 2020. ② In the period between 1988 and 2008, pet ownership ❶ increased among U.S. households by 6 percentage points. ③ From 2008 to 2013, pet ownership ❶ rose an additional 6 percentage points. ④ The percent of U.S. households with pets in 2013 was ❷ the same as that in 2017, ❸ which was 68 percent. ⑤ in 2015, the rate of U.S. households with pets was 3 percentage points lower than in 2020.

• 핵심 코드 •

❶ 증감을 나타내는 동사

- 증가를 나타내는 표현: increase, rise, grow, go up, climb, jump, soar, surge 등
- 감소를 나타내는 표현: decrease, fall, reduce, drop, go down, decline, plunge, plummet 등

cf. 증감을 나타내는 동사를 수식하는 빈출 부사에는 substantially, significantly, considerably, noticeably, remarkably, dramatically, drastically, radically, sharply, slightly 등이 있다.

❷ the same as ~

「the same as ~」는 '~와 같은'의 의미로, 품사에 관계없이 동일한 것이나 같은 종류의 것을 가리킨다.

I will do **the same as** you did.
나는 네가 한 것과 같은 행동을 할 것이다.

❸ 관계대명사의 계속적 용법

계속적 용법의 관계대명사는 선행사와 관계대명사 사이에 콤마(,)를 두며, 이때 관계대명사절은 선행사에 대한 부연 설명을 한다. 계속적 용법의 관계대명사는 문맥에 따라 「and, but, for, though + 대명사」 등으로 바꿔 쓸 수 있다.

빈출 핵심 어휘

household 명 가정 **ownership** 명 보유, 소유 **increase** 동 증가하다 **additional** 형 추가의 **rate** 명 비율

코드 접속하기

정답 및 해설 p. 39

Q4 • 2024년 9월 교육청(고1) 24번

다음 도표의 내용과 일치하지 않는 것은? 정답률 85%

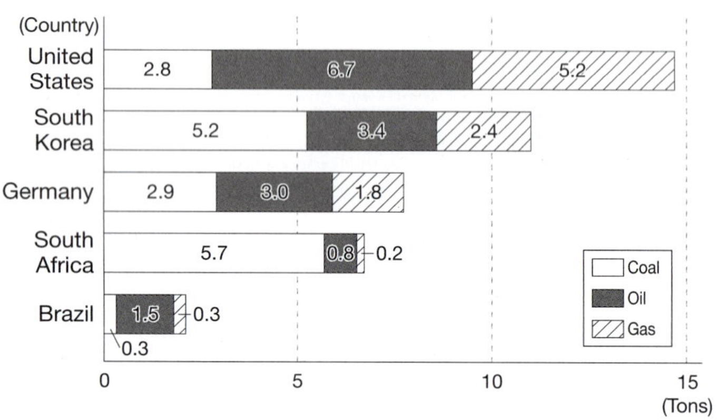

The above graph shows per capita CO_2 emissions from coal, oil, and gas by countries in 2022. ① The United States had the highest total per capita CO_2 emissions, even though its emissions from coal were ❶ the second lowest among the five countries shown. ② South Korea's total per capita CO_2 emissions were over 10 tons, ❷ ranking it ❶ the second highest among the countries shown. ③ Germany had lower CO_2 emissions per capita than South Korea in all three major sources respectively. ④ The per capita CO_2 emissions from coal in South Africa were over three times higher than those in Germany. ⑤ In Brazil, oil was ❶ the largest source of CO_2 emissions per capita among its three major sources, just ❸ as it was in the United States and Germany.

*per capita: 1인당

• 핵심 코드 •

❶ 최상급 비교구문

세 개 이상의 비교 대상 중에서 정도가 가장 뛰어난 것을 나타내거나, 동일한 대상 내에서 가장 뛰어난 성질을 나타내는 경우 다음과 같은 표현을 사용한다.

- the + 최상급 + in 장소/사건: ~에서 가장 …한
- the + 최상급 + of[among] + 복수명사: ~ 중에서 가장 …한

The most tragic accident *in a nuclear power plant* occurred in Chernobyl.
원자력발전소에서 일어난 가장 비극적인 사고는 체르노빌에서 발생했다.

❷ 분사구문

분사구문이란 「접속사 + 주어 + 동사」로 구성된 부사절을 분사가 이끄는 부사구로 나타낸 구문으로서, 동시동작이나 연속상황을 나타내기 위해 쓰이는 경우가 많다.

She watched the sunset, **holding** her dog's leash tightly.
그녀는 반려견의 목줄을 꽉 잡고 일몰을 봤다.
He played the piano, **imagining** himself on stage.
그는 무대 위의 자신을 상상하며 피아노를 연주했다.

❸ 접속사 as

접속사 as는 여러 가지 의미를 가지고 있으므로 문맥에 맞게 해석한다.

① ~할 때
He froze in fear **as** the snake slithered closer.
뱀이 가까이 기어왔을 때, 그는 두려움에 얼어붙었다.

② ~하면서
She listened to music **as** she cleaned the house.
그녀는 집을 청소하면서 음악을 들었다.

③ ~하기 때문에
As she had lost her keys, she couldn't get into the house.
그녀는 열쇠를 잃어버려서 집에 들어갈 수 없었다.

④ ~인 것과 같이
He's quite artistic, **as** his grandfather was.
그의 할아버지가 그랬던 것처럼 그는 꽤 예술적이다.

多빈출 핵심 어휘

emission 명 배출 **coal** 명 석탄 **rank** 동 (등급 · 순위를) 차지하다 **respectively** 부 각각

코드 공략하기

정답 및 해설 p. 39

01 ○△× • 2022년 9월 교육청(고1) 25번

다음 도표의 내용과 일치하지 않는 것은? 정답률 79%

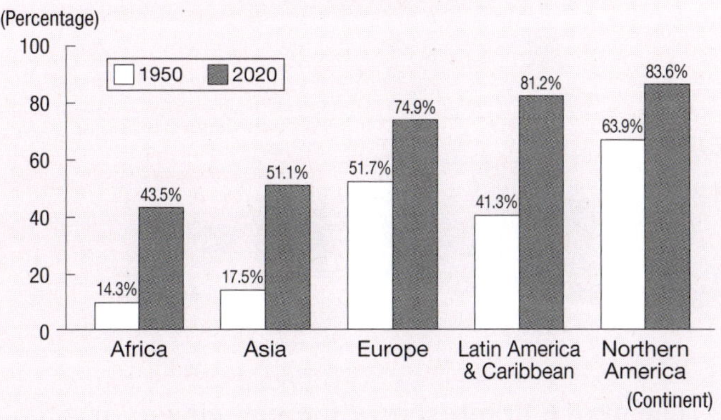

The graph above shows the share of the urban population by continent in 1950 and in 2020. ① For each continent, the share of the urban population in 2020 was larger than that in 1950. ② From 1950 to 2020, the share of the urban population in Africa increased from 14.3% to 43.5%. ③ The share of the urban population in Asia was the second lowest in 1950 but not in 2020. ④ In 1950, the share of the urban population in Europe was larger than that in Latin America and the Caribbean, whereas the reverse was true in 2020. ⑤ Among the five continents, Northern America was ranked in the first position for the share of the urban population in both 1950 and 2020.

02 ○△× • 2024년 6월 교육청(고1) 25번

다음 도표의 내용과 일치하지 않는 것은? 정답률 89%

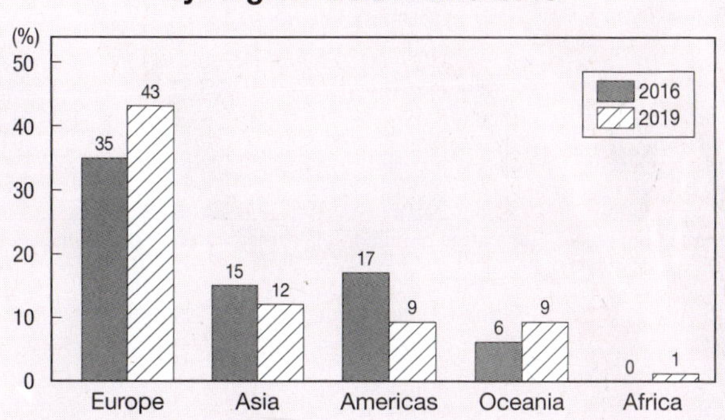

The above graph shows the electronic waste collection and recycling rate by region in 2016 and 2019. ① In both years, Europe showed the highest electronic waste collection and recycling rates. ② The electronic waste collection and recycling rate of Asia in 2019 was lower than in 2016. ③ The Americas ranked third both in 2016 and in 2019, with 17 percent and 9 percent respectively. ④ In both years, the electronic waste collection and recycling rates in Oceania remained under 10 percent. ⑤ Africa had the lowest electronic waste collection and recycling rates in both 2016 and 2019, showing the smallest gap between 2016 and 2019.

정답 및 해설 p. 41

03 ○△× • 2021년 9월 교육청(고1) 25번

다음 도표의 내용과 일치하지 않는 것은? 정답률 80%

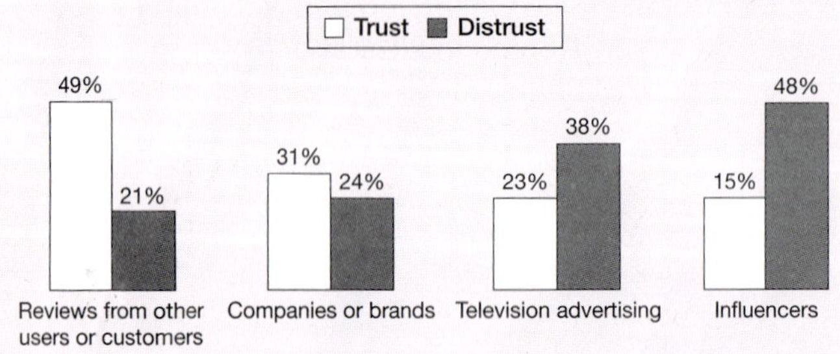

The graph above shows the consumers' levels of trust in four different types of information sources, based on a survey of US adults in 2020. ① About half of US adults say they trust the information they receive from reviews from other users or customers. ② This is more than double those who say they hold distrust for reviews from other users or customers. ③ The smallest gap between the levels of trust and distrust among the four different types of information sources is shown in the companies or brands' graph. ④ Fewer than one-fifth of adults say they trust information from television advertising, outweighed by the share who distrust such information. ⑤ Only 15% of adults say they trust the information provided by influencers, while more than three times as many adults say they distrust the same source of information.

04 ○△× • 2022년 3월 교육청(고1) 25번

다음 도표의 내용과 일치하지 않는 것은? 정답률 72%

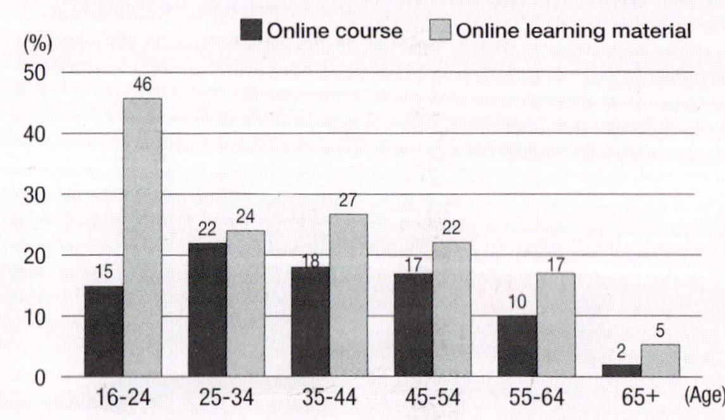

The above graph shows the percentage of people in the UK who used online courses and online learning materials, by age group in 2020. ① In each age group, the percentage of people who used online learning materials was higher than that of people who used online courses. ② The 25-34 age group had the highest percentage of people who used online courses in all the age groups. ③ Those aged 65 and older were the least likely to use online courses among the six age groups. ④ Among the six age groups, the gap between the percentage of people who used online courses and that of people who used online learning materials was the greatest in the 16-24 age group. ⑤ In each of the 35-44, 45-54, and 55-64 age groups, more than one in five people used online learning materials.

05 ○△×

• 2023년 3월 교육청(고1) 25번

다음 도표의 내용과 일치하지 않는 것은? 정답률 78%

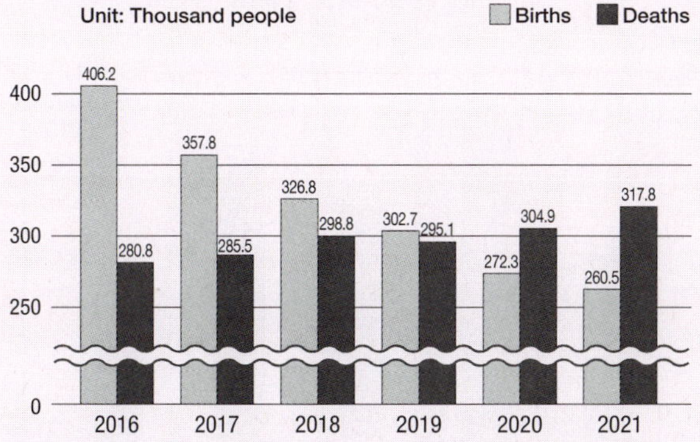

The above graph shows the number of births and deaths in Korea from 2016 to 2021. ① The number of births continued to decrease throughout the whole period. ② The gap between the number of births and deaths was the largest in 2016. ③ In 2019, the gap between the number of births and deaths was the smallest, with the number of births slightly larger than that of deaths. ④ The number of deaths increased steadily during the whole period, except the period from 2018 to 2019. ⑤ In 2021, the number of deaths was larger than that of births for the first time.

06 ○△×

• 2024년 3월 교육청(고1) 25번

다음 도표의 내용과 일치하지 않는 것은? 정답률 86%

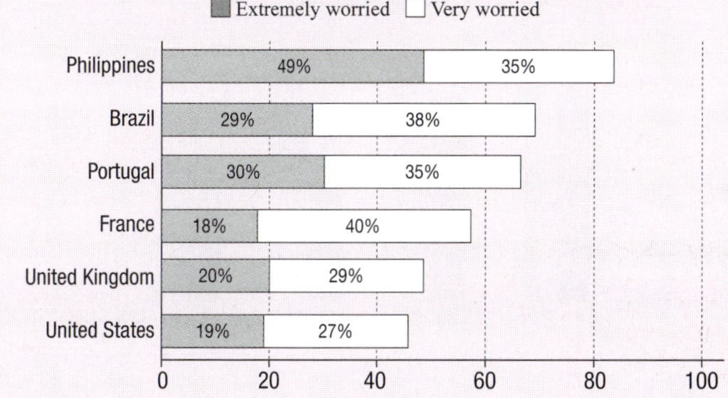

The above graph shows the extent to which young people aged 16-25 in six countries had fear about climate change in 2021. ① The Philippines had the highest percentage of young people who said they were extremely or very worried, at 84 percent, followed by 67 percent in Brazil. ② More than 60 percent of young people in Portugal said they were extremely worried or very worried. ③ In France, the percentage of young people who were extremely worried was higher than that of young people who were very worried. ④ In the United Kingdom, the percentage of young generation who said that they were very worried was 29 percent. ⑤ In the United States, the total percentage of extremely worried and very worried youth was the smallest among the six countries.

07 ○△×

2023년 9월 교육청(고1) 25번

다음 도표의 내용과 일치하지 않는 것은? 정답률 81%

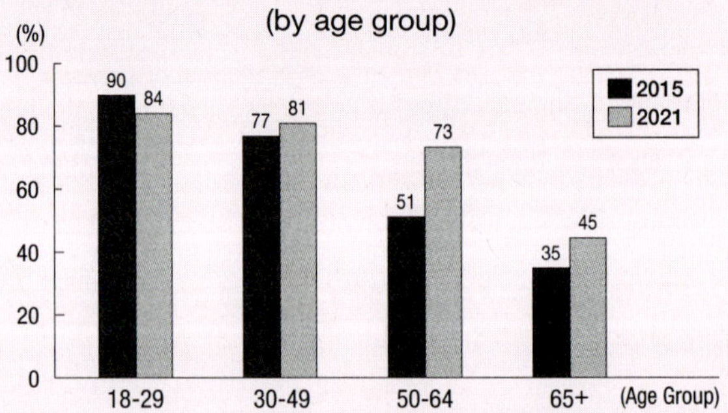

The graph above shows the percentages of people in different age groups who reported using social media in the United States in 2015 and 2021. ① In each of the given years, the 18-29 group had the highest percentage of people who said they used social media. ② In 2015, the percentage of people who reported using social media in the 30-49 group was more than twice that in the 65 and older group. ③ The percentage of people who said they used social media in the 50-64 group in 2021 was 22 percentage points higher than that in 2015. ④ In 2021, except for the 65 and older group, more than four-fifths of people in each age group reported using social media. ⑤ Among all the age groups, only the 18-29 group showed a decrease in the percentage of people who reported using social media from 2015 to 2021.

08 ○△×

2023년 6월 교육청(고1) 25번

다음 도표의 내용과 일치하지 않는 것은? 정답률 84%

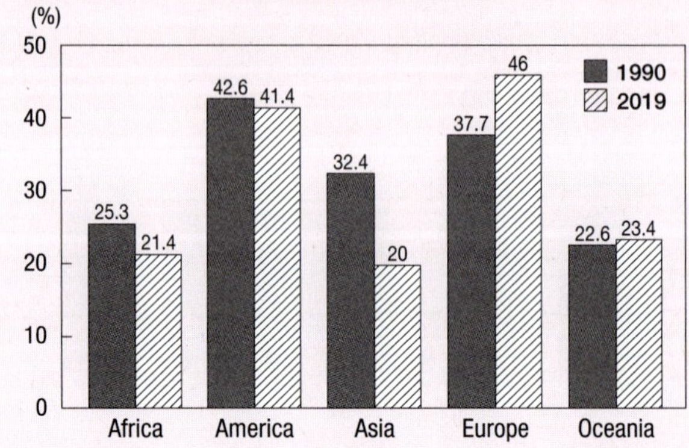

The above graph shows the share of forest area in total land area by region in 1990 and 2019. ① Africa's share of forest area in total land area was over 20% in both 1990 and 2019. ② The share of forest area in America was 42.6% in 1990, which was larger than that in 2019. ③ The share of forest area in Asia declined from 1990 to 2019 by more than 10 percentage points. ④ In 2019, the share of forest area in Europe was the largest among the five regions, more than three times that in Asia in the same year. ⑤ Oceania showed the smallest gap between 1990 and 2019 in terms of the share of forest area in total land area.

多빈출 핵심 어휘

01

- □ **urban** 형 도시의
- □ **population** 명 인구
- □ **continent** 명 대륙
  share of the **urban population** by **continent** 대륙별 도시 인구 점유율
- □ **the Caribbean** 카리브해 지역
- □ **reverse** 명 (정)반대[역]
- □ **position** 명 위치; *순위[등수]
  Northern America was ranked in the first **position** 북아메리카는 1위를 차지했다

02

- □ **electronic waste** 전자 폐기물
- □ **collection** 명 수집, 수거
- □ **recycling** 명 재활용
- □ **region** 명 지역
- □ **remain** 동 남아 있다, 머무르다
- □ **gap** 명 격차
  show the smallest **gap** 가장 적은 격차를 보이다

03

- □ **consumer** 명 소비자
- □ **trust** 명 신뢰 동 신뢰하다
- □ **source** 명 출처
- □ **based on** ~에 기반한
- □ **survey** 명 설문조사
- □ **review** 명 평가, 상품평
- □ **distrust** 명 불신 동 불신하다
- □ **advertising** 명 광고
- □ **outweigh** 동 ~보다 더 크다

04

- □ **course** 명 강의
- □ **learning material** 학습 자료
- □ **age group** 연령 집단

05

- □ **slightly** 부 약간
- □ **steadily** 부 꾸준히
  increase **steadily** 꾸준히 증가하다
- □ **except** 전 ~을 제외하고
- □ **for the first time** 처음으로, 최초로

06

- □ **extent** 명 정도
- □ **climate** 명 기후
- □ **fear** 명 두려움, 공포
  fear about **climate** change 기후 변화에 대한 두려움
- □ **extremely** 부 극도로
- □ **generation** 명 세대
  young **generation** 젊은 세대

07

- □ **report** 동 보고하다
- □ **decrease** 명 감소

08

- □ **region** 명 지역
- □ **decline** 동 감소하다
- □ **in terms of** ~에 관하여

07 내용 일치

출제코드 분석

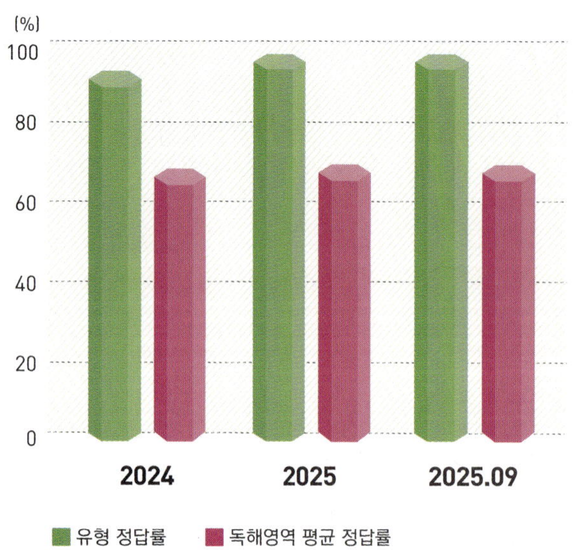

글의 내용과 일치하지 않는 것을 고르는 유형은 매년 한 문항씩 출제된다. 2025학년도 수능과 2024학년도 수능에서 [내용 일치] 유형의 정답률은 각각 97%, 93%를 기록하였고, 2025년도 9월 고1 학평의 경우 97%를 기록하여, 독해영역 평균보다 매우 쉬운 수준으로 출제되었다.

최근 수능 및 학평 출제 소재

최근 수능에서는 스포츠 아나운서 Dick Enberg의 생애에 관한 글이 출제되었다. 학평에서는 Roger Payne의 고래 연구와 보전 활동 및 업적에 관한 글이 출제되었다.

학습 전략

유형 설명

글의 내용과 일치하거나 일치하지 않는 것을 고르는 유형이다. 최근에는 글의 내용과 일치하지 않는 것을 고르는 유형이 주로 출제되고 있다. 글의 소재로는 주로 특정 인물이나 단체, 동·식물, 장소 등이 출제된다. 다루어지는 대상에 대한 기존의 배경 지식에 의존하여 정답을 추론하면 안 되며, 반드시 주어진 글을 근거로 정답을 찾아야 한다.

유형 학습 전략

1. 지문을 읽기 전, 선택지를 먼저 훑어 보고 지문의 대략적인 내용을 파악한다.
2. 선택지의 순서대로 글의 내용이 전개되므로, 선택지와 지문을 꼼꼼히 대조하여 정답을 찾아낸다.

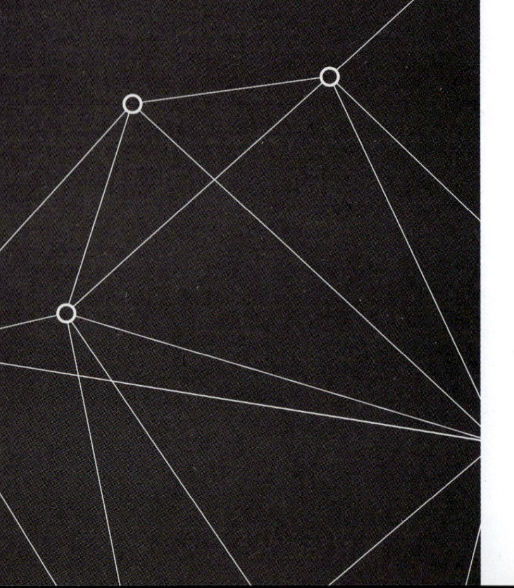

코드 접속하기

정답 및 해설 p. 46

Q1

2022년 6월 교육청(고1) 26번

Claude Bolling에 관한 다음 글의 내용과 일치하지 않는 것은? 정답률 94%

Pianist, composer, and big band leader, Claude Bolling, was born on April 10, 1930, in Cannes, France, but spent most of his life in Paris. He began studying classical music as a youth. He was introduced to the world of jazz by a schoolmate. Later, Bolling ❶ became interested in the music of Fats Waller, one of the most excellent jazz musicians. Bolling became famous as a teenager ❷ by winning the Best Piano Player prize at an amateur contest in France. He was also a successful film music composer, ❸ writing the music for more than one hundred films. In 1975, he collaborated with flutist Rampal and published *Suite for Flute and Jazz Piano Trio*, which he became most well-known for. He died in 2020, ❸ leaving two sons, David and Alexandre.

① 1930년에 프랑스에서 태어났다.
② 학교 친구를 통해 재즈를 소개받았다.
③ 20대에 Best Piano Player 상을 받았다.
④ 성공적인 영화 음악 작곡가였다.
⑤ 1975년에 플루트 연주자와 협업했다.

• 핵심 코드 •

❶ become[get/turn]+과거분사

「become[get/turn]+과거분사」는 '~해지다'라는 의미를 나타낸다.

She **became tired** after the football game.
그녀는 축구 경기 이후에 피곤해졌다.

❷ by v-ing

「by v-ing」는 '~함으로써'의 의미로, by는 전치사이므로 뒤에 동사가 올 때는 동명사 형태로 써야 한다.

❸ 분사구문

분사구문이란 분사가 이끄는 구가 문장에서 시간, 이유, 조건, 양보, 동시동작, 연속동작(결과) 등을 나타내는 부사구 역할을 하는 것을 말한다.

Smiling brightly, the girl turned toward him. 〈동시동작〉
그 소녀는 환하게 웃으면서 그를 향해 돌아봤다.

The express train left Central Station at 6:00, **arriving** in Seattle at 8:40. 〈연속동작(결과)〉
그 급행열차는 6시에 중앙역을 떠나서 8시 40분에 시애틀에 도착했다.

多빈출 핵심 어휘

composer 명 작곡가 **youth** 명 젊은이, 청년 **schoolmate** 명 학교[학창 시절] 친구 **excellent** 형 훌륭한, 탁월한 **amateur** 형 취미로 하는, 아마추어의 **collaborate** 동 협력하다, 공동으로 작업하다 **flutist** 명 플루트 연주자 **publish** 동 발표[공개/출판]하다 **suite** 명 (특히 호텔의) 스위트룸; *모음곡

코드 접속하기

정답 및 해설 p. 46

Q2

• 2021년 6월 교육청(고1) 26번

Lithops에 관한 다음 글의 내용과 일치하지 않는 것은? 정답률 65%

Lithops are plants that ❶ are often called ‘living stones’ on account of their unique rock-like appearance. They are native to the deserts of South Africa but commonly sold in garden centers and nurseries. Lithops grow well in compacted, sandy soil with ❷ little water and extreme hot temperatures. Lithops are small plants, ❷ rarely getting more than an inch above the soil surface and usually with only two leaves. The thick leaves ❸ resemble the cleft in an animal’s foot or just a pair of grayish brown stones gathered together. The plants have no true stem and much of the plant is underground. Their appearance has the effect of conserving moisture.

* cleft: 갈라진 틈

① 살아있는 돌로 불리는 식물이다.
② 원산지는 남아프리카 사막 지역이다.
③ 토양의 표면 위로 대개 1인치 이상 자란다.
④ 줄기가 없으며 땅속에 대부분 묻혀 있다.
⑤ 겉모양은 수분 보존 효과를 갖고 있다.

• 핵심 코드 •

❶ 빈도부사의 위치

빈도부사는 어떤 일이 얼마나 자주 일어나는지를 나타내는데, 주로 조동사/be동사 뒤, 일반동사 앞에 쓴다. 특히 be동사 뒤에 쓰일 때는 종종 수동태의 p.p. 앞이나 진행형의 v-ing 앞에 쓰여 동사를 파악하기 어렵게 하므로 주의한다.

I've **never** been there before.
나는 거기 가본 적이 없어.

They **always** eat out for dinner.
그들은 항상 저녁은 외식을 한다.

❷ 부정의 의미를 지닌 어구

not 등의 부정어가 없어도 부정의 의미를 지닌 어구가 있다.

- hardly/scarcely: 거의 ~ 않다 〈정도 · 양〉
- rarely/seldom: 좀처럼 ~ 않다 〈빈도〉
- few: (수가) 거의 없는
- little: (양이) 거의 없는

Gary **seldom** meets his friends on weekdays.
Gary는 평일에 좀처럼 친구를 만나지 않는다.

❸ 전치사와 함께 쓰지 않는 동사

아래 동사는 목적어를 ‘~에’나 ‘~와’, ‘~에 관하여’로 해석하지만 전치사를 함께 쓰지 않음에 주의한다.

enter ~에 들어가다
answer ~에 대답하다
resemble ~와 닮다
discuss ~에 관하여 논의하다
reach ~에 이르다
approach ~에 다가가다
marry ~와 결혼하다

다빈출 핵심 어휘

on account of ~ 때문에 **native** 형 원산[토종/자생]의 **desert** 명 사막 **commonly** 부 흔히 **nursery** 명 종묘원 **compacted** 형 꽉찬, 빽빽한 **sandy** 형 모래의 **soil** 명 토양 **extreme** 형 극도의, 극심한 **temperature** 명 기온, 온도 **rarely** 부 거의 ~ 않다 **surface** 명 표면 **resemble** 동 닮다 **gather** 동 모으다 **stem** 명 줄기 **conserve** 동 보존하다 **moisture** 명 수분

코드 접속하기

정답 및 해설 p. 47

Q3

• 2020년 3월 교육청(고1) 26번

Ellen Church에 관한 다음 글의 내용과 일치하지 않는 것은? 정답률 87%

Ellen Church was born in Iowa in 1904. ❶ After graduating from Cresco High School, she studied nursing and worked as a nurse in San Francisco. She ❷ suggested to Boeing Air Transport that nurses should take care of passengers during flights because most people were frightened of flying. In 1930, she became the first female flight attendant in the U.S. and worked on a Boeing 80A from Oakland, California to Chicago, Illinois. Unfortunately, a car accident injury ❸ forced her to end her career after only eighteen months. Church started nursing again at Milwaukee County Hospital after she graduated from the University of Minnesota with a degree in nursing education. During World War II, she served as a captain in the Army Nurse Corps and received an Air Medal. Ellen Church Field Airport in her hometown, Cresco, was named after her.

① San Francisco에서 간호사로 일했다.
② 간호사가 비행 중에 승객을 돌봐야 한다고 제안했다.
③ 미국 최초의 여성 비행기 승무원이 되었다.
④ 자동차 사고로 다쳤지만 비행기 승무원 생활을 계속했다.
⑤ 고향인 Cresco에 그녀의 이름을 따서 붙인 공항이 있다.

• 핵심 코드 •

❶ 접속사가 있는 분사구문

분사구문에서 접속사는 대개 생략하지만 분사구문의 뜻을 명확히 하기 위해 접속사를 남겨 두는 경우가 있다.

❷ 제안 등을 나타내는 동사 뒤의 that절

제안(suggest), 명령(order), 요구(require, ask), 주장(insist) 등을 의미하는 동사 뒤의 that절이 당위성을 나타낼 때 that절의 동사는 「should + 동사원형」의 형태로 쓴다. 이때 should는 생략할 수 있다.

They **insisted** that I **(should) pay** for the meal.
그들은 내가 식사를 사야 한다고 주장했다.

❸ force + 목적어 + to부정사

「force + 목적어 + to부정사」는 '(목적어)가 ~하게 하다'의 의미이다.

The government **forced** them **to settle** in the mountains.
정부는 그들이 산 속에 정착하게 했다.

多빈출 핵심 어휘

graduate from ~을 졸업하다 **nursing** 명 간호(학) **suggest** 동 제안하다 **passenger** 명 승객 **flight attendant** 비행기 승무원 **injury** 명 부상 **end one's career** 일을 그만두다 **degree** 명 학위 **captain** 명 대위 **Army Nurse Corps** 육군 간호 부대 **Air Medal** 항공 훈장 **name ~ after ...** ~에게 …의 이름을 따서 붙이다

코드 접속하기

정답 및 해설 p. 47

Q4

• 2024년 6월 교육청(고1) 26번

Fritz Zwicky에 관한 다음 글의 내용과 일치하지 않는 것은? 정답률 86%

Fritz Zwicky, a memorable astrophysicist ❶ who coined the term 'supernova', was born in Varna, Bulgaria to a Swiss father and a Czech mother. At the age of six, he ❷ was sent to his grandparents ❶ who looked after him for most of his childhood in Switzerland. There, he received an advanced education in mathematics and physics. In 1925, he emigrated to the United States and continued his physics research at California Institute of Technology (Caltech). He developed numerous theories ❶ that have had a profound influence on the understanding of our universe in the early 21st century. ❸ After being appointed as a professor of astronomy at Caltech in 1942, he developed some of the earliest jet engines and holds more than 50 patents, many in jet propulsion.

* patent: 특허(권) ** propulsion: 추진(력)

① 불가리아의 Varna에서 태어났다.
② 스위스에서 수학과 물리학 교육을 받았다.
③ 미국으로 이주하여 연구를 이어갔다.
④ 우주 이해에 영향을 미친 수많은 이론을 발전시켰다.
⑤ 초창기 제트 엔진을 개발한 후 교수로 임용되었다.

• 핵심 코드 •

❶ 주격 관계대명사 who와 that

주격 관계대명사는 선행사를 대신하여 관계사절에서 주어 역할을 한다. 관계대명사 who는 선행사가 사람일 때 쓸 수 있으며, that은 선행사가 사람, 동물, 사물일 때 모두 쓸 수 있다.

He is the chef **who** won the cooking competition.
그는 요리 경연 대회에서 우승한 요리사이다.

I found a book **that** explains the history of ancient civilizations.
나는 고대 문명의 역사를 설명하는 책을 발견했다.

❷ 4형식 문장의 수동태

능동태 문장의 직접목적어가 수동태 문장의 주어가 되는 경우, 남아 있는 간접목적어 앞에 전치사 to 또는 for를 쓴다.

- 전치사 to를 쓰는 동사: send, show, give, lend 등
  The package **was sent to** the wrong address.
  소포가 잘못된 주소로 보내졌다.
- 전치사 for를 쓰는 동사: buy, make, cook 등
  The toy **was made for** children aged three and up.
  그 장난감은 3세 이상의 아이들을 위해 만들어졌다.

❸ 접속사+수동형 분사구문

분사구문의 의미를 명확히 하기 위해 분사구문 앞에 접속사를 생략하지 않고 쓸 수 있다.

After being elected as the city mayor, she focused on improving public transportation.
시장으로 당선된 후, 그녀는 대중교통 개선에 집중했다.

多빈출 핵심 어휘

memorable 형 기억할 만한 **astrophysicist** 명 천체 물리학자 **coin** 명 동전 동 (새로운 낱말·어구를) 만들다 **term** 명 용어 **supernova** 명 초신성 **look after** ~을 돌보다 **advanced** 형 고급의 **physics** 명 물리학 **emigrate** 동 (타국으로) 이주하다 **research** 명 연구 **numerous** 형 많은 **theory** 명 이론 **have an influence on** ~에 영향을 끼치다 **profound** 형 엄청난 **appoint** 동 임명하다 **astronomy** 명 천문학

코드 공략하기

정답 및 해설 p. 48

01 ○△× • 2022년 3월 교육청(고1) 26번

Antonie van Leeuwenhoek에 관한 다음 글의 내용과 일치하지 않는 것은? 정답률 92%

Antonie van Leeuwenhoek was a scientist well known for his cell research. He was born in Delft, the Netherlands, on October 24, 1632. At the age of 16, he began to learn job skills in Amsterdam. At the age of 22, Leeuwenhoek returned to Delft. It wasn't easy for Leeuwenhoek to become a scientist. He knew only one language — Dutch — which was quite unusual for scientists of his time. But his curiosity was endless, and he worked hard. He had an important skill. He knew how to make things out of glass. This skill came in handy when he made lenses for his simple microscope. He saw tiny veins with blood flowing through them. He also saw living bacteria in pond water. He paid close attention to the things he saw and wrote down his observations. Since he couldn't draw well, he hired an artist to draw pictures of what he described.

* cell: 세포 ** vein: 혈관

① 세포 연구로 잘 알려진 과학자였다.
② 22살에 Delft로 돌아왔다.
③ 여러 개의 언어를 알았다.
④ 유리로 물건을 만드는 방법을 알고 있었다.
⑤ 화가를 고용하여 설명하는 것을 그리게 했다.

02 ○△× • 2020년 6월 교육청(고1) 26번

Sigrid Undset에 관한 다음 글의 내용과 일치하지 않는 것은? 정답률 86%

Sigrid Undset was born on May 20, 1882, in Kalundborg, Denmark. She was the eldest of three daughters. She moved to Norway at the age of two. Her early life was strongly influenced by her father's historical knowledge. At the age of sixteen, she got a job at an engineering company to support her family. She read a lot, acquiring a good knowledge of Nordic as well as foreign literature, English in particular. She wrote thirty six books. None of her books leaves the reader unconcerned. She received the Nobel Prize for Literature in 1928. One of her novels has been translated into more than eighty languages. She escaped Norway during the German occupation, but she returned after the end of World War II.

* Nordic: 북유럽 사람(의)

① 세 자매 중 첫째 딸로 태어났다.
② 어린 시절의 삶은 아버지의 역사적 지식에 큰 영향을 받았다.
③ 16세에 가족을 부양하기 위해 취업하였다.
④ 1928년에 노벨 문학상을 수상하였다.
⑤ 독일 점령 기간 중 노르웨이를 탈출한 후, 다시 돌아오지 않았다.

03 ○△× • 2025년 9월 교육청(고1) 26번

Roger Payne에 관한 다음 글의 내용과 일치하지 않는 것은?

정답률 97%

Roger Payne was born in Manhattan in 1935. He studied biology at Harvard University and eventually earned his Ph.D. from Cornell University in 1961. In 1967, he discovered that humpback whales make long and complex sounds. They're known as "whale songs," and he showed that whales use them to communicate. Then in 1970, he released an album *Songs of the Humpback Whale*, which became a surprise hit and helped start the global "Save the Whales" movement. The following year, he founded Ocean Alliance to protect whales and the earth's oceans, and he used new, safe methods to study whales without harming them. Over his career, he led more than 100 research trips worldwide, including the Voyage of the Odyssey from 2000 to 2005, which studied ocean pollution. His work helped make laws that protect marine mammals, which finally led to the global ban on commercial whaling in 1986.

* humpback whale: 혹등고래

① 하버드 대학교에서 생물학을 공부했다.
② 혹등고래가 길고 복잡한 소리를 낸다는 것을 발견했다.
③ 그의 앨범 *Songs of the Humpback Whale*은 인기를 얻지 못했다.
④ 고래와 지구의 해양을 보호하기 위해 Ocean Alliance를 설립했다.
⑤ 그의 연구는 해양 포유류를 보호하는 법 제정에 도움을 주었다.

04 ○△× • 2023년 3월 교육청(고1) 26번

Lilian Bland에 관한 다음 글의 내용과 일치하지 않는 것은?

정답률 92%

Lilian Bland was born in Kent, England in 1878. Unlike most other girls at the time she wore trousers and spent her time enjoying adventurous activities like horse riding and hunting. Lilian began her career as a sports and wildlife photographer for British newspapers. In 1910 she became the first woman to design, build, and fly her own airplane. In order to persuade her to try a slightly safer activity, Lilian's dad bought her a car. Soon Lilian was a master driver and ended up working as a car dealer. She never went back to flying but lived a long and exciting life nonetheless. She married, moved to Canada, and had a kid. Eventually, she moved back to England, and lived there for the rest of her life.

① 승마와 사냥 같은 모험적인 활동을 즐겼다.
② 스포츠와 야생 동물 사진작가로 경력을 시작했다.
③ 자신의 비행기를 설계하고 제작했다.
④ 자동차 판매원으로 일하기도 했다.
⑤ 캐나다에서 생의 마지막 기간을 보냈다.

05 ○△×

• 2025년 6월 교육청(고1) 26번

Edward O. Wilson에 관한 다음 글의 내용과 일치하지 않는 것은? 정답률 93%

Edward O. Wilson was born in Birmingham, Alabama, in 1929. In his early childhood, he became interested in nature and spent much time in the outdoors. At age seven, he was partially blinded in a fishing accident; his reduced sight led Wilson to the study of ants. He could not observe larger animals from a distance. Instead, he concentrated on smaller creatures he could study up close. After studying evolutionary biology at the University of Alabama, Wilson transferred to Harvard University, where he became a professor in 1956. He never received a Nobel Prize — the prize didn't recognize research in the field of evolutionary biology. However, he was awarded the Crafoord Prize in 1990. Wilson, known to some as the "modern-day Darwin", died at the age of 92 in Massachusetts.

① 어린 시절에 자연에 관심을 갖게 되었다.
② 7세에 낚시 사고를 겪었다.
③ 1956년에 Harvard 대학 교수가 되었다.
④ 진화 생물학 분야에서 Nobel Prize를 수상했다.
⑤ Massachusetts에서 92세에 사망했다.

06 ○△×

• 2023년 6월 교육청(고1) 26번

Gary Becker에 관한 다음 글의 내용과 일치하지 않는 것은? 정답률 90%

Gary Becker was born in Pottsville, Pennsylvania in 1930 and grew up in Brooklyn, New York City. His father, who was not well educated, had a deep interest in financial and political issues. After graduating from high school, Becker went to Princeton University, where he majored in economics. He was dissatisfied with his economic education at Princeton University because "it didn't seem to be handling real problems." He earned a doctor's degree in economics from the University of Chicago in 1955. His doctoral paper on the economics of discrimination was mentioned by the Nobel Prize Committee as an important contribution to economics. Since 1985, Becker had written a regular economics column in Business Week, explaining economic analysis and ideas to the general public. In 1992, he was awarded the Nobel Prize in economic science.

* discrimination: 차별

① New York City의 Brooklyn에서 자랐다.
② 아버지는 금융과 정치 문제에 깊은 관심이 있었다.
③ Princeton University에서의 경제학 교육에 만족했다.
④ 1955년에 경제학 박사 학위를 취득했다.
⑤ Business Week에 경제학 칼럼을 기고했다.

多빈출 핵심 어휘

01

- □ **language** 명 언어
- □ **Dutch** 명 네덜란드인[어]
- □ **curiosity** 명 호기심
- □ **endless** 형 끝없는
  his **curiosity** was **endless** 그의 호기심은 끝이 없었다
- □ **come in handy** 쓸모가 있다[도움이 되다]
  this skill **came in handy** when he made lenses
  이 기술은 그가 렌즈를 만들 때 도움이 되었다
- □ **simple microscope** 확대경
- □ **bacteria** 명 《*pl.*》 박테리아, 세균
- □ **pond** 명 연못
- □ **observation** 명 관찰, 관측
  wrote down his **observations** 그가 관찰한 것을 기록했다
- □ **hire** 동 고용하다
  he **hired** an artist 그는 화가를 고용했다

02

- □ **eldest** 형 가장 나이가 많은
- □ **influence** 동 영향을 주다, 영향을 미치다
- □ **knowledge** 명 지식
- □ **acquire** 동 습득하다
  acquire knowledge through experience 경험을 통해 지식을 습득하다
- □ **literature** 명 문학
- □ **in particular** 특히
- □ **unconcerned** 형 무관심한
- □ **receive** 동 받다
- □ **translate ~ into** ~을 (다른 언어로) 옮기다, 번역하다
  it was **translated into** four languages 그것은 4개 언어로 번역되었다
- □ **escape** 동 달아나다, 탈출하다
- □ **occupation** 명 점령

03

- □ **biology** 명 생물학
- □ **eventually** 부 결국
- □ **discover** 동 발견하다
- □ **complex** 형 복잡한
- □ **communicate** 동 의사소통하다
- □ **release** 동 풀어 주다; *(영화·앨범 등을) 발매하다
  release an album 앨범을 발매하다
- □ **movement** 명 운동
- □ **method** 명 방법
- □ **harm** 동 해치다
- □ **marine** 형 해양의
- □ **mammal** 명 포유류
  laws that protect **marine mammals** 해양 포유류를 보호하는 법
- □ **ban** 명 금지
- □ **commercial** 형 상업의

04

- □ **trousers** 명 《*pl.*》 바지
- □ **adventurous** 형 모험적인
  adventurous activities like horse riding and hunting
  승마와 사냥 같은 모험적인 활동
- □ **career** 명 경력
- □ **wildlife** 명 야생 동물
- □ **photographer** 명 사진작가
- □ **design** 동 설계하다
- □ **persuade** 동 설득하다
  in order to **persuade** her to try a slightly safer activity
  약간 더 안전한 활동을 하도록 그녀를 설득하기 위해
- □ **end up v-ing** 결국 ~하게 되다
- □ **car dealer** 자동차 판매원
- □ **nonetheless** 부 그렇더라도

05

- □ **childhood** 명 어린 시절
  in his early **childhood** 그의 아주 어린 시절에
- □ **nature** 명 자연
- □ **partially** 부 부분적으로
- □ **blinded** 형 눈이 먼
- □ **accident** 명 사고
- □ **sight** 명 시야
- □ **observe** 동 관찰하다
- □ **from a distance** 멀리서
- □ **concentrate on** ~에 집중하다
- □ **evolutionary biology** 진화 생물학
- □ **transfer** 동 옮기다
- □ **professor** 명 교수
- □ **recognize** 동 인정하다
  recognize research 연구를 인정하다
- □ **award** 동 수여하다

06

- □ **educated** 형 교육을 받은
- □ **financial** 형 금융의
- □ **political** 형 정치적인
- □ **issue** 명 문제
  financial and **political issues** 금융과 정치 문제
- □ **major in** ~을 전공하다
- □ **economics** 명 경제학
- □ **dissatisfied with** ~에 불만스러워하는
- □ **handle** 동 다루다
  it didn't seem to be **handling** real problems
  그것은 현실적인 문제를 다루고 있는 것처럼 보이지 않았다
- □ **doctor's degree** 박사 학위
- □ **mention** 동 언급하다
- □ **contribution** 명 기여
- □ **analysis** 명 분석

08 실용문

출제코드 분석

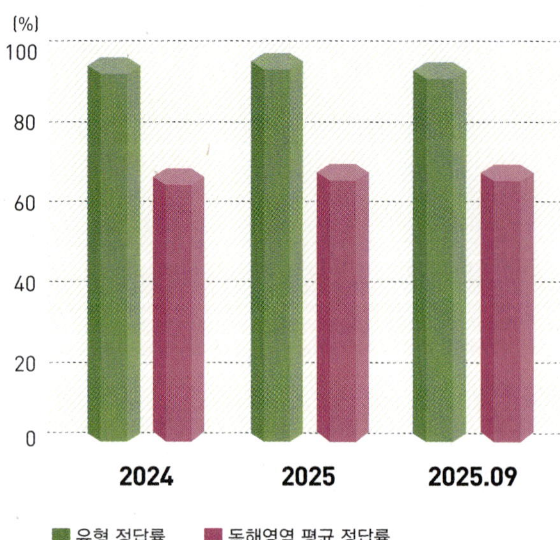

안내문의 내용과 일치하거나 일치하지 않는 것을 고르는 유형은 매년 두 문항씩 출제된다. 2025학년도 수능에서는 두 문항의 정답률이 평균 97%, 2024학년도 수능에서는 평균 96%를 기록하였다. 2025년도 9월 고1 학평에서 두 문항의 정답률은 각각 95%와 94%로 독해 평균 정답률(69%)보다 상당히 높은 수치를 기록하였다.

최근 수능 및 학평 출제 소재

최근 수능에서는 도시 관광 패스 카드 안내문과 눈 축제 안내문이 출제되었다. 학평에서는 Father-Daughter Sock Hop 행사 안내문과 책갈피 디자인 대회 안내문이 출제되었다.

학습 전략

유형 설명

안내문의 세부적인 내용과 일치하거나 일치하지 않는 것을 고르는 유형이다. 제시된 정보 중 필요한 정보만을 빠른 시간 내에 찾아내는 능력이 요구된다.

유형 학습 전략

1. 안내문의 제목을 통해 무엇에 관한 내용인지 파악한다.
2. 선택지를 먼저 읽고, 글의 내용을 예상한 후 확인이 필요한 사항을 파악한다.
3. 선택지의 순서대로 글이 전개되므로, 선택지와 지문을 꼼꼼히 대조해가며 정답을 찾는다.

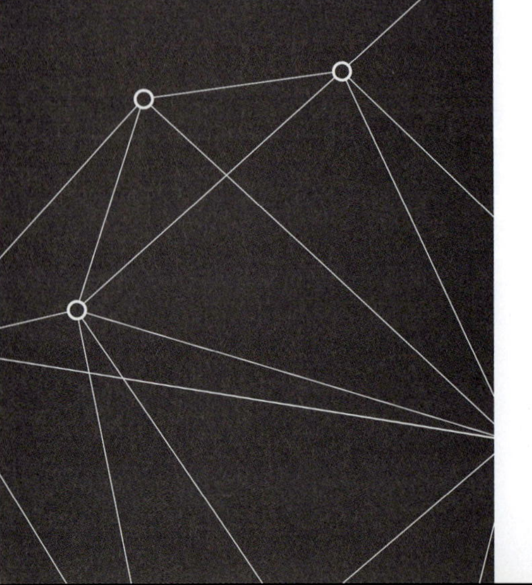

코드 접속하기

정답 및 해설 p. 52

Q1 • 2020년 3월 교육청(고1) 27번

Science Selfie Competition에 관한 다음 안내문의 내용과 일치하지 않는 것은? 정답률 89%

Science Selfie Competition

For a chance to win science goodies, just submit a selfie of ❶ yourself enjoying science outside of school!

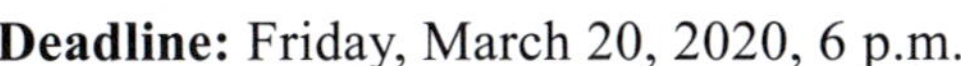

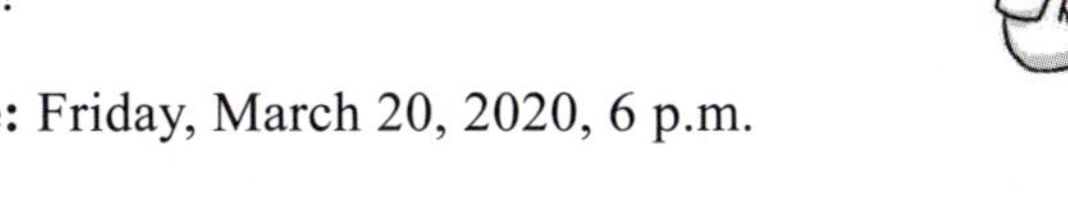

Deadline: Friday, March 20, 2020, 6 p.m.

Details:

- Your selfie should include a ❷ visit to any science museum or a science activity at home.
- ❸ Be as creative as you like, and write one short sentence about the selfie.
- Only one entry per person!
- ❷ Email your selfie with your name and class to mclara@oldfold.edu.

Winners will be announced on March 27, 2020.

Please ❷ visit www.oldfold.edu to learn more about the competition.

① 학교 밖에서 과학을 즐기는 셀카 사진을 출품한다.
② 셀카 사진에 관한 하나의 짧은 문장을 써야 한다.
③ 1인당 사진 여러 장을 출품할 수 있다.
④ 셀카 사진을 이름 및 소속 학급과 함께 이메일로 보내야 한다.
⑤ 수상자는 2020년 3월 27일에 발표될 것이다.

• 핵심 코드 •

❶ 동명사의 의미상 주어

동명사의 의미상 주어는 동명사 바로 앞에 소유격이나 목적격으로 나타내며, 본문에서는 의미상 주어로 재귀대명사가 왔다.

Do you mind **me[my] sitting** next to you?
제가 당신 옆에 앉아도 될까요?

❷ 품사는 다르지만 형태가 동일한 어휘

- **visit** 명 방문 동 방문하다
- **email** 명 이메일 동 이메일을 보내다
- **win** 명 승리 동 이기다

Don't forget to write your **email** address at the bottom of the page. [명사]
페이지 하단에 이메일 주소를 쓰세요.

Please **email** me if you have any questions. [동사]
질문 있으시면 제게 이메일을 보내주세요.

❸ 병렬구조

and, but, or 등의 등위접속사에 의해 병렬 연결되는 단어, 구, 절은 품사나 문법적 구조가 대등해야 한다. 본문에서는 동사원형인 Be와 write가 등위접속사 and로 병렬 연결되어 있다.

Have you ever imagined yourself **sleeping**(동명사) next to Egyptian sculptures **or**(접속사) **waking up**(동명사(구)) beside mummies?
너는 네가 이집트 조각상 옆에서 잠이 들거나 미라 옆에서 잠이 깨는 걸 상상해 본 적이 있니?

多빈출 핵심 어휘

selfie 명 셀카 사진 **goodies** 명 (상·경품 등의) 좋은 것들, 탐나는 것들 **submit** 동 제출하다 **deadline** 명 마감 기한 **detail** 명 세부 사항 **creative** 형 창의적인 **entry** 명 입장; *출품작

코드 접속하기

정답 및 해설 p. 53

Q2

• 2022년 3월 교육청(고1) 27번

Rachel's Flower Class에 관한 다음 안내문의 내용과 일치하지 않는 것은?

정답률 94%

Rachel's Flower Class

❶ Make Your Life More Beautiful!

Class Schedule (Every Monday to Friday)

Flower Arrangement	11 a.m. – 12 p.m.
Flower Box Making	1 p.m. – 2 p.m.

Price

• $50 for each class
(flowers and other materials included)

• Bring your own scissors and a bag.

Other Info.

• You can sign up for classes ❷ either online or by phone.

• No refund for cancellations ❸ on the day of your class

❹ To contact, visit www.rfclass.com or call 03-221-2131.

① 플라워 박스 만들기 수업은 오후 1시에 시작된다.
② 수강료에 꽃값과 다른 재료비가 포함된다.
③ 수강생은 가위와 가방을 가져와야 한다.
④ 수업 등록은 전화로만 할 수 있다.
⑤ 수업 당일 취소 시 환불을 받을 수 없다.

• 핵심 코드 •

❶ make + 목적어 + 형용사

「make + 목적어 + 형용사」는 '(목적어)를 (형용사)하게 만들다'의 의미로, make는 명사, 형용사, 과거분사, 원형부정사를 목적격 보어로 취한다.

• 「make + 목적어 + 명사」: (목적어)를 (명사)로 만들다
• 「make + 목적어 + 과거분사」: (목적어)를 (과거분사)되게 만들다
• 「make + 목적어 + 원형부정사」: (목적어)를 (원형부정사)하게 만들다

❷ 상관접속사 either A or B

「either A or B」는 'A이거나 B'라는 뜻의 상관접속사로, A와 B는 같은 품사이거나 문법적으로 대등해야 한다.

I'll go to see **either** a play **or** a movie.
나는 연극이나 영화를 보러 갈 것이다.
I will **either** order a salad for dinner **or** make one myself.
나는 저녁으로 샐러드를 주문하거나 직접 만들 것이다.

❸ 시간을 나타내는 전치사 at · on · in

• at: 시점(point of time)과 연휴, 명절 등의 비교적 짧은 기간
• on: 요일이나 날짜를 나타낼 때나 특정한 날 아침, 오후, 저녁
• in: 다소 긴 기간(a period of time)과 하루의 때

❹ to부정사의 부사적 용법 (목적)

to부정사가 부사적 용법으로 쓰여 '~하기 위해'라는 의미를 나타낼 수 있다.

Mike and Jane went downtown **to do** some shopping.
Mike와 Jane은 쇼핑을 하기 위해 시내에 갔다.

다빈출 핵심 어휘

flower arrangement 꽃꽂이 **material** 명 재료 **scissors** 명 가위 **sign up (for)** (수업 등에) 등록하다, 신청하다 **refund** 명 환불 **cancellation** 명 취소 **contact** 동 연락하다

코드 접속하기

정답 및 해설 p. 53

Q3

• 2025년 3월 교육청(고1) 28번

Sock DIY Workshop에 관한 다음 안내문의 내용과 일치하는 것은?

정답률 87%

Sock DIY Workshop

Join us for a ❶ fun and creative Sock DIY (Do It Yourself) Workshop for all ages!

When & Where

- Saturday, April 19th, from 1 p.m. to 3 p.m.
- The community hall, Clanton Center

Workshop Program

Time	DIY Item	Things ❷ to Do
1 p.m. – 2 p.m.	Toys	Create stuffed toys with socks
2 p.m. – 3 p.m.	Flowerpot Covers	Transform socks into decorative covers for small flowerpots

What Participants Should Prepare

- Used but clean socks

Participation Fee

- $5 per person ❸(including the cost for materials)

※ For more details, ❶ visit the Clanton Center website or call us at 555-123-4567.

① 4월 19일 토요일 오후 1시부터 4시까지 열린다.
② Clanton Center의 커뮤니티 홀에서 진행된다.
③ 참가자는 오후 2시부터 양말로 장난감을 만든다.
④ 참가자는 사용하지 않은 깨끗한 양말을 준비해야 한다.
⑤ 참가비는 재료비를 제외하고 1인당 5달러이다.

• 핵심 코드 •

❶ 등위접속사

등위접속사 and, or, but은 문법적 역할이 대등한 단어, 구, 절을 연결한다.

She likes apples **and** oranges. 〈단어〉
그녀는 사과와 오렌지를 좋아한다.

You can study in the library **or** at home. 〈구〉
도서관에서나 집에서 공부해도 돼요.

I wanted to go out, **but** it started raining. 〈절〉
나는 밖에 나가고 싶었지만 비가 오기 시작했다.

❷ to부정사의 형용사적 용법

to부정사의 형용사적 용법 중 한정적 용법은 명사를 뒤에서 수식한다.

Spring is the perfect season **to visit** Yosemite National Park.
봄은 요세미티 국립공원을 방문하기에 완벽한 계절이다.

❸ 전치사처럼 쓰이는 현재분사

다음을 분사구문으로 보기도 하지만 지금은 –ing형 전치사로 보는 견해가 많다.

- including: ~을 포함하여
  The price was $460 **including** tax.
  가격은 세금을 포함해서 460달러였다.
- depending (on): ~에 따라
  Prices vary **depending on** when you travel.
  가격은 언제 여행하느냐에 따라 다르다.
- considering: ~을 고려하면
  Considering the price, the car looks good.
  가격을 고려하면 그 차는 괜찮아 보인다.

고빈출 핵심 어휘

stuffed toy 봉제 인형 **flowerpot** 명 화분 **transform** 동 변형하다, 바꾸다 **decorative** 형 장식의 **prepare** 동 준비하다 **participation fee** 참가비

정답 및 해설 p. 54

Q4

• 2021년 6월 교육청(고1) 28번

Virtual Idea Exchange에 관한 다음 안내문의 내용과 일치하는 것은?

정답률 84%

Virtual Idea Exchange

Connect in real time and ❶ have discussions about the upcoming school festival.

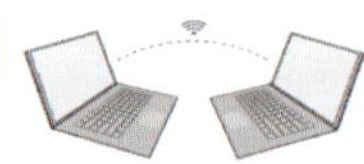

□ **Goal**

• Plan the school festival and share ideas for it.

□ **Participants**: Club leaders only

□ ❷ **What to Discuss**

• Themes • Ticket sales • Budget

□ **Date & Time**: 5 to 7 p.m. on Friday, June 25th, 2021

□ **Notes**

• Get the access link by text message 10 minutes before the meeting and click it.

• Type your real name when you enter the chatroom.

① 동아리 회원이라면 누구나 참여 가능하다.
② 티켓 판매는 논의 대상에서 제외된다.
③ 회의는 3시간 동안 열린다.
④ 접속 링크를 문자로 받는다.
⑤ 채팅방 입장 시 동아리명으로 참여해야 한다.

• 핵심 코드 •

❶ 명사를 사용한 동사 표현

명사를 이용한 표현을 동사보다 더 많이 쓰는 경향이 있다.

have a discussion = discuss(토론하다)
have a conversation = converse(대화하다)
have a fight = fight(싸우다)
make a decision = decide(결정하다)
take a look = look(보다)
take a breath = breathe(숨을 쉬다)
give ~ a hug = hug(안다)

He **took a deep breath**. = He **breathed** deeply.
그는 심호흡을 했다.

She **is a good swimmer**. = She **swims** well.
그녀는 수영을 잘한다.

❷ 의문사+to부정사

what, how, when, where, which 등의 의문사에 to부정사가 붙어 각각 다음과 같은 의미로 쓰인다.

• what to-v: 무엇을 ~할지
• how to-v: 어떻게 ~할지(~하는 방법)
• when to-v: 언제 ~할지
• where to-v: 어디서 ~할지
• which to-v: 어떤 것을 ~할지

This information will help you determine **when to plant** seeds.
이 정보는 네가 언제 씨앗을 심을지를 결정하는 데 도움이 될 것이다.

多빈출 핵심 어휘

virtual 형 가상의 **exchange** 명 교환 **connect** 동 접속하다 **in real time** 실시간으로 **discussion** 명 토론 **upcoming** 형 다가오는 **goal** 명 목표 **share** 동 공유하다 **discuss** 동 토론하다 **theme** 명 주제 **budget** 명 예산 **access** 명 접속

코드 공략하기

정답 및 해설 p. 55

01 ○△× • 2025년 6월 교육청(고1) 28번

2025 Summer Cartoon Festival에 관한 다음 안내문의 내용과 일치하는 것은? 정답률 95%

2025 Summer Cartoon Festival

It's the 8th annual Summer Cartoon Festival! The festival drew a lot of visitors last year. Why not be one of them this year?

Dates: July 5 – 6
Time: 9 a.m. – 6 p.m.
Place: Merryville Park

Featured Events
- Cartoon drawing classes for beginners only
- Face painting by cartoonists
- Parade of costumed characters

Notes
- All visitors will receive character stickers.
- For a more detailed timetable and other information, check out www.SummerCartoonFest.com.

① 처음으로 개최되는 축제이다.
② 오전 9시부터 오후 7시까지 진행된다.
③ 상급자를 위한 만화 그리기 수업이 있다.
④ 페이스 페인팅 행사가 있다.
⑤ 방문객 중 일부만 캐릭터 스티커를 받을 것이다.

02 ○△× • 2022년 6월 교육청(고1) 27번

Kids Taekwondo Program에 관한 다음 안내문의 내용과 일치하지 않는 것은? 정답률 95%

Kids Taekwondo Program

Enjoy our taekwondo program this summer vacation.

□ **Schedule**
- Dates: August 8th – August 10th
- Time: 9:00 a.m. – 11:00 a.m.

□ **Participants**
- Any child aged 5 and up

□ **Activities**
- Self-defense training
- Team building games to develop social skills

□ **Participation Fee**
- $50 per child (includes snacks)

□ **Notice**
- What to bring: water bottle, towel
- What not to bring: chewing gum, expensive items

① 8월 8일부터 3일간 운영한다.
② 5세 이상의 어린이가 참가할 수 있다.
③ 자기 방어 훈련 활동을 한다.
④ 참가비에 간식비는 포함되지 않는다.
⑤ 물병과 수건을 가져와야 한다.

03 ○△× • 2025년 3월 교육청(고1) 27번

Blackwood Zoo에 관한 다음 안내문의 내용과 일치하지 않는 것은? 정답률 93%

Welcome to Blackwood Zoo

Get ready to explore! You can watch amazing animals on our 10km walking path.

Hours of Operation
- Every day, all year round!
- 9:30 a.m. – 4:30 p.m. (Last admission at 3:30 p.m.)

Ticket Prices
- Age 13 – 64: $30
- Age 3 – 12: $20
- Others: Free

Seasonal Note

Since the weather is still cold, some animals like snakes and turtles will stay only indoors.

※ Free shuttle bus departs from Blackwood Subway Station every 30 minutes.

① 10km의 보행로에서 동물들을 볼 수 있다.
② 운영 시간은 오후 3시 30분까지이다.
③ 3세부터 12세까지의 티켓 가격은 20달러이다.
④ 날씨가 여전히 추워서 일부 동물은 실내에만 머무를 것이다.
⑤ 무료 셔틀버스가 30분마다 출발한다.

04 ○△× • 2021년 9월 교육청(고1) 28번

Wolf Howls in Algonquin Park에 관한 다음 안내문의 내용과 일치하는 것은? 정답률 85%

Wolf Howls in Algonquin Park

Wolf Howls in Algonquin Park is offering you a once-in-a-lifetime experience tonight! Don't miss the chance to hear the wolves communicate with our staff.

When & Where
- 8 p.m. Wednesday, August 25th, 2021
(Only if the weather permits and a wolf pack is nearby.)
- Meet our staff at the outdoor theater and travel with them to the wolf howling location.

Fee
- $18.00 per person (Free for Ontario residents 65 and older)

Note
- Dress warmly for this special program which will last longer than three hours.
- No dogs are allowed during the event.
- If there are less than 5 people for the event, it will be cancelled.

※ Visit our website at www.algonquinpark.on for more information.

① 날씨에 상관없이 진행된다.
② Ontario 거주자 모두에게 무료이다.
③ 소요 시간은 3시간 미만이다.
④ 행사 내내 반려견을 동반할 수 있다.
⑤ 참가자 수에 따라 취소될 수 있다.

05 ○△×

• 2023년 6월 교육청(고1) 28번

Summer Scuba Diving One-day Class에 관한 다음 안내문의 내용과 일치하는 것은? 정답률 89%

Summer Scuba Diving One-day Class

Join our summer scuba diving lesson for beginners, and become an underwater explorer!

Schedule
- 10:00 – 12:00 Learning the basics
- 13:00 – 16:00 Practicing diving skills in a pool

Price
- Private lesson: $150
- Group lesson (up to 3 people): $100 per person
- Participants can rent our diving equipment for free.

Notice
- Participants must be 10 years old or over.
- Participants must register at least 5 days before the class begins.

For more information, please go to www.ssdiver.com.

① 오후 시간에 바다에서 다이빙 기술을 연습한다.
② 그룹 수업의 최대 정원은 4명이다.
③ 다이빙 장비를 유료로 대여할 수 있다.
④ 연령에 관계없이 참가할 수 있다.
⑤ 적어도 수업 시작 5일 전까지 등록해야 한다.

06 ○△×

• 2023년 3월 교육청(고1) 27번

Call for Articles에 관한 다음 안내문의 내용과 일치하지 않는 것은? 정답률 93%

Call for Articles

Do you want to get your stories published? *New Dream Magazine* is looking for future writers! This event is open to anyone aged 13 to 18.

Articles
- Length of writing: 300-325 words
- Articles should also include high-quality color photos.

Rewards
- Five cents per word
- Five dollars per photo

Notes
- You should send us your phone number together with your writing.
- Please email your writing to us at article@ndmag.com.

① 13세에서 18세까지의 누구나 참여할 수 있다.
② 기사는 고화질 컬러 사진을 포함해야 한다.
③ 사진 한 장에 5센트씩 지급한다.
④ 전화번호를 원고와 함께 보내야 한다.
⑤ 원고를 이메일로 제출해야 한다.

07 ○△×

2022년 9월 교육청(고1) 27번

2022 Springfield Park Yoga Class에 관한 다음 안내문의 내용과 일치하지 않는 것은? 정답률 90%

Internet

2022 Springfield Park Yoga Class

The popular yoga class in Springfield Park returns! Enjoy yoga hosted on the park lawn. If you can't make it to the park, join us online on our social media platforms!

◈ **When:** Saturdays, 2 p.m. to 3 p.m., September

◈ **Registration:** At least TWO hours before each class starts, sign up here.

◈ **Notes**

- For online classes: find a quiet space with enough room for you to stretch out.
- For classes in the park: mats are not provided, so bring your own!

※ The class will be canceled if the weather is unfavorable.

For more information, click here.

① 온라인으로도 참여할 수 있다.
② 9월 중 토요일마다 진행된다.
③ 수업 시작 2시간 전까지 등록해야 한다.
④ 매트가 제공된다.
⑤ 날씨가 좋지 않으면 취소될 것이다.

08 ○△×

2022년 6월 교육청(고1) 28번

Moonlight Chocolate Factory Tour에 관한 다음 안내문의 내용과 일치하는 것은? 정답률 94%

Moonlight Chocolate Factory Tour

Take this special tour and have a chance to enjoy our most popular chocolate bars.

□ **Operating Hours**
- Monday – Friday, 2:00 p.m. – 5:00 p.m.

□ **Activities**
- Watching our chocolate-making process
- Tasting 3 types of chocolate (dark, milk, and mint chocolate)

□ **Notice**
- Ticket price: $30
- Wearing a face mask is required.
- Taking pictures is not allowed inside the factory.

① 주말 오후 시간에 운영한다.
② 초콜릿 제조 과정을 볼 수 있다.
③ 네 가지 종류의 초콜릿을 시식한다.
④ 마스크 착용은 참여자의 선택 사항이다.
⑤ 공장 내부에서 사진 촬영이 가능하다.

빈출 핵심 어휘

01

- □ **cartoon** 명 만화
- □ **annual** 형 매년의, 연례의
- □ **draw** 동 그리다; *(사람의 마음을) 끌다
  draw a lot of visitors 많은 방문객을 이끌다
- □ **beginner** 명 초급자
- □ **costumed** 형 의상을 입은
- □ **timetable** 명 시간표
  a more detailed **timetable** 더 자세한 시간표

02

- □ **vacation** 명 방학
- □ **participant** 명 참가자
- □ **activity** 명 (특정한) 활동
- □ **self-defense** 명 자기 방어, 정당방위
- □ **training** 명 훈련, 교육
  self-defense training 자기 방어 훈련
- □ **develop** 동 성장[발달]하다[시키다]; *개발하다
- □ **include** 동 포함하다
- □ **notice** 명 주목, 신경씀; *알림, 통지

03

- □ **explore** 동 탐험하다
- □ **amazing** 형 놀라운
- □ **walking path** 보행로
- □ **operation** 명 운영
  hours of **operation** 운영 시간
- □ **admission** 명 입장
- □ **seasonal** 형 계절에 따른
- □ **indoors** 부 실내에
  stay only **indoors** 실내에만 머무르다
- □ **depart** 동 출발하다

04

- □ **howl** 명 (개 · 늑대 등의) 우는 소리
- □ **offer** 동 제공하다
- □ **once-in-a-lifetime** 형 일생의 한 번의
- □ **experience** 명 경험
- □ **miss** 동 놓치다
- □ **chance** 명 기회
- □ **communicate** 동 의사소통하다
- □ **permit** 동 허락하다
- □ **travel** 동 여행하다; *이동하다
- □ **howling** 형 짖는, 울부짖는, 소리치는
- □ **location** 명 장소
- □ **resident** 명 거주자
- □ **last** 동 지속되다, 지속하다

05

- □ **explorer** 명 탐험가
- □ **rent** 동 빌리다
- □ **equipment** 명 장비, 용품
  rent our diving **equipment** for free 다이빙 장비를 무료로 빌리다
- □ **register** 동 등록하다
- □ **at least** 적어도, 최소한

06

- □ **article** 명 기사
- □ **publish** 동 출간하다
- □ **writing** 명 (글)쓰기; *원고, 글
  length of **writing** 원고 길이
- □ **high-quality** 형 고급의; *고화질의
  high-quality color photos 고화질 컬러 사진

07

- □ **popular** 형 인기 있는
- □ **host** 동 주최하다
- □ **lawn** 명 잔디밭
  yoga **hosted** on the park **lawn** 공원 잔디밭에서 열리는 요가
- □ **platform** 명 (기차역의) 플랫폼; *플랫폼(사용 기반이 되는 컴퓨터 시스템 · 소프트웨어)
- □ **registration** 명 등록
- □ **notes** 명 《*pl.*》 관련 내용[정보]
- □ **stretch out** 쭉 뻗다
- □ **unfavorable** 형 호의적이 아닌, 비판적인; *좋지 않은
  the weather is **unfavorable** 날씨가 좋지 않다

08

- □ **operating hours** 명 운영 시간
- □ **process** 명 과정
  chocolate-making **process** 초콜릿 제조 과정
- □ **taste** 동 맛이 나다; *맛보다
  tasting 3 types of chocolate 초콜릿 3종 시식
- □ **require** 동 필요[요구]하다
  wearing a face mask is **required** 마스크 착용이 요구된다
- □ **allow** 동 허락하다, 용납하다
- □ **factory** 명 공장
  taking pictures is not **allowed** inside the **factory**
  공장 내부에서 사진 촬영은 허용되지 않는다

09 함의 추론

출제코드 분석

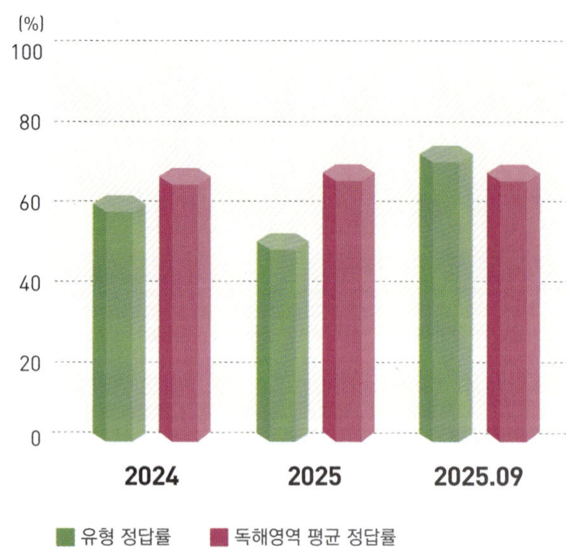

밑줄 친 부분의 문맥상 함축된 의미를 묻는 함의 추론 유형으로, 매년 한 문항씩 출제된다. 2025학년도 수능의 경우 [함의 추론] 유형의 정답률은 53%로 독해영역 평균 정답률(69%)보다 많이 낮았으며, 2024학년도 수능의 경우 [함의 추론] 유형의 정답률은 62%를 기록하여 독해 영역 평균 정답률(68%)보다 조금 낮았다. 2025년도 9월 고1 학평에서 [함의 추론] 유형의 정답률은 74%를 기록하였다.

최근 수능 및 학평 출제 소재

최근 수능에서는 실질적 기술 없이 이론만 추구하는 건축가에 관한 글이 출제되었다. 학평에서는 우리 몸의 원자가 순환하며 다음 존재에게 이어진다는 내용의 글이 출제되었다.

학습 전략

유형 설명

함의 추론은 밑줄 친 부분이 나타내는 의미를 추론하는 유형으로, 밑줄 친 부분을 포함한 문장의 앞뒤와 글 전체의 내용을 파악해야 한다.

유형 학습 전략

1. 글 전체를 먼저 읽고 주제 · 핵심을 파악한다.
2. 밑줄이 있는 문장이 무엇을 말하고자 하는지 파악한다.
3. 밑줄이 의미하는 바를 전체적 맥락 하에 추론한다.

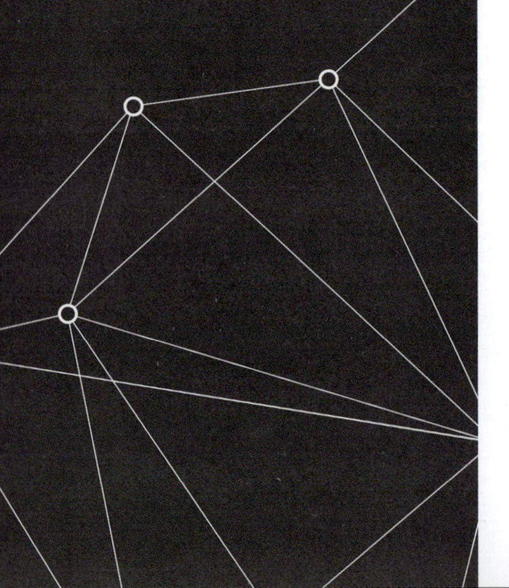

코드 접속하기

정답 및 해설 p. 60

Q1

2025년 3월 교육청(고1) 21번

밑줄 친 start down this slippery slope이 다음 글에서 의미하는 바로 가장 적절한 것은? 정답률 62%

Assuming gene editing in humans proves to be safe and effective, it might seem logical, even preferable, ❶ to correct disease-causing mutations at the earliest possible stage of life, *before* harmful genes begin causing serious problems. Yet ❷ once it becomes possible ❶ to transform an embryo's mutated genes into "normal" ones, there will certainly be temptations ❸ to upgrade normal genes to superior versions. Should we begin editing genes in unborn children to lower their lifetime risk of heart disease or cancer? What about giving unborn children beneficial features, like greater strength and increased mental abilities, or changing physical characteristics, like eye and hair color? The pursuit for perfection seems almost natural to human nature, but if we start down this slippery slope, we may not like where we end up.

* mutation: 돌연변이 ** embryo: 배아

① allow genetic alterations to upgrade humans
② stick to the traditional beliefs in human nature
③ resist the temptation to change genes in humans
④ fail to reduce the risk of suffering from diseases
⑤ consider more about the moral issues of genetics

•핵심 코드•

❶ to부정사의 명사적 용법 (주어 역할)

to부정사는 명사적 용법으로 쓰여 문장의 주어 자리에 올 수 있다. 하지만 대개 문장의 주어 자리에 직접 쓰이기 보다, 문장의 주어 자리에 가주어 it을 쓰고, 진주어인 to부정사를 뒤로 보낸다.

It is important **to get** enough sleep every night.
매일 밤 충분한 수면을 취하는 것은 중요하다.

It was difficult **to finish** the project on time.
그 프로젝트를 제시간에 끝내는 것은 어려웠다.

❷ 접속사 once

once가 접속사로 쓰일 때는 '일단 ~하면', '~하는 순간(at the moment when)', '~하자마자(as soon as)'의 의미를 갖는다.

Once he makes a decision, he never changes it.
그는 일단 결정을 내리면, 그것을 절대 바꾸지 않는다.

Once he found a job, things got better.
그가 직업을 찾는 순간, 상황이 더 좋아졌다.

I'll call you **once** I've arrived.
도착하자마자 전화할게요.

❸ 동격의 to부정사

동격의 to부정사는 보통 plan, decision, promise, order, idea, chance 등의 명사 뒤에 쓰여 그 명사의 구체적인 내용을 나타낸다.

His plan [**to study** abroad] surprised his friends.
외국에서 공부하려는 그의 계획이 친구들을 놀라게 했다.

She made a promise [**to help** me].
그녀는 나를 돕겠다는 약속을 했다.

多빈출 핵심 어휘

assume 동 가정하다 **gene editing** 유전자 편집 **prove** 동 입증되다 **logical** 형 논리적인 **preferable** 형 바람직한 **transform** 동 변형하다, 바꾸다 **normal** 형 정상적인 **temptation** 명 유혹 **superior** 형 (~보다 더) 우수한 **unborn** 형 태어나지 않은 **beneficial** 형 유익한 **feature** 명 특성 **mental** 형 정신의; *지적인 **characteristic** 명 특징 **pursuit** 명 추구 **nature** 명 자연; *본성, 천성 **slippery** 형 미끄러운 **slope** 명 경사로 **[문제] alteration** 명 변형, 고침 **stick to** ~을 고수하다 **resist** 동 저항하다 **moral** 형 도덕적인

코드 접속하기

정답 및 해설 p. 60

Q2

• 2024년 3월 교육청(고1) 21번

밑줄 친 push animal senses into Aristotelian buckets가 다음 글에서 의미하는 바로 가장 적절한 것은? 정답률 59%

Consider the seemingly simple question *How many senses are there?* Around 2,370 years ago, Aristotle wrote that there are five, in both humans and animals — sight, hearing, smell, taste, and touch. However, according to the philosopher Fiona Macpherson, there are reasons to doubt it. For a start, Aristotle missed ❶ a few in humans: the perception of your own body which is different from touch and the sense of balance which has links to both touch and vision. Other animals have senses that are ❷ even harder to categorize. Many vertebrates have a different sense system for detecting odors. Some snakes can detect the body heat of their prey. These examples tell us that "senses ❸ cannot be clearly divided into a limited number of specific kinds," Macpherson wrote in *The Senses*. Instead of trying to push animal senses into Aristotelian buckets, we should study them for what they are.

* vertebrate: 척추동물 ** odor: 냄새

① sort various animal senses into fixed categories
② keep a balanced view to understand real senses
③ doubt the traditional way of dividing all senses
④ ignore the lessons on senses from Aristotle
⑤ analyze more animals to find real senses

• 핵심 코드 •

❶ a few / a little

a few는 '약간'이라는 의미로 「a few + 셀 수 있는 명사」의 형태로 쓰거나, 또는 셀 수 있는 명사를 대신하는 대명사로 쓸 수 있다. a little은 셀 수 없는 명사와 함께 쓰인다.

She bought **a few** new dresses for the summer.
그녀는 여름을 위해 몇 벌의 새 드레스를 샀다.

Could you add **a little** sugar to my coffee?
제 커피에 설탕을 조금 넣어주실 수 있나요?

❷ 비교급 강조

far, much, even, still, a lot 등은 '훨씬'의 의미로 비교급과 함께 쓰여 비교의 의미를 강조한다.

The tree in their backyard is **much** larger than the one in ours.
그들의 뒷마당에 있는 나무는 우리 뒷마당에 있는 나무보다 훨씬 더 크다.

The basketball player is **even** taller in person than he looks on TV.
그 농구선수는 TV에서 보는 것보다 실물이 훨씬 더 크다.

❸ 조동사 수동태

조동사가 있는 수동태는 「조동사 + be + p.p.」의 형태로 쓴다.

Your report **should be submitted** by the end of the day.
보고서는 오늘 중으로 제출되어야 합니다.

The house **must be cleaned** thoroughly before the guests arrive.
손님이 도착하기 전에 집이 철저히 청소되어야 한다.

多빈출 핵심 어휘

consider 동 고려하다 **seemingly** 부 겉보기에는 **sense** 명 감각 **sight** 명 시력, 시각 **philosopher** 명 철학자 **doubt** 동 의심하다 **perception** 명 인식 **balance** 명 균형 **link** 명 연결 **categorize** 동 분류하다 **detect** 동 감지하다 **heat** 명 열 **prey** 명 먹잇감 **divide** 동 나누다 **limited** 형 제한된 **specific** 형 특정한 **bucket** 명 양동이 **[문제] sort** 동 분류하다 **fixed** 형 고정된 **analyze** 동 분석하다

코드 접속하기

정답 및 해설 p. 61

Q3

2023년 9월 교육청(고1) 21번

밑줄 친 fall silently in the woods가 다음 글에서 의미하는 바로 가장 적절한 것은? 정답률 51%

Most people have no doubt heard this question: ❶ If a tree falls in the forest and there is no one there to hear it fall, does it make a sound? The correct answer is no. Sound is more than pressure waves, and indeed there can be no sound without a hearer. And similarly, scientific communication is a two-way process. ❷ Just as a signal of any kind is useless ❶ unless it is perceived, a published scientific paper (signal) is useless ❶ unless it is both received *and* understood by its intended audience. Thus we can restate the axiom of science as follows: A scientific experiment is not complete until the results ❸ have been published *and understood*. Publication is no more than pressure waves ❶ unless the published paper is understood. Too many scientific papers fall silently in the woods.

* axiom: 자명한 이치

① fail to include the previous study
② end up being considered completely false
③ become useless because they are not published
④ focus on communication to meet public demands
⑤ are published yet readers don't understand them

• 핵심 코드 •

❶ 조건의 부사절

조건의 부사절을 이끄는 종속접속사에는 if(만일 ~라면)와 unless(만일 ~하지 않는다면)가 있다. 조건을 나타내는 부사절에서는 미래의 일이라도 현재시제를 쓴다.

If he **arrives** before noon, we can start the meeting early.
그가 정오 전에 도착하면, 우리는 회의를 일찍 시작할 수 있다.

The event will be canceled **unless** the weather **improves.**
날씨가 좋아지지 않는 한, 행사는 취소될 것이다.

❷ 복잡한 문장 구조

[Just as a signal of any kind is useless {unless it is perceived}], a published scientific paper (signal) is useless [unless it is both received *and understood* by its intended audience].
(부사절: Just as ~ — ~인 것과 같이 / 조건의 부사절: unless it is perceived / 조건의 부사절: unless it is both received ~)

주절 a published scientific paper (signal) is useless 앞과 뒤에 부사절이 연결되어 있는 구조이다. just as는 '~인 것과 같이'의 의미로, just as가 이끄는 부사절 안에 조건의 부사절 unless it is perceived가 있다. 주절 이후에는 또 다른 조건의 부사절인 unless it is both received and understood by its intended audience가 쓰였으며, 「both A and B」는 'A와 B 모두'라는 의미로 수동태의 과거분사 received와 understood가 병렬구조를 이루고 있다.

❸ 현재완료 수동태

현재완료 수동태는 「have[has] been + p.p.」의 형태를 취하며 '~되었다, ~된 적이 있다' 등의 의미를 나타낸다.

The old bridge **has been replaced** with a new one.
낡은 다리가 새것으로 교체되었다.

The software **has been updated** to fix the bugs.
버그를 수정하기 위해 소프트웨어가 업데이트되었다.

多빈출 핵심 어휘

pressure wave 압력파 **similarly** 부 마찬가지로 **signal** 명 신호 **useless** 형 쓸모없는 **perceive** 동 감지하다 **paper** 명 종이; *논문 **intended** 형 의도된 **audience** 명 독자, 청중 **restate** 동 다시 말하다 **experiment** 명 실험 **complete** 형 완전한 **result** 명 결과 **[문제] previous** 형 이전의 **end up v-ing** 결국 ~하게 되다 **public** 형 대중의 **demand** 명 요구

코드 접속하기

정답 및 해설 p. 62

Q4

• 2022년 3월 교육청(고1) 21번

밑줄 친 Leave those activities to the rest of the sheep이 다음 글에서 의미하는 바로 가장 적절한 것은? 정답률 62%

A job search is not a passive task. When you are searching, you are not browsing, ❶ nor are you "just looking". Browsing is not an effective way to reach a goal you claim to want to reach. If you are acting with purpose, if you are serious about anything you chose to do, then ❷ you need to be direct, focused and whenever possible, clever. Everyone else searching for a job has the same goal, ❸ competing for the same jobs. You must do more than the rest of the herd. Regardless of ❹ how long it may take you to find and get the job you want, being proactive will logically get you results faster than if you rely only on browsing online job boards and emailing an occasional resume. Leave those activities to the rest of the sheep.

① Try to understand other job-seekers' feelings.
② Keep calm and stick to your present position.
③ Don't be scared of the job-seeking competition.
④ Send occasional emails to your future employers
⑤ Be more active to stand out from other job-seekers.

• 핵심 코드 •

❶ 부정어(구) 도치구문

nor, not only, never, scarcely, hardly, rarely, not until, no sooner 등과 같은 부정어(구)가 맨 앞에 위치할 때는 주어와 동사의 순서가 바뀌는 도치가 일어난다. 이때 일반 동사가 있는 문장은 「부정어(구)+do동사+주어+동사원형」의 어순을, be동사나 조동사가 있는 문장은 「부정어(구)+조동사/be동사+주어+본동사」의 어순을 취한다.

Never did I dream that I would be able to meet him.
나는 그를 만날 수 있을 것이라고 꿈도 꾸지 못했다.
He is neither eating, **nor is he** sleeping.
그는 먹고 있지도, 자고 있지도 않다.

❷ 복잡한 문장 구조

... you(주어) need to be(동사) direct(주격보어 1), focused(주격보어 2) and(접속사) whenever possible, clever(주격보어 3).

동사 need to be에 주격보어 3개가 병렬 연결된 문장으로, 세 번째 주격보어 clever 앞에 whenever possible이 삽입되어 있는 형태이다.

❸ 분사구문 (동시동작)

동시동작을 나타내는 분사구문은 '~하면서, ~한 채로'의 의미로 해석된다.

She sat by the window **sewing**.
그녀는 바느질을 하면서 창가에 앉아 있었다.

❹ how+형용사/부사

의문부사 how 뒤에 형용사나 부사가 올 경우, 범위, 정도, 수, 양 등을 물을 때 사용한다.

How deep is your love?
당신의 사랑은 얼마나 깊나요?

多빈출 핵심 어휘

passive 형 수동적인, 소극적인 **task** 명 일, 과업 **browse** 동 둘러보다[훑어보다] **direct** 형 직접적인 **clever** 형 영리한, 똑똑한 **compete** 동 경쟁하다 **herd** 명 (짐승의) 떼; *사람들[대중] **proactive** 형 주도하는 **logically** 부 논리적으로 **job board** 구인란 **occasional** 형 가끔의 **resume** 명 이력서 **[문제] job-seeker** 명 구직자 **present** 형 현재의 **position** 명 위치 **employer** 명 고용주 **active** 형 활동적인; *적극적인 **stand out** 눈에 띄다

코드 공략하기

정답 및 해설 p. 63

01 고득점 ○△× 2020년 6월 교육청(고1) 21번

밑줄 친 by reading a body language dictionary가 의미하는 바로 가장 적절한 것은? 정답률 29%

Authentic, effective body language is more than the sum of individual signals. When people work from this rote-memory, dictionary approach, they stop seeing the bigger picture, all the diverse aspects of social perception. Instead, they see a person with crossed arms and think, "Reserved, angry." They see a smile and think, "Happy." They use a firm handshake to show other people "who is boss." Trying to use body language by reading a body language dictionary is like trying to speak French by reading a French dictionary. Things tend to fall apart in an inauthentic mess. Your actions seem robotic; your body language signals are disconnected from one another. You end up confusing the very people you're trying to attract because your body language just rings false.

① by learning body language within social context
② by comparing body language and French
③ with a body language expert's help
④ without understanding the social aspects
⑤ in a way people learn their native language

02 ○△× 2021년 3월 교육청(고1) 21번

밑줄 친 translate it from the past tense to the future tense가 다음 글에서 의미하는 바로 가장 적절한 것은?

정답률 75%

Get past the 'I wish I hadn't done that!' reaction. If the disappointment you're feeling is linked to an exam you didn't pass because you didn't study for it, or a job you didn't get because you said silly things at the interview, or a person you didn't impress because you took entirely the wrong approach, accept that it's *happened* now. The only value of 'I wish I hadn't done that!' is that you'll know better what to do next time. The learning pay-off is useful and significant. This 'if only I ...' agenda is virtual. Once you have worked that out, it's time to translate it from the past tense to the future tense: 'Next time I'm in this situation, I'm going to try to ...'.

* agenda: 의제 ** tense: 시제

① look for a job linked to your interest
② get over regrets and plan for next time
③ surround yourself with supportive people
④ study grammar and write clear sentences
⑤ examine your way of speaking and apologize

03 ◯△✕ • 2024년 6월 교육청(고1) 21번

밑줄 친 luxury real estate가 다음 글에서 의미하는 바로 가장 적절한 것은? 정답률 58%

The soil of a farm field is forced to be the perfect environment for monoculture growth. This is achieved by adding nutrients in the form of fertilizer and water by way of irrigation. During the last fifty years, engineers and crop scientists have helped farmers become much more efficient at supplying exactly the right amount of both. World usage of fertilizer has tripled since 1969, and the global capacity for irrigation has almost doubled; we are feeding and watering our fields more than ever, and our crops are loving it. Unfortunately, these luxurious conditions have also excited the attention of certain agricultural undesirables. Because farm fields are loaded with nutrients and water relative to the natural land that surrounds them, they are desired as luxury real estate by every random weed in the area.

* monoculture: 단일 작물 재배 ** irrigation: (논, 밭에) 물을 댐; 관개

① a farm where a scientist's aid is highly required
② a field abundant with necessities for plants
③ a district accessible only for the rich
④ a place that is conserved for ecology
⑤ a region with higher economic value

04 ◯△✕ • 2025년 6월 교육청(고1) 21번

밑줄 친 the arrow is as likely to point in the reverse direction이 다음 글에서 의미 하는 바로 가장 적절한 것은? 정답률 69%

It is common sense that people's inner beliefs may drive their external behavior. If you're attracted to a certain person, you should be more likely to socialize with that person. If you favor a brand of toothpaste, you're more likely to buy it. Of course, our internal thoughts don't *always* predict our public behavior, but, overall, what we do obviously reflects what we think. But beliefs and behaviors are also related in a more remarkable way. It turns out that the arrow is as likely to point in the reverse direction. As social psychologist David Myers observes, "If social psychology has taught us anything during the last 25 years, it is that we are likely not only to think ourselves into a way of acting but also to act ourselves into a way of thinking."

① actions can be entirely separate from beliefs
② our behaviors can also shape what we believe
③ our opinions can be dependent on our emotions
④ behaviors can clearly reflect one's surroundings
⑤ what we think can matter more than what we do

05 ○△× • 2023년 3월 교육청(고1) 21번

밑줄 친 The divorce of the hands from the head가 다음 글에서 의미하는 바로 가장 적절한 것은? 정답률 58%

If we adopt technology, we need to pay its costs. Thousands of traditional livelihoods have been pushed aside by progress, and the lifestyles around those jobs removed. Hundreds of millions of humans today work at jobs they hate, producing things they have no love for. Sometimes these jobs cause physical pain, disability, or chronic disease. Technology creates many new jobs that are certainly dangerous. At the same time, mass education and media train humans to avoid low-tech physical work, to seek jobs working in the digital world. The divorce of the hands from the head puts a stress on the human mind. Indeed, the sedentary nature of the best-paying jobs is a health risk — for body and mind.

* chronic: 만성의 ** sedentary: 주로 앉아서 하는

① ignorance of modern technology
② endless competition in the labor market
③ not getting along well with our coworkers
④ working without any realistic goals for our career
⑤ our increasing use of high technology in the workplace

06 ○△× • 2024년 9월 교육청(고1) 21번

밑줄 친 "hanging out with the winners"가 다음 글에서 의미하는 바로 가장 적절한 것은? 정답률 80%

One valuable technique for getting out of helplessness, depression, and situations which are predominantly being run by the thought, "I can't," is to choose to be with other persons who have resolved the problem with which we struggle. This is one of the great powers of self-help groups. When we are in a negative state, we have given a lot of energy to negative thought forms, and the positive thought forms are weak. Those who are in a higher vibration are free of the energy from their negative thoughts and have energized positive thought forms. Merely to be in their presence is beneficial. In some self-help groups, this is called "hanging out with the winners." The benefit here is on the psychic level of consciousness, and there is a transfer of positive energy and relighting of one's own latent positive thought forms.

* latent: 잠재적인

① staying with those who sacrifice themselves for others
② learning from people who have succeeded in competition
③ keeping relationships with people in a higher social position
④ spending time with those who need social skill development
⑤ being with positive people who have overcome negative states

多빈출 핵심 어휘

01

- □ **authentic** 형 진짜의, 실제적인
- □ **sum** 명 합계, 총합
  the **sum** of the parts 부분들의 총합
- □ **rote-memory** 명 기계적 암기
- □ **diverse** 형 다양한
- □ **reserve** 형 과묵한
- □ **firm** 형 굳은; *힘찬, 확고한
- □ **fall apart** 분리되다
- □ **mess** 명 엉망인 상태[상황]
- □ **robotic** 형 (동작·표정 등이) 로봇같은
- □ **attract** 동 마음을 끌다
  attract diverse audiences 다양한 청중의 마음을 끌다
- □ **ring false** 잘못 전달되다, 거짓으로 들리다

02

- □ **get past** 지나가다
- □ **reaction** 명 반응
  the public **reaction** to the war 전쟁에 대한 대중의 반응
- □ **disappointment** 명 실망
- □ **be linked to** ~과 연관되다, ~에 연결되다
  These computers **are linked to** the central system.
  이 컴퓨터들은 중앙 시스템에 연결되어 있다.
- □ **pass** 동 통과하다
- □ **silly** 형 바보 같은
- □ **interview** 명 면접, 인터뷰
- □ **impress** 동 좋은 인상을 주다
  impress the boss 사장에게 좋은 인상을 주다
- □ **entirely** 부 완전히, 전적으로
- □ **approach** 명 접근 방법
  a new **approach** to teaching English 영어를 가르치는 새로운 접근법
- □ **accept** 동 받아들이다
- □ **value** 명 가치
- □ **pay-off** 명 이득
  a big environmental **pay-off** 큰 환경적 이득
- □ **useful** 형 유용한
- □ **significant** 형 의미가 있는, 중요한
- □ **virtual** 형 가상의
- □ **work ~ out** ~을 파악하다
  work their plan **out** 그들의 계획을 파악하다
- □ **translate** 동 번역하다; *바꾸다
- □ **situation** 명 상황
- □ **surround A with B** A를 B로 둘러싸다
- □ **supportive** 형 지원하는, 도와주는
- □ **examine** 동 조사[검토]하다
- □ **apologize** 동 사과하다

03

- □ **soil** 명 토양
- □ **nutrient** 명 영양분
- □ **fertilizer** 명 비료
  add **nutrients** in the form of **fertilizer** 비료 형태로 양분을 더하다
- □ **efficient** 형 효율적인
- □ **supply** 동 공급하다
- □ **triple** 동 3배가 되다
- □ **capacity** 명 능력
- □ **luxurious** 형 호화로운
- □ **attention** 명 관심
- □ **agricultural** 형 농업의
- □ **undesirable** 명 바람직스럽지 못한 것
- □ **be loaded with** ~로 가득 차다
  be loaded with nutrients and water 영양분과 물로 가득 차다
- □ **relative to** ~에 비례하여
- □ **desire** 동 바라다, 희망하다
- □ **real estate** 부동산
- □ **random** 형 무작위의

04

- □ **common sense** 상식
- □ **inner** 형 내면의, 내적인
- □ **external** 형 외적인
- □ **socialize** 동 (사람들과) 사귀다, 어울리다
- □ **internal** 형 내적인
- □ **predict** 동 예상하다
- □ **overall** 부 전반적으로
- □ **obviously** 부 분명히
- □ **reflect** 동 반영하다
- □ **be related in** ~와 관련이 있다
- □ **remarkable** 형 주목할 만한, 놀라운
  be related in a more **remarkable** way
  더 놀라운 방식으로 관련이 있다
- □ **turn out** 드러나다, 밝혀지다
- □ **arrow** 명 화살
- □ **reverse** 형 반대의
  in the **reverse** direction 반대 방향으로
- □ **social psychologist** 사회 심리학자
- □ **observe** 동 보다; *말하다

05

- ☐ **adopt** 동 받아들이다, 채택하다
- ☐ **technology** 명 기술
  adopt technology 기술을 받아들이다
- ☐ **cost** 명 비용
- ☐ **livelihood** 명 생계 수단
- ☐ **push aside** ~을 밀쳐 놓다
- ☐ **progress** 명 발전, 전진
- ☐ **lifestyle** 명 생활 방식
- ☐ **remove** 동 없애다
- ☐ **produce** 동 생산하다, 제작하다
- ☐ **physical** 형 육체의, 신체의
- ☐ **pain** 명 고통, 통증
- ☐ **disability** 명 장애
- ☐ **disease** 명 질환, 질병
- ☐ **mass** 형 대중의
- ☐ **education** 명 교육
- ☐ **train** 동 훈련하다, 길들이다
  mass education and media **train** humans
  대중 교육과 대중 매체는 인간을 길들인다
- ☐ **avoid** 동 피하다
- ☐ **seek** 동 찾다, 구하다
- ☐ **divorce** 명 이혼; *단절
- ☐ **stress** 명 부담, 긴장
- ☐ **risk** 명 위험 (요소)

06

- ☐ **valuable** 형 유용한
- ☐ **helplessness** 명 무력함
- ☐ **depression** 명 우울감
- ☐ **predominantly** 부 대개, 대부분
- ☐ **resolve** 동 해결하다
  resolve the problem 문제를 해결하다
- ☐ **struggle** 동 고심하다
- ☐ **negative** 형 부정적인
- ☐ **state** 명 상태
- ☐ **positive** 형 긍정적인
- ☐ **vibration** 명 진동
- ☐ **merely** 부 그저, 단지
- ☐ **presence** 명 (특정한 곳에) 있음
- ☐ **beneficial** 형 유익한
- ☐ **benefit** 명 혜택, 이득
- ☐ **psychic** 형 정신[마음]의
- ☐ **consciousness** 명 의식
- ☐ **transfer** 명 전달
  a **transfer** of **positive** energy 긍정적인 에너지의 전달
- ☐ **relight** 동 재점화하다

10 빈칸 추론

출제코드 분석

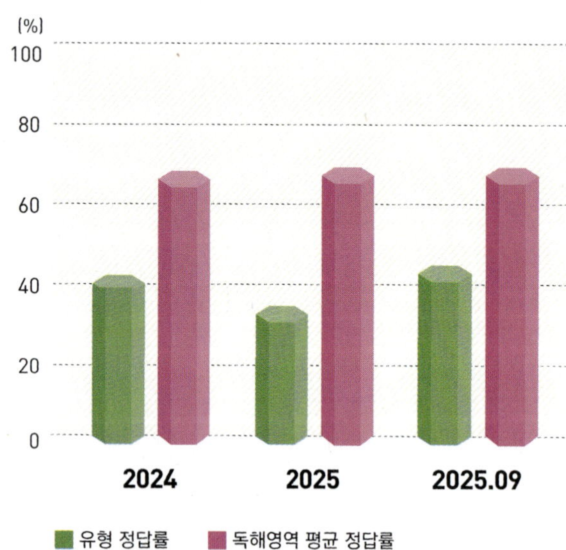

빈칸에 들어갈 말을 고르는 유형으로, 매년 3~4문항씩 출제된다. 수능 독해영역에서 가장 출제 비중이 높으며 고난도 3점짜리 문항이 가장 많이 나오는 유형이다. 2025학년도 수능의 경우 [빈칸 추론] 유형의 평균 정답률은 35%였다. 2문항이 고난도 3점짜리로 출제되었다. 2024학년도 수능의 경우 해당 유형의 평균 정답률은 42%였고, 두 문항이 고난도 3점짜리로 출제되었다. 2025년도 9월 고1 학평에서는 해당 유형의 평균 정답률이 45%로 매우 어려운 수준이었다.

최근 수능 및 학평 출제 소재

최근 수능에서는 문학이 외국어 학습 과정에 주는 도움에 관한 글, 교육이 비판적 사고와 자기 통제에 미치는 영향에 관한 글, 주의를 상품화하는 '주의 경제'에 관한 글, 규칙이 사회적 역할과 활동을 가능하게 하는 힘에 관한 글이 출제되었다. 학평에서는 인간의 행복이 기준선으로 돌아가는 '헤도닉 적응'에 관한 글, 아데노신이 수면 욕구와 수면 부채를 만드는 원리에 관한 글, 측정의 불확실성이 맥락에 따라 상대적임을 보여주는 글, 재생에너지 전환 과정 중 불가피한 화석연료 사용의 역설에 관한 글이 출제되었다.

학습 전략

유형 설명

빈칸에 들어갈 적절한 어구나 절을 추론하는 유형으로, 글의 전체적인 구성을 이해하는 능력과 논리적인 사고력이 요구된다.

유형 학습 전략

1. 글의 중심 소재와 전개 방식을 파악한다.
2. 빈칸에 들어가는 내용은 대개 글의 중심 내용이나 주제에 해당되는 경우가 많다. 구체적인 사례들을 일반화하거나 주제를 재진술하는 내용의 선택지가 있는지 확인한다.
3. 선택한 답안을 빈칸에 넣어 글의 흐름이 자연스럽게 연결되는지 살펴본다.

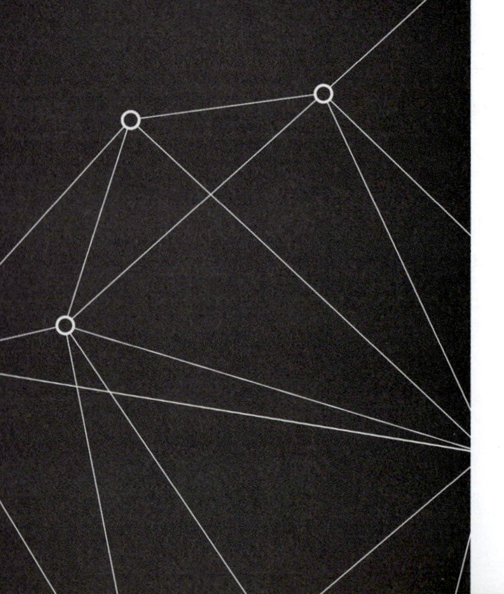

코드 접속하기

정답 및 해설 p. 68

Q1

• 2022년 9월 교육청(고1) 31번

다음 빈칸에 들어갈 말로 가장 적절한 것은? 정답률 44%

We worry that the robots are taking our jobs, but just as common a problem is that the robots are taking our ______________. In the large warehouses ❶ so common behind the scenes of today's economy, human 'pickers' hurry around grabbing products off shelves and moving them to where they can be packed and dispatched. ❷ In their ears are headpieces: the voice of 'Jennifer', a piece of software, tells them where to go and what to do, controlling the smallest details of their movements. Jennifer breaks down instructions into tiny chunks, to minimise error and maximise productivity — for example, rather than picking eighteen copies of a book off a shelf, ❸ the human worker would be politely instructed to pick five. Then another five. Then yet another five. Then another three. Working in such conditions reduces people to machines made of flesh. Rather than asking us to think or adapt, the Jennifer unit takes over the thought process and treats workers as an inexpensive source of some visual processing and a pair of opposable thumbs.

* dispatch: 발송하다 ** chunk: 덩어리

① reliability ② judgment
③ endurance ④ sociability
⑤ cooperation

• 핵심 코드 •

❶ 형용사의 후치 수식

형용사 앞에 「주격 관계대명사+be동사」이 생략되거나 형용사가 「전치사+명사」 등의 수식어구를 수반하여 길어질 때 형용사가 명사를 후치 수식할 수 있다.

❷ 도치구문

주로 자동사 come, sit, stand, lie, go, be 등이 쓰인 문장에서 장소나 방향의 부사(구)가 강조를 위해 문장 앞에 쓰이면 주어와 동사가 도치되어 「부사(구)+동사+주어」의 어순으로 쓴다.

❸ 5형식 문장의 수동태

5형식 문장이 수동태가 될 경우 목적어가 수동태 문장의 주어가 되며, 목적격보어는 「be+v-ed」의 뒤에 쓴다.

I **was persuaded** ***to go*** to the dentist by my mom.
(← My mom persuaded me to go to the dentist.)

多빈출 핵심 어휘

warehouse 명 창고 **common** 형 흔한 **behind the scene** 이면에서 **grab** 동 붙잡다[움켜잡다] **instruction** 명 설명; *지시 (**instruct** 동 지시하다) **minimise(minimize)** 동 최소화하다 **maximise(maximize)** 동 극대화하다 **productivity** 명 생산성 **politely** 부 예의 바르게, 공손하게 **reduce** 동 줄이다, 축소하다 **flesh** 명 살 **adapt** 동 맞추다, 조정하다 **inexpensive** 형 비싸지 않은 **opposable** 형 마주볼 수 있는 **thumb** 명 엄지손가락 **[문제] reliability** 명 신뢰성 **judgment** 명 판단; *판단력 **endurance** 명 인내, 참을성 **sociability** 명 사교성

코드 접속하기

정답 및 해설 p. 68

Q2

• 2025년 9월 교육청(고1) 34번

다음 빈칸에 들어갈 말로 가장 적절한 것은? 정답률 57%

Richard Heinberg, an American journalist, argues that in building the renewable energy infrastructure to stop global warming, we are actually involved in ❶ one of the greatest change projects in human history. In addition to solar panels and wind turbines, we have to build an alternative transport infrastructure, farming procedures and industrial processes. This transformation cannot happen without fossil fuels. For instance, production of concrete structures and steel elements require amounts of energy that is only possible ❷ to produce with fossil energy. Production of solar panels requires scarce and expensive minerals which must be excavated, again requiring the use of fossil fuels. Thus, ❸ the harder we push towards a renewable energy system, the faster ______________________________. This is not only expensive, but also an undermining factor for our efforts to cut global emissions. Heinberg remarks that the cost of building this new energy infrastructure is seldom counted in transition proposals, which tend to focus just on energy supply requirements.

*excavate: 발굴하다

① we are taking full advantage of renewable energy sources
② we have to use fossil energy for the construction process
③ we invest in more natural resources for the environment
④ we are able to decrease the rate of global warming
⑤ alternative energy markets become competitive

• 핵심 코드 •

❶ one of the + 복수명사

「one of the + 복수명사」는 '~ 중 하나'라는 의미이다. 여기서 핵심은 one이므로, 주어 자리에 올 경우 동사는 단수 형태를 사용한다.

This is **one of the famous monuments** of India.
이것은 인도의 유명한 기념물 중 하나이다.

One of the main characters in the story is a brave young girl.
이야기의 주요 인물 중 한 명은 용감한 소녀이다.

❷ 형용사를 수식하는 to부정사의 부사적 용법

to부정사는 형용사를 뒤에서 수식하는 역할을 할 수 있다.

This book is easy **to understand.**
이 책은 이해하기 쉽다.

This question is possible **to solve** with a simple formula.
이 문제는 간단한 공식으로 푸는 것이 가능하다.

❸ the + 비교급 ~, the + 비교급 …

「the + 비교급 ~, the + 비교급 …」은 '~할수록 더욱 …하다'라는 의미이다.

The more you study, **the better** your grades will be.
공부를 많이 할수록 성적이 더욱 좋아질 것이다.

The older you get, **the wiser** you become.
나이를 먹을수록 더욱 현명해진다.

다빈출 핵심 어휘

renewable 형 재생 가능한 **infrastructure** 명 기반 시설 **in addition to** ~에 더하여 **wind turbine** 풍력 발전용 터빈 **alternative** 형 대안적인, 대체의 **transport** 명 수송, 운송 **procedure** 명 절차 **industrial** 형 산업의 **transformation** 명 변화 **fossil fuel** 화석 연료 **production** 명 생산 **structure** 명 구조(물) **element** 명 요소 **scarce** 형 희귀한 **mineral** 명 광물 **undermine** 동 약화시키다, 훼손하다 **emission** 명 배출; *배기가스 **seldom** 부 거의 ~ 않는 **transition** 명 (다른 상태·조건으로의) 이행 **[문제] take advantage of** ~을 이용하다 **construction** 명 건설 **invest** 동 투자하다 **natural resource** 천연 자원 **competitive** 형 경쟁력 있는

코드 접속하기

정답 및 해설 p. 69

Q3

• 2022년 6월 교육청(고1) 32번

다음 빈칸에 들어갈 말로 가장 적절한 것은? 정답률 57%

The law of demand is that the demand for goods and services increases as prices fall, and the demand falls as prices increase. *Giffen goods* are special types of products ❶ for which the traditional law of demand does not apply. Instead of switching to cheaper replacements, consumers demand more of giffen goods when the price increases and less of them when the price decreases. ❷ Taking an example, rice in China is a giffen good because people tend to purchase less of it when the price falls. ❸ The reason for this is, when the price of rice falls, people have more money to spend on other types of products such as meat and dairy and, therefore, change their spending pattern. On the other hand, as rice prices increase, people ________________________.

① order more meat
② consume more rice
③ try to get new jobs
④ increase their savings
⑤ start to invest overseas

• 핵심 코드 •

❶ 전치사+관계대명사

관계대명사가 전치사의 목적어인 경우, 「전치사+관계대명사」 형태가 되는데, 이때, 목적어인 관계대명사는 생략할 수 없다. 「전치사+관계대명사」 형태에서 전치사는 후치할 수 있으며, 관계대명사가 that, who(whom대신 쓰인 경우)이거나 생략된 경우에는 전치사가 반드시 후치한다.

The road **on which** he was driving yesterday was dangerous.
그가 어제 운전하고 있던 도로는 위험했다.
= The road **(which/that)** he was driving **on** yesterday was dangerous.
~~The road on ^ he was driving yesterday was dangerous.~~

❷ 분사구문 (조건)

분사구문이란 분사가 이끄는 구가 문장에서 시간, 이유, 조건, 양보, 동시동작, 연속동작(결과) 등을 나타내는 부사구 역할을 하는 것을 말한다. 이 중 조건을 나타내는 분사구문은 '(만약) ~이면, ~하면'으로 해석된다.

❸ 복잡한 문장 구조

The reason for this is, [when the price of rice falls], (삽입절)
(that) people have more money [to spend on other (people: 주어, have: 동사 1, to spend ~: to부정사의 형용사적 용법)
types of products such as meat and dairy] and, (and: 접속사)
therefore, change their spending pattern. (change: 동사 2)

주어는 The reason for this이고, 동사는 is이며, people ~ pattern은 주격보어로 앞에 명사절을 이끄는 접속사 that이 생략되었다. 첫 번째 [ ]는 삽입된 시간의 부사절이며, that절의 주어 people에 대한 동사 have와 change가 접속사 and로 병렬 연결되어 있다. 두 번째 [ ]는 money를 수식하는 형용사적 용법의 to부정사구이다.

多빈출 핵심 어휘

law 명 법; *법칙[원칙] **demand** 명 요구 (사항); *수요 **giffen goods** 기펜재 **traditional** 형 전통의, 전통적인 **apply** 동 신청하다; *적용되다, 해당되다 **switch** 동 전환하다, 바꾸다 **replacement** 명 교체[대체]물 **consumer** 명 소비자 **tend to-v** ~하는 경향이 있다 **purchase** 동 구입[구매/매입]하다 **dairy** 명 유제품 **spending** 명 지출 **[문제] consume** 동 소모하다; *섭취하다 **saving** 명 저축한 돈 **invest** 동 투자하다 **overseas** 부 해외에[로], 외국[국외]에[으로]

코드 접속하기

정답 및 해설 p. 70

Q4

• 2022년 3월 교육청(고1) 34번

다음 빈칸에 들어갈 말로 가장 적절한 것은? 정답률 21%

One dynamic that can change dramatically in sport is the concept of the homefield advantage, in which perceived demands and resources seem to play a role. Under normal circumstances, the home ground ❶ would appear to provide greater perceived resources (fans, home field, and so on). However, researchers Roy Baumeister and Andrew Steinhilber were among the first to point out that these competitive factors can change ❷ ; for example, the success percentage for home teams in the final games of a playoff or World Series seems to drop. Fans can become part of the perceived demands ❸ rather than resources under those circumstances. This change in perception can also explain why a team that's struggling at the start of the year ❶ will ______________________ to reduce perceived demands and pressures.

* perceive: 인식하다 ** playoff: 우승 결정전

① often welcome a road trip
② avoid international matches
③ focus on increasing ticket sales
④ want to have an eco-friendly stadium
⑤ try to advertise their upcoming games

• 핵심 코드 •

❶ 습성 · 경향을 나타내는 조동사 will[would]

조동사 will[would]가 습성 · 경향을 나타낼 때, '~하게 마련이다'로 해석한다. 과거의 습성 · 경향을 나타낼 때는 would를 사용하고 '~하곤 했다'로 해석한다.

Accidents **will** happen in uncontrolled situations.
통제되지 않은 상황에서 사고는 일어나게 마련이다.
I **would** sometimes travel alone.
나는 때때로 혼자 여행을 하곤 했다.

❷ 세미콜론(;)의 역할

세미콜론(;)은 때때로 마침표 대신에 쓰이는데, 문장들이 문법적으로 독립적이지만 의미상으로 서로 밀접하게 연결되어 있는 경우에 사용된다.

We fished all day; we didn't catch a thing.
우리는 종일 낚시를 했지만 아무것도 잡지 못했다.

❸ A rather than B

「A rather than B」는 'B라기보다는 A'라는 의미의 비교 표현이다. 이때, 비교 대상인 A와 B는 품사와 문법적 구조가 대등해야 한다.

It might be a hindrance **rather than** a help.
(a hindrance: 명사 1, a help: 명사 2)
그것은 도움보다 방해가 될 수도 있다.

多빈출 핵심 어휘

dynamic 명 역학 **dramatically** 부 극적으로 **concept** 명 개념 **homefield** 명 홈구장 **advantage** 명 유리한 점, 이점, 장점 **resource** 명 자원, 재원 **circumstance** 명 환경, 상황 **point out** (주의를 기울이도록 ~을) 지적[언급]하다 **factor** 명 요인, 요소 **final game** 결승전 **pressure** 명 압박 **[문제] road trip** 장거리 자동차 여행 **avoid** 동 방지하다, 막다; *(회)피하다 **international** 형 국제적인 **match** 명 경기, 시합 **sale** 명 판매; *판매량 **ecofriendly** 형 친환경적인 **stadium** 명 경기장 **advertise** 동 광고하다 **upcoming** 형 다가오는, 곧 있을

코드 공략하기

정답 및 해설 p. 71

01 ○△× • 2020년 3월 교육청(고1) 34번

다음 빈칸에 들어갈 말로 가장 적절한 것은? 정답률 67%

Say you normally go to a park to walk or work out. Maybe today you should choose a different park. Why? Well, who knows? Maybe it's because you need the connection to the different energy in the other park. Maybe you'll run into people there that you've never met before. You could make a new best friend simply by visiting a different park. You never know what great things will happen to you until you step outside the zone where you feel comfortable. If you're staying in your comfort zone and you're not pushing yourself past that same old energy, then you're not going to move forward on your path. By forcing yourself to do something different, you're awakening yourself on a spiritual level and you're forcing yourself to do something that will benefit you in the long run. As they say, ______________________.

① variety is the spice of life
② fantasy is the mirror of reality
③ failure teaches more than success
④ laziness is the mother of invention
⑤ conflict strengthens the relationship

02 ○△× • 2023년 6월 교육청(고1) 33번

다음 빈칸에 들어갈 말로 가장 적절한 것은? 정답률 62%

Someone else's body language affects our own body, which then creates an emotional echo that makes us feel accordingly. As Louis Armstrong sang, "When you're smiling, the whole world smiles with you." If copying another's smile makes us feel happy, the emotion of the smiler has been transmitted via our body. Strange as it may sound, this theory states that ______________________. For example, our mood can be improved by simply lifting up the corners of our mouth. If people are asked to bite down on a pencil lengthwise, taking care not to let the pencil touch their lips (thus forcing the mouth into a smile-like shape), they judge cartoons funnier than if they have been asked to frown. The primacy of the body is sometimes summarized in the phrase "I must be afraid, because I'm running."

* lengthwise: 길게 ** frown: 얼굴을 찡그리다

① language guides our actions
② emotions arise from our bodies
③ body language hides our feelings
④ what others say affects our mood
⑤ negative emotions easily disappear

정답 및 해설 p. 72

03 고득점 ○△× 2021년 3월 교육청(고1) 34번

다음 빈칸에 들어갈 말로 가장 적절한 것은? 정답률 36%

It is important to distinguish between being legally allowed to do something, and actually being able to go and do it. A law could be passed allowing everyone, if they so wish, to run a mile in two minutes. That would not, however, increase their *effective* freedom, because, although allowed to do so, they are physically incapable of it. Having a minimum of restrictions and a maximum of possibilities is fine. But in the real world most people will never have the opportunity either to become all that they are allowed to become, or to need to be restrained from doing everything that is possible for them to do. Their effective freedom depends on actually ______________________.

* restriction: 제약 ** restrain: 저지하다

① respecting others' rights to freedom
② protecting and providing for the needy
③ learning what socially acceptable behaviors are
④ determining how much they can expect from others
⑤ having the means and ability to do what they choose

04 ○△× 2023년 3월 교육청(고1) 33번

다음 빈칸에 들어갈 말로 가장 적절한 것은? 

In Lewis Carroll's *Through the Looking-Glass*, the Red Queen takes Alice on a race through the countryside. They run and they run, but then Alice discovers that they're still under the same tree that they started from. The Red Queen explains to Alice: "*here*, you see, it takes all the running you can do, to keep in the same place." Biologists sometimes use this Red Queen Effect to explain an evolutionary principle. If foxes evolve to run faster so they can catch more rabbits, then only the fastest rabbits will live long enough to make a new generation of bunnies that run even faster — in which case, of course, only the fastest foxes will catch enough rabbits to thrive and pass on their genes. Even though they might run, the two species ______________.

* thrive: 번성하다

① just stay in place
② end up walking slowly
③ never run into each other
④ won't be able to adapt to changes
⑤ cannot run faster than their parents

05 고득점 ○△× 2025년 9월 교육청(고1) 33번

다음 빈칸에 들어갈 말로 가장 적절한 것은? 정답률 43%

One of the things that makes uncertainty difficult for members of the public to appreciate is that ________________________________. Take, for example, the distance between Earth and the sun: 1.49597×10^8 km, as measured at one point during the year. This seems relatively precise; after all, using six significant digits means I know the distance to an accuracy of one part in a million or so. However, if the next digit is uncertain, that means the uncertainty in knowing the precise Earth-sun distance is larger than the distance between New York and Chicago! Whether or not the quoted number is "precise" therefore depends on what I'm intending to do with it. If I care only about what minute the sun will rise tomorrow, then the number quoted here is fine. If I want to send a satellite to orbit just above the sun, however, then I would need to know distances more accurately.

* significant digit: 유효 숫자

① the significance of uncertainty is relative
② the relativity of time is difficult to recognize
③ all measurements have the same level of uncertainty
④ measurements of distance do not depend on intention
⑤ specific numbers make people believe without question

06 ○△× 2024년 3월 교육청(고1) 33번

다음 빈칸에 들어갈 말로 가장 적절한 것은? 정답률 62%

One of the most striking characteristics of a sleeping animal or person is that they do not respond normally to environmental stimuli. If you open the eyelids of a sleeping mammal the eyes will not see normally—they ________________________. Some visual information apparently gets in, but it is not normally processed as it is shortened or weakened; same with the other sensing systems. Stimuli are registered but not processed normally and they fail to wake the individual. Perceptual disengagement probably serves the function of protecting sleep, so some authors do not count it as part of the definition of sleep itself. But as sleep would be impossible without it, it seems essential to its definition. Nevertheless, many animals (including humans) use the intermediate state of drowsiness to derive some benefits of sleep without total perceptual disengagement.

* stimuli: 자극 ** disengagement: 이탈 *** drowsiness: 졸음

① get recovered easily
② will see much better
③ are functionally blind
④ are completely activated
⑤ process visual information

정답 및 해설 p. 76

07 ○△× 2024년 6월 교육청(고1) 31번

다음 빈칸에 들어갈 말로 가장 적절한 것은? 정답률 58%

The costs of ______________ are well-documented. Martin Luther King Jr. lamented them when he described "that lovely poem that didn't get written because someone knocked on the door." Perhaps the most famous literary example happened in 1797 when Samuel Taylor Coleridge started writing his poem *Kubla Khan* from a dream he had but then was visited by an unexpected guest. For Coleridge, by coincidence, the untimely visitor came at a particularly bad time. He forgot his inspiration and left the work unfinished. While there are many documented cases of sudden disruptions that have had significant consequences for professionals in critical roles such as doctors, nurses, control room operators, stock traders, and pilots, they also impact most of us in our everyday lives, slowing down work productivity and generally increasing stress levels.

* lament: 슬퍼하다

① misunderstandings
② interruptions
③ inequalities
④ regulations
⑤ arguments

08 ○△× 2021년 6월 교육청(고1) 34번

다음 빈칸에 들어갈 말로 가장 적절한 것은? 정답률 52%

It is common to assume that creativity concerns primarily the relation between actor(creator) and artifact(creation). However, from a sociocultural standpoint, the creative act is never "complete" in the absence of a second position — that of an audience. While the actor or creator him/herself is the first audience of the artifact being produced, this kind of distantiation can only be achieved by ____. This means that, in order to be an audience to your own creation, a history of interaction with others is needed. We exist in a social world that constantly confronts us with the "view of the other." It is the view we include and blend into our own activity, including creative activity. This outside perspective is essential for creativity because it gives new meaning and value to the creative act and its product.

* artifact: 창작물

① exploring the absolute truth in existence
② following a series of precise and logical steps
③ looking outside and drawing inspiration from nature
④ internalizing the perspective of others on one's work
⑤ pushing the audience to the limits of its endurance

09 ○△× • 2023년 3월 교육청(고1) 34번

다음 빈칸에 들어갈 말로 가장 적절한 것은? 정답률 57%

Everything in the world around us was finished in the mind of its creator before it was started. The houses we live in, the cars we drive, and our clothing—all of these began with an idea. Each idea was then studied, refined and perfected before the first nail was driven or the first piece of cloth was cut. Long before the idea was turned into a physical reality, the mind had clearly pictured the finished product. The human being designs his or her own future through much the same process. We begin with an idea about how the future will be. Over a period of time we refine and perfect the vision. Before long, our every thought, decision and activity are all working in harmony to bring into existence what we ________________________.

* refine: 다듬다

① didn't even have the potential to accomplish
② have mentally concluded about the future
③ haven't been able to picture in our mind
④ considered careless and irresponsible
⑤ have observed in some professionals

10 ○△× • 2025년 3월 교육청(고1) 32번

다음 빈칸에 들어갈 말로 가장 적절한 것은? 정답률 60%

As you listen to your child in an emotional moment, be aware that ________________________ usually works better than asking questions to get a conversation rolling. You may ask your child "Why do you feel sad?" and she may not have a clue. As a child, she may not have an answer on the tip of her tongue. Maybe she's feeling sad about her parents' arguments, or because she feels overtired, or she's worried about a piano recital. But she may or may not be able to explain any of this. And even when she does come up with an answer, she might be worried that the answer is not good enough to justify the feeling. Under these circumstances, a series of questions can just make a child silent. It's better to simply reflect what you notice. You can say, "You seem a little tired today," or, "I noticed that you frowned when I mentioned the recital," and wait for her response.

① giving quick advice
② pushing her for answers
③ sharing simple observations
④ telling your own life stories
⑤ leaving her alone to cool down

多빈출 핵심 어휘

01

- □ **work out** 운동하다
- □ **connection** 명 연결
  connection to the energy supply 에너지 공급 연결
- □ **run into** ~을 (우연히) 만나다
- □ **never ~ until ...** …하고 나서야 비로소 ~하다
- □ **comfort zone** 안락 지대
- □ **move forward** 앞으로 나아가다
- □ **path** 명 진로
- □ **force ~ to-v** ~가 …하게 하다
- □ **awaken** 동 깨우치다
- □ **spiritual** 형 영적인, 정신적인
  for **spiritual** growth 정신적인 성장을 위해
- □ **benefit** 동 이롭게 하다
- □ **in the long run** 결국
- □ **conflict** 명 갈등, 충돌

02

- □ **affect** 동 영향을 미치다
- □ **accordingly** 부 그에 맞춰
- □ **transmit** 동 전송하다
- □ **via** 전 ~을 통하여
  has been **transmitted via** our body 우리의 신체를 통해 전달되었다
- □ **state** 동 말하다
- □ **mood** 명 기분
- □ **improve** 동 개선하다
  our **mood** can be **improved** 우리의 기분은 나아질 수 있다
- □ **lift** 동 들어올리다
- □ **judge** 동 판단하다
- □ **primacy** 명 으뜸, 우선함
- □ **summarize** 동 요약하다
- □ **phrase** 명 구, 구절
  is sometimes **summarized** in the **phrase** 때때로 그 구절로 요약된다
- □ **arise** 동 생기다

03

- □ **distinguish** 동 구별하다
- □ **legally** 부 법적으로
- □ **effective** 형 효과적인; *실질적인
- □ **physically** 부 물리적으로
- □ **incapable** 형 할 수 없는
  incapable of lying 거짓말 할 수 없는
- □ **minimum** 명 최소한
- □ **maximum** 명 최대한
- □ **depend on** ~에 달려 있다, ~에 의존하다
- □ **needy** 형 (경제적으로) 어려운, 궁핍한
- □ **acceptable** 형 받아들일 만한, 용인되는
- □ **behavior** 명 행동
- □ **determine** 동 결정하다
- □ **means** 명 《*pl.*》 수단
  the only **means** of communication 유일한 의사소통 수단

04

- □ **countryside** 명 시골
- □ **biologist** 명 생물학자
- □ **effect** 명 결과; *효과, 영향
- □ **evolutionary** 형 진화의
- □ **principle** 명 원리
- □ **evolve** 동 진화하다
- □ **generation** 명 세대
- □ **pass on** ~을 물려주다, ~을 전달하다
- □ **gene** 명 유전자
  thrive and **pass on** their **genes** 번성하여 자신들의 유전자를 물려주다
- □ **species** 명 종

05

- □ **uncertainty** 명 불확실성
- □ **appreciate** 동 인정하다; *(제대로) 인식하다
- □ **distance** 명 거리
  distance between Earth and the sun 지구와 태양 사이의 거리
- □ **measure** 동 측정하다
- □ **relatively** 부 상대적으로
- □ **precise** 형 정확한
- □ **accuracy** 명 정확성
- □ **quote** 동 인용하다
- □ **intend to-v** ~하려고 생각하다
- □ **satellite** 명 위성
- □ **orbit** 동 궤도를 돌다
  send a **satellite** to **orbit** just above the sun
  태양 바로 위에 궤도를 돌 위성을 보내다

06

- □ **striking** 형 두드러진
- □ **characteristic** 명 특징
- □ **respond** 동 반응하다
- □ **normally** 부 정상적으로
  respond normally to environmental stimuli
  환경의 자극에 정상적으로 반응하다
- □ **eyelid** 명 눈꺼풀
- □ **mammal** 명 포유류
- □ **apparently** 부 분명히
- □ **process** 명 과정 동 처리하다
- □ **shorten** 동 짧게 하다

- ☐ **weaken** 동 약하게 하다
- ☐ **register** 동 등록하다
- ☐ **perceptual** 형 지각의
- ☐ **function** 명 기능
- ☐ **definition** 명 정의
- ☐ **essential** 형 필수적인
- ☐ **derive** 동 얻다
- ☐ **benefit** 명 혜택, 이득
  derive some **benefits** 이익을 얻다

07

- ☐ **document** 명 문서 동 기록하다
- ☐ **literary** 형 문학의
- ☐ **unexpected** 형 뜻밖의
  an **unexpected** guest 뜻밖의 손님
- ☐ **by coincidence** 우연히
- ☐ **untimely** 형 때 아닌
- ☐ **inspiration** 명 영감
- ☐ **disruption** 명 방해
- ☐ **significant** 형 중요한, 상당한
- ☐ **consequence** 명 결과
- ☐ **stock** 명 주식
- ☐ **productivity** 명 생산성
  slow down work **productivity** 업무 생산성을 떨어뜨리다

08

- ☐ **assume** 명 가정하다
- ☐ **concern** 동 관련이 있다
- ☐ **primarily** 부 주로
- ☐ **relation** 명 관계
  the **relation** between supply and demand 수요와 공급 사이의 관계
- ☐ **actor** 명 행위자
- ☐ **sociocultural** 형 사회 문화적인
- ☐ **standpoint** 명 관점
- ☐ **absence** 명 부재
- ☐ **position** 명 위치; *입장
- ☐ **distantiation** 명 거리두기
- ☐ **interaction** 명 상호 작용
- ☐ **constantly** 부 끊임없이
- ☐ **confront** 동 직면하게 만들다
  was **confronted** with his internal fears 그의 내면의 공포와 직면했다
- ☐ **blend** 동 섞다, 혼합하다
- ☐ **perspective** 명 관점
- ☐ **absolute** 형 절대적인
- ☐ **logical** 형 논리적인
- ☐ **draw** 동 이끌어내다
- ☐ **internalize** 동 내면화하다
- ☐ **endurance** 명 인내심

09

- ☐ **creator** 명 만들어 낸 사람, 창조자
- ☐ **drive** 동 운전하다; (못 · 말뚝 등을) 박다
- ☐ **clothing** 명 옷
- ☐ **perfect** 동 완성하다
  was then studied, refined and **perfected**
  그런 다음 연구되고, 다듬어지고, 완성되었다
- ☐ **nail** 명 못
- ☐ **cloth** 명 천, 직물
- ☐ **physical** 형 물리적인
- ☐ **reality** 명 현실, 실체
- ☐ **picture** 동 마음속에 그리다, 상상하다
- ☐ **product** 명 제품
- ☐ **design** 동 설계하다
- ☐ **period** 명 기간
- ☐ **vision** 명 시력; *미래상, 비전
- ☐ **decision** 명 결정
- ☐ **in harmony** 조화롭게, 한마음이 되어
  are all working **in harmony** 모두 조화롭게 작용하고 있다
- ☐ **bring ~ into existence** ~을 생겨나게 하다

10

- ☐ **be aware that** ~을 인식하다
- ☐ **conversation** 명 대화
- ☐ **roll** 동 구르다; *부드럽게 구르듯 가다
- ☐ **have a clue** 짐작하다
- ☐ **on the tip of one's tongue** 말이 입 끝에서 뱅뱅 돌 뿐 생각이 안 나
- ☐ **argument** 명 말다툼, 논쟁
- ☐ **overtired** 형 극도로 지친
- ☐ **recital** 명 연주회
- ☐ **justify** 동 정당화하다
  justify the feeling 그 감정을 정당화하다
- ☐ **a series of** 연속된
  a series of questions 연속된 질문
- ☐ **reflect** 동 반영하다, 나타내다
- ☐ **notice** 동 인지하다, 알아차리다
- ☐ **frown** 동 찡그리다
- ☐ **mention** 동 언급하다

11 글의 순서

출제코드 분석

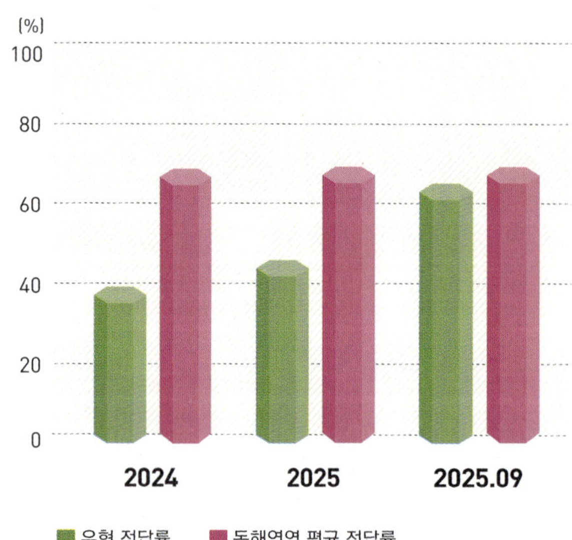

주어진 글 다음에 이어질 글의 순서를 알맞게 배열하는 유형은 최근 9개년 동안 매년 두 문항씩 출제되고 있다. 2025학년도 수능에서 출제된 두 문항의 정답률은 각각 57%와 35%를 기록하여, 독해영역 평균 정답률(69%)에 비해 상당히 낮은 수준이었다. 2024학년도 수능에 출제된 두 문항의 정답률은 각각 39%와 38%를 기록하였다. 2025년도 9월 고1 학평의 경우 정답률은 각각 62%, 67%를 기록하였다.

최근 수능 및 학평 출제 소재

최근 수능에서는 농업 공동체에서 평판이 계약 이행에 미치는 영향에 관한 글과, 새의 집단 행동과 감정 전염 연구에 관한 글이 출제되었다. 학평에서는 사막 육지의 더위 극복 방식과 생존 전략에 관한 글과, 자전거가 마찰과 공기 저항으로 느려지는 원리에 관한 글이 출제되었다.

학습 전략

유형 설명

주어진 글 다음에 이어질 글의 순서를 배열하는 유형으로, 글의 논리적 흐름을 파악하는 능력이 요구된다.

유형 학습 전략

1. 주어진 글을 읽고 글의 내용을 파악한 후, 앞으로 전개될 내용을 예측한다.
2. 예시, 대조, 인과 등과 같이 논리적 흐름을 파악하는 데 도움이 되는 연결사에 주목한다. 또한 대명사나 지시어가 무엇을 가리키는지를 단서로 글의 순서를 유추한다.
3. 시간적 순서와 논리적인 흐름을 바탕으로 글의 순서를 배열한 후 전체적인 흐름을 다시 점검한다.

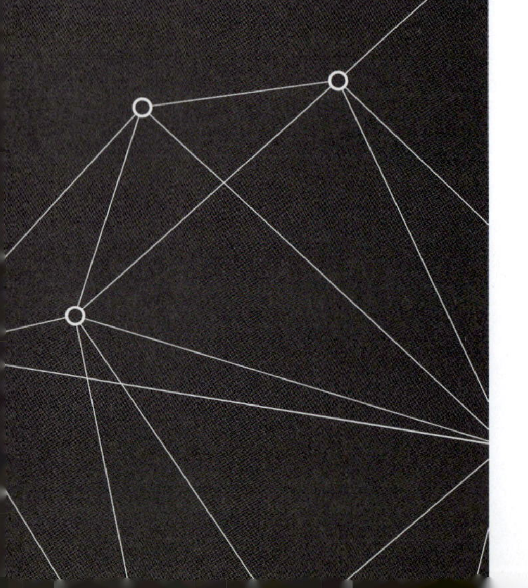

코드 접속하기

정답 및 해설 p. 79

Q1

2023년 6월 교육청(고1) 37번

주어진 글 다음에 이어질 글의 순서로 가장 적절한 것은? 정답률 64%

Managers are always looking for ways to increase productivity, which is the ratio of costs to output in production. Adam Smith, writing when the manufacturing industry was new, described a way that production could be ❶ made more efficient, known as the "division of labor."

(A) Because each worker specializes in one job, he or she can work much faster without changing from one task to another. Now 10 workers can produce thousands of pins in a day — a huge increase in productivity from the 200 they would have produced before.

(B) One worker could do all these tasks, and make 20 pins in a day. But this work can be divided into its separate processes, ❷ with a number of workers each performing one task.

(C) ❸ Making most manufactured goods involves several different processes using different skills. Smith's example was the manufacture of pins: the wire is straightened, sharpened, a head is put on, and then it is polished.

* ratio: 비율

① (A) – (C) – (B)
② (B) – (A) – (C)
③ (B) – (C) – (A)
④ (C) – (A) – (B)
⑤ (C) – (B) – (A)

핵심 코드

❶ make + 목적어 + 목적격보어

make는 형용사나 명사, 과거분사, 동사원형을 목적격보어로 취할 수 있다.

- 「make + 목적어 + 형용사」: (목적어)를 ~하게 만들다
- 「make + 목적어 + 명사」: (목적어)를 ~로 만들다
- 「make + 목적어 + p.p.」: (목적어)를 ~되게 만들다
- 「make + 목적어 + 동사원형」: (목적어)를 ~하게 만들다

❷ with + (대)명사 + 분사

「with + (대)명사 + 분사」는 '~한 채로', '~한 상태로'로 해석된다. 이때, 목적어와 분사의 관계가 능동이면 현재분사를, 수동이면 과거분사를 사용한다.

He cooked dinner **with music playing.**
그는 음악을 틀어놓은 채로 저녁을 준비했다.
The book was returned to the library **with the pages dog-eared.**
그 책은 페이지 끝이 접혀진 채로 도서관에 반납되었다.

❸ 주어로 쓰인 동명사구

동명사구가 주어인 경우 동명사 뒤에 따라붙는 목적어, 보어, 수식어 등으로 인해 주어 길이가 길어질 수 있으므로, 주어가 어디까지인지를 파악하는 것이 중요하다. 또한 동명사 주어는 단수 취급함에 유의한다.

Making most manufactured goods (주어) **involves** (단수동사) several different processes using different skills.
대부분의 공산품을 만드는 것은 다른 기술을 사용하는 여러 가지 다른 과정을 포함한다.

초빈출 핵심 어휘

productivity 명 생산성 **output** 명 생산량 **production** 명 생산 **manufacturing** 명 제조업 **industry** 명 산업 **efficient** 형 능률적인, 효율적인 **division** 명 분할, 분업 **specialize in** ~을 전문으로 하다 **task** 명 일, 과업 **produce** 동 생산하다 **separate** 형 분리된 **perform** 동 행하다, 실시하다 **goods** 명 ((pl.)) 상품 **straighten** 동 똑바르게 하다 **sharpen** 동 날카롭게 하다 **polish** 동 윤이 나도록 닦다; *다듬다

코드 접속하기

정답 및 해설 p. 79

Q2

• 2025년 6월 교육청(고1) 36번

주어진 글 다음에 이어질 글의 순서로 가장 적절한 것은? 정답률 70%

History, people often say, repeats itself. And looking at the historical records of the ancient civilizations, some things ❶ do seem to happen again and again.

(A) If so, archaeology would be pretty boring; one thing would happen again and again. But that's not ❷ what archaeologists see. Some civilizations end suddenly, like the Aztec and Inca, conquered by invaders in the 1520s AD.

(B) Civilizations expand, get overextended, and then collapse as in the cases of Rome, ❸ which went under in 476 AD, and the British Empire, ❸ which fell apart more than a thousand years later in the post-World War II era. But is this always the case?

(C) Those empires never had the chance to collapse as a result of overexpansion. So in the case of civilizations, "history repeats itself" seems to be an oversimplification.

* archaeology: 고고학 ** invader: 침입자 *** empire: 제국

① (A) – (C) – (B)
② (B) – (A) – (C)
③ (B) – (C) – (A)
④ (C) – (A) – (B)
⑤ (C) – (B) – (A)

• 핵심 코드 •

❶ 강조의 조동사 do

강조용법의 do/does/did는 평서문에서 일반동사 앞에 쓰여 화자의 의지, 확신, 반박 등을 나타내며, 어떤 행위가 실제로 일어났거나 진심임을 강조할 때 사용된다.

I **do** like classical music.
나는 클래식 음악을 정말로 좋아한다.

She **does** know the answer.
그녀는 답을 정말로 알고 있다.

He **did** call you yesterday.
그는 어제 너에게 정말 전화했어.

❷ 관계대명사 what

선행사를 포함하는 관계대명사 what은 '~하는 것'의 의미를 나타내며, the thing(s) that[which]으로 바꿔 쓸 수 있다. 형용사절을 이끄는 다른 관계대명사와는 달리, 관계대명사 what은 명사절을 이끈다.

Please tell me [**what** I need to know].
제가 알아야 할 것을 제게 말해 주세요.

[**What** she said] surprised everyone.
그녀가 말한 것이 모두를 놀라게 했다.

❸ 주격 관계대명사의 계속적 용법

관계대명사의 계속적 용법은 관계대명사 앞에 콤마를 쓰며, 선행사에 대해 부가적인 정보를 덧붙일 때 사용한다. 단, 관계대명사 that은 계속적 용법으로 쓰지 않는다.

He introduced me to his sister**, who** is a doctor.
(선행사: his sister)
그는 나에게 그의 여동생을 소개했는데, 그녀는 의사이다.

Tom arrived late again**, which** annoyed his boss.
(선행사: Tom arrived late again)
Tom이 또 늦게 도착했는데, 그것이 그의 상사를 짜증나게 했다.

다빈출 핵심 어휘

historical 형 역사적인, 역사상의 **ancient** 형 고대의 **civilization** 명 문명 **archaeologist** 명 고고학자 **conquer** 동 정복하다 **expand** 동 확대[확장/팽창]되다 **overextend** 동 지나치게 확장되다 **collapse** 동 붕괴되다 **era** 명 시대 **overexpansion** 명 과도한 확장 **oversimplification** 명 지나친 단순화

코드 접속하기

정답 및 해설 p. 80

Q3

• 2021년 3월 교육청(고1) 37번

주어진 글 다음에 이어질 글의 순서로 가장 적절한 것은? 정답률 64%

If you had to write a math equation, you probably wouldn't write, "Twenty-eight plus fourteen equals forty-two." It ❶ would take too long to write and it would be hard to read quickly.

(A) For example, the chemical formula for water is H_2O. That tells us that a water molecule is made up of two hydrogen ("H" and "2") atoms and one oxygen ("O") atom.

(B) You ❶ would write, "28 + 14 = 42." Chemistry is the same way. Chemists have to write chemical equations all the time, and it would take ❷ too long to write and read if they had to spell everything out.

(C) So chemists use symbols, just ❸ like we do in math. A chemical formula lists all the elements that form each molecule and uses a small number to the bottom right of an element's symbol to stand for the number of atoms of that element.

* chemical formula: 화학식 ** molecule: 분자

① (A) – (C) – (B)
② (B) – (A) – (C)
③ (B) – (C) – (A)
④ (C) – (A) – (B)
⑤ (C) – (B) – (A)

• 핵심 코드 •

❶ if절이 없는 가정법 과거

가정법 과거는 「if + 주어 + 동사의 과거형, 주어 + 조동사의 과거형 + 동사원형」으로 쓴다. 하지만, if절이 없어도 충분히 의미가 통할 경우 if절 없이 주절만으로도 가정법 과거를 표현할 수 있는데, 주로 would를 써서 나타낸다.

❷ too + 형용사/부사 + to-v

「too + 형용사/부사 + to-v」는 '…하기에 너무 ~한/하게', '너무 ~해서 …할 수 없다'의 의미이다.

The box is **too** heavy **to lift**.
그 상자는 들기에 너무 무거워.

He drove **too** fast **to enjoy** the scenery.
그는 너무 빨리 운전해서 경치를 즐길 수 없었다.

❸ 접속사 like

like는 동사로는 '좋아하다'의 의미이고, 전치사로는 '~처럼, ~같은'의 의미이다. 또한 접속사로도 쓰일 수도 있는데 전치사와 마찬가지로 '~처럼, ~ 대로'의 의미이다. 전치사로 쓰일 경우 뒤에 명사나 동명사 등이 오고, 접속사로 쓰일 경우 주어와 동사가 와야 한다.

Like I said, you need some rest.
내가 말한 대로 너는 휴식이 필요해.

多빈출 핵심 어휘

math 명 수학 **equation** 명 등식, 방정식 **probably** 부 아마 **equal** 동 같다 **be made up of** ~으로 이루어지다 **hydrogen** 명 수소 **atom** 명 원자 **oxygen** 명 산소 **chemistry** 명 화학 **chemist** 명 화학자 **all the time** 항상 **spell ~ out** ~을 상세히 다 쓰다 **symbol** 명 기호 **list** 동 나열하다, 열거하다 **element** 명 요소; *원소 **form** 동 구성하다, 형성하다 **stand for** ~을 나타내다[대표하다]

정답 및 해설 p. 81

Q4

• 2022년 3월 교육청(고1) 36번

주어진 글 다음에 이어질 글의 순서로 가장 적절한 것은? 정답률 61%

Toward the end of the 19th century, a new architectural attitude emerged. Industrial architecture, the argument went, was ugly and inhuman; past styles had more to do with pretension than what people needed in their homes.

(A) But they supplied people's needs perfectly and, at their best, had a beauty that came from the craftsman's skill and the rootedness of the house in its locality.

(B) Instead of these approaches, ❶ why not look at ❷ the way ordinary country builders worked in the past? They developed their craft skills over generations, demonstrating mastery of ❸ both tools and materials.

(C) Those materials were local, and used with simplicity—houses ❹ built this way had plain wooden floors and whitewashed walls inside.

* pretension: 허세, 가식

① (A) – (C) – (B)
② (B) – (A) – (C)
③ (B) – (C) – (A)
④ (C) – (A) – (B)
⑤ (C) – (B) – (A)

핵심 코드

❶ why not + 원형부정사 ~?

「why not + 원형부정사 ~?」는 제안의 의미를 나타내는 관용표현으로 '~하지 그래?'로 해석한다.

Why not ask Susan to help you?
Susan에게 도와달라고 부탁하지 그래?

❷ 관계부사 how

관계부사 how는 선행사가 '방법'을 나타낼 때 사용하며, the way와 같이 쓰지 않는다. 이때, time, place, reason, way 등 일반적인 선행사 뒤에 오는 관계부사는 that으로 대체할 수 있으므로 the way that으로는 사용 가능하다.

I will teach you **how** I make pumpkin soup.
내가 호박 수프를 만드는 방법을 네게 알려줄게.
= I will teach you **the way (that)** I make pumpkin soup.
~~I will teach you the way how I make pumpkin soup.~~

❸ 상관접속사 both A and B

「both A and B」는 'A와 B 둘 다'라는 뜻의 상관접속사이다. 두 개 이상의 어구가 짝을 이루어 쓰이는 접속사를 상관접속사라고 하며, 이때 상관접속사에 의해 연결되는 단어, 구, 절은 병렬구조를 취해야 한다.

❹ 「주격 관계대명사 + be동사」의 생략

뒤에 분사가 올 때 「주격 관계대명사 + be동사」는 생략할 수 있다.

He worked for an IT company **(which is) located** in Brooklyn.
그는 브루클린에 위치한 IT 회사에서 일했다.

多빈출 핵심 어휘

architectural 형 건축학[술]의 **attitude** 명 태도[자세], 사고방식 **emerge** 동 나오다[모습을 드러내다]; *생겨나다, 부상하다 **industrial** 형 산업[공업]의 **architecture** 명 건축학[술] **inhuman** 형 인간미 없는 **craftsman** 명 (수)공예가 **rootedness** 명 고착 **locality** 명 장소; *부근, 근처 **approach** 명 접근법, 처리 방법 **ordinary** 형 보통의, 일상적인; *평범한 **craft** 명 (수)공예 **demonstrate** 동 보여주다[발휘하다] **mastery** 명 숙달, 통달 **material** 명 직물, 천; *자재, 재료 **local** 형 지역의, 현지의 **simplicity** 명 간단함, 평이함 **whitewashed** 형 희게 칠한, 회반죽을 바른

코드 공략하기

정답 및 해설 p. 82

01 ○△×

2022년 6월 교육청(고1) 37번

주어진 글 다음에 이어질 글의 순서로 가장 적절한 것은?

정답률 66%

According to legend, once a vampire bites a person, that person turns into a vampire who seeks the blood of others. A researcher came up with some simple math, which proves that these highly popular creatures can't exist.

(A) In just two-and-a-half years, the original human population would all have become vampires with no humans left. But look around you. Have vampires taken over the world? No, because there's no such thing.

(B) If the first vampire came into existence that day and bit one person a month, there would have been two vampires by February 1st, 1600. A month later there would have been four, the next month eight, then sixteen, and so on.

(C) University of Central Florida physics professor Costas Efthimiou's work breaks down the myth. Suppose that on January 1st, 1600, the human population was just over five hundred million.

① (A) – (C) – (B)
② (B) – (A) – (C)
③ (B) – (C) – (A)
④ (C) – (A) – (B)
⑤ (C) – (B) – (A)

02 ○△×

2025년 3월 교육청(고1) 37번

주어진 글 다음에 이어질 글의 순서로 가장 적절한 것은?

정답률 63%

Cartilage is extremely important for the healthy functioning of a joint, especially if that joint bears weight, like your knee.

(A) This squeezing of joint fluid into and out of the cartilage helps it respond to the off-and-on pressure of walking without breaking under the pressure.

(B) The cartilage in your left knee then "drinks in" synovial fluid, in much the same way that a sponge soaks up liquid when put in water. When you take another step and transfer the weight back onto your left leg, much of the fluid squeezes out of the cartilage.

(C) Imagine for a moment that you're looking into the inner workings of your left knee as you walk down the street. When you shift your weight from your left leg to your right, the pressure on your left knee is released.

* cartilage: 연골 ** synovial fluid: 윤활액

① (A) – (C) – (B)
② (B) – (A) – (C)
③ (B) – (C) – (A)
④ (C) – (A) – (B)
⑤ (C) – (B) – (A)

정답 및 해설 p. 83

03 고득점 ○△× 2023년 3월 교육청(고1) 36번

주어진 글 다음에 이어질 글의 순서로 가장 적절한 것은?

정답률 39%

> In the Old Stone Age, small bands of 20 to 60 people wandered from place to place in search of food. Once people began farming, they could settle down near their farms.

(A) While some workers grew crops, others built new houses and made tools. Village dwellers also learned to work together to do a task faster.

(B) For example, toolmakers could share the work of making stone axes and knives. By working together, they could make more tools in the same amount of time.

(C) As a result, towns and villages grew larger. Living in communities allowed people to organize themselves more efficiently. They could divide up the work of producing food and other things they needed.

* dweller: 거주자

① (A) – (C) – (B) ② (B) – (A) – (C)
③ (B) – (C) – (A) ④ (C) – (A) – (B)
⑤ (C) – (B) – (A)

04 ○△× 2021년 6월 교육청(고1) 37번

주어진 글 다음에 이어질 글의 순서로 가장 적절한 것은?

정답률 69%

> People spend much of their time interacting with media, but that does not mean that people have the critical skills to analyze and understand it.

(A) Research from New York University found that people over 65 shared seven times as much misinformation as their younger counterparts. All of this raises a question: What's the solution to the misinformation problem?

(B) One well-known study from Stanford University in 2016 demonstrated that youth are easily fooled by misinformation, especially when it comes through social media channels. This weakness is not found only in youth, however.

(C) Governments and tech platforms certainly have a role to play in blocking misinformation. However, every individual needs to take responsibility for combating this threat by becoming more information literate.

* counterpart: 상대방

① (A) – (C) – (B) ② (B) – (A) – (C)
③ (B) – (C) – (A) ④ (C) – (A) – (B)
⑤ (C) – (B) – (A)

05 ○△×

2020년 6월 교육청(고1) 36번

주어진 글 다음에 이어질 글의 순서로 가장 적절한 것은?

정답률 53%

Students work to get good grades even when they have no interest in their studies. People seek job advancement even when they are happy with the jobs they already have.

(A) It's like being in a crowded football stadium, watching the crucial play. A spectator several rows in front stands up to get a better view, and a chain reaction follows.

(B) And if someone refuses to stand, he might just as well not be at the game at all. When people pursue goods that are positional, they can't help being in the rat race. To choose not to run is to lose.

(C) Soon everyone is standing, just to be able to see as well as before. Everyone is on their feet rather than sitting, but no one's position has improved.

* rat race: 치열하고 무의미한 경쟁

① (A) – (C) – (B)
② (B) – (A) – (C)
③ (B) – (C) – (A)
④ (C) – (A) – (B)
⑤ (C) – (B) – (A)

06 고득점 ○△×

2023년 3월 교육청(고1) 37번

주어진 글 다음에 이어질 글의 순서로 가장 적절한 것은?

정답률 46%

Natural processes form minerals in many ways. For example, hot melted rock material, called magma, cools when it reaches the Earth's surface, or even if it's trapped below the surface. As magma cools, its atoms lose heat energy, move closer together, and begin to combine into compounds.

(A) Also, the size of the crystals that form depends partly on how rapidly the magma cools. When magma cools slowly, the crystals that form are generally large enough to see with the unaided eye.

(B) During this process, atoms of the different compounds arrange themselves into orderly, repeating patterns. The type and amount of elements present in a magma partly determine which minerals will form.

(C) This is because the atoms have enough time to move together and form into larger crystals. When magma cools rapidly, the crystals that form will be small. In such cases, you can't easily see individual mineral crystals.

* compound: 화합물

① (A) – (C) – (B)
② (B) – (A) – (C)
③ (B) – (C) – (A)
④ (C) – (A) – (B)
⑤ (C) – (B) – (A)

정답 및 해설 p. 86

07 ○△× 2024년 6월 교육청(고1) 37번

주어진 글 다음에 이어질 글의 순서로 가장 적절한 것은?

정답률 71%

> Problems often arise if an exotic species is suddenly introduced to an ecosystem.

(A) The grey had the edge because it can adapt its diet; it is able, for instance, to eat green acorns, while the red can only digest mature acorns. Within the same area of forest, grey squirrels can destroy the food supply before red squirrels even have a bite.

(B) Britain's red and grey squirrels provide a clear example. When the grey arrived from America in the 1870s, both squirrel species competed for the same food and habitat, which put the native red squirrel populations under pressure.

(C) Greys can also live more densely and in varied habitats, so have survived more easily when woodland has been destroyed. As a result, the red squirrel has come close to extinction in England.

* edge: 우위 ** acorn: 도토리

① (A) – (C) – (B)
② (B) – (A) – (C)
③ (B) – (C) – (A)
④ (C) – (A) – (B)
⑤ (C) – (B) – (A)

08 ○△× 2024년 3월 교육청(고1) 37번

주어진 글 다음에 이어질 글의 순서로 가장 적절한 것은?

정답률 60%

> With no horses available, the Inca empire excelled at delivering messages on foot.

(A) When a messenger neared the next hut, he began to call out and repeated the message three or four times to the one who was running out to meet him. The Inca empire could relay messages 1,000 miles (1,610 km) in three or four days under good conditions.

(B) The messengers were stationed on the royal roads to deliver the Inca king's orders and reports coming from his lands. Called Chasquis, they lived in groups of four to six in huts, placed from one to two miles apart along the roads.

(C) They were all young men and especially good runners who watched the road in both directions. If they caught sight of another messenger coming, they hurried out to meet them. The Inca built the huts on high ground, in sight of one another.

* excel: 탁월하다 ** messenger: 전령

① (A) – (C) – (B)
② (B) – (A) – (C)
③ (B) – (C) – (A)
④ (C) – (A) – (B)
⑤ (C) – (B) – (A)

01

- □ legend 명 전설
- □ vampire 명 흡혈귀
- □ seek 동 찾다; *노리다, 원하다, 갈구하다
  a vampire who **seeks** the blood of others
  다른 사람들의 피를 갈구하는 흡혈귀
- □ prove 동 입증[증명]하다
- □ popular 형 인기 있는
- □ creature 명 생명이 있는 존재, 생물
- □ exist 동 존재[실재/현존]하다
  proves that these highly **popular creatures** can't **exist**
  이 잘 알려진 존재가 실존할 수 없다는 것을 증명한다
- □ original 형 원래[본래]의
- □ population 명 인구
- □ take over 인계받다; *탈취[장악]하다
  Have vampires **taken over** the world?
  흡혈귀가 세상을 장악했는가?
- □ come into existence 생기다, 나타나다
- □ bite 동 물다[베어 물다]
- □ physics 명 물리학
- □ break down 깨부수다[허물어뜨리다]
- □ myth 명 신화, 미신
  breaks down the **myth** 그 미신을 허물어뜨리다

02

- □ extremely 부 극도로, 매우
- □ function 동 기능하다
- □ joint 명 관절
- □ bear 동 지탱하다
- □ weight 명 체중
  bear weight 체중을 지탱하다
- □ squeeze 동 압착하다
- □ respond 동 반응하다
- □ off-and-on 형 반복적인
- □ pressure 명 압력
  off-and-on pressure 반복적인 압력
- □ soak 동 흡수하다
- □ transfer 동 옮기다, 이동하다
- □ look into ~을 들여다보다
- □ shift 동 옮기다
- □ release 동 풀다

03

- □ Old Stone Age 구석기 시대
- □ band 명 밴드; *무리
- □ wander 동 (걸어서) 돌아다니다
- □ in search of ~을 찾아
  wandered from place to place **in search of** food
  식량을 찾아 이곳저곳을 돌아다녔다
- □ farming 명 농사
- □ settle down 정착하다
- □ farm 명 농장, 농경지
  settle down near their **farms** 농경지 근처에 정착하다
- □ grow 동 자라다; *재배하다
- □ crop 명 농작물
- □ tool 명 도구
- □ task 명 일
- □ toolmaker 명 도구 제작자
- □ share 동 함께 하다, 공유하다
- □ ax 명 도끼
- □ community 명 공동체
- □ organize 동 조직하다
- □ efficiently 부 효율적으로
- □ produce 동 생산하다

多빈출 핵심 어휘

04

- □ **interact** 동 상호 작용하다
  interact with toxic chemicals 독성 화학물질과 상호 작용하다
- □ **critical** 형 중요한
- □ **analyze** 동 분석하다
- □ **misinformation** 명 잘못된 정보
- □ **raise a question** 문제를 제기하다
- □ **well-known** 형 잘 알려진
- □ **demonstrate** 동 보여주다
- □ **fool** 동 속이다
  be easily **fooled** by ~에 쉽게 속다
- □ **weakness** 명 약점
- □ **government** 명 정부
- □ **tech platform** 기술 플랫폼
- □ **play a role** 역할을 하다
- □ **block** 동 막다
- □ **individual** 명 개인
- □ **responsibility** 명 책임
- □ **combat** 동 맞서 싸우다
- □ **threat** 명 위협
- □ **literate** 형 (특정 분야에 관해) 지식이 있는
  digitally **literate** youth 디지털 분야에 지식이 있는 젊은이들

05

- □ **grade** 명 성적
  get poor **grades** 형편없는 점수를 받다
- □ **have no interest in** ~에 전혀 관심이 없다
- □ **advancement** 명 발전, 진보
- □ **crowded** 형 붐비는
  the most **crowded** place 가장 붐비는 장소
- □ **stadium** 명 경기장
- □ **crucial** 형 중대한, 결정적인
  make a **crucial** decision 중대한 결정을 하다
- □ **spectator** 명 관중
- □ **row** 명 줄
- □ **view** 명 견해; *시야
- □ **chain reaction** 연쇄 반응
- □ **follow** 동 따라가다; *뒤따르다
- □ **refuse** 동 거절하다
  refuse to sign a contract 계약서에 서명하는 것을 거절하다
- □ **pursue** 동 추구하다
  pursue their own purpose 그들만의 목적을 추구하다
- □ **goods** 명 《*pl.*》 상품, 제품; 재산
- □ **positional** 형 위치와 관련된
- □ **can't help v-ing** ~하지 않을 수 없다
- □ **improve** 동 개선되다, 나아지다

06

- □ **natural** 형 자연의
- □ **form** 동 형성하다; 형성되다
- □ **mineral** 명 광물
- □ **melt** 동 녹이다; 녹다
- □ **material** 명 물질
- □ **magma** 명 마그마
- □ **surface** 명 표면
  the Earth's **surface** 지구의 표면
- □ **trap** 동 가두다
- □ **atom** 명 원자
- □ **heat energy** 열에너지
- □ **combine** 동 결합하다
  begin to **combine** into compounds 화합물로 결합하기 시작하다
- □ **crystal** 명 결정, 결정체
- □ **depend on** ~에 달려 있다
- □ **partly** 부 부분적으로
- □ **rapidly** 부 빨리
  depends partly on how **rapidly** the magma cools
  부분적으로는 마그마가 얼마나 빨리 식느냐에 달려 있다
- □ **generally** 부 일반적으로
- □ **unaided eye** 육안, 맨눈
- □ **arrange** 동 배열하다
- □ **orderly** 형 질서 있는
  arrange themselves into **orderly**, repeating patterns
  질서 있고 반복적인 패턴으로 스스로 배열하다
- □ **element** 명 요소; *원소
- □ **determine** 동 결정하다
- □ **individual** 형 개별의

07

- □ **arise** 동 발생하다
- □ **exotic** 형 외국의
- □ **species** 명 종(생물 분류의 기초 단위)
- □ **introduce** 동 소개하다; *도입하다, 들여오다
- □ **ecosystem** 명 생태계
  an **exotic species** is suddenly **introduced** to an **ecosystem**
  외래종이 갑자기 생태계에 유입된다
- □ **adapt** 동 (새로운 용도 · 상황에) 맞추다[조정하다]
- □ **digest** 동 소화시키다
- □ **mature** 형 익은
- □ **destroy** 동 파괴하다
- □ **compete** 동 경쟁하다
- □ **habitat** 명 서식지
- □ **native** 형 토종의
- □ **population** 명 인구; *개체군
- □ **under pressure** 압박감을 느끼는
- □ **densely** 부 빽빽하게
- □ **varied** 형 다양한
- □ **come close to** 거의 ~하게 되다
- □ **extinction** 명 멸종
  come close to extinction 거의 멸종 위기에 이르다

08

- □ **available** 형 구할 수 있는
- □ **empire** 명 제국
- □ **deliver** 동 전달하다
  deliver messages 메시지를 전달하다
- □ **near** 동 다가가다
- □ **hut** 명 오두막
- □ **relay** 동 이어가다
- □ **condition** 명 사정, 상황
- □ **station** 동 배치하다
- □ **royal** 형 왕의, 왕실의
- □ **apart** 부 떨어져
  one to two miles **apart** along the roads
  길을 따라 1~2마일 간격으로 떨어져
- □ **direction** 명 방향
- □ **hurry out** 서둘러 나오다

12 문장 삽입

출제코드 분석

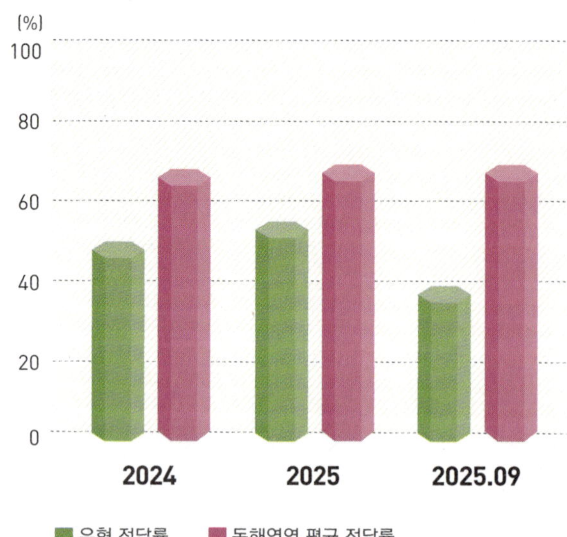

주어진 문장이 들어가기에 알맞은 곳을 고르는 [문장 삽입] 유형은 최근 9개년 동안 매년 두 문항씩 출제되고 있다. 2025학년도 수능에서 2점 문항의 정답률이 59%, 3점 문항의 정답률이 51%를 기록하였고, 2024학년도 수능에서 두 문항의 정답률은 46%, 54%로 독해영역 평균 정답률(68%)보다 현저히 낮은 수치를 기록하였다. 2025년도 9월 고1 학평의 경우 유형 정답률은 각각 40%와 38%로 매우 어려운 문제였다.

최근 수능 및 학평 출제 소재

최근 수능에서는 영업 비밀 보호와 발명의 혁신적 활용에 관한 글과, 사물의 수명 주기와 수리·재활용의 실제적 과정에 관한 글이 출제되었다. 학평에서는 비선형 편집의 장점 및 선형 편집과의 차이에 관한 글과, 도덕적 평가에서의 의도·행동·결과의 중요성에 관한 글이 출제되었다.

학습 전략

유형 설명

글의 논리적 흐름을 고려하여 주어진 문장이 들어갈 알맞은 위치를 찾는 유형이다. 글의 전반적인 시간적 · 논리적 흐름을 정확히 파악하고, 주어진 문장 안에서 적절한 단서들을 찾아낼 수 있는 능력이 요구된다.

유형 학습 전략

1. 주어진 문장을 먼저 읽고, 주어진 문장에 제시된 연결사, 지시어, 대명사, 정관사 등에 주목하여 단서로 활용한다.
2. 지문을 읽으면서 내용이 급작스럽게 단절되거나, 논리의 비약이 있는 곳을 찾아낸다.
3. 주어진 문장을 넣었을 때 글의 전체적인 흐름이 자연스러운지 확인한다.

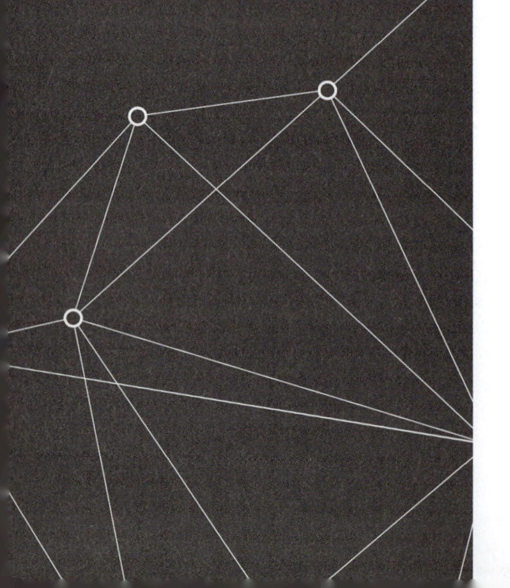

코드 접속하기

정답 및 해설 p. 88

Q1

2023년 3월 교육청(고1) 38번

글의 흐름으로 보아, 주어진 문장이 들어가기에 가장 적절한 곳은?

정답률 61%

Bad carbohydrates, on the other hand, are simple sugars.

All carbohydrates are basically sugars. (①) Complex carbohydrates are the good carbohydrates for your body. (②) These complex sugar compounds are very difficult ❶ to break down and can trap other nutrients like vitamins and minerals in their chains. (③) As they slowly break down, the other nutrients are also released into your body, and can provide you with fuel for a number of hours. (④) Because their structure is not complex, they are easy ❶ to break down and hold ❷ few nutrients for your body other than the sugars ❸ from which they are made. (⑤) Your body breaks down these carbohydrates rather quickly and what it cannot use is converted to fat and stored in the body.

* carbohydrate: 탄수화물 ** convert: 바꾸다

• 핵심 코드 •

❶ to부정사의 부사적 용법 (한정)

한정을 나타내는 부사적 용법의 to부정사는 '~하기에, ~하는 데' 라는 의미를 나타낸다.

This movie is complicated **to understand**.
이 영화는 이해하기 복잡하다.

❷ 부정의 의미를 지닌 어구

not 등의 부정어가 없어도 부정의 의미를 지닌 어구가 있다.

- few: (수가) 거의 없는
- little: (양이) 거의 없는
- hardly/scarcely: 거의 ~ 않다
- rarely/seldom: 좀처럼 ~ 않다

Few students listen to the teacher.
그 선생님의 말에 귀 기울이는 학생이 거의 없다.

Little food is in the refrigerator.
냉장고에 음식이 거의 없다.

❸ 전치사+관계대명사

관계대명사가 전치사의 목적어로 쓰인 경우, 「전치사+관계대명사」 형태가 되는데, 전치사 바로 뒤의 목적격 관계대명사는 생략할 수 없다.

The boy **with whom** I was talking is my brother.
내가 이야기하고 있던 소년은 내 남동생이다.

The house **in which** we live is very old.
우리가 살고 있는 집은 매우 오래되었다.

多빈출 핵심 어휘

complex 형 복합의, 복잡한 **break down** ~을 분해하다; 분해되다 **nutrient** 명 영양소 **release** 동 방출하다 **provide** 동 제공하다 **fuel** 명 연료 **a number of** 많은 **structure** 명 구조 **hold** 동 가지고 있다 **other than** ~ 외에 **rather** 부 상당히 **store** 동 저장하다

코드 접속하기

정답 및 해설 p. 89

Q2

2024년 3월 교육청(고1) 39번

글의 흐름으로 보아, 주어진 문장이 들어가기에 가장 적절한 곳은?

정답률 52%

Environmental factors can also determine how the animal will respond during the treatment.

No two animals are ❶ alike. (①) Animals from the same litter will display some of the same features, but will not be exactly the same as each other; therefore, they may not respond in entirely the same way during a healing session. (②) For instance, a cat in a rescue center will respond very differently than a cat within a domestic home environment. (③) In addition, animals that experience healing for physical illness will react differently than those accepting healing for emotional confusion. (④) With this in mind, ❷ every healing session needs ❸ to be explored differently, and each healing treatment should be adjusted to suit the specific needs of the animal. (⑤) You will learn as you go; healing is a constant learning process.

* litter: (한 배에서 태어난) 새끼들

핵심 코드

❶ 서술 용법으로만 쓰는 형용사

alike(같은), afraid(두려운), aware(알고 있는), alive(살아 있는), asleep(잠든) 등과 같은 형용사는 서술적 용법으로만 쓴다.

He is still **alive** despite the severe accident.
그는 심한 사고에도 불구하고 아직 살아 있다.

I am **aware** of the risks involved in this investment.
나는 이 투자와 관련된 위험을 알고 있다.

❷ every+단수명사

every는 '모든'이라는 의미이지만 단수 취급함에 유의한다.

Every child in the neighborhood was invited to the birthday party.
이웃의 모든 아이들이 생일 파티에 초대되었다.

Every summer, we visit our grandparents' house in the countryside.
매년 여름, 우리는 시골에 계신 조부모님 댁을 방문한다.

❸ to부정사의 수동태

to부정사의 수동태는 「to be+p.p.」의 형태로 쓴다.

The assignment needs **to be completed** by Friday.
과제는 금요일까지 완료되어야 한다.

The instructions are required **to be followed** carefully.
지시사항이 주의 깊게 준수될 것이 요구된다.

多빈출 핵심 어휘

determine 동 결정하다 **display** 동 보이다 **therefore** 부 그런 까닭에 **session** 명 활동 **rescue** 명 구조 **domestic** 형 가정의 **illness** 명 질병 **confusion** 명 동요, 혼란 **explore** 동 탐구하다 **specific** 형 특정한, 구체적인 **constant** 형 끊임없는 **process** 명 과정

코드 접속하기

정답 및 해설 p. 89

Q3 • 2022년 6월 교육청(고1) 38번

글의 흐름으로 보아, 주어진 문장이 들어가기에 가장 적절한 곳은?

정답률 77%

> For example, if you rub your hands together quickly, they will get warmer.

Friction is a force between two surfaces that are sliding, or trying to slide, across each other. For example, when you try to push a book along the floor, friction makes this difficult. Friction always works in the direction ❶ opposite to the direction in which the object is moving, or trying to move. So, friction always ❷ slows a moving object down. (①) The amount of friction depends on the surface materials. (②) The rougher the surface is, the more friction is produced. (③) Friction also produces heat. (④) Friction can be a useful force because it ❸ prevents our shoes slipping on the floor when we walk and ❸ stops car tires skidding on the road. (⑤) When you walk, friction is caused between the tread on your shoes and the ground, ❹ acting to grip the ground and prevent sliding.

* skid: 미끄러지다 ** tread: 접지면, 바닥

• 핵심 코드 •

❶ 형용사의 후치 수식

형용사 앞에 「주격 관계대명사 + be동사」가 생략되거나 형용사가 「전치사 + 명사」 등의 수식어구를 수반하여 길어질 때 형용사가 명사를 후치 수식할 수 있다.

a bucket **full** of water 물이 가득 찬 양동이
(of water: 전치사 + 명사)
= a bucket (which is) **full** of water

❷ 구동사(phrasal verbs)

동사 뒤에 부사가 따라와서 다른 의미를 갖는 동사가 될 때, 이를 '구동사'라고 한다. 구동사에서 부사는 목적어로 쓰인 명사의 앞뒤에 올 수 있지만, 대명사가 올 경우에는 반드시 그 뒤에 써야 한다.

She **threw away** her old bag.
그녀는 그녀의 낡은 가방을 버렸다.
= She **threw** her old bag **away**.
She **threw** it **away**. 그녀는 그것을 버렸다.
~~She threw away it.~~

❸ 동명사의 의미상 주어

동명사의 의미상 주어는 동명사 바로 앞에 소유격이나 목적격으로 나타내는데, 동명사가 동사나 전치사의 목적어일 때는 흔히 목적격을 사용한다. 이때 5형식 문장의 목적격보어로 쓰인 현재분사와 구분할 필요가 있다.

She is tired of **Lucy being** late.
그녀는 Lucy가 늦는 것에 지쳤다.

❹ 병렬구조

and, but, or 등의 등위접속사에 의해 병렬 연결되는 단어, 구, 절은 품사나 문법적 구조가 대등해야 한다. 본문에서는 to grip과 (to) prevent가 등위접속사 and로 병렬 연결되어 있다.

초빈출 핵심 어휘

rub 동 문지르다[비비다] **friction** 명 마찰 **force** 명 힘 **surface** 명 표면 **slide** 동 미끄러지다 **direction** 명 방향[쪽] **opposite** 형 반대편의, 맞은편의 **surface material** 표면재 **rough** 형 거친 **produce** 동 생산하다; *생기게 하다 **heat** 명 열기, 열 **prevent** 동 막다[예방/방지하다] **grip** 동 꽉 잡다, 움켜잡다

코드 접속하기

정답 및 해설 p. 90

Q4

2024년 6월 교육청(고1) 39번

글의 흐름으로 보아, 주어진 문장이 들어가기에 가장 적절한 곳은?

정답률 39%

> By comparison, birds with the longest childhoods, and those that migrate with their parents, tend to have the most efficient migration routes.

Spending time as children ❶ allows animals to learn about their environment. Without childhood, animals must rely more fully on hardware, and therefore be less flexible. (①) ❷ Among migratory bird species, those that are born knowing how, when, and where to migrate—those that are migrating entirely with instructions they were born with—sometimes have very inefficient migration routes. (②) These birds, born knowing how to migrate, don't adapt easily. (③) ❸ So when lakes dry up, forest becomes farmland, or climate change pushes breeding grounds farther north, those birds that are born knowing how to migrate keep flying by the old rules and maps. (④) Childhood facilitates the passing on of cultural information, and culture can evolve faster than genes. (⑤) Childhood gives flexibility in a changing world.

핵심 코드

❶ allow+목적어+to-v

allow는 목적격보어로 to부정사를 취하며, '(목적어)가 ~하도록 하다'라는 의미를 나타낸다.

The new software update will allow users to access their files more quickly.
새로운 소프트웨어 업데이트는 사용자들이 파일에 더 쉽게 접근하도록 할 것이다.

❷ 복잡한 문장 구조

Among migratory bird species, those(주어) [that are born(주격 관계대명사절) {knowing how, when, and where to migrate}(분사구문(동시동작))]—those [that are migrating entirely with instructions(주격 관계대명사절) (that) {they were born with}(목적격 관계대명사절)]—sometimes have(동사) very inefficient migration routes.

주어를 수식하는 관계대명사절과 삽입절로 인해 주어 those와 동사 have의 사이가 멀리 떨어져 있는 경우로, 수식어구로 인해 주어가 길어지는 문장 구조 파악에 주의해야 한다.

❸ 복잡한 문장 구조

So [when lakes dry up, forest becomes farmland, or climate change pushes breeding grounds farther north](시간의 부사절), those birds(주어) [that are born knowing how to migrate](주격 관계대명사절) keep(동사) flying by the old rules and maps.

접속사 when 다음에 lakes dry up, forest becomes farmland, climate change pushes breeding grounds farther north의 절 3개가 접속사 or로 병렬구조를 이루고 있다. 주절의 주어는 those birds로 주격 관계대명사절에 의해 수식받고 있으며, 「keep v-ing」는 '계속 ~하다'의 의미이다.

다빈출 핵심 어휘

by comparison 그에 반해 **childhood** 명 유년기 **migrate** 동 이동하다 **tend to-v** ~하는 경향이 있다 **efficient** 형 효율적인 **rely on** ~에 의존하다 **flexible** 형 유연한 **instruction** 명 지침 **inefficient** 형 비효율적인 **adapt** 동 적응하다 **breeding ground** 번식지 **facilitate** 동 촉진하다 **evolve** 동 진화하다 **gene** 명 유전자

코드 공략하기

정답 및 해설 p. 91

01 ○△× 2025년 6월 교육청(고1) 38번

글의 흐름으로 보아, 주어진 문장이 들어가기에 가장 적절한 곳은?

정답률 72%

> Partly this was the obvious convenience of being able to exit more quickly.

To monitor our surroundings is to focus on what's outside of ourselves: what we see, hear, smell, feel, and perhaps even taste. But sometimes what really marks a place is something less specific — a *feeling* within us. (①) An interesting example emerged from a study of subway passenger behavior. (②) Researchers trying to understand why people sit where they sit or stand where they stand in subway and metro trains examined the factors that shape the way riders used and navigated that space in different situations. (③) One of their findings involved the reasons many riders like to plant themselves close to the train's doors. (④) But it was shaped partly by a more abstract sensation — the desire to avoid the sometimes uncomfortable feeling of accidentally making eye contact with seated passengers. (⑤) We can't see feelings — but they're very real, and they influence our experience of the world.

02 고득점 ○△× 2025년 3월 교육청(고1) 39번

글의 흐름으로 보아, 주어진 문장이 들어가기에 가장 적절한 곳은?

정답률 48%

> But all this wisdom about how to deal with heat, accumulated over centuries of practical experience, is all too often ignored.

The rise of air-conditioning accelerated the construction of sealed boxes, where the building's only airflow is through the filtered ducts of the air-conditioning unit. It doesn't have to be this way. Look at any old building in a hot climate, whether it's in Sicily or Marrakesh or Tehran. (①) Architects understood the importance of shade, airflow, light colors. (②) They oriented buildings to capture cool breezes and block the worst heat of the afternoon. (③) They built with thick walls and white roofs and transoms over doors to encourage airflow. (④) Anyone who has ever spent a few minutes in a mudbrick house in Tucson, or walked on the narrow streets of old Seville, knows how well these construction methods work. (⑤) In this sense, air-conditioning is not just a technology of personal comfort; it is also a technology of forgetting.

* accumulate: 축적하다 ** duct: (배)관 *** transom: 채광창

03 ○△× • 2021년 6월 교육청(고1) 39번

글의 흐름으로 보아, 주어진 문장이 들어가기에 가장 적절한 곳은?

정답률 61%

> It has been observed that at each level of transfer, a large proportion, 80 - 90 percent, of the potential energy is lost as heat.

Food chain means the transfer of food energy from the source in plants through a series of organisms with the repeated process of eating and being eaten. (①) In a grassland, grass is eaten by rabbits while rabbits in turn are eaten by foxes. (②) This is an example of a simple food chain. (③) This food chain implies the sequence in which food energy is transferred from producer to consumer or higher trophic level. (④) Hence the number of steps or links in a sequence is restricted, usually to four or five. (⑤) The shorter the food chain or the nearer the organism is to the beginning of the chain, the greater the available energy intake is.

* trophic: 영양의

04 고득점 ○△× • 2022년 9월 교육청(고1) 39번

글의 흐름으로 보아, 주어진 문장이 들어가기에 가장 적절한 곳은?

정답률 39%

> What we need is a reliable and reproducible method for measuring the relative hotness or coldness of objects rather than the rate of energy transfer.

We often associate the concept of temperature with how hot or cold an object feels when we touch it. In this way, our senses provide us with a qualitative indication of temperature. (①) Our senses, however, are unreliable and often mislead us. (②) For example, if you stand in bare feet with one foot on carpet and the other on a tile floor, the tile feels colder than the carpet *even though both are at the same temperature*. (③) The two objects feel different because tile transfers energy by heat at a higher rate than carpet does. (④) Your skin "measures" the rate of energy transfer by heat rather than the actual temperature. (⑤) Scientists have developed a variety of thermometers for making such quantitative measurements.

* thermometer: 온도계

정답 및 해설 p. 94

05 고득점 ○△×

2023년 6월 교육청(고1) 38번

글의 흐름으로 보아, 주어진 문장이 들어가기에 가장 적절한 곳은?

정답률 43%

> Yet we know that the face that stares back at us from the glass is not the same, cannot be the same, as it was 10 minutes ago.

Sometimes the pace of change is far slower. (①) The face you saw reflected in your mirror this morning probably appeared no different from the face you saw the day before — or a week or a month ago. (②) The proof is in your photo album: Look at a photograph taken of yourself 5 or 10 years ago and you see clear differences between the face in the snapshot and the face in your mirror. (③) If you lived in a world without mirrors for a year and then saw your reflection, you might be surprised by the change. (④) After an interval of 10 years without seeing yourself, you might not at first recognize the person peering from the mirror. (⑤) Even something as basic as our own face changes from moment to moment.

* peer: 응시하다

06 ○△×

2023년 3월 교육청(고1) 39번

글의 흐름으로 보아, 주어진 문장이 들어가기에 가장 적절한 곳은?

정답률 52%

> It was also found that those students who expected the lecturer to be warm tended to interact with him more.

People commonly make the mistaken assumption that because a person has one type of characteristic, then they automatically have other characteristics which go with it. (①) In one study, university students were given descriptions of a guest lecturer before he spoke to the group. (②) Half the students received a description containing the word 'warm', the other half were told the speaker was 'cold'. (③) The guest lecturer then led a discussion, after which the students were asked to give their impressions of him. (④) As expected, there were large differences between the impressions formed by the students, depending upon their original information of the lecturer. (⑤) This shows that different expectations not only affect the impressions we form but also our behaviour and the relationship which is formed.

多빈출 핵심 어휘

01

- ☐ obvious 형 분명한, 명백한
- ☐ convenience 명 편의, 편리
- ☐ exit 동 나가다
- ☐ surroundings 명 (pl.) 주변, 환경
- ☐ example 명 예시, 사례
- ☐ emerge 동 나타나다
- ☐ passenger 명 승객
  subway **passenger** 지하철 승객
- ☐ examine 동 조사하다
- ☐ factor 명 요인
  examine the **factor** 요인을 조사하다
- ☐ involve 동 관련시키다
- ☐ plant 동 심다; *놓다, 두다, 자리를 잡다
- ☐ abstract 형 추상적인
- ☐ sensation 명 느낌, 감각
- ☐ desire 명 욕구, 바람
- ☐ accidentally 부 우연히
- ☐ influence 동 영향을 미치다

02

- ☐ wisdom 명 지혜
- ☐ practical 형 현실[실제]적인
- ☐ ignore 동 무시하다
- ☐ air-conditioning 명 냉방 설비
- ☐ accelerate 동 가속화하다
- ☐ construction 명 건설, 건축물
- ☐ sealed 형 밀폐된
- ☐ box 명 구조물
- ☐ airflow 명 공기 흐름
- ☐ filter 동 여과하다
- ☐ unit 명 장치
- ☐ climate 명 기후
- ☐ architect 명 건축가
- ☐ shade 명 그늘
- ☐ orient 동 방향을 잡다
- ☐ capture 동 붙잡다
- ☐ breeze 명 산들바람
  capture cool **breezes** 산들바람을 잡아 두다
- ☐ narrow 형 좁은
- ☐ method 명 방법
- ☐ comfort 명 안락
  a technology of personal **comfort** 개인적인 안락의 기술

03

- ☐ observe 동 관찰하다
- ☐ transfer 명 이동 동 옮기다, 이동하다
- ☐ proportion 명 비율
- ☐ potential 형 잠재적인
  a large **proportion** of the **potential** energy
  잠재적인 에너지의 상당 부분
- ☐ food chain 먹이 사슬
- ☐ source 명 원천, 근원
- ☐ a series of 일련의
- ☐ organism 명 유기체
- ☐ repeated 형 반복되는
- ☐ grassland 명 초원
- ☐ in turn 차례로
- ☐ imply 동 의미하다, 암시하다
- ☐ sequence 명 연쇄
- ☐ producer 명 생산자
- ☐ consumer 명 소비자
  is **transferred** from **producer** to **consumer**
  생산자로부터 소비자로 이동된다
- ☐ restrict 동 제한하다
  is **restricted** to four or five 4~5개로 제한된다
- ☐ available 형 이용 가능한
- ☐ intake 명 섭취량

04

- ☐ reliable 형 신뢰할 수 있는
- ☐ reproducible 형 재현 가능한, 재생할 수 있는
  a **reliable** and **reproducible** method 신뢰할 수 있고 재현 가능한 수단
- ☐ relative 형 비교상의, 상대적인
- ☐ object 명 물체
  the **relative** hotness or coldness of **objects**
  물체의 상대적인 뜨거움과 차가움
- ☐ rate 명 속도; *비율, ~율
  the **rate** of energy transfer 에너지 전도율
- ☐ associate 동 연관 짓다
- ☐ qualitative 형 질적인, 정성적인
- ☐ indication 명 표시, 지표
  a **qualitative indication** of temperature 온도의 정성적인 지표
- ☐ unreliable 형 신뢰할 수 없는
- ☐ mislead 동 오도하다
- ☐ a variety of 다양한
- ☐ quantitative 형 양적인, 정량적인

05

- □ stare 동 빤히 쳐다보다
- □ reflect 동 반사하다
  reflected in your mirror 거울 속에 비춰진
- □ proof 명 증거
- □ difference 명 차이
- □ reflection 명 (거울에 비친) 모습
- □ interval 명 간격
- □ recognize 동 알아보다
  recognize the person 사람을 알아보다
- □ moment 명 순간

06

- □ lecturer 명 강사, 강연자
- □ commonly 부 흔히
- □ mistaken 형 잘못된
- □ assumption 명 가정
  commonly make the **mistaken assumption** 흔히 잘못된 가정을 하다
- □ characteristic 명 특성
- □ description 명 설명, 묘사
- □ contain 동 포함하다
- □ impression 명 인상
- □ depending upon ~에 따라
- □ original 형 최초의, 원래의
  depending upon their **original** information of the **lecturer**
  그 강사에 대한 최초 정보에 따라
- □ expectation 명 기대
- □ affect 동 영향을 미치다

13 무관한 문장

출제코드 분석

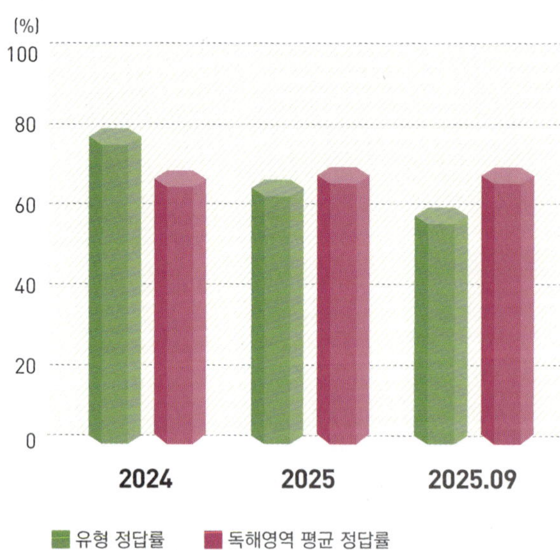

글의 전체 흐름과 관계가 없는 문장을 찾는 유형은 매년 한 문항씩 출제된다. 2025학년도 수능에서 [무관한 문장] 유형의 정답률은 66%로 독해영역 평균 정답률(69%)과 비슷했으며, 2024학년도 수능에서 해당 유형의 정답률은 79%로 다소 평이한 수준이었다. 2025년도 9월 고1 학평의 경우 정답률은 59%로, 독해영역 평균 정답률(69%)보다 낮았다.

최근 수능 및 학평 출제 소재

최근 수능에서는 자동차 발달이 스포츠 관광 확대에 미친 영향에 관한 글이 출제되었다. 학평에서는 인공지능 개념의 역사와 전개 과정에 관한 글이 출제되었다.

학습 전략

유형 설명

글의 전반적인 흐름을 파악하여 글의 논리적인 흐름을 방해하거나 주제와 무관한 내용을 서술하는 문장을 찾는 유형이다. 글의 주제 및 논리적 흐름을 파악할 수 있는 능력이 요구된다.

유형 학습 전략

1. 글의 도입부를 통해 핵심 소재를 파악하고, 앞으로 전개될 내용의 흐름을 예상한다.
2. 글의 핵심 소재를 염두에 둔 채로 각 문장 간의 연결이 서로 자연스러운지 확인하며 글을 읽는다.
3. 흐름과 관계 없는 문장의 경우, 앞 문장에서 언급된 단어나 소재를 활용한 내용이 나오는 경우가 많으므로, 지엽적인 부분보다는 글의 전체적인 흐름에 주목한다.

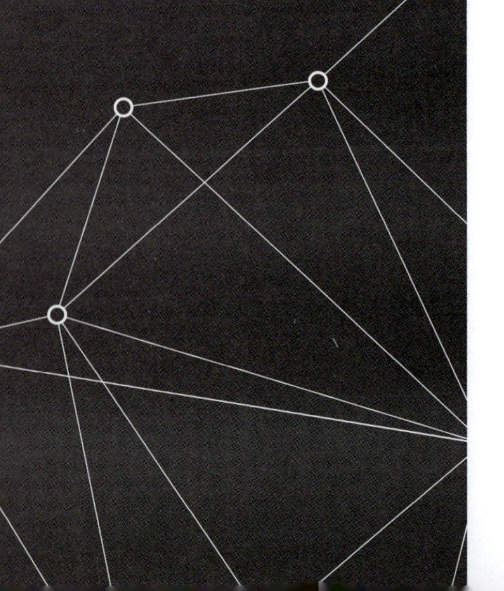

코드 접속하기

정답 및 해설 p. 96

Q1

2022년 3월 교육청(고1) 35번

다음 글에서 전체 흐름과 관계 없는 문장은? 정답률 61%

Who hasn't used a cup of coffee to help themselves stay awake while studying? Mild stimulants commonly found in tea, coffee, or sodas possibly ❶ make you more attentive and, thus, better able to remember. ① However, you should know that stimulants are as likely to have negative effects on memory as they are to be beneficial. ② Even if they could improve performance at some level, the ideal doses are currently unknown. ③ If you are wide awake and well-rested, mild stimulation from caffeine can do little to further improve your memory performance. ④ In contrast, many studies have shown that ❷ drinking tea is healthier than drinking coffee. ⑤ Indeed, if you have too much of a stimulant, you will become nervous, ❸ find it difficult to sleep, and your memory performance will suffer.

* stimulant: 자극제 ** dose: 복용량

핵심 코드

❶ make + 목적어 + 형용사

「make + 목적어 + 형용사」는 '(목적어)를 (형용사)하게 만들다'의 의미로, make는 명사, 형용사, 과거분사, 원형부정사를 목적격보어로 취한다.

- 「make + 목적어 + 형용사」: (목적어)를 (형용사)하게 만들다
- 「make + 목적어 + 과거분사」: (목적어)를 (과거분사)되게 만들다
- 「make + 목적어 + 원형부정사」: (목적어)를 (원형부정사)하게 만들다

❷ than을 사용하는 비교급

「비교급 + than」은 '~보다 더 …한'이라는 의미를 나타내며 비교 대상은 문법적 위상이 동일해야 한다.

❸ 가목적어 it

「주어 + 동사 + 목적어 + 목적격보어」의 5형식 문장에서 목적어로 to부정사가 오면, 목적어 자리에 가목적어 it을 쓰고 to부정사는 목적격보어 뒤로 보낸다.

The sound of the music made it(가목적어) hard to concentrate on my studies(진목적어).
음악 소리가 공부에 집중하는 것을 어렵게 만들었다.

고빈출 핵심 어휘

mild 형 가벼운 **soda** 명 탄산음료 **attentive** 형 주의 깊은 **memory** 명 기억력 **beneficial** 형 이로운 **improve** 동 향상하다 **performance** 명 수행 **ideal** 형 이상적인 **currently** 부 현재 **unknown** 형 알려지지 않은 **well-rested** 형 잘 쉰 **further** 부 더욱 **in contrast** 반면에 **indeed** 부 실제로

코드 접속하기

정답 및 해설 p. 96

Q2

2024년 3월 교육청(고1) 35번

다음 글에서 전체 흐름과 관계 없는 문장은? 정답률 78%

A group of psychologists studied individuals with severe mental illness who experienced weekly group music therapy, including ❶ singing familiar songs and composing original songs. ① The results showed that the group music therapy improved the quality of participants' life, ❷ with those participating in a greater number of sessions experiencing the greatest benefits. ② ❸ Focusing on singing, another group of psychologists reviewed articles on the efficacy of group singing as a mental health treatment for individuals living with a mental health condition in a community setting. ③ The findings showed that, when people with mental health conditions participated in a choir, their mental health and wellbeing significantly improved. ④ The negative effects of music were greater than the psychologists expected. ⑤ Group singing ❶ provided enjoyment, improved emotional states, developed a sense of belonging and enhanced self-confidence.

* therapy: 치료 ** efficacy: 효능

핵심 코드

❶ 병렬구조

대등한 문법적 요소를 접속사로 연결하는 구조를 병렬구조라고 한다. 등위접속사(and, but, or)와 상관접속사(either ~ or, neither ~ nor, not only ~ but also)가 병렬구조를 수반한다.

She went to school **and** studied hard.
그녀는 학교에 가서 열심히 공부했다. (동사 연결)

He likes reading, writing **and** solving math problems.
그는 읽기와 쓰기, 그리고 수학 문제 풀기를 좋아한다. (동명사 연결)

The restaurant offers **not only** delicious food **but also** exceptional service.
그 식당은 맛있는 음식뿐만 아니라 뛰어난 서비스도 제공한다. (명사구 연결)

❷ with + 목적어 + 분사

「with + 목적어 + 분사」는 '목적어가 ~한[된] 채로'의 의미로, 목적어와 분사가 의미상 능동의 관계이면 현재분사를, 수동의 관계이면 과거분사를 쓴다.

The children ran around the park **with their parents watching** over them.
아이들은 부모님이 지켜보는 가운데 공원을 뛰어다녔다.

They left the house **with the lights turned on.**
그들은 불을 켠 채 집을 나섰다.

❸ 복잡한 문장 구조

[Focusing on singing](분사구문), another group of psychologists reviewed articles [on the efficacy of group singing](~에 대한 / 전치사구) [as a mental health treatment](~로서 / 전치사구) [for individuals](~를 위해 / 전치사구) {living with a mental health condition in a community setting}(현재분사구).

Focusing on singing은 동시동작을 나타내는 분사구문이며, 주절의 목적어(articles) 다음에 여러 전치사구들이 차례로 나오고 있으므로, 각 전치사의 의미에 주의하며 해석해야 한다. 문장의 마지막 부분의 living 이하는 앞의 individuals를 수식하는 현재분사구이다.

多빈출 핵심 어휘

psychologist 명 심리학자 **individual** 명 개인 **severe** 형 심각한 **mental** 형 정신적인 **compose** 동 작곡하다 **treatment** 명 치료 **finding** 명 결과 **choir** 명 합창단 **wellbeing** 명 행복 **significantly** 부 상당히 **enhance** 동 강화하다 **self-confidence** 명 자신감

코드 접속하기

정답 및 해설 p. 97

Q3

2025년 3월 교육청(고1) 35번

다음 글에서 전체 흐름과 관계 없는 문장은? 정답률 46%

What does it mean ❶ for a character to be a hero as opposed to a villain? In artistic and entertainment descriptions, it's essential ❶ for the author to establish a positive relationship between a protagonist and the audience. ① ❷ In order ❶ for tragedy or misfortune ❷ to ❸ draw out an emotional response in viewers, the character must be adjusted ❷ so as to be recognizable as either friend or enemy. ② Likewise, the line between friends and enemies is not clear in reality. ③ Whether the portrayal is fictional or documentary, we must feel that the protagonist is someone whose actions benefit us; the protagonist is, or would be, a worthy companion or valued ally. ④ Violent action films are often filled with dozens of incidental deaths of minor characters that draw out little response in the audience. ⑤ ❷ In order to feel strong emotions, the audience must be emotionally invested in a character as either ally or enemy.

* villain: 악당 ** protagonist: 주인공

핵심 코드

❶ to부정사의 의미상 주어

to부정사의 행위자는 to 앞에 「for + 목적격」의 형태로 쓴다.

It was unusual **for him** to arrive late.
그가 늦게 도착한 것은 드문 일이었다.

It's difficult **for me** to understand this math problem.
내가 이 수학 문제를 이해하는 것은 어렵다.

It's essential **for every driver** to follow traffic rules.
모든 운전자가 교통 규칙을 지키는 것은 필수적이다.

❷ in order to / so as to

in order to와 so as to는 모두 '~하기 위해서'라는 뜻을 가진 표현으로, to부정사의 부사적 용법 중 '목적'을 더 명확하게 나타낼 때 사용된다.

She studies hard **in order to** pass the exam.
그녀는 시험에 합격하기 위해 열심히 공부한다.

The company reduced prices **so as to** attract more customers.
그 회사는 더 많은 고객을 끌어들이기 위해 가격을 낮췄다.

❸ 구동사

영어의 많은 동사들 뒤에는 짧은 부사가 따라와서 다른 의미를 갖는 동사가 되는데, 이렇게 두 부분으로 이루어진 동사를 구동사라고 한다. 구동사에서 부사는 명사의 앞이나 뒤에 쓰일 수 있지만, 대명사가 올 경우에는 반드시 그 뒤에 써야 한다.

She has a talent for **drawing out** the best in people.
그녀는 사람들의 장점을 끌어내는 재능이 있다.

Music can **draw them out** and help them express their feelings.
음악은 그들을 끌어내서 그들이 감정을 표현하도록 도와줄 수 있다.

고빈출 핵심 어휘

as opposed to ~와 대비되는 **essential** 형 필수적인 **establish** 동 수립하다 **positive** 형 긍정적인 **audience** 명 관객 **tragedy** 명 비극 **misfortune** 명 불행 **draw out** ~을 끌어내다 **adjust** 동 조정하다 **recognizable** 형 알아볼 수 있는, 인식할 수 있는 **portrayal** 명 묘사 **fictional** 형 허구의, 가상의 **documentary** 형 사실을 기록한, 사실적인 **benefit** 동 ~에게 이롭다 **companion** 명 동료 **valued** 형 소중한, 가치 있는 **ally** 명 협력자 **dozens of** 많은, 수십의 **incidental** 형 부수적인

정답 및 해설 p. 98

Q4

• 2022년 6월 교육청(고1) 35번

다음 글에서 전체 흐름과 관계 없는 문장은? 정답률 70%

According to Marguerite La Caze, fashion contributes to our lives and provides a medium ❶ **for us** to develop and exhibit important social virtues. ① Fashion may be beautiful, innovative, and useful; we can display creativity and good taste in our fashion choices. ② And in dressing with taste and care, we represent both self-respect and a concern for the pleasure of others. ③ There is no doubt that fashion can be a source of interest and pleasure ❷ **which** links us to each other. ④ ❸ **Although** the fashion industry developed first in Europe and America, today it is an international and highly globalized industry. ⑤ That is, fashion provides a sociable aspect along with opportunities to imagine oneself differently—to try on different identities.

* virtue: 가치

• 핵심 코드 •

❶ to부정사의 의미상 주어

to부정사의 의미상 주어를 나타낼 경우, 보통 to부정사 앞에 「for+목적격」을 써서 나타낸다.

❷ 주격 관계대명사 which

주격 관계대명사는 선행사를 대신하여 관계사절에서 주어 역할을 한다. 관계대명사 which는 주격과 목적격으로만 쓰이며 선행사가 사물, 동물일 때 쓸 수 있다.

A dictionary is a book **which** gives you the meanings of words.
사전은 단어의 의미를 알려주는 책이다.

❸ although[though]

although[though]는 '(비록) ~이지만'이라는 의미로 양보를 나타내는 접속사이다.

Although[Though] I don't agree with him, I think he's honest.
그에게 동의하지는 않지만 나는 그가 정직하다고 생각한다.

cf. though는 문장 끝에서 부사(= however)로 쓰이지만 although는 부사로 쓰이지 않는다.

The camera is very good; it's expensive, **though[~~although~~].**
그 카메라는 아주 좋아. 비싸긴 하지만.

多빈출 핵심 어휘

contribute to ~에 기여하다 **exhibit** 동 전시하다 **innovative** 형 획기적인, 혁신적인 **display** 동 전시[진열]하다, 내보이다 **taste** 명 맛; *감각 **represent** 동 대표하다; *대변하다 **concern** 명 우려; *배려, 염려 **pleasure** 명 기쁨, 즐거움 **provide** 동 제공[공급]하다 **sociable** 형 사람들과 어울리기 좋아하는, 사교적인, 붙임성 있는 **aspect** 명 측면 **opportunity** 명 기회 **identity** 명 신원, 신분; *정체성

코드 공략하기

정답 및 해설 p. 99

01 ○△×

2020년 9월 교육청(고1) 35번

다음 글에서 전체 흐름과 관계 없는 문장은? 정답률 63%

In a single week, the sun delivers more energy to our planet than humanity has used through the burning of coal, oil, and natural gas through *all of human history*. And the sun will keep shining on our planet for billions of years. ① Our challenge isn't that we're running out of energy. ② It's that we have been focused on the wrong source — the small, finite one that we're using up. ③ Indeed, all the coal, natural gas, and oil we use today is just solar energy from millions of years ago, a very tiny part of which was preserved deep underground. ④ Our efforts to develop technologies that use fossil fuels have shown meaningful results. ⑤ Our challenge, and our opportunity, is to learn to efficiently and cheaply use the *much more abundant* source that is the new energy striking our planet each day from the sun.

02 ○△×

2021년 3월 교육청(고1) 35번

다음 글에서 전체 흐름과 관계 없는 문장은? 정답률 67%

Today's music business has allowed musicians to take matters into their own hands. ① Gone are the days of musicians waiting for a gatekeeper (someone who holds power and prevents you from being let in) at a label or TV show to say they are worthy of the spotlight. ② In today's music business, you don't need to ask for permission to build a fanbase and you no longer need to pay thousands of dollars to a company to do it. ③ There are rising concerns over the marketing of child musicians using TV auditions. ④ Every day, musicians are getting their music out to thousands of listeners without any outside help. ⑤ They simply deliver it to the fans directly, without asking for permission or outside help to receive exposure or connect with thousands of listeners.

정답 및 해설 p. 101

03 ○△×

• 2025년 6월 교육청(고1) 35번

다음 글에서 전체 흐름과 관계 없는 문장은? 정답률 74%

In the 1930s, the British psychologist Sir Frederic Bartlett asked people to listen to folktales from other countries and then recall these stories at a later date. As you might guess, unfamiliar stories were not remembered as well as familiar stories. ① Surprisingly, however, errors in memory were not random. ② Rather, subjects often rewrote similar parts of the stories in their own minds—particularly the parts that made the least sense to them. ③ To attract a wide audience, stories should focus on topics that interest many people. ④ Bartlett concluded that when facing problems, humans draw upon mental schemata, or shelves of stored knowledge in our brains, to fill in any minor gaps in our memories. ⑤ Therefore, remembering is an imaginative process that involves building upon past experiences.

* folktale: 민간 설화

04 ○△×

• 2024년 6월 교육청(고1) 35번

다음 글에서 전체 흐름과 관계 없는 문장은? 정답률 58%

Simply giving employees a sense of agency — a feeling that they are in control, that they have genuine decision-making authority — can radically increase how much energy and focus they bring to their jobs. ① One 2010 study at a manufacturing plant in Ohio, for instance, carefully examined assembly-line workers who were empowered to make small decisions about their schedules and work environment. ② They designed their own uniforms and had authority over shifts while all the manufacturing processes and pay scales stayed the same. ③ It led to decreased efficiency because their decisions were not uniform or focused on meeting organizational goals. ④ Within two months, productivity at the plant increased by 20 percent, with workers taking shorter breaks and making fewer mistakes. ⑤ Giving employees a sense of control improved how much self-discipline they brought to their jobs.

* radically: 급격하게 ** shift: (근무) 교대

코드 공략하기

정답 및 해설 p. 102

05 ○△×

2023년 3월 교육청(고1) 35번

다음 글에서 전체 흐름과 관계 없는 문장은? 정답률 64%

Whose story it is affects *what* the story is. Change the main character, and the focus of the story must also change. If we look at the events through another character's eyes, we will interpret them differently. ① We'll place our sympathies with someone new. ② When the conflict arises that is the heart of the story, we will be praying for a different outcome. ③ Consider, for example, how the tale of Cinderella would shift if told from the viewpoint of an evil stepsister. ④ We know Cinderella's kingdom does not exist, but we willingly go there anyway. ⑤ *Gone with the Wind* is Scarlett O'Hara's story, but what if we were shown the same events from the viewpoint of Rhett Butler or Melanie Wilkes?

* sympathy: 공감

06 ○△×

2021년 6월 교육청(고1) 35번

다음 글에서 전체 흐름과 관계 없는 문장은? 정답률 62%

Health and the spread of disease are very closely linked to how we live and how our cities operate. The good news is that cities are incredibly resilient. Many cities have experienced epidemics in the past and have not only survived, but advanced. ① The nineteenth and early-twentieth centuries saw destructive outbreaks of cholera, typhoid, and influenza in European cities. ② Doctors such as Jon Snow, from England, and Rudolf Virchow, of Germany, saw the connection between poor living conditions, overcrowding, sanitation, and disease. ③ A recognition of this connection led to the replanning and rebuilding of cities to stop the spread of epidemics. ④ In spite of reconstruction efforts, cities declined in many areas and many people started to leave. ⑤ In the mid-nineteenth century, London's pioneering sewer system, which still serves it today, was built as a result of understanding the importance of clean water in stopping the spread of cholera.

* resilient: 회복력이 있는 ** sewer system: 하수 처리 시스템

多빈출 핵심 어휘

01

- □ deliver 동 전달하다
- □ humanity 명 인류, 인간
- □ coal 명 석탄
- □ natural gas 천연가스
- □ shine 동 비추다
- □ billions of 수십억의
  for **billions of** years 수십억 년 동안
- □ challenge 명 도전; *(해볼 만한) 과제, 난제
- □ run out of ~이 고갈되다
  run out of the air 산소가 고갈되다
- □ source 명 원천
- □ finite 형 한정적인
- □ indeed 부 사실
- □ solar energy 태양 에너지
- □ millions of 수백만의
- □ preserve 동 보존하다
- □ technology 명 기술
- □ fossil fuel 화석 연료
- □ meaningful 형 의미 있는
  pay attention to **meaningful** results 의미 있는 결과에 주목하다
- □ efficiently 부 효율적으로
- □ abundant 형 풍부한
- □ strike 동 치다; *(빛이 어떤 표면에) 부딪치다

02

- □ take matters into one's own hands
  일을 직접[독자적으로] 하다
- □ gatekeeper 명 문지기, 정보 관리[통제]자
- □ prevent 동 막다
- □ let in ~을 들여 보내다
  prevent you from being **let in** 당신이 들어가는 것을 막다
- □ label 명 라벨, 상표; *음반사
- □ be worthy of ~할 만한 가치가 있다
- □ spotlight 명 주목
  are worthy of the **spotlight** 주목 받을 만하다
- □ ask for ~을 요청하다
- □ permission 명 허락, 허가
  ask for permission 허락을 요청하다
- □ fanbase 명 팬층
- □ rising 형 증가하는
- □ concern 명 우려, 염려
- □ deliver 동 전달하다, 배달하다
- □ directly 부 직접, 곧장
- □ exposure 명 노출, 매스컴 출연
- □ connect with ~와 연결되다

03

- □ recall 동 기억해 내다
- □ unfamiliar 형 익숙하지 않은
  unfamiliar stories 익숙하지 않은 이야기들
- □ error 명 오류
- □ random 형 무작위의
- □ subject 명 주제; 과목; *[실험] 대상, 피험자
- □ rewrite 동 다시 쓰다
- □ particularly 부 특히
- □ attract 동 끌어 모으다
  attract a wide audience 많은 청중을 끌어 모으다
- □ conclude 동 결론을 내리다
- □ schemata 명 스키마타
- □ fill in ~을 채우다
- □ imaginative 형 상상의, 상상력이 풍부한
- □ process 명 과정

04

- □ employee 명 직원
- □ genuine 형 진정한
- □ authority 명 권한
- □ manufacturing plant 제조 공장
- □ examine 동 조사하다
- □ assembly-line 형 조립 라인의
- □ empower 동 (권한을) 부여하다
- □ scale 명 규모
- □ lead to ~로 이어지다
- □ efficiency 명 효율(성)
  lead to decreased **efficiency** 낮아진 효율성으로 이어지다
- □ organizational 형 조직의
  meeting **organizational** goals 조직의 목표 달성
- □ productivity 명 생산성
- □ self-discipline 명 자기 훈련

05

- □ **affect** 동 영향을 미치다
- □ **main character** 주인공
- □ **focus** 명 초점
- □ **character** 명 등장인물
- □ **interpret** 동 해석하다
  interpret them differently 그것들을 다르게 해석하다
- □ **conflict** 명 갈등
- □ **arise** 동 발생하다
  conflict arises 갈등이 발생하다
- □ **pray for** ~을 간절히 바라다
- □ **outcome** 명 결과
- □ **consider** 동 생각하다
- □ **tale** 명 이야기
- □ **shift** 동 바꾸다
- □ **viewpoint** 명 관점
- □ **evil** 형 사악한
- □ **stepsister** 명 의붓자매
- □ **kingdom** 명 왕국
- □ **exist** 동 존재하다
- □ **willingly** 부 기꺼이

06

- □ **spread** 명 확산
- □ **be linked to** ~와 연관되다
- □ **operate** 동 작동하다
- □ **incredibly** 부 믿을 수 없을 정도로, 엄청나게
- □ **epidemic** 명 유행병, 전염병
  to stop the **spread** of **epidemics** 전염병의 확산을 막는 것
- □ **survive** 동 살아남다
- □ **advance** 동 발전하다
- □ **destructive** 형 파괴적인
- □ **outbreak** 명 발발, 창궐
- □ **cholera** 명 콜레라
  destructive outbreaks of **cholera** 콜레라의 파괴적인 창궐
- □ **typhoid** 명 장티푸스
- □ **influenza** 명 독감
- □ **connection** 명 연관성
  the **connection** between smoking and cancer 흡연과 암의 연관성
- □ **living conditions** 주거 환경
- □ **overcrowding** 명 인구 과잉
- □ **sanitation** 명 위생
- □ **recognition** 명 인식
- □ **replanning** 명 재계획
- □ **rebuilding** 명 재건축
- □ **reconstruction** 명 복원, 재건
- □ **decline** 동 쇠퇴하다
- □ **pioneering** 형 선구적인
- □ **serve** 동 기여하다, 쓸모 있다; 근무하다

14 요약문

출제코드 분석

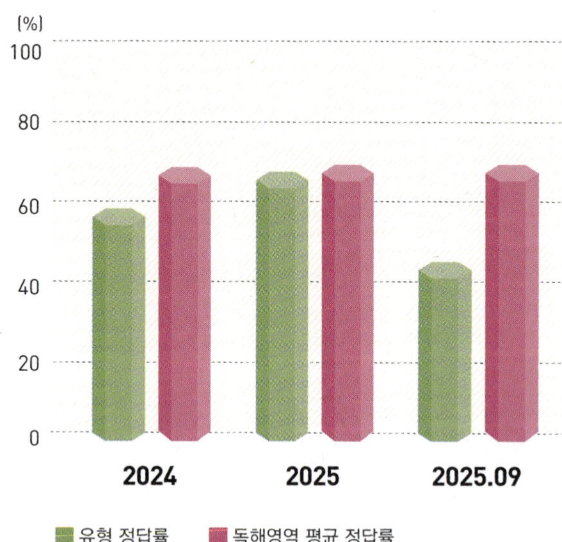

글의 내용을 요약하는 문장의 빈칸에 들어갈 말을 찾는 유형은 매년 한 문항씩 출제된다. 2025학년도 수능에서 [요약문] 유형의 정답률은 67%로 독해영역 평균 정답률(69%)와 비슷한 수치였다. 2024학년도 수능에서의 정답률은 58%로 독해영역 평균 정답률(68%)보다 상당히 낮았다. 2025년도 9월 고1 학평의 경우 유형 정답률은 45%로, 독해영역 평균 정답률(69%)보다 많이 낮았다.

최근 수능 및 학평 출제 소재

최근 수능에서는 합성 성분과 천연 성분의 안전성 비교에 관한 글이 출제되었다. 학평에서는 기능적 관계가 시각 인식에 주는 영향과 카메라 시각의 차이에 관한 글이 출제되었다.

학습 전략

유형 설명

글의 내용을 한 문장으로 정리한 요약문의 빈칸에 들어갈 알맞은 단어나 구를 찾는 유형이다. 대부분의 독해 유형과 마찬가지로 글의 주제 파악이 필수적이며, 주로 추상적이거나 학술적인 내용을 다루고 있어 변별력 있는 문항으로 출제되고 있다.

유형 학습 전략

1. 글의 소재와 글에서 다루어지는 사건 등을 토대로 글의 주제를 파악한다.
2. 반복적으로 등장하는 핵심 어구와 문장을 연결하는 연결사 등에 집중하며 글을 읽는다.
3. 본문에 나왔던 핵심 어구가 선택지에서는 다른 어휘로 제시되는 경우가 많으므로, 이에 유의하여 글의 주제와 내용을 적절히 드러내는 선택지를 찾는다.

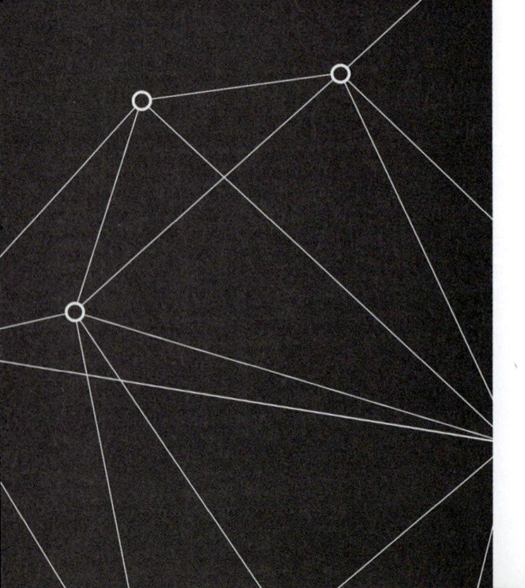

코드 접속하기

정답 및 해설 p. 104

Q1

• 2022년 3월 교육청(고1) 40번

다음 글의 내용을 한 문장으로 요약하고자 한다. 빈칸 (A), (B)에 들어갈 말로 가장 적절한 것은? 정답률 56%

The common blackberry (*Rubus allegheniensis*) has an amazing ability to move manganese from one layer of soil to another using its roots. This may seem like a funny talent for a plant ❶ to have, but it all becomes clear when you realize ❷ the effect it has on nearby plants. Manganese can be very harmful to plants, especially at high concentrations. Common blackberry is unaffected by damaging effects of this metal and has evolved two different ways of using manganese to its advantage. First, it redistributes manganese from deeper soil layers to shallow soil layers using its roots as a small pipe. Second, it absorbs manganese as it grows, concentrating the metal in its leaves. When the leaves drop and decay, their concentrated manganese deposits further poison the soil around the plant. For plants ❸ that are not immune to the toxic effects of manganese, this is very bad news. Essentially, the common blackberry eliminates competition by poisoning its neighbors with heavy metals.

* manganese: 망가니즈(금속 원소) ** deposit: 축적물

⬇

The common blackberry has an ability to ___(A)___ the amount of manganese in the surrounding upper soil, which makes the nearby soil quite ___(B)___ for other plants.

	(A)		(B)
①	increase	……	deadly
②	increase	……	advantageous
③	indicate	……	nutritious
④	reduce	……	dry
⑤	reduce	……	warm

• 핵심 코드 •

❶ to부정사의 부사적 용법 (한정)

한정을 나타내는 부사적 용법의 to부정사는 '~하기에, ~하는 데'의 의미를 가진다.

This road is dangerous **to drive** on.
이 길은 운전하기에 위험하다.

❷ 목적격 관계대명사의 생략

관계대명사 which, that, who(m)는 동사나 전치사의 목적어로 쓰일 때 생략할 수 있다. 단, 전치사의 목적어로 쓰인 관계대명사를 생략할 경우 전치사는 관계사절의 끝에 위치해야 한다.

Have you seen the house **(which/that)** they bought?
너는 그들이 산 집을 보았니?

❸ 관계대명사 that

관계대명사 that은 주격과 목적격으로만 쓰이며, 선행사의 종류(사람, 동물, 사물)에 상관없이 모두 사용할 수 있다.

중빈출 핵심 어휘

layer 명 층 **soil** 명 토양 **root** 명 뿌리 **funny** 형 기이한 **talent** 명 재능 **effect** 명 영향 **nearby** 형 인근의 **concentration** 명 농도 **damaging** 형 해로운 **evolve** 동 발달시키다 **redistribute** 동 재분배하다 **shallow** 형 얕은 **absorb** 동 흡수하다 **decay** 동 썩다 **poison** 동 (독성 물질로) 오염시키다, 중독시키다 **immune** 형 면역이 있는 **toxic** 형 유독한 **essentially** 부 본질적으로 **eliminate** 동 제거하다 **competition** 명 경쟁자 **neighbor** 명 이웃

코드 접속하기

정답 및 해설 p. 105

Q2 • 2025년 3월 교육청(고1) 40번

다음 글의 내용을 한 문장으로 요약하고자 한다. 빈칸 (A)와 (B)에 들어갈 말로 가장 적절한 것은? 정답률 69%

In the course of trying to solve a problem with an invention, you may encounter a brick wall of resistance when you try to think your way logically through the problem. Such logical thinking is a linear type of process, which uses our reasoning skills. This works fine when we're operating in the area of ❶ what we know or have experienced. However, when we need to deal with new information, ideas, and viewpoints, linear thinking will often come up short. On the other hand, creativity by definition involves the application of new information to old problems and the conception of new viewpoints and ideas. For this you will be most effective if you learn to operate in a nonlinear manner❷ ; that is, use your creative brain. ❸ Stated differently, if you think in a linear manner, you'll tend to be conservative and keep coming up with techniques which are already known. This, of course, is just ❶ what you don't want.

* linear: 선형의 ** conservative: 보수적인

⬇

____(A)____ thinking works well with familiar problems but falls short in dealing with new ideas, for which creative thinking is needed to come up with ____(B)____ solutions.

	(A)		(B)
①	Logical	……	innovative
②	Flexible	……	instant
③	Logical	……	proven
④	Flexible	……	superior
⑤	Logical	……	collaborative

• 핵심 코드 •

❶ 관계대명사 what

선행사를 포함하는 관계대명사 what은 '~하는 것'의 의미를 나타내며, the thing(s) that[which]으로 바꿔 쓸 수 있다. 관계대명사 what은 선행사를 포함하기 때문에, 형용사절을 이끄는 다른 관계대명사와는 달리 명사절을 이끈다.

He gave me **what** I had asked for.
그는 내가 요청했던 것을 내게 줬다.

We couldn't believe **what** we saw.
우리는 우리가 본 것을 믿을 수 없었다.

❷ 세미콜론(;)의 역할

세미콜론(;)은 때때로 마침표 대신에 쓰이는데, 문장들이 문법적으로 독립적이지만 의미상으로 서로 밀접하게 연결되어 있는 경우에 사용된다.

Some people work best in the mornings**;** others do better in the evenings.
어떤 사람들은 아침에 가장 일을 잘하지만 다른 사람들은 저녁에 더 잘한다.

❸ 복잡한 문장 구조

Stated differently, [if you think in a linear manner], you'll tend to be conservative and keep coming up with techniques [which are already known].

(tend: 동사 1, keep: 동사 2)

첫 번째 [ ]는 조건을 나타내는 부사절이며, 주절의 동사 tend와 keep이 등위접속사 and로 병렬 연결된 구조이다. 두 번째 [ ]는 주격 관계대명사절로 선행사 techniques를 수식하고 있다.

多빈출 핵심 어휘

invention 명 발명(품) **encounter** 동 맞닥뜨리다, 직면하다 **resistance** 명 저항 **logically** 부 논리적으로 **reasoning** 명 추론 **operate** 동 작업하다 **viewpoint** 명 관점 **creativity** 명 창의성 **by definition** 정의상 **involve** 동 포함하다 **application** 명 적용 **conception** 명 구상 **effective** 형 효과적인 **nonlinear** 형 비선형적인 **manner** 명 방식 **state** 동 말하다 **come up with** ~을 떠올리다 **familiar** 형 익숙한 **[문제] innovative** 형 혁신적인 **flexible** 형 유연한 **instant** 형 즉각적인 **superior** 형 우수한 **collaborative** 형 공동의

코드 접속하기

정답 및 해설 p. 106

Q3

• 2020년 9월 교육청(고1) 40번

다음 글의 내용을 한 문장으로 요약하고자 한다. 빈칸 (A)와 (B)에 들어갈 말로 가장 적절한 것은? 정답률 66%

❶ One way that music could express emotion is simply through a learned association. Perhaps there is ❷ nothing naturally sad about a piece of music in a minor key, or played slowly with low notes. Maybe we have just come to hear certain kinds of music as sad because we have learned to associate them in our culture with sad events like funerals. If this view is correct, we should have difficulty interpreting the emotions expressed in culturally unfamiliar music. ❸ Totally opposed to this view is the position that the link between music and emotion is one of resemblance. For example, when we feel sad we move slowly and speak slowly and in a low-pitched voice. Thus when we hear slow, low music, we hear it as sad. If this view is correct, we should have little difficulty understanding the emotion expressed in culturally unfamiliar music.

⬇

It is believed that emotion expressed in music can be understood through a(n) ____(A)____ learned association or it can be understood due to the ____(B)____ between music and emotion.

	(A)		(B)
①	culturally	⋯⋯	similarity
②	culturally	⋯⋯	balance
③	socially	⋯⋯	difference
④	incorrectly	⋯⋯	connection
⑤	incorrectly	⋯⋯	contrast

• 핵심 코드 •

❶ 관계부사의 생략 및 대체

time, place, reason, way 등 일반적인 선행사 뒤에 오는 관계부사는 that으로 대체할 수 있으며, 일상체에서는 주로 생략한다.

I couldn't believe **the way (that)** you were talking to me.
나는 네가 내게 말하던 방식을 믿을 수 없었다.

❷ 부정대명사의 수식

-thing, -body, -one 등이 붙은 부정대명사를 수식하는 형용사(구)는 뒤에 위치한다.

We haven't done **anything special** this weekend.
우리는 이번 주말에 특별히 한 일이 없다.

❸ 도치구문

강조하고자 하는 어구가 문장 첫머리에 올 때, 주어와 동사의 순서가 바뀌는 도치가 일어날 수 있다. 본문에서는 보어가 강조를 위해 문장 앞에 쓰이면서 주어와 동사가 도치되어 「보어+동사+주어」의 어순으로 쓴다.

Totally opposed to this view (보어) is (동사) the position (주어) that the link between music and emotion is one of resemblance.

빈출 핵심 어휘

emotion 명 감정 **association** 명 협회; *연관 **minor key** 단조 **note** 명 음, 음표 **associate** 동 연관시키다 **funeral** 명 장례식 **interpret** 동 해석하다, 이해하다 **unfamiliar** 명 생소한, 낯선 **totally** 부 완전히 **opposed** 형 반대하는 **link** 명 연결 고리 **resemblance** 명 닮음, 유사 **[문제]** **similarity** 명 유사성 **balance** 명 균형 **connection** 명 연결 **contrast** 명 대조

코드 접속하기

정답 및 해설 p. 107

Q4

• 2022년 6월 교육청(고1) 40번

다음 글의 내용을 한 문장으로 요약하고자 한다. 빈칸 (A), (B)에 들어갈 말로 가장 적절한 것은? 정답률 68%

According to a study of Swedish adolescents, an important factor of adolescents' academic success is ❶ how they respond to challenges. The study reports that when facing difficulties, adolescents ❷ exposed to an authoritative parenting style are less likely to be passive, helpless, and afraid to fail. Another study of nine high schools in Wisconsin and northern California indicates that children of authoritative parents do well in school, because these parents put a lot of effort into getting involved in their children's school activities. That is, authoritative parents are significantly more likely to help their children with homework, to attend school programs, to watch their children in sports, and to help students select courses. Moreover, these parents are more aware of ❶ what their children do and ❶ how they perform in school. Finally, authoritative parents praise academic excellence and the importance of working hard more than other parents ❸ do.

The studies above show that the children of authoritative parents often succeed academically, since they are more ____(A)____ to deal with their difficulties and are affected by their parents' ____(B)____ involvement.

	(A)		(B)
①	likely	……	random
②	willing	……	minimal
③	willing	……	active
④	hesitant	……	unwanted
⑤	hesitant	……	constant

• 핵심 코드 •

❶ 의문사절

의문사가 이끄는 명사절은 문장에서 주어, 목적어, 보어 역할을 하며 「의문사+주어+동사」의 어순을 따른다.

When he died is a mystery.
그가 언제 죽었는지는 불가사의하다.

The question is **why** he lied about his age.
문제는 왜 그가 그의 나이에 대해 거짓말을 했느냐는 것이다.

Luke's mother knew **where** he hid the comic books.
Luke의 엄마는 그가 어디에 만화책을 숨기는지 알고 있었다.

I'm concerned by **how** few students are passing the exam.
나는 얼마나 적은 수의 학생들이 시험에 통과할지 걱정된다.

❷ 명사를 수식하는 과거분사구

수식어나 목적어, 보어 등으로 인해 길어진 과거분사구는 명사를 뒤에서 수식한다. 이때, 과거분사는 수동이나 완료의 의미를 나타낸다.

The leaves **fallen on the ground** were wet and dirty.
땅에 떨어진 잎은 젖어 있었으며 더러웠다.

❸ 대동사 do

문장에서 일반동사가 반복되는 경우, do/does/did를 쓰고 이하의 중복어구를 생략한다.

She plays the violin better than he **does**.
(= plays the violin)
그녀는 그보다 바이올린을 더 잘 연주한다.

多빈출 핵심 어휘

adolescent 명 청소년 **factor** 명 요인, 인자
authoritative 형 권위가 있는 **challenge** 명 도전
passive 형 수동적인 **helpless** 형 무력한, 속수무책인
indicate 동 나타내다[보여 주다] **significantly** 부 상당히
praise 동 칭찬하다 **excellence** 명 뛰어남, 탁월함

코드 공략하기

정답 및 해설 p. 108

01

○△× • 2024년 3월 교육청(고1) 40번

다음 글의 내용을 한 문장으로 요약하고자 한다. 빈칸 (A), (B)에 들어갈 말로 가장 적절한 것은? 정답률 65%

The mind has parts that are known as the conscious mind and the subconscious mind. The subconscious mind is very fast to act and doesn't deal with emotions. It deals with memories of your responses to life, your memories and recognition. However, the conscious mind is the one that you have more control over. You think. You can choose whether to carry on a thought or to add emotion to it and this is the part of your mind that lets you down frequently because — fueled by emotions — you make the wrong decisions time and time again. When your judgment is clouded by emotions, this puts in biases and all kinds of other negativities that hold you back. Scared of spiders? Scared of the dark? There are reasons for all of these fears, but they originate in the conscious mind. They only become real fears when the subconscious mind records your reactions.

↓

While the controllable conscious mind deals with thoughts and ___(A)___, the fast-acting subconscious mind stores your responses, ___(B)___ real fears.

(A)		(B)
① emotions	......	forming
② actions	......	overcoming
③ emotions	......	overcoming
④ actions	......	avoiding
⑤ moralities	......	forming

02

○△× • 2023년 9월 교육청(고1) 40번

다음 글의 내용을 한 문장으로 요약하고자 한다. 빈칸 (A), (B)에 들어갈 말로 가장 적절한 것은? 정답률 54%

It's not news to anyone that we judge others based on their clothes. In general, studies that investigate these judgments find that people prefer clothing that matches expectations — surgeons in scrubs, little boys in blue — with one notable exception. A series of studies published in an article in June 2014 in the *Journal of Consumer Research* explored observers' reactions to people who broke established norms only slightly. In one scenario, a man at a black-tie affair was viewed as having higher status and competence when wearing a red bow tie. The researchers also found that valuing uniqueness increased audience members' ratings of the status and competence of a professor who wore red sneakers while giving a lecture. The results suggest that people judge these slight deviations from the norm as positive because they suggest that the individual is powerful enough to risk the social costs of such behaviors.

↓

A series of studies show that people view an individual ___(A)___ when the individual only slightly ___(B)___ the norm for what people should wear.

(A)		(B)
① positively	......	challenges
② negatively	......	challenges
③ indifferently	......	neglects
④ negatively	......	meets
⑤ positively	......	meets

03 ○△×

• 2023년 6월 교육청(고1) 40번

다음 글의 내용을 한 문장으로 요약하고자 한다. 빈칸 (A), (B)에 들어갈 말로 가장 적절한 것은? 정답률 60%

Nearly eight of ten U.S. adults believe there are "good foods" and "bad foods." Unless we're talking about spoiled stew, poison mushrooms, or something similar, however, no foods can be labeled as either good or bad. There are, however, combinations of foods that add up to a healthful or unhealthful diet. Consider the case of an adult who eats only foods thought of as "good" — for example, raw broccoli, apples, orange juice, boiled tofu, and carrots. Although all these foods are nutrient-dense, they do not add up to a healthy diet because they don't supply a wide enough variety of the nutrients we need. Or take the case of the teenager who occasionally eats fried chicken, but otherwise stays away from fried foods. The occasional fried chicken isn't going to knock his or her diet off track. But the person who eats fried foods every day, with few vegetables or fruits, and loads up on supersized soft drinks, candy, and chips for snacks has a bad diet.

Unlike the common belief, defining foods as good or bad is not ______(A)______; in fact, a healthy diet is determined largely by what the diet is ______(B)______.

(A)		(B)
① incorrect	……	limited to
② appropriate	……	composed of
③ wrong	……	aimed at
④ appropriate	……	tested on
⑤ incorrect	……	adjusted to

04 ○△×

• 2023년 3월 교육청(고1) 40번

다음 글의 내용을 한 문장으로 요약하고자 한다. 빈칸 (A), (B)에 들어갈 말로 가장 적절한 것은? 정답률 53%

To help decide what's risky and what's safe, who's trustworthy and who's not, we look for *social evidence*. From an evolutionary view, following the group is almost always positive for our prospects of survival. "If everyone's doing it, it must be a sensible thing to do," explains famous psychologist and best-selling writer of *Influence*, Robert Cialdini. While we can frequently see this today in product reviews, even subtler cues within the environment can signal trustworthiness. Consider this: when you visit a local restaurant, are they busy? Is there a line outside or is it easy to find a seat? It is a hassle to wait, but a line can be a powerful cue that the food's tasty, and these seats are in demand. More often than not, it's good to adopt the practices of those around you.

* subtle: 미묘한 ** hassle: 성가신 일

We tend to feel safe and secure in ______(A)______ when we decide how to act, particularly when faced with ______(B)______ conditions.

(A)		(B)
① numbers	……	uncertain
② numbers	……	unrealistic
③ experiences	……	unrealistic
④ rules	……	uncertain
⑤ rules	……	unpleasant

05 고득점 ○△× 2025년 9월 교육청(고1) 40번

다음 글의 내용을 한 문장으로 요약하고자 한다. 빈칸 (A), (B)에 들어갈 말로 가장 적절한 것은? 정답률 45%

Vision is influenced by our preconceptions about reality. In viewing a scene, we establish unconscious hierarchies that reflect our functional relationship to objects and our momentary priorities. For example, when visualizing a hammer in our mind's eye, we tend to "see" it in profile or at some other "ready for use" angle. One would probably not visualize a hammer as seen from the top so that the handle is hidden by the hammer's head. The functional relationship we have with objects creates visual expectations that interfere with our ability to see "like a camera." The camera, like the human eye, sees only shapes and colors. It documents the world impartially through a lens that is similar to the eye. When we look at them carefully, photographs are often surprising because they don't interpret confusing details but simply serve them up to us with a mechanical indifference. And because of their flatness, photographs often contain areas that appear as unrecognizable colors and shapes.

⬇

Our visual perception is shaped by an established hierarchy based on functional relationships, which ____(A)____ our ability to see objects as they truly are, unlike the ____(B)____ perspective of a camera.

	(A)		(B)
①	enhances	……	accurate
②	simplifies	……	fixed
③	interrupts	……	objective
④	enhances	……	neutral
⑤	interrupt	……	inconsistent

06 ○△× 2021년 3월 교육청(고1) 40번

다음 글의 내용을 한 문장으로 요약하고자 한다. 빈칸 (A), (B)에 들어갈 말로 가장 적절한 것은? 정답률 53%

In one study, researchers asked pairs of strangers to sit down in a room and chat. In half of the rooms, a cell phone was placed on a nearby table; in the other half, no phone was present. After the conversations had ended, the researchers asked the participants what they thought of each other. Here's what they learned: when a cell phone was present in the room, the participants reported the quality of their relationship was worse than those who'd talked in a cell phone-free room. The pairs who talked in the rooms with cell phones thought their partners showed less empathy. Think of all the times you've sat down to have lunch with a friend and set your phone on the table. You might have felt good about yourself because you didn't pick it up to check your messages, but your unchecked messages were still hurting your connection with the person sitting across from you.

* empathy: 공감

⬇

The presence of a cell phone ____(A)____ the connection between people involved in conversations, even when the phone is being ____(B)____.

	(A)		(B)
①	weakens	……	answered
②	weakens	……	ignored
③	renews	……	answered
④	maintains	……	ignored
⑤	maintains	……	updated

多빈출 핵심 어휘

01

- □ **conscious** 형 의식적인
- □ **subconscious** 형 잠재의식(적)인
- □ **deal with** ~을 다루다
- □ **response** 명 반응
- □ **recognition** 명 인식
- □ **frequently** 부 자주, 빈번히
- □ **fuel** 동 연료를 공급하다; *부채질하다
- □ **judgment** 명 판단(력)
- □ **cloud** 동 (기억력, 판단력 등을) 흐리게 하다
  your **judgment** is **clouded** by emotions 감정에 의해 판단력이 흐려진다
- □ **bias** 명 편견
- □ **negativity** 명 부정성
- □ **fear** 명 두려움, 공포
- □ **originate in** ~에서 비롯하다
  originate in the **conscious** mind 의식적 마음에서 비롯되다
- □ **record** 동 기록하다
- □ **controllable** 형 통제 가능한

02

- □ **investigate** 동 조사하다
- □ **expectation** 명 기대
- □ **scrubs** 명 (외과 의사의) 수술복
- □ **notable** 형 눈에 띄는
- □ **exception** 명 예외
- □ **established** 형 확립된
- □ **norm** 명 규범
- □ **slightly** 부 약간
- □ **affair** 명 모임, 파티
- □ **competence** 명 능력
- □ **deviation** 명 일탈

03

- □ **nearly** 부 거의
- □ **spoil** 동 망치다, 썩히다
- □ **poison** 형 독이 있는
- □ **label** 동 분류하다
- □ **combination** 명 조합물
- □ **diet** 명 식단
- □ **add up to** 결국 ~가 되다
- □ **tofu** 명 두부
- □ **nutrient-dense** 형 영양이 풍부한
- □ **supply** 동 공급하다
- □ **nutrient** 명 영양소
  don't **supply** a wide enough variety of the **nutrients**
  다양한 영양소를 충분히 공급하지 않는다
- □ **occasionally** 부 이따금
- □ **load up on** ~로 배를 가득 채우다
- □ **define** 동 정의하다
  defining foods as good or bad 음식을 좋고 나쁨으로 정의하는 것
- □ **determine** 동 결정하다
- □ **appropriate** 형 적절한
- □ **be composed of** ~로 구성되다

04

- □ **trustworthy** 형 신뢰할 수 있는
- □ **evidence** 명 증거
- □ **evolutionary** 형 진화의
  from an **evolutionary** view 진화의 관점에서
- □ **prospect** 명 전망
- □ **psychologist** 명 심리학자
- □ **product review** 상품평
- □ **cue** 명 신호
- □ **signal** 동 나타내다
- □ **consider** 동 생각하다
- □ **local** 형 지역의, 현지의
- □ **tasty** 형 맛있는
- □ **in demand** 수요가 많은
- □ **more often than not** 대개, 자주
- □ **adopt** 동 따르다, 채택하다
- □ **practice** 명 실행; *(실지에서 얻은) 경험

05

- □ **influence** 동 영향을 주다
- □ **preconception** 명 선입견
- □ **establish** 동 확립하다
- □ **unconscious** 형 무의식적인
- □ **hierarchy** 명 위계
  establish unconscious hierarchies 무의식적인 위계를 확립하다
- □ **momentary** 형 순간적인
- □ **priority** 명 우선순위
- □ **visualize** 동 시각화하다
- □ **profile** 명 옆모습
- □ **interfere with** ~을 방해하다
- □ **document** 동 기록하다

- □ **impartially** 부 공평하게
  document the world **impartially** 세상을 공평하게 기록하다
- □ **mechanical** 형 기계적인
- □ **indifference** 명 무관심
- □ **flatness** 명 편평함
- □ **unrecognizable** 형 알아보기 어려운
- □ **perception** 명 인식
- □ **perspective** 명 관점, 시각
- □ **accurate** 형 정확한
- □ **interrupt** 동 방해하다
- □ **inconsistent** 형 일관되지 않은

06

- □ **pair** 명 짝
- □ **stranger** 명 모르는 사람, 낯선 사람
- □ **chat** 동 이야기하다
  sit down and **chat** 앉아서 이야기하다
- □ **cell phone** 휴대폰
- □ **place** 동 놓다, 두다
- □ **nearby** 형 근처의
  was **placed** on a **nearby** table 근처 탁자에 놓였다
- □ **present** 형 있는, 존재하는
  was **present** in the room 방에 있었다
- □ **conversation** 명 대화
- □ **report** 동 말하다, 전하다
- □ **quality** 명 질
- □ **relationship** 명 관계
  the **quality** of their **relationship** 그들의 관계의 질
- □ **partner** 명 상대
- □ **set** 동 놓다
  set your phone on the table 탁자에 당신의 전화기를 놓다
- □ **hurt** 동 상하게 하다, 망치다
- □ **across from** ~의 맞은편에
- □ **connection** 명 관계, 연결
- □ **involve in** ~에 관여하다
  people **involved in conversations** 대화에 관여한 사람들
- □ **ignore** 동 무시하다
- □ **renew** 동 새롭게 하다
- □ **maintain** 동 유지하다

15 장문

출제코드 분석

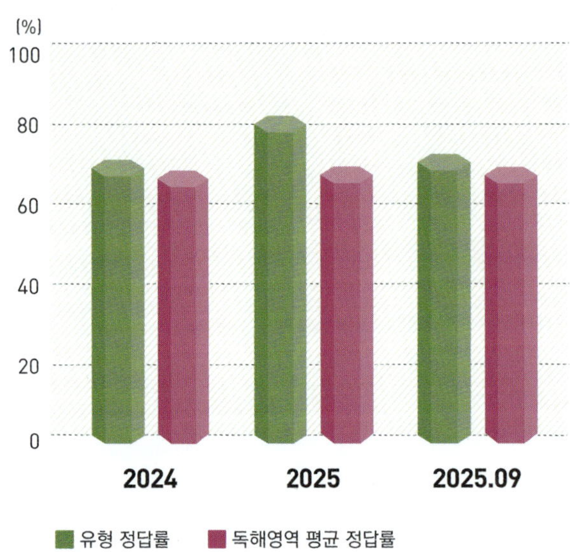

장문 유형은 매년 다섯 문항씩 출제된다. 2025학년도 수능에서 2문항 장문의 정답률은 41번(제목)이 69%, 42번(문맥 속 어휘 추론)이 70%를 기록했다. 3문항 장문의 평균 정답률은 91%로 2문항 장문의 난이도가 더 높은 편이었다. 2024학년도 수능에서 2문항 장문의 정답률은 41번(제목)이 59%, 42번(문맥 속 어휘 추론)이 58%를 기록했다. 3문항 장문의 평균 정답률은 83%로 비교적 쉽게 출제되었다. 2025년도 9월 고1 학평의 경우 2문항 장문의 평균 정답률은 67%로 독해영역 평균 정답률(69%)과 비슷했으며, 3문항 장문의 평균 정답률은 77%를 기록하였다.

최근 수능 및 학평 출제 소재

최근 수능에서는 인간 손의 해부학적 특징과 진화적 중요성에 관한 글과, 아버지와 아들의 관계 회복을 다룬 이야기가 출제되었다. 학평에서는 “May I help you?”가 판매에 비효과적인 이유와 효과적인 접근법을 설명하는 글과, 자판기 앞에서 곤란을 겪던 한 학생이 상급생의 도움을 받는 내용의 글이 출제되었다.

학습 전략

유형 설명

하나의 긴 글을 읽고 2문항(글의 제목, 빈칸/어휘 추론)을 푸는 유형과, 네 개의 단락으로 이루어진 글을 읽고 3문항(글의 순서 배열, 지칭 추론, 내용 일치/불일치)을 푸는 유형이 있다. 긴 글을 빠르게 읽고, 문제 풀이에 필요한 핵심 정보를 찾아내는 능력이 요구된다.

유형 학습 전략

1. 글의 제목을 찾는 문항은 중심 소재와 핵심 어구를 바탕으로 글의 주제를 파악한다.
2. 빈칸 추론 문항은 빈칸 전후 문맥에 주목하여 구체적인 사례들을 일반화하거나 주제를 재진술하는 내용을 찾는다.
3. 어휘 추론 유형은 평소 반의어, 유의어, 철자가 비슷한 단어를 외우고, 문제가 출제된 문장 및 앞뒤 문장을 통해 문맥을 파악하여 문맥상 어울리지 않는 단어를 찾는다.
4. 글의 순서 배열 문항은 각 단락의 연결 고리가 되는 연결사나 대명사, 지시어 등에 주목한다.
5. 지칭 추론 문항의 경우 각 대명사가 포함된 문장이나 앞 문장에서 각 대명사가 가리키는 대상을 확인한다.
6. 내용 일치 문항은 선택지의 순서와 글의 흐름이 동일하므로 선택지를 먼저 보고 글을 읽으며 차례로 내용을 대조한다.

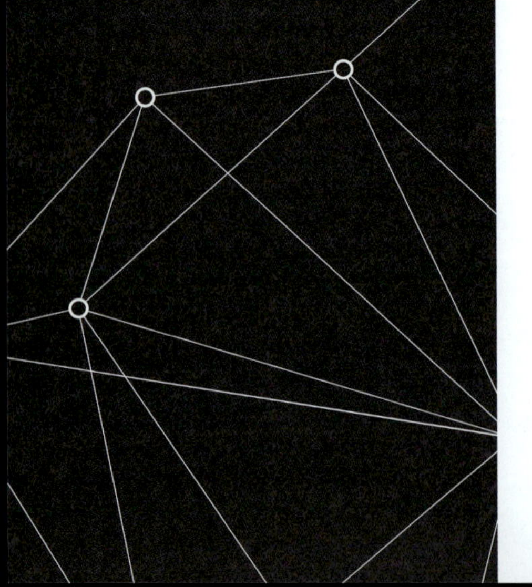

코드 접속하기

정답 및 해설 p.114

Q1~Q2

• 2025년 6월 교육청(고1) 41~42번

다음 글을 읽고, 물음에 답하시오.

Paying with plastic fundamentally changes ❶ the way we spend money, altering the calculus of our financial decisions. When you buy something with cash, the purchase involves an actual (a) loss—your wallet is literally lighter. Credit cards, however, make the purchase abstract, so that you don't really feel the downside of spending money. Brain-imaging experiments suggest that paying with credit cards actually (b) reduces activity in the insula, a brain region associated with negative feelings. As George Loewenstein, a neuroeconomist at Carnegie Mellon, says, "The nature of credit cards ensures that your brain is anesthetized against the pain of payment." Spending money doesn't feel (c) bad, so you spend more money.

Consider this experiment: Drazen Prelec and Duncan Simester, two business professors at MIT, organized a real-life, sealed-bid auction for tickets to a Boston Celtics game. Half the participants in the auction ❷ were informed that they had to pay with cash; the other half ❷ were told they had to pay with credit cards. Prelec and Simester then averaged the bids for the two different groups. It turns out that the average credit card bid was *twice* as (d) high as the average cash bid. When people used their credit cards, their bids were ❸ much more (e) careful. They no longer felt the need to limit their expenses.

* calculus: 계산법 ** anesthetize: 마비시키다 *** bid: 입찰

Q1 윗글의 제목으로 가장 적절한 것은? 정답률 77%

① Once Set, Spending Habits Seldom Change
② Why Do We Spend More with Credit Cards?
③ Credit Cards: A Safer Way to Pay than Cash
④ Paying with Plastic: The Secret to Saving Money
⑤ Using Cash Leads to Taking More Financial Risks

Q2 밑줄 친 (a)~(e) 중에서 문맥상 낱말의 쓰임이 적절하지 않은 것은? 정답률 72%

① (a) 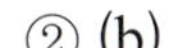 ② (b) ③ (c) ④ (d) ⑤ (e)

• 핵심 코드 •

❶ 방법을 나타내는 관계부사

방법을 나타내는 관계부사 how는 선행사 the way와 함께 쓰지 않으므로, 둘 중 하나를 반드시 생략해야 한다.

That is **how** they escaped from prison.
그것이 그들이 탈옥한 방법이다.

She admired **the way** he handled the situation.
그녀는 그가 상황을 다루는 방식에 감탄했다.

❷ 4형식 문장의 수동태

4형식 문장은 「주어 + 동사 + 간접목적어 + 직접목적어」의 형태로, 직접목적어 자리에 명사(구)뿐 아니라 that절이 올 수도 있다. 이때 수동태 문장으로 바꾸면 간접목적어가 주어가 되고 that절은 그대로 동사 뒤에 남아 직접목적어 역할을 하게 된다.

She **was warned that** the road ahead was dangerous.
그녀는 앞길이 위험하다는 경고를 받았다.

The students **were told that** the exam would be postponed.
학생들은 시험이 연기될 것이라는 말을 들었다.

❸ 비교급 강조

비교급을 강조하기 위해 다음 부사들이 비교급과 함께 쓰일 수 있다.

- **much**
  Michael's room is **much** bigger than mine.
  Michael의 방은 내 방보다 훨씬 더 크다.
- **even**
  The news was **even** worse than we expected.
  그 소식은 우리가 예상한 것보다 훨씬 더 안 좋았다.
- **far**
  I enjoyed the movie **far** more than I expected to.
  나는 기대한 것보다 훨씬 더 재미있게 그 영화를 보았다.

多빈출 핵심 어휘

plastic 명 플라스틱; *신용카드 **fundamentally** 부 근본적으로 **alter** 동 바꾸다, 고치다 **financial** 형 금융의 **purchase** 명 구매 **involve** 동 수반하다 **loss** 명 손실 **literally** 부 문자[말] 그대로 **abstract** 형 추상적인 **downside** 명 부정적인 면 **insula** 명 뇌섬엽 **region** 명 지역; *(인체의) 부위[부분] **associated with** ~와 관련된 **neuroeconomist** 명 신경경제학자 **ensure** 동 반드시 ~하게 하다 **auction** 명 경매 **average** 동 평균을 내다 형 평균의 **careful** 형 신중한 **expense** 명 지출, 비용

정답 및 해설 p. 115

Q3~Q5

2022년 3월 교육청(고1) 43~45번

다음 글을 읽고, 물음에 답하시오.

(A)

One day a young man was walking along a road on his journey from one village to another. As he walked he noticed a monk working in the fields. The young man turned to the monk and said, "Excuse me. Do you mind if I ask (a) <u>you</u> a question?" "Not at all," replied the monk.

* monk: 수도승

(B)

A while later a middle-aged man journeyed down the same road and came upon the monk. "I am going to the village in the valley," said the man. "Do you know what it is like?" "I do," replied the monk, "but first tell (b) <u>me</u> about the village where you came from." "I've come from the village in the mountains," said the man. "It was a wonderful experience. I felt ❶ as though I was a member of the family in the village."

(C)

"I am traveling from the village in the mountains to the village in the valley and I was wondering ❷ if (c) <u>you</u> knew what it is like in the village in the valley." "Tell me," said the monk, "what was your experience of the village in the mountains?" "Terrible," replied the young man. "I am glad ❸ to be away from there. I found the people most unwelcoming. So tell (d) <u>me</u>, what can I expect in the village in the valley?" "I am sorry ❸ to tell you," said the monk, "but I think your experience will be ❹ much the same there." The young man lowered his head helplessly and walked on.

• 핵심 코드 •

❶ as though[if]

as though[if]는 주로 가정법 문장과 함께 쓰여 '마치 ~인 것처럼'의 의미로 현재 사실의 반대를 가정 · 상상할 때 쓰이지만, 일어날 가능성이 높거나 가정의 의미가 없을 때 직설법과 함께 쓰일 수도 있다.

She looks **as though[if]** she were sick.
〈as though[if] + 가정법〉
그녀는 마치 아픈 것처럼 보인다. (실제로는 아프지 않음)

She looks **as though[if]** she is sick.
〈as though[if] + 직설법〉
그녀는 아픈 것처럼 보인다. (아플 수도 있음)

❷ 명사절을 이끄는 종속접속사 if

명사절을 이끄는 종속접속사 if는 '~인지 (아닌지)'의 의미를 나타낸다. 단, 종속접속사 if는 문장의 주어절이나 보어절을 이끌 수 없으므로 이 경우 if 대신 whether를 쓴다.

Please ask them **if** they can help us.
우리를 도와줄 수 있는지 그들에게 물어보세요.

❸ to부정사의 부사적 용법 (감정의 원인)

감정을 나타내는 형용사인 happy, surprised, excited, glad, pleased, sad, sorry, shocked 등의 다음에 오는 to부정사는 감정의 원인을 나타낸다.

I am pleased **to see** you again.
너를 다시 만나게 되어 기뻐.

다빈출 핵심 어휘

journey 명 여행 동 여행[이동]하다 **village** 명 마을 **reply** 동 대답하다 **come upon** ~을 우연히 만나다[발견하다] **valley** 명 계곡, 골짜기 **member** 명 구성원[일원] **wonder** 동 궁금해하다 **terrible** 형 끔찍한 **unwelcoming** 형 환영하지[반가워하지] 않는 **lower** 동 ~을 내리다[낮추다] **helplessly** 부 무력하게

코드 접속하기

정답 및 해설 p. 115

(D)

"Why did you feel like that?" asked the monk. "The elders gave me ❹ much advice, and people were kind and generous. I am sad ❺ to have left there. And what is the village in the valley like?" he asked again. "(e) I think you will find it ❹ much the same," replied the monk. "I'm glad ❸ to hear that," the middle-aged man said smiling and journeyed on.

Q3 주어진 글 (A)에 이어질 내용을 순서에 맞게 배열한 것으로 가장 적절한 것은? 정답률 69%

① (B) – (D) – (C)　② (C) – (B) – (D)
③ (C) – (D) – (B)　④ (D) – (B) – (C)
⑤ (D) – (C) – (B)

Q4 밑줄 친 (a) ~ (e) 중에서 가리키는 대상이 나머지 넷과 다른 것은? 정답률 66%

① (a)　② (b)　③ (c)　④ (d)　⑤ (e)

Q5 윗글에 관한 내용으로 적절하지 않은 것은? 정답률 74%

① 한 수도승이 들판에서 일하고 있었다.
② 중년 남자는 골짜기에 있는 마을로 가는 중이었다.
③ 수도승은 골짜기에 있는 마을에 대해 질문받았다.
④ 수도승의 말을 듣고 젊은이는 고개를 숙였다.
⑤ 중년 남자는 산속에 있는 마을을 떠나서 기쁘다고 말했다.

• 핵심 코드 •

❹ much의 쓰임

much는 even, far, still, a lot 등과 함께 비교급을 강조하여 '훨씬'의 의미를 나타낼 수 있으며, 셀 수 없는 명사의 양을 나타내기도 한다. 관용 표현 'much the same'에서의 much는 '거의'의 의미이다.

Ted is much taller than me.
Ted는 나보다 훨씬 더 키가 크다.
Do you drink much coffee at work?
당신은 근무 중에 커피를 많이 마십니까?
My new car is much the same as the old one.
내 새 자동차는 예전 것과 거의 다를 게 없다.

❺ 완료부정사

to부정사의 시제가 본동사보다 더 이전의 일을 나타내는 완료부정사는 「to have+p.p.」의 형태로 쓴다.

This man was thought **to have stolen** his friend's wallet.
이 남자는 자신의 친구의 지갑을 훔친 것으로 여겨졌다.

多빈출 핵심 어휘

elders 명 ((pl.)) 원로[장로]들, 어른들 **advice** 명 조언, 충고 **generous** 형 후한[너그러운]

정답 및 해설 p. 116

Q6~Q7

• 2024년 3월 교육청(고1) 41~42번

다음 글을 읽고, 물음에 답하시오.

Norms are everywhere, defining what is "normal" and guiding our interpretations of social life at every turn. As a simple example, there is a norm in Anglo society to say *Thank you* to strangers who have just done something to (a) help, such as open a door for you, point out that you've just dropped something, or give you directions. There is no law that forces you to say *Thank you*. But if people don't say *Thank you* in these cases it is marked. People expect that you will say it. You become responsible. (b) ❶ Failing to say it will be both surprising and worthy of criticism. ❶ Not knowing the norms of another community is the (c) central problem of cross-cultural communication. ❷ To continue the *Thank you* example, even though another culture may have an expression that appears translatable (many don't), there may be (d) similar norms for its usage, for example, such that you should say *Thank you* only when the cost someone has caused is considerable. In such a case it ❸ would sound ridiculous (i.e., unexpected, surprising, and worthy of criticism) if you were to thank someone for something so (e) minor as holding a door open for you.

Q6 윗글의 제목으로 가장 적절한 것은? 정답률 66%

① Norms: For Social Life and Cultural Communication
② Don't Forget to Say "Thank you" at Any Time
③ How to Be Responsible for Your Behaviors
④ Accept Criticism Without Hurting Yourself
⑤ How Did Diverse Languages Develop?

Q7 밑줄 친 (a)~(e) 중에서 문맥상 낱말의 쓰임이 적절하지 않은 것은? 정답률 44%

① (a) ② (b) ③ (c) ④ (d) ⑤ (e)

• 핵심 코드 •

❶ 주어로 쓰인 동명사구

동명사구가 주어일 때는 단수 동사를 쓰며, 동명사의 부정은 동명사 앞에 not을 붙여 나타낸다.

Jogging in the morning gives me energy for the day.
아침에 조깅을 하는 것은 내게 하루의 에너지를 준다.
Not listening to advice can result in mistakes.
조언을 듣지 않는 것은 실수를 초래할 수 있다.

❷ 복잡한 문장 구조

To continue the *Thank you* example, [even though another culture may have an expression {that appears translatable}] (many don't), there may be similar(→ different) norms for its usage, for example, such that you should say *Thank you* [only when the cost {someone has caused} is considerable].

(To continue the *Thank you* example: to부정사의 부사적 용법(문장 전체 수식) / even though ~: 양보의 부사절 / that appears translatable: 주격 관계대명사절 / (that/which) / only when ~: 시간의 부사절 / someone has caused: 목적격 관계대명사절)

To continue는 to부정사의 부사적 용법으로 문장 전체를 수식한다. even though ~ translatable은 양보의 부사절로 그 안의 that절은 an expression을 수식하는 주격 관계대명사절이다. 주절은 there may ~ its usage인데 there은 유도부사이므로, 주절의 주어는 similar(→ different) norms, 동사는 be이다. 이후 such that 이후에도 완전한 절이 이어지고 있으며, 그다음에 다시 종속접속사 when이 시간의 부사절을 이끌고 있다. the cost와 someone 사이에는 목적격 관계대명사 that 또는 which가 생략되어 있다.

❸ 가정법

실현 가능성이 매우 낮은 미래의 일은 if절에 were to를 써서 나타낸다.

If you **were to** win the lottery, what would you do first?
만약 당신이 복권에 당첨된다면, 당신은 무엇을 가장 먼저 할 건가요? (화자가 생각하기에 상대방이 복권에 당첨될 가능성이 거의 없다고 생각하는 경우)

다빈출 핵심 어휘

norm 명 규범 **define** 동 규정하다 **interpretation** 명 해석 **stranger** 명 낯선 사람 **marked** 형 눈에 띄는 **responsible** 형 책임이 있는 **worthy** 형 받을 만한 **criticism** 명 비난 **central** 형 중심적인 **cross-cultural** 형 여러 문화가 섞인 **translatable** 형 번역할 수 있는 **usage** 명 사용 **cost** 명 대가, 비용 **considerable** 형 상당한 **ridiculous** 형 우스꽝스러운 **unexpected** 형 예상치 못한 **minor** 형 사소한

코드 공략하기

정답 및 해설 p. 117

01~02 ○△× 2020년 6월 교육청(고1) 41~42번

다음 글을 읽고, 물음에 답하시오.

Marketers have known for decades that you buy what you see first. You are far more likely to purchase items placed at eye level in the grocery store, for example, than items on the bottom shelf. There is an entire body of research about the way "product placement" in stores influences your buying behavior. This gives you a chance to use product placement to your advantage. Healthy items like produce are often the (a) least visible foods at home. You won't think to eat what you don't see. This may be part of the reason why 85 percent of Americans do not eat enough fruits and vegetables. If produce is (b) hidden in a drawer at the bottom of your refrigerator, these good foods are out of sight and mind. The same holds true for your pantry. I used to have a shelf lined with salty crackers and chips at eye level. When these were the first things I noticed, they were my (c) primary snack foods. That same shelf is now filled with healthy snacks, which makes good decisions (d) easy. Foods that sit out on tables are even more critical. When you see food every time you walk by, you are likely to (e) avoid it. So to improve your choices, leave good foods like apples and pistachios sitting out instead of crackers and candy.

* produce: 농산물

01 윗글의 제목으로 가장 적절한 것은? 정답률 75%

① Why We Need to Consider Food Placement
② Pleasure Does Not Come from What You Buy
③ Which Do You Believe, Visible or Invisible?
④ A Secret for Health: Eat Less, Move More
⑤ Three Effective Ways to Tidy Things Up

02 밑줄 친 (a)~(e) 중에서 문맥상 낱말의 쓰임이 적절하지 않은 것은? 정답률 54%

① (a) ② (b) ③ (c)
④ (d) ⑤ (e)

03~05 ○△× 2021년 3월 교육청(고1) 43~45번

다음 글을 읽고, 물음에 답하시오.

(A)

Once upon a time, there lived a young king who had a great passion for hunting. His kingdom was located at the foot of the Himalayas. Once every year, he would go hunting in the nearby forests. (a) He would make all the necessary preparations, and then set out for his hunting trip.

(B)

Seasons changed. A year passed by. And it was time to go hunting once again. The king went to the same forest as the previous year. (b) He used his beautiful deerskin drum to round up animals. But none came. All the animals ran for safety, except one doe. She came closer and closer to the drummer. Suddenly, she started fearlessly licking the deerskin drum.

* round up: ~을 몰다 ** doe: 암사슴

(C)

Like all other years, the hunting season had arrived. Preparations began in the palace and the king got ready for (c) his hunting trip. Deep in the forest, he spotted a beautiful wild deer. It was a large stag. His aim was perfect. When he killed the deer with just one shot of his arrow, the king was filled with pride. (d) The proud hunter ordered a hunting drum to be made out of the skin of the deer.

* stag: 수사슴

(D)

The king was surprised by this sight. An old servant had an answer to this strange behavior. "The deerskin used to make this drum belonged to her mate, the deer who we hunted last year. This doe is mourning the death of her mate," (e) the man said. Upon hearing this, the king had a change of heart. He had never realized that an animal, too, felt the pain of loss. He made a promise, from that day on, to never again hunt wild animals.

* mourn: 애도하다

03 주어진 글 (A)에 이어질 내용을 순서에 맞게 배열한 것으로 가장 적절한 것은? 정답률 83%

① (B) – (D) – (C)
② (C) – (B) – (D)
③ (C) – (D) – (B)
④ (D) – (B) – (C)
⑤ (D) – (C) – (B)

04 밑줄 친 (a)~(e) 중에서 가리키는 대상이 나머지 넷과 다른 것은? 정답률 82%

① (a) ② (b) ③ (c) ④ (d) ⑤ (e)

05 윗글에 관한 내용으로 적절하지 않은 것은? 정답률 80%

① 왕은 매년 근처의 숲으로 사냥 여행을 갔다.
② 암사슴은 북 치는 사람으로부터 도망갔다.
③ 왕은 화살로 단번에 수사슴을 맞혔다.
④ 한 나이 든 신하가 암사슴의 행동의 이유를 알고 있었다.
⑤ 왕은 다시는 야생 동물을 사냥하지 않겠다고 약속했다.

06~07 ○△× 2022년 6월 교육청(고1) 41~42번

다음 글을 읽고, 물음에 답하시오.

U.K. researchers say a bedtime of between 10 p.m. and 11 p.m. is best. They say people who go to sleep between these times have a (a) lower risk of heart disease. Six years ago, the researchers collected data on the sleep patterns of 80,000 volunteers. The volunteers had to wear a special watch for seven days so the researchers could collect data on their sleeping and waking times. The scientists then monitored the health of the volunteers. Around 3,000 volunteers later showed heart problems. They went to bed earlier or later than the (b) ideal 10 p.m. to 11 p.m. timeframe.

One of the authors of the study, Dr. David Plans, commented on his research and the (c) effects of bedtimes on the health of our heart. He said the study could not give a certain cause for their results, but it suggests that early or late bedtimes may be more likely to disrupt the body clock, with (d) positive consequences for cardiovascular health. He said that it was important for our body to wake up to the morning light, and that the worst time to go to bed was after midnight because it may (e) reduce the likelihood of seeing morning light which resets the body clock. He added that we risk cardiovascular disease if our body clock is not reset properly.

* disrupt: 혼란케 하다 ** cardiovascular: 심장 혈관의

06 윗글의 제목으로 가장 적절한 것은? 정답률 85%

① The Best Bedtime for Your Heart
② Late Bedtimes Are a Matter of Age
③ For Sound Sleep: Turn Off the Light
④ Sleeping Patterns Reflect Personalities
⑤ Regular Exercise: A Miracle for Good Sleep

07 밑줄 친 (a)~(e) 중에서 문맥상 낱말의 쓰임이 적절하지 않은 것은? 정답률 73%

① (a) ② (b) ③ (c) ④ (d) ⑤ (e)

08~10 ○△× 2024년 6월 교육청(고1) 43~45번

다음 글을 읽고, 물음에 답하시오.

(A)

An airplane flew high above the deep blue seas far from any land. Flying the small plane was a student pilot who was sitting alongside an experienced flight instructor. As the student looked out the window, (a) she was filled with wonder and appreciation for the beauty of the world. Her instructor, meanwhile, waited patiently for the right time to start a surprise flight emergency training exercise.

(B)

Then, the student carefully flew low enough to see if she could find any ships making their way across the surface of the ocean. Now the instructor and the student could see some ships. Although the ships were far apart, they were all sailing in a line. With the line of ships in view, the student could see the way to home and safety. The student looked at (b) her in relief, who smiled proudly back at her student.

(C)

When the student began to panic, the instructor said, "Stay calm and steady. (c) You can do it." Calm as ever, the instructor told her student, "Difficult times always happen during flight. The most important thing is to focus on your flight in those situations." Those words encouraged the student to focus on flying the aircraft first. "Thank you, I think (d) I can make it," she said, "As I've been trained, I should search for visual markers."

(D)

When the plane hit a bit of turbulence, the instructor pushed a hidden button. Suddenly, all the monitors inside the plane flashed several times then went out completely! Now the student was in control of an airplane that was flying well, but (e) she had no indication of where she was or where she should go. She did have a map, but no other instruments. She was at a loss and then the plane shook again.

* turbulence: 난(亂)기류

08 주어진 글 (A)에 이어질 내용을 순서에 맞게 배열한 것으로 가장 적절한 것은? 정답률 76%

① (B) – (D) – (C)
② (C) – (B) – (D)
③ (C) – (D) – (B)
④ (D) – (B) – (C)
⑤ (D) – (C) – (B)

09 밑줄 친 (a)~(e) 중에서 가리키는 대상이 나머지 넷과 다른 것은? 정답률 73%

① (a) ② (b) ③ (c) ④ (d) ⑤ (e)

10 윗글에 관한 내용으로 적절하지 않은 것은? 정답률 74%

① 교관과 교육생이 소형 비행기에 타고 있었다.
② 배들은 서로 떨어져 있었지만 한 줄을 이루고 있었다.
③ 교관은 어려운 상황에서는 집중이 가장 중요하다고 말했다.
④ 비행기 내부의 모니터가 깜박이다가 다시 정상 작동했다.
⑤ 교육생은 지도 이외의 다른 도구는 가지고 있지 않았다.

11~12

○△×

2023년 3월 교육청(고1) 41~42번

다음 글을 읽고, 물음에 답하시오.

Chess masters shown a chess board in the middle of a game for 5 seconds with 20 to 30 pieces still in play can immediately reproduce the position of the pieces from memory. Beginners, of course, are able to place only a few. Now take the same pieces and place them on the board randomly and the (a) difference is much reduced. The expert's advantage is only for familiar patterns — those previously stored in memory. Faced with unfamiliar patterns, even when it involves the same familiar domain, the expert's advantage (b) disappears. The beneficial effects of familiar structure on memory have been observed for many types of expertise, including music. People with musical training can reproduce short sequences of musical notation more accurately than those with no musical training when notes follow (c) unusual sequences, but the advantage is much reduced when the notes are ordered randomly. Expertise also improves memory for sequences of (d) movements. Experienced ballet dancers are able to repeat longer sequences of steps than less experienced dancers, and they can repeat a sequence of steps making up a routine better than steps ordered randomly. In each case, memory range is (e) increased by the ability to recognize familiar sequences and patterns.

* expertise: 전문 지식 ** sequence: 연속, 순서 *** musical notation: 악보

11 윗글의 제목으로 가장 적절한 것은? 정답률 69%

① How Can We Build Good Routines?
② Familiar Structures Help Us Remember
③ Intelligence Does Not Guarantee Expertise
④ Does Playing Chess Improve Your Memory?
⑤ Creative Art Performance Starts from Practice

12 밑줄 친 (a)~(e) 중에서 문맥상 낱말의 쓰임이 적절하지 않은 것은? 정답률 50%

① (a) ② (b) ③ (c) ④ (d) ⑤ (e)

정답 및 해설 p. 124

13~14 ○△× 2025년 3월 교육청(고1) 41~42번

다음 글을 읽고, 물음에 답하시오.

Some researchers view spoken languages as incomplete devices for capturing precise differences. They think numbers represent the most neutral language of description. However, when our language of description is changed to numbers, we do not move toward greater (a) accuracy. Numbers are no more appropriate 'pictures of the world' than words, music, or painting. While useful for specific purposes (e.g. census taking, income distribution), they (b) include information of enormous value. For example, the future lives of young students are tied to their scores on national tests. In effect, whether they can continue with their education, where, and at what cost depends importantly on a handful of numbers. These numbers do not account for the (c) quality of schools they have attended, whether they have been tutored, have supportive parents, have test anxiety, and so on. Finally, putting aside the many ways in which statistical results can be manipulated, there are ways in which turning people's lives into numbers is (d) morally insulating. Statistics on crime, homelessness, or the spread of a disease say nothing of people's suffering. We read the statistics as reports on events at a distance, thus allowing us to (e) escape without being disturbed. Statistics are human beings with the tears wiped off. Quantify with caution.

* statistical: 통계의 ** manipulate: 조작하다 *** insulating: 차단하는

13 윗글의 제목으로 가장 적절한 것은? 정답률 60%

① Numbers Don't Tell Us Everything
② Human Stories Uncovered by the Numbers
③ Data: A Framework for Understanding Humans
④ The Limitations of Language in Conveying Truth
⑤ The Advantages of Quantifying Human Experiences

14 고득점 밑줄 친 (a)~(e) 중에서 문맥상 낱말의 쓰임이 적절하지 않은 것은? 정답률 29%

① (a) ② (b) ③ (c) ④ (d) ⑤ (e)

15~17 ○△× 2022년 6월 교육청(고1) 43~45번

다음 글을 읽고, 물음에 답하시오.

(A)

Once, a farmer lost his precious watch while working in his barn. It may have appeared to be an ordinary watch to others, but it brought a lot of happy childhood memories to him. It was one of the most important things to (a) <u>him</u>. After searching for it for a long time, the old farmer became exhausted.

* barn: 헛간(곡물 · 건초 따위를 두는 곳)

(B)

The number of children looking for the watch slowly decreased and only a few tired children were left. The farmer gave up all hope of finding it and called off the search. Just when the farmer was closing the barn door, a little boy came up to him and asked the farmer to give him another chance. The farmer did not want to lose out on any chance of finding the watch so let (b) <u>him</u> in the barn.

(C)

After a little while the boy came out with the farmer's watch in his hand. (c) <u>He</u> was happily surprised and asked how he had succeeded to find the watch while everyone else had failed. He replied "I just sat there and tried listening for the sound of the watch. In silence, it was much easier to hear it and follow the direction of the sound." (d) <u>He</u> was delighted to get his watch back and rewarded the little boy as promised.

(D)

However, the tired farmer did not want to give up on the search for his watch and asked a group of children playing outside to help him. (e) <u>He</u> promised an attractive reward for the person who could find it. After hearing about the reward, the children hurried inside the barn and went through and round the entire pile of hay looking for the watch. After a long time searching for it, some of the children got tired and gave up.

15 주어진 글 (A)에 이어질 내용을 순서에 맞게 배열한 것으로 가장 적절한 것은? 정답률 81%

① (B) – (D) – (C)
② (C) – (B) – (D)
③ (C) – (D) – (B)
④ (D) – (B) – (C)
⑤ (D) – (C) – (B)

16 밑줄 친 (a)~(e) 중에서 가리키는 대상이 나머지 넷과 <u>다른</u> 것은? 정답률 77%

① (a) ② (b) ③ (c) ④ (d) ⑤ (e)

17 윗글에 관한 내용으로 적절하지 <u>않은</u> 것은? 정답률 80%

① 농부의 시계는 어린 시절의 행복한 기억을 불러일으켰다.
② 한 어린 소년이 농부에게 또 한 번의 기회를 달라고 요청했다.
③ 소년이 한 손에 농부의 시계를 들고 나왔다.
④ 아이들은 시계를 찾기 위해 헛간을 뛰쳐나왔다.
⑤ 아이들 중 일부는 지쳐서 시계 찾기를 포기했다.

多빈출 핵심 어휘

01~02

- ☐ **decade** 명 10년
  for several **decades** 수십 년간
- ☐ **purchase** 동 구입하다
- ☐ **placement** 명 (어디에) 놓기, 배치
- ☐ **influence** 동 영향을 주다
  influence the stock market 주식 시장에 영향을 주다
- ☐ **visible** 형 (눈에) 보이는
- ☐ **sight** 명 시력; *시야
- ☐ **pantry** 명 식료품 저장실
- ☐ **critical** 형 중요한
  critial period of language learning 언어 학습의 중요한 시기
- ☐ **improve** 동 개선하다, 나아지다

03~05

- ☐ **passion** 명 열정
  a great **passion** for hunting 사냥에 대한 큰 열정
- ☐ **kingdom** 명 왕국
- ☐ **locate** 동 위치시키다
  The building is **located** in New York. 그 건물은 뉴욕에 있다.
- ☐ **foot** 명 발; *맨 아랫부분, (산)기슭
- ☐ **necessary** 형 필요한
- ☐ **preparation** 명 준비
- ☐ **set out** 떠나다, 출발하다
- ☐ **pass by** (시간이) 지나가다
  A year **passed by**. 한 해가 지나갔다.
- ☐ **previous** 형 이전의
- ☐ **deerskin** 명 사슴 가죽
- ☐ **fearlessly** 부 두려움 없이
- ☐ **lick** 동 핥다
- ☐ **palace** 명 궁궐
- ☐ **spot** 동 발견하다
- ☐ **aim** 명 겨냥, 조준
- ☐ **arrow** 명 화살
- ☐ **be filled with** ~로 가득 차다
  was filled with balloons 풍선으로 가득 찼다
- ☐ **pride** 명 자신감
- ☐ **order** 동 명령하다
- ☐ **sight** 명 시력; 시야; *광경
- ☐ **servant** 명 신하
- ☐ **behavior** 명 행동
- ☐ **belong to** ~의 것이다
- ☐ **mate** 명 짝
- ☐ **realize** 동 깨닫다
- ☐ **pain** 명 고통
- ☐ **loss** 명 상실
  the **pain** of **loss** 상실의 고통

06~07

- ☐ **risk** 명 위험 동 ~의 위험을 무릅쓰다
- ☐ **collect** 동 모으다, 수집하다
- ☐ **data** 명 자료[정보/데이터]
  collect data 데이터를 수집하다
- ☐ **volunteer** 명 자원 봉사자; *자원해서[자발적으로] 하는 사람
- ☐ **monitor** 동 추적 관찰하다
- ☐ **ideal** 형 이상적인
- ☐ **timeframe** 명 시간[기간]
- ☐ **comment** 동 논평하다, 견해를 밝히다
- ☐ **effect** 명 영향
- ☐ **certain** 형 확실한, 틀림없는
  give a **certain** cause 특정한 원인을 제시하다
- ☐ **suggest** 동 제안[제의]하다; *시사[암시]하다
- ☐ **consequence** 명 결과
- ☐ **likelihood** 명 가능성
- ☐ **reset** 동 다시 맞추다
- ☐ **properly** 부 제대로, 적절히
  if our body clock is not **reset properly**
  만약 우리의 체내 시계가 적절하게 재설정되지 않으면
- ☐ **sound** 형 믿을 만한, 타당한; *(잠이) 깊은[깊고 평화로운]
- ☐ **reflect** 동 비추다; *나타내다[반영하다]
- ☐ **personality** 명 성격, 인격
- ☐ **regular** 형 규칙적인, 정기적인

08~10

- ☐ **alongside** 전 ~ 옆에
- ☐ **experienced** 형 능숙한
- ☐ **instructor** 명 강사, 교관
- ☐ **wonder** 명 경이로움
- ☐ **appreciation** 명 감탄
  be filled with **wonder** and **appreciation** 경이로움과 감탄으로 가득 차다
- ☐ **meanwhile** 부 한편
- ☐ **patiently** 부 인내심을 가지고
- ☐ **surface** 명 표면, 수면
- ☐ **in relief** 안심하여
- ☐ **visual** 형 시각의
  search for **visual** markers 시각 표식을 찾다
- ☐ **flash** 동 번쩍거리다
- ☐ **be in control of** ~을 장악[통제]하다
- ☐ **indication** 명 지시, 표시
- ☐ **instrument** 명 기구, 도구
- ☐ **at a loss** 어찌 줄을 모르는

11~12

- ☐ **master** 명 달인
- ☐ **piece** 명 조각; *(장기, 체스의) 말

- □ **reproduce** 동 재현하다
- □ **position** 명 위치
- □ **memory** 명 기억
  reproduce the **position** of the **pieces** from **memory**
  말들의 위치를 기억으로부터 재현하다
- □ **beginner** 명 초보자
- □ **place** 동 놓다; 기억해 내다
- □ **randomly** 부 무작위로
- □ **reduce** 동 줄이다
- □ **expert** 명 전문가
- □ **advantage** 명 유리함
- □ **familiar** 형 익숙한
- □ **pattern** 명 패턴, 모형, 방식
  familiar patterns 익숙한 패턴
- □ **face** 동 직면하다
- □ **domain** 명 분야
- □ **disappear** 동 사라지다
- □ **beneficial** 형 유익한
- □ **structure** 명 구조
- □ **observe** 동 관찰하다
- □ **training** 명 훈련
- □ **accurately** 부 정확하게
- □ **note** 명 메모; *음표
- □ **order** 동 명령하다; *배열하다
- □ **movement** 명 동작
- □ **make up** ~을 이루다, ~을 구성하다
- □ **routine** 명 일상의 일; *정해진 춤 동작
- □ **range** 명 범위
- □ **recognize** 동 인식하다

13~14

- □ **incomplete** 형 불완전한
- □ **capture** 동 정확히 포착하다
- □ **precise** 형 정확한
- □ **represent** 동 나타내다, 표현하다
- □ **neutral** 형 중립적인
- □ **description** 명 묘사
- □ **accuracy** 명 정확성
- □ **appropriate** 형 적절한
- □ **specific** 형 구체적인, 특정한
  for **specific** purposes 특정한 목적을 위해
- □ **census taking** 인구 조사
- □ **income distribution** 소득 분포
- □ **in effect** 사실상
- □ **a handful of** 소수의
- □ **account for** ~을 설명하다
- □ **supportive** 형 지원하는, 지지적인
  have **supportive** parents 지지적인 부모님이 있다
- □ **test anxiety** 시험 불안
- □ **put aside** ~을 제쳐 두다
- □ **morally** 부 도덕적으로
- □ **homelessness** 명 노숙자 문제
- □ **spread** 명 확산
  the **spread** of a disease 질병의 확산
- □ **suffering** 명 고통
- □ **disturb** 동 동요시키다
- □ **wipe off** 닦아 내다
- □ **quantify** 동 수량화하다

15~17

- □ **precious** 형 귀중한, 값비싼; *귀한[소중한]
  precious watch 귀중한 시계
- □ **ordinary** 형 보통의, 평범한
- □ **childhood** 명 어린 시절
  happy **childhood** memories 어린 시절의 행복한 기억
- □ **exhausted** 형 기진맥진한, 진이 다 빠진
- □ **decrease** 동 줄다, 줄어들다
- □ **give up** ~을 포기하다
- □ **call off** ~을 취소[철회/중지]하다
  the farmer **gave up** all hope of finding it and **called off** the search
  그 농부는 시계를 찾을 거라는 모든 희망을 포기하고 찾는 것을 멈추었다
- □ **come up to** (말을 하기 위해 누구에게) 다가가다
- □ **lose out on** ~을 놓치다
  the farmer did not want to **lose out on** any chance
  농부는 어떤 가능성도 놓치고 싶지 않았다
- □ **succeed** 동 성공하다
- □ **silence** 명 고요, 적막, 정적
- □ **direction** 명 방향[쪽]
- □ **delighted** 형 아주 기뻐[즐거워]하는
  he was **delighted** to get his watch back
  그는 시계를 되찾아 아주 기뻐했다
- □ **reward** 동 보상[보답/사례]하다 명 보상
- □ **attractive** 형 매력적인
- □ **entire** 형 전체의, 온
- □ **pile** 명 포개[쌓아] 놓은 것, 더미
- □ **hay** 명 건초
  the **entire pile** of **hay** 전체 건초 더미

MEMO

MEMO

MEMO

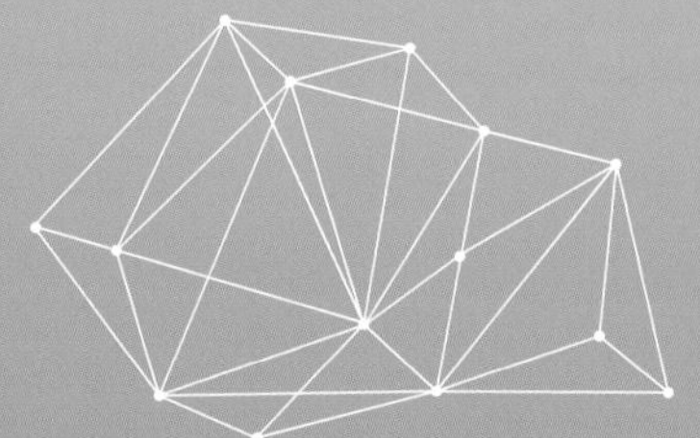

다빈출코드

빠른 정답 찾기

영어영역 고1 독해

2026 학평대비 다빈출코드 빠른 정답 찾기

고1

유형 01 글의 목적
코드 접속하기
Q1 ② Q2 ④ Q3 ④ Q4 ②
코드 공략하기
01 ⑤ 02 ② 03 ③ 04 ③ 05 ② 06 ③

유형 02 심경·분위기
코드 접속하기
Q1 ③ Q2 ② Q3 ③ Q4 ③
코드 공략하기
01 ③ 02 ① 03 ⑤ 04 ① 05 ② 06 ①

유형 03 주장·요지
코드 접속하기
Q1 ② Q2 ① Q3 ① Q4 ①
코드 공략하기
01 ⑤ 02 ① 03 ② 04 ③ 05 ① 06 ①

유형 04 주제
코드 접속하기
Q1 ⑤ Q2 ① Q3 ② Q4 ②
코드 공략하기
01 ③ 02 ④ 03 ① 04 ⑤ 05 ① 06 ②

유형 05 제목
코드 접속하기
Q1 ① Q2 ① Q3 ⑤ Q4 ②
코드 공략하기
01 ② 02 ② 03 ⑤ 04 ① 05 ① 06 ①

유형 06 도표
코드 접속하기
Q1 ④ Q2 ④ Q3 ⑤ Q4 ④
코드 공략하기
01 ③ 02 ③ 03 ④ 04 ⑤ 05 ⑤ 06 ③ 07 ④
08 ④

유형 07 내용 일치
코드 접속하기
Q1 ③ Q2 ③ Q3 ④ Q4 ⑤
코드 공략하기
01 ③ 02 ⑤ 03 ③ 04 ⑤ 05 ④ 06 ③

유형 08 실용문
코드 접속하기
Q1 ③ Q2 ④ Q3 ② Q4 ④
코드 공략하기
01 ④ 02 ④ 03 ② 04 ⑤ 05 ⑤ 06 ③ 07 ④
08 ②

유형 09 함의 추론
코드 접속하기
Q1 ① Q2 ① Q3 ⑤ Q4 ⑤
코드 공략하기
01 ④ 02 ② 03 ② 04 ② 05 ⑤ 06 ⑤

유형 10 빈칸 추론
코드 접속하기
Q1 ② Q2 ② Q3 ② Q4 ①
코드 공략하기
01 ① 02 ② 03 ⑤ 04 ① 05 ① 06 ③ 07 ②
08 ④ 09 ② 10 ③

유형 11 글의 순서
코드 접속하기
Q1 ⑤ Q2 ② Q3 ③ Q4 ③
코드 공략하기
01 ⑤ 02 ⑤ 03 ④ 04 ② 05 ① 06 ② 07 ②
08 ③

유형 12 문장 삽입
코드 접속하기
Q1 ④ Q2 ② Q3 ④ Q4 ④
코드 공략하기
01 ④ 02 ⑤ 03 ④ 04 ⑤ 05 ② 06 ⑤

유형 13 무관한 문장
코드 접속하기
Q1 ④ Q2 ④ Q3 ② Q4 ④
코드 공략하기
01 ④ 02 ③ 03 ③ 04 ③ 05 ④ 06 ④

유형 14 요약문
코드 접속하기
Q1 ① Q2 ① Q3 ① Q4 ③
코드 공략하기
01 ① 02 ① 03 ② 04 ① 05 ③ 06 ②

유형 15 장문
코드 접속하기
Q1 ② Q2 ⑤ Q3 ② Q4 ④ Q5 ⑤ Q6 ① Q7 ④
코드 공략하기
01 ① 02 ⑤ 03 ② 04 ⑤ 05 ② 06 ① 07 ④
08 ⑤ 09 ② 10 ④ 11 ② 12 ③ 13 ① 14 ②
15 ④ 16 ② 17 ④

다빈출 코드

고1 독해

빠른 독해를 위한
바른 선택

시리즈 구성

- 기초세우기
- 구문독해
- 유형독해
- 수능실전

1 최신 수능 경향 반영
최신 수능 경향에 맞춘 독해 지문 교체와
수능 기출 문장 중심으로 구성 된 구문 훈련

2 실전 대비 기능 강화
실제 사용에 기반한 사례별 구문 학습과 최신 수능 경향을 반영한
수능 독해 Mini Test로 수능 유형 훈련

3 서술형 주관식 문제
내신 및 수능 출제 경향에 맞춘 서술형 및 주관식 문제 재정비

BOOK LIST

도/서/목/록

어휘 • 문법 • 구문

능률 VOCA

대한민국 어휘서의 표준

초등 기본 | 초등 필수
중등 기본 | 중등 필수 | 중등 고난도 | 중등 숙어
고등 기본 | 수능 필수 | 수능 고난도
어원편 중등 | 어원편 고등

GRAMMAR ZONE

대한민국 영문법 교재의 표준

중등 기본 | 중등 필수 |
고등 기본 | 고등 필수 | Complete

시험에 필히 통하는 고등 영문법과 서술형

필히 통하는 고등 영문법 기본편 | 실력편
필히 통하는 고등 서술형 기본편 | 실전편

문제로 마스터하는 고등 영문법

천문장

구문이 독해로 연결되는 해석 공식

입문 | 기본 | 완성

다빈출 코드

2026 학평대비

학평기출문제집

영어영역

고1 독해

해설편

NE 능률

다빈출 코드

2026 학평대비

학평기출문제집

영어영역

고1 독해

해설편

01 글의 목적

코드 접속하기

pp.9~12

Q1 ② Q2 ④ Q3 ④ Q4 ②

Q1

정답 ② 정답률 97%

정답 풀이

보트투어 참가 후 담당자에게 자신이 분실한 휴대 전화 케이스가 보트에 있는지 확인을 요청하는 내용이므로, 글의 목적으로는 ② '분실물 발견 시 연락을 부탁하려고'가 가장 적절하다.

친절한 지문분석

Dear Boat Tour Manager,
보트투어 담당자께

On March 15, / my family was on / one of your Glass Bottom
3월 15일에 / 저희 가족은 참여했습니다 / 귀사의 Glass Bottom Boat Tours 중
one of+복수명사: ~ 중 하나

Boat Tours. [When we returned to our hotel], / I discovered / [that
하나에 / 우리가 호텔에 돌아왔을 때 / 저는 깨달았습니다
시간의 부사절 / 목적절

I left behind my cell phone case]. The case must have fallen
제가 휴대 전화 케이스를 놓고 왔다는 것을 / 케이스가 제 무릎에서 바닥으로 떨어졌던 것이
must have+p.p.: ~였음에 틀림없다

off my lap and onto the floor / [when I took it off my phone to
틀림없습니다 / 케이스를 닦기 위해 휴대 전화에서 분리했을 때
병렬관계(fallen A and B) / 시간의 부사절

clean it]. I would like to ask you to check / [if it is on your boat].
확인해 주시길 부탁드리고 싶습니다 / 그것이 보트에 있는지
ask+목적어+to-v: (목적어)에게 ~할 것을 요청하다 / 목적절

Its color is black / and it has my name on the inside. [If you find
그것의 색깔은 검은색입니다 / 그리고 안쪽에 제 이름이 있습니다 / 만약 케이스를
조건의 부사절

the case], / I would appreciate it / [if you would let me know].
찾으신다면 / 감사하겠습니다 / 저에게 알려주신다면
조건의 부사절

Sincerely,
Sam Roberts
Sam Roberts 드림

지문 해석

보트투어 담당자께
3월 15일에 저희 가족은 귀사의 Glass Bottom Boat Tours 중 하나에 참여했습니다. 호텔에 돌아왔을 때, 제가 휴대 전화 케이스를 놓고 왔다는 것을 깨달았습니다. 케이스를 닦기 위해 휴대 전화에서 분리했을 때 케이스가 제 무릎에서 바닥으로 떨어졌던 것이 틀림없습니다. 그것이 보트에 있는지 확인해 주시길 부탁드립니다. 그것의 색깔은 검은색이며 안쪽에 제 이름이 있습니다. 만약 케이스를 찾으신다면, 저에게 알려주시면 감사하겠습니다.
Sam Roberts 드림

지문 흐름

3월 15일에 가족과 함께 Glass Bottom Boat Tours 중 하나에 참여함 ……… 도입
↓
투어 후 호텔에 돌아와서 휴대 전화 케이스를 분실한 것을 알게 됨 ……… 문제 상황
↓
분실된 휴대 전화 케이스가 보트에 있는지 확인 후 연락을 요청함 ……… 글의 목적

친절한 오답 풀이

오답 선택지	선택률	오답 이유
① 제품의 고장 원인을 문의하려고	1%	제품의 고장에 대한 내용은 언급되지 않았다.
③ 시설물의 철저한 관리를 당부하려고	1%	시설물의 관리에 대한 내용은 언급되지 않았다.
④ 여행자 보험 가입 절차를 확인하려고	1%	여행자 보험에 대한 내용은 언급되지 않았다.
⑤ 분실물 센터 확장의 필요성을 건의하려고	0%	분실물 센터 확장에 대한 내용은 언급되지 않았다.

Q2

정답 ④ 정답률 88%

정답 풀이

고장 난 토스터를 새 토스터로 교환해 줄 것이며, 새 토스터를 받으려면 영수증과 고장 난 토스터를 구매했던 판매인에게 가져가라고 안내하고 있으므로, 글의 목적으로는 ④ '고장 난 제품을 교환하는 방법을 안내하려고'가 가장 적절하다.

친절한 지문분석

Dear Ms. Spadler,
Spadler 씨께

You've written to our company / [complaining {that your toaster,
당신은 저희 회사에 편지를 쓰셨습니다 / 불평하는 / 당신의 토스터가
현재분사구 / 목적절

[which you bought only three weeks earlier], doesn't work}].
불과 3주 전에 구입한 / 작동하지 않는다고
목적격 관계대명사절(계속적 용법)

You were asking / for a new toaster or a refund. [Since the toaster
당신은 요구하셨습니다 / 새 토스터나 환불을 / 그 토스터는
이유의 부사절

has a year's warranty], our company is happy / to replace your
1년의 품질 보증서가 있기 때문에 / 저희 회사는 기꺼이 해드리겠습니다 / 당신의 고장 난
to부정사의 부사적 용법(원인)

faulty toaster with a new toaster. To get your new toaster, / simply
토스터를 새 토스터로 교환하는 것을 / 당신의 새 토스터를 받으시려면
replace A with B: A를 B로 교환하다 / to부정사의 부사적 용법(목적)

take your receipt and the faulty toaster to the dealer [from whom
당신의 영수증과 고장 난 토스터를 판매인에게 가져가시기만 하면 됩니다
take A to B: A를 B에게 가져가다 / 전치사+관계대명사

you bought it]. The dealer will give you a new toaster / on the
당신께서 그것을 구매한 / 그 판매인이 당신에게 새 토스터를 드릴 것입니다 / 그 자리에서 바로

spot. Nothing is more important to us / than the satisfaction of
저희에게 더 중요한 것은 없습니다 / 저희 고객들의 만족보다

our customers. [If there is anything else {we can do for you}],
만약 그 밖의 어떤 일이 있다면 / 저희가 귀하를 위해 할 수 있는
조건의 부사절 / (that) 목적격 관계대명사절

please do not hesitate to ask.
주저하지 말고 요청하십시오

Yours sincerely,
Betty Swan
Betty Swan 드림

지문 해석

Spadler 씨께,
귀하는 불과 3주 전에 구입한 토스터가 작동하지 않는다고 저희 회사에 불평하는 편지를 쓰셨습니다. 귀하는 새 토스터나 환불을 요구하셨습니다. 그 토스터는 1년의 품질 보증서가 있기 때문에, 저희 회사는 귀하의 고장 난 토스터를 새 토스터로 기꺼이 교환해 드리겠습니다. 새 토스터를 받으시려면, 귀하의 영수증과 고장 난 토스터를 귀하께서 그것을 구매한 판매인에게 가져가시기만 하면 됩니다. 그 판매인이 귀하께 그 자리에서 바로 새 토스터를 드

릴 것입니다. 저희에게 고객들의 만족보다 더 중요한 것은 없습니다. 만약 저희가 귀하를 위해 할 수 있는 그 밖의 어떤 일이 있다면, 주저하지 말고 요청하십시오.
Betty Swan 드림

지문 흐름

귀하가 구입한 토스터가 작동하지 않는다고 회사에 새 토스터나 환불을 요구하는 편지를 씀	·········	도입
⬇		
저희 회사가 고장 난 토스터를 새 토스터로 교환해 줄 것임	·········	글의 목적
⬇		
영수증과 고장 난 토스터를 구매했던 판매인에게 가져가면 새 토스터를 받을 수 있음	·········	교환 안내
⬇		
고객의 만족이 제일 중요하며, 그 외 귀하를 위해 할 수 있는 일이 있다면 주저 말고 요청하기를 바람	·········	끝인사

친절한 오답 풀이

오답 선택지	선택률	오답 이유
① 새로 출시한 제품을 홍보하려고	3%	새로 출시한 제품에 대한 홍보는 언급되지 않았다.
② 흔히 생기는 고장 사례를 알려주려고	1%	고장 난 토스터를 교환해 주겠다고는 했지만, 고장 사례를 알려주는 것은 글의 목적과 무관하다.
③ 품질 보증서 보관의 중요성을 강조하려고	3%	토스터에 1년의 품질 보증서가 있지만, 품질 보증서 보관에 대해서는 언급되지 않았다.
⑤ 제품 만족도 조사에 참여해 줄 것을 요청하려고	2%	제품 만족도 조사와 관련된 내용은 언급되지 않았다.

Q3 정답 ④ 정답률 90%

정답 풀이

망치나 페인트 붓을 잡고 시간을 기부하여 도서관 리모델링 공사를 도와 달라는 내용이므로, 글의 목적으로는 ④ '도서관 공사에 참여할 자원봉사자를 모집하려고'가 가장 적절하다.

친절한 지문분석

Dear members of Eastwood Library,
Eastwood 도서관 회원들께

Thanks to the Friends of Literature group, / we've successfully
Friends of Literature 모임 덕분에 　 우리는 성공적으로
~ 덕분에

raised / enough money to remodel the library building. John
모았습니다 　 도서관 건물을 리모델링하기에 충분한 돈을 　 우리 지역의
enough+명사+to-v: ~하기에 충분한 (명사)

Baker, our local builder, has volunteered / to help us with the
건축업자인 John Baker 씨가 자원했습니다 　 우리를 돕기 위해
동격의 쉼표 　 to부정사의 부사적 용법(목적)

remodelling / but he needs assistance. By grabbing a hammer or
리모델링을 　 하지만 그는 도움이 필요합니다 　 망치나 페인트 붓을 쥠으로써
by v-ing(동명사 1): ~함으로써

a paint brush / and donating your time, / you can help with the
그리고 당신의 시간을 기부함으로써 　 여러분은 공사를 도울
동명사 2

construction. Join Mr. Baker in his volunteering team / and
수 있습니다 　 Baker 씨의 자원봉사 팀에 동참하십시오 　 그리고
동사 1

become a part / of [making Eastwood Library a better place]!
참여하십시오 　 Eastwood 도서관을 더 좋은 곳으로 만드는 데
동사 2(병렬구조) 　 make+목적어+목적격보어: (목적어)를 ~로 만들다

Please call 541-567-1234 / for more information.
541-567-1234로 전화해 주십시오 　 더 많은 정보를 원하시면

Sincerely,
Mark Anderson
Mark Anderson 드림

지문 해석

Eastwood 도서관 회원들께
Friends of Literature 모임 덕분에, 우리는 도서관 건물을 리모델링하기에 충분한 돈을 성공적으로 모았습니다. 우리 지역의 건축업자인 John Baker 씨가 우리의 리모델링을 돕기로 자원했지만, 그는 도움이 필요합니다. 망치나 페인트 붓을 쥐고 시간을 기부함으로써, 여러분은 공사를 도울 수 있습니다. Baker 씨의 자원봉사 팀에 동참하여 Eastwood 도서관을 더 좋은 곳으로 만드는 데 참여하십시오! 더 많은 정보를 원하시면 541-567-1234로 전화해 주십시오.
Mark Anderson 드림

지문 흐름

도서관 건물을 리모델링하기에 충분한 돈을 성공적으로 모금함	·········	도입
⬇		
지역의 건축업자인 John Baker 씨가 리모델링을 돕기로 자원했으나 도움이 필요함	·········	문제 상황
⬇		
Baker 씨의 자원봉사 팀에 동참하여 도서관을 더 좋은 곳으로 만들도록 참여 촉구	·········	글의 목적

친절한 오답 풀이

오답 선택지	선택률	오답 이유
① 도서관 임시 휴관의 이유를 설명하려고	2%	도서관 임시 휴관에 대해서는 언급되지 않았다.
② 도서관 자원봉사자 교육 일정을 안내하려고	1%	자원봉사자의 교육 일정에 대해서는 언급되지 않았다.
③ 도서관 보수를 위한 모금 행사를 제안하려고	4%	도서관 건물을 리모델링하기 위해 이미 충분한 돈을 모았다고 했다.
⑤ 도서관에서 개최하는 글쓰기 대회를 홍보하려고	0%	글쓰기 대회와 관련된 내용은 언급되지 않았다.

Q4 정답 ② 정답률 88%

정답 풀이

합창단의 국제 합창대회 출전을 위해서 모금 음악회에 참석해 후원을 부탁하는 내용이므로, 글의 목적으로는 ② '모금 음악회 참석을 요청하려고'가 가장 적절하다.

친절한 지문분석

Dear Ms. Robinson,
Robinson 씨께

The Warblers Choir is happy to announce / [that we are invited /
Warblers 합창단은 알려드리게 되어 기쁩니다 　 저희가 초청받은 것을
to부정사의 부사적 용법(감정의 원인) 　 목적절

to compete in the International Young Choir Competition].
국제 청년 합창 대회에서 실력을 겨루도록
to부정사의 부사적 용법(목적)

The competition takes place / in London on May 20. Though we
대회는 열립니다 　 5월 20일 런던에서 　 비록 저희는 대회에
although[though]: (비록) ~이지만

wish to participate in the event, / we do not have the necessary
참가하고 싶지만, 　 저희는 필요한 자금이 없습니다
wish+to-v: ~하기를 원하다

funds / [to travel to London]. So we are kindly asking you to
런던에 갈 　 그래서 귀하께서 저희를 후원해 주시기를 정중하게
to부정사의 형용사적 용법 　 ask+목적어+to-v: (목적어)에게 ~하기를 요청하다

support us / by coming to our fundraising concert. It will be held
부탁드립니다 저희 모금 음악회에 참석함으로써 음악회는 3월 26일에
by v-ing: ~함으로써

on March 26. In this concert, / we shall be able to show you /
개최될 것입니다. 이 음악회에서 저희는 귀하께 보여드릴 수 있을 것입니다
be able to-v: ~할 수 있다

[how big our passion for music is]. Thank you in advance /
음악에 대한 저희의 열정이 얼마나 큰지 미리 감사드립니다
목적절(의문사절)

for your kind support and help.
귀하의 친절한 후원과 도움에 대해

Sincerely,
진심을 담아

Arnold Reynolds
Arnold Reynolds 드림

지문 해석

Robinson 씨께
Warblers 합창단은 저희가 국제 청년 합창 대회에서 실력을 겨루도록 초청받은 것을 알려드리게 되어 기쁩니다. 대회는 5월 20일 런던에서 열립니다. 비록 저희는 대회에 참가하고 싶지만, 런던에 가는 데 필요한 자금이 없습니다. 그래서 귀하께서 저희 모금 음악회에 참석함으로써 저희를 후원해 주시기를 정중하게 부탁드립니다. 음악회는 3월 26일에 개최될 것입니다. 이 음악회에서 저희는 음악에 대한 저희의 열정이 얼마나 큰지 귀하께 보여드릴 수 있을 것입니다. 귀하의 친절한 후원과 도움에 대해 미리 감사드립니다.
진심을 담아,
Arnold Reynolds 드림

지문 흐름

Warblers 합창단이 런던에서 개최되는 국제 청년 합창 대회에 초청받게 됨 ········· 도입
↓
대회에 참가하고 싶지만 런던에 가는 데 필요한 자금이 없음 ········· 문제 상황
↓
모금 음악회의 참석을 통한 자금 후원을 부탁함 ········· 글의 목적

친절한 오답 풀이

오답 선택지	선택률	오답 이유
① 합창 대회 결과를 공지하려고	3%	합창 대회에 참가하기 전이므로 참가 결과는 지문의 내용과 무관하다.
③ 음악회 개최 장소를 예약하려고	4%	음악회의 개최 장소에 대해서는 언급되지 않았다.
④ 합창곡 선정에 조언을 구하려고	4%	합창곡 선정에 대해서는 언급되지 않았다.
⑤ 기부금 사용 내역을 보고하려고	2%	모금 음악회를 통해 기부금을 모금하기 전이므로 기부금 사용 내역은 지문의 내용과 무관하다.

코드 공략하기

pp.13~15

01 ⑤ 02 ② 03 ③ 04 ③ 05 ② 06 ③

01

정답 ⑤ 정답률 92%

정답 풀이

직원이 있는 매표소가 승차권 발매기로 대체되어 기계에 익숙하지 않은 사람들이 철도 서비스 접근에 어려움을 겪고 있다며 직원이 있는 매표소의 재운영을 촉구하고 있으므로, 글의 목적으로는 ⑤ '기차역 유인 매표소 재운영을 요구하려고'가 가장 적절하다.

친절한 지문분석

To whom it may concern,
관계자분께

I am writing to express my deep concern / about the recent change /
저는 저의 깊은 우려를 표하기 위해 (글을) 쓰고 있습니다 최근의 변경에 대해
to부정사의 부사적 용법(목적)

[made by Pittsburgh Train Station]. The station had traditional
Pittsburgh Train Station에 의한 이전에는 역에 직원이 있는 전통적인 매표소가
과거분사구

ticket offices with staff before, / but these have been replaced
있었습니다 하지만 이것들은 승차권 발매기로 대체되었습니다
현재완료 수동태
be replaced with: ~로 대체되다

with ticket vending machines. However, / individuals [who are
그러나 이러한 기계에 익숙하지 않은
주격 관계대명사절

unfamiliar with these machines] / are now experiencing difficulty
사람들은 현재 철도 서비스에 접근하는 데 어려움을 겪고
experience difficulty v-ing: ~하는 데 어려움을 겪다

accessing the railway services. [Since these individuals heavily
있습니다 이 사람들은 직원의 도움에 크게 의존했기 때문에
이유의 부사절

relied on the staff assistance / to be able to travel], / they are in
이동할 수 있기 위해 그들은 직원이 있는
to부정사의 부사적 용법(목적)

great need of ticket offices with staff / in the station. Therefore, /
매표소를 매우 필요로 합니다 역 내에 그러므로

I am urging you to consider reopening the ticket offices. With the
저는 당신에게 매표소 재운영을 고려할 것을 촉구합니다 직원이 그들의
urge+목적어+to-v: (목적어)가 ~하도록 촉구하다

staff back in their positions, / many people would regain access
자리로 돌아오면 많은 사람이 철도 서비스에 대한 접근을 다시 얻을 것

to the railway services. I look forward to your prompt attention
입니다 저는 이 문제에 대한 당신의 신속한 관심과 긍정적인 해결을

to this matter and a positive resolution.
기대합니다

Sincerely,
진심을 담아

Sarah Roberts
Sarah Roberts

지문 해석

관계자분께,
저는 Pittsburgh Train Station에 의한 최근의 변경에 대해 저의 깊은 우려를 표하기 위해 글을 쓰고 있습니다. 이전에는 역에 직원이 있는 전통적인 매표소가 있었지만, 이것들은 승차권 발매기로 대체되었습니다. 그러나 이러한 기계에 익숙하지 않은 사람들은 현재 철도 서비스에 접근하는 데 어려움을 겪고 있습니다. 이 사람들은 이동할 수 있기 위해 직원의 도움에 크게 의존했기 때문에, 그들은 역 내에 직원이 있는 매표소를 매우 필요로 합니다. 그러므로 저는 당신에게 매표소 재운영을 고려할 것을 촉구합니다. 직원이 그들의 자리로 돌아오면 많은 사람이 철도 서비스에 대한 접근을 다시 얻을 것입니다. 저는 이 문제에 대한 당신의 신속한 관심과 긍정적인 해결을 기대합니다.
진심을 담아,
Sarah Roberts

지문 흐름

최근 Pittsburgh Train Station에 생긴 변화에 대해 깊은 우려를 표함	·········	도입
⬇		
직원이 있는 매표소가 승차권 발매기로 대체되어 기계에 익숙하지 않은 사람들이 철도 서비스에 접근하는 데 어려움을 겪고 있음	·········	문제 상황
⬇		
직원이 있는 매표소가 있으면 많은 사람이 철도 서비스에 접근할 수 있으므로 매표소 재운영을 촉구함	·········	글의 목적
⬇		
이 문제에 대해 신속한 관심과 긍정적인 해결을 기대함	·········	글의 목적 재진술

친절한 오답 풀이

오답 선택지	선택률	오답 이유
① 승차권 발매기 수리를 의뢰하려고	2%	승차권 발매기 수리에 관한 내용은 언급되지 않았다.
② 기차표 단체 예매 방법을 문의하려고	1%	기차표 단체 예매에 관한 내용은 언급되지 않았다.
③ 기차 출발 시간 지연에 대해 항의하려고	1%	기차 출발 시간 지연에 관한 내용은 언급되지 않았다.
④ 기차역 직원의 친절한 도움에 감사하려고	4%	기계에 익숙하지 않은 사람들이 매표소 직원의 도움에 의존했다는 언급은 있으나, 그들의 도움에 감사를 표하는 내용은 언급되지 않았다.

02 정답 ② 정답률 91%

정답 풀이

식당의 연례행사에 상대방을 초대하게 되어 영광이고 기쁘다고 했으며, 상대방이 이 행사에 와서 축하에 참여한다면 감사할 것이라고 했으므로, 글의 목적으로는 ② '식당의 연례행사에 초대하려고'가 가장 적절하다.

친절한 지문분석

Dear Mr. Dennis Brown,
Dennis Brown 씨께

We at G&D Restaurant / are honored and delighted / to invite
저희 G&D 식당은 (주어) / 영광이고 기쁩니다 (동사) / 귀하를 초대하게 되어 (to부정사의 부사적 용법(감정의 원인))

you / to our annual Fall Dinner. The annual event will be held /
저희 연례행사인 Fall Dinner에 / 그 연례행사는 열릴 것입니다 (미래시제 수동태)

on October 1st, 2021 / at our restaurant. At the event, / we will
2021년 10월 1일에 / 저희 식당에서 / 그 행사에서 / 저희는

be introducing new wonderful dishes / [that our restaurant will
새로운 멋진 음식들을 소개할 것입니다 (미래진행형) / 저희 식당이 (목적격 관계대명사절)

be offering soon]. These delicious dishes will showcase / the
곧 제공할 (미래진행형) / 이 맛있는 음식들은 보여줄 것입니다

amazing talents [of our gifted chefs]. Also, / our chefs will be
저희 뛰어난 요리사들의 멋진 재능을 (전치사구(형용사구)) / 또한 / 저희 요리사들은 요리

providing cooking tips, / ideas on what to buy / for your kitchen, /
비법들을 제공할 것입니다 (미래진행형) / 무엇을 사야 할지에 대한 생각들을 (what to-v: 무엇을 ~할지) / 귀하의 주방을 위해

and special recipes. We at G&D Restaurant would be more
그리고 특별한 요리법을 / 우리 G&D 식당은 (주어) 매우 감사할 것입니다

than grateful / [if you can make it to this special occasion / and
만약 귀하가 이 특별한 행사에 온다면 (조건의 부사절, 동사 1) / 그리고

(can) be part of our celebration]. We look forward to seeing you. Thank
저희 축하에 참여하신다면 (동사 2(병렬구조)) / 저희는 귀하를 뵙기를 고대합니다 (look forward to v-ing: ~하기를 고대하다)

you so much.
매우 감사합니다

Regards,
존경을 담아

Marcus Lee, / Owner – G&D Restaurant
Marcus Lee 드림 G&D 식당 주인

지문 해석

Dennis Brown 씨께,
저희 G&D 식당은 연례행사인 Fall Dinner에 귀하를 초대하게 되어 영광이고 기쁩니다. 그 연례행사는 2021년 10월 1일에 저희 식당에서 열릴 것입니다. 그 행사에서, 저희는 저희 식당이 곧 제공할 새로운 멋진 음식들을 소개할 것입니다. 이 맛있는 음식들은 저희 뛰어난 요리사들의 멋진 재능을 보여줄 것입니다. 또한, 저희 요리사들은 요리 비법들과 귀하의 주방을 위해 무엇을 사야 할지에 대한 생각들, 그리고 특별한 요리법을 제공할 것입니다. 저희 G&D 식당은 만약 귀하가 이 특별한 행사에 와서 저희 축하에 참여하신다면 매우 감사할 것입니다. 저희는 귀하를 뵙기를 고대합니다. 매우 감사합니다.
존경을 담아,
G&D 식당 주인, Marcus Lee 드림

지문 흐름

G&D 식당은 연례행사인 Fall Dinner에 귀하를 초대하게 되어 영광이고 기쁨	·········	도입
⬇		
행사는 2021년 10월 1일에 G&D 식당에서 열릴 것임	·········	일시 및 장소
⬇		
새로운 음식들을 소개하고, 요리 비법들과 주방을 위한 살 것에 대한 생각들, 그리고 특별한 요리법을 제공할 것임	·········	행사 내용
⬇		
G&D 식당은 귀하가 이 행사에 와서 축하에 참여한다면 매우 감사할 것임	·········	글의 목적
⬇		
귀하를 뵙기를 고대함	·········	끝인사

친절한 오답 풀이

오답 선택지	선택률	오답 이유
① 식당 개업을 홍보하려고	5%	식당을 새로 개업한다는 내용은 언급되지 않았다.
③ 신입 요리사 채용을 공고하려고	2%	요리사를 채용한다는 내용은 언급되지 않았다.
④ 매장 직원의 실수를 사과하려고	0%	매장 직원이 실수를 저질렀다는 내용은 언급되지 않았다.
⑤ 식당 만족도 조사 참여를 부탁하려고	1%	식당 만족도 조사에 참여하라는 내용은 언급되지 않았다.

03 정답 ③ 정답률 96%

정답 풀이

현재 도서관이 오후 5시에 일찍 폐관함에 따라 학생들의 학습·연구에 어려움이 있어 운영 시간을 오후 7시까지 연장해 학업 환경을 개선해 주기를 요청하는 내용이므로, 글의 목적으로는 ③ '도서관 운영 시간 연장을 요청하려고'가 가장 적절하다.

친절한 지문분석

Dear Principal Jones,
Jones 교장 선생님께

I hope / (that) [this message finds you well]. As student council
저는 바랍니다 이 메시지가 당신에게 잘 전달되기를 학생회장으로서
목적절

president, / I am reaching out to discuss an important matter /
저는 중요한 문제를 논의하고자 연락드립니다
to부정사의 부사적 용법(목적)

regarding our school library's current operating hours. At present, /
우리 학교 도서관의 현재 운영 시간에 관한 현재
~에 관한

the library closes at 5 p.m., / [which {many students feel} / limits
도서관은 오후 5시에 문을 닫는데 이는 많은 학생이 느끼기에
주격 관계대명사절(계속적 용법) 삽입절

their ability {to fully use its resources for study and research / after
학습과 연구를 위해 그것의 자원을 충분히 사용할 수 있는 그들의 능력을 제한합니다
to부정사의 형용사적 용법

regular class hours}]. This is particularly challenging / for those
정규 수업 시간 이후 이것은 특히 어렵습니다

[{preparing for college entrance exams} / or {working on academic
대학 입학 시험을 준비하는 사람들에게 또는 학업 연구과제를 수행하는 (사람들에게)
현재분사구 1 현재분사구 2

projects / <that demand a quiet and resourceful environment>}].
조용하고 자료가 풍부한 환경을 요하는
주격 관계대명사절

Therefore, / I'd like to ask you / to extend the library's operating
그러므로 저는 당신에게 요청드리고 싶습니다 도서관 운영 시간을 오후 7시까지 연장해
ask+목적어+to-v: (목적어)에게 ~할 것을 요청하다

hours to 7 p.m. This change would greatly benefit students /
주시기를 이러한 변화는 학생들에게 크게 이익이 될 것입니다

by providing additional time / to focus on their academic goals.
추가시간을 제공함으로써 그들의 학업 목표에 집중하는
by v-ing: ~함으로써 to부정사의 형용사적 용법

I hope / [you will consider this proposal / as a step toward improving
저는 바랍니다 당신이 이 제안을 고려해 주시기를 우리의 학업 환경을 개선하는 것을 향한
(that) 목적절

our academic environment / and better supporting our needs].
한 걸음으로써 그리고 우리의 요구를 더 잘 지원하는 것(을 향한 한 걸음으로써)
동명사구 1 동명사구 2

Sincerely,
진심을 담아

Eric Park
Student Council President
Eric Park 학생회장 드림

지문 해석

Jones 교장 선생님께,
저는 이 메시지가 당신에게 잘 전달되기를 바랍니다. 학생회장으로서 저는 우리 학교 도서관의 현재 운영 시간에 관한 중요한 문제를 논의하고자 연락드립니다. 현재, 도서관은 오후 5시에 문을 닫는데, 이는 많은 학생이 느끼기에, 정규 수업 시간 이후 학습과 연구를 위해 도서관 자원을 충분히 사용할 수 있는 능력을 제한합니다. 이것은 특히 대학 입학 시험을 준비하거나 조용하고 자료가 풍부한 환경을 요하는 학업 연구과제를 수행하는 사람들에게 어렵습니다. 그러므로, 저는 도서관 운영 시간을 오후 7시까지 연장해 주시기를 당신에게 요청드리고 싶습니다. 이러한 변화는 그들의 학업 목표에 집중하는 추가시간을 제공함으로써 학생들에게 크게 이익이 될 것입니다. 저는 우리의 학업 환경을 개선하고 우리의 요구를 더 잘 지원하는 한 걸음으로써 이 제안을 당신이 고려해 주시기를 바랍니다.
진심을 담아,
Eric Park
학생회장 드림

지문 흐름

학생회장으로서 도서관 운영 시간 문제를 논의하고자 함	도입
현재 도서관이 오후 5시에 폐관하여 방과 후 학습·연구가 필요한 학생들이 이용하기 힘듦	문제 상황
도서관 운영 시간을 오후 7시까지 연장해 줄 것을 요청	글의 목적
운영 시간 연장은 학생들의 학업 목표 달성에 큰 도움이 되므로, 학업 환경 개선을 위해 이 제안을 검토해 주기를 요청	글의 목적 재진술

친절한 오답 풀이

오답 선택지	선택률	오답 이유
① 신간 도서 구입을 건의하려고	1%	신간 도서 구입에 관한 내용은 언급되지 않았다.
② 도서관 프로그램 확대를 부탁하려고	1%	도서관 프로그램 확대에 관한 내용은 언급되지 않았다.
④ 도서 대출 시스템 개선에 감사하려고	1%	도서 대출 시스템 개선에 관한 내용은 언급되지 않았다.
⑤ 도서관 열람실 공간 확대를 제안하려고	1%	도서관 열람실 공간 확대에 관한 내용은 언급되지 않았다.

04 정답 ③ 정답률 93%

정답 풀이

놀이터의 낙후된 상태를 설명하며 수리해 달라고 말하고 있으므로, 글의 목적으로는 ③ '아파트 놀이터 시설의 수리를 요청하려고'가 가장 적절하다.

친절한 지문분석

To whom it may concern,
관계자분께

I am a resident of the Blue Sky Apartment. Recently I observed /
저는 Blue Sky 아파트의 거주자입니다 최근에 저는 알게 되었습니다

[that the kid zone is in need of repairs]. I want you to pay attention
아이들을 위한 구역이 수리가 필요하다는 것을 저는 귀하께서 열악한 상태에 관심을
목적절 want+목적어+to-v: (목적어)가 ~하기를 원하다

to the poor condition / [of the playground equipment in the zone].
기울여 주시기를 바랍니다 그 구역 놀이터 설비의
전치사구

The swings are damaged, / the paint is falling off, / and some of
그네가 손상되었고 페인트가 떨어져 나가고 있고
수동태

the bolts on the slide are missing. The facilities have been in this
미끄럼틀의 볼트 몇 개가 빠져 있습니다 시설은 이렇게 형편없는 상태였습니다
주어 동사 현재완료(계속)

terrible condition / [since we moved here]. They are dangerous to
우리가 이곳으로 이사 온 이후로 그것은 아이들에게 위험합니다
시간의 부사절

the children [playing there]. Would you please have them repaired?
거기서 노는 그것을 수리해 주시겠습니까
현재분사구 have+목적어+p.p.: (목적어)를 ~받게 하다

I would appreciate your immediate attention / to solve this matter.
즉각적인 관심을 두시면 감사하겠습니다 이 문제를 해결하기 위해
to부정사의 부사적 용법(목적)

Yours sincerely,
Nina Davis
Nina Davis 드림

지문 해석

관계자분께,

저는 Blue Sky 아파트의 거주자입니다. 최근에 저는 아이들을 위한 구역이 수리가 필요하다는 것을 알게 되었습니다. 저는 귀하께서 그 구역 놀이터 설비의 열악한 상태에 관심을 기울여 주시기를 바랍니다. 그네가 손상되었고, 페인트가 떨어져 나가고 있으며, 미끄럼틀의 볼트 몇 개가 빠져 있습니다. (놀이터) 시설은 우리가 이곳으로 이사 온 이후로 이렇게 형편없는 상태였습니다. 그것은 거기서 노는 아이들에게 위험합니다. 그것을 수리해 주시겠습니까? 이 문제를 해결하기 위해 즉각적인 관심을 두시면 감사하겠습니다.

Nina Davis 드림

지문 흐름

Blue Sky 아파트의 거주자로서, 아이들을 위한 구역이 수리가 필요함을 알게 됨	……… 도입
↓	
놀이터 설비의 열악한 상태에 관심을 기울이길 바람	……… 글의 목적
↓	
그네, 페인트칠, 미끄럼틀의 볼트에 문제가 있어 아이들에게 위험함	……… 문제 상황
↓	
수리를 원하며, 문제 해결을 위한 즉각적인 관심을 요청함	……… 글의 목적 재진술

친절한 오답 풀이

오답 선택지	선택률	오답 이유
① 아파트의 첨단 보안 설비를 홍보하려고	1%	아파트 보안 설비에 관해서는 언급되지 않았다.
② 아파트 놀이터의 임시 폐쇄를 공지하려고	3%	아파트 놀이터 폐쇄에 관한 내용은 없었다.
④ 아파트 놀이터 사고의 피해 보상을 촉구하려고	2%	놀이터가 위험하다고는 하였으나, 사고 피해 보상에 관한 내용은 없었다.
⑤ 아파트 공용 시설 사용 시 유의 사항을 안내하려고	2%	아파트 공용 시설(놀이터)에 관한 내용이지만, 사용 시 유의 사항에 관해서는 언급되지 않았다.

05 정답 ② 정답률 95%

정답 풀이

〈*TourTide Magazine*〉 온라인 구독을 신청하면 50% 할인된 가격으로 1년 치를 구독할 수 있음을 알리며 가입을 권유하고 있으므로, 글의 목적으로는 ② '잡지 온라인 구독을 권유하려고'가 가장 적절하다.

친절한 지문분석

Dear Reader,
독자분께

We always appreciate your support. As you know, / our service is
보내주신 성원에 항상 감사드립니다 아시다시피 이제 저희 서비스를

now available / through an app. There has never been a better time
이용하실 수 있습니다 앱을 통해서 전환하기에 이보다 더 좋은 시기는 없습니다

to switch / [to an online membership of *TourTide Magazine*]. At a
〈*TourTide Magazine*〉의 온라인 회원으로
to부정사의 형용사적 용법 전치사구

50% discount off your current print subscription, / you can access
당신의 현재 인쇄본 구독료에서 50% 할인된 가격으로 1년 치를 온라인으로

a full year of online reading. Get new issues and daily web pieces
구독할 수 있습니다 TourTide.com에서 신간호와 일일 웹 기사를 받아보세요
동사 1

at TourTide.com, / read or listen to *TourTide Magazine* via the app, /
앱을 통해 〈*TourTide Magazine*〉을 읽거나 청취해 보세요
동사 2

and get our members-only newsletter. You'll also gain access
그리고 회원 전용 뉴스레터도 받아보세요 편집자들이 선정한 최고의 기사도 받아볼
동사 3(병렬구조)

[to our editors' selections of the best articles]. Join today!
것입니다 오늘 가입하세요
전치사구

Yours,
TourTide Team
〈*TourTide*〉 팀 드림

지문 해석

독자분께,

보내주신 성원에 항상 감사드립니다. 아시다시피, 이제 앱을 통해서도 저희 서비스를 이용하실 수 있습니다. 〈*TourTide Magazine*〉의 온라인 회원으로 전환하기에 이보다 더 좋은 시기는 없습니다. 당신의 현재 인쇄본 구독료에서 50% 할인된 가격으로 1년 치를 온라인으로 구독할 수 있습니다. TourTide.com에서 신간호와 일일 웹 기사를 받아보고, 앱을 통해 〈*TourTide Magazine*〉을 읽거나 청취해 보고, 회원 전용 뉴스레터도 받아보세요. 편집자들이 선정한 최고의 기사도 받아볼 것입니다. 오늘 가입하세요!

〈*TourTide*〉 팀 드림

지문 흐름

독자에게 감사 인사	……… 도입
↓	
앱을 통한 서비스 이용 안내 및 〈*TourTide Magazine*〉 온라인 회원으로의 전환을 권유함	……… 글의 목적
↓	
50% 할인된 가격으로 1년 치 구독이 가능함	……… 혜택 1
↓	
신간호와 일일 웹 기사를 받아보고, 앱을 통해 읽거나 청취하고, 회원 전용 뉴스레터를 받고, 편집자 선정 최고의 기사도 받을 수 있음	……… 혜택 2
↓	
오늘 가입하라고 권유함	……… 글의 목적 재진술

친절한 오답 풀이

오답 선택지	선택률	오답 이유
① 여행 일정 지연에 대해 사과하려고	1%	여행 일정 지연에 관한 내용은 언급되지 않았다.
③ 무료 잡지 신청을 홍보하려고	2%	50% 할인된 가격으로 온라인 구독을 권유하고 있으므로 글의 내용과 일치하지 않는다.
④ 여행 후기 모집을 안내하려고	1%	여행 후기 모집에 관한 내용은 언급되지 않았다.
⑤ 기사에 대한 독자 의견에 답변하려고	1%	기사에 대한 독자 의견은 언급되지 않았다.

06 정답 ③ 정답률 96%

정답 풀이

고등학교의 과학 교사가 환경에 대한 책을 쓴 작가에게 학교에 방문하여 특별 강연을 해 주기를 요청하고 있으므로, 글의 목적으로는 ③ '특강 강사로 작가의 방문을 요청하려고'가 가장 적절하다.

친절한 지문분석

Dear Ms. Jane Watson,
친애하는 Jane Watson 씨

I am John Austin, / a science teacher at Crestville High School.
저는 John Austin입니다 Crestville 고등학교의 과학 교사
동격의 쉼표

Recently I was impressed by the latest book / [you wrote about the
최근에 저는 최신 도서에 감명받았습니다 환경에 관해 당신이 쓴
(which/that) 목적격 관계대명사절

environment]. Also my students read your book / and had a class
또한 저의 학생들은 당신의 책을 읽었습니다 그리고 그것에 대해 토론
동사 1 동사 2(병렬구조)

discussion about it. They are big fans of your book, / so I'd like to
수업을 하였습니다 그들은 당신의 책을 아주 좋아합니다 그래서 저는 당신이

ask you to visit our school / and (to) give a special lecture. We can set
우리 학교에 방문해 주시기를 요청드리고 싶습니다 그리고 특별 강연을 해 주시기를 우리는 날짜와
ask+목적어+to-v: (목적어)에게 ~할 것을 요청하다
목적격보어 1 목적격보어 2(병렬구조)

the date and time / to suit your schedule. [Having you at our school] /
시간을 정하겠습니다 당신의 일정에 맞춰 당신이 우리 학교에 와 주신다면
to부정사의 부사적 용법(목적) 주어(동명사구)

would be a fantastic experience for the students. We would be very
학생들에게 멋진 경험이 될 것 같습니다 우리는 정말 감사하겠습니다

grateful / [if you could come].
당신이 와 주신다면
조건의 부사절

Best regards,
안부를 전하며

John Austin
John Austin

지문 해석

친애하는 Jane Watson 씨,
저는 Crestville 고등학교의 과학 교사 John Austin입니다. 최근에, 저는 환경에 관해 당신이 쓴 최신 도서에 감명받았습니다. 또한 저의 학생들은 당신의 책을 읽었고 그것에 대해 토론 수업을 하였습니다. 그들은 당신의 책을 아주 좋아하고, 그래서 저는 당신이 우리 학교에 방문하여 특별 강연을 해 주시기를 요청드리고 싶습니다. 우리는 당신의 일정에 맞춰 날짜와 시간을 정하겠습니다. 당신이 우리 학교에 와주신다면 학생들에게 멋진 경험이 될 것 같습니다. 우리는 당신이 와 주신다면 정말 감사하겠습니다.
안부를 전하며,
John Austin

지문 흐름

고등학교 과학 교사인 필자는 환경 관련 책을 쓴 작가의 책에 감명받았고, 학생들도 그 책을 읽고 토론 수업을 함 ……… 도입
↓
작가가 학교에 방문하여 특별 강연을 해 줄 것을 요청함 ……… 글의 목적
↓
작가의 일정에 맞춰 날짜와 시간을 정할 수 있음 ……… 부연
↓
작가가 방문해 준다면 학생들에게 멋진 경험이 될 것이므로 와 주기를 기대함 ……… 글의 목적 재진술 및 끝인사

친절한 오답 풀이

오답 선택지	선택률	오답 이유
① 환경 보호의 중요성을 강조하려고	1%	환경 보호의 중요성에 대해서는 언급되지 않았다.
② 글쓰기에서 주의할 점을 알려 주려고	1%	글쓰기에서 주의할 점은 언급되지 않았다.
④ 작가의 팬 사인회 일정 변경을 공지하려고	1%	작가의 팬 사인회에 관한 내용은 언급되지 않았다.
⑤ 작가가 쓴 책의 내용에 관하여 문의하려고	1%	작가가 쓴 책 내용에 대한 언급은 있었으나 그것에 대한 문의를 하지는 않았으므로 글의 목적과 무관하다.

02 심경·분위기

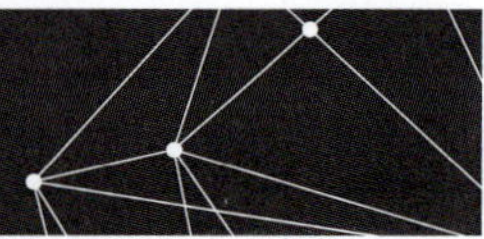

코드 접속하기

pp.19~22

Q1 ③ Q2 ② Q3 ③ Q4 ③

Q1

정답 ③ 정답률 84%

정답 풀이

어두운 헛간에 알아볼 수 없는 형체가 나타나서 무서웠지만, 가까이보니 토끼임을 알게되어 안도한 내용이므로, 'I'의 심경 변화로는 ③ frightened(겁먹은) → relieved(안도하는)가 가장 적절하다.

친절한 지문분석

The shed is cold and damp, / the air (is) thick with the smell of old
헛간은 춥고 습기가 차 있고 공기에 오래된 나무와 흙냄새가 짙다

wood and earth. It's dark, / and I can't make out / [what's moving
어두워서 나는 알아볼 수 없다 그림자 속에서 무엇이
의문사절(목적절)

in the shadows]. "Who's there?" / I ask, / [my voice shaking with
움직이는지 거기 누구세요 나는 묻는다 목소리가 두려움에 떨리며
분사구문(동시동작)

fear]. The shadow moves closer, / and my heart is beating fast / —
그림자가 점점 가까이 다가온다 그리고 나의 심장은 빠르게 뛰고 있다

[until the figure steps into a faint beam of light / {breaking through
희미한 빛줄기 속으로 그 형체가 들어서기 전까지 벽 틈새로 새어 들어온
시간의 부사절 현재분사구

a crack in the wall}]. A rabbit. A laugh escapes my lips / [as it
토끼다 웃음이 내 입술에서 새어 나온다 그것이
시간의 부사절

stares at me / with wide, curious eyes]. "You scared me," / I say, /
나를 바라볼 때 크고 호기심 가득한 눈으로 너 때문에 놀랐잖아 나는 말한다

[feeling much better]. The rabbit pauses for a moment, / then hops
훨씬 나아진 기분을 느끼며 토끼는 잠시 멈칫하더니 이내 깡충 뛰어
분사구문(동시동작)

away, / [disappearing back into the shadows]. I'm left smiling.
그림자 속으로 다시 사라진다 나는 미소 지으며 남아 있다
분사구문(연속동작)

I start to feel at ease.
나의 마음이 편안해지기 시작한다

지문 해석

헛간은 춥고 습기가 차 있고, 공기에 오래된 나무와 흙냄새가 짙다. 어두워서, 나는 그림자 속에서 움직이는 무언가를 알아볼 수 없다. "거기 누구세요?" 목소리가 두려움에 떨리며, 나는 묻는다. 그림자가 점점 가까이 다가오고, 나의 심장은 빠르게 뛰고 있다. 그때, 벽 틈새로 새어 들어온 희미한 빛줄기 속으로 그 형체가 들어선다. 토끼다. 그것이 크고 호기심 가득한 눈으로 나를 바라볼 때, 웃음이 내 입술에서 새어 나온다. "너 때문에 놀랐잖아." 훨씬 나아진 기분을 느끼며, 나는 말한다. 토끼는 잠시 멈칫하더니, 이내 깡충 뛰어 그림자 속으로 다시 사라진다. 나는 미소 지으며 남아 있다. 나의 마음이 편안해지기 시작한다.

지문 흐름

어둡고 습기 찬 헛간 안에서 무엇인지 알 수 없는 그림자를 봄	········	상황 1
↓		
그림자가 다가오고, 심장이 더욱 빠르게 뛰	········	필자의 심경 1
↓		
벽 틈 사이로 들어온 빛 속에 나타난 형체가 토끼임을 알아차림	········	상황 2
↓		
토끼가 다시 사라지고 미소 지은 채 편안해짐	········	필자의 심경 2

친절한 오답 풀이

오답 선택지	선택률	오답 이유
① 부러워하는 → 희망에 찬	7%	어두운 헛간에서 무엇인지 모를 그림자를 봤다고 했으므로 부러워하는(envious) 감정은 적절하지 않다.
② 불안해하는 → 화난	2%	무엇인지 모를 그림자가 결국 토끼임을 알게 되었으므로 화난(angry) 감정과는 거리가 멀다.
④ 궁금한 → 후회하는	5%	무엇인지 모를 그림자가 결국 토끼임을 알게 되었으므로 후회하는(regretful) 감정과는 거리가 멀다.
⑤ 신이 난 → 실망한	2%	어두운 헛간에서 무엇인지 모를 그림자를 보고 두려움에 떨며 누구인지 물었으므로 신이 난(excited) 감정은 적절하지 않으며, 결국 토끼임을 알게 되어 안도의 미소를 지었으므로 실망한(disappointed) 감정과는 거리가 멀다.

Q2 정답 ② 정답률 84%

정답 풀이

뉴스 기사 제출 마감 시간이 다가오는데 타자기가 작동하지 않아 절망했지만, 타자기가 작동하지 않은 원인인 종이 클립을 발견하여 문제를 해결했다는 내용이므로, 'I'의 심경 변화로는 ② frustrated(좌절감을 느끼는) → relieved(안도하는)가 가장 적절하다.

친절한 지문분석

It was two hours [before the submission deadline] / and I still hadn't
제출 마감 시간 두 시간 전이었다 / 그리고 나는 여전히 끝내지
전치사구(형용사구) / 과거완료(대과거)

finished / my news article. I sat at the desk, / but suddenly, /
못했다 / 나의 뉴스 기사를 / 나는 책상에 앉았다 / 그런데 갑자기

the typewriter didn't work. No matter how hard I tapped the keys, /
타자기가 작동하지 않았다 / 내가 아무리 세게 키를 두드려도
no matter how+형용사/부사: 아무리 (형용사/부사)하더라도

the levers wouldn't move / to strike the paper. I started to realize /
레버는 움직이지 않았다 / 종이를 두드리려 / 나는 깨닫기 시작했다
to부정사의 부사적 용법(목적)

[that I would not be able to finish the article / on time]. Desperately, /
내가 그 기사를 끝낼 수 없으리라는 것을 / 제시간에 / 필사적으로
목적절 / be able to-v: ~할 수 있다

I rested the typewriter / on my lap / and started hitting each key /
나는 타자기를 올려놓았다 / 내 무릎 위에 / 그리고 각각의 키를 누르기 시작했다
동사 1 / 동사 2(병렬구조)

with as much force as I could manage. Nothing happened. [Thinking /
내가 할 수 있을 만큼의 많은 힘을 가지고 / 아무 일도 일어나지 않았다 / 생각하면서
as+원급(+명사)+as ~: ~만큼 …한[하게] / 분사구문(동시동작)

something might have happened / inside of it], / I opened the cover, /
무슨 일이 일어났을지도 모르겠다고 / 그것의 내부에 / 나는 그 덮개를 열었다
may[might] have+p.p.: ~했을지도 모른다 / 동사 1

lifted up the keys, / and found the problem / — a paper clip.
키들을 들어 올렸다 / 그리고 문제를 발견했다 / 종이 클립
동사 2 / 동사 3(병렬구조) / 부연 설명

The keys had no room / [to move]. After picking it out, / I pressed
키들에게는 공간이 없었다 / 움직일 / 그것을 집어서 꺼낸 후에 / 나는 당겼다
to부정사의 형용사적 용법

and pulled / some parts. The keys moved / smoothly again.
누르고 / 몇 개의 부품들을 / 키들이 움직였다 / 다시 매끄럽게

I breathed deeply / and smiled. Now I knew / [that I could finish
나는 깊게 숨을 내쉬었다 / 그리고 미소 지었다 / 이제는 알았다 / 내가 끝낼 수 있음을
동사 1 / 동사 2(병렬구조) / 목적절

my article / on time].
기사를 / 제시간에

지문 해석

제출 마감 시간 두 시간 전이었고 나는 여전히 나의 뉴스 기사를 끝내지 못했다. 나는 책상에 앉았는데, 갑자기, 타자기가 작동하지 않았다. 내가 아무리 세게 키를 두드려도, 레버는 종이를 두드리려 움직이지 않았다. 나는 내가 제시간에 그 기사를 끝낼 수 없으리라는 것을 깨닫기 시작했다. 필사적으로, 나는 타자기를 내 무릎 위에 올려놓고 각각의 키를 내가 할 수 있을 만큼의 많은 힘을 가지고 누르기 시작했다. 아무 일도 일어나지 않았다. 그것의 내부에 무슨 일이 일어났을지도 모르겠다고 생각하면서, 나는 그 덮개를 열고, 키들을 들어 올리고, 문제를 발견했다 — 종이 클립. 키들이 움직일 공간이 없었다. 그것을 집어서 꺼낸 후에, 나는 몇 개의 부품들을 누르고 당겼다. 키들이 다시 매끄럽게 움직였다. 나는 깊게 숨을 내쉬고 미소 지었다. 이제는 제시간에 내가 기사를 끝낼 수 있음을 알았다.

지문 흐름

제출 마감 시간 두 시간 전, 필자는 여전히 뉴스 기사를 끝내지 못했는데 갑자기 타자기가 작동하지 않음	········	상황 1
↓		
필자는 제시간에 그 기사를 끝낼 수 없으리라는 것을 깨닫기 시작함	········	필자의 심경 1
↓		
필자가 타자기의 덮개를 열고 키를 들어올렸을 때, 종이 클립이 키들이 움직일 공간을 차지하고 있는 것을 발견함	········	상황 2
↓		
종이 클립을 꺼낸 후, 몇 개의 부품들을 누르고 당기자 타자기가 다시 매끄럽게 움직임	········	상황 3
↓		
필자는 제시간에 기사를 끝낼 수 있음을 알게 되어 깊게 숨을 내쉬고 미소 지음	········	필자의 심경 2

친절한 오답 풀이

오답 선택지	선택률	오답 이유
① 자신감 있는 → 불안해하는	5%	자신감 있는(confident) 감정은 지문의 내용과 무관하다.
③ 지루해하는 → 놀란	4%	지루해하는(bored) 감정은 지문의 내용과 무관하고, 타자기의 문제 원인을 발견하고 해결하여 안도했다는 내용이므로 놀란(amazed) 감정과는 거리가 멀다.
④ 무관심한 → 궁금한	4%	필자는 타자기가 작동하지 않아 당황하고 문제를 해결하려고 했으므로 무관심한(indifferent) 감정과는 상반되며, 이후 문제의 원인을 찾았으므로 궁금한(curious) 감정은 적절하지 않다.
⑤ 신이 난 → 실망한	2%	필자는 제출 마감 시간이 다가왔는데 타자기가 작동하지 않아 좌절감을 느꼈으므로 신이 난(excited) 감정과는 거리가 멀며, 후반부에 결국 문제를 해결했으므로 실망한(disappointed) 감정과는 상반된다.

Q3 정답 ③ 정답률 80%

정답 풀이

Cindy가 카페에서 우연히 유명한 화가를 직접 만나게 되어 감격했지만, 화가에게 그림을 그린 냅킨을 가져도 되냐고 묻자 2만 달러라고 답하여 어쩔 줄 몰라 했다는 내용이므로, Cindy의 심경 변화로는 ③ excited(신이 난) → surprised(놀란)가 가장 적절하다.

친절한 지문분석

One day, / Cindy happened to sit / next to a famous artist /
어느 날 Cindy는 우연히 앉게 되었다 유명한 화가 옆에
happen to-v: 우연히 ~하다

in a café, / and she was thrilled / to see him in person. He
카페에서 그리고 그녀는 감격했다 그를 직접 만나게 되어 그는
to부정사의 부사적 용법(감정의 원인)

was drawing / on a used napkin / over coffee. She was looking
그림을 그리고 있었다 사용한 냅킨에 커피를 마시면서 그녀는 지켜보고 있었다

on / in awe. After a few moments, / the man finished his coffee /
경외심을 가지고 잠시 후에 그 남자는 커피를 다 마셨다

and was about to throw away the napkin / [as he left].
그리고 그 냅킨을 버리려고 했다 그가 자리를 뜨면서
be about to-v: 막 ~하려고 하다 시간의 부사절

Cindy stopped him. "Can I have that napkin / [you drew on]?", /
Cindy는 그를 멈춰 세웠다 제가 그 냅킨을 가져도 될까요 당신이 그림을 그린
(which/that) 목적격 관계대명사절

she asked. "Sure," he replied. "Twenty thousand dollars."
그녀가 물었다 "물론이죠."라고 그가 대답했다 2만 달러입니다

She said, / with her eyes wide-open, / "What? It took you like
그녀는 말했다 눈을 동그랗게 뜬 채 뭐라구요 당신은 2분밖에
with+목적어+형용사: (목적어)가 ~한 채 it takes+사람+시간+to-v:

two minutes / to draw that." "No," he said. "It took me over
안 걸렸잖아요 그것을 그리는 데 "아니요."라고 그가 말했다 나는 60년
(사람)이 ~하는 데 (시간)이 걸리다

sixty years / to draw this." [Being at a loss], / she stood still /
넘게 걸렸어요 이것을 그리는 데 어쩔 줄 몰라 그녀는 가만히 서 있었다
(being) 분사구문(이유)

[rooted to the ground].
꼼짝 못한 채
분사구문(동시동작)

지문 해석

어느 날, Cindy는 카페에서 우연히 유명한 화가 옆에 앉게 되었고, 그녀는 직접 그를 만나게 되어 감격했다. 커피를 마시면서 그는 사용한 냅킨에 그림을 그리고 있었다. 그녀는 경외심을 가지고 지켜보고 있었다. 잠시 후에, 그 남자는 커피를 다 마신 후 자리를 뜨면서 그 냅킨을 버리려고 했다. Cindy는 그를 멈춰 세웠다. "당신이 그림을 그린 그 냅킨을 가져도 될까요?"라고 그녀가 물었다. "물론이죠."라고 그가 대답했다. "2만 달러입니다." 그녀는 눈을 동그랗게 뜨고 "뭐라구요? 그리는 데 2분밖에 안 걸렸잖아요."라고 말했다. "아니요."라고 그가 말했다. "나는 이것을 그리는 데 60년 넘게 걸렸어요." 그녀는 어쩔 줄 몰라 꼼짝 못한 채 서 있었다.

지문 흐름

Cindy가 카페에서 우연히 유명한 화가 옆에 앉게 됨	········	상황 1
↓ 감격하여 경외심을 가지고 화가가 커피를 마시며 냅킨에 그림을 그리는 것을 지켜봄	········	필자의 심경 1
↓ 화가가 자리를 뜨며 냅킨을 버리려고하자 Cindy가 그 냅킨을 가져도 되냐고 묻고, 그가 2만 달러라고 답함	········	상황 2
↓ Cindy는 어쩔 줄 몰라 꼼짝 못한 채 서 있었음	········	필자의 심경 2

친절한 오답 풀이

오답 선택지	선택률	오답 이유
① 안도한 → 걱정하는	3%	글의 초반에 유명한 화가를 직접 만나서 감격했다고 했으므로 안도한(relieved) 감정은 적절하지 않으며, 후반부에서 화가의 설명에 어쩔 줄 몰라 했다는 내용이므로 걱정하는(worried) 감정과는 거리가 멀다.
② 무관심한 → 당황한	10%	유명한 화가를 직접 만나게 되어 감격했으므로 무관심한(indifferent) 감정과는 반대된다.
④ 실망한 → 만족한	3%	카페에서 유명한 화가를 직접 만나서 감격했으므로 실망한(disappointed) 감정과는 반대되며, 후반부에서 화가의 설명에 어쩔 줄 몰라 꼼짝 못한 채 서 있었다고 했으므로 만족한(satisfied) 감정과는 거리가 멀다.
⑤ 질투하는 → 자신감 있는	2%	유명한 화가를 직접 만나 감격한 것은 질투하는(jealous) 감정과 거리가 멀며, 후반부에서 화가의 설명에 당황하여 어쩔 줄 몰라 하는 상황이므로 자신감 있는(confident) 감정과는 반대된다.

Q4 정답 ③ 정답률 82%

정답 풀이

Zoe가 올해의 학업 최우수상을 받을 수 있을까 긴장했지만, 결국에는 상을 받게 되어 아주 기뻐했다는 내용이므로, Zoe의 심경 변화로는 ③ nervous(긴장한) → delighted(아주 기뻐하는)가 가장 적절하다.

친절한 지문분석

The principal stepped / on stage. "Now, / I present this year's top
교장 선생님이 올라갔다 무대 위로 이제 저는 올해의 학업 최우수상을 수여

academic award / to the student [who has achieved the highest
하겠습니다 최고 등수를 차지한 학생에게
주격 관계대명사절

placing]." He smiled / at the row of seats / [where twelve finalists
그는 미소 지었다 좌석 열을 향해 열두 명의 최종 입상 후보자가
관계부사절

had gathered]. Zoe wiped a sweaty hand / on her handkerchief /
모여 있는 Zoe는 땀에 젖은 손을 닦았다 그녀의 손수건에
과거완료

and glanced at the other finalists. They all looked as pale and
그리고 다른 최종 입상 후보자들을 힐끗 보았다 그들은 모두 그녀만큼 창백하고 불안해 보였다
원급 비교

uneasy as herself. Zoe and one of the other finalists had won first
Zoe와 나머지 다른 최종 입상 후보자 중 한 명이 1위를 차지했다
one of+복수명사: ~ 중 하나 과거완료

placing / in four subjects / so it came down / to [how teachers
네 개 과목에서 그래서 그것은 좁혀졌다 그들의 노력과 자신감을
목적절(의문사절)

ranked their hard work and confidence]. "The Trophy for General
선생님들이 어떻게 평가하느냐로 전체 최우수상을 위한 트로피는

Excellence is awarded / to Miss Zoe Perry," / the principal declared.
수여됩니다 Zoe Perry 양에게 교장 선생님이 공표했다

"Could Zoe step this way, please?" Zoe felt / as if she were in
Zoe는 이리로 나와 주시겠습니까? Zoe는 느꼈다 마치 천국에 있는 것처럼
as if+가정법 과거

heaven. She walked / into the thunder of applause / with a big smile.
그녀는 걸어갔다 우레와 같은 박수갈채를 받으며 활짝 웃음을 지으며

지문 해석

교장 선생님이 무대 위로 올라갔다. "이제, 최고 등수를 차지한 학생에게 올해의 학업 최우수상을 수여하겠습니다." 그는 열두 명의 최종 입상 후보자가 모여 있는 좌석 열을 향해 미소를 지었다. Zoe는 땀에 젖은 손을 그녀의 손수건에 닦고는 나머지 다른 최종 입상 후보자들을 힐끗 보았다. 그들은 모두 그녀만큼 창백하고 불안해 보였다. Zoe와 나머지 다

른 최종 입상 후보자 중 한 명이 네 개 과목에서 1위를 차지했으므로, 그들의 노력과 자신감을 선생님들이 어떻게 평가하느냐로 좁혀졌다. "전체 최우수상을 위한 트로피는 Zoe Perry 양에게 수여됩니다."라고 교장 선생님이 공표했다. "Zoe는 이리로 나와 주시겠습니까?" Zoe는 마치 천국에 있는 기분이었다. 그녀는 활짝 웃음을 지으며 우레와 같은 박수갈채를 받으며 걸어갔다.

지문 흐름

교장 선생님이 올해의 학업 최우수상을 수여하려 함	·········	상황 1
⬇		
최종 입상 후보자인 Zoe는 너무 떨리고 긴장됐음	·········	Zoe의 심경 1
⬇		
선생님들께 좋게 평가받은 사람이 상을 받을 수 있음	·········	전개
⬇		
교장 선생님이 수상자로 Zoe의 이름을 호명함	·········	상황 2
⬇		
Zoe는 너무 기뻐 마치 천국에 있는 느낌이 듦	·········	Zoe의 심경 2

친절한 오답 풀이

오답 선택지	선택률	오답 이유
① 희망에 찬 → 실망한	4%	글의 초반에 학업 최우수상을 받을 수 있을까 긴장된다고 했으므로 희망에 찬(hopeful) 감정은 적절하지 않으며, 후반부에서 상을 받게 되어 기뻐했으므로 실망한(disappointed) 감정과 반대된다.
② 죄책감이 드는 → 자신감 있는	5%	상을 받을 수 있을까 긴장한 것은 죄책감이 드는(guilty) 감정과 거리가 멀며, 후반부에서 상을 받게 되어 기뻐했으므로 자신감 있는(confident) 감정과는 거리가 멀다.
④ 화난 → 침착한	2%	상을 받을 수 있을까 긴장한 것은 화난(angry) 감정과 거리가 멀며, 후반부에서 상을 받게 되어 기뻐했으므로 침착한(calm) 감정과는 거리가 멀다.
⑤ 느긋한 → 자랑스러워하는	7%	상을 받을 수 있을까 긴장한 것은 느긋한(relaxed) 감정과 반대된다.

코드 공략하기

pp.23~25

01 ③ 02 ① 03 ⑤ 04 ① 05 ② 06 ①

01 정답 ③ 정답률 90%

정답 풀이

오디션 결과 전화를 기다리던 중 아버지를 통해 '오즈의 마법사'의 배역 중 하나에 합격했다는 소식을 들은 내용이므로, 'I'의 심경 변화로는 ③ nervous(초조한) → pleased(기쁜)가 가장 적절하다.

친절한 지문분석

I glanced at the clock / on the wall. 10:00. That meant / (that) the casting
나는 시계를 흘긋 보았다 / 벽에 있는 / 10시였다 / 그것은 의미했다 / (that) 목적절 / 섭외

director would call very soon / with the results of my first audition /
감독이 곧 전화할 것이라는 것을 / 나의 첫 번째 오디션 결과로

for a musical part in *The Wizard of Oz*]. I felt shaky all over, /
'오즈의 마법사' 뮤지컬 배역에 대한 / 나는 온몸이 떨렸다

[chewing my thumbnail / and jiggling my feet]. Finally, /
내 엄지손톱을 물어뜯으며 / 그리고 발을 흔들어대며 / 마침내
분사구문(동시동작)

the telephone rang. [While I was coming round], / Dad answered.
전화기가 울렸다 / 내가 안절부절못하는 사이에 / 아빠가 전화를 받았다
시간의 부사절

I heard him say, / "Ahh, thank you. / I'll let her know..." [As I got
나는 그가 말하는 것을 들었다 / 아, 감사합니다 / 제가 그녀에게 알려주겠습니다…
hear+목적어+동사원형: (목적어)가 ~하는 것을 듣다 / let+목적어+동사원형: (목적어)가 ~하게 하다 / 시간의 부사절

to the bottom of the stairs], / he was just putting the phone down.
내가 계단을 다 내려갔을 때 / 그는 막 전화기를 내려놓고 있었다

"That was *The Wizard of Oz*. You're second senior munchkin," /
'오즈의 마법사' 측이었어 / 너는 둘째 상급 먼치킨이야

he announced. I got a little rush of excitement, / [knowing (that) I was
그가 알려주었다 / 나는 흥분감이 약간 밀려왔다 / 내가 참여한다는 것을
분사구문(이유) 목적절

in} / — {that <whatever happened> / I could be involved in one
알게 되어 / 즉 어떤 일이 있더라도 / 내가 작품 중 하나에 참여할 수 있다는 것을
목적절 복합관계대명사절

of the productions}].
(알게 되어)

지문 해석

나는 벽에 있는 시계를 흘긋 보았다. 10시였다. 그것은 섭외 감독이 '오즈의 마법사' 뮤지컬 배역에 대한 나의 첫 번째 오디션 결과로 곧 전화할 것이라는 것을 의미했다. 나는 온몸이 떨리며, 엄지손톱을 물어뜯고 발을 흔들어댔다. 마침내 전화기가 울렸다. 내가 안절부절못하는 사이, 아빠가 전화를 받았다. 나는 그가, "아, 감사합니다. 그녀에게 알려주겠습니다…"라고 말하는 것을 들었다. 내가 계단을 다 내려갔을 때, 그는 막 전화기를 내려놓고 있었다. "'오즈의 마법사' 측이었어. 너는 둘째 상급 먼치킨이야."라고 그가 알려주었다. 내가 참여한다는 것 즉 어떤 일이 있더라도 내가 작품 중 하나에 참여할 수 있다는 것을 알게 되어 흥분감이 약간 밀려왔다.

지문 흐름

벽시계로 10시임을 확인하고 곧 오디션 결과 전화가 올 것임을 알게 됨	·········	상황 1
⬇		
온몸이 떨리고 엄지손톱을 물어뜯고 발을 흔들어대며 초조해함	·········	필자의 심경 1
⬇		
아버지가 전화를 받은 후 '오즈의 마법사'에서 둘째 상급 먼치킨을 맡게 되었다고 알려줌	·········	상황 2
⬇		
작품에 참여할 수 있게 되어 흥분을 느낌	·········	필자의 심경 2

친절한 오답 풀이

오답 선택지	선택률	오답 이유
① 어리둥절한 → 침착한	3%	오디션 결과를 기다리며 안절부절 못하고 있으므로 어리둥절한(puzzled) 감정과는 거리가 멀고, '오즈의 마법사' 배역에 합격했다는 소식을 들은 후 흥분이 밀려왔다고 했으므로 침착한(calm) 감정과는 상반된다.
② 지루한 → 혼란스러운	1%	오디션 결과를 기다리며 안절부절 못하고 있으므로 지루한(bored) 감정은 적절하지 않으며, '오즈의 마법사' 배역에 합격했다는 소식을 들은 후 흥분이 밀려왔다고 했으므로 혼란스러운(confused) 감정과는 거리가 멀다.
④ 만족한 → 후회하는	3%	오디션 결과를 기다리며 안절부절 못하고 있으므로 만족한(satisfied) 감정과는 상반되며, '오즈의 마법사' 배역에 합격했다는 소식을 들은 후 흥분이 밀려왔다고 했으므로 후회하는(regretful) 감정은 적절하지 않다.

⑤ 자신감 있는 → 실망한	3%	오디션 결과를 기다리며 안절부절 못하고 있으므로 자신감 있는(confident) 감정과는 상반되며, '오즈의 마법사' 배역에 합격했다는 소식을 들은 후 흥분이 밀려왔다고 했으므로 실망한 (disappointed) 감정은 적절하지 않다.

02 정답 ① 정답률 83%

정답 풀이

개간지에서 편안하게 누워 햇살을 보고 바람을 느끼며 미소를 띠었으며 일상의 부담에서 벗어나 모든 걱정이 사라짐을 느꼈다고 했으므로, Erda의 심경으로는 ① relaxed(편안한)가 가장 적절하다.

친절한 지문분석

Erda lay on her back / in a clearing, [watching drops of sunlight
Erda는 누웠다 개간지에 부서진 햇살이 스며드는 것을 지켜보며
분사구문(동시동작)

slide / through the mosaic of leaves / above her]. She joined them /
모자이크 모양의 나뭇잎 사이로 그녀 위쪽의 그녀는 그것들과 함께했다
watch(지각동사)+목적어+동사원형: (목적어)가 ~하는 것을 보다

for a little, [moving with the gentle breeze], [feeling the warm
잠시 미풍을 따라 움직이면서 따뜻한 태양이 자신에게
분사구문(동시동작) 분사구문(동시동작)

sun feed her]. A slight smile was spreading / over her face. She
자양분을 주는 것을 느끼며 옅은 미소가 번지고 있었다 그녀의 얼굴에 그녀는
feel(지각동사)+목적어+동사원형: (목적어)가 ~하는 것을 느끼다

slowly turned over / and pushed her face into the grass, [smelling
몸을 천천히 돌렸고 풀밭으로 그녀의 얼굴을 내밀었다
동사 1 동사 2 분사구문(동시동작)

the green pleasant scent / from the fresh wild flowers]. [Free from
푸르고 쾌적한 향기를 맡으며 신선한 야생화로부터 풍겨오는
(Being) 분사구문

her daily burden], she got to her feet / and went on. Erda walked /
그녀의 일상의 부담에서 벗어나 그녀는 일어섰고 앞으로 나아갔다 Erda는 걸었다
동사 1 동사 2

between the warm trunks of the trees. She felt [all her concerns
나무들의 따뜻한 기둥 사이를 그녀는 느꼈다 그녀의 모든 걱정들이
(that) 목적절

had gone away].
사라졌다는 것을
과거완료(대과거)

지문 해석

Erda는 개간지에 누워 그녀 위쪽의 모자이크 모양의 나뭇잎 사이로 부서진 햇살이 스며드는 것을 지켜보았다. 그녀는 따뜻한 태양이 자신에게 자양분을 주는 것을 느끼며, 미풍을 따라 움직이면서 그것들과 잠시 함께했다. 옅은 미소가 그녀의 얼굴에 번지고 있었다. 그녀는 몸을 천천히 돌려 신선한 야생화로부터 풍겨오는 푸르고 쾌적한 향기를 맡으며 풀밭으로 그녀의 얼굴을 내밀었다. 일상의 부담에서 벗어나 그녀는 일어서서 앞으로 나아갔다. Erda는 나무들의 따뜻한 기둥 사이를 걸었다. 그녀는 그녀의 모든 걱정들이 사라졌음을 느꼈다.

지문 흐름

Erda가 개간지에 누워 햇살을 느끼며, 얼굴에 옅은 미소를 띰	………	상황 1
↓		
몸을 천천히 돌려 야생화 향기를 맡으며 풀밭으로 얼굴을 내밈	………	상황 2
↓		
일상의 부담에서 벗어나 나무 기둥 사이를 걸음	………	상황 3
↓		
모든 걱정이 사라졌음을 느낌	………	Erda의 심경

친절한 오답 풀이

오답 선택지	선택률	오답 이유
② 어리둥절한	4%	Erda가 개간지에 누워 자연을 느끼며 편안한 감정을 느끼고 있는 상황이므로, 어리둥절한(puzzled), 부러워하는(envious), 놀란(startled), 무관심한(indifferent) 감정은 적합하지 않다.
③ 부러워하는	5%	
④ 놀란	4%	
⑤ 무관심한	2%	

03 정답 ⑤ 정답률 92%

정답 풀이

Matt가 새벽에 자기 방에 누군가가 들어온 소리를 듣고 깬 후, 엄마를 불렀지만 아무 대답이 없었고, 알 수 없는 사람의 숨소리를 들으며 남은 밤 동안 깬 상태로 누워 있는 상황이므로, 글의 분위기로는 ⑤ mysterious and frightening(불가사의하고 무서운)이 가장 적절하다.

친절한 지문분석

In the middle of the night, / Matt suddenly awakened. He glanced
한밤중에 Matt는 갑자기 잠에서 깼다 그는 그의 시계를

at his clock. It was 3:23. For just an instant / he wondered / [what
흘긋 보았다 3시 23분이었다 잠시 동안 그는 궁금했다 무엇이
목적절(의문사절)

had wakened him]. Then / he remembered. He had heard /
그를 깨웠는지 그때 그는 기억했다 그가 들었다
과거완료(대과거) 과거완료(완료)

someone come into his room. Matt sat up in bed, / rubbed his
누군가가 그의 방에 들어오는 것을 Matt는 침대에 바로 앉았다 그의 눈을
hear+목적어+동사원형: (목적어)가 ~하는 것을 듣다 동사 1 동사 2

eyes, / and looked around the small room. "Mom?" / he said
비볐다 그리고 작은 방을 둘러보았다 엄마 그가 조용히
동사 3(병렬구조)

quietly, / [hoping he would hear his mother's voice / {assuring
말했다 (that) 엄마의 목소리를 그가 들을 수 있기를 바라면서 그에게
분사구문(동시동작) 현재분사구

him / [that everything was all right]}]. But there was no answer.
장담하는 모든 것이 괜찮다고 그런데 답이 없었다
간접목적어 직접목적어(that절)

Matt tried to tell himself / [that he was just hearing things]. But /
Matt는 스스로에게 말하려고 노력했다 그가 막 환청을 들었다고 하지만
(that) 간접목적어 직접목적어(that절)

he knew [he wasn't]. There was someone in his room. He could
그는 아니라는 것을 알았다 그의 방에 누군가 있었다 그는 규칙적으로
목적절 (hearing things)

hear rhythmic, scratchy breathing / and it wasn't his own. He lay
긁는 듯한 숨소리를 들을 수 있었다 그리고 그것은 그의 것이 아니었다

awake / for the rest of the night.
그는 깬 상태로 누워 있었다 남은 밤 동안

지문 해석

한밤중에, Matt는 갑자기 잠에서 깼다. 그는 그의 시계를 흘긋 보았다. 3시 23분이었다. 잠시 동안 그는 무엇이 그를 깨웠는지 궁금했다. 그때 그는 기억했다. 누군가가 그의 방에 들어오는 것을 그가 들었다는 것을. Matt는 침대에 바로 앉아 그의 눈을 비비고 작은 방을 둘러보았다. "엄마?" 모든 것이 괜찮다고 그에게 장담하는 엄마의 목소리를 그가 들을 수 있기를 바라면서 그는 조용히 말했다. 그런데 답이 없었다. Matt는 그가 막 환청을 들었다고 스스로에게 말하려고 노력했다. 그런데 그는 그가 그렇지(환청을 듣지) 않았다는 것을 알았다. 그의 방에 누군가가 있었다. 그는 규칙적으로 긁는 듯한 숨소리를 들을 수 있었고, 그것은 그의 것이 아니었다. 그는 남은 밤 동안 깬 상태로 누워 있었다.

지문 흐름

밤중에 Matt가 갑자기 잠에서 깨서 시계를 보니 3시 23분이었음	·········	도입
잠시 동안 그는 무엇이 그를 깨웠는지 생각하고, 누군가가 그의 방에 들어오는 것을 그가 들었음을 기억해냄	·········	전개 1
Matt는 침대에 앉아 모든 것이 괜찮다고 말해주는 엄마의 목소리를 듣기를 바라면서 엄마를 불렀지만 답이 없었음	·········	전개 2
Matt는 환청을 들었다고 스스로에게 말하려고 노력했지만, 그의 방에는 누군가가 있었음	·········	전개 3
그는 규칙적으로 긁는 듯한 다른 사람의 숨소리를 들을 수 있었고, 그는 남은 밤 동안 깬 상태로 누워 있었음	·········	마무리

친절한 오답 풀이

오답 선택지	선택률	오답 이유
① 유머러스하고 재미있는	2%	유머러스하고 재미있는(humorous and fun) 분위기와는 상반된다.
② 지루하고 따분한	1%	지루하고 따분한(boring and dull) 분위기와는 상반된다.
③ 조용하고 평화로운	3%	고요하긴 하지만 조용하고 평화로운(calm and peaceful) 분위기는 적절하지 않다.
④ 시끄럽고 흥미진진한	2%	시끄럽고 흥미진진한(noisy and exciting) 분위기는 적절하지 않다.

04 정답 ① 정답률 91%

정답 풀이

사라진 남편과 딸이 걱정되어 호텔을 나가 그들을 찾으러 다니다가, 그들이 밖에서 마술 쇼를 보고 있는 것을 발견하여 안도하는 내용이므로, 'I'의 심경 변화로는 ① anxious(불안해하는) → relieved(안도하는)가 가장 적절하다.

친절한 지문분석

When I woke up in our hotel room, / it was almost midnight. I
내가 호텔 방에서 깨어났을 때는 거의 자정이었다

didn't see my husband nor daughter. I called them, / but I heard
남편과 딸이 보이지 않았다 나는 그들에게 전화를 걸었다 하지만 나는
~도 또한 아니다

their phones ringing / in the room. [Feeling worried], / I went
그들의 전화가 울리는 것을 들었다 방에서 걱정이 되어 나는 밖으로
hear(지각동사)+목적어+v-ing: (목적어)가 ~하고 있는 것을 듣다 분사구문(이유)

outside / and walked down the street, / but they were nowhere
나갔다 그리고 거리를 걸어 내려갔다 하지만 그들은 어디에도 없었다

to be found. When I decided (that) [I should ask someone for help], /
내가 누군가에게 도움을 요청하려고 마음먹었을 때
to be+p.p.: to부정사의 수동태 목적절

a crowd nearby caught my attention. I approached, / [hoping to
근처에 있던 군중이 내 주의를 끌었다 나는 다가갔다 남편과 딸을
형용사 분사구문(동시동작)

find my husband and daughter], / and suddenly I saw two familiar
찾기를 바라며 그리고 갑자기 낯익은 두 얼굴을 보았다

faces. I smiled, / [feeling calm]. Just then, / my daughter saw me
나는 웃었다 안도하며 바로 그때 딸이 나를 보고
분사구문(동시동작)

and called, "Mom!" They were watching the magic show. Finally,
"엄마!"라고 외쳤다 그들은 마술 쇼를 보고 있는 중이었다 마침내
과거진행형

I felt all my worries disappear.
나는 내 모든 걱정이 사라지는 것을 느꼈다
feel(지각동사)+목적어+동사원형: (목적어)가 ~하는 것을 느끼다

지문 해석

내가 호텔 방에서 깨어났을 때는, 거의 자정이었다. 남편과 딸이 보이지 않았다. 나는 그들에게 전화를 걸었지만, 나는 그들의 전화가 방에서 울리는 것을 들었다. 걱정이 되어, 나는 밖으로 나가 거리를 걸어 내려갔지만, 그들은 어디에도 없었다. 내가 누군가에게 도움을 요청하려고 마음먹었을 때, 근처에 있던 군중이 내 주의를 끌었다. 나는 남편과 딸을 찾기를 바라며 다가갔고, 갑자기 낯익은 두 얼굴이 보였다. 나는 안도하며 웃었다. 바로 그때, 딸이 나를 보고 "엄마!"라고 외쳤다. 그들은 마술 쇼를 보고 있는 중이었다. 마침내, 나는 내 모든 걱정이 사라지는 것을 느꼈다.

지문 흐름

호텔 방에서 깨어나 남편과 딸이 보이지 않는 것을 깨달음	·········	도입
남편과 딸이 걱정되어 전화도 해보고 밖으로 나가 거리를 걸어 내려갔지만, 그들은 보이지 않음	·········	상황 1, 심경 1
누군가에게 도움을 요청하려 했을 때 군중이 주의를 끎	·········	상황 2
남편과 딸을 보았고, 그들은 마술 쇼를 보고 있었음	·········	상황 3
걱정이 모두 사라짐	·········	심경 2

친절한 오답 풀이

오답 선택지	선택률	오답 이유
② 아주 기뻐하는 → 불행한	1%	사라진 남편과 딸을 걱정하는 내용이 초반에 등장하므로, delighted(아주 기뻐하는), indifferent(무관심한), relaxed(편안한) 감정과 무관하다.
③ 무관심한 → 신이 난	4%	
④ 편안한 → 속상한	1%	
⑤ 당황스러운 → 뿌듯한	3%	마지막 부분에 사라진 남편과 딸을 찾아 안도하는 내용이 나오므로, proud(뿌듯한) 감정은 적절하지 않다.

05 정답 ② 정답률 85%

정답 풀이

로키산맥 여행 중, 회색 곰 한 마리를 보고 처음에는 기분이 좋았다가 이 동물이 자신의 냄새를 맡으며 다가오고 있다는 것을 알게 된 내용이므로, 'I'의 심경 변화로는 ② delighted(기뻐하는) → scared(무서워하는)가 가장 적절하다.

친절한 지문분석

On a two-week trip in the Rocky Mountains, / I saw a grizzly bear /
로키산맥에서 2주간의 여행 중 나는 회색 곰 한 마리를 보았다

in its native habitat. At first, / I felt joy / [as I watched the bear
그것의 토착 서식지에서 처음에 나는 기분이 좋았다 그 곰이 땅을 가로질러
시간의 부사절

walk across the land]. He stopped / every once in a while /
걸어가는 모습을 보았을 때 그것은 멈춰 섰다 이따금
watch(지각동사)+목적어+동사원형: (목적어)가 ~하는 것을 보다 때때로, 이따금

to turn his head about, / [sniffing deeply]. He was following the
고개를 돌려 깊게 코를 킁킁거리면서 그는 무언가의 냄새를
to부정사의 부사적 용법(결과) 분사구문(동시동작)

scent of something, / and slowly I began to realize [that this giant
따라가고 있었다 그리고 나는 서서히 깨닫기 시작했다 이 거대한 동물이
목적절

animal was smelling me]! I froze. This was no longer a wonderful
내 냄새를 맡고 있다는 것을 나는 얼어붙었다 이것은 더는 멋진 경험이 아니었다

experience; / it was now an issue of survival. The bear's motivation
이제 생존의 문제였다 그 곰의 동기는

was to find meat to eat, / and I was clearly on his menu.
먹을 고기를 찾는 것이었다 그리고 나는 분명히 그의 메뉴에 올라 있었다
to부정사의 명사적 용법 to부정사의 형용사적 용법

지문 해석

로키산맥에서 2주간의 여행 중, 나는 회색 곰 한 마리를 그것의 토착 서식지에서 보았다. 처음에 나는 그 곰이 땅을 가로질러 걸어가는 모습을 보았을 때 기분이 좋았다. 그것은 이따금 멈춰 서서 고개를 돌려 깊게 코를 킁킁거렸다. 그것은 무언가의 냄새를 따라가고 있었고, 나는 서서히 이 거대한 동물이 내 냄새를 맡고 있다는 것을 깨닫기 시작했다! 나는 얼어붙었다. 이것은 더는 멋진 경험이 아니었고, 이제 생존의 문제였다. 그 곰의 동기는 먹을 고기를 찾는 것이었고, 나는 분명히 그의 메뉴에 올라 있었다.

지문 흐름

로키산맥 여행 중 회색 곰을 만나 기분이 좋음 ········· 상황 1, 필자의 심경 1
↓
곰이 멈춰 서서 코를 킁킁거리는 것을 발견함 ········· 상황 2
↓
곰이 나의 냄새를 맡고 있다는 것을 깨닫고 몸이 얼어붙음 ········· 상황 3
↓
이제는 더 이상 멋진 경험이 아닌 생존의 문제임을 깨달음 ········· 필자의 심경 2

친절한 오답 풀이

오답 선택지	선택률	오답 이유
① 슬픈 → 화가 난	1%	슬프거나(sad) 화가 난(angry) 감정은 지문의 내용과 무관하다.
③ 만족한 → 질투하는	3%	만족하거나(satisfied) 질투하는(jealous) 감정은 지문의 내용과 무관하다.
④ 걱정하는 → 안도하는	5%	글의 초반에는 회색 곰을 만나 신이 난 내용으로 걱정하는(worried) 감정은 적절하지 않고, 그 뒤에도 곰이 자신의 냄새를 맡으며 다가오고 있음을 느끼고 있으므로 안도하는(relieved) 감정과는 상반된다.
⑤ 좌절한 → 신이 난	5%	좌절한(frustrated) 감정은 지문의 내용과 무관하고, 신이 난(excited) 감정은 지문의 초반 상황과 관련이 있다.

06 정답 ① 정답률 95%

정답 풀이

Sarah는 자신이 만든 모래성이 파도에 무너지자 속상해했지만, 엄마가 그것을 바다에 주는 선물로 생각할 수 있다는 말을 해 주자 다시 기뻐하며 모래성을 만들려 하고 있으므로, Sarah의 심경 변화로는 ① sad(슬픈) → excited(신이 난)가 가장 적절하다.

친절한 지문분석

Marilyn and her three-year-old daughter, Sarah, / took a trip to the
Marilyn과 세 살 된 딸 Sarah는 해변으로 여행을 떠났고

beach, / [where Sarah built her first sandcastle]. Moments later, /
그곳에서 Sarah는 처음으로 모래성을 쌓았다 잠시 후
관계부사절(계속적 용법)

an enormous wave destroyed Sarah's castle. In response to the loss
거대한 파도가 Sarah의 성을 무너뜨렸다 모래성을 잃은 것에 반응하여
~에 응하여

of her sandcastle, / tears streamed down Sarah's cheeks / and her
눈물이 Sarah의 뺨을 타고 흘러내렸다 그리고 그녀의

heart was broken. She ran to Marilyn, / [saying {(that) she would never
마음은 무너졌다 그녀는 Marilyn에게 달려갔다 다시는 모래성을 쌓지 않겠다고 말하며
분사구문(동시동작) 목적절

build a sandcastle again}]. Marilyn said, / "Part of the joy of
Marilyn은 말했다 "모래성을 쌓는 즐거움 중 일부는

building a sandcastle is [that, / in the end, / we give it as a gift to
결국에는 우리가 그것을 바다에게 선물로
보어절

the ocean]." Sarah loved this idea / and responded with enthusiasm /
주는 것이란다." Sarah는 이 생각이 마음에 들었다 그리고 열정적으로 반응했다
동사 1 동사 2(병렬구조)

to the idea of building another castle / — this time, / even closer to
또 다른 모래성을 만들 생각에 이번에는 바다와 훨씬 더 가까운

the water / so the ocean would get its gift sooner!
곳에서 바다가 그 선물을 더 빨리 받을 수 있도록 하기 위해
so (that): ~하도록, ~하기 위하여

지문 해석

Marilyn과 세 살 된 딸 Sarah는 해변으로 여행을 떠났고, 그곳에서 Sarah는 처음으로 모래성을 쌓았다. 잠시 후, 거대한 파도가 Sarah의 성을 무너뜨렸다. 모래성을 잃은 것에 반응하여 눈물이 Sarah의 뺨을 타고 흘러내렸고, 그녀의 마음은 무너졌다. 그녀는 다시는 모래성을 쌓지 않겠다고 말하며 Marilyn에게 달려갔다. Marilyn은 "모래성을 쌓는 즐거움 중 일부는 결국에는 우리가 그것을 바다에게 선물로 주는 것이란다."라고 말했다. Sarah는 이 생각이 마음에 들었고 또 다른 모래성을 만들 생각에 이번에는 바다와 훨씬 더 가까운 곳에서 바다가 그 선물을 더 빨리 받을 수 있도록 하겠다며 열정적으로 반응했다.

지문 흐름

Sarah가 처음으로 만든 모래성이 파도에 무너짐 ········· 상황 1
↓
Sarah는 슬퍼하며 다시는 모래성을 만들지 않겠다고 함 ········· Sarah의 심경 1
↓
엄마가 Sarah에게 모래성을 바다에 선물로 준 것이라고 말해 줌 ········· 상황 2
↓
Sarah는 기쁜 마음으로 바다가 선물을 더 빨리 받을 수 있도록 바다와 더 가까운 곳에서 모래성을 만들고 싶어 함 ········· Sarah의 심경 2

친절한 오답 풀이

오답 선택지	선택률	오답 이유
② 부러워하는 → 불안해하는	1%	부러워하거나(envious) 불안해하는(anxious) 감정은 글의 내용과 무관하다.
③ 지루한 → 즐거운	1%	글의 초반부에서 처음 만든 모래성이 파도에 무너져서 속상해하고 있으므로, 지루한(bored) 감정은 적절하지 않다.
④ 느긋한 → 후회하는	1%	처음 만든 모래성이 파도에 무너졌으므로 느긋한(relaxed) 감정과는 거리가 멀고, 이후 엄마의 말을 들은 후 기쁜 마음으로 다시 모래성을 만들고 싶어 하므로 후회하는(regretful) 감정은 적절하지 않다.
⑤ 초조한 → 놀란	2%	처음 만든 모래성이 파도에 무너졌으므로 초조한(nervous) 감정은 적절하지 않고, 나중에 모래성을 바다에 선물로 준다는 생각이 마음에 들어 열정적으로 반응했으므로 놀란(surprised) 감정과도 다소 거리가 멀다.

03 주장·요지

코드 접속하기

pp.29~32

Q1 ② **Q2** ① **Q3** ① **Q4** ①

Q1

정답 ② 정답률 89%

정답 풀이

의사소통을 할 때 적절한 몸짓이 도움이 된다는 내용이므로, 필자의 주장으로는 ② '효과적인 의사소통을 위해 몸짓을 적절히 사용해야 한다.'가 가장 적절하다.

친절한 지문분석

[Improving your gestural communication] / involves more than
몸짓을 사용하는 의사소통을 개선하는 것은 / 단순히 아는 것 이상을 포함한다
주어(동명사구)

just knowing / [when to nod or shake hands]. It's about using
언제 고개를 끄덕이거나 악수를 해야 할지 / 이는 몸짓을 사용하는 것에 대한
when to-v: 언제 ~해야 할지

gestures / to complement your spoken messages, / [adding layers
것이다 / 여러분의 말로 전하는 메시지를 보완하기 위해 / 여러분의 말에 여러
to부정사의 부사적 용법(목적) / 분사구문(동시동작)

of meaning to your words]. Openhanded gestures, / for example, /
겹의 의미를 더하면서 / 손바닥을 보이는 동작은 / 예를 들어

can indicate honesty, / [creating an atmosphere of trust]. You invite
정직함을 나타내어 / 신뢰의 분위기를 만든다 / 여러분은
분사구문(동시동작)

openness and collaboration / [when you speak with your palms
개방성과 협력을 끌어낸다 / 손바닥을 위로 향한 채로 이야기할 때
시간의 부사절 with+목적어+현재분사: ~가 …한 채로

facing up]. This simple yet powerful gesture can make others / feel
이 간단하지만 강력한 몸짓은 상대방을 만들 수 있다
make+목적어+목적격보어: (목적어)를 ~하게 만들다

more comfortable and willing to engage in conversation. But be
더 편안함을 느끼고 대화에 더 기꺼이 참여하고 싶도록 / 하지만

careful of the trap of overgesturing. Too many hand movements
과도한 몸짓의 함정에 주의하라 / 너무 많은 손동작은 (그들을) 여러분의

can distract from your message, / [drawing attention away from
메시지에 집중이 안 되게 한다 / 여러분의 말로부터 (사람들의) 관심을 돌리게 해서
분사구문(동시동작)

your words]. Imagine a speaker / [whose hands move quickly like
발표자를 상상해 보라 / 손이 마치 새처럼 빠르게 움직이는
소유격 관계대명사절

birds], [their message lost in the chaos of their gestures]. Balance
자신의 메시지가 몸짓의 혼돈 속에 사라져버린 / 균형이
분사구문(동시동작)

is key. Your gestures should highlight your words, / not overshadow
핵심이다 여러분의 몸짓은 여러분의 말을 강조해야 한다 / 그것들을 가리는 것이 아니라

them.

지문 해석

몸짓을 사용하는 의사소통을 개선하는 것은 단순히 고개를 끄덕이거나 악수를 해야 할 때를 아는 것 이상을 포함한다. 이는 여러분의 말로 전하는 메시지를 보완하기 위해 여러분의 말에 여러 겹의 의미를 더하면서 몸짓을 사용하는 것에 대한 것이다. 예를 들어 손바닥을 보이는 동작은 정직함을 나타내어 신뢰의 분위기를 만든다. 손바닥을 위로 향한 채로 이야기할 때 여러분은 개방성과 협력을 끌어낸다. 이 간단하지만 강력한 몸짓은 상대방이 더 편안함을 느끼고 대화에 더 기꺼이 참여하고 싶도록 만들 수 있다. 하지만 과도한 몸짓의 함정에 주의하라. 너무 많은 손동작은 여러분의 말로부터 (사람들의) 관심을 돌리게 해서 (그들을) 여러분의 메시지에 집중이 안 되게 한다. 손이 마치 새처럼 빠르게 움직여서 자신의 메시지가 몸짓의 혼돈 속에 사라져버린 발표자를 상상해 보라. 균형이 핵심이다. 여러분의 몸짓은 여러분의 말을 강조해야지, 말을 가려서는 안 된다.

지문 흐름

몸짓을 사용하는 의사소통은 단순한 동작 이상의 의미를 지니며, 말의 메시지를 보완하는 중요한 수단임	………	도입
손바닥을 보이는 등의 간단한 몸짓은 정직함과 개방성을 전달하여 대화를 더 편하게 만듦	………	전개
그러나 과도한 몸짓은 오히려 청중의 집중을 흐려 메시지를 약화시킬 수 있음	………	주의점
손이 새처럼 빠르게 움직이는 발표자는 메시지를 몸짓의 혼란 속에 묻히게 만듦	………	예시
몸짓은 말의 보조 수단으로서 균형 있게 사용되어야 하며, 말을 가려서는 안 됨	………	결론

친절한 오답 풀이

오답 선택지	선택률	오답 이유
① 메시지를 잘 전달하기 위해서 열린 마음을 지녀야 한다.	2%	메시지를 잘 전달하기 위해 열린 마음을 지녀야 한다는 내용은 언급되지 않았다.
③ 청중의 반응을 파악하기 위해 그들의 몸짓에 주목해야 한다.	4%	청중의 몸짓에 주목해야 한다는 내용은 필자의 주장과 무관하다.
④ 전달하고자 하는 것을 감추기보다 직접적으로 표현해야 한다.	3%	전달하고자 하는 것을 직접적으로 표현해야 한다는 내용은 언급되지 않았다.
⑤ 상대방을 설득하기 위해서는 메시지를 반복적으로 강조해야 한다.	2%	메시지를 반복적으로 강조해야 한다는 내용은 언급되지 않았다.

Q2

정답 ① 정답률 92%

정답 풀이

연구가 수면 중에 수행되는 많은 매우 중요한 과업이 건강을 유지하는 데 도움이 되고 사람들이 최상의 수준으로 기능할 수 있게 해 준다는 것을 밝히고 있다고 했으므로, 글의 요지로는 ① '수면은 건강 유지와 최상의 기능 발휘에 도움이 된다'가 가장 적절하다.

친절한 지문분석

Many people view sleep as merely a "down time" / [when their
많은 사람이 수면을 그저 '가동되지 않는 시간'으로 본다
view A as B: A를 B로 본다 / 관계부사절

brain shuts off / and their body rests]. In a rush / to meet work,
뇌가 멈추는 / 그리고 신체가 쉬는 / 서두르는 와중에 / 일, 학교, 가족 또는
to부정사의 부사적 용법(목적)

school, family, or household responsibilities, / people cut back on
가정의 책임을 다하기 위해서 / 사람들은 수면 시간을 줄인다

their sleep, / [thinking it won't be a problem], / [because all of
그것이 문제가 되지 않을 것으로 생각하면서 / 이러한 모든
분사구문(동시동작) / 이유의 부사절

these other activities seem much more important]. But research
다른 활동들이 훨씬 더 중요해 보이기 때문에 / 하지만 연구는 밝힌다
훨씬(비교급 강조)

reveals / [that a number of vital tasks / {carried out during sleep} /
많은 매우 중요한 과업이 / 수면 중에 수행되는
a number of: 많은 ~ / 과거분사구

help to maintain good health / and enable people to function /
건강을 유지하는 데 도움이 되고 / 사람들이 기능할 수 있게 해준다는 것을
동사 1 / 동사 2 목적어 목적격보어

at their best]. [While you sleep], / your brain is hard at work /
최상의 수준으로 / 잠을 자는 동안 / 여러분의 뇌는 열심히 일하고 있다
시간의 부사절

[forming the pathways / {necessary for learning and creating
경로를 형성하면서 / 학습하고 기억과 새로운 통찰을 만드는 데 필요한
분사구문(동시동작) / 형용사구

[forming the pathways / {necessary for learning and creating
경로를 형성하면서 / 학습하고 기억과 새로운 통찰을 만드는 데 필요한
분사구문(동시동작) / 형용사구

memories and new insights}]. Without enough sleep, / you can't
충분한 수면이 없다면 / 여러분은 / 조동사

(can't) (can't)
focus and pay attention or respond quickly. A lack of sleep may
정신을 집중하고 주의를 기울이거나 빠르게 반응할 수 없다 / 수면 부족은 심지어
동사 1 / 동사 2 / 동사 3(병렬구조)

even cause mood problems. In addition, / growing evidence shows /
감정 문제를 일으킬 수도 있다 / 게다가 / 점점 더 많은 증거가 보여준다

[that a continuous lack of sleep increases / the risk {for developing
계속된 수면 부족이 증가시킨다는 것을 / 심각한 질병 발생의 위험을
목적절 / 전치사구(형용사구)

serious diseases}].

지문 해석

많은 사람이 수면을 그저 뇌가 멈추고 신체가 쉬는 '가동되지 않는 시간'으로 본다. 일, 학교, 가족, 또는 가정의 책임을 다하기 위해 서두르는 와중에, 사람들은 수면 시간을 줄이고, 그것이 문제가 되지 않을 것으로 생각하는데, 왜냐하면 이러한 모든 다른 활동들이 훨씬 더 중요해 보이기 때문이다. 하지만 연구는 수면 중에 수행되는 많은 매우 중요한 과업이 건강을 유지하는 데 도움이 되고 사람들이 최상의 수준으로 기능할 수 있게 해 준다는 것을 밝히고 있다. 잠을 자는 동안, 여러분의 뇌는 학습하고 기억과 새로운 통찰을 만드는 데 필요한 경로를 형성하면서 열심히 일하고 있다. 충분한 수면이 없다면, 여러분은 정신을 집중하고 주의를 기울이거나 빠르게 반응할 수 없다. 수면이 부족하면 심지어 감정 (조절) 문제를 일으킬 수도 있다. 게다가, 계속된 수면 부족이 심각한 질병의 발생 위험을 증가시킨다는 것을 점점 더 많은 증거가 보여준다.

지문 흐름

많은 사람이 수면을 '가동되지 않는 시간'으로 봄 ········· 통념

↓

연구가 수면이 건강을 유지하고, 사람들이 최상의 수준으로 기능하도록 한다는 것을 밝히고 있음 ········· 반론(요지)

↓

수면 중 뇌는 학습하고 기억과 새로운 통찰을 위한 경로를 형성함 ········· 상술

↓

수면 부족은 정신을 집중하고 주의를 기울이거나 빠르게 반응할 수 없게 함 ········· 수면 부족의 결과 1

↓

수면 부족은 감정 (조절) 문제를 일으킬 수 있음 ········· 수면 부족의 결과 2

↓

수면 부족은 심각한 질병의 발생 위험을 증가시킴 ········· 수면 부족의 결과 3

친절한 오답 풀이

오답 선택지	선택률	오답 이유
② 업무량이 증가하면 필요한 수면 시간도 증가한다.	3%	업무량과 수면 시간의 상관관계에 대해서는 언급되지 않았다.
③ 균형 잡힌 식단을 유지하면 뇌 기능이 향상된다.	1%	균형 잡힌 식단과 관련된 내용은 언급되지 않았다.
④ 불면증은 주위 사람들에게 부정적인 영향을 미친다.	2%	수면 부족이 감정 (조절) 문제를 일으킬 수 있다고 했을 뿐, 불면증의 영향에 대해서는 언급되지 않았다.
⑤ 꿈의 내용은 깨어 있는 시간 동안의 경험을 반영한다.	2%	꿈의 내용과 관련된 내용은 언급되지 않았다.

Q3 　정답 ①　정답률 91%

정답 풀이

성공을 위해서는 불편한 것을 피하고자 하는 본능을 극복하고 편안함을 주는 곳을 벗어나서 새로운 일을 시도하라는 내용이므로, 필자의 주장으로는 ① '불편할지라도 성공하기 위해서는 새로운 것을 시도해야 한다'가 가장 적절하다.

친절한 지문분석

Sometimes, / you feel the need / to avoid something / [that will
가끔 / 당신은 필요성을 느낀다 / 무언가를 피할 / 성공으로
to부정사의 형용사적 용법 / 주격 관계대명사절

lead to success / out of discomfort]. Maybe / you are avoiding
이끌어줄 / 불편에서 벗어나 / 아마도 / 당신은 추가적인 일을

extra work / [because you are tired]. You are actively shutting
피하고 있다 / 당신이 피곤하기 때문에 / 당신은 성공을 적극적으로
이유의 부사절

out success / [because you want to avoid being uncomfortable].
차단하고 있다 / 당신은 불편한 것을 피하고 싶기 때문에
이유의 부사절 / avoid v-ing: ~하는 것을 피하다

Therefore, / [overcoming your instinct / to avoid uncomfortable
따라서 / 당신의 본능을 극복하는 것이 / 불편한 것을 피하고자 하는
주어(동명사구) / to부정사의 형용사적 용법

things / at first] / is essential. Try doing new things / outside of
처음에는 / 필요하다 / 새로운 일을 시도하라 / 편안함을 주는
동사 / try v-ing: (시험 삼아) ~해보다

your comfort zone. Change is always uncomfortable, / but it is
곳을 벗어나서 / 변화는 항상 불편하다 / 하지만 그것은
=change

key / to doing things differently / in order to find that magical
핵심이다 / 일을 색다르게 하는 데에 / 저 마법의 공식을 찾기 위해서
전치사의 목적어(동명사구) / in order to-v: ~하기 위하여

formula / for success.
성공을 위한

지문 해석

가끔 당신은 불편을 벗어나 성공으로 이끌어줄 무언가를 피할 필요성을 느낀다. 아마도 당신은 피곤하기 때문에 추가적인 일을 피하고 있다. 당신은 불편한 것을 피하고 싶어서 적극적으로 성공을 차단하고 있다. 따라서 처음에는 불편한 것을 피하고자 하는 당신의 본능을 극복하는 것이 필요하다. 편안함을 주는 곳을 벗어나서 새로운 일을 시도하라. 변화는 항상 불편하지만, 성공을 위한 마법의 공식을 찾기 위해서 그것(변화)은 일을 색다르게 하는 데 있어 핵심이다.

지문 흐름

가끔 불편하기 때문에 성공으로 이끌어줄 무언가를 피할 필요가 있다고 느낌 ········· 도입

↓

아마도 피곤하기 때문에 추가적인 일을 피하고 있으며, 불편한 것을 피하고 싶어서 적극적으로 성공을 차단하고 있는 것임 ········· 부연

↓

따라서 처음에는 불편한 것을 피하고자 하는 본능을 극복하는 것이 필요하므로, 편안함을 주는 곳을 벗어나서 새로운 일을 시도해야 함 ········· 필자의 주장

↓

변화는 항상 불편하지만, 성공을 위해서 변화는 일을 색다르게 하는 데 있어 핵심임 ········· 부연

친절한 오답 풀이

오답 선택지	선택률	오답 이유
② 일과 생활의 균형을 맞추는 성공적인 삶을 추구해야 한다.	2%	일과 생활의 균형을 맞추라는 내용은 언급되지 않았다.

③ 갈등 해소를 위해 불편함의 원인을 찾아 개선해야 한다.	3%	불편함의 원인을 찾아야 한다는 것은 언급되지 않았다.
④ 단계별 목표를 설정하여 익숙한 것부터 도전해야 한다.	1%	익숙한 것부터 도전하라는 것은 필자의 주장과 반대된다.
⑤ 변화에 적응하기 위해 직관적으로 문제를 해결해야 한다.	1%	직관적으로 문제를 해결하라는 내용은 언급되지 않았다.

Q4 정답 ① 정답률 85%

정답 풀이

감정은 가끔 신뢰할 수 없고, 부정확한 정보의 원천이 될 수도 있다는 내용이므로, 글의 요지로는 ① '자신의 감정으로 인해 상황을 오해할 수 있다'가 가장 적절하다.

친절한 지문분석

Your emotions deserve attention / and give you / important
당신의 감정은 관심을 받을 만하다 그리고 당신에게 준다 중요한 정보를
주어 동사 1 동사 2(병렬구조)

pieces of information. However, / they can also sometimes be /
그러나 그것은 또한 가끔 될 수도 있다
= your emotions

an unreliable, inaccurate source of information. You may feel a
신뢰할 수 없고 부정확한 정보의 원천이 당신은 특정한 감정들을
(that) ~할지도 모른다

certain way, / but that does not mean / those feelings are reflections
느낄지도 모른다 하지만 그것은 의미하지는 않는다 그러한 감정들이 사실의 반영임을

of the truth. You may feel sad / and conclude / [that your friend is
당신은 슬플지도 모른다 그리고 결론을 내린다 당신의 친구가 당신에게
주어 조동사 동사 1 동사 2 목적절

angry with you] / [when her behavior simply reflects / {that she's
화가 났다고 그녀의 행동이 그저 나타낼 때 그녀가 좋지
시간의 부사절 목적절

having a bad day}]. You may feel depressed / and decide /
않은 날을 보내고 있음을 당신은 기분이 우울할지도 모른다 그리고 판단한다
주어 조동사 동사 1 동사 2

[that you did poorly in an interview] / [when you did just fine].
면접에서 잘하지 못했다고 당신이 잘했을 때
목적절 시간의 부사절

Your feelings can mislead you / into [thinking things {that are not
당신의 감정은 당신을 호도할 수 있다 사실에 의해 뒷받침되지 않는 것들을 생각하게
동명사구 주격 관계대명사절

supported by facts}].

지문 해석

당신의 감정은 관심을 받을 만하고 당신에게 중요한 정보를 준다. 그러나, 감정은 또한 가끔 신뢰할 수 없고, 부정확한 정보의 원천이 될 수도 있다. 당신은 특정한 감정들을 느낄지도 모르지만, 그것은 그러한 감정들이 사실의 반영임을 의미하지는 않는다. 친구의 행동이 그저 그녀가 좋지 않은 날을 보내고 있음을 나타낼 때에도, 당신이 슬퍼서 당신의 친구가 당신에게 화가 났다고 결론을 내릴지도 모른다. 당신은 기분이 우울해서 면접에서 잘했을 때도 못했다고 판단할지도 모른다. 당신의 감정은 사실에 의해 뒷받침되지 않는 것들을 생각하게 당신을 호도할 수 있다.

지문 흐름

감정은 관심을 받을 만하고 중요한 정보를 줌 ……… 도입
⬇
하지만 감정은 또한 가끔 신뢰할 수 없고, 부정확한 정보의 원천이 될 수도 있음 ……… 요지
⬇
당신이 느끼는 감정들이 사실의 반영을 의미하는 것은 아님 ……… 전개
⬇
친구가 좋지 않은 날을 보내고 있어서 기분이 좋지 않을 때도 당신이 슬프면 당신의 친구가 당신에게 화가 났다고 생각할 수 있음 ……… 예시 1
⬇
당신의 기분이 우울해서 면접에서 잘했을 때도 못했다고 판단할 수 있음 ……… 예시 2
⬇
감정은 사실이 아닌 것들을 생각하게 할 수 있음 ……… 요지 재진술

친절한 오답 풀이

오답 선택지	선택률	오답 이유
② 자신의 생각을 타인에게 강요해서는 안 된다.	4%	자신의 생각을 타인에게 강요하지 말라는 내용은 언급되지 않았다.
③ 인간관계가 우리의 감정에 영향을 미친다.	6%	인간관계가 감정에 영향을 미칠 수 있다는 내용은 언급되지 않았다.
④ 타인의 감정에 공감하는 자세가 필요하다.	5%	타인에 감정에 공감해야 한다는 내용은 언급되지 않았다.
⑤ 공동체를 위한 선택에는 보상이 따른다.	0%	공동체를 위한 선택에 대한 내용은 언급되지 않았다.

코드 공략하기

pp.33~35

01 ⑤ 02 ① 03 ② 04 ③ 05 ① 06 ①

01 정답 ⑤ 정답률 90%

정답 풀이

회의 전에 회의에서 논의하게 될 사항들의 목록을 만들고 회의 참석자들에게 공유해야 한다는 내용이므로, 필자의 주장으로는 ⑤ '회의에서 다룰 사항은 미리 작성해서 공유해야 한다'가 가장 적절하다.

친절한 지문분석

Meetings encourage creative thinking / and can give you ideas /
회의는 창의적 사고를 촉진한다 그리고 아이디어들을 당신에게 제공할 수 있다
give+간접목적어+직접목적어

[that you may never have thought of on your own]. However, /
혼자서는 절대 떠올리지 못했을지도 모르는 그러나
목적격 관계대명사절 may have+p.p.: ~했을지도 모르는

on average, / meeting participants consider about one third of
평균적으로 회의 참석자들은 회의 시간의 대략 3분의 1 정도를 여긴다

meeting time / to be unproductive. But / you can make your
비생산적으로 하지만 당신은 회의를 만들 수 있다
to부정사의 명사적 용법(목적격보어) 동사 목적어

meetings / more productive and more useful / by preparing well /
더 생산적이고 더 유용하게 잘 준비함으로써
목적격보어 by v-ing: ~함으로써

in advance. You should create a list of items [to be discussed] /
사전에 당신은 논의하게 될 사항들의 목록을 만들어야 한다
(should) 조동사 동사 1 to부정사의 형용사적 용법

and share your list / with other participants / before a meeting.
그리고 너의 목록들을 공유해야 한다 다른 참석자들과 회의 전에
동사 2

It allows them to know / what to expect in your meeting / and(to)
그것은 그들이 알도록 한다 / 회의에서 무엇을 기대하는지를 / 그리고
allow+목적어+to-v: (목적어)가 ~하는 것을 가능하게 하다 what to-v: 무엇을~할지
prepare to participate.
참석을 준비할 수 있도록 한다

지문 해석

회의는 창의적 사고를 촉진하며 당신이 혼자서는 절대 떠올리지 못할 만한 아이디어들을 당신에게 제공할 수 있다. 그러나, 평균적으로, 회의 참석자들은 회의 시간의 대략 3분의 1 정도를 비생산적으로 여긴다. 하지만 당신은 사전에 잘 준비함으로써 회의를 더 생산적이고 더 유용하게 만들 수 있다. 당신은 논의하게 될 사항들의 목록을 만들고 회의 전에 다른 회의 참석자들과 공유해야 한다. 그것은 참석자들이 회의에서 무엇을 기대하는지를 알고 회의 참석을 준비할 수 있도록 만들어준다.

지문 흐름

회의는 창의적 사고를 촉진하며 아이디어를 제공함	....	도입
회의 참석자들은 일부 회의 시간을 비생산적으로 여김	....	문제 상황
사전에 준비하는 것이 회의를 더 생산적이고 유용하게 만들 수 있음	....	해결 방향
논의하게 될 사항들의 목록을 만들고 다른 참석자와 공유해야 함	....	필자의 주장
그것은 참석자들이 회의 참석을 준비할 수 있도록 해 줌	....	부연

친절한 오답 풀이

오답 선택지	선택률	오답 이유
① 회의 결과는 빠짐없이 작성해서 공개해야 한다.	3%	회의 전에 논의하게 될 사항들의 목록을 만들라고 했지, 회의 결과를 모두 공유하라는 내용은 언급되지 않았다.
② 중요한 정보는 공식 회의를 통해 전달해야 한다.	1%	중요한 정보를 공식 회의를 통해 전달해야 한다는 내용은 언급되지 않았다.
③ 생산성 향상을 위해 정기적인 평가회가 필요하다.	3%	생산성 향상을 위한 정기적인 평가회와 관련된 내용은 언급되지 않았다.
④ 모든 참석자의 동의를 받아서 회의를 열어야 한다.	2%	회의 전 참석자의 동의와 관련된 내용은 언급되지 않았다.

02 정답 ① 정답률 91%

정답 풀이

말을 줄이면 상대방의 말에 더 신중히 귀 기울이게 된다는 내용이므로, 글의 요지로는 ① '말을 적게 하면 상대방의 말을 경청할 수 있다.'가 가장 적절하다.

친절한 지문분석

Imagine following the spirit of a silence vow / into daily life.
침묵 서약의 정신을 따르는 것을 상상해 보라 / 일상생활에서

Challenge yourself to spend an entire day / saying only [what you absolutely must say]. It's been widely observed / by behavioral psychology experts / —and anyone [who's ever been on a first date]— / [that we too often tend to treat "conversation" / as a game of waiting for our own turn to speak]. We miss [what's being said] / [because we're mentally rehearsing our next utterance]. What if you could eliminate the idea / [that the next available mini-silence is your next opening / {to express <whatever is in your head>}]?
하루 온종일을 보내는 것에 스스로 도전해 보라 / 반드시 말해야 할 것만 말하는 데 / 널리 관찰되어 왔다 / 행동 심리학 전문가들에 의해 / 그리고 첫 데이트를 해 본 적이 있는 누구든지(에 의해) / 우리가 너무나 자주 '대화'를 여기는 경향이 있다는 것이 / 자신이 말할 차례를 기다리는 게임처럼 / 우리는 말해지고 있는 것을 놓친다 / 다음 발언을 머릿속으로 연습하느라 / 만약 당신이 생각을 없앨 수 있다면 어떨까 / 그다음에 오는 작은 침묵이 그다음 시작이라는 / 당신의 머릿속에 있는 무엇이든지를 표현할
spend+시간+v-ing: (시간)을 ~하는 데 쓰다 / 관계대명사절 / 가주어 / 주격 관계대명사절 / 진주어 / 관계대명사절 / 이유의 부사절 / 동격절 / to부정사의 형용사적 용법 / 복합관계대명사절

What if you were limited to, / say, / fifty spoken words / tomorrow?
당신이 (말을) 제한받는다면 어떨까 / 이를테면 / 50단어(로) / 내일

I think / [(that) you'd listen quite differently]. You'd attend quite carefully to every word / [(that) you heard]. You'd be attuned / to [what you must respond to]. You might discover / [that the less you say, the more you hear].
나는 생각한다 / 당신이 매우 다르게 듣게 될 것이라고 / 당신은 모든 단어에 매우 신중히 귀를 기울이게 될 것이다 / 당신이 듣는 / 당신은 맞춰질 것이다 / 당신이 반드시 응답해야 할 것에 / 당신은 발견할지도 모른다 / 당신이 말을 줄일수록 더 많이 듣게 된다는 것을
목적절 / 목적격 관계대명사절 / 관계대명사절 / 목적절 / the+비교급 ~, the+비교급 ...: ~할수록 더욱 ...하다

지문 해석

일상생활에서 침묵 서약의 정신을 따르는 것을 상상해 보라. 반드시 말해야 할 것만 말하는 데 하루 온종일을 보내는 것에 스스로 도전해 보라. 우리가 너무나 자주 '대화'를 자신이 말할 차례를 기다리는 게임처럼 여기는 경향이 있다는 것이 행동 심리학 전문가들—그리고 첫 데이트를 해 본 적이 있는 누구든지—에 의해 널리 관찰되어 왔다. 우리는 다음 발언을 머릿속으로 연습하느라 말해지고 있는 것을 놓친다. 만약 당신이 그다음에 오는 작은 침묵이 당신의 머릿속에 있는 무엇이든지를 표현할 그다음 시작이라는 생각을 없앨 수 있다면 어떨까? 내일 당신이 (말을), 이를테면, 50단어로 제한받는다면 어떨까? 나는 당신이 매우 다르게 듣게 될 것이라고 생각한다. 당신은 당신이 듣는 모든 단어에 매우 신중히 귀를 기울이게 될 것이다. 당신이 반드시 응답해야 할 것에 맞춰질 것이다. 당신은 말을 줄일수록, 더 많이 듣게 된다는 것을 발견할지도 모른다.

지문 흐름

하루 동안 꼭 필요한 말만 하는 침묵 서약의 정신을 따르는 것을 상상해 보라고 제안	....	도입
우리는 종종 대화를 자기 말할 차례를 기다리는 게임처럼 여기며, 그로 인해 타인의 말을 제대로 듣지 못함	....	전개
침묵의 순간을 내 생각을 표현할 틈이 아닌 듣기의 기회로 받아들이고, 말을 덜 할 것을 제안	....	전환
말을 줄이면 더 신중하게 듣게 되고, 결국 더 많이 듣게 될 수 있음	....	결론

친절한 오답 풀이

오답 선택지	선택률	오답 이유
② 첫 만남에서는 언행에 더욱 신중할 필요가 있다.	4%	첫 만남에서 언행의 신중성에 대해서는 언급되지 않았다.
③ 불필요한 대화를 줄이면 스트레스가 감소한다.	1%	대화를 줄이면 스트레스가 감소한다는 내용은 언급되지 않았다.
④ 침묵은 의사소통의 효율성을 저해할 수 있다.	2%	침묵함으로써 오히려 상대방의 말을 더 경청할 수 있다고 하였으므로 주제와 상반된다.

⑤ 몸짓 언어는 효과적인 대화에 도움이 된다.	1%	몸짓 언어가 효과적인 대화에 도움이 된다는 내용은 언급되지 않았다.

03 정답 ② 정답률 81%

정답 풀이

자신이 겪는 어려움을 긍정적인 진술로 바꿔 쓰면 자신감을 갖게 되어 생각과 행동 방식에 변화가 있게 될 것이라고 했으므로, 필자의 주장으로는 ② '자신감을 얻으려면 어려움을 긍정적인 진술로 바꿔 써라'가 가장 적절하다.

친절한 지문분석

Magic is [what we all wish for to happen / in our life]. Do you
마법은 우리 모두 일어나기를 바라는 바이다 자신의 삶에서 여러분도
관계대명사절

love the movie *Cinderella* / like me? Well, / in real life, / you can
〈신데렐라〉 영화를 사랑하는가 나처럼 그러면 실제 삶에서 여러분도

also create magic. Here's the trick. Write down all the real-time
마법을 만들 수 있다 여기 그 요령이 있다 모든 실시간의 어려움을 적어라

challenges / [that you face and deal with]. Just change the challenge
여러분이 직면하고 처리하는 그 어려움에 관한 진술을 긍정적인
목적격 관계대명사절 change A into B: A를 B로 바꾸다

statement into positive statements. Let me give you an example
진술로 바꾸어라 여기서 여러분에게 한 예시를 제시하겠다

here. [If you struggle with getting up early in the morning], / then
만약 여러분이 아침 일찍 일어나는 것에 어려움을 겪는다면 그러면
조건의 부사절 struggle with v-ing: ~하는 데 어려움을 겪다

write a positive statement / such as "I get up early in the morning
긍정적인 진술을 써라 '나는 매일 일찍 아침 5시에 일어난다.'와 같은

at 5:00 am every day." [Once you write these statements], / get
일단 여러분이 이러한 진술을 적는다면 마법과
조건의 부사절

ready to witness magic and confidence. You will be surprised /
자신감을 목격할 준비를 하라 여러분은 놀랄 것이다

(that)
[just by writing these statements, / there is a shift / in ❶ the way
단지 이러한 진술을 적음으로써 변화가 있다는 것에 여러분이
부사절(감정의 원인) by v-ing: ~함으로써

{you think and act}]. Suddenly you feel more powerful and
생각하고 행동하는 방식에 어느 순간 여러분은 더 강력하고 긍정적이라고 느끼게 된다
관계부사절

positive.

❶ 선행사 the way와 관계부사 how는 같이 쓰지 않으므로 둘 중 하나를 반드시 생략해야 한다.

지문 해석

마법은 우리 모두 자신의 삶에서 일어나기를 바라는 바이다. 여러분도 나처럼 〈*신데렐라*〉 영화를 사랑하는가? 그러면, 실제 삶에서, 여러분도 마법을 만들 수 있다. 여기 그 요령이 있다. 여러분이 직면하고 처리하는 모든 실시간의 어려움을 적어라. 그 어려움에 관한 진술을 긍정적인 진술로 바꾸어라. 여기서 여러분에게 한 예시를 제시하겠다. 만약 여러분이 아침 일찍 일어나는 것에 어려움을 겪는다면, 그러면 '나는 매일 일찍 아침 5시에 일어난다.'와 같은 긍정적인 진술을 써라. 일단 여러분이 이러한 진술을 적는다면, 마법과 자신감을 목격할 준비를 하라. 여러분은 단지 이러한 진술을 적음으로써 여러분이 생각하고 행동하는 방식에 변화가 있다는 것에 놀랄 것이다. 어느 순간 여러분은 더 강력하고 긍정적이라고 느끼게 된다.

지문 흐름

우리는 삶에서 마법이 일어나길 바라는데, 실제 삶에서 마법을 만들 수 있음 ········· 도입
⬇
실시간의 어려움을 적고 그것을 긍정적인 진술로 바꿔야 함 ········· 필자의 주장
⬇
만약 아침에 일찍 일어나는 것이 힘들다면 '나는 매일 일찍 5시에 일어난다'와 같은 긍정적인 진술을 씀 ········· 예시
⬇
긍정적인 진술을 적음으로써 자신의 사고와 행동 방식에 변화가 일어나는 마법을 경험하게 될 것임 ········· 결과
⬇
더 강력하고 긍정적이라고 느끼게 됨 ········· 부연

친절한 오답 풀이

오답 선택지	선택률	오답 이유
① 목표한 바를 꼭 이루려면 생각을 곧바로 행동으로 옮겨라.	13%	겪고 있는 어려움을 긍정적인 진술로 바꿔 쓰면 마법처럼 우리의 생각 및 행동 방식이 변한다는 내용이므로, 우리의 생각을 곧바로 행동으로 옮겨야 한다는 것은 글의 내용과 무관하다.
③ 어려운 일을 해결하려면 주변 사람에게 도움을 청하라.	0%	주변 사람에게 도움을 청하라는 내용은 언급되지 않았다.
④ 일상에서 자신감을 향상하려면 틈틈이 마술을 배워라.	2%	어려움을 긍정적인 진술로 바꿔 쓰면 마법처럼 우리의 생각 및 행동 방식이 변화할 수 있다는 내용이므로 실제 마술을 배우는 것은 글의 내용과 무관하다.
⑤ 실생활에서 마주하는 도전을 피하지 말고 견뎌 내라.	4%	실생활에서 마주하는 도전을 피하지 말고 견디라는 내용은 언급되지 않았다.

04 정답 ③ 정답률 58%

정답 풀이

컴퓨터화된 사회는 우리의 기대와 달리 우리가 더 적은 시간을 갖도록 했는데, 그 이유는 회사가 예전에 행했던 일들을 소비자들이 직접 하도록 만들었기 때문이라는 내용의 글이다. 따라서, 글의 요지로는 ③ '컴퓨터화된 사회에서 소비자는 더 많은 일을 하게 된다'가 가장 적절하다.

친절한 지문분석

The promise of a computerized society, / [we were told], / was [that
컴퓨터화된 사회의 약속은 우리가 듣기로는
삽입절 명사절(보어)

it would pass to machines / all of the repetitive drudgery of work, /
그것이 기계에 넘길 거라는 것이었다 모든 반복적인 고된 일을
동사 목적어

{allowing us humans to pursue / higher purposes / and to have
우리 인간들이 추구하게 하며 더 높은 목적을 더 많은 여가 시간을
분사구문(결과) to-v 1 to-v 2(병렬구조)
allow+목적어+to-v: (목적어)가 ~하는 것을 가능하게 하다

more leisure time}]. It didn't work out this way. Instead of more
가질 수 있게 그것은 이런 식으로 되지는 않았다 더 많은 시간 대신에

(time)
time, / most of us have less. Companies [large and small] / have
우리 대부분은 더 적은 시간을 가지고 있다 크고 작은 회사들은
(that[which] are)

off-loaded work / onto the backs of consumers. Things [that used
일을 떠넘겼다 소비자들의 등에
현재완료 목적어 주격 관계대명사절

to be done for us], / as part of the value-added service / of working
우리를 위해 행해지던 것들을 부가가치 서비스의 일환으로 회사에

with a company, / we are now expected to do ourselves. With air
맡겨 해결하던 / 이제 우리 스스로가 하도록 기대된다 / 항공 여행의
주어 동사 수동태

travel, / we're now expected to complete / our own reservations
경우 / 우리가 이제는 완수하도록 기대된다 / 우리의 예약과 체크인을 직접
수동태

and check-in, / jobs [that used to be done by airline employees
항공사 직원이나 여행사 직원들에 의해 행해지던 일인
주격 관계대명사절 used to-v: ~하곤 했다

or travel agents]. At the grocery store, / we're expected to bag /
식료품점에서는 / 우리가 봉지에 넣도록 기대된다
수동태 to-v 1

our own groceries and, / in some supermarkets, / to scan our own
우리 자신의 식료품을 직접 그리고 / 일부 슈퍼마켓에서는 / 우리 자신이 구매한
to-v 2(병렬구조)

purchases.
물건을 스캔하도록

지문 해석

컴퓨터화된 사회의 약속은, 우리가 듣기로는, 그것이 모든 반복적인 고된 일을 기계에 넘겨, 우리 인간들이 더 높은 목적을 추구하고 더 많은 여가 시간을 가질 수 있게 해 준다는 것이었다. 그것은 이런 식으로 되지는 않았다. 더 많은 시간 대신에, 우리 대부분은 더 적은 시간을 가지고 있다. 크고 작은 회사들은 일을 소비자들의 등에 떠넘겼다. 회사에 맡겨 해결하던 부가가치 서비스의 일환으로, 우리를 위해 행해지던 것들을 이제 우리 스스로가 하도록 기대된다. 항공 여행의 경우, 항공사 직원이나 여행사 직원들에 의해 행해지던 일인 우리의 예약과 체크인을 이제는 우리가 직접 완수하도록 기대된다. 식료품점에서는, 우리가 우리 자신의 식료품을 직접 봉지에 넣도록, 그리고 일부 슈퍼마켓에서는, 우리 자신이 구매한 물건을 스캔하도록 기대된다.

지문 흐름

컴퓨터화된 사회는 인간을 고된 일에서 벗어나 더 높은 목적을 추구하고 더 많은 여가 시간을 가질 수 있게 해주기로 함 ········ 도입

↓

하지만 컴퓨터화는 인간에게 더 적은 시간을 줌 ········ 반론

↓

많은 회사들은 서비스로 제공하던 일을 소비자에게 떠넘김 ········ 상술 및 요지

↓

예를 들어, 항공 여행의 경우 스스로 예약과 체크인을 하도록 하고, 식료품점에서는 직접 봉지에 식료품을 넣도록 하며, 일부 슈퍼마켓에서는 구매한 물건을 스스로 스캔하도록 함 ········ 예시

친절한 오답 풀이

오답 선택지	선택률	오답 이유
① 컴퓨터 기반 사회에서는 여가 시간이 더 늘어난다.	14%	컴퓨터 기반 사회에서 사람들의 여가 시간이 줄어든다고 했으므로 제시된 글과 상반되는 내용이다.
② 회사 업무의 전산화는 업무 능률을 향상시킨다.	4%	회사 업무의 전산화와 업무 능률에 관한 내용은 언급되지 않았다.
④ 온라인 거래가 모든 소비자들을 만족시키기에는 한계가 있다.	4%	온라인 거래에 관련된 내용은 언급되지 않았다.
⑤ 산업의 발전으로 인해 기계가 인간의 일자리를 대신하고 있다.	20%	산업의 발전으로 인해 기계가 인간의 일자리를 대신한다는 내용은 언급되지 않았다.

05 정답 ① 정답률 86%

정답 풀이

숙련된 학습자는 유연한 학습자로 상황에 따라 다양한 학습 전략을 사용할 줄 알고, 이를 언제 어떻게 사용해야 하는지도 안다는 내용이므로, 글의 요지로는 ① '숙련된 학습자는 상황에 맞는 학습 전략을 사용할 줄 안다'가 가장 적절하다.

친절한 지문분석

[When students are starting their college life], / they may approach
학생들이 대학 생활을 시작할 때 / 그들은 모든 과목이나,
시간의 부사절

every course, test, or learning task / the same way, / [using {what
시험, 학습 과제에 접근할지도 모른다 / 똑같은 방식으로
관계대명사절(목적어) 분사구문(동시동작)

we like to call "the rubberstamp approach."}] Think about it this
우리가 '고무도장 방식'이라고 부르고 싶은 방법을 이용하여 / 그것을 이런 식으로 생각해 보라
(Would you wear)

way: / Would you wear a tuxedo to a baseball game? A colorful
여러분은 야구 경기에 턱시도를 입고 가겠는가 / 장례식에 화려한
(Would you wear)

dress to a funeral? A bathing suit to religious services? Probably
드레스를 입고 가겠는가 / 종교적인 예식에 수영복을 입고 가겠는가 / 아마 아닐 것이다
(that)

not. You know / [there's appropriate dress / for different occasions
여러분은 알고 있다 / 적합한 옷이 있음을 / 다양한 행사와 상황마다
목적절

and settings]. Skillful learners know / [that "putting on the same
숙련된 학습자는 알고 있다 / '같은 옷을 입는 것'이 모든
목적절

clothes" won't work for every class]. They are flexible learners.
수업에 효과가 있지는 않을 것임을 / 그들은 유연한 학습자이다
= Skillful learners

They have different strategies and know / when to use them. They
그들은 다양한 전략을 갖고 있으며 안다 / 그것을 언제 사용해야 하는지 / 그들은
= Flexible learners / = different strategies

know / [that you study for multiple-choice tests differently / than
안다 / 선다형 시험을 위해 다르게 공부한다는 것을
목적절

you study for essay tests]. And they not only know / what to do, /
논술 시험을 위해 공부하는 것과는 / 그리고 그들은 알고 있을 뿐만 아니라 / 무엇을 해야 하는지를
not only A but also B: A뿐만 아니라 B도
what to-v: 무엇을 ~할지

but they also know / how to do it.
또한 알고 있다 / 그것을 어떻게 해야 하는지를
how to-v: 어떻게 ~할지

지문 해석

대학 생활을 시작할 때 학생들은 우리가 '고무도장 방식'이라고 부르고 싶은 방법을 이용하여, 모든 과목이나, 시험, 학습 과제에 똑같은 방식으로 접근할지도 모른다. 그것을 이런 식으로 생각해 보라. 여러분은 야구 경기에 턱시도를 입고 가겠는가? 장례식에 화려한 드레스를 입고 가겠는가? 종교적인 예식에 수영복을 입고 가겠는가? 아마 아닐 것이다. 다양한 행사와 상황마다 적합한 옷이 있음을 여러분은 알고 있다. 숙련된 학습자는 '같은 옷을 입는 것'이 모든 수업에 효과가 있지는 않을 것임을 알고 있다. 그들은 유연한 학습자이다. 그들은 다양한 전략을 갖고 있으며 그것을 언제 사용해야 하는지 안다. 그들은 선다형 시험은 논술 시험을 위해 공부하는 것과는 다르게 공부한다는 것을 안다. 그리고 그들은 무엇을 해야 하는지 알고 있을 뿐만 아니라, 그것을 어떻게 해야 하는지도 알고 있다.

지문 흐름

대학 생활을 시작할 때 학생들은 모든 과목, 시험, 학습 과제를 똑같은 방식으로 접근할지도 모름 ········ 도입

↓

특정 행사에 맞지 않는 옷을 입고 갈 수 없으며, 다양한 행사와 상황마다 적합한 옷이 있음 ········ 반례

↓

숙련된 학습자는 한 가지 방법을 모든 수업에 사용하지 않음 ········ 필자의 요지 1

↓

유연한 학습자들은 다양한 전략을 가지고 이를 언제, 어떻게 사용해야 하는지 알고 있음 ········ 필자의 요지 2

친절한 오답 풀이

오답 선택지	선택률	오답 이유
② 선다형 시험과 논술 시험은 평가의 형태와 목적이 다르다.	4%	선다형 시험과 논술 시험은 평가의 형태와 목적이 다른 것은 맞지만, 이에 따라 숙련된 학습자는 한 가지 학습 전략을 사용하는 것이 아니라 상황에 따라 다양한 학습 전략을 사용한다는 것이 이 글의 요지이다.
③ 문화마다 특정 행사와 상황에 맞는 복장 규정이 있다.	5%	특정 행사와 상황에 맞는 복장 규정은 요지를 나타내기 위한 예시이며, 문화마다 다르다는 내용은 언급되지 않았다.
④ 학습의 양보다는 학습의 질이 학업 성과를 좌우한다.	3%	학습의 양보다는 학습의 질이 학업 성과를 좌우한다는 내용은 언급되지 않았다.
⑤ 학습 목표가 명확할수록 성취 수준이 높아진다.	2%	학습 목표가 명확할수록 성취 수준이 높아진다는 내용은 언급되지 않았다.

06

정답 ① 정답률 96%

정답 풀이

주변을 청소하면 긍정적이고 좋은 분위기가 따라와서 더 많은 일을 효율적이고 깔끔하게 할 수 있다는 내용이므로, 필자의 주장으로는 ① '자신의 공간을 정돈하여 긍정적 변화를 도모하라'가 가장 적절하다.

친절한 지문분석

[Having a messy room] / can add up to negative feelings and
방이 지저분한 것은 결국 부정적인 감정과 파괴적인 사고로 이어질 수 있다
주어(동명사구) 결국 ~되다

destructive thinking. Psychologists say / [that {having a disorderly
심리학자들은 말한다 방이 무질서하다는 것은 정신 상태가
목적절 that절의 주어(동명사구)

room} can indicate a disorganized mental state]. / One of the
혼란스럽다는 것을 나타낼 수 있다고 정리 전문가 중

professional tidying experts says / [that {the moment you start
한 명은 말한다 방 청소를 시작하는 순간
목적절 시간의 부사절

cleaning your room}, / you also start changing your life and
당신은 인생을 변화시키고 새로운 관점을 얻기 시작한다고
목적어 1

gaining new perspective]. When you clean your surroundings, /
주변을 청소하면
목적어 2(병렬구조)

positive and good atmosphere follows. You can do more things /
긍정적이고 좋은 분위기가 따라온다 당신은 더 많은 일을 할 수 있다

efficiently and neatly. So, / clean up your closets, / organize your
효율적이고 깔끔하게 그러니 옷장을 청소하라 서랍을 정리하라
동사 1 동사 2

drawers, / and arrange your things / first, / then peace of mind will
그리고 물건을 정돈하라 먼저 그러면 마음의 평화가 따라올 것이다
동사 3(병렬구조)

follow.

지문 해석

방이 지저분한 것은 결국 부정적인 감정과 파괴적인 사고로 이어질 수 있다. 심리학자들은 방이 무질서하다는 것은 정신 상태가 혼란스럽다는 것을 나타낼 수 있다고 말한다. 정리 전문가 중 한 명은 방 청소를 시작하는 순간 당신은 인생을 변화시키고 새로운 관점을 얻기 시작한다고 말한다. 주변을 청소하면 긍정적이고 좋은 분위기가 따라온다. 당신은 더 많은 일을 효율적이고 깔끔하게 할 수 있다. 그러니 먼저 옷장을 청소하고, 서랍을 정리하고, 물건을 정돈한다면 마음의 평화가 따라올 것이다.

지문 흐름

지저분한 방은 부정적인 감정과 파괴적 사고로 이어질 수 있음 ……… 문제 상황

⬇

심리학자들은 무질서한 방이 혼란스러운 정신 상태를 나타낸다고 말함 ……… 부연

⬇

한 정리 전문가는 방 청소를 통해 인생을 변화시키고 새로운 관점을 얻을 수 있다고 말함 ……… 해결책

⬇

주변을 청소하면 긍정적이고 좋은 분위기가 따라와 일을 효율적이고 깔끔하게 할 수 있음 ……… 필자의 주장

⬇

옷장, 서랍, 물건을 정돈하면 마음의 평화가 뒤따름 ……… 상술

친절한 오답 풀이

오답 선택지	선택률	오답 이유
② 오랜 시간 고민하기보다는 일단 행동으로 옮겨라.	2%	오랜 시간 고민하기보다 행동하라는 내용은 언급되지 않았다.
③ 무질서한 환경에서 창의적인 생각을 시도하라.	1%	무질서한 주변을 청소하고 정돈하라는 내용이므로 글의 내용과 상반된다.
④ 장기 목표를 위해 단기 목표를 먼저 설정하라.	1%	목표 설정에 관한 내용은 언급되지 않았다.
⑤ 반복되는 일상을 새로운 관점으로 관찰하라.	1%	일상을 관찰하는 관점에 대해서는 언급되지 않았다.

04 주제

코드 접속하기

pp.39~42

Q1 ⑤ Q2 ① Q3 ② Q4 ②

Q1 정답 ⑤ 정답률 83%

정답 풀이

과학적 지식은 문제 해결의 출발점일 뿐이며, 진정한 해결은 그 지식을 실제 행동으로 옮길 때 가능하다는 내용이므로, 글의 주제로는 ⑤ '문제 해결을 위해 과학적 이해를 행동으로 옮길 필요성'이 가장 적절하다.

친절한 지문분석

Science is concerned with accumulating and understanding /
과학은 축적하고 이해하는 것과 관련이 있다

observations of the physical world. That understanding alone
물리적 세계에 대한 관찰을 / 그 이해 단독으로는 어떠한 문제도 해결하지

solves no problems. Individual people have to act on that
않는다 / 개개인은 그 이해를 행동으로 옮겨야 한다

understanding / for it to help solve problems. For instance, /
그것이 문제를 해결하는 것을 돕기 위해 / 예를 들어
의미상 주어 / to부정사의 부사적 용법(목적)

science has found / [that regular exercise can lower your risk
과학은 발견했다 / 규칙적인 운동이 심장병의 위험을 낮출 수 있다는 것을
목적절

of heart disease]. [Knowing this fact] is interesting, / but it will
이러한 사실을 아는 것은 흥미롭다 / 하지만 그것은
주어(동명사구)

do nothing for your personal health / [unless you act on it and
당신의 개인 건강에 아무런 도움이 되지 않는다 / 당신이 이를 행동으로 옮겨
조건의 부사절

actually exercise]. And that's the hard part. [Reading an article
실제로 운동하지 않는다면 / 그리고 바로 이 점이 어려운 부분이다 / 운동에 대한 기사를 읽는 것은
주어(동명사구)

about exercise] is easy. [Getting into an actual routine of regular
쉽다 / 규칙적인 운동의 실제적인 루틴을 형성하는 것은 더 어렵다
주어(동명사구)

exercise] is harder. In this sense, / science really solves *no*
이러한 점에서 / 과학은 사실 '아무런' 문제도 해결하지 않는다

problems at all. Problems are only solved / [when people take
문제는 오직 해결된다 / 사람들이 지식을 취할 때
시간의 부사절

the knowledge / {provided by science} / and use it]. In fact, / many
과학에 의해 제공된 / 그리고 그것을 사용할 (때) / 실제로
과거분사구 / = the knowledge

of humanity's biggest problems are caused / by lack of action, /
인류의 가장 큰 문제들 중 다수는 야기된다 / 행동의 부족에 의해

and not lack of knowledge.
지식의 부족이 아니라

지문 해석

과학은 물리적 세계에 대한 관찰을 축적하고 이해하는 것과 관련이 있다. 그 이해 단독으로는 어떠한 문제도 해결하지 않는다. 개개인은 그것이 문제를 해결하는 것을 돕기 위해 그 이해를 행동으로 옮겨야 한다. 예를 들어, 과학은 규칙적인 운동이 심장병의 위험을 낮출 수 있다는 것을 발견했다. 이러한 사실을 아는 것은 흥미롭지만, 당신이 이를 행동으로 옮겨 실제로 운동하지 않는다면 그것은 당신의 개인 건강에 아무런 도움이 되지 않는다. 그리고 바로 이 점이 어려운 부분이다. 운동에 대한 기사를 읽는 것은 쉽다. 규칙적인 운동의 실제적인 루틴을 형성하는 것은 더 어렵다. 이러한 점에서, 과학은 사실 '아무런' 문제도 해결하지 않는다. 문제는 사람들이 과학에 의해 제공된 지식을 취하고 그것을 사용할 때만 해결된다. 실제로, 인류의 가장 큰 문제들 중 다수는 지식의 부족이 아니라, 행동의 부족에 의해 야기된다.

지문 흐름

과학은 세계를 이해하게 하지만, 그 자체로 문제를 해결하지는 못함 ········· 도입
⬇
문제 해결을 위해서는 과학적 이해를 행동으로 옮기는 개인의 노력이 필요함 ········· 전개
⬇
운동이 건강에 좋다는 사실을 알아도 실제로 운동하지 않으면 소용없음 ········· 사례
⬇
지식을 아는 것보다 그것을 실천하는 것이 더 어려움 ········· 강조
⬇
인류 문제의 핵심은 지식 부족이 아니라 행동 부족에 있음 ········· 결론

친절한 오답 풀이

오답 선택지	선택률	오답 이유
① 전략적 계획을 실행에 옮길 때의 이점	3%	전략적 계획의 실행에 대한 내용은 언급되지 않았다.
② 대중의 지혜를 거스르는 행동의 위험성	1%	대중의 지혜를 거스르는 행동에 대한 내용은 언급되지 않았다.
③ 과학적 지식을 대중과 공유하는 데 따르는 어려움	4%	과학 지식을 대중과 공유하는 데 따르는 어려움에 대한 내용은 언급되지 않았다.
④ 운동에 관한 구체적인 지식 부족으로 인한 문제점	9%	구체적 지식이 부족한 것이 아니라 실제 행동의 부족이 문제라고 하였으므로 주제와 상반된다.

Q2 정답 ① 정답률 69%

정답 풀이

뇌가 저장된 사실을 기억해 내는 것에 비해 새로 꾸며 낸 이야기의 세부 사항을 처리하는 데 더 많은 시간을 필요로 하기 때문에 거짓말을 하면 그 사람의 반응이 더 느리게 나와 시간의 지연이 생긴다는 내용이므로, 글의 주제로는 ① '거짓말의 신호로서의 지연된 반응'이 가장 적절하다.

친절한 지문분석

[When two people are involved / in an honest and open
두 사람이 참여할 때 / 솔직하고 진솔한 대화에
시간의 부사절 / be involved in: ~에 참여하다

conversation], / there is a back and forth flow of information. It is
정보가 왔다 갔다 하는 흐름이 있다 / 그것은

a smooth exchange. [Since each one is drawing on / their past
순조로운 주고받기이다 / 각자가 ~에 의존하고 있기 때문에 / 자신의 개인적인
이유의 부사절

personal experiences], / the pace of the exchange / is as fast as
과거 경험(에) / 주고받는 속도가 / 기억만큼 빠르다
원급 비교

memory. [When one person lies], / their responses will come
한 사람이 거짓말을 할 때 / 그 사람의 반응이 더 느리게
시간의 부사절

more slowly / [because the brain needs more time / to process
나올 것이다 / 뇌는 더 많은 시간이 필요하기 때문이다 / 새로 꾸며 낸
이유의 부사절 / more ~ than: 비교급 비교 / to부정사 1(목적)

the details of a new invention / than to recall stored facts]. [As
이야기의 세부 사항을 처리하기 위해 / 저장된 사실을 기억해 내기 위한 것보다
to부정사 2(목적)

they say], / "Timing is everything." You will notice the time lag /
이른바 타이밍이 가장 중요하다 여러분은 시간의 지연을 알아차릴 것이다

[when you are having a conversation with someone / who is
누군가와 이야기를 하고 있을 때 이야기를
시간의 부사절 주격 관계대명사절

making things up / {as they go}]. Don't forget / [that the other
꾸며 내고 있는 말을 하면서 잊지 마라 상대가
시간의 부사절 목적어 1(명사절) (that)

person may be reading your body language as well], / and [{if you
여러분의 몸짓 언어를 역시 읽고 있을지도 모른다는 것을 그리고 만약
~도 역시 조건의 부사절

seem to be disbelieving their story}, / they will have to pause /
여러분이 그들의 이야기를 믿지 않고 있는 것처럼 보이면 그들은 잠시 멈춰야 할 것이라는 것을
seem to-v: ~처럼 보이다 목적어 2(명사절)

to process that information, too].
그 정보 또한 처리하기 위해
to부정사의 부사적 용법(목적)

지문 해석

두 사람이 솔직하고 진솔한 대화에 참여하면 정보가 왔다 갔다 하며 흘러간다. 그것은 순조로운 주고받기이다. 각자가 자신의 개인적인 과거 경험에 의존하고 있기 때문에, 주고받는 속도가 기억만큼 빠르다. 한 사람이 거짓말을 한다면, 그 사람의 반응이 더 느리게 나올 텐데, 뇌는 저장된 사실을 기억해 내는 것보다 새로 꾸며 낸 이야기의 세부 사항을 처리하는 데에 더 많은 시간이 필요하기 때문이다. 이른바 "타이밍이 가장 중요하다." 말을 하면서 이야기를 꾸며 내고 있는 누군가와 이야기를 하고 있으면, 여러분은 시간의 지연을 알아차릴 것이다. 상대가 여러분의 몸짓 언어 역시 읽고 있을지도 모른다는 것과 만약 여러분이 그 사람의 이야기를 믿지 않고 있는 것처럼 보이면, 그 사람은 그 정보를 처리하기 위해 또한 잠시 멈춰야 할 것이라는 것을 잊지 마라.

지문 흐름

두 사람이 솔직한 대화에 참여하면 정보가 왔다 갔다 하며 흘러감	………	도입
↓		
각자가 자신의 개인적인 과거 경험에 의존하고 있기 때문에, 주고받는 속도가 기억만큼 빠름	………	상술
↓		
거짓말을 하면 그 사람의 반응이 더 느리게 나오는데, 뇌가 꾸며 낸 이야기의 세부 사항을 처리하는 데에 더 많은 시간을 필요로 하기 때문임	………	주제
↓		
이야기를 꾸며 내는 사람과 이야기를 하면, 시간의 지연을 알아차릴 것임	………	주제 재진술
↓		
상대는 여러분의 몸짓 언어 역시 읽고 있을지도 모르며, 만약 여러분이 상대의 이야기를 믿지 않고 있는 것처럼 보이면 그 사람은 그 정보를 처리하기 위해 또한 잠시 멈출 것임	………	부연

친절한 오답 풀이

오답 선택지	선택률	오답 이유
② 청자가 화자를 격려하는 방법	6%	청자가 화자를 격려하는 방법에 대해서는 언급되지 않았다.
③ 유용한 정보를 찾는 것의 어려움	9%	유용한 정보를 찾는 것의 어려움은 글의 내용과 무관하다.
④ 사회적 환경에서 선의의 거짓말의 필요성	6%	거짓말하는 사람의 느린 반응을 언급할 뿐, 선의의 거짓말에 대해서는 언급되지 않았다.
⑤ 대화 주제로서 공유된 경험	7%	각자 개인의 경험에 기반한 대화를 언급할 뿐, 대화 주제로서 공유된 경험은 글의 내용과 무관하다.

Q3 정답 ② 정답률 72%

정답 풀이

일반 사람들은 자신이 다른 사람들에 비해 더 낫다고 생각하는 경향이 있다는 내용이므로, 글의 주제로는 ② '우리가 평균보다 낫다는 우리의 일반적인 믿음'이 가장 적절하다.

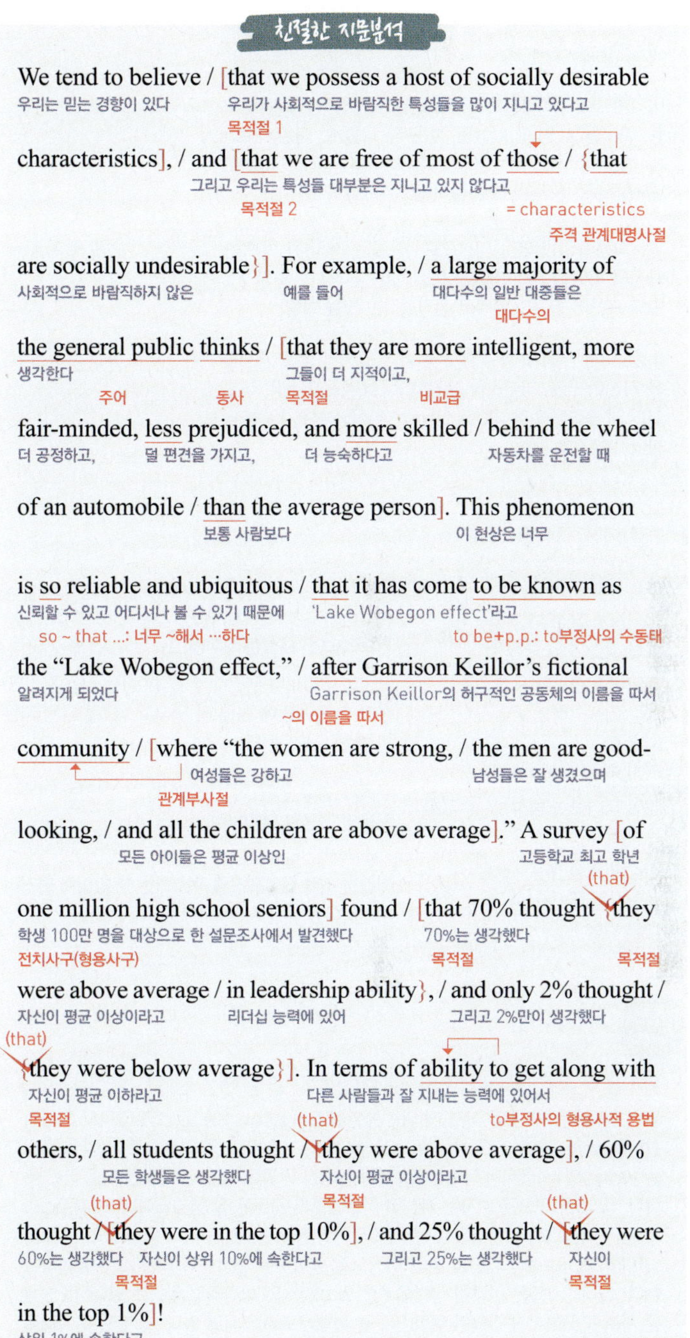
친절한 지문분석

We tend to believe / [that we possess a host of socially desirable
우리는 믿는 경향이 있다 우리가 사회적으로 바람직한 특성들을 많이 지니고 있다고
목적절 1

characteristics], / and [that we are free of most of those / {that
그리고 우리는 특성들 대부분은 지니고 있지 않다고 = characteristics
목적절 2 주격 관계대명사절

are socially undesirable}]. For example, / a large majority of
사회적으로 바람직하지 않은 예를 들어 대다수의 일반 대중들은
대다수의

the general public thinks / [that they are more intelligent, more
생각한다 그들이 더 지적이고,
주어 동사 목적절 비교급

fair-minded, less prejudiced, and more skilled / behind the wheel
더 공정하고, 덜 편견을 가지고, 더 능숙하다고 자동차를 운전할 때

of an automobile / than the average person]. This phenomenon
보통 사람보다 이 현상은 너무

is so reliable and ubiquitous / that it has come to be known as
신뢰할 수 있고 어디서나 볼 수 있기 때문에 'Lake Wobegon effect'라고
so ~ that ...: 너무 ~해서 …하다 to be+p.p.: to부정사의 수동태

the "Lake Wobegon effect," / after Garrison Keillor's fictional
알려지게 되었다 Garrison Keillor의 허구적인 공동체의 이름을 따서
~의 이름을 따서

community / [where "the women are strong, / the men are good-
여성들은 강하고 남성들은 잘 생겼으며
관계부사절

looking, / and all the children are above average]." A survey [of
모든 아이들은 평균 이상인 고등학교 최고 학년
(that)

one million high school seniors] found / [that 70% thought {they
학생 100만 명을 대상으로 한 설문조사에서 발견했다 70%는 생각했다
전치사구(형용사구) 목적절 목적절

were above average / in leadership ability}, / and only 2% thought /
자신이 평균 이상이라고 리더십 능력에 있어 그리고 2%만이 생각했다
(that)

{they were below average}]. In terms of ability to get along with
자신이 평균 이하라고 다른 사람들과 잘 지내는 능력에 있어서
목적절 (that) to부정사의 형용사적 용법

others, / all students thought / [they were above average], / 60%
모든 학생들은 생각했다 자신이 평균 이상이라고
(that) 목적절 (that)

thought / [they were in the top 10%], / and 25% thought / [they were
60%는 생각했다 자신이 상위 10%에 속한다고 그리고 25%는 생각했다 자신이
목적절 목적절

in the top 1%]!
상위 1%에 속한다고

지문 해석

우리는 우리가 사회적으로 바람직한 특성들을 많이 지니고 있고, 그리고 우리는 사회적으로 바람직하지 않은 특성들의 대부분은 지니고 있지 않다고 믿는 경향이 있다. 예를 들어, 대다수의 일반 대중들은 그들이 보통 사람보다 더 지적이고, 더 공정하고, 덜 편견을 가지고, 자동차를 운전할 때 더 능숙하다고 생각한다. 이 현상은 너무 신뢰할 수 있고 어디서나 볼 수 있기 때문에 '여성들은 강하고, 남성들은 잘 생겼으며, 모든 아이들은 평균 이상인' Garrison Keillor의 허구적인 공동체의 이름을 따서 'Lake Wobegon effect'라고 알려지게 되었다. 고등학교 최고 학년 학생 100만 명을 대상으로 한 설문조사에서 70%는 자신이 리더십 능력에 있어 평균 이상이라고 생각했고, 2%만이 자신이 평균 이하라고 생각했다는 것을 발견했다. 다른 사람들과 잘 지내는 능력에 있어서, 모든 학생들은 자신이 평균 이상이라고 생각했고, 60%는 자신이 상위 10%에 속한다고 생각했고, 25%는 자신이 상위 1%에 속한다고 생각했다!

지문 흐름

우리는 스스로가 사회적으로 바람직한 특성을 많이 지니고 있고 바람직하지 않은 특성은 지니지 않고 있다고 믿는 경향이 있음 ········· 주제

↓

예를 들어, 대다수의 사람들은 자신이 일반 대중들보다 더 지적이고, 더 공정하고, 덜 편견을 가지고, 자동차 운전에 더 능숙하다고 생각함 ········· 예시

↓

이러한 효과는 '여성은 강하고, 남성은 잘 생겼으며, 모든 아이들은 평균 이상인' 허구적 공동체, Garrison Keillor의 허구적 공동체의 이름을 따서 'Lake Wobegon effect'라고 알려짐 ········· 부연

↓

고등학생 100만명을 대상으로 한 설문조사에서 70%는 자신의 리더십 능력이 평균 이상이라 생각했고, 오직 2%만이 자신이 평균 이하라고 생각했다는 것을 밝힘 ········· 연구 결과 1

↓

또한, 다른 사람과 잘 지내는 능력에 있어서 모든 학생들은 자신이 평균 이상이라 생각했고, 60%는 자신이 상위 10%에 속한다고 생각했고, 25%는 자신이 상위 1%에 속한다고 생각함 ········· 연구 결과 2

친절한 오답 풀이

오답 선택지	선택률	오답 이유
① 리더로서 긍정적인 자아상을 갖는 것의 중요성	8%	리더로서 긍정적인 자아상을 갖는 것이 중요하다는 것은 지문의 내용과 무관하다.
③ 타인이 우리보다 우월하다고 생각하는 우리의 경향	9%	타인이 우리보다 우월하게 생각한다는 것은 자기 자신이 다른 사람에 비해 더 낫다고 생각한다는 지문의 내용과 상반된다.
④ 우리가 항상 평균 이상이 되려고 노력하는 이유	10%	우리가 항상 평균 이상이 되려고 노력하는 이유는 지문의 내용과 무관하다.
⑤ 건강한 소셜 네트워크를 구축하는 데 있어서 편견의 위험	2%	건강한 소셜 네트워크를 구축하는 데 있어서 편견이 위험하다는 것은 지문에서 언급되지 않았다.

코드+α 배경지식

워비곤 호수 효과(Lake Wobegon Effect)

워비곤 호수는 미국의 작가 개리슨 케일러(Garrison Keillor)의 라디오 드라마 〈*A Prairie Home Companion*〉에 나오는 가상의 마을 이름으로 '걱정'을 뜻하는 worry와 '사라지다'의 be gone이 합쳐진 단어로 '걱정이 사라진 마을'이란 뜻이다. 이 마을의 모든 여자는 자신이 아름답고 남자들은 잘 생겼으며 아이들은 스스로 평균 이상으로 뛰어나다고 생각한다. 이렇듯 객관적인 근거나 평가 없이 자기 자신이나 자신이 속한 집단을 평균 이상으로 생각하는 현상을 워비곤 호수 효과라고 한다. 심리학자들은 이러한 경향을 인간의 보편적인 심리라고 말하고 있다. 이 현상은 사회 곳곳에서 발견되며 여러 연구를 통해서도 확인되고 있다. 실제 연구 사례를 통한 결과에 의하면 기업 임원들 중 90%가 자신의 성과를 평균 이상이라고 스스로 평가한다고 한다. 또한 많은 경우 부모들이 뚜렷한 근거 없이 자신의 아이를 영재라고 생각하는 것도 이 효과에 속한다고 할 수 있다.

친절한 지문분석

For creatures like us, / evolution smiled / upon those with a strong need [to belong]. Survival and reproduction are the criteria / [of success by natural selection], / and [forming relationships with other people] / can be useful / for both survival and reproduction.

(우리와 같은 창조물에게 / 진화는 미소를 지었다 / 소속하려는 강한 욕구를 가진 것들에 (= creatures) / to부정사의 형용사적 용법 / 생존과 번식은 기준이다 / 전치사구(형용사구) 자연 선택에 의한 성공의 / 그리고 다른 사람들과 관계를 형성하는 것은 (동명사구) / 유용할 수 있다 / 생존과 번식 모두에 (both A and B: A와 B 둘 다))

Groups can share resources, / (can) care for sick members, / (can) scare off predators, / (can) fight together against enemies, / (can) divide tasks / so as to improve efficiency, / and (can) contribute to survival / in many other ways.

(집단은 자원을 공유할 수 있다 (동사 1) / 아픈 구성원을 돌볼 수 있다 (동사 2) / 포식자를 쫓아버릴 수 있다 (동사 3) / 적에 맞서서 함께 싸울 수 있다 (동사 4) / 일을 나눌 수 있다 (동사 5) / 효율성을 향상시키기 위해 (so as to-v: ~하기 위해) / 그리고 생존에 기여할 수 있다 (동사 6 (병렬구조)) / 많은 다른 방식에서)

In particular, / [if an individual and a group want / the same resource], / the group will generally prevail, / so competition for resources would especially favor / a need [to belong].

(특히 / 한 개인과 한 집단이 원하면 / 같은 자원을 (조건의 부사절) / 집단이 일반적으로 이길 것이다 / 그래서 자원에 대한 경쟁은 특별히 좋아할 것이다 / 소속하려는 욕구를 (to부정사의 형용사적 용법))

Belongingness will likewise promote reproduction, / such as by bringing potential mates into contact with each other, / and in particular by keeping parents together / [to care for their children], / [who are much more likely to survive / {if they have more than one caregiver}].

(마찬가지로 소속되어 있다는 것은 번식을 촉진시킬 것이다 / 이를테면 잠재적인 짝을 서로 만나게 해줌으로써 (by v-ing: ~함으로써) / 그리고 특히 부모가 함께 있도록 함으로써 (by v-ing: ~함으로써) / 자녀를 돌보기 위해 (to부정사의 부사적 용법(목적)) / 자녀들은 훨씬 더 생존하기 쉬울 것이다 (주격 관계대명사절(계속적 용법)) / 한 명보다 많은 돌보는 이가 있으면 (조건의 부사절))

지문 해석

우리와 같은 창조물에게 있어 진화는 소속하려는 강한 욕구를 가진 것들에 미소를 지었다. 생존과 번식은 자연 선택에 의한 성공의 기준이고, 다른 사람들과 관계를 형성하는 것은 생존과 번식 모두에 유용할 수 있다. 집단은 자원을 공유하고, 아픈 구성원을 돌보고, 포식자를 쫓아버리고, 적에 맞서서 함께 싸우고, 효율성을 향상시키기 위해 일을 나누고 많은 다른 방식에서 생존에 기여할 수 있다. 특히, 한 개인과 한 집단이 같은 자원을 원하면, 집단이 일반적으로 이기고, 그래서 자원에 대한 경쟁은 소속하려는 욕구를 특별히 좋아할 것이다. 마찬가지로 소속되어 있다는 것은 번식을 촉진시키는데, 이를테면 잠재적인 짝을 서로 만나게 해주거나, 특히 부모가 자녀를 돌보기 위해 함께 있도록 함으로써인데, 자녀들은 한 명보다 많은 돌보는 이가 있으면 훨씬 더 생존하기 쉬울 것이다.

Q4 정답 ② 정답률 59%

정답 풀이

다른 사람들과 관계를 형성하고 집단을 이루는 것은 생존과 번식의 측면에서 개인보다 유리하다는 내용이므로, 글의 주제로는 ② '인간 진화에 있어서의 소속의 유용성'이 가장 적절하다.

지문 흐름

진화는 소속하려는 강한 욕구를 가진 것들에 미소를 지음 ········· 도입

↓

생존과 번식은 자연 선택에 의한 성공의 기준이고, 다른 사람들과 관계를 형성하는 것은 생존과 번식 모두에 유용할 수 있음 ········· 주제

↓

집단은 자원을 공유하고, 아픈 구성원을 돌보고, 포식자를 쫓아버리고, 적에 맞서서 함께 싸우고, 효율성을 향상시키기 위해 일을 나누고 많은 다른 방식에서 생존에 기여할 수 있음 ········· 생존의 유용성에 대한 근거 1

↓

한 개인과 한 집단이 같은 자원을 원하면, 집단이 일반적으로 이김 ········· 생존의 유용성에 대한 근거 2

↓

소속되어 있다는 것은 잠재적인 짝을 서로 만나게 해주거나, 부모가 자녀를 돌보기 위해 함께 있도록 함으로써 번식을 촉진함 ········· 번식의 유용성에 대한 근거

↓

자녀들은 한 명보다 많은 돌보는 이가 있으면 생존하기 쉽기 때문임 ········· 부연

친절한 오답 풀이

오답 선택지	선택률	오답 이유
① 현대의 삶에서 살아남기 위한 약자들의 기술	12%	현대의 삶에 대한 내용은 언급되지 않았다.
③ 사회적 집단에서 경쟁을 피하기 위한 방법들	11%	사회적 집단의 경쟁과 그것을 피하기 위한 방법에 대한 내용은 언급되지 않았다.
④ 아이들의 교육에서의 사회적 관계의 역할	13%	아이들의 교육에 대한 내용은 언급되지 않았다.
⑤ 두 주요한 진화설의 차이점	5%	두가지의 진화설에 대한 내용은 언급되지 않았다.

코드 공략하기

pp.43~45

01 ③ 02 ④ 03 ① 04 ⑤ 05 ① 06 ②

01

정답 ③ 정답률 70%

정답 풀이

연민은 연습이 필요하며, 타인을 돕는 연습을 통해 진정한 희생이 필요한 시기에 행동할 준비를 할 수 있다는 내용이므로, 글의 주제로는 ③ '다른 사람들을 돕는 연습의 중요성'이 가장 적절하다.

친절한 지문분석

Like anything else [involving effort], compassion takes practice.
다른 어떤 것처럼 / 노력과 관련된 / 연민은 연습이 필요하다
~처럼(전치사) / 현재분사구

We have to work / at getting into the habit of standing with others /
우리는 매진해야 한다 / 다른 사람들과 함께 하는 습관을 기르는 데

in their time of need]. Sometimes / offering help is a simple
곤경에 빠진 / 때때로 / 도움을 주는 것은 단순한 일이다
주어(동명사구) / 동사

matter [that does not take us far out of our way] — remembering
우리의 일상에서 크게 벗어나지 않는 / 친절한 말을 해 줄 것을
주격 관계대명사절 / 부연 설명

to speak a kind word / to someone [who is down], / or
기억하거나 / 어떤 사람에게 / 낙담한
remember to-v: ~할 것을 기억하다 / 주격 관계대명사절

spending an occasional Saturday morning / volunteering for
가끔 토요일 아침을 보내는 것이다 / 지지하는 운동을 위해 자원
spend+시간+v-ing: (시간)을 ~하는 데 쓰다

a favorite cause. At other times, / helping involves some
봉사를 하는 데 / 다른 때에는 / 돕는 것은 진정한 희생을 수반한다

real sacrifice. "A bone to the dog is not charity," / Jack London
개에게 뼈를 주는 것은 자선이 아니다 / Jack London은 말했다

observed. "Charity is the bone [shared with the dog], [when you
자선은 그 뼈이다 / 개와 함께 나눈
과거분사구 / 시간의 부사절

are just as hungry as the dog]." [If we practice taking the many
당신이 딱 그 개만큼 배가 고플 때 / 만약 우리가 많은 작은 기회들을 갖는 연습을 하면
as+형용사/부사+as: ~만큼 …한/하게 / 조건의 부사절

small opportunities / to help others], we'll be in shape to act
다른 사람들을 돕는 / 우리는 행동할 준비가 될 것이다
to부정사의 형용사적 용법

[when / those times {requiring real, hard sacrifice} come along].
~할 때 / 시기가 / 진정한 힘든 희생이 필요한 / 온다
시간의 부사절 / 부사절의 주어 / 현재분사구 / 부사절의 동사

지문 해석

노력과 관련된 다른 어떤 것처럼, 연민은 연습이 필요하다. 우리는 곤경에 빠진 다른 사람들과 함께 하는 습관을 기르는 데 매진해야 한다. 때때로 도움을 주는 것은 우리의 일상에서 크게 벗어나지 않는 단순한 일이다. 즉, 낙담한 사람에게 친절한 말을 해 줄 것을 기억하거나 가끔 지지하는 운동을 위해 자원봉사를 하는 데 토요일 아침을 보내는 것이다. 다른 때에는, 돕는 것은 진정한 희생을 수반한다. Jack London은 "개에게 뼈를 주는 것은 자선이 아니다. 자선은 당신이 딱 그 개만큼 배가 고플 때 개와 함께 나눈 그 뼈이다."라고 했다. 만약 우리가 다른 사람들을 돕는 많은 작은 기회들을 갖는 연습을 하면, 우리는 진정한 힘든 희생이 필요한 시기가 올 때 행동할 준비가 될 것이다.

지문 흐름

연민은 연습이 필요함 ········· 주제

↓

곤경에 빠진 다른 사람들과 함께 하는 습관을 기르는 데 매진해야 함 ········· 부연

↓

때로 도움을 주는 것은 우리의 일상에서 벗어나지 않는 단순한 일이지만, 다른 때에는 남을 돕는 것은 진정한 희생을 수반함 ········· 상술

↓

Jack London은 개에게 뼈를 주는 것은 자선이 아니며 당신이 개만큼 배가 고플 때 개와 함께 나누는 그 뼈가 자선이라고 함 ········· 인용

↓

만약 우리가 타인을 돕는 기회들을 갖는 연습을 하면, 우리는 진정한 힘든 희생이 필요한 시기가 올 때 행동할 준비가 될 것임 ········· 주제 재진술

친절한 오답 풀이

오답 선택지	선택률	오답 이유
① 다른 사람들과 조화롭게 사는 것의 혜택	4%	타인들과 조화롭게 사는 것의 혜택에 대해서는 지문에 언급되지 않았다.
② 친절하게 말하는 연습의 효과	11%	남에게 도움을 줄 수 있는 단순한 일의 예로 낙담한 이에게 친절한 말을 하는 것이 언급되었으나, 친절하게 말하는 연습의 효과는 지문의 내용과 거리가 멀다.
④ 곤경에 처한 사람들을 돕는 수단들	9%	곤경에 처한 사람들을 돕는 수단에 대해서는 지문에 언급되지 않았다.
⑤ 새로운 습관을 형성하는 것의 어려움들	3%	곤경에 빠진 다른 사람들과 함께 하는 습관을 길러야 된다고는 했으나, 새 습관을 형성하는 데 따른 어려움에 대해서는 언급되지 않았다.

02 정답 ④ 정답률 67%

정답 풀이

인간 사회는 미래의 날씨를 아는 것을 기반으로 운영되며, 예측되는 날씨가 우리 생활 전반에 영향을 미친다는 내용이므로, 글의 주제로는 ④ '우리 삶에 크게 영향을 미치는 날씨에 대한 지식'이 가장 적절하다.

친절한 지문분석

The whole of human society operates / on knowing the future
전체 인간 사회는 운영된다 미래의 날씨를 아는 것을 기반으로

weather. For example, / farmers in India know / (the time) [when the
예를 들어 인도의 농부들은 안다 관계부사절

monsoon rains will come next year] / and so they know / [when
내년에 몬순 장마가 올 시기를 그래서 그들은 안다

to plant the crops]. Farmers in Indonesia know / (that) [there are two
언제 작물을 심어야 할지를 인도네시아의 농부들은 안다 몬순 장마가 매년 두 번
when to-v: 언제 ~해야 할지 목적절

monsoon rains each year], / so next year / they can have two
있다는 것을 그래서 이듬해에 그들은 수확을 두 번 할 수 있다

harvests. This is based on their knowledge of the past, / as the
이것은 과거에 대한 그들의 지식에 기반을 두고 있다 ~ 때문에

monsoons have always come / at about the same time each year /
몬순은 항상 왔기 때문이다 매년 거의 같은 시기에

in living memory. But the need [to predict] goes deeper than this; /
살아 있는 기억 속에서 그러나 예측할 필요는 이것보다 더욱더 깊어진다
to부정사의 형용사적 용법 부연 설명

it influences every part of our lives. Our houses, roads, railways,
그것은 우리 생활의 모든 부분에 영향을 미친다 우리의 집, 도로, 철도,

airports, offices, and so on are all designed / for the local climate.
공항, 사무실 등은 모두 설계된다 모두 지역의 기후에 맞추어
수동태 ~에 맞추어

For example, / in England / all the houses have central heating, /
예를 들어 영국에서는 모든 집은 중앙난방을 갖추고 있다

as the outside temperature is usually below 20°C, / but (have) no air-
외부의 기온이 대체로 섭씨 20도 미만이기 때문에 하지만 냉방기는 없다
~ 때문에 병렬관계(have A but no B)

conditioning, / as temperatures rarely go beyond 26°C, / while in
기온이 섭씨 26도 위로 올라가는 일은 거의 없기 때문에 반면에
~ 때문에 ~인 반면(접속사)

Australia the opposite is true: / most houses have air-conditioning /
호주에서는 그 정반대가 사실이다 대부분의 집은 냉방기를 갖추고 있다
부연 설명

but rarely (have) central heating.
하지만 중앙난방은 거의 없다
병렬관계(have A but rarely B)

지문 해석

전체 인간 사회는 미래의 날씨를 아는 것을 기반으로 운영된다. 예를 들어, 인도의 농부들은 내년에 몬순 장마가 올 시기를 알고 그래서 그들은 언제 작물을 심어야 할지를 안다. 인도네시아의 농부들은 매년 몬순 장마가 두 번 있다는 것을 알고, 그래서 이듬해에 그들은 수확을 두 번 할 수 있다. 이것은 과거에 대한 그들의 지식에 기반을 두고 있는데, 살아 있는 기억 속에서 몬순은 매년 항상 거의 같은 시기에 왔기 때문이다. 그러나 예측할 필요는 이것보다 더욱더 깊어지며, 그것은 우리 생활의 모든 부분에 영향을 미친다. 우리의 집, 도로, 철도, 공항, 사무실 등은 모두 지역의 기후에 맞추어 설계된다. 예를 들어, 영국에서는 외부의 기온이 대체로 섭씨 20도 미만이기 때문에 모든 집은 중앙 난방을 갖추고 있지만, 기온이 섭씨 26도 위로 올라가는 일은 거의 없어서 냉방기는 없는 반면, 호주에서는 그 정반대가 사실이어서, 대부분의 집은 냉방기를 갖추었지만 중앙 난방은 거의 없다.

지문 흐름

전체 인간 사회는 미래의 날씨를 아는 것을 기반으로 운영됨	········	주제
↓ 인도의 농부들은 살아 있는 기억을 통해 내년에 몬순 장마가 올 시기를 알기 때문에 작물을 심을 시기를 앎	········	예시 1
↓ 날씨를 예측할 필요는 우리 생활의 모든 부분에 깊게 영향을 미침	········	부연
↓ 집, 도로, 철도, 공항, 사무실 등은 모두 지역의 기후에 맞추어 설계됨	········	상술
↓ 기온이 비교적 낮은 영국의 집들은 중앙 난방을 갖추고 있지만, 냉방기는 없으며, 호주에서는 그 정반대가 사실이어서 대부분의 집이 냉방기를 갖추었지만 중앙난방은 거의 없음	········	예시 2

친절한 오답 풀이

오답 선택지	선택률	오답 이유
① 기후 변화를 다루는 새로운 기술	5%	기후 변화를 다루는 기술에 대해서는 언급되지 않았다.
② 날씨를 정확히 예측하는 것의 어려움	7%	날씨를 정확히 예측할 필요성에 대한 내용은 언급되었으나 날씨를 예측하는 것의 어려움에 대해서는 언급되지 않았다.
③ 기온 상승에 의해 영향을 받은 날씨 패턴	16%	기온 상승의 영향을 받은 날씨 패턴에 대해서는 언급되지 않았다.
⑤ 혹독한 기후에서 우리의 생존을 돕는 전통적인 지식	6%	과거의 지식을 통해 날씨를 예측하여 생활에 반영하는 것에 대한 내용은 언급되었으나 혹독한 기후에서 전통적인 지식을 활용해 생존하는 내용은 언급되지 않았다.

03 정답 ① 정답률 91%

정답 풀이

작물을 순환해서 심는 윤작은 토양을 건강하게 유지할 수 있기에 지속 가능하다는 내용이므로, 글의 주제로는 ① '토양 건강을 유지하는 데 있어 윤작의 이점'이 가장 적절하다.

친절한 지문분석

Crop rotation is the process / [in which farmers change the crops /
윤작은 과정이다 농부가 작물을 바꾸는
전치사+관계대명사

(which/that) {they grow in their fields} / in a special order]. For example, /
자신의 밭에서 재배하는 특별한 순서로 예를 들면
(which/that) 목적격 관계대명사절

[if a farmer has three fields], / he or she may grow carrots in the
만약 한 농부가 세 개의 밭을 가지고 있다면 그들은 첫 번째 밭에는 당근을 재배할 수 있다
조건의 부사절 목적어 1

first field, / green beans in the second, / and tomatoes in the third.
두 번째 밭에는 녹색 콩을 그리고 세 번째 밭에는 토마토를
목적어 2 목적어 3(병렬구조)

The next year, / green beans will be in the first field, / tomatoes (will be) in
그다음 해에 첫 번째 밭에는 녹색 콩일 것이다 두 번째 밭에는

the second field, / and carrots will be in the third. / In year three, /
토마토일 것이다 그리고 세 번째 밭에는 당근일 것이다 3년 차에

the crops will rotate again. By the fourth year, / the crops will go
작물은 다시 순환할 것이다 4년째에 이르면 작물은 되돌아 갈 것이다

back / to their original order. Each crop enriches the soil / for the
원래의 순서로 각각의 작물은 토양을 비옥하게 한다 다음 작물을
each+단수명사+단수동사

next crop. This type of farming is sustainable / [because the soil stays healthy].
위한 이 유형의 농업은 지속 가능하다 토양이 건강하게 유지되기 때문에 (이유의 부사절)

지문 해석

윤작은 농부가 자신의 밭에서 재배하는 작물을 특별한 순서로 바꾸는 과정이다. 예를 들면, 만약 한 농부가 세 개의 밭을 가지고 있다면, 그들은 첫 번째 밭에는 당근을, 두 번째 밭에는 녹색 콩을, 세 번째 밭에는 토마토를 재배할 수 있다. 그다음 해에 첫 번째 밭에는 녹색 콩을, 두 번째 밭에는 토마토를, 세 번째 밭에는 당근을 재배할 것이다. 3년 차에 작물은 다시 순환할 것이다. 4년째에 이르면 작물은 원래의 순서로 되돌아 갈 것이다. 각각의 작물은 다음 작물을 위한 토양을 비옥하게 한다. 이 유형의 농업은 토양이 건강하게 유지되기 때문에 지속 가능하다.

지문 흐름

윤작이란 농부가 재배하는 작물을 특별한 순서로 바꾸는 과정임 ……… 도입

↓

세 개의 밭이 있을 경우, 첫 해에는 각각의 밭에 당근, 콩, 토마토를 재배하고 그다음 해에는 콩, 토마토, 당근을 재배하고, 3년 차에 또다시 순환하면 4년 차에는 작물이 원래의 순서대로 되돌아 갈 것임 ……… 예시

↓

각 작물은 다음 작물을 위한 토양을 비옥하게 하여 토양을 건강하게 유지하기 때문에 지속 가능한 농업이 될 수 있음 ……… 주제

친절한 오답 풀이

오답 선택지	선택률	오답 이유
② 유기농 식품 구매가 농부들에게 미치는 영향	2%	유기농 식품 구매에 대한 내용은 언급되지 않았다.
③ 풍요로운 토양을 위해 중요한 세 가지 작물을 고르는 방법	3%	글에서 언급된 당근, 콩, 토마토는 윤작의 이점을 설명하기 위한 예시이며, 풍요로운 토양을 위해 작물을 고르는 법에 관해서는 언급되지 않았다.
④ 좁은 공간에서 다양한 작물을 재배하는 것의 위험성	1%	좁은 공간에서 다양한 작물을 재배하는 것에 대한 내용은 언급되지 않았다.
⑤ 윤작이 환경에 미치는 부정적인 영향	3%	윤작이 토양 건강에 도움이 된다는 내용이므로 글의 내용과 상반된다.

04 정답 ⑤ 정답률 80%

정답 풀이

사람은 타인과의 관계에서 배려와 유대감을 느낄 때 더 큰 동기를 얻고, 이를 통해 스스로 동기 부여를 지속할 수 있다는 내용이므로, 글의 주제로는 ⑤ '동기 부여에서 관계 형성의 중요성'이 가장 적절하다.

친절한 지문분석

There is a wealth of evidence / [that {when parents, teachers, supervisors, and coaches are perceived / as involved and caring}, / people feel happier and more motivated]. And it is not just those people with power / —we need to feel valued and respected / by peers and coworkers. Thus, / [when the need for relatedness is met], / motivation and internalization are fueled, / [provided that support for autonomy and competence are also there]. [If we are trying to motivate others], / a caring relationship is a crucial basis / [from which to begin]. And [when we are trying to motivate ourselves], / [doing things to enhance a sense of connectedness to others] / can be crucial to long-term persistence. So exercise with a friend, / call someone / [when you have a difficult decision to make], / and be there as a support for others / [as they take on challenges].

수많은 증거가 있다 / 동격절 / 부모, 교사, 상사, 그리고 코치가 여겨질 때 (시간의 부사절) / 관여되어 있고 배려한다고 / 사람들은 더 행복하고 더 동기 부여된다고 느낀다는 / 그리고 그것이 단지 권력을 가진 사람들만은 아니다 / 우리는 소중히 여겨지고 존중받는다는 느낌을 받을 필요가 있다 / 또래와 직장 동료들에게서 / 따라서 / 관계성에 대한 욕구가 충족될 때 (시간의 부사절) / 동기와 내면화는 자극된다 / 자율성과 유능함에 대한 지원 또한 있다면 (조건의 부사절 = if) / 만약 우리가 다른 사람들에게 동기를 부여하려고 한다면 (조건의 부사절) / 배려하는 관계는 중요한 기반이 된다 / 그곳에서 시작할 수 있는 (전치사+관계대명사) / 그리고 우리가 스스로 동기를 부여하려고 할 때 (시간의 부사절) / 타인과의 유대감을 강화하기 위한 일을 하는 것은 (주어(동명사구)) / 장기적인 지속에 중요할 수 있다 / 그러니 친구와 함께 운동하라 (동사 1) / 누군가에게 전화하라 (동사 2) / 당신이 내려야 할 어려운 결정이 있을 때 (시간의 부사절, to부정사의 형용사적 용법) / 그리고 다른 사람들을 위한 버팀목으로 그곳에 있어라 (동사 3(병렬구조)) / 그들이 도전에 맞설 때 (시간의 부사절)

지문 해석

부모, 교사, 상사, 그리고 코치가 관여되어 있고 배려한다고 여겨질 때, 사람들은 더 행복하고 더 동기 부여된다고 느낀다는 수많은 증거가 있다. 그리고 그것이 단지 권력을 가진 사람들만은 아닌데, 즉 우리는 또래와 직장 동료들에게서도 소중히 여겨지고 존중받는다는 느낌을 받을 필요가 있다. 따라서, 관계성에 대한 욕구가 충족될 때, 그리고 자율성과 유능함에 대한 지원 또한 있다면, 동기와 내면화는 자극된다. 만약 우리가 다른 사람들에게 동기를 부여하려고 한다면, 배려하는 관계는 그곳에서 시작할 수 있는 중요한 기반이 된다. 그리고 우리가 스스로 동기를 부여하려고 할 때, 타인과의 유대감을 강화하기 위한 일을 하는 것은 장기적인 지속에 중요할 수 있다. 그러니 친구와 함께 운동하라, 당신이 어려운 결정을 내려야 할 때 누군가에게 전화하라, 그리고 다른 사람들이 도전에 맞설 때 그들을 위한 버팀목으로 그곳에 있어라.

지문 흐름

부모나 교사, 상사, 코치의 배려를 느낄 때 사람들은 더 행복하고 동기 부여가 잘 됨 ……… 도입

↓

단지 권력 있는 사람뿐 아니라 또래나 동료에게서도 존중받는 경험이 필요함 ……… 부연

↓

관계성, 자율성, 유능감이 충족되면 동기와 내면화가 촉진되며, 배려하는 관계는 동기 부여의 기반이 됨 ……… 전개

↓

지속적으로 스스로 동기를 부여하기 위해서는 타인과의 유대감을 강화하는 일을 해야 함 ……… 결론

친절한 오답 풀이

오답 선택지	선택률	오답 이유
① 의존적인 관계에서 벗어나는 방법	4%	의존적인 관계에서 벗어나는 방법은 언급되지 않았다.
② 더 행복한 삶을 위한 독립적인 의사결정의 필요성	8%	동기 부여에 있어서 관계의 중요성에 대해 말하고 있으므로 주제와 상반된다.
③ 경쟁적인 분위기를 조성하는 데 필요한 핵심 요소들	4%	경쟁적인 분위기를 조성해야 한다는 내용은 언급되지 않았다.
④ 가족 구성원과의 지속적인 유대감을 유지하는 데 따르는 어려움	4%	가족 구성원과 유대감을 유지하는 데 따르는 어려움은 언급되지 않았다.

05 정답 ① 정답률 48%

정답 풀이

국가들의 사회적, 경제적 상황이 나아짐에 따라 운송 형태가 개선되었고, 운송의 발달이 관광 산업 성장을 이끌었다는 내용이다. 따라서 글의 주제로는 ① '관광 확대를 야기한 요인들'이 가장 적절하다.

친절한 지문분석

As the social and economic situation of countries got better, /
국가들의 사회적, 경제적 상황이 더 나아지면서
~함에 따라(접속사)

wage levels and working conditions improved. Gradually people
임금 수준과 근로 여건이 개선되었다 점차 사람들은

were given more time off. At the same time, / forms of transport
더 많은 휴가를 받게 되었다 동시에 운송 형태가 개선되었다
수동태

improved / and it became faster and cheaper / to get to places.
그리고 더 빠르고 더 저렴해졌다 장소로 이동하는 것이
가주어 진주어(to부정사구)

England's industrial revolution led to many of these changes.
영국의 산업 혁명이 이러한 변화 중 많은 것을 일으켰다
다수의 것(대명사)

Railways, / in the nineteenth century, / opened up now famous
철도가 19세기에 현재 유명한 해안가 리조트를
삽입구

seaside resorts / such as Blackpool and Brighton. With the
들어서게 했다 Blackpool과 Brighton 같은 철도가 생기면서
~와 같은 도치구문(부사구+동사+주어)

railways / came many large hotels. In Canada, / for example, /
많은 대형 호텔이 생겨났다 캐나다에서는 예를 들어
동사 주어

the new coast-to-coast railway system / made possible the building
새로운 대륙 횡단 철도 시스템이 유명한 호텔의 건설을 가능하게 했다
make possible: ~을 가능하게 하다

of such famous hotels / as Banff Springs and Chateau Lake Louise
로키산맥의 Banff Springs와 Chateau Lake Louise 같은
such ~ as...: ··· 같은 ~

in the Rockies. Later, / the arrival of air transport / opened up more
이후에 항공 운송의 출현은 세계의 더 많은 곳으로

of the world / and led to tourism growth.
가는 길을 열어 주었다 그리고 관광 산업의 성장을 이끌었다

지문 해석

국가들의 사회적, 경제적 상황이 더 나아지면서, 임금 수준과 근로 여건이 개선되었다. 점차 사람들은 더 많은 휴가를 받게 되었다. 동시에, 운송 형태가 개선되었고 장소로 이동하는 것이 더 빠르고 더 저렴해졌다. 영국의 산업 혁명이 이러한 변화 중 많은 것을 일으켰다. 19세기에, 철도로 인해 Blackpool과 Brighton 같은 현재 유명한 해안가 리조트가 들어서게 되었다. 철도가 생기면서 많은 대형 호텔이 생겨났다. 예를 들어, 캐나다에서는 새로운 대륙 횡단 철도 시스템이 로키산맥의 Banff Springs와 Chateau Lake Louise 같은 유명한 호텔의 건설을 가능하게 했다. 이후에 항공 운송의 출현은 세계의 더 많은 곳으로 가는 길을 열어 주었고 관광 산업의 성장을 이끌었다.

지문 흐름

국가들의 사회적, 경제적 상황이 나아지면서, 임금 수준과 근로 여건, 더 나아가 운송의 형태가 개선됨 ········· 도입
↓
영국의 산업 혁명이 이러한 변화들을 이끎 ········· 부연
↓
19세기 철도로 인해 유명 해안가 리조트 및 호텔들이 들어섬 ········· 상술
↓
캐나다에서는 새로운 대륙 횡단 철도 시스템이 로키산맥의 유명 호텔 건설을 가능하게 함 ········· 예시
↓
이후 항공 운송의 출현은 관광 산업의 성장을 이끎 ········· 결론

친절한 오답 풀이

오답 선택지	선택률	오답 이유
② 인기 있는 관광지에서의 불편함	4%	인기 있는 관광지에서의 불편함은 지문의 내용과 무관하다.
③ 사회와 경제에서 관광의 중요성	34%	국가들의 사회적, 경제적 상황이 나아졌다는 언급은 있지만, 사회와 경제에서 관광이 중요하다는 것은 지문의 내용과 무관하다.
④ 관광이 환경에 미치는 부정적인 영향	5%	관광이 환경에 미치는 부정적인 영향은 지문의 내용과 무관하다.
⑤ 다양한 유형의 관광과 그 특징	9%	다양한 유형의 관광과 특징에 대한 내용은 지문에서 언급되지 않았다.

코드+α 배경지식

밴프 스프링스 호텔(Banff Springs Hotel)

밴프 스프링스 호텔은 캐나다 로키산맥에 위치한 웅장하고 화려한 호텔로 그 역사를 자랑한다. 로키산맥 철도 부근의 관광 산업을 활성화할 목적으로 캐나다 태평양 철도(CPR)에 의해 건설되어 1888년에 문을 연 이 호텔은 캐나다 밴프 국립공원 안에 위치해 로키산맥 관광에 더 없이 유리한 입지 조건을 갖추었을 뿐만 아니라 환상적인 전망과 풍경을 선사하며 지난 130년 동안 최상의 서비스를 제공하고 있다. 이 호텔과 관련하여 재미있는 사실 한 가지는 호텔 대리석 계단의 나이이다. 약 2만 살로 추정되는 이 계단에는 실제로 화석이 박혀 있다. 그 이유는 계단을 만드는 데 쓰인 대리석이 캐나다 중부 지방에서 가져온 것인데, 그곳이 바로 2만 년 전에 바다였으며 그 흔적이 화석으로 남아 있는 것이다.

06 정답 ② 정답률 63%

정답 풀이

문화적 다양성이 생산성을 증가시키는 데 도움이 될 수 있으나, 다양성이 너무 크면 오히려 생산성을 저하시킬 수 있다는 내용이므로, 글의 주제로는 ② '문화적 다양성의 대조적인 양상들'이 가장 적절하다.

친절한 지문분석

The interaction / of workers [from different cultural backgrounds]
상호 작용은 다른 문화적 배경에서 온 노동자들과 현지 주민의
전치사구(형용사구)

with the host population / might increase productivity / due to
생산성을 증가시킬 수 있다
~ 때문에(전치사)

positive externalities / like knowledge spillovers. This is only
긍정적인 외부 효과로 인해 지식 파급과 같은 이것은 이점이 된다
~와 같은(전치사)

an advantage / up to a certain degree. [When the variety of
어느 정도까지만 배경의 다양성이 너무 클 경우
~까지 시간의 부사절

backgrounds is too large], fractionalization may cause excessive
분열은 의사소통에 대한 과도한 거래 비용을 초래하는데

transaction costs for communication, [which may lower
이는 생산성을 저하시킬 수 있다
주격 관계대명사절(계속적 용법)

productivity]. Diversity / not only impacts the labour market, /
다양성은 노동 시장에 영향을 줄 뿐만 아니라
not only A but (also) B: A뿐만 아니라 B도

but may also affect the quality of life in a location. A tolerant native
한 지역의 삶의 질에도 영향을 미칠 수 있다 관용적인 원주민은

population / may value a multicultural city or region / because of
다문화 도시나 지역을 가치 있게 여길 수 있다
~ 때문에

an increase [in the range of available goods and services]. On the other hand, / diversity could be perceived as an unattractive feature [if natives perceive it as a distortion / of {what they consider to be their national identity}]. They might even discriminate against other ethnic groups / and they might fear [that social conflicts between different foreign nationalities / are imported into their own neighbourhood].

이용 가능한 재화와 용역 범위의 증가로 인해 (전치사구(형용사구)) 반면에 다양성은 매력적이지 않은 특징으로 인식될 수 있다 원주민들이 다양성을 왜곡으로 인식한다면 (조건의 부사절) (= diversity) 그들의 국가 정체성이라고 생각하는 것에 대한 (목적절) 그들은 심지어 다른 민족 집단을 차별할 수도 있고 (병렬구조) 그들은 두려워할 수도 있다 서로 다른 외국 국적들 간의 (목적절) 사회적 갈등이 그들 지역으로 유입되는 것을

지문 해석

다른 문화적 배경에서 온 노동자들과 현지 주민의 상호 작용은 지식 파급과 같은 긍정적인 외부 효과로 인해 생산성을 증가시킬 수 있다. 이것은 어느 정도까지만 이점이 된다. 배경의 다양성이 너무 클 경우, 분열은 의사소통에 대한 과도한 거래 비용을 초래하는데, 이는 생산성을 저하시킬 수 있다. 다양성은 노동 시장에 영향을 줄 뿐만 아니라 한 지역의 삶의 질에도 영향을 미칠 수 있다. 관용적인 원주민은 이용 가능한 재화와 용역 범위의 증가로 인해 다문화 도시나 지역을 가치 있게 여길 수 있다. 반면에, 원주민들이 다양성을 그들의 국가 정체성이라고 생각하는 것에 대한 왜곡으로 인식한다면 다양성은 매력적이지 않은 특징으로 인식될 수 있다. 그들은 심지어 다른 민족 집단을 차별할 수도 있고 서로 다른 외국 국적들 간의 사회적 갈등이 그들 지역으로 유입되는 것을 두려워할 수도 있다.

지문 흐름

문화적 다양성은 지식 파급과 같은 긍정적인 외부 효과로 인해 생산성을 증가시킬 수 있음 ········· 도입(장점)

↓

다양성이 너무 크면, 분열은 의사소통에 대한 과도한 거래 비용을 초래하는데, 이는 생산성을 저하시킬 수 있음 ········· 전개(단점)

↓

다양성은 노동 시장에 영향을 줄 뿐만 아니라 한 지역의 삶의 질에도 영향을 미칠 수 있음 ········· 요지

↓

관용적인 원주민은 재화와 용역 범위의 증가로 인해 다문화 지역을 가치 있게 여길 수 있음 ········· 상술(장점)

↓

원주민들이 다양성을 그들의 국가 정체성에 대한 왜곡으로 인식한다면 다양성은 매력적이지 않게될 수 있음 ········· 대조(단점)

↓

원주민들은 다른 민족 집단을 차별하거나 다른 외국 국적들 간의 사회적 갈등의 유입을 두려워할 수도 있음 ········· 부연(단점)

친절한 오답 풀이

오답 선택지	선택률	오답 이유
① 민족 집단 내 문화의 역할	6%	민족 집단 내 문화의 역할에 대해서는 언급되지 않았다.
③ 국가 정체성에 대한 부정적인 시각	18%	국가 정체성에 대한 부정적인 시각은 글의 내용과 무관하다.
④ 국가 간 생산성 차이 요인	10%	국가 간 생산성 차이 요인에 대해서는 언급되지 않았다.
⑤ 소수자를 보호하고 차별을 방지하기 위한 정책들	4%	소수자를 보호하고 차별을 방지하기 위한 정책들에 대해서는 언급되지 않았다.

05 제목

코드 접속하기

pp.49~52

Q1 ① Q2 ① Q3 ⑤ Q4 ②

Q1

정답 ① 정답률 82%

정답 풀이

소리 내어 읽기는 두뇌 활동을 활성화하여 집중력과 말하기 능력을 향상시킨다는 내용이므로, 글의 제목으로는 ① '소리 내어 읽기: 두뇌 능력과 말하기 능력 향상시키기'가 가장 적절하다.

친절한 지문분석

Modern brain-scanning techniques such as fMRI (functional Magnetic Resonance Imaging) have revealed / [that {reading aloud} lights up many areas of the brain]. There is intense activity in areas [associated with pronunciation and hearing the sound of the spoken response], / [which strengthens the connective structures of your brain cells / for more brainpower]. This leads to an overall improvement in concentration. Reading aloud is also a good way / [to develop your public speaking skills] / [because it forces you to read each and every word] / —something [(that) people don't often do / {when reading quickly, or reading in silence}]. Children, in particular, should be encouraged to read aloud / [because the brain is wired for learning through connections / {that are created by positive stimulation, / such as singing, touching, and reading aloud}].

fMRI(기능적 자기 공명 영상)와 같은 현대의 뇌 스캐닝 기법은 드러냈다 소리 내어 읽는 것이 (목적절 주어(동명사구)) 두뇌의 여러 영역을 밝힌다는 것을 발음과 발화된 반응의 소리를 듣는 것과 연관된 영역에서 강렬한 활동이 있다 (과거분사구) 이는 여러분의 뇌세포의 결합 구조를 강화시킨다 (주격 관계대명사절(계속적 용법)) 더 많은 두뇌 능력을 위한 이것은 전반적인 집중력 향상으로 이어진다 소리 내어 읽는 것은 또한 좋은 방법이다 여러분의 대중 말하기 능력을 발전시키는 (동격의 to부정사) 왜냐하면 (이유의 부사절) 그것은 여러분으로 하여금 하나도 빠짐없이 단어를 읽게 강제하기 때문이다 (force+목적어+to-v: (목적어)가 ~하도록 강요하다) 사람들이 자주 하지 않는 일 (목적격 관계대명사절) 빨리 읽거나 조용히 읽을 때 (접속사+분사구문) 특히 어린이는 소리 내어 읽도록 장려되어야 한다 뇌가 결합을 통한 학습에 대해 연결되어 있기 때문에 (이유의 부사절) 긍정적인 자극에 의해 만들어진 (주격 관계대명사절) 노래 부르기, 만지기, 소리 내어 읽기와 같은

지문 해석

fMRI(기능적 자기 공명 영상)와 같은 현대의 뇌 스캐닝 기법은 소리 내어 읽는 것이 두뇌의 여러 영역을 밝힌다는 것을 드러냈다. 발음과 발화된 반응의 소리를 듣는 것과 연관된 영역에서 강렬한 활동이 있으며, 이는 더 많은 두뇌 능력을 위한 여러분의 뇌세포의 결합 구조를 강화시킨다. 이것은 전반적인 집중력 향상으로 이어진다. 소리 내어 읽는 것은 또한 여러분의 대중 말하기 능력을 발전시키는 좋은 방법인데, 왜냐하면 그것은 여러분으로 하여금 하여

금 하나도 빠짐없이 단어를 읽게 강제하기 때문인데, 이는 사람들이 빨리 읽거나 조용히 읽을 때 자주 하지 않는 일이다. 특히 어린이는 뇌가 노래 부르기, 만지기, 소리 내어 읽기와 같은 긍정적인 자극에 의해 만들어진 결합을 통한 학습에 대해 연결되어 있기 때문에 소리 내어 읽도록 장려되어야 한다.

지문 흐름

뇌 스캐닝 기술은 소리 내어 읽기가 두뇌의 여러 영역을 활성화한다는 사실을 보여줌 ········ 도입

↓

소리 내어 읽으면 뇌세포의 결합 구조가 강화되어 집중력이 향상됨 ········ 전개 1

↓

소리 내어 읽기는 대중 말하기 능력 향상에도 도움이 되며, 단어 하나하나를 정확히 읽도록 도움 ········ 전개 2

↓

특히 아이들에게는 뇌의 긍정적 자극과 연결되므로 소리 내어 읽기를 장려해야 함 ········ 결론

| 친절한 오답 풀이 |

오답 선택지	선택률	오답 이유
② 독서 연습: 학업 성취를 위한 지름길	3%	단순히 독서 연습이 아니라, 소리 내어 읽기의 중요성을 언급하고 있다.
③ 소리 내어 읽기를 통한 글쓰기 능력 향상	5%	글쓰기 능력 향상에 관한 내용은 언급되지 않았다.
④ 조용히 읽을 때 뇌에 일어나는 변화	5%	소리 내어 읽는 것을 강조하는 내용이므로 주제와 상반된다.
⑤ 더 빠르고 효과적인 독서를 위한 기술들	5%	더 빠르고 효과적인 독서 방법에 대한 내용은 언급되지 않았다.

Q2 정답 ① 정답률 80%

정답 풀이

알고리즘은 우리 일상의 많은 부분과 밀접하게 연결되어 있다는 내용이므로, 글의 제목으로는 ① '우리는 알고리즘의 시대에 산다'가 가장 적절하다.

친절한 지문분석

Only a generation or two ago, / mentioning the word *algorithms*
한 세대 혹은 두 세대 전만 해도 / '알고리즘'이라는 단어를 언급하는 것은 (주어(동명사구))

would have drawn a blank / from most people. Today, / algorithms
아무 반응을 얻지 못했을 것이다 (would have+p.p.: ~했을 것이다) / 대부분의 사람들로부터 / 오늘날 / 알고리즘은

appear in every part of civilization. They are connected / to
문명의 모든 부분에서 나타난다 / 그것들은 연결되어 있다 / 일상에

everyday life. They're not just in your cell phone or your laptop /
그것들은 당신의 휴대 전화나 노트북 안에만 있는 것이 아니다 (not just A but (also) B: A뿐만 아니라 B도)

but in your car, your house, your appliances, and your toys. Your
하지만 당신의 자동차, 집, 전자 제품과 장난감 안에도 있다 / 당신의

bank is a huge web of algorithms, / with humans turning the
은행은 알고리즘의 거대한 망이다 / 인간들이 여기저기서 스위치를 돌리고 있는 (with+목적어+현재분사: ~가 …한 채로)

switches here and there. Algorithms schedule flights / and then fly
알고리즘은 비행 일정을 잡는다 / 그리고 비행기를

the airplanes. Algorithms run factories, trade goods, and keep
운항한다 / 알고리즘은 공장을 운영하고, 상품을 거래하며, 기록을 남긴다

records. If every algorithm suddenly stopped working, / it would
만약 모든 알고리즘이 갑자기 작동을 멈춘다면 (가정법 과거) / 이는 세상의

be the end of the world / as we know it.
끝이 될 것이다 / 우리가 알고 있듯이

지문 해석

한 세대 혹은 두 세대 전만 해도, '알고리즘'이라는 단어를 언급하는 것은 대부분의 사람들로부터 아무 반응을 얻지 못했을 것이다. 오늘날, 알고리즘은 문명의 모든 부분에서 나타난다. 그것들은 일상에 연결되어 있다. 그것들은 당신의 휴대 전화나 노트북 안 뿐만 아니라 당신의 자동차, 집, 전자 제품과 장난감 안에도 있다. 당신의 은행은 인간들이 여기저기서 스위치를 돌리고 있는, 알고리즘의 거대한 망이다. 알고리즘은 비행 일정을 잡고 비행기를 운항한다. 알고리즘은 공장을 운영하고, 상품을 거래하며, 기록을 남긴다. 만약 모든 알고리즘이 갑자기 작동을 멈춘다면, 이는 우리가 알고 있듯이 세상의 끝이 될 것이다.

지문 흐름

이전 세대에서는 '알고리즘'에 익숙하지 않았을 것임 ········ 도입

↓

오늘날, 알고리즘은 문명의 모든 부분에서 나타나며 일상에 연결되어 있음 ········ 주제

↓

알고리즘은 휴대 전화, 노트북, 자동차, 집, 전자 제품, 장난감, 은행, 비행기, 공장, 상품 거래, 문서 기록 등 많은 것에 이용됨 ········ 근거

↓

만약 모든 알고리즘이 갑자기 작동을 멈춘다면, 세상의 끝이 올 것임 ········ 결론

| 친절한 오답 풀이 |

오답 선택지	선택률	오답 이유
② 고대 문명의 신비	3%	고대 문명의 신비에 대한 내용은 언급되지 않았다.
③ 온라인 뱅킹 알고리즘의 위험성	6%	은행의 알고리즘이 예시로 제시되기는 했지만, 온라인 뱅킹 알고리즘의 위험성에 대한 내용은 언급되지 않았다.
④ 알고리즘이 인간의 창의성을 감소시키는 방법	10%	알고리즘이 인간의 창의성을 감소시킨다는 내용은 언급되지 않았다.
⑤ 수송: 산업의 원동력	2%	산업의 원동력이 되는 수송에 대한 내용은 언급되지 않았다.

Q3 정답 ⑤ 정답률 79%

정답 풀이

우리가 구입한 후 사용하지 않는 모든 물건은 돈 낭비, 시간 낭비, 순전히 쓸모 없는 물건이라는 의미에서 낭비라는 내용이므로, 글의 제목으로는 ⑤ '사용하지 않는다면 당신이 구입하는 것은 낭비이다'가 가장 적절하다.

친절한 지문분석

Think, / for a moment, / about something [(that) you bought] [that you
생각해 봐라 / 잠시 (삽입구) / 여러분이 산 물건에 대해 (목적격 관계대명사절) (목적격 관계대명사절)

never ended up using]. An item of clothing / [(which/that) you never ended
결국 한 번도 사용하지 않은 / 옷 한 벌 / 결국 한 번도 입지 않은 (목적격 관계대명사절)

up wearing]? A book [(which/that) you never read]? Some piece of electronic
한 번도 읽지 않은 책 한 권 (목적격 관계대명사절) / 어떤 전자 기기

equipment / [that never even made it out of the box]? It is
심지어 상자에서 꺼내 보지도 않은
주격 관계대명사절 make it out of: ~에서 빠져나가다 가주어

estimated / [that Australians alone spend on average $10.8 billion
추산된다 호주인들이 단독으로 평균 108억 호주 달러를 쓴다고
진주어(that절)

AUD / (approximately $9.99 billion USD) / every year / on goods /
약 99억 9천 미국 달러인 매년 물건에

(which/that)
they do not use] — more than the total government spending /
그들이 사용하지 않는 정부 지출 총액 이상인
목적격 관계대명사절 부연 설명

on universities and roads. That is an average of $1,250 AUD /
대학과 도로에 사용하는 그 금액은 평균 1,250 호주 달러이다

(approximately $1,156 USD) / for each household. All the things
약 1,156 미국 달러인 각 가구당 우리가 사는
주어

(that)
we buy] / [that then just sit there gathering dust] / are waste — a
모든 물건은 그리고 제자리에서 먼지를 끌어 모으기만 하는 낭비이다
목적격 관계대명사절 주격 관계대명사절 분사구문(동시동작) 동사 부연 설명

waste of money, / a waste of time, / and waste in the sense of
돈 낭비 시간 낭비 그리고 순전히 쓸모 없는 물건이라는
~이라는 의미에서

pure rubbish. [As the author Clive Hamilton observes], 'The
의미에서의 낭비 작가 Clive Hamilton이 말하는 것처럼 차이는
~한 것처럼[대로] (which/that) 주어

difference / between the stuff [we buy] and [what we use] / is
우리가 사는 물건과 우리가 사용하는 것 사이의
between A and B: A와 B 사이 목적격 관계대명사절 관계대명사절 동사

waste.'
낭비이다

지문 해석

여러분이 사 놓고 결국 한 번도 사용하지 않은 물건에 대해 잠시 생각해 봐라. 결국 한 번도 입지 않은 옷 한 벌? 한 번도 읽지 않은 책 한 권? 심지어 상자에서 꺼내 보지도 않은 어떤 전자 기기? 호주인들은 단독으로, 사용하지 않는 물건에 매년 평균 108억 호주 달러(약 99억 9천 미국 달러)를 쓰는 것으로 추산되는데, 이는 대학과 도로에 사용하는 정부 지출 총액을 넘는 금액이다. 그 금액은 각 가구당 평균 1,250 호주 달러(약 1,156 미국 달러)이다. 우리가 사고 나서 제자리에서 먼지를 끌어 모으기만 하는 모든 물건은 낭비인데, 돈 낭비, 시간 낭비, 그리고 순전히 쓸모 없는 물건이라는 의미에서의 낭비이다. 작가 Clive Hamilton이 말하는 것처럼 '우리가 사는 물건에서 우리가 사용하는 것을 뺀 것은 낭비이다.'

지문 흐름

사 놓고 결국 한 번도 사용하지 않은 물건들이 많음	········	도입
호주인들은 단독으로, 사용하지 않는 물건에 매년 평균 108억 호주 달러를 쓰며, 그 금액은 각 가구당 평균 1,250 호주 달러임	········	상술
우리가 사고 나서 사용하지 않는 모든 물건은 낭비임	········	주제
작가 Clive Hamilton은 '우리가 사는 물건에서 우리가 사용하는 것을 뺀 것은 낭비이다'라고 함	········	인용

친절한 오답 풀이

오답 선택지	선택률	오답 이유
① 지출이 경제를 가능하게 한다	5%	지출이 경제를 돌아가게 한다는 내용은 언급되지 않았다.
② 금전 관리: 해야 할 것과 하지 말아야 할 것	5%	사고 나서 사용하지 않는 물건이 낭비라고는 했으나, 금전 관리와는 무관하다.
③ 과도한 쇼핑: 외로움의 신호	6%	과도한 쇼핑이 외로움의 신호라는 내용은 지문과 무관하다.
④ 쓰레기의 3R: 줄이기, 재사용, 재활용	4%	사고 나서 쓰지 않는 물건은 낭비라고 했지만, 3R에 대해서는 언급되지 않았다.

Q4 정답 ② 정답률 71%

정답 풀이

성공이 이끄는 틀에 박힌 편안한 생활이 우리를 만족스럽게 한다고 느낄 수 있지만, 실제로는 자신이 처해 있는 상황에서 꼼짝할 수 없게 만드는 덫과 같은 역할을 한다는 내용이므로, 글의 제목으로는 ② '성공적인 경력의 덫'이 가장 적절하다.

친절한 지문분석

Success can lead you / [off your intended path] / and [into a
성공은 여러분을 이끌 수 있다 의도한 길에서 벗어나 틀에 박힌 편안한
전치사구 1 전치사구 2(병렬구조)

comfortable rut]. If you are good at something / and are well
생활로 여러분이 어떤 일을 잘하고 그것을 하는 것에
be good at: ~을 잘하다

rewarded for doing it, / you may want to keep doing it / even if
대한 보상을 잘 받는다면 계속 그것을 하고 싶을 수도 있다
= something keep v-ing: 계속 ~하다

you stop enjoying it. The danger is / [that one day you look around
그것을 즐기지 않게 되더라도 위험한 점은 ~이다 어느 날 여러분이 주변을 둘러보고 깨닫게
stop v-ing: ~하는 것을 멈추다 명사절(보어)

(that)
and realize / you're so deep in this comfortable rut / that you can
된다는 것 자신이 틀에 박힌 이 편안한 생활에 너무나 깊이 빠져 있어서 더는 태양을
so ~ that ...: 너무 ~해서 ···하다

no longer see the sun or breathe fresh air; / the sides of the rut
보거나 신선한 공기를 호흡할 수 없다는 것을 그 틀에 박힌 생활의

have become so slippery / that it would take a superhuman effort
양쪽 면이 너무나 미끄럽게 되어 기어올라 나오려면 초인적인 노력이 필요할 것이라는 것을
가주어

to climb out; / and, effectively, you're stuck}]. And it's a situation
그리고 사실상 자신이 꼼짝할 수 없다는 것을 그리고 그것은 상황이다
진주어

[that many working people worry / they're in now]. The poor
많은 근로자가 걱정하는 현재 자신이 처해 있다고 열악한 고용
목적격 관계대명사절 삽입절

employment market has left them feeling locked / in [what may be
시장이 그들을 갇혀 있다고 느끼게 해 놓았다 안정적이거나
leave+목적어+목적격보어: (목적어)를 ~한 채로 두다
feel+p.p.: ~된다고[받는다고] 느끼다

a secure, or even well-paying — but ultimately unsatisfying — job].
심지어 보수가 좋을 수도 있지만 궁극적으로는 만족스럽지 못한 일자리에
관계대명사절

지문 해석

성공은 여러분을 의도한 길에서 벗어나 틀에 박힌 편안한 생활로 이끌 수 있다. 여러분이 어떤 일을 잘하고 그것을 하는 것에 대한 보상을 잘 받는다면, 그것을 즐기지 않게 되더라도 계속 그것을 하고 싶을 수도 있다. 위험한 점은 어느 날 여러분이 주변을 둘러보고, 자신이 틀에 박힌 이 편안한 생활에 너무나 깊이 빠져 있어서 더는 태양을 보거나 신선한 공기를 호흡할 수 없으며, 그 틀에 박힌 생활의 양쪽 면이 너무나 미끄럽게 되어 기어올라 나오려면 초인적인 노력이 필요할 것이고, 사실상 자신이 꼼짝할 수 없다는 것을 깨닫게 된다는 것이다. 그리고 그것은 많은 근로자가 현재 자신이 처해 있다고 걱정하는 상황이다. 열악한 고용 시장이 그들을 안정적이거나 심지어 보수가 좋을 수도 있지만, 궁극적으로는 만족스럽지 못한 일자리에 갇혀 있다고 느끼게 해 놓았다.

지문 흐름

성공은 의도한 길에서 벗어나 틀에 박힌 편안한 생활로 이끌 수 있음 ········ 도입

⬇

자신의 일을 잘하고, 그에 대한 보상을 잘 받는다면 사람들은 그 일을 계속 하고 싶어 함 ········ 부연

⬇

문제는 편안한 틀에 박힌 생활을 하게 되면, 그 편안한 생활에 익숙해져 나중에 빠져나오기 위해 엄청난 노력이 필요하고 사실상 빠져나올 수 없게 됨 ········ 요지

⬇

이는 현재 안정적이고 보수가 좋다고 느끼지만 궁극적으로는 만족하지 못하는 일자리에 갇힌 많은 근로자들이 처한 상황임 ········ 상술

친절한 오답 풀이

오답 선택지	선택률	오답 이유
① 자신과 경쟁하지 마라	11%	자기 자신과 경쟁하지 말라는 내용은 언급되지 않았다.
③ 젊은이들을 위한 더 많은 일자리를 창출하라	5%	젊은이들을 위해 더 많은 일자리를 창출해야 한다는 것은 글의 내용과 무관하다.
④ 어려운 직업의 공통점	8%	어려운 직업의 공통점에 관련된 내용은 언급되지 않았다.
⑤ 영향력 있는 고용주를 위한 로드맵	5%	영향력 있는 고용주를 위한 로드맵과 관련된 내용은 언급되지 않았다.

코드 공략하기

pp.53~55

01 ② 02 ② 03 ⑤ 04 ① 05 ① 06 ①

01 정답 ② 정답률 66%

정답 풀이

자신의 감정을 잘 인식하고 이름 붙이는 것은 감정 통제와 심리 사회적인 행복에 도움이 된다는 내용이므로, 글의 제목으로는 ② '감정에 상세히 이름을 붙이는 것은 유익하다'가 가장 적절하다.

친절한 지문분석

Our ability / [to accurately recognize and label emotions] / is often
우리의 능력은 / 감정을 정확하게 인식하고 그것에 이름을 붙일 수 있는 / 흔히 불린다
to부정사의 형용사적 용법 (to)

referred to / as *emotional granularity*. In the words of Harvard
'감정 입자도'라고 / Harvard 대학의 심리학자인
be referred to as: ~라고 불리다

psychologist Susan David, / "[Learning to label emotions / {with
Susan David의 말에 의하면 / 감정에 이름을 붙이는 법을 배우는 것은
주어(동명사구) / 전치사구(형용사구)

a more nuanced vocabulary}] / can be absolutely transformative."
더 미묘한 차이가 있는 어휘로 / (사람을) 완전히 변화시킬 수 있다

David explains / [that if we don't have a rich emotional vocabulary /
David는 설명한다 / 우리가 풍부한 감정적인 어휘를 갖고 있지 않으면
목적절

it is difficult / to communicate our needs, / and to get the support
어렵다 / 우리의 욕구를 전달하는 것이 / 그리고 우리가 필요로 하는 지지를
가주어 / 진주어 1(to부정사의 명사적 용법) / 진주어 2

{that we need} / from others]. But those who are able to distinguish /
얻는 것이 / 다른 사람들로부터 / 그러나 구별할 수 있는 사람들은
목적격 관계대명사절 / ~하는 사람들

between a range of various emotions / "do much, much better /
광범위한 다양한 감정을 / 훨씬, 훨씬 더 잘한다
훨씬(비교급 강조)

[at managing the ups and downs of ordinary existence] / than
평범한 존재의 좋은 일들과 궂은 일들을 관리하는 일을 / 모든 것을
전치사구

those [who see everything in black and white]." In fact, / research
흑백 논리로 보는 사람들보다 / 사실 / 연구 결과는
~하는 사람들 주격 관계대명사절

shows / [that the process {of labeling emotional experience} is
보여 준다 / 감정적인 경험에 이름을 붙이는 과정은 관련되어 있다는 것을
목적절 / 전치사구(형용사구)

related / to greater emotion regulation and psychosocial well-being].
더 큰 감정 통제 및 심리 사회적인 행복과

지문 해석

감정을 정확하게 인식하고 그것에 이름을 붙일 수 있는 우리의 능력은 흔히 '감정 입자도'라고 불린다. Harvard 대학의 심리학자인 Susan David의 말에 의하면, "감정에 더 미묘한 차이가 있는 어휘로 이름을 붙이는 법을 배우는 것은 (사람을) 완전히 변화시킬 수 있다." David는 우리가 풍부한 감정적인 어휘를 갖고 있지 않으면, 우리의 욕구를 전달하고 우리가 필요로 하는 지지를 다른 사람들로부터 얻는 것이 어렵다고 설명한다. 그러나 광범위한 다양한 감정을 구별할 수 있는 사람들은 "모든 것을 흑백 논리로 보는 사람들보다 평범한 존재로 사는 중에 겪는 좋은 일들과 궂은 일들을 관리하는 일을 훨씬, 훨씬 더 잘한다." 사실, 감정적인 경험에 이름을 붙이는 과정은 더 큰 감정 통제 및 심리 사회적인 행복과 관련되어 있다는 것을 연구 결과가 보여 준다.

지문 흐름

감정을 정확하게 인식하고 이름 붙일 수 있는 능력은 '감정 입자도'라고 불림 ········ 도입

⬇

심리학자인 Susan David은 미묘한 어휘로 감정에 이름을 붙이는 법을 배우는 것은 사람을 완전히 변화시킬 수 있으며, 풍부한 감정적인 어휘를 갖고 있지 않으면, 우리의 욕구를 전달하고 다른 사람들로부터 지지를 얻는 것이 어렵다고 설명함 ········ 전개

⬇

광범위한 다양한 감정을 구별할 수 있는 사람들은 모든 것을 흑백 논리로 보는 사람들보다 좋은 일들과 궂은 일들을 관리하는 일을 더 잘함 ········ 주제

⬇

감정적인 경험에 이름을 붙이는 과정은 감정 통제 및 심리 사회적인 행복과 관련되어 있음 ········ 부연

친절한 오답 풀이

오답 선택지	선택률	오답 이유
① 진정한 우정은 감정적인 논쟁을 견딘다	3%	진정한 우정에 대한 내용은 언급되지 않았다.
③ 감정에 이름 붙이기: 행동보다 말이 더 쉽다	23%	감정에 이름을 붙이는 것의 이점에 대한 내용은 언급되었으나 감정에 이름을 붙이는 행위보다 그것에 대해 이야기하는 것이 더 쉽다는 내용은 언급되지 않았다.
④ 효율성을 위해 과업을 분류하고 이름 붙여라	5%	과업을 분류하고 이름 붙이는 것을 통해 효율성을 높일 수 있다는 내용은 언급되지 않았다.
⑤ 용기를 가지고 당신이 필요한 것에 대해 소통하라	4%	용기를 가지고 필요한 것이 무엇인지에 대해 이야기해야 한다는 내용은 언급되지 않았다.

02 정답 ② 정답률 86%

정답 풀이

동물 실험 반대자들은 의학 발전이 동물 실험의 결과가 아니라 법적 의무와 임상적 발견의 영향이라고 주장한다는 내용이므로, 글의 제목으로는 ② '동물 실험을 통해 의학이 발전하는가?'가 가장 적절하다.

친절한 지문분석

Many opponents of animal experimentation argue / [that not only is modern medicine not the only cause for the decline in mortality, / many medical advances {that did contribute to human health} / were not the result of animal experimentation]. Defenders of research have claimed / [that {since there is a strong correlation / between the practice of animal experimentation and medical advancement}, / the former caused the latter]. Opponents of research reject this inference. After all, / we have independent reasons / [to expect these phenomena to be correlated]. [Since the law prescribes / {that all new drugs, prosthetic devices, and surgical techniques be tried on animals / <before they are used in humans>}], / we will subsequently find / [that all medical advances are correlated with prior experimentation on animals]. Consequently, / the correlation [between animal experimentation and medical discovery] / is the result of legal necessity, / not evidence [that animal experimentation led to medical advances]. Moreover, / several influential physicians have offered historical evidence / [that animal experimentation has not been as responsible for biomedical discovery / as defenders suggest]. They claim / [that clinical discoveries played a more substantial role / than animal researchers have led us to believe].

많은 동물 실험 반대자들은 주장한다 / 현대 의학이 / 사망률 감소의 유일한 원인이 아닐 뿐만 아니라 / 인간 건강에 기여한 많은 의학적 발전이 / 동물 실험의 결과가 아니었다고 / 연구 옹호자들은 주장해왔다 / 강한 상관관계가 있기 때문에 / 동물 실험 실행과 의학적 발전 사이에 / 전자가 후자를 초래했다고 / 연구 반대자들은 이 추론을 거부한다 / 결국 / 우리는 독립적인 이유를 가진다 / 이러한 현상들이 상관관계가 있을 것이라고 예상하게 하는 / 법이 규정하기 때문에 / 모든 신약들, 보철 장치들 그리고 외과 기술들이 동물에게 시험되어야 한다고 / 인간에게 사용되기 전에 / 우리는 그 결과로서 알게 될 것이다 / 모든 의학적 발전들이 이전의 동물 실험과 상관관계가 있다는 것을 / 따라서 / 동물 실험과 의학적 발견 간의 상관관계는 / 법적 필요성의 결과이지 / 동물 실험이 의학적 발전을 이끌었다는 증거가 아니다 / 게다가 / 몇몇 영향력 있는 의사들은 역사적 증거를 제시해왔다 / 동물 실험이 생의학적 발견의 원인이 아니었다는 / 옹호자들이 주장하는 것만큼 / 그들은 주장한다 / 임상적 발견들이 더 중요한 역할을 했다고 / 동물 연구자들이 우리가 믿게 해온 것보다

(목적절; 현대 의학이; not only A (but also) B: A뿐만 아니라 B도; 도치구문; 주격 관계대명사절; 조동사 do(강조); 목적절 이유의 부사절; between A and B: A와 B 사이에; to부정사의 형용사적 용법; expect+목적어+to-v: (목적어)가 ~할 것을 기대[예상]하다; 이유의 부사절; (should) 목적절; 시간의 부사절; 목적절; 전치사구(형용사구); between A and B: A와 B 사이에; 동격절; 동격절; ~에 원인이 있는; 목적절; play a role: 역할을 하다)

지문 해석

많은 동물 실험 반대자들은 현대 의학이 사망률 감소의 유일한 원인이 아닐 뿐만 아니라, 인간 건강에 기여한 많은 의학적 발전이 동물 실험의 결과가 아니었다고 주장한다. 연구 옹호자들은 동물 실험 실행과 의학적 발전 사이에 강한 상관관계가 있기 때문에 전자가 후자를 초래했다고 주장해왔다. 연구 반대자들은 이 추론을 거부한다. 결국, 우리는 이러한 현상들이 상관관계가 있을 것이라고 예상하게 하는 독립적인 이유를 가진다. 법이 모든 신약들, 보철 장치들 그리고 외과 기술들이 인간에게 사용되기 전에 동물에게 시험되어야 한다고 규정하기 때문에, 우리는 그 결과로서 모든 의학적 발전들이 이전의 동물 실험과 상관관계가 있다는 것을 알게 될 것이다. 따라서, 동물 실험과 의학적 발견 간의 상관관계는 법적 필요성의 결과이지, 동물 실험이 의학적 발전을 이끌었다는 증거가 아니다. 게다가, 몇몇 영향력 있는 의사들은 동물 실험이 옹호자들이 주장하는 것만큼 생의학적 발견의 원인이 아니었다는 역사적 증거를 제시해왔다. 그들은 임상적 발견들이 동물 연구자들이 우리가 믿게 해온 것보다 더 중요한 역할을 했다고 주장한다.

지문 흐름

동물 실험 반대자들은 의학적 발전이 동물 실험의 결과가 아니라고 주장함	········	반대자들의 주장
⬇		
연구 옹호자들은 동물 실험의 실행과 의학적 발전 사이의 강한 상관관계를 근거로 동물 실험이 의학 발전을 초래했다고 주장함	········	옹호자들의 주장
⬇		
연구 반대자들은 동물 실험과 의학적 발전 간의 상관관계가 법적 의무 때문이지 인과관계를 입증하는 증거는 아니라고 주장함	········	반대자들 주장의 근거 1
⬇		
몇몇 영향력 있는 의사들은 역사적 증거를 들어 많은 생의학적 발견의 원인이 동물 실험이 아니라 임상적 발견이었다고 주장함	········	반대자들 주장의 근거 2

친절한 오답 풀이

오답 선택지	선택률	오답 이유
① 생명 의학: 의료 분야의 새로운 영역 개척하기	4%	생명 의학에 관한 언급은 있었지만, 의학적 발전에 있어서 동물 실험의 역할을 묻는 글의 주제와는 거리가 멀다.
③ 의학 문제를 해결하기 위해 역사적 증거를 참고하라	3%	의학 문제를 해결하기 위해 역사적 증거를 참고해야 한다는 내용은 언급되지 않았다.
④ 왜 동물 입양에 대한 엄격한 법이 없는가?	4%	동물 입양에 관한 내용은 언급되지 않았다.
⑤ 인간 수명을 연장하기 위한 의학적 발전	3%	의학적 발전에 관한 언급은 있었지만, 인간 수명 연장은 글의 주제와 거리가 멀다.

03 정답 ⑤ 정답률 77%

정답 풀이

그림을 그릴 때 몇 걸음 뒤로 물러서서 잠시 휴식을 취한 후 다시 보면 언제 어떻게 마무리하는 것이 좋을지 발견하게 된다는 내용이므로, 글의 제목으로는 ⑤ '과한 작업을 피하고 마무리할 적절한 순간을 찾아라'가 가장 적절하다.

친절한 지문분석

Working around the whole painting, / rather than concentrating on one area at a time, / will mean / [(that) you can stop at any point / and the painting can be considered "finished."] Artists often find it difficult to know / [when to stop painting], / and it can be tempting /

전체 그림에 대해서 작업하는 것은 / 한 번에 한 영역에만 집중하기보다 / 의미할 것이다 / 여러분이 어떤 지점에서도 멈출 수 있다는 것을 / 그리고 그림이 '완성된' 것으로 간주될 수 있다는 것을 / 화가들은 종종 알기 어렵다는 것을 발견한다 / 언제 그림을 멈춰야 할지 / 그리고 유혹적일 수도 있다

(주어(동명사구); 목적절; 조동사 수동태; 가목적어; 진목적어; when to-v: 언제 ~해야 할지; 가주어)

to keep on adding more to your work. It is important to take a few
자신의 그림에 계속해서 더 추가하는 것은 / 그림에서 몇 걸음 뒤로 물러나는 것이
진주어 / keep on v-ing: 계속해서 ~하다 / 가주어 / 진주어

steps back from the painting / from time to time / to assess your
중요하다 / 때때로 / 자신의 진행 상황을 평가
to부정사의 부사적 용법(목적)

progress. Putting too much into a painting / can spoil its impact /
하기 위해 / 한 그림에 너무 많은 것을 넣는 것은 / 그것의 영향력을 망칠 수 있다
(can) / 주어(동명사구) / 동사 1

and leave it looking overworked. [If you find yourself struggling
그리고 그것이 과하게 작업된 것처럼 보이게 둘 수 있다 / 만약 여러분이 결정하는 데 자신이 어려움을 겪고
동사 2(병렬구조) / 조건의 부사절
find+목적어+목적격보어(현재분사): (목적어)가 ~하고 있는 것을 발견하다

to decide / {whether you have finished}], / take a break / and come
있음을 알게 된다면 / 끝냈는지를 / 잠시 휴식을 취해라 / 그리고 나중에
~인지(접속사)

back to it later / with fresh eyes. Then you can decide / [whether
그것(그림)으로 돌아와라 / 새로운 눈으로 / 그러면 여러분은 결정할 수 있다 / 자신의 그림의
목적절

any areas of your painting would benefit / from further refinement].
어느 부분이 득을 볼지를 / 더 정교하게 꾸며서

지문 해석

한 번에 한 영역에만 집중하기보다 전체 그림에 대해서 작업하는 것은 여러분이 어떤 지점에서도 멈출 수 있고 그림이 '완성'된 것으로 간주될 수 있다는 것을 의미할 것이다. 화가인 여러분은 종종 언제 그림을 멈춰야 할지 알기 어렵다는 것을 발견하고, 자신의 그림에 계속해서 더 추가하고 싶은 유혹을 느낄 수도 있다. 때때로 자신의 진행 상황을 평가하기 위해 그림에서 몇 걸음 뒤로 물러나는 것이 중요하다. 한 그림에 너무 많은 것을 넣으면 그것의 영향력을 망칠 수 있고 그것이 과하게 작업된 것처럼 보이게 둘 수 있다. 만약 여러분이 끝냈는지를 결정하는 데 자신이 어려움을 겪고 있음을 알게 된다면, 잠시 휴식을 취하고 나중에 새로운 눈으로 그것(그림)으로 돌아와라. 그러면 여러분은 더 정교하게 꾸며서 자신의 그림 어느 부분이 득을 볼지를 결정할 수 있다.

지문 흐름

한 영역에 집중하기보다 전체 그림에 대해 작업하면 언제든 그림이 완성된 것으로 간주될 수 있음 ……… 도입
↓
화가는 종종 언제 그림을 멈춰야 하는지 모른 채 계속해서 더 추가하고 싶은 유혹을 느낄 수 있음 ……… 전개
↓
진행 상황을 평가하기 위해 그림에서 몇 걸음 뒤로 물러나는 것이 중요함 ……… 주제
↓
한 그림에 너무 많은 것이 들어가면 영향력을 망치고 과하게 작업된 것처럼 보일 수 있음 ……… 상술
↓
언제 끝내야 할지 결정하기 힘들 때 잠시 휴식 후 새로운 눈으로 돌아오면, 어느 부분을 좀 더 정교하게 꾸며서 득을 볼지 결정할 수 있음 ……… 주제 재진술

친절한 오답 풀이

오답 선택지	선택률	오답 이유
① 다양한 예술가들로부터 영감 끌어내기	3%	다양한 예술가들로부터 영감을 끌어내는 내용은 언급되지 않았다.
② 그림을 미완성 상태로 둠으로써 그림을 망치지 마라	8%	그림을 언제 끝내야 할지 모를 때 잠시 휴식 후 새로운 눈으로 봄으로써 언제 어떻게 그림을 완성해야 할지 알 수 있다고 했으나, 그림을 미완성 상태로 두라고 하지는 않았다.
③ 미술 해석: 그림 속의 의미를 발견하라	5%	그림 속의 의미를 발견하라는 내용은 언급되지 않았다.
④ 붓을 내려놓지 마라: 많을수록 더 좋다	6%	그림에 너무 많은 요소를 넣으면 영향력을 망치고 과하게 작업된 것처럼 보일 수 있다고 했으므로 글의 내용과 상반된다.

04 정답 ① 정답률 79%

정답 풀이

고래는 탄소를 저장하고 격리하는 데 큰 도움을 주기 때문에 기후 변화를 늦추기 위해서는 세계적인 고래 복원 프로그램이 필요하다고 했으므로, 글의 제목으로는 ① '고래를 구하는 것이 지구와 우리를 구한다'가 가장 적절하다.

친절한 지문분석

Whales are highly efficient at carbon storage. [When they die], /
고래는 탄소 저장에 매우 효율적이다 / 그들이 죽을 때
시간의 부사절

each whale sequesters an average of 30 tons of carbon dioxide, /
각각의 고래는 평균 30톤의 이산화탄소를 격리하며
each+단수명사+단수동사

[taking that carbon out of the atmosphere / for centuries]. For
대기로부터 그 탄소를 빼내어 둔다 / 수 세기 동안 / 비교하자면
분사구문(동시동작)

comparison, / the average tree absorbs only 48 pounds of CO_2
평균적인 나무는 연간 48파운드의 이산화탄소만을 흡수한다

a year. From a climate perspective, / each whale is the marine
기후의 관점에서 / 각각의 고래는 수천 그루의 나무에 상응하는

equivalent of thousands of trees. Whales also help sequester
바다에 사는 것이다 / 고래는 또한 탄소를 격리하는 데 도움을 준다

carbon / by fertilizing the ocean / as they release nutrient-rich
바다를 비옥하게 함으로써 / 영양이 풍부한 배설물을 내보내면서
by v-ing: ~함으로써 / ~하면서(접속사)

waste, / in turn [increasing phytoplankton populations], / [which
결과적으로 식물성 플랑크톤 개체를 증가시키고 / 이는 또한
분사구문(연속동작) / 주격 관계대명사절(계속적 용법)

also sequester carbon] / — [leading some scientists to call them
탄소를 격리한다 / 그리하여 몇몇 과학자들은 그들을 '해양 생태계의 기술자'
분사구문(동시동작)
lead+목적어+to-v: (목적어)가 ~하도록 이끌다

the "engineers of marine ecosystems."] In 2019, / economists
라고 부르게 되었다 / 2019년 / 국제 통화 기금(IMF)의

[from the International Monetary Fund (IMF)] / estimated the
경제학자들은 / 생태계 서비스의 가치를
전치사구(형용사구)

value of the ecosystem services / [provided by each whale] / at
추정했다 / 각각의 고래에 의해서 제공되는
과거분사구

over $2 million USD. They called for a new global program of
미화 200만 달러가 넘게 / 그들은 새로운 글로벌 경제적 인센티브 프로그램을 요구했다

economic incentives / [to return whale populations to preindustrial
고래 개체수를 산업화 이전의 고래잡이 수준으로 되돌리기 위한
to부정사의 형용사적 용법

whaling levels] / as one example of a "nature-based solution" /
'자연 기반 해결책'의 한 예로서
~로서(전치사)

to climate change. Calls are now being made for a global whale
기후 변화에 대한 / 세계적인 고래 복원 프로그램에 대한 요구가 현재 제기되고 있다
현재진행형 수동태

restoration program, / to slow down climate change.
기후 변화를 늦추기 위해
to부정사의 부사적 용법(목적)

지문 해석

고래는 탄소 저장에 매우 효율적이다. 그들이 죽을 때, 각각의 고래는 평균 30톤의 이산화탄소를 격리하며, 수 세기 동안 대기로부터 그 탄소를 빼내어 둔다. 비교하자면, 평균적인 나무는 연간 48파운드의 이산화탄소만을 흡수한다. 기후의 관점에서 각각의 고래는 수천 그루의 나무에 상응하는 바다에 사는 것이다. 고래는 또한 영양이 풍부한 배설물을 내보내면서 바다를 비옥하게 함으로써 탄소를 격리하는 데 도움을 주는데, 결과적으로 식물성 플

랑크톤 개체를 증가시키고 이는 또한 탄소를 격리한다. 그리하여 몇몇 과학자들은 그들을 '해양 생태계의 기술자'라고 부르게 되었다. 2019년 국제 통화 기금(IMF)의 경제학자들은 각각의 고래에 의해서 제공되는 생태계 서비스의 가치를 미화 200만 달러가 넘게 추정했다. 그들은 기후 변화에 대한 '자연 기반 해결책'의 한 예로서 고래 개체수를 산업화 이전의 고래잡이 수준으로 되돌리기 위한 새로운 글로벌 경제적 인센티브 프로그램을 요구했다. 기후 변화를 늦추기 위해 세계적인 고래 복원 프로그램에 대한 요구가 현재 제기되고 있다.

지문 흐름

고래는 죽을 때 평균 30톤의 이산화탄소를 격리하므로 탄소 저장에 매우 효율적임 ········ 도입

↓

나무가 연간 48파운드의 이산화탄소를 흡수하므로, 고래는 수천 그루의 나무에 상응함 ········ 비교

↓

고래는 영양이 풍부한 배설물을 내보내어 식물성 플랑크톤 개체를 증가시킴으로써 탄소 격리에 도움을 주기 때문에 '해양 생태계의 기술자'라고 불림 ········ 상술

↓

경제학자들은 고래에 의해 제공되는 생태계 서비스 가치를 200만 달러 넘게 추정하며, 고래 개체수를 산업화 이전 수준으로 되돌리기 위한 프로그램을 요구함 ········ 전개

↓

기후 변화를 늦추기 위해 세계적인 고래 복원 프로그램에 대한 요구가 제기됨 ········ 주제

친절한 오답 풀이

오답 선택지	선택률	오답 이유
② 왜 고래는 바다에서 멸종하는가	5%	고래의 멸종에 관한 내용은 언급되지 않았다.
③ 고래의 개체수 과잉은 왜 위험한가?	3%	고래의 개체수가 많아지면 기후 변화를 늦추는 데 도움이 된다고 했으므로 글의 내용과 상반된다.
④ 검은 돈: 포경 산업에 대한 거짓말	3%	포경 산업에 관한 내용은 언급되지 않았다.
⑤ 기후 변화와 고래 서식지에 미치는 영향	10%	기후 변화가 고래 서식지에 미치는 영향에 대해서는 언급되지 않았다.

05 정답 ① 정답률 76%

정답 풀이

사람은 행동할 때 스스로를 어떤 사람이라고 믿는지에 따라 행동한다는 내용이므로, 제목으로는 ① '행동은 당신이 스스로를 누구로 생각하는지에 따라 나온다'가 가장 적절하다.

친절한 지문분석

Your behaviors are usually a reflection of your identity. [What you do] / is an indication of the type of person [{you believe} that you are] / — either consciously or nonconsciously. Research has shown / [that {once a person believes in a particular aspect of their identity}, / they are more likely to act / according to that belief]. For example, / people [who identified as "being a voter" were more likely to vote] / than those [who simply claimed "voting" was an action / {they wanted to perform}]. Similarly, / the person [who accepts exercise as the part of their identity] / doesn't have to convince themselves to train. [Doing the right thing] is easy. After all, / when your behavior and your identity perfectly match, / you are no longer pursuing behavior change. You are simply acting like the type of person / [you already believe yourself to be].

당신의 행동은 대개 당신의 정체성을 반영한다 / 당신이 하는 행동은 / 당신이 스스로를 어떤 사람이라고 믿고 있는지를 나타낸다 (관계대명사절, 삽입절) / 의식적으로든 무의식적으로든 / 연구는 보여주었다 / 사람이 자신의 정체성의 특정 측면을 믿으면 (목적절, 조건의 부사절) / 그들은 행동할 가능성이 더 높다는 것을 / 그 믿음에 따라 (be likely to-v: ~할 것 같다) / 예를 들어 / 자신을 '유권자'라고 느끼는 사람은 투표할 가능성이 더 높았다 (주격 관계대명사절) / 단순히 '투표'가 행동이라고 주장하는 사람보다 (주격 관계대명사절) / (which/that) 자신이 하고 싶은 (목적격 관계대명사절) / 마찬가지로 / 운동을 자신의 정체성의 일부로 받아들이는 사람은 (주격 관계대명사절) / 훈련하라고 스스로를 설득할 필요가 없다 / 옳은 일을 하는 것은 쉽다 (주어(동명사구)) / 결국 / 당신의 행동과 정체성이 완벽하게 일치하면 / 당신은 더 이상 행동 변화를 추구하지 않아도 된다 / 당신은 그저 유형의 사람처럼 행동하고 있을 뿐이다 / 당신 스스로가 그렇다고 이미 믿고 있는 (관계대명사절)

지문 해석

당신의 행동은 대개 당신의 정체성을 반영한다. 당신이 하는 행동은 의식적으로든 무의식적으로든 당신이 스스로를 어떤 사람이라고 믿고 있는지를 나타낸다. 연구에 따르면 자신의 정체성의 특정 측면을 믿는 사람은 그 믿음에 따라 행동할 가능성이 더 높다. 예를 들어, 자신을 '유권자'라고 느끼는 사람은 단순히 '투표'가 자신이 하고 싶은 행동이라고 주장하는 사람보다 투표할 가능성이 더 높았다. 마찬가지로, 운동을 자신의 정체성의 일부로 받아들이는 사람은 훈련하라고 스스로를 설득할 필요가 없다. 옳은 일을 하는 것은 쉽다. 결국, 자신의 행동과 정체성이 완벽하게 일치하면 더 이상 행동 변화를 추구하지 않아도 된다. 당신은 그저 당신 스스로가 그렇다고 이미 믿고 있는 유형의 사람처럼 행동하고 있을 뿐이다.

지문 흐름

사람의 행동은 정체성을 반영하여 스스로를 어떤 사람이라고 믿고 있는지를 나타냄 ········ 주제

↓

자신을 유권자라고 생각하는 사람은 단순히 투표를 하고 싶은 행동이라 여기는 사람보다 투표할 가능성이 더 높음 ········ 예시 1

↓

운동을 자신의 정체성의 일부로 여기는 사람은 훈련하라고 스스로 설득할 필요가 없음 ········ 예시 2

↓

행동과 정체성이 완벽히 일치하면 더 이상 행동 변화를 추구하지 않아도 되기에 옳은 일을 하는 것은 쉬움 ········ 결론

친절한 오답 풀이

오답 선택지	선택률	오답 이유
② 더 많은 유권자를 확보하기 위한 모범 사례	4%	더 많은 유권자를 확보하기 위한 내용은 언급되지 않았다.
③ 바람직하지 않은 행동 변화를 추구하는 것을 멈춰라!	12%	올바른 정체성을 가지고 있다면 그에 따른 행동이 수반되어 쉽게 옳은 일을 할 수 있다고 했으므로 내용과 상반된다.
④ 운동이 지루할 때 해야 할 일	3%	운동이 지루할 때 할 일에 관해서는 언급되지 않았다.
⑤ 말보다 행동이 더 중요하다	5%	사람의 행동이 말보다 중요하다는 내용은 언급되지 않았다.

06 정답 ① 정답률 69%

정답 풀이

가난한 나라뿐만 아니라 부유한 나라들도 스트레스를 많이 느낀다는 내용이므로, 글의 제목으로는 ① '왜 심지어 부유한 나라들도 스트레스로부터 자유롭지 않을까?'가 가장 적절하다.

친절한 지문분석

Few people will be surprised / to hear that poverty tends to create stress: / a 2006 study / [published in the American journal Psychosomatic Medicine], / for example, / noted / [that a lower socioeconomic status / was associated with higher levels of stress hormones in the body]. However, richer economies have their own distinct stresses. The key issue is time pressure. A 1999 study [of 31 countries] / by American psychologist Robert Levine and Canadian psychologist Ara Norenzayan / found / that wealthier, more industrialized nations / had a faster pace of life / — [which led to a higher standard of living, / but at the same time left the population feeling a constant sense of urgency, / as well as being more prone to heart disease]. In effect, / fast-paced productivity creates wealth, / but it also leads people to feel time-poor / when they lack the time to relax and enjoy themselves.

- Few people will be surprised: 놀랄 사람은 거의 없을 것이다 (부정어(거의 없는))
- to hear that poverty tends to create stress: 가난이 스트레스를 유발하는 경향이 있다는 것을 듣고 (to부정사의 부사적 용법(감정의 원인))
- a 2006 study: 2006년 연구는
- published in the American journal Psychosomatic Medicine: 미국의 저널 Psychosomatic Medicine에 발표된 (과거분사구)
- for example: 예를 들어 / noted: 언급했다 / that a lower: 더 낮은 (목적절)
- socioeconomic status: 사회 경제적 지위가
- was associated with higher levels of stress hormones in the body: 체내의 더 높은 수치의 스트레스 호르몬과 관련이 있다고 (be associated with: ~와 관련되다)
- However, richer economies have their own distinct stresses: 하지만 더 부유한 국가는 그들 만의 뚜렷한 스트레스를 가지고 있다
- The key issue is time pressure: 핵심 쟁점은 시간 압박이다
- A 1999 study: 1999년 한 연구는 (주어)
- of 31 countries: 31개국을 대상으로 (전치사구(형용사구))
- by American psychologist Robert Levine and Canadian psychologist Ara Norenzayan: 미국 심리학자 Robert Levine과 캐나다 심리학자 Ara Norenzayan에 의한
- found: 알아냈다 (동사) / that wealthier,: 더 부유하고,
- more industrialized nations: 더 산업화된 국가들이
- had a faster pace of life: 더 빠른 삶의 속도를 가지고 있다는 것을
- which: 그리고 (주격 관계대명사절(계속적 용법))
- led to a higher standard of living: 이것이 더 높은 생활 수준으로 이어졌다
- but at the same time left the population: 하지만 동시에 사람들에게 (leave+목적어+v-ing: (목적어)를 ~한 채로 두다)
- feeling a constant sense of urgency: 지속적인 촉박함을 느끼게 했다 (v-ing 1)
- as well as being: 그뿐만 아니라 (v-ing 2(병렬구조))
- more prone to heart disease: 심장병에 걸리기 더 쉽게 한다는 것을
- In effect: 사실, / fast-paced productivity: 빠른 속도의 생산력은
- creates wealth: 부를 창출한다
- but it also leads people to feel time-poor: 하지만 그것은 또한 시간이 부족하다고 느끼게 한다 (lead+목적어+to-v: (목적어)가 ~하도록 이끌다[만들다])
- when they: 사람들이
- lack the time to relax and enjoy themselves: 긴장을 풀고 즐겁게 지낼 시간이 없을 때 (to부정사의 형용사적 용법)

지문 해석

가난이 스트레스를 유발하는 경향이 있다는 것을 듣고 놀랄 사람은 거의 없을 것이다: 예를 들어, 미국의 저널 Psychosomatic Medicine에 발표된 2006년 연구는 더 낮은 사회 경제적 지위가 체내의 더 높은 수치의 스트레스 호르몬과 관련이 있다고 언급했다. 하지만, 더 부유한 국가는 그들만의 뚜렷한 스트레스를 가지고 있다. 핵심 쟁점은 시간 압박이다. 미국 심리학자 Robert Levine과 캐나다 심리학자 Ara Norenzayan이 31개국을 대상으로 한 1999년 연구는 더 부유하고, 더 산업화된 국가들이 더 빠른 삶의 속도를 가지고 있다는 것 — 그리고 이것이 더 높은 생활 수준으로 이어졌지만, 동시에 사람들에게 지속적인 촉박함을 느끼게 했고 그뿐만 아니라 심장병에 걸리기 더 쉽게 한다는 것을 알아냈다. 사실, 빠른 속도의 생산력은 부를 창출하지만, 그것은 또한 사람들이 긴장을 풀고 즐겁게 지낼 시간이 없을 때 시간이 부족하다고 느끼게 한다.

지문 흐름

가난이 스트레스를 유발하는 경향이 있다는 것은 모두가 알고 있는 사실임	········	통념
↓		
예를 들어, 한 연구에서 더 낮은 사회 경제적 지위가 더 높은 수치의 스트레스 호르몬과 관련이 있다는 것을 언급함	········	통념을 뒷받침하는 연구
↓		
하지만 부유한 국가들도 그들만의 시간 압박에 대한 스트레스가 있음	········	주제
↓		
한 연구에서 더 부유하고, 더 산업화된 국가들이 더 빠른 삶의 속도를 가지고 있고, 이는 더 높은 생활 수준으로 이어졌지만, 동시에 사람들에게 지속적인 촉박감을 느끼게 했고, 더 나아가 심장병에 걸리기 더 쉽게 만들었다는 것을 알아냄	········	주제를 뒷받침하는 연구 결과 1
↓		
빠른 속도의 생산력은 부를 창출하지만, 이는 사람들이 긴장을 풀고 즐겁게 지낼 시간이 없어 시간이 부족하다고 느끼게 함	········	주제를 뒷받침하는 연구 결과 2

친절한 오답 풀이

오답 선택지	선택률	오답 이유
② 빈곤의 덫에서 탈출하는 길을 찾아서	6%	빈곤의 덫에서 탈출하는 방법에 대한 내용은 언급되지 않았다.
③ 시간 관리: 당신이 알아야 할 모든 것	7%	우리가 알아야 할 모든 것으로 시간 관리에 대한 내용이 언급되지 않았다.
④ 스트레스는 인체에 어떤 영향을 미칠까?	16%	스트레스가 인체에 미치는 영향에 대한 내용은 언급되지 않았다.
⑤ 건강한 정신이 인생의 게임을 이긴다!	2%	건강한 정신이 인생의 게임을 이기게 한다는 내용은 언급되지 않았다.

06 도표

코드 접속하기

pp.59~62

Q1 ④ Q2 ④ Q3 ⑤ Q4 ④

Q1 정답 ④ 정답률 89%

정답 풀이

2018년에 독일의 소매 거래에서의 온라인 점유율은 15.1퍼센트이고, 스페인은 4.8퍼센트이므로, ④ '2018년에, 독일의 소매 거래에서의 온라인 점유율은 스페인의 그것보다 네 배 넘게 높았다'는 도표의 내용과 일치하지 않는다.

친절한 지문분석

Online Share of Retail Trade in Selected European Countries in 2018 and 2019

선정된 유럽 국가들에서 2018년과 2019년에 소매 거래에서의 온라인 점유율

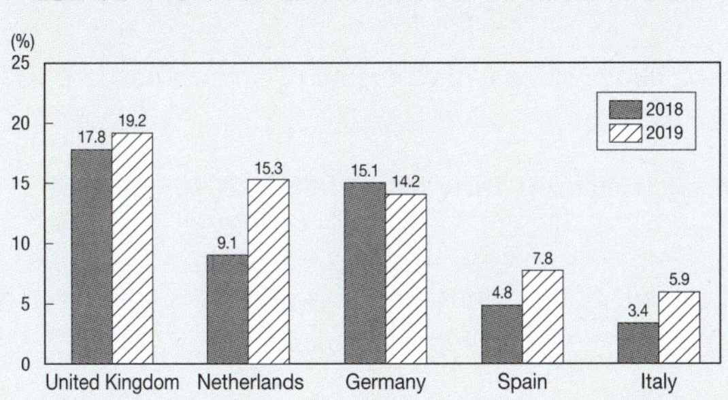

The graph above shows the online share of retail trade / in selected
위 그래프는 소매 거래에서의 온라인 점유율을 보여준다 / 선정된 유럽

European countries / in 2018 and 2019. In 2019, / the United
국가들에서 / 2018년과 2019년에 / 2019년에 / 영국은 소매 거래에서

Kingdom recorded the highest online share of retail trade, /
가장 높은 온라인 점유율을 기록하였다
최상급

[reaching 19.2 percent]. The Netherlands showed the largest
19.2퍼센트에 달하며 / 네덜란드는 가장 큰 증가를 보였다
분사구문(부대상황)

increase / in its online share of retail trade / among the countries /
소매 거래에서의 온라인 점유율에서 / 국가들 중에서

from 2018 to 2019, / with a jump of over 6 percentage points.
2018년부터 2019년까지 / 6퍼센트 포인트 넘게 증가하여

In 2018, / Germany had a higher online share of retail trade than
2018년에는 / 독일은 네덜란드보다 소매 거래에서 더 높은 온라인 점유율을 가졌다
비교급

the Netherlands, / [whereas, / in 2019, / Germany fell behind the
반면에 / 2019년에는 / 독일은 네덜란드에 뒤처졌다
대조의 부사절

Netherlands]. In 2018, / Germany's online share of retail trade
2018년에 / 독일의 소매 거래에서의 온라인 점유율은 네 배 넘게 더 높았다

was over four times higher / than that of Spain. Among the five
스페인의 그것보다 / 다섯 국가들 중
배수사+비교급+than: ~보다 몇 배 더 …한[하게]
= online share of retail trade

countries, / Italy recorded the lowest online share of retail trade /
이탈리아는 소매 거래에서 가장 낮은 온라인 점유율을 기록하였다
최상급

in both 2018 and 2019.
2018년과 2019년 모두
both A and B: A와 B 둘 다

지문 해석

위 그래프는 선정된 유럽 국가들에서 2018년과 2019년에 소매 거래에서의 온라인 점유율을 보여준다. 2019년에, 영국은 19.2퍼센트에 달하며, 소매 거래에서 가장 높은 온라인 점유율을 기록하였다. 네덜란드는 2018년부터 2019년까지 소매 거래에서의 온라인 점유율이 6퍼센트 포인트 넘게 증가하여, 국가들 중 가장 큰 증가를 보였다. 2018년에는, 독일은 네덜란드보다 소매 거래에서 더 높은 온라인 점유율을 가졌으나, 2019년에는, 독일은 네덜란드에 뒤처졌다. 2018년에, 독일의 소매 거래에서의 온라인 점유율은 스페인의 그것보다 네 배 넘게 더 높았다. 다섯 국가들 중, 이탈리아는 2018년과 2019년 모두 소매 거래에서 가장 낮은 온라인 점유율을 기록하였다.

친절한 오답 풀이

오답 선택지	선택률	오답 이유
① 2019년에, 영국은 19.2퍼센트에 달하며, 소매 거래에서 가장 높은 온라인 점유율을 기록하였다.	1%	2019년에 영국은 19.2퍼센트의 소매 거래에서의 온라인 점유율을 보이고 있으며, 5개국 중에 가장 높다.
② 네덜란드는 2018년부터 2019년까지 소매 거래에서의 온라인 점유율이 6퍼센트 포인트 넘게 증가하여, 국가들 중 가장 큰 증가를 보였다.	2%	네덜란드는 2018년부터 2019년까지 소매 거래에서의 온라인 점유율이 6.2퍼센트 포인트 증가했으며, 국가들 중 가장 큰 폭으로 증가했다.
③ 2018년에는, 독일은 네덜란드보다 소매 거래에서 더 높은 온라인 점유율을 가졌으나, 2019년에는, 독일은 네덜란드에 뒤처졌다.	5%	2018년에 소매 거래에서의 온라인 점유율은 독일 15.1퍼센트, 네덜란드 9.1퍼센트였으나, 2019년에 독일 14.2퍼센트, 네덜란드 15.3퍼센트로 독일이 네덜란드에 뒤처졌다.
⑤ 다섯 국가들 중, 이탈리아는 2018년과 2019년 모두 소매 거래에서 가장 낮은 온라인 점유율을 기록하였다.	3%	이탈리아의 소매 거래에서 온라인 점유율은 2018년에 3.4퍼센트, 2019년에 5.9퍼센트로 5개국 중 점유율이 가장 낮다.

Q2 정답 ④ 정답률 88%

정답 풀이

패스트푸드를 두 달에 한 번 먹은 사람들의 비율은 8퍼센트이고, 매일 먹은 사람들의 비율은 13퍼센트이므로, ④ '패스트푸드를 두 달에 한 번 먹은 사람들의 비율은 패스트푸드를 매일 먹은 사람들의 비율보다 더 많았다'는 도표의 내용과 일치하지 않는다.

친절한 지문분석

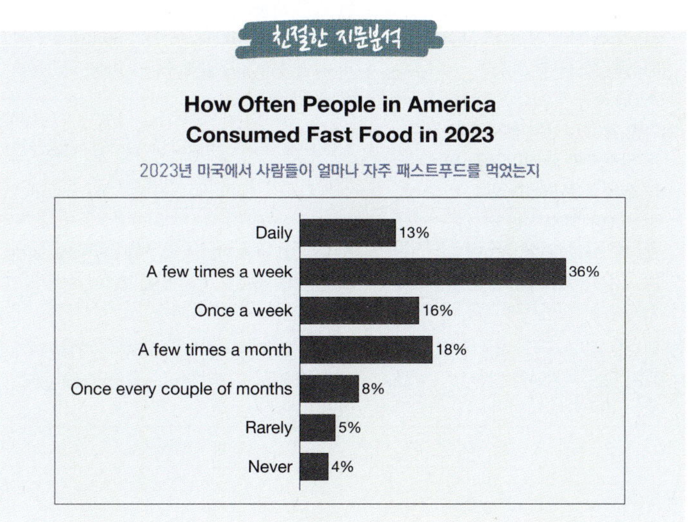

The above graph shows / [how often people in America
위 그래프는 보여 준다 미국에서 사람들이 얼마나 자주 패스트푸드를 먹었는지를
목적절(의문사절)

consumed fast food / in 2023], / [sorted according to frequency
2023년에 섭취 빈도에 따라 정렬되어 있다
(which is) 과거분사구

of consumption]. More than 50 percent of individuals consumed
50퍼센트가 넘는 사람들은 패스트푸드를 먹었다

fast food / once a week or more frequently. The most highly
일주일에 한 번 또는 더 자주 가장 많이 보고된 섭취 패턴은
최상급

reported pattern of consumption was a few times a week, / [which
일주일에 몇 번이었고 이는
주격 관계대명사절(계속적 용법)

was 36 percent of the total]. The second most highly reported
전체의 36퍼센트였다 두 번째로 가장 많이 보고된 패턴은 한 달에 몇 번이었으며

pattern was a few times a month, / [accounting for 18 percent of
이는 전체의 18퍼센트를 차지했다
분사구문(부대상황)

the total]. The percentage of people / [who ate fast food once every
사람들의 비율은 패스트푸드를 두 달에 한 번 먹은
주격 관계대명사절

couple of months] / was more than that / of those [who consumed
비율보다 더 많았다 그것을 매일 먹은
= the percentage 주격 관계대명사절

it daily]. The combined share / of those [who rarely or never ate
사람들의 합친 비율은 패스트푸드를 거의 또는 전혀 먹지
주격 관계대명사절

fast food] / was less than 10 percent.
않은 사람들을 10퍼센트 미만이었다
~보다 더 적은

지문 해석

위 그래프는 2023년 미국에서 사람들이 얼마나 자주 패스트푸드를 먹었는지를 보여 주며, 섭취 빈도에 따라 정렬되어 있다. 50퍼센트가 넘는 사람들은 일주일에 한 번 또는 더 자주 패스트푸드를 먹었다. 가장 많이 보고된 섭취 패턴은 일주일에 몇 번이었고, 이는 전체의 36퍼센트였다. 두 번째로 가장 많이 보고된 패턴은 한 달에 몇 번이었으며, 이는 전체의 18퍼센트를 차지했다. 패스트푸드를 두 달에 한 번 먹은 사람들의 비율은 패스트푸드를 매일 먹은 사람들의 비율보다 더 많았다. 패스트푸드를 거의 또는 전혀 먹지 않은 사람들을 합친 비율은 10퍼센트 미만이었다.

친절한 오답 풀이

오답 선택지	선택률	오답 이유
① 50퍼센트가 넘는 사람들은 일주일에 한 번 또는 더 자주 패스트푸드를 먹었다.	5%	매일 먹은 사람들은 13퍼센트, 일주일에 몇 번 먹은 사람들은 36퍼센트, 일주일에 한 번 먹은 사람은 16퍼센트이므로, 50퍼센트 이상의 사람들이 일주일에 한 번 이상 먹었음을 알 수 있다.
② 가장 많이 보고된 섭취 패턴은 일주일에 몇 번이었고, 이는 전체의 36퍼센트였다.	3%	일주일에 몇 번 먹었다고 보고한 사람들은 36퍼센트로, 가장 높은 비율이었다.
③ 두 번째로 가장 많이 보고된 패턴은 한 달에 몇 번이었으며, 이는 전체의 18퍼센트를 차지했다.	2%	한 달에 몇 번 먹었다고 보고한 사람들은 18퍼센트로, 두 번째로 높은 비율이었다.
⑤ 패스트푸드를 거의 혹은 전혀 먹지 않은 사람들을 합친 비율은 10퍼센트 미만이었다.	3%	거의 먹지 않은 사람들은 5퍼센트, 전혀 먹지 않은 사람들은 4퍼센트로, 합치면 10퍼센트 미만이었다.

Q3

정답 ⑤ 정답률 90%

정답 풀이

2015년에 반려동물을 보유한 미국 가정의 비율은 65%이고 2020년에는 67%이므로, 2015년의 비율이 2020년보다 2퍼센트 포인트 더 낮았다. 따라서, ⑤ '2015년에는, 반려동물을 보유한 미국 가정의 비율이 2020년보다 3퍼센트 포인트 더 낮았다'는 도표의 내용과 일치하지 않는다.

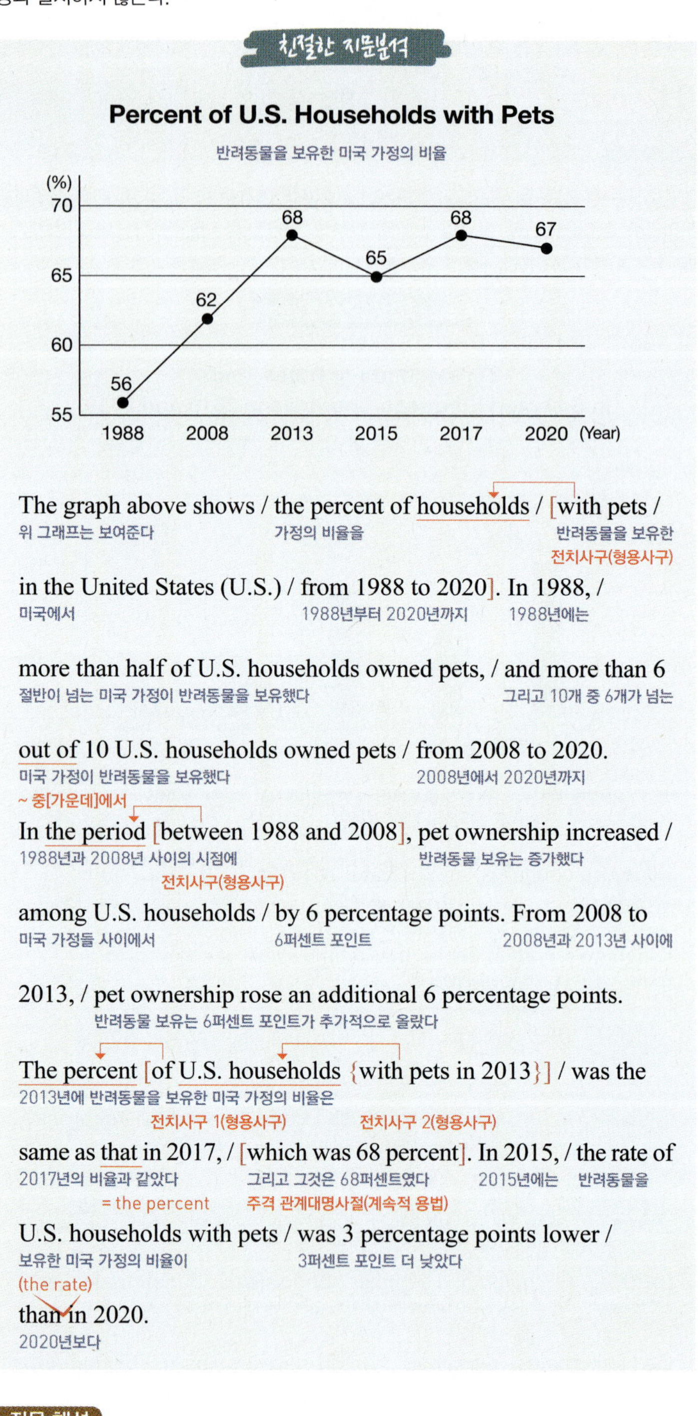

The graph above shows / the percent of households / [with pets /
위 그래프는 보여준다 가정의 비율을 반려동물을 보유한
전치사구(형용사구)

in the United States (U.S.) / from 1988 to 2020]. In 1988, /
미국에서 1988년부터 2020년까지 1988년에는

more than half of U.S. households owned pets, / and more than 6
절반이 넘는 미국 가정이 반려동물을 보유했다 그리고 10개 중 6개가 넘는

out of 10 U.S. households owned pets / from 2008 to 2020.
미국 가정이 반려동물을 보유했다 2008년에서 2020년까지
~ 중[가운데]에서

In the period [between 1988 and 2008], pet ownership increased /
1988년과 2008년 사이의 시점에 반려동물 보유는 증가했다
전치사구(형용사구)

among U.S. households / by 6 percentage points. From 2008 to
미국 가정들 사이에서 6퍼센트 포인트 2008년과 2013년 사이에

2013, / pet ownership rose an additional 6 percentage points.
반려동물 보유는 6퍼센트 포인트가 추가적으로 올랐다

The percent [of U.S. households {with pets in 2013}] / was the
2013년에 반려동물을 보유한 미국 가정의 비율은
전치사구 1(형용사구) 전치사구 2(형용사구)

same as that in 2017, / [which was 68 percent]. In 2015, / the rate of
2017년의 비율과 같았다 그리고 그것은 68퍼센트였다 2015년에는 반려동물을
= the percent 주격 관계대명사절(계속적 용법)

U.S. households with pets / was 3 percentage points lower /
보유한 미국 가정의 비율이 3퍼센트 포인트 더 낮았다
(the rate)

than in 2020.
2020년보다

지문 해석

위 그래프는 1988년부터 2020년까지 반려동물을 보유한 미국 가정의 비율을 보여준다. 1988년에는 절반이 넘는 미국 가정이 반려동물을 보유했고, 2008년에서 2020년까지 10개 중 6개가 넘는 미국 가정이 반려동물을 보유했다. 1988년과 2008년 사이, 반려동물 보유는 미국 가정들에서 6퍼센트 포인트 증가했다. 2008년과 2013년 사이, 반려동물 보유는 6퍼센트 포인트가 추가적으로 올랐다. 2013년에 반려동물을 보유한 미국 가정의 비율은 2017년의 비율과 같았고, 68퍼센트였다. 2015년에는, 반려동물을 보유한 미국 가정의 비율이 2020년보다 3퍼센트 포인트 더 낮았다.

친절한 오답 풀이

오답 선택지	선택률	오답 이유
① 1988년에는 절반이 넘는 미국 가정이 반려동물을 보유했고, 2008년에서 2020년까지 10개 중 6개가 넘는 미국 가정이 반려 동물을 보유했다.	4%	1988년에 반려동물을 보유한 미국 가정의 비율은 56%로 절반이 넘었고, 2008년에서 2020년까지의 비율은 60%가 넘었으므로 도표와 일치한다
② 1988년과 2008년 사이, 반려동물 보유는 미국 가정들에서 6퍼센트 포인트 증가했다.	2%	1988년 반려동물 보유 비율은 56%이고, 2008년은 62%로, 6퍼센트 포인트 증가했으므로 도표와 일치한다.
③ 2008년과 2013년 사이, 반려동물 보유는 6퍼센트 포인트가 추가적으로 올랐다.	3%	2013년 반려동물 보유 비율은 68%로, 2008년 보유 비율보다 6퍼센트 포인트가 증가했으므로 도표와 일치한다.
④ 2013년의 반려동물을 보유한 미국 가정의 비율은 2017년의 비율과 같았고, 68퍼센트였다.	2%	2013년과 2017년의 반려동물 보유 비율은 모두 68%로 동일하므로 도표와 일치한다.

Q4 정답 ④ 정답률 85%

정답 풀이

남아프리카 공화국의 석탄으로부터의 1인당 이산화탄소 배출량은 5.7톤이고, 독일은 2.9톤이므로, ④ '남아프리카 공화국의 석탄으로부터의 1인당 이산화탄소 배출량은 독일의 그것보다 세 배보다 더 높았다'는 도표의 내용과 일치하지 않는다.

친절한 지문분석

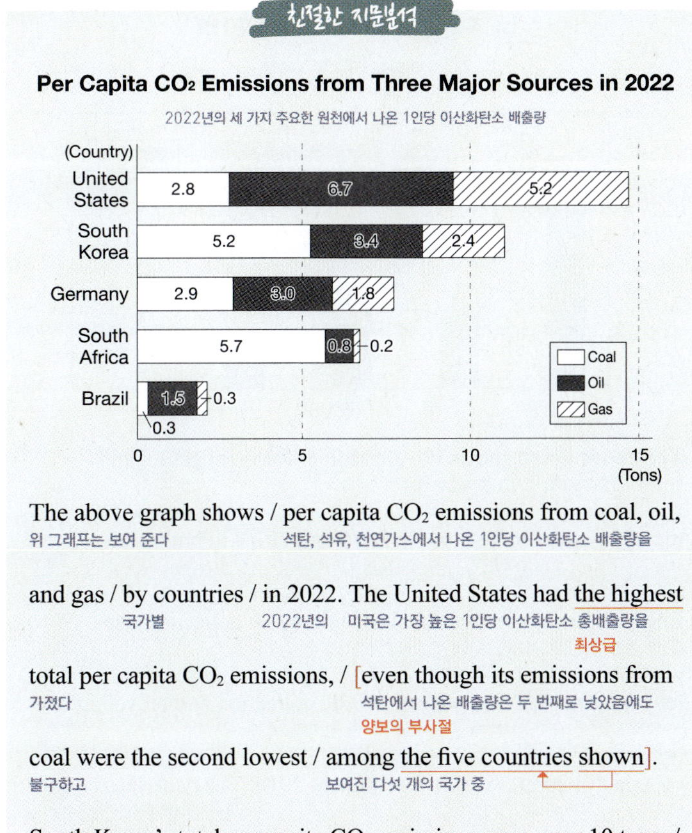

The above graph shows / per capita CO_2 emissions from coal, oil, and gas / by countries / in 2022. The United States had the highest total per capita CO_2 emissions, / [even though its emissions from coal were the second lowest / among the five countries shown].
위 그래프는 보여 준다 / 석탄, 석유, 천연가스에서 나온 1인당 이산화탄소 배출량을 / 국가별 / 2022년의 / 미국은 가장 높은 1인당 이산화탄소 총배출량을 가졌다 (최상급) / 석탄에서 나온 배출량은 두 번째로 낮았음에도 불구하고 (양보의 부사절) / 보여진 다섯 개의 국가 중

South Korea's total per capita CO_2 emissions were over 10 tons, / [ranking it the second highest / among the countries shown].
한국의 1인당 이산화탄소 총배출량은 10톤이 넘고 / 두 번째로 높은 순위를 차지했다 (분사구문(동시동작)) / 보여진 국가 중

Germany had lower CO_2 emissions per capita than South Korea / in all three major sources respectively. The per capita CO_2 emissions from coal in South Africa / were over three times higher / than those in Germany. In Brazil, / oil was the largest source of CO_2 emissions per capita / among its three major sources, / just as it was in the United States and Germany.
독일은 한국보다 더 낮은 1인당 이산화탄소 배출량을 가졌다 (비교급) / 각각의 모든 세 가지 주요한 원천에서 / 남아프리카 공화국의 석탄으로부터의 1인당 이산화탄소 배출량은 / 세 배보다 더 높았다 (배수사+비교급+than: ~보다 몇 배 더 …한) / 독일의 그것보다 (= the per capita CO_2 emissions from coal) / 브라질에서 / 석유는 1인당 이산화탄소 배출량의 가장 큰 원천이었고 (최상급) / 그것(브라질)의 세 가지 주요한 원천 중에서 / 그것은 미국과 독일에서도 마찬가지였다 (the largest source of CO_2 emissions per capita among its three major sources) (~인 것과 같이(접속사))

지문 해석

위 그래프는 2022년의 국가별 석탄, 석유, 천연가스에서 나온 1인당 이산화탄소 배출량을 보여 준다. 석탄에서 나온 배출량은 보여진 다섯 개의 국가 중 두 번째로 낮았음에도 불구하고, 미국은 가장 높은 1인당 이산화탄소 총배출량을 가졌다. 한국의 1인당 이산화탄소 총배출량은 10톤이 넘고, 보여진 국가 중 두 번째로 높은 순위를 차지했다. 독일은 한국보다 각각의 모든 세 가지 주요한 원천에서 더 낮은 1인당 이산화탄소 배출량을 가졌다. 남아프리카 공화국의 석탄으로부터의 1인당 이산화탄소 배출량은 독일의 그것보다 세 배보다 더 높았다. 브라질에서 석유는 브라질의 세 가지 주요한 원천 중에서 1인당 이산화탄소 배출량의 가장 큰 원천이었고, 그것은 미국과 독일에서도 마찬가지였다.

친절한 오답 풀이

오답 선택지	선택률	오답 이유
① 석탄에서 나온 배출량은 보여진 다섯 개의 국가 중 두 번째로 낮았음에도 불구하고, 미국은 가장 높은 1인당 이산화탄소 총배출량을 가졌다.	3%	미국의 석탄에서 나온 1인당 이산화탄소 배출량은 2.8톤으로 브라질의 0.3톤 다음으로 두 번째로 낮았지만, 총배출량은 14.7톤으로 다섯 국가 중 가장 높았다.
② 한국의 1인당 이산화탄소 총배출량은 10톤이 넘고, 보여진 국가 중 두 번째로 높은 순위를 차지했다.	2%	한국의 1인당 이산화탄소 총배출량은 11톤으로, 미국 다음으로 두 번째로 많은 양이었다.
③ 독일은 한국보다 각각의 모든 세 가지 주요한 원천에서 더 낮은 1인당 이산화탄소 배출량을 가졌다.	2%	독일은 석탄 2.9톤, 석유 3톤, 천연가스 1.8톤, 한국은 석탄 5.2톤, 석유 3.4톤, 천연가스 2.4톤으로 독일은 세 가지 주요한 원천 모두에서 한국보다 1인당 이산화탄소 배출량이 더 적었다.
⑤ 브라질에서 석유는 브라질의 세 가지 주요한 원천 중에서 1인당 이산화탄소 배출량의 가장 큰 원천이었고, 그것은 미국과 독일에서도 마찬가지였다.	7%	브라질의 석유에서 나온 1인당 이산화탄소 배출량은 1.5톤으로 석탄(0.3톤)이나 천연가스(0.3톤)보다 더 많았고, 미국과 독일도 석유에서 나온 1인당 이산화탄소 배출량이 각각 6.7톤, 3톤으로 석탄이나 천연가스보다 더 많았다.

코드 공략하기

pp.63~66

01 ③ 02 ③ 03 ④ 04 ⑤ 05 ⑤ 06 ③ 07 ④ 08 ④

01 정답 ③ 정답률 79%

정답 풀이

아시아의 도시 인구 점유율은 1950년과 2020년에 모두 다섯 개의 대륙 중 두 번째로 낮았으므로, ③ '아시아의 도시 인구 점유율은 1950년에는 두 번째로 낮았지만, 2020년에는 그렇지 않았다'는 도표의 내용과 일치하지 않는다.

친절한 지문분석

Share of the Urban Population by Continent in 1950 and in 2020

1950년과 2020년의 대륙별 도시 인구 점유율

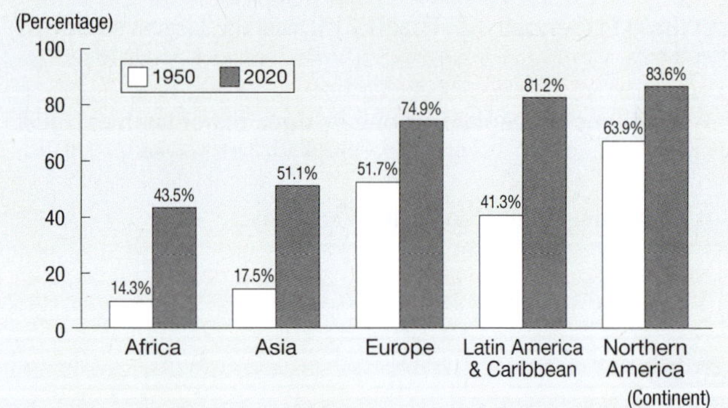

The graph above shows / the share of the urban population by
위 그래프는 보여준다 대륙별 도시 인구 점유율을

continent / in 1950 and in 2020. For each continent, / the share
1950년과 2020년의 각 대륙에서

of the urban population in 2020 was larger / than that in 1950.
2020년의 도시 인구 점유율이 더 컸다 1950년의 그것보다
= the share of the urban population

From 1950 to 2020, / the share of the urban population in Africa
1950년부터 2020년까지 아프리카의 도시 인구 점유율은 증가했다
from A to B: A에서 B까지

increased / from 14.3% to 43.5%. The share of the urban population
14.3%에서 43.5%로 아시아의 도시 인구 점유율은 두 번째로 낮았다
from A to B: A에서 B까지

in Asia was the second lowest / in 1950 / but not in 2020.
1950년에는 하지만 2020년에는 그렇지 않았다
the+서수+최상급: ~번째로 가장 …한

In 1950, / the share of the urban population in Europe was larger /
1950년에는 유럽의 도시 인구 점유율이 더 컸다

than that in Latin America and the Caribbean, / whereas the
라틴 아메리카와 카리브해 지역의 그것보다 반면에
= the share of the urban population 반면에

reverse was true / in 2020. Among the five continents, / Northern
그 반대가 사실이었다 2020년에는 다섯 개 대륙 중

America was ranked / in the first position / for the share of the
북아메리카는 차지했다 1위를 도시 인구 점유율에서
수동태

urban population / in both 1950 and 2020.
1950년과 2020년에 모두

지문 해석

위 그래프는 1950년과 2020년의 대륙별 도시 인구 점유율을 보여준다. 각 대륙에서, 2020년의 도시 인구 점유율이 1950년의 그것보다 더 컸다. 1950년부터 2020년까지 아프리카의 도시 인구 점유율은 14.3%에서 43.5%로 증가했다. 아시아의 도시 인구 점유율은 1950년에는 두 번째로 낮았지만, 2020년에는 그렇지 않았다. 1950년에는 유럽의 도시 인구 점유율이 라틴 아메리카와 카리브해 지역의 그것보다 더 컸지만, 2020년에는 그 반대가 사실이었다. 다섯 개 대륙 중, 북아메리카는 도시 인구 점유율에서 1950년과 2020년 모두 1위를 차지했다.

| 친절한 오답 풀이 |

오답 선택지	선택률	오답 이유
① 각 대륙에서, 2020년의 도시 인구 점유율이 1950년의 그것보다 더 컸다.	4%	다섯 개의 대륙 모두 2020년의 도시 인구 점유율이 1950년의 도시 인구 점유율보다 높은 수치를 기록했다.
② 1950년부터 2020년까지 아프리카의 도시 인구 점유율은 14.3%에서 43.5%로 증가했다.	3%	아프리카의 도시 인구 점유율은 1950년에 14.3%, 2020년에 43.5%였다.
④ 1950년에는 유럽의 도시 인구 점유율이 라틴 아메리카와 카리브해 지역의 그것보다 더 컸지만, 2020년에는 그 반대가 사실이었다.	10%	1950년에는 유럽의 도시 인구 점유율이 51.7%로 아메리카와 카리브해의 도시 인구 점유율인 41.3%보다 컸지만, 2020년에는 아메리카와 카리브해의 도시 인구 점유율이 81.2%까지 올라가면서 74.9%인 유럽의 수치보다 더 커졌다.
⑤ 다섯 개 대륙 중, 북아메리카는 도시 인구 점유율에서 1950년과 2020년 모두 1위를 차지했다.	4%	북아메리카의 도시 인구 점유율은 1950년에 63.9%, 2020년에 83.6%로 두 해에 모두 다섯 개 대륙 중 가장 높은 수치를 기록했다.

02 정답 ③ 정답률 89%

정답 풀이

2016년에 (남·북·중앙)아메리카는 전자 폐기물 수거율 및 재활용률에 있어 유럽에 이어 2위를 기록했고 2019년에는 오세아니아와 함께 공동 3위를 기록했으므로, ③ '(남·북·중앙)아메리카는 2016년과 2019년 모두 3위를 기록했으며, 그 비율은 각각 17퍼센트와 9퍼센트였다'는 도표의 내용과 일치하지 않는다.

친절한 지문분석

Electronic Waste Collection and Recycling Rate by Region in 2016 and 2019

2016년과 2019년의 지역별 전자 폐기물 수거율 및 재활용률

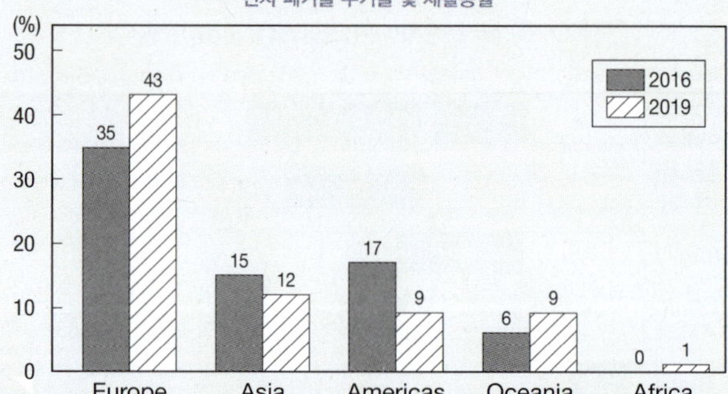

The above graph shows the electronic waste collection and
위 도표는 전자 폐기물 수거율 및 재활용률을 보여준다

recycling rate / by region / in 2016 and 2019. In both years, /
지역별 2016년과 2019년의 두 해 모두

Europe showed the highest electronic waste collection and
유럽이 가장 높은 전자 폐기물 수거율 및 재활용률을 보였다
최상급

recycling rates. The electronic waste collection and recycling rate
아시아의 전자 폐기물 수거율 및 재활용률은

of Asia / in 2019 / was lower / than in 2016. The Americas ranked
2019년에 더 낮았다 2016년보다 (남·북·중앙)아메리카는 3위를
비교급

third / both in 2016 and in 2019, / with 17 percent and 9 percent
기록했다 2016년과 2019년 모두 각각 17퍼센트와 9퍼센트로
both A and B: A와 B 둘 다

respectively. In both years, / the electronic waste collection and
두 해 모두 오세아니아의 전자 폐기물 수거율 및 재활용률은

recycling rates in Oceania / remained under 10 percent. Africa had
10퍼센트 아래에 머물렀다 아프리카는

the lowest electronic waste collection and recycling rates / in both
가장 낮은 전자 폐기물 수거율 및 재활용률을 기록했다 2016년과
최상급
2016 and 2019, / [showing the smallest gap / between 2016 and
2019년 모두 가장 적은 격차를 보여 주며 2016년과 2019년 사이의
분사구문(부대상황) 최상급 between A and B: A와 B 사이
2019].

지문 해석

위 도표는 2016년과 2019년의 지역별 전자 폐기물 수거율 및 재활용률을 보여준다. 두 해 모두 유럽이 가장 높은 전자 폐기물 수거율 및 재활용률을 보였다. 2019년 아시아의 전자 폐기물 수거율 및 재활용률은 2016년보다 더 낮았다. (남·북·중앙)아메리카는 2016년과 2019년 모두 3위를 기록했으며, 그 비율은 각각 17퍼센트와 9퍼센트였다. 오세아니아의 전자 폐기물 수거율 및 재활용률은 두 해 모두 10퍼센트 아래에 머물렀다. 아프리카는 2016년과 2019년 모두 가장 낮은 전자 폐기물 수거율 및 재활용률을 기록했으며, 두 해 사이의 비율 격차가 가장 적었다.

친절한 오답 풀이

오답 선택지	선택률	오답 이유
① 두 해 모두 유럽이 가장 높은 전자 폐기물 수거율 및 재활용률을 보였다.	2%	2016년과 2019년 유럽이 각각 35퍼센트와 43퍼센트로 가장 높은 전자 폐기물 수거율 및 재활용률을 보였다.
② 2019년 아시아의 전자 폐기물 수거율 및 재활용률은 2016년보다 더 낮았다.	3%	2019년 아시아의 전자 폐기물 수거율 및 재활용률은 12퍼센트로, 2016년의 15퍼센트보다 더 낮음을 알 수 있다.
④ 오세아니아의 전자 폐기물 수거율 및 재활용률은 두 해 모두 10퍼센트 아래에 머물렀다.	4%	2016년과 2019년 오세아니아의 전자 폐기물 수거율 및 재활용률은 각각 6퍼센트와 9퍼센트로 두 해 모두 10퍼센트 아래에 머물렀다.
⑤ 아프리카는 2016년과 2019년 모두 가장 낮은 전자 폐기물 수거율 및 재활용률을 기록했으며, 두 해 사이의 비율 격차가 가장 적었다.	2%	아프리카의 전자 폐기물 수거율 및 재활용률은 2016년에 0퍼센트, 2019년에 1퍼센트로 가장 낮으며, 두 해 사이의 비율 격차도 1퍼센트로 가장 적었다.

03 정답 ④ 정답률 80%

정답 풀이

미국 성인의 23%가 텔레비전 광고로부터의 정보를 신뢰하므로, ④ '미국 성인의 1/5(20%)보다 작은 수치가 텔레비전 광고로부터의 정보를 신뢰한다고 말했는데, 그러한 정보를 불신하는 쪽의 수치가 이를 능가했다'는 도표의 내용과 일치하지 않는다.

친절한 지문분석

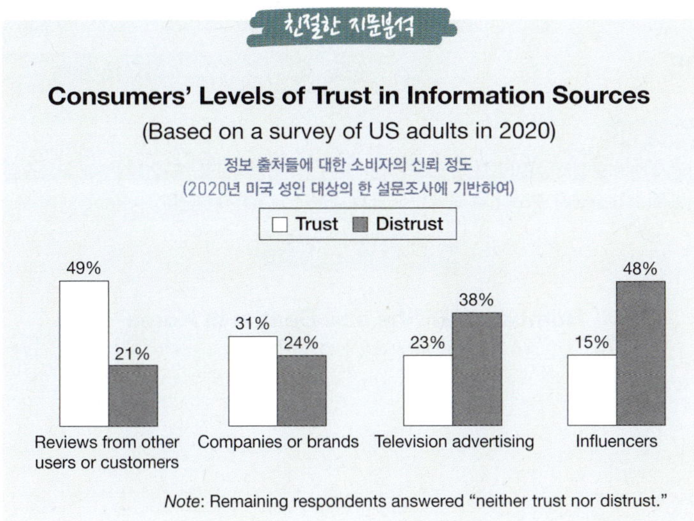

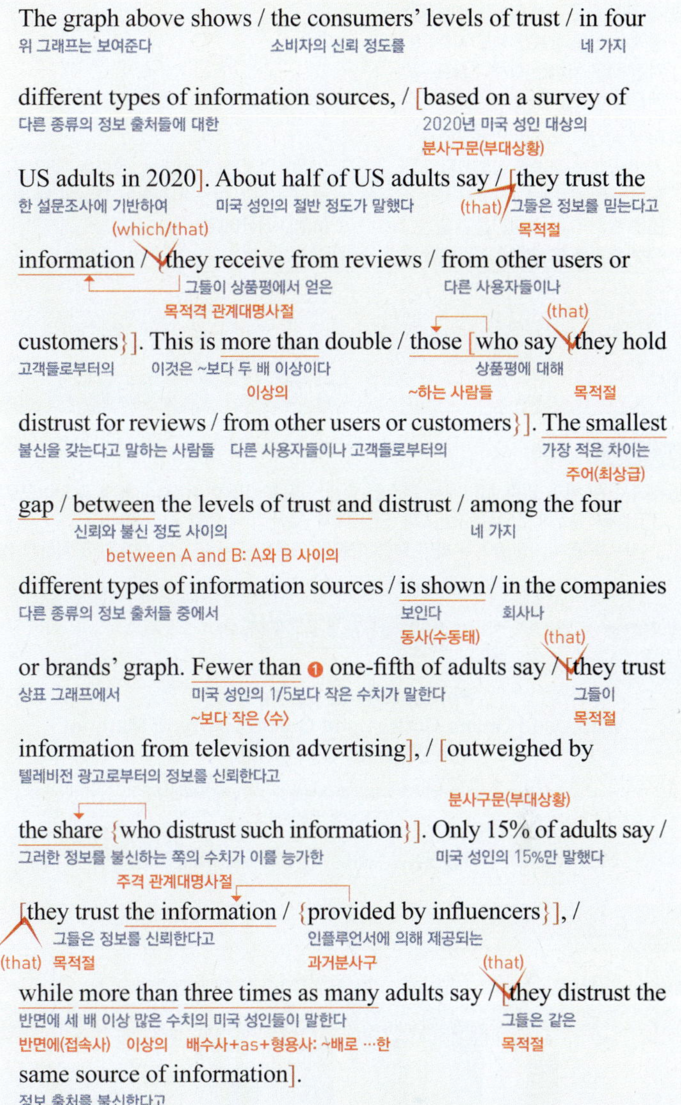
The graph above shows / the consumers' levels of trust / in four
위 그래프는 보여준다 소비자의 신뢰 정도를 네 가지
different types of information sources, / [based on a survey of
다른 종류의 정보 출처들에 대한 2020년 미국 성인 대상의
분사구문(부대상황)
US adults in 2020]. About half of US adults say / [they trust the
한 설문조사에 기반하여 미국 성인의 절반 정도가 말했다 (that) 그들은 정보를 믿는다고
(which/that) 목적절
information / {they receive from reviews / from other users or
그들이 상품평에서 얻은 다른 사용자들이나
목적격 관계대명사절 (that)
customers}]. This is more than double / those [who say / they hold
고객들로부터의 이것은 ~보다 두 배 이상이다 상품평에 대해
이상의 ~하는 사람들 목적절
distrust for reviews / from other users or customers}]. The smallest
불신을 갖는다고 말하는 사람들 다른 사용자들이나 고객들로부터의 가장 적은 차이는
주어(최상급)
gap / between the levels of trust and distrust / among the four
신뢰와 불신 정도 사이의 네 가지
between A and B: A와 B 사이의
different types of information sources / is shown / in the companies
다른 종류의 정보 출처들 중에서 보인다 회사나
동사(수동태) (that)
or brands' graph. Fewer than ❶ one-fifth of adults say / they trust
상표 그래프에서 미국 성인의 1/5보다 작은 수치가 말한다 그들이
~보다 작은 (수) 목적절
information from television advertising], / [outweighed by
텔레비전 광고로부터의 정보를 신뢰한다고
분사구문(부대상황)
the share {who distrust such information}]. Only 15% of adults say /
그러한 정보를 불신하는 쪽의 수치가 이를 능가한 미국 성인의 15%만 말했다
주격 관계대명사절
[they trust the information / {provided by influencers}], /
그들은 정보를 신뢰한다고 인플루언서에 의해 제공되는
(that) 목적절 과거분사구 (that)
while more than three times as many adults say / [they distrust the
반면에 세 배 이상 많은 수치의 미국 성인들이 말한다 그들은 같은
반면에(접속사) 이상의 배수사+as+형용사: ~배로 …한 목적절
same source of information].
정보 출처를 불신한다고

❶ 분수는 분자는 기수(one, two, three, ...)로, 분모는 서수(second, third, ...)로 나타내고, 분자가 2 이상일 때는 분모에 -s를 붙인다. (2/3 = two-thirds)

지문 해석

위 그래프는 2020년 미국 성인들을 대상의 한 설문조사에 기반하여 네 가지 다른 종류의 정보 출처들에 대한 소비자의 신뢰 정도를 보여준다. 미국 성인의 절반 정도가 다른 사용자들이나 고객들로부터의 상품평에서 얻은 정보를 믿는다고 말했다. 이것은 다른 사용자들이나 고객들로부터의 상품평에 대해 불신을 갖는다고 말하는 미국 성인들의 두 배 이상이다. 네 가지 다른 종류의 정보 출처들 중에서 신뢰와 불신 정도 사이의 가장 적은 차이는 회사나 상표 그래프에서 보인다. 미국 성인의 1/5보다 작은 수치가 텔레비전 광고로부터의 정보를 신뢰한다고 말했는데, 그러한 정보를 불신하는 쪽의 수치가 이를 능가했다. 미국 성인의 15%만 인플루언서가 제공하는 정보를 신뢰한다고 말한 반면에 이보다 세 배 이상 많은 수치의 미국 성인들이 같은 정보 출처를 불신한다고 말했다.

친절한 오답 풀이

오답 선택지	선택률	오답 이유
① 미국 성인의 절반 정도가 다른 사용자들이나 고객들로부터의 상품평에서 얻은 정보를 믿는다고 말했다.	5%	미국 성인의 49%가 상품평에서 얻은 정보를 믿는다.
② 이것은 다른 사용자들이나 고객들로부터의 상품평에 대해 불신을 갖는다고 말하는 미국 성인들의 두 배 이상이다.	7%	49%는 상품평에 대해 불신을 갖는다고 말한 미국 성인들의 수치인 21%보다 두 배(42%) 이상이다.

③ 네 가지 다른 종류의 정보 출처들 중에서 신뢰와 불신 정도 사이의 가장 적은 차이는 회사나 상표 그래프에서 보인다.	4%	신뢰와 불신 정도 사이의 가장 적은 차이는 7% 차이가 나는 회사나 상표 그래프이다.
⑤ 미국 성인의 15%만 인플루언서가 제공하는 정보를 신뢰한다고 말한 반면에 이보다 세 배 이상 많은 수치의 미국 성인들이 같은 정보 출처를 불신한다고 말했다.	4%	인플루언서가 제공하는 정보를 48%가 불신하는데, 이는 신뢰하는 15%의 세 배(45%) 이상이다.

04 정답 ⑤ 정답률 72%

정답 풀이

55세에서 64세의 연령 집단에서 온라인 학습 자료를 이용한 비율이 20% 미만이므로, ⑤ '35세에서 44세, 45세에서 54세, 55세에서 64세의 각 연령 집단에서 다섯 명 중 한 명이 넘는 비율의 사람들이 온라인 학습 자료를 이용했다'는 도표의 내용과 일치하지 않는다.

친절한 지문분석

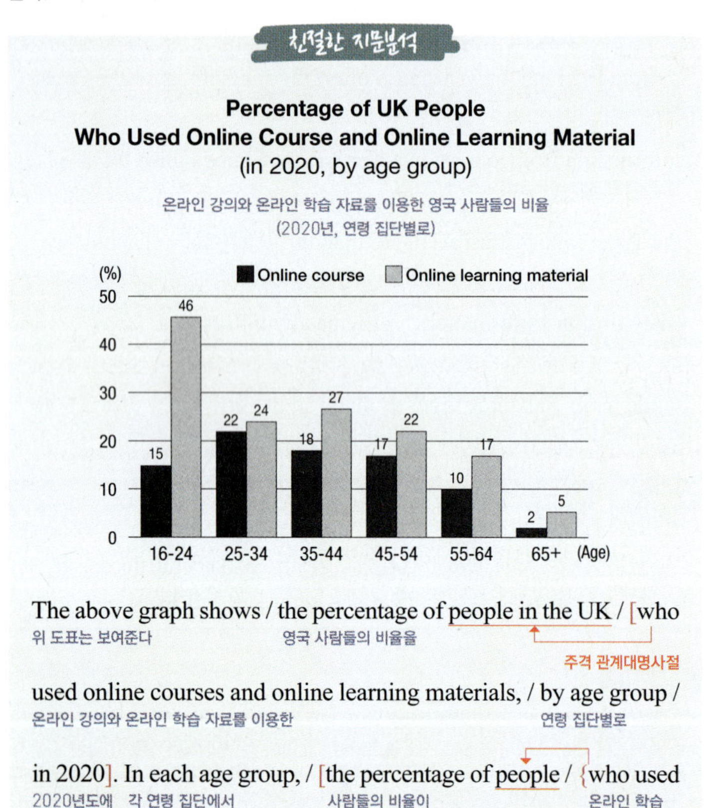

The above graph shows / the percentage of people in the UK / [who
위 도표는 보여준다 / 영국 사람들의 비율을 / 주격 관계대명사절

used online courses and online learning materials, / by age group /
온라인 강의와 온라인 학습 자료를 이용한 / 연령 집단별로

in 2020]. In each age group, / [the percentage of people / {who used
2020년도에 / 각 연령 집단에서 / 사람들의 비율이(주어) / 온라인 학습(주격 관계대명사절)

online learning materials}] / was higher / than that of people / [who
자료를 이용한 / 더 높았다(동사) / 사람들의 비율보다(= the percentage) / 주격 관계대명사절

used online courses]. The 25-34 age group had the highest
온라인 강의를 이용한 / 25세에서 34세 연령 집단에서 사람들의 비율이 가장 높았다

percentage of people / [who used online courses] / in all the age
온라인 강의를 이용한(주격 관계대명사절) / 모든 연령 집단 중에서

groups. Those [aged 65 and older] / were the least likely to use
65세 이상인 사람들이(과거분사구) / 온라인 강의를 이용할 가능성이 가장 낮았다(be likely to-v: ~할 가능성이 있다)

online courses / among the six age groups. Among the six age
여섯 개의 연령 집단 가운데서 / 여섯 개의 연령 집단 가운데서

groups, / the gap / [between the percentage of people {who used
차이는(주어) / 온라인 강의를 이용한 사람들의 비율(전치사구, between A and B: A와 B 사이의) / 주격 관계대명사절

online courses} / and that of people {who used online learning
그리고 온라인 학습 자료를(= the percentage) / 이용한 사람들의 비율 사이의(주격 관계대명사절)

materials}] / was the greatest / in the 16-24 age group. In each of
가장 컸다(동사) / 16세에서 24세 연령 집단에서 / 35세에서 44세,

the 35-44, 45-54, and 55-64 age groups, / more than one in five
45세에서 54세, 55세에서 64세의 각 연령 집단에서 / 다섯 명 중 한 명이 넘는 비율의

people used / online learning materials.
사람들이 이용했다 / 온라인 학습 자료를

지문 해석

위 도표는 2020년도에 온라인 강의와 온라인 학습 자료를 이용한 영국 사람들의 비율을 연령 집단별로 보여준다. 각 연령 집단에서 온라인 학습 자료를 이용한 사람들의 비율이 온라인 강의를 이용한 사람들의 비율보다 더 높았다. 모든 연령 집단 중, 25세에서 34세 연령 집단에서 온라인 강의를 이용한 사람들의 비율이 가장 높았다. 여섯 개의 연령 집단 가운데서, 65세 이상인 사람들이 온라인 강의를 이용할 가능성이 가장 낮았다. 여섯 개의 연령 집단 가운데서, 온라인 강의를 이용한 사람들의 비율과 온라인 학습 자료를 이용한 사람들의 비율 차이는 16세에서 24세 연령 집단에서 가장 컸다. 35세에서 44세, 45세에서 54세, 55세에서 64세의 각 연령 집단에서 다섯 명 중 한 명이 넘는 비율의 사람들이 온라인 학습 자료를 이용했다.

친절한 오답 풀이

오답 선택지	선택률	오답 이유
① 각 연령 집단에서 온라인 학습 자료를 이용한 사람들의 비율이 온라인 강의를 이용한 사람들의 비율보다 더 높았다.	3%	각 연령 집단에서 온라인 강의를 이용한 사람보다 온라인 학습 자료를 이용한 사람들의 비율이 더 높다.
② 모든 연령 집단 중, 25세에서 34세 연령 집단에서 온라인 강의를 이용한 사람들의 비율이 가장 높았다.	12%	25세에서 34세 연령 집단에서 온라인 강의를 이용한 사람들의 비율이 22%로 가장 높다.
③ 여섯 개의 연령 집단 가운데서, 65세 이상인 사람들이 온라인 강의를 이용할 가능성이 가장 낮았다.	7%	65세 이상 연령 집단에서 온라인 강의를 이용한 사람의 비율은 2%로 가장 낮다.
④ 여섯 개의 연령 집단 가운데서, 온라인 강의를 이용한 사람들의 비율과 온라인 학습 자료를 이용한 사람들의 비율 차이는 16세에서 24세 연령 집단에서 가장 컸다.	7%	온라인 강의를 이용한 사람들의 비율과 온라인 학습 자료를 이용한 사람들의 비율 차이는 16세에서 24세 연령 집단에서 31%로 가장 크다.

05 정답 ⑤ 정답률 78%

정답 풀이

사망자 수가 출생자 수보다 처음으로 더 커진 해는 2020년이므로, ⑤ '2021년에 처음으로 사망자 수가 출생자 수보다 더 컸다'는 도표의 내용과 일치하지 않는다.

친절한 지문분석

Number of Births and Deaths in Korea

한국에서의 출생자 수와 사망자 수

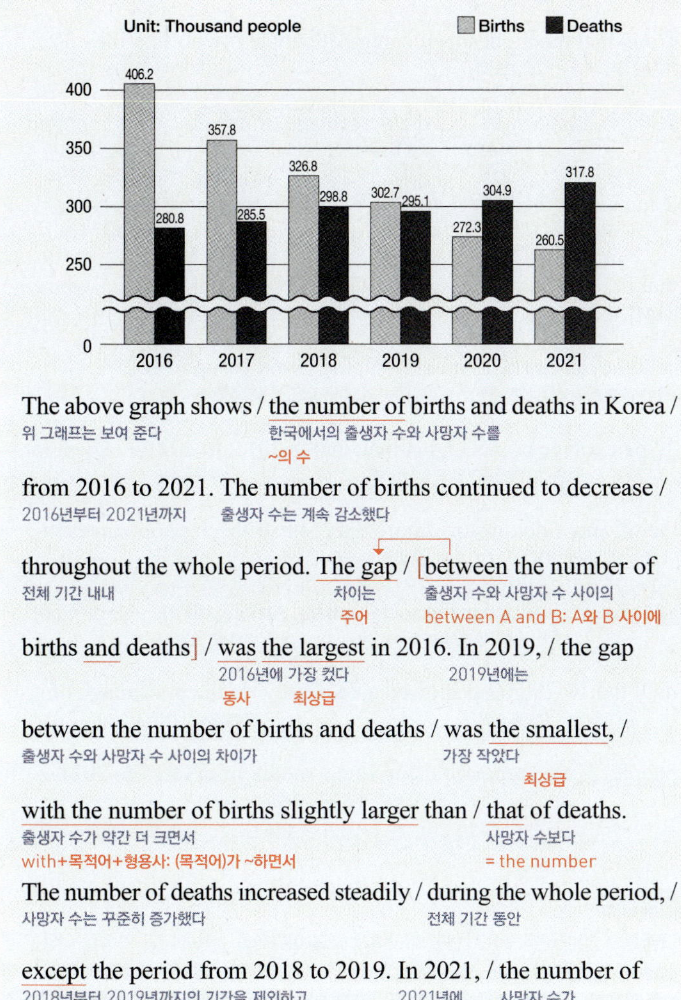

The above graph shows / the number of births and deaths in Korea /
위 그래프는 보여 준다 한국에서의 출생자 수와 사망자 수를
~의 수

from 2016 to 2021. The number of births continued to decrease /
2016년부터 2021년까지 출생자 수는 계속 감소했다

throughout the whole period. The gap / [between the number of
전체 기간 내내 차이는 출생자 수와 사망자 수 사이의
주어 between A and B: A와 B 사이에

births and deaths] / was the largest in 2016. In 2019, / the gap
2016년에 가장 컸다 2019년에는
동사 최상급

between the number of births and deaths / was the smallest, /
출생자 수와 사망자 수 사이의 차이가 가장 작았다
최상급

with the number of births slightly larger than / that of deaths.
출생자 수가 약간 더 크면서 사망자 수보다
with+목적어+형용사: (목적어)가 ~하면서 = the number

The number of deaths increased steadily / during the whole period, /
사망자 수는 꾸준히 증가했다 전체 기간 동안

except the period from 2018 to 2019. In 2021, / the number of
2018년부터 2019년까지의 기간을 제외하고 2021년에 사망자 수가
~을 제외하고(전치사)

deaths / was larger than that of births / for the first time.
출생자 수보다 더 컸다 처음으로
= the number

지문 해석

위 그래프는 2016년부터 2021년까지 한국에서의 출생자 수와 사망자 수를 보여 준다. 출생자 수는 전체 기간 내내 계속 감소했다. 출생자 수와 사망자 수 사이의 차이는 2016년에 가장 컸다. 2019년에는 출생자 수와 사망자 수 사이의 차이가 가장 작았는데, 출생자 수가 사망자 수보다 약간 더 많았다. 사망자 수는 2018년부터 2019년까지의 기간을 제외하고 전체 기간 동안 꾸준히 증가했다. 2021년에 처음으로 사망자 수가 출생자 수보다 더 컸다.

친절한 오답 풀이

오답 선택지	선택률	오답 이유
① 출생자 수는 전체 기간 내내 계속 감소했다.	3%	출생자 수에 해당하는 막대를 보면, 출생자 수는 전체 기간 동안 계속 감소한 것을 알 수 있다.
② 출생자 수와 사망자 수 사이의 차이는 2016년에 가장 컸다.	3%	2016년 출생자 수와 사망자 수의 막대를 보면 격차가 125.4로 가장 크게 나는 것을 알 수 있다.
③ 2019년에는 출생자 수와 사망자 수 사이의 차이가 가장 작았으며, 출생자 수가 사망자 수보다 약간 더 많았다.	4%	2019년 출생자 수와 사망자 수의 막대를 보면 격차가 7.6으로 가장 작고, 출생자 수가 사망자 수보다 약간 더 많다는 것을 알 수 있다.
④ 사망자 수는 2018년부터 2019년까지의 기간을 제외하고 전체 기간 동안 꾸준히 증가했다.	13%	사망자 수는 2018년부터 2019년까지 줄어든 것을 제외하면, 전체 기간 동안 꾸준히 증가한 것을 알 수 있다.

06 정답 ③ 정답률 86%

정답 풀이

프랑스에서 기후 변화에 대해 극도로 걱정하는 젊은 사람들의 비율은 18퍼센트이고, 매우 걱정하는 젊은 사람들의 비율은 40퍼센트이므로, ③ '프랑스는 극도로 걱정하는 젊은 사람들의 비율이 매우 걱정하는 젊은 사람들의 비율보다 높았다'는 도표의 내용과 일치하지 않는다.

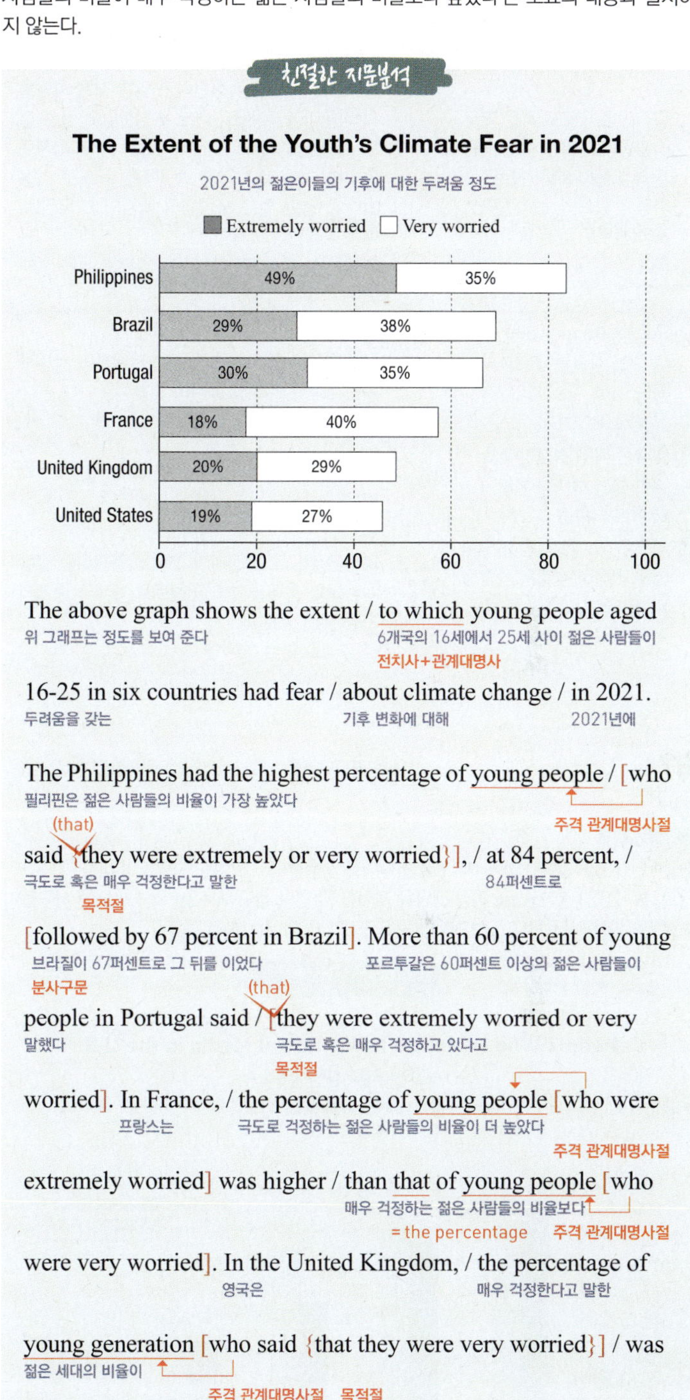

친절한 지문분석

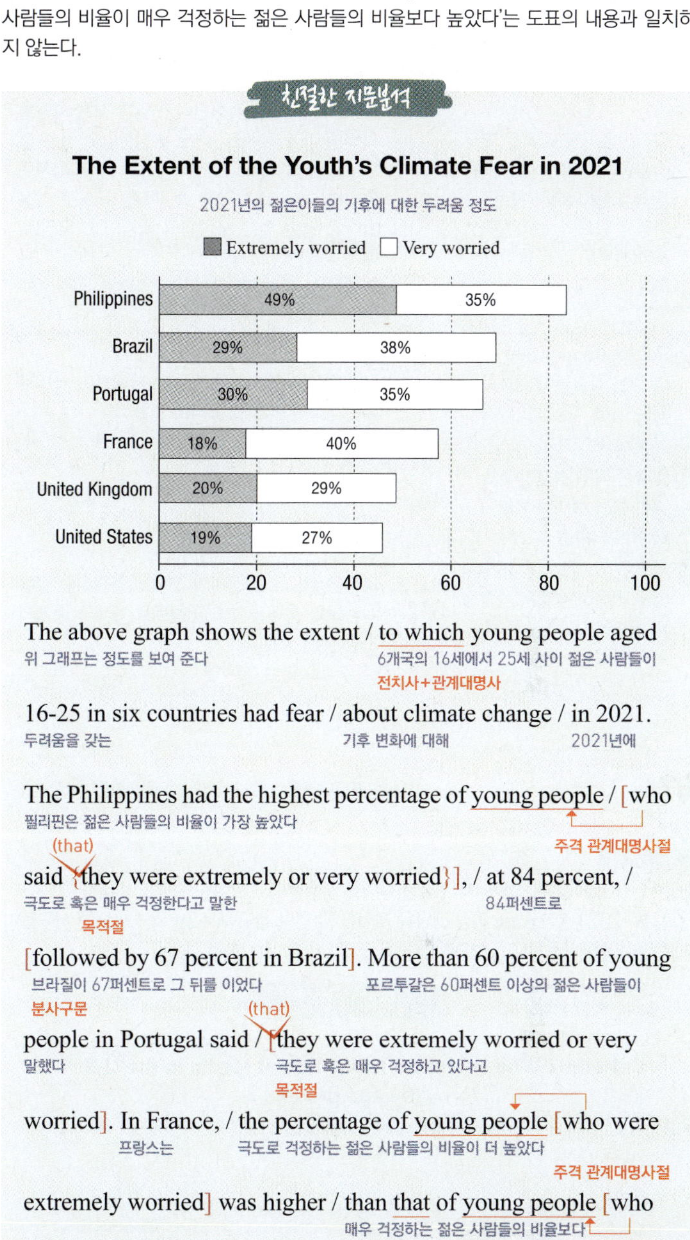

The above graph shows the extent / to which young people aged
위 그래프는 정도를 보여 준다 6개국의 16세에서 25세 사이 젊은 사람들이
전치사+관계대명사

16-25 in six countries had fear / about climate change / in 2021.
두려움을 갖는 기후 변화에 대해 2021년에

The Philippines had the highest percentage of young people / [who
필리핀은 젊은 사람들의 비율이 가장 높았다
주격 관계대명사절

(that)
said {they were extremely or very worried}], / at 84 percent, /
극도로 혹은 매우 걱정한다고 말한 84퍼센트로
목적절

[followed by 67 percent in Brazil]. More than 60 percent of young
브라질이 67퍼센트로 그 뒤를 이었다 포르투갈은 60퍼센트 이상의 젊은 사람들이
분사구문 (that)

people in Portugal said / {they were extremely worried or very
말했다 극도로 혹은 매우 걱정하고 있다고
목적절

worried}. In France, / the percentage of young people [who were
프랑스는 극도로 걱정하는 젊은 사람들의 비율이 더 높았다
주격 관계대명사절

extremely worried] was higher / than that of young people [who
매우 걱정하는 젊은 사람들의 비율보다
= the percentage 주격 관계대명사절

were very worried]. In the United Kingdom, / the percentage of
영국은 매우 걱정한다고 말한

young generation [who said {that they were very worried}] / was
젊은 세대의 비율이
주격 관계대명사절 목적절

29 percent. In the United States, / the total percentage of extremely
29퍼센트였다 미국은 극도로 걱정하거나 매우 걱정하는 젊은 사람들의

worried and very worried youth / was the smallest / among the six
총비율이 가장 작았다 6개국 중에서
최상급

countries.

지문 해석

위 그래프는 2021년 6개국의 16세에서 25세 사이 젊은 사람들이 기후 변화에 대해 두려움을 갖는 정도를 보여 준다. 필리핀은 극도로 혹은 매우 걱정한다고 말한 젊은 사람들의 비

율이 84퍼센트로 가장 높았으며, 브라질이 67퍼센트로 그 뒤를 이었다. 포르투갈은 60퍼센트 이상의 젊은 사람들이 극도로 혹은 매우 걱정하고 있다고 말했다. 프랑스는 극도로 걱정하는 젊은 사람들의 비율이 매우 걱정하는 젊은 사람들의 비율보다 높았다. 영국은 매우 걱정한다고 말한 젊은 세대의 비율이 29퍼센트였다. 미국은 극도로 걱정하거나 매우 걱정하는 젊은 사람들의 총비율이 6개국 중에서 가장 작았다.

친절한 오답 풀이

오답 선택지	선택률	오답 이유
① 필리핀은 극도로 혹은 매우 걱정한다고 말한 젊은 사람들의 비율이 84퍼센트로 가장 높았으며, 브라질이 67퍼센트로 그 뒤를 이었다.	2%	필리핀은 극도로 걱정한다고 말한 젊은 사람들의 비율이 49퍼센트, 매우 걱정한다고 말한 젊은 사람들의 비율이 35퍼센트로, 총 84퍼센트의 가장 높은 수치이고, 브라질은 극도로 걱정한다고 말한 젊은 사람들의 비율이 29퍼센트, 매우 걱정한다고 말한 젊은 사람들의 비율이 38퍼센트로, 총 67퍼센트의 두 번째로 높은 수치이다.
② 포르투갈은 60퍼센트 이상의 젊은 사람들이 극도로 혹은 매우 걱정하고 있다고 말했다.	3%	포르투갈은 65퍼센트의 젊은 사람들이 극도로 혹은 매우 걱정하고 있다고 말했다.
④ 영국은 매우 걱정한다고 말한 젊은 세대의 비율이 29퍼센트였다.	2%	영국은 매우 걱정한다고 말한 젊은 세대의 비율이 29퍼센트이므로 도표와 일치한다.
⑤ 미국은 극도로 걱정하거나 매우 걱정하는 젊은 사람들의 총비율이 6개국 중에서 가장 작았다.	6%	미국은 극도로 걱정하거나 매우 걱정하는 젊은 사람들의 총비율이 46퍼센트로, 6개국 중에서 가장 낮은 수치이다.

07 정답 ④ 정답률 81%

정답 풀이

2021년에 50~64세 집단에서 소셜 미디어를 사용한다고 보고한 사람들의 비율은 73%이므로, ④ '2021년에 65세 이상 집단을 제외한 각 연령 집단에서 5분의 4가 넘는 사람들이 소셜 미디어를 사용한다고 보고했다'는 도표의 내용과 일치하지 않는다.

친절한 지문분석

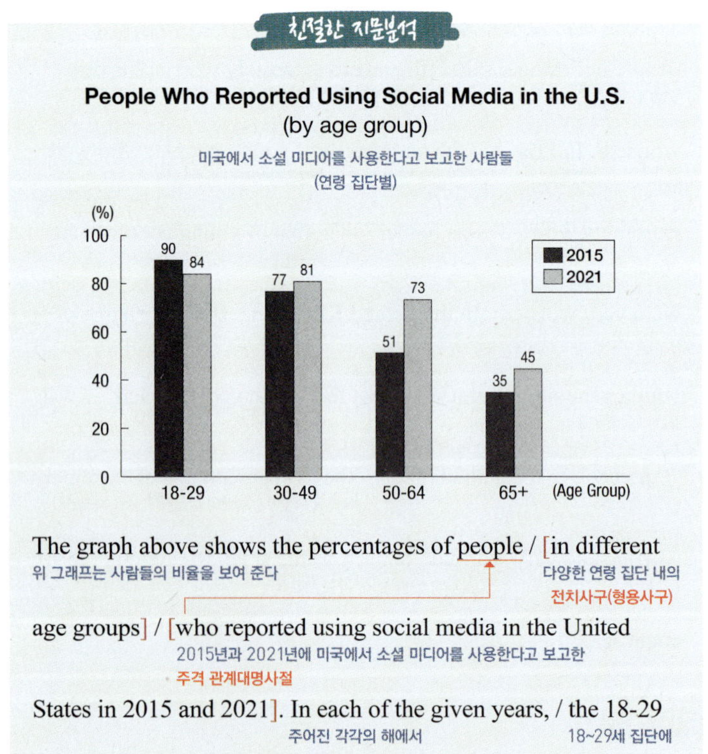

The graph above shows the percentages of people / [in different age groups] / [who reported using social media in the United States in 2015 and 2021]. In each of the given years, / the 18-29 group had the highest percentage of people / [who said they used social media]. In 2015, / the percentage of people / [who reported using social media] / in the 30-49 group / was more than twice that in the 65 and older group. The percentage of people / [who said they used social media] / in the 50-64 group in 2021 / was 22 percentage points higher than that in 2015. In 2021, / except for the 65 and older group, / more than four-fifths of people in each age group / reported using social media. Among all the age groups, / only the 18-29 group showed a decrease / [in the percentage of people] / [who reported using social media from 2015 to 2021].

위 그래프는 사람들의 비율을 보여 준다 / 다양한 연령 집단 내의 (전치사구(형용사구)) / 2015년과 2021년에 미국에서 소셜 미디어를 사용한다고 보고한 (주격 관계대명사절) / 주어진 각각의 해에서 / 18~29세 집단에서 사람들의 비율이 가장 높았다 (최상급) / 소셜 미디어를 사용한다고 말한 (주격 관계대명사절) / 2015년에 / 사람들의 비율은 / 소셜 미디어를 사용한다고 보고한 (주격 관계대명사절) / 30~49세 집단에서 / 65세 이상 집단 내 비율의 두 배 (두 배(배수사)) 이상이었다 (that = the percentage of people) / 사람들의 비율은 / 소셜 미디어를 사용한다고 말한 (주격 관계대명사절) / 2021년에 50~64세 집단에서 / 2015년의 그것보다 22 퍼센트포인트 더 높았다 (비교급) / 2021년에 / 65세 이상 집단을 제외한 (that = the percentage of people, ~을 제외하고는) / 각 연령 집단에서 5분의 4가 넘는 사람들이 (분수(4/5)) / 소셜 미디어를 사용한다고 보고했다 / 모든 연령 집단 중에서 / 18~29세 집단만이 감소를 보였다 / 사람들의 비율에서 (전치사구(형용사구)) / 2015년에서 2021년까지 소셜 미디어를 사용한다고 보고한 (주격 관계대명사절)

지문 해석

위 그래프는 2015년과 2021년에 미국에서 소셜 미디어를 사용한다고 보고한 다양한 연령 집단 내 사람들의 비율을 보여 준다. 주어진 각각의 해에서 18~29세 집단에서 소셜 미디어를 사용한다고 말한 사람들의 비율이 가장 높았다. 2015년에 30~49세 집단에서 소셜 미디어를 사용한다고 보고한 사람들의 비율은 65세 이상 집단 내 비율이 두 배 이상이었다. 2021년에 50~64세 집단에서 소셜 미디어를 사용한다고 말한 사람들의 비율은 2015년의 그것보다 22 퍼센트포인트 더 높았다. 2021년에 65세 이상 집단을 제외한 각 연령 집단에서 5분의 4가 넘는 사람들이 소셜 미디어를 사용한다고 보고했다. 모든 연령 집단 중에서 18~29세 집단만이 2015년에서 2021년까지 소셜 미디어를 사용한다고 보고한 사람들의 비율에서 감소를 보였다.

친절한 오답 풀이

오답 선택지	선택률	오답 이유
① 주어진 각각의 해에서 18~29세 집단에서 소셜 미디어를 사용한다고 말한 사람들의 비율이 가장 높았다.	2%	2015년, 2021년 각각 18~29세 집단에서 소셜 미디어를 사용한다고 말한 사람들의 비율은 90%, 84%로 가장 높다.
② 2015년에 30~49세 집단에서 소셜 미디어를 사용한다고 보고한 사람들의 비율은 65세 이상 집단 내 비율의 두 배 이상이었다.	9%	2015년에 30~49세 집단에서 소셜 미디어를 사용한다고 보고한 사람들의 비율은 77%로, 65세 이상 집단 35%의 두 배보다 더 크다.
③ 2021년에 50~64세 집단에서 소셜 미디어를 사용한다고 말한 사람들의 비율은 2015년의 그것보다 22 퍼센트포인트 더 높았다.	4%	2021년에 50~64세 집단에서 소셜 미디어를 사용한다고 말한 사람들의 비율은 73%로, 2015년 51%보다 22 퍼센트포인트 늘어났다.
⑤ 모든 연령 집단 중에서 18~29세 집단만이 2015년에서 2021년까지 소셜 미디어를 사용한다고 보고한 사람들의 비율에서 감소를 보였다.	4%	18~29세 집단만이 2015년 90%에서 2021년 84%로 감소했다.

08 정답 ④ 정답률 84%

정답 풀이

2019년 유럽의 산림 면적 점유율은 46%로 다섯 개 지역 중 가장 큰 것은 맞으나, 같은 해 아시아의 20%보다 세 배가 넘는 수치는 아니므로, ④ '2019년 유럽의 산림 면적 점유율은 다섯 개 지역 중 가장 컸고, 같은 해 아시아의 그것의 세 배가 넘었다'는 도표의 내용과 일치하지 않는다.

친절한 지문분석

Share of Forest Area in Total Land Area by Region in 1990 and 2019

1990년과 2019년의 지역별 총 토지 면적에서 산림 면적의 점유율

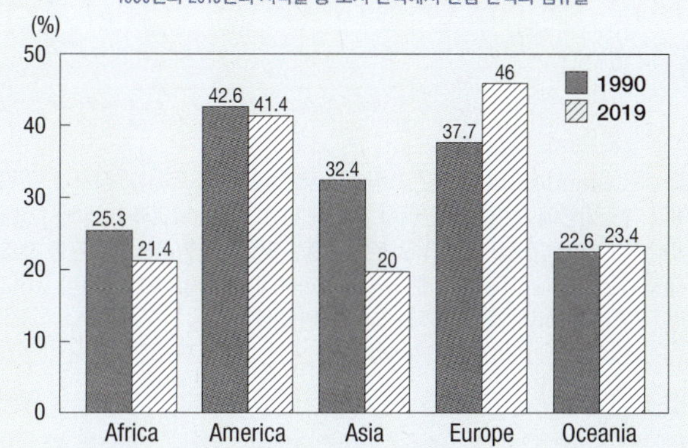

The above graph shows / the share of forest area in total land area
위 그래프는 보여 준다 지역별 총 토지 면적에서 산림 면적의 점유율을

by region / in 1990 and 2019. Africa's share of forest area / [in total
1990년과 2019년의 아프리카의 산림 면적의 점유율이
주어 전치사구(형용사구)

land area] / was over 20% / in both 1990 and 2019. The share of
전체 토지 면적에서 20%를 넘었다 1990년과 2019년 둘 다
동사

forest area in America was 42.6% / in 1990, / [which was larger
아메리카의 산림 면적 점유율은 42.6%였다 1990년에 이는 2019년의
주격 관계대명사절(계속적 용법)

than that in 2019]. The share of forest area in Asia declined / from
그것보다 더 컸다 아시아의 산림 면적 점유율은 감소했다
= the share of forest area in America from A to B: A에서 B까지

1990 to 2019 / by more than 10 percentage points. In 2019, / the
1990년부터 2019년까지 10퍼센트포인트 이상 2019년에
~만큼 ~이상(의)

share of forest area in Europe / was the largest among the five
유럽의 산림 면적 점유율은 다섯 개 지역 중 가장 컸다

regions, / more than three times that in Asia in the same year.
같은 해 아시아의 그것의 세 배 이상으로
= the share of forest area

Oceania showed the smallest gap / between 1990 and 2019 /
오세아니아는 가장 작은 차이를 보였다 1990년과 2019년 사이에

in terms of the share of forest area in total land area.
총 토지 면적에서 산림 면적의 점유율에 있어
~에 관하여

지문 해석

위 그래프는 1990년과 2019년의 지역별 총 토지 면적에서 산림 면적의 점유율을 보여 준다. 아프리카의 전체 토지 면적에서 산림 면적의 점유율이 1990년과 2019년 둘 다 20%를 넘었다. 1990년 아메리카의 산림 면적 점유율은 42.6%였고, 이는 2019년의 그것보다 더 컸다. 아시아의 산림 면적 점유율은 1990년부터 2019년까지, 10퍼센트포인트 이상 감소했다. 2019년 유럽의 산림 면적 점유율은 다섯 개 지역 중 가장 컸고, 같은 해 아시아의 그것의 세 배가 넘었다. 오세아니아는 1990년과 2019년 사이에 총 토지 면적에서 산림 면적의 점유율에 있어 가장 작은 차이를 보였다.

친절한 오답 풀이

오답 선택지	선택률	오답 이유
① 아프리카의 전체 토지 면적에서 산림 면적의 점유율이 1990년과 2019년 둘 다 20%를 넘었다.	3%	아프리카의 전체 토지 면적에서 산림 면적의 점유율이 1990년에는 25.3%, 2019년에는 21.4%로 모두 20%를 넘겼다.
② 1990년 아메리카의 산림 면적 점유율은 42.6%였고, 이는 2019년의 그것보다 더 컸다.	4%	1990년 아메리카의 산림 면적 점유율은 42.6%였고, 이는 2019년의 41.4%보다 컸다.
③ 아시아의 산림 면적 점유율은 1990년부터 2019년까지, 10퍼센트포인트 이상 감소했다.	6%	아시아의 산림 면적 점유율은 1990년에 32.4%이고 2019년에 20%이므로, 10퍼센트포인트 이상 감소했다.
⑤ 오세아니아는 1990년과 2019년 사이에 총 토지 면적에서 산림 면적의 점유율에 있어 가장 작은 차이를 보였다.	3%	오세아니아는 총 토지 면적에서 산림 면적의 점유율이 1990년에 22.6%이고 2019년에 23.4%이므로, 다섯 개 지역 중에 가장 작은 차이를 보였다.

07 내용 일치

코드 접속하기

pp.69~72

Q1 ③ Q2 ③ Q3 ④ Q4 ⑤

Q1

정답 ③ 정답률 94%

정답 풀이

10대 때 프랑스의 아마추어 대회에서 Best Piano Player 상을 수상했다고 했으므로 ③ '20대에 Best Piano Player 상을 받았다'는 글의 내용과 일치하지 않는다.

친절한 지문분석

Pianist, composer, and big band leader, Claude Bolling, was born / on April 10, 1930, / in Cannes, France, / but spent most of his life / in Paris. He began [studying classical music] / as a youth. He was introduced / to the world of jazz / by a schoolmate. Later, / Bolling became interested / in the music of Fats Waller, / one of the most excellent jazz musicians. Bolling became famous / as a teenager / by winning the Best Piano Player prize / at an amateur contest in France. He was also a successful film music composer, / [writing the music for more than one hundred films]. In 1975, / he collaborated / with flutist Rampal / and published / *Suite for Flute and Jazz Piano Trio*, / [which he became most well-known for]. He died in 2020, / [leaving two sons], / David and Alexandre.

피아니스트, 작곡가, 그리고 빅 밴드 리더인 Claude Bolling은 태어났다 / 1930년 4월 10일에 / 프랑스 칸에서 / 하지만 그의 삶의 대부분을 보냈다 / 파리에서 / 그는 클래식 음악을 공부하기 시작했다 / 어린 시절에 / 그는 소개받았다 / 재즈(재즈 세계)를 / 학교 친구를 통해 / 후에 / Bolling은 관심을 가지게 되었다 / Fats Waller의 음악에 / 최고의 재즈 음악가들 중 한 명인 / Bolling은 유명해졌다 / 십 대에 / Best Piano Player 상을 수상함으로써 / 프랑스의 아마추어 대회에서 / 그는 또한 성공적인 영화 음악 작곡가였다 / 100편이 넘는 영화의 음악을 작곡했다 / 1975년에 / 그는 협업했다 / 플루트 연주자 Rampal과 / 그리고 발매했다 / 'Suite for Flute and Jazz Piano Trio'를 / (그리고 그는) 그것으로 가장 잘 알려지게 되었다 / 그는 2020년에 사망했다 / 두 아들을 남기고 / David와 Alexandre

동사 1 / 동사 2(병렬구조) / 목적어(동명사구) / 전치사(~때(에)) / 수동태 / one of the+복수명사 / 전치사(~때(에)) / by v-ing: ~함으로써 / 분사구문(동시동작) / 동사 1 / 동사 2(병렬구조) / 관계대명사절(계속적 용법) / 분사구문(연속동작)

지문 해석

피아니스트, 작곡가, 그리고 빅 밴드 리더인 Claude Bolling은 1930년 4월 10일 프랑스 칸에서 태어났지만, 그의 삶의 대부분을 파리에서 보냈다. 그는 어린 시절에 클래식 음악을 공부하기 시작했다. 그는 학교 친구를 통해 재즈(재즈 세계)를 소개받았다. 후에 Bolling은 최고의 재즈 음악가들 중 한 명인 Fats Waller의 음악에 관심을 가졌다. 그는 십 대에 프랑스의 아마추어 대회에서 Best Piano Player 상을 수상하며 유명해졌다. 그는 또한 성공적인 영화 음악 작곡가였고, 100편이 넘는 영화의 음악을 작곡했다. 1975년에, 그는 플루트 연주자 Rampal과 협업했고, 'Suite for Flute and Jazz Piano Trio'를 발매했으며, 그것으로 가장 잘 알려지게 되었다. 그는 두 아들 David와 Alexandre를 남기고 2020년에 사망했다.

친절한 오답 풀이

오답 선택지	선택률	오답 이유
① 1930년에 프랑스에서 태어났다.	1%	첫 번째 문장의 Claude Bolling, was born on April 10, 1930, in Cannes, France에서 알 수 있다.
② 학교 친구를 통해 재즈를 소개받았다.	2%	세 번째 문장인 He was introduced to the world of jazz by a schoolmate에서 알 수 있다.
④ 성공적인 영화 음악 작곡가였다.	2%	여섯 번째 문장의 He was also a successful film music composer에서 알 수 있다.
⑤ 1975년에 플루트 연주자와 협업했다.	1%	일곱 번째 문장의 In 1975, he collaborated with flutist Rampal에서 알 수 있다.

배경지식

클로드 볼링(Claude Bolling)

클로드 볼링(Claude Bolling)은 프랑스의 재즈 피아니스트이자, 작곡가, 편곡자, 배우이다. 1930년에 프랑스의 칸에서 태어나 니스의 음악학교와 파리에서 공부했다. 14세 때 이미 전문 재즈 피아니스트로 활동하였으며 1960년대에 전통 재즈 부흥을 일으키는데 중대한 공헌을 했다. 우리나라에서도 〈아일랜드의 여인〉, 〈바로크 앤 블루〉 등이 유명하며, 총 여섯 차례 내한공연을 했다.

Q2

정답 ③ 정답률 65%

정답 풀이

Lithops는 토양의 표면 위로 1인치 이상 거의 자라지 않는다고 했으므로, ③ '토양의 표면 위로 대개 1인치 이상 자란다'는 지문의 내용과 일치하지 않는다.

친절한 지문분석

Lithops are plants / [that are often called 'living stones' / on account of their unique rock-like appearance]. They are native to the deserts of South Africa / but commonly (are) sold / in garden centers and nurseries. Lithops grow well / in compacted, sandy soil with little water / and extreme hot temperatures. Lithops are small plants, / [rarely getting more than an inch / above the soil surface / and usually with only two leaves]. The thick leaves resemble the cleft in an animal's foot / or just a pair of grayish brown stones / [gathered together]. The plants have no true stem / and much of the plant is underground. Their appearance has the effect of conserving moisture.

Lithops는 식물이다 / 종종 '살아있는 돌'로 불리는 / 그것들의 독특한 바위 같은 겉모양 때문에 / 그것들은 원산지가 남아프리카 사막이다 / 하지만 흔히 팔린다 / 식물원과 종묘원에서 / Lithops는 잘 자란다 / 수분이 거의 없는 빽빽한 모래 토양에서 / 그리고 극히 높은 온도에서 / Lithops는 작은 식물이다 / 그리고 1인치 이상 거의 자라지 않는다 / 토양 표면 위로 / 그리고 보통 단 두 개의 잎이 있다 / 두꺼운 잎은 동물 발의 갈라진 틈과 닮았다 / 또는 한 쌍의 회갈색을 띠는 돌과 / 함께 모여 있는 / 이 식물은 실제 줄기는 없다 / 그리고 식물의 대부분이 땅속에 있다 / 그것들의 겉모양은 수분을 보존하는 효과를 가진다

주격 관계대명사절 / 수동태 / ~ 때문에 / 수동태 / 분사구문(부대상황) / 한 쌍의 ~ / 과거분사구 / 주어 / 동사 / 전치사의 목적어(동명사구)

지문 해석

Lithops는 독특한 바위 같은 겉모양 때문에 종종 '살아있는 돌'로 불리는 식물이다. 이것은 원산지가 남아프리카 사막이지만, 식물원과 종묘원에서 흔히 팔린다. Lithops는 수분이 거의 없는 빡빡한 모래 토양과 극히 높은 온도에서 잘 자란다. Lithops는 작은 식물로, 토양 표면 위로 1인치 이상 거의 자라지 않고 보통 단 두 개의 잎을 가지고 있다. 두꺼운 잎은 동물 발의 갈라진 틈이나 함께 모여 있는 한 쌍의 회갈색을 띠는 돌과 닮았다. 이 식물은 실제 줄기는 없고 식물의 대부분이 땅속에 있다. 겉모양은 수분을 보존하는 효과를 지닌다.

친절한 오답 풀이

오답 선택지	선택률	오답 이유
① 살아있는 돌로 불리는 식물이다.	1%	첫 번째 문장의 Lithops are plants that are often called 'living stones'에서 알 수 있다.
② 원산지는 남아프리카 사막 지역이다.	2%	두 번째 문장의 They are native to the deserts of South Africa에서 알 수 있다.
④ 줄기가 없으며 땅속에 대부분 묻혀 있다.	18%	여섯 번째 문장인 The plants have no true stem and much of the plant is underground에서 알 수 있다.
⑤ 겉모양은 수분 보존 효과를 갖고 있다.	11%	마지막 문장인 Their appearance has the effect of conserving moisture에서 알 수 있다.

배경지식

리돕스(Lithops)

서남아프리카가 원산지인 여러해살이 식물로, 잎과 뿌리에 수분을 저장할 수 있는 다육 식물이다. 건기에는 생장을 멈추고 휴면하는데, 우기마다 2장의 잎을 만든다. 옆으로 퍼지면서 자라고 노란색이나 흰색 꽃이 핀다.

Q3

정답 ④ 정답률 87%

정답 풀이

Ellen Church는 자동차 사고 부상으로 비행기 승무원 일을 그만뒀다고 했으므로, ④ '자동차 사고로 다쳤지만 비행기 승무원 생활을 계속했다'는 글의 내용과 일치하지 않는다.

친절한 지문분석

Ellen Church was born / in Iowa in 1904. [After graduating from
Ellen Church는 태어났다 / 1904년에 Iowa에서 / Cresco 고등학교를 졸업한 후 (접속사+분사구문)

Cresco High School], she studied nursing / and worked as a nurse /
그녀는 간호학을 공부했고 (동사 1) / 간호사로 일했다 (동사 2, ~로서(전치사))

in San Francisco. ❶ She suggested / to Boeing Air Transport [that
San Francisco에서 / 그녀는 제안했다 / Boeing Air Transport에 (목적절)

nurses should take care of passengers / during flights {because
간호사가 승객들을 돌봐야 한다고 / 비행 중에 (이유의 부사절)

most people were frightened of flying}]. In 1930, / she became / the
대부분의 사람들이 비행을 무서워하기 때문에 / 1930년에 / 그녀는 최초의 여성 (동사 1)

first female flight attendant / in the U.S. / and worked on a Boeing
비행기 승무원이 되었고 / 미국에서 / Boeing 80A를 타고 근무했다 (동사 2, ~을 타고(전치사))

80A / from Oakland, California to Chicago, Illinois. Unfortunately,
California 주 Oakland에서 Illinois 주 Chicago까지 (from A to B: A에서 B까지) / 불행하게도

a car accident injury forced her to end / her career / after only
자동차 사고 부상으로 그녀는 그만두게 되었다 / 그녀의 일을 / 겨우 (force+목적어+to-v: (목적어)가 ~하게 하다)

eighteen months. Church started nursing again at Milwaukee
18개월 후에 / Church는 Milwaukee County 병원에서 다시 간호사 일을 시작했다

County Hospital [after she graduated from the University of
그녀가 Minnesota 대학을 졸업한 후 (시간의 부사절)

Minnesota / with a degree in nursing education]. During World
간호 교육학 학위를 받으며 / 제2차 세계대전 중

War II, / she served as a captain in the Army Nurse Corps /
그녀는 육군 간호 부대에서 대위로 복무했고 (동사 1, ~로서(전치사))

and received an Air Medal. Ellen Church Field Airport / in her
항공 훈장을 받았다 (동사 2) / Ellen Church Field 공항은

hometown, Cresco, / was named after her.
그녀의 고향인 Cresco에 있는 (동격의 쉼표) / 그녀의 이름을 따서 붙였다 (수동태, name ~ after ...: ~에게 …의 이름을 따서 붙이다)

❶ 동사 suggest, insist, demand, order처럼 '제안, 주장, 요구, 명령' 등을 나타내는 동사 뒤의 that절이 당위성을 나타낼 때, that절의 동사는 「should+동사원형」의 형태로 쓰며 이때 should는 보통 생략된다.

지문 해석

Ellen Church는 1904년에 Iowa에서 태어났다. Cresco 고등학교를 졸업한 후, 그녀는 간호학을 공부했고 San Francisco에서 간호사로 일했다. 그녀는 대부분의 사람들이 비행을 무서워하기 때문에 간호사가 비행 중에 승객들을 돌봐야 한다고 Boeing Air Transport에 제안했다. 1930년에 그녀는 미국에서 최초의 여성 비행기 승무원이 되어 California 주 Oakland에서 Illinois 주 Chicago까지 Boeing 80A를 타고 근무했다. 불행하게도, 자동차 사고 부상으로 그녀는 겨우 18개월 후에 일을 그만두게 되었다. Church는 간호 교육학 학위를 받으며 Minnesota 대학을 졸업한 후 Milwaukee County 병원에서 다시 간호사 일을 시작했다. 제2차 세계대전 중 그녀는 육군 간호 부대에서 대위로 복무했고 항공 훈장을 받았다. 그녀의 고향인 Cresco에 있는 Ellen Church Field 공항은 그녀의 이름을 따서 붙였다.

친절한 오답 풀이

오답 선택지	선택률	오답 이유
① San Francisco에서 간호사로 일했다.	5%	두 번째 문장의 worked as a nurse in San Francisco에서 알 수 있다.
② 간호사가 비행 중에 승객을 돌봐야 한다고 제안했다.	3%	세 번째 문장의 She suggested to Boeing Air Transport that nurses should take care of passengers에서 알 수 있다.
③ 미국 최초의 여성 비행기 승무원이 되었다.	2%	네 번째 문장의 she became the first female flight attendant in the U.S.에서 알 수 있다.
⑤ 고향인 Cresco에 그녀의 이름을 따서 붙인 공항이 있다.	1%	마지막 문장 Ellen Church Field Airport in her hometown, Cresco, was named after her에서 알 수 있다.

Q4

정답 ⑤ 정답률 86%

정답 풀이

Caltech의 천문학 교수로 임용된 후 초창기 제트 엔진을 개발했다고 했으므로, ⑤ '초창기 제트 엔진을 개발한 후 교수로 임용되었다'는 글의 내용과 일치하지 않는다.

친절한 지문분석

Fritz Zwicky, a memorable astrophysicist / [who coined the term
기억할 만한 천체 물리학자 Fritz Zwicky는 (동격의 쉼표) / '초신성'이라는 용어를 만든 (주격 관계대명사절)

'supernova'], / was born in Varna, Bulgaria / to a Swiss father
불가리아의 Varna에서 태어났다 (수동태) / 스위스인 아버지와

and a Czech mother. At the age of six, / he was sent to his
체코인 어머니 사이에서 / 여섯 살이 되던 해 / 그는 조부모에게 보내졌다 (수동태)

grandparents / [who looked after him for most of his childhood /
어린 시절의 대부분 동안 그를 돌봐준 (주격 관계대명사절)

in Switzerland]. There, / he received an advanced education / in
스위스에서 / 그곳에서 / 그는 고급 교육을 받았다

mathematics and physics. In 1925, / he emigrated to the United
수학과 물리학에 대한 / 1925년 / 그는 미국으로 이주했다 (동사 1)

States / and continued his physics research / at California Institute
그리고 물리학 연구를 이어갔다 (동사 2(병렬구조)) / California Institute of

of Technology (Caltech). He developed numerous theories / [that
Technology(Caltech)에서 / 그는 수많은 이론을 발전시켰다 (주격 관계대명사절)

have had a profound influence / on the understanding of our
지대한 영향을 미친 / 우주에 대한 이해에 (have an influence on: ~에 영향을 끼치다)

universe / in the early 21st century]. [After being appointed / as a
21세기 초에 / 임용된 후 (접속사+분사구문)

professor of astronomy at Caltech / in 1942], / he developed some
Caltech의 천문학 교수로 / 1942년에 / 그는 초창기 제트 엔진을

of the earliest jet engines / and holds more than 50 patents, / ❶ [many
개발했다 / 그리고 50개 이상의 특허를 보유하고 있다 (분사구문)

in jet propulsion].
많은 부분이 제트 추진 분야인

❶ 분사 being이 생략되고, 주어 many가 남아 있는 형태의 분사구문으로 볼 수 있다. 이때, many 뒤에는 of the patents가 생략된 형태로, 분사구문 many of the patents (being) in jet propulsion이 변형된 형태이다.

지문 해석

'초신성'이라는 용어를 만든 기억할 만한 천체 물리학자 Fritz Zwicky는 불가리아의 Varna에서 스위스인 아버지와 체코인 어머니 사이에서 태어났다. 여섯 살이 되던 해, 그는 스위스에서 보낸 어린 시절의 대부분 동안 그를 돌봐준 조부모에게 보내졌다. 그곳에서, 그는 수학과 물리학에 대한 고급 교육을 받았다. 1925년 미국으로 이주하여 California Institute of Technology(Caltech)에서 물리학 연구를 이어갔다. 그는 21세기 초 우주에 대한 이해에 지대한 영향을 미친 수많은 이론을 발전시켰다. 1942년 Caltech의 천문학 교수로 임용된 후 그는 초창기 제트 엔진을 개발했고, 50개 이상의 특허를 보유하고 있으며, 이 중 많은 부분이 제트 추진 분야의 특허이다.

친절한 오답 풀이

오답 선택지	선택률	오답 이유
① 불가리아의 Varna에서 태어났다.	1%	첫 번째 문장인 Fritz Zwicky, a memorable astrophysicist who coined the term 'supernova', was born in Varna, Bulgaria to a Swiss father and a Czech mother에서 알 수 있다.
② 스위스에서 수학과 물리학 교육을 받았다.	5%	두 번째와 세 번째 문장인 At the age of six, he was sent to his grandparents who looked after him for most of his childhood in Switzerland. There, he received an advanced education in mathematics and physics에서 알 수 있다.
③ 미국으로 이주하여 연구를 이어갔다.	3%	네 번째 문장인 In 1925, he emigrated to the United States and continued his physics research at California Institute of Technology (Caltech)에서 알 수 있다.
④ 우주 이해에 영향을 미친 수많은 이론을 발전시켰다.	4%	다섯 번째 문장인 He developed numerous theories that have had a profound influence on the understanding of our universe in the early 21st century에서 알 수 있다.

코드 +α 배경지식

초신성(supernova)

초신성은 별의 생애 마지막 폭발로, 매우 밝고 잠시 동안 그 빛이 은하 전체보다도 더 밝게 빛날 수 있다. 초신성은 우주를 이해하는 데 많은 단서를 제공하는 중요한 현상이다. 새로운 원소들이 만들어져서 우주로 퍼져 나가고, 이 원소들이 모여 새로운 별과 행성을 형성하는 데 기여하기 때문이다. 우리가 알고 있는 많은 원소들, 예를 들어 금, 은, 철 같은 것들이 초신성 폭발에서 생성된 것이다. 또한 초신성은 천문학자들이 우주의 크기와 나이를 측정하는 데 중요한 도구로 사용된다. 특정 유형의 초신성은 일정한 밝기를 가지기 때문에, 이들을 통해 우주 거리와 팽창 속도를 측정할 수 있다.

코드 공략하기

pp.73~75

01 ③ 02 ⑤ 03 ③ 04 ⑤ 05 ④ 06 ③

01

정답 ③ 정답률 92%

정답 풀이

Antonie van Leeuwenhoek은 네덜란드어만을 알고 있었다고 했으므로, ③ '여러 개의 언어를 알았다'는 글의 내용과 일치하지 않는다.

친절한 지문분석

Antonie van Leeuwenhoek was a scientist / [well known for his
Antonie van Leeuwenhoek은 과학자였다 / 그의 세포 연구로 잘 알려진 (과거분사구)

cell research]. He was born / in Delft, the Netherlands, / on October
그는 태어났다 / 네덜란드 Delft에서 / 1632년 10월 24일에

24, 1632. At the age of 16, / he began [to learn job skills / in
16살의 나이에 (~의 나이에) / 그는 직업 기술을 배우기 시작했다 (목적어(to부정사의 명사적 용법))

Amsterdam]. At the age of 22, / Leeuwenhoek returned / to Delft.
Amsterdam에서 / 22살에 / Leeuwenhoek은 돌아왔다 / Delft로 (전치사(~로))

It wasn't easy / for Leeuwenhoek / [to become a scientist]. He knew /
쉽지 않았다 (가주어) / Leeuwenhoek이 (의미상 주어) / 과학자가 되는 것은 (진주어(to부정사구)) / 그는 알고 있었다

only one language / —Dutch— / [which was quite unusual / for
오직 한 가지 언어 / 네덜란드어를 (부연 설명) / 그것은 상당히 드문 것이었다 (주격 관계대명사절)

scientists / of his time]. But his curiosity was endless, / and he
과학자들에게는 / 그 당시의 / 하지만 그의 호기심은 끝이 없었다 / 그리고 그는

worked hard. He had an important skill. He knew / how to make
열심히 노력했다 / 그에게는 중요한 기술이 있었다 / 그는 알고 있었다 / 유리로 물건을 (how to-v: 어떻게 ~할지, ~하는 방법)

things out of glass. This skill came in handy / [when he made
만드는 법을 / 이 기술은 도움이 되었다 / 그가 자신의 단순현미경에 (시간의 부사절)

lenses for his simple microscope]. He saw / tiny veins / [with blood
쓰일 렌즈를 만들 때 / 그는 보았다 / 미세한 혈관을 / 그것들을 통해 (전치사구(형용사구))

flowing through them]. He also saw / living bacteria / in pond
피가 흐르고 있는 / 그는 또한 보았다 / 살아 있는 박테리아를 / 연못 물속에서

water. He paid close attention to / the things he saw / and wrote
그는 세심한 주의를 기울였다 (동사 1(pay attention to: ~에 관심[주의]를 기울이다)) / 자신이 본 것들에 / 그리고 관찰한 (동사 2)

down his observations. [Since he couldn't draw well], / he hired
것을 기록했다 그는 그림을 잘 그릴 수 없었기 때문에 그는 화가를
이유의 부사절

an artist / to draw pictures / of [what he described].
고용했다 그림을 그리기 위해 자신이 설명한 것을
to부정사의 부사적 용법(목적) 관계대명사절(전치사의 목적어)

지문 해석

Antonie van Leeuwenhoek은 세포 연구로 잘 알려진 과학자였다. 그는 1632년 10월 24일 네덜란드 Delft에서 태어났다. 그는 16살에 Amsterdam에서 직업 기술을 배우기 시작했다. Leeuwenhoek은 22살에 Delft로 돌아왔다. Leeuwenhoek이 과학자가 되기는 쉽지 않았다. 그는 오직 한 가지 언어, 즉 네덜란드어만을 알고 있었는데, 그것은 그 당시 과학자들에게는 상당히 드문 것이었다. 하지만 그의 호기심은 끝이 없었고, 그는 열심히 노력했다. 그에게는 중요한 기술이 있었다. 그는 유리로 물건을 만드는 법을 알고 있었다. 이 기술은 그가 자신의 단순현미경에 쓰일 렌즈를 만들 때 도움이 되었다. 그는 피가 흐르고 있는 미세한 혈관을 보았다. 그는 또한 연못 물 속에서 살아 있는 박테리아를 보았다. 그는 자신이 본 것들에 세심한 주의를 기울였고 관찰한 것을 기록했다. 그는 그림을 잘 그릴 수 없었기 때문에, 화가를 고용하여 자신이 설명한 것을 그림으로 그리게 했다.

친절한 오답 풀이

오답 선택지	선택률	오답 이유
① 세포 연구로 잘 알려진 과학자였다.	2%	첫 번째 문장인 Antonie van Leeuwenhoek was a scientist well known for his cell research에서 알 수 있다.
② 22살에 Delft로 돌아왔다.	2%	네 번째 문장인 At the age of 22, Leeuwenhoek returned to Delft에서 알 수 있다.
④ 유리로 물건을 만드는 방법을 알고 있었다.	2%	아홉 번째 문장인 He knew how to make things out of glass에서 알 수 있다.
⑤ 화가를 고용하여 설명하는 것을 그리게 했다.	2%	열네 번째 문장의 he hired an artist to draw pictures of what he described에서 알 수 있다.

02 정답 ⑤ 정답률 86%

정답 풀이

Sigrid Undset가 독일 점령 기간 중 노르웨이를 떠났지만 제2차 세계대전이 종료된 후 돌아왔다고 했으므로, ⑤ '독일 점령 기간 중 노르웨이를 탈출한 후, 다시 돌아오지 않았다'는 글의 내용과 일치하지 않는다.

친절한 지문분석

Sigrid Undset was born / on May 20, 1882, / in Kalundborg,
Sigrid Undset은 태어났다 1882년 5월 20일에 덴마크의 Kalundborg에서
수동태

Denmark. She was the eldest of three daughters. She moved to
그녀는 세 딸들 중 첫째였다 그녀는 노르웨이로 이주했다

Norway / at the age of two. Her early life was strongly influenced /
2살에 그녀의 어린 시절은 크게 영향을 받았다
~의 나이에 수동태

by her father's historical knowledge. At the age of sixteen, / she
그녀 아버지의 역사적 지식에 의해 16세에 그녀는

got a job / at an engineering company / to support her family.
취업을 했다 기술 회사에 그녀의 가족을 부양하기 위해
to부정사의 부사적 용법(목적)

She read a lot, [acquiring a good knowledge of Nordic / as well as
그녀는 책을 많이 읽었고 북유럽 문학에 관한 상당한 지식을 습득하였다
분사구문(동시동작) 상당한, 충분한 B as well as A: A뿐만 아니라 B도

foreign literature, / English in particular]. She wrote thirty six
외국 문학뿐만 아니라 특히 영국 문학 그녀는 36권의 책을 집필하였다

books. ❶ None of her books / leaves the reader unconcerned.
그녀의 책 중에는 없다 독자의 관심을 끌지 못한
leave+목적어+형용사: (목적어)가 ~한 상태로 두다

She received the Nobel Prize for Literature / in 1928. One of her
그녀는 노벨 문학상을 수상했다 1928년에 그녀의 소설 중

novels has been translated into more than eighty languages.
한 권은 80개 이상의 언어로 번역되었다
현재완료 수동태 more than: ~ 이상(의)

She escaped Norway / during the German occupation, / but she
그녀는 노르웨이를 탈출했다 독일 점령 기간 중 그러나 그녀는

returned / after the end of World War Ⅱ.
돌아왔다 제2차 세계대전이 종료된 후에

❶ 부정어 None과 unconcerned가 쓰여 강한 긍정을 나타내는 이중 부정 구문이다.

지문 해석

Sigrid Undset은 1882년 5월 20일 덴마크의 Kalundborg에서 태어났다. 그녀는 세 딸들 중 첫째였다. 그녀는 2살에 노르웨이로 이주하였다. 그녀의 어린 시절은 아버지의 역사적 지식에 크게 영향을 받았다. 16세에 그녀는 그녀의 가족을 부양하기 위해 기술 회사에 취업했다. 그녀는 책을 많이 읽었고, 외국 문학, 특히 영국 문학뿐만 아니라 북유럽 문학에 관한 상당한 지식을 습득했다. 그녀는 36권의 책을 집필하였다. 그녀의 책 중 독자의 관심을 끌지 못한 것은 없다. 1928년에 그녀는 노벨 문학상을 수상했다. 그녀의 소설 중 한 권은 80개 이상의 언어로 번역되었다. 그녀는 독일 점령 기간 중 노르웨이를 탈출했으나, 제2차 세계대전이 종료된 후 돌아왔다.

친절한 오답 풀이

오답 선택지	선택률	오답 이유
① 세 자매 중 첫째 딸로 태어났다.	7%	두 번째 문장의 She was the eldest of three daughters를 보면 알 수 있다.
② 어린 시절의 삶은 아버지의 역사적 지식에 큰 영향을 받았다.	2%	네 번째 문장의 Her early life was strongly influenced by her father's historical knowledge를 보면 알 수 있다.
③ 16세에 가족을 부양하기 위해 취업하였다.	2%	다섯 번째 문장의 At the age of sixteen, she got a job at an engineering company to support her family를 보면 알 수 있다.
④ 1928년에 노벨 문학상을 수상하였다.	1%	열 번째 문장의 She received the Nobel Prize for Literature in 1928를 보면 알 수 있다.

코드+α 배경지식

시그리드 운세트(Sigrid Undset)

시그리드 운세트는 1882년 덴마크에서 태어나 이후 노르웨이로 이주해 그곳에서 자랐다. 그녀의 아버지는 선사시대 스칸디나비아 반도 거주민들을 연구하던 고고학자였으며, 아버지의 영향으로 집안 곳곳은 오래된 유물 등으로 장식되었다. 아버지에게 북유럽 신화와 바이킹 등의 이야기를 들으며 자란 운세트는 그런 소재들을 이용해 작품을 썼다. 그녀의 초기 소설인 〈제니〉(1911) 등은 현대의 중·하류 계층의 낭만 없는 세계에서 여성의 위치를 다룸으로써 유명해졌다. 이후 〈크리스틴 라브란스다테르〉, 〈올라브 오이둔쇤〉을 발표하고 1928년 노벨상을 수상해 세계적인 명성을 떨쳤다. 나치가 노르웨이를 점령했을 때 탈출한 뒤, 남은 전쟁 기간 동안에는 미국에 머물면서 전쟁으로 지친 고국과 망명 정부에 관해 강연하고 글을 쓰면서 지냈다.

03 정답 ③ 정답률 97%

정답 풀이

1970년에 *Songs of the Humpback Whale* 앨범을 발표했는데, 그것은 놀라운 인기를 얻었다고 했으므로, ③ '그의 앨범 *Songs of the Humpback Whale*은 인기를 얻지 못했다'는 글의 내용과 일치하지 않는다.

친절한 지문분석

Roger Payne was born / in Manhattan / in 1935. He studied
Roger Payne은 태어났다 맨해튼에서 1935년에 그는 하버드 대학교에서
동사 1
biology at Harvard University / and eventually earned his Ph.D.
생물학을 공부했다 그리고 마침내 코넬 대학교에서 박사 학위를 받았다
동사 2(병렬구조)
from Cornell University / in 1961. In 1967, / he discovered /
1961년에 1967년에 그는 발견했다
[that humpback whales make long and complex sounds].
혹등고래가 길고 복잡한 소리를 낸다는 것을
목적절
They're known as "whale songs," / and he showed / [that whales
그것들은 '고래 노래'라고 알려져 있다 그리고 그는 보여줬다 고래들이 의사소통
be known as: ~로 알려지다 목적절
use them to communicate]. Then in 1970, / he released an album
하기 위해 그것들을 사용한다는 것을 그 후 1970년에 그는 *Songs of the Humpback*
to부정사의 부사적 용법(목적)
Songs of the Humpback Whale, / [which became a surprise hit /
Whale 앨범을 발표했는데 그것은 놀라운 인기를 얻었다
주격 관계대명사절(계속적 용법)
동사 1
and helped start the global "Save the Whales" movement]. The
그리고 전 세계적인 'Save the Whales' 운동을 시작하는 것을 도왔다
동사 2(병렬구조)
following year, / he founded Ocean Alliance / to protect whales
다음 해에 그는 Ocean Alliance를 설립했다 고래와 지구의 해양을
to부정사의 부사적 용법(목적)
and the earth's oceans, / and he used new, safe methods / to study
보호하기 위해 그리고 그는 새롭고 안전한 방법을 사용했다
to부정사의 형용사적 용법
whales without harming them. Over his career, / he led more
그들을 해치지 않고 고래를 연구하는 그의 경력 동안 그는 전 세계적으로
than 100 research trips worldwide, / including the Voyage of the
100회 이상의 연구 탐사를 이끌었다 Voyage of the Odyssey를 포함하여
Odyssey / from 2000 to 2005, / [which studied ocean pollution].
2000년에서 2005년까지의 해양 오염을 연구했다
주격 관계대명사절(계속적 용법)
His work helped make laws / [that protect marine mammals], /
그의 연구는 법을 제정하는 것을 도왔다 해양 포유류를 보호하는
주격 관계대명사절
[which finally led to the global ban on commercial whaling /
이는 결국 상업적 고래 포획에 관한 세계적인 금지를 이끌었다
주격 관계대명사절(계속적 용법)
in 1986].
1986년에

지문 해석

Roger Payne은 1935년에 맨해튼에서 태어났다. 그는 하버드 대학교에서 생물학을 공부했고, 마침내 1961년에 코넬 대학교에서 박사 학위를 받았다. 1967년에 그는 혹등고래가 길고 복잡한 소리를 낸다는 것을 발견했다. 그것들은 '고래 노래'라고 알려져 있고, 그는 고래들이 의사소통하기 위해 그것들을 사용한다는 것을 보여줬다. 그 후 1970년에 그는 *Songs of the Humpback Whale* 앨범을 발표했는데, 그것은 놀라운 인기를 얻었고 전 세계적인 'Save the Whales' 운동을 시작하는 것을 도왔다. 다음 해에 그는 고래와 지구의 해양을 보호하기 위해 Ocean Alliance를 설립했고, 그들을 해치지 않고 고래를 연구하는 새롭고 안전한 방법을 사용했다. 그의 경력 동안 그는 전 세계적으로 100회 이상의 연구 탐사를 이끌었고, 여기에는 해양 오염을 연구한 2000년에서 2005년까지의 Voyage of the Odyssey를 포함한다. 그의 연구는 해양 포유류를 보호하는 법을 제정하는 것을 도왔는데, 이는 결국 1986년 상업적 고래 포획에 관한 세계적인 금지를 이끌었다.

친절한 오답 풀이

오답 선택지	선택률	오답 이유
① 하버드 대학교에서 생물학을 공부했다.	1%	두 번째 문장의 He studied biology at Harvard University에서 알 수 있다.
② 혹등고래가 길고 복잡한 소리를 낸다는 것을 발견했다.	1%	세 번째 문장의 he discovered that humpback whales make long and complex sounds에서 알 수 있다.
④ 고래와 지구의 해양을 보호하기 위해 Ocean Alliance를 설립했다.	1%	여섯 번째 문장의 he founded Ocean Alliance to protect whales and the earth's oceans에서 알 수 있다.
⑤ 그의 연구는 해양 포유류를 보호하는 법 제정에 도움을 주었다.	1%	마지막 문장의 His work helped make laws that protect marine mammals에서 알 수 있다.

04 정답 ⑤ 정답률 92%

정답 풀이

Lilian Bland는 잉글랜드로 돌아와 그곳에서 여생을 살았다고 했으므로, ⑤ '캐나다에서 생의 마지막 기간을 보냈다'는 글의 내용과 일치하지 않는다.

친절한 지문분석

Lilian Bland was born / in Kent, England in 1878. Unlike most
Lilian Bland는 태어났다 1878년 잉글랜드 Kent에서 그 당시 대부분의
~와 달리(전치사)
other girls at the time / she wore trousers / and spent her time
다른 여자아이와 달리 그녀는 바지를 입었고 모험적인 활동을 즐기며 시간을 보냈다
spend+시간+v-ing: ~하면서 시간을 보내다
enjoying adventurous activities / like horse riding and hunting.
승마와 사냥 같은
~ 같은(전치사)
Lilian began her career / as a sports and wildlife photographer /
Lilian은 자신의 경력을 시작했다 스포츠와 야생 동물 사진작가로
~로서(전치사)
[for British newspapers]. In 1910 / she became the first woman /
영국 신문사의 1910년에 그녀는 최초의 여성이 되었다
전치사구(형용사구)
to design, build, and fly her own airplane. In order to persuade
자신의 비행기를 설계하고, 제작하고, 비행한 그녀를 설득하기 위해
to부정사의 형용사적 용법 in order to-v: ~하기 위하여
her / to try a slightly safer activity, / Lilian's dad bought her a car.
약간 더 안전한 활동을 하도록 Lilian의 아버지는 그녀에게 자동차를 사 주었다
persuade+목적어+to-v: (목적어)가 ~할 것을 설득하다 buy(수여동사)+간접목적어+직접목적어
Soon Lilian was a master driver / and ended up working / as a
곧 Lilian은 뛰어난 운전자가 되었다 그리고 결국 일하게 되었다
end up v-ing: 결국 ~하게 되다
car dealer. She never went back to flying / but lived a long and
자동차 판매원으로 그녀는 결코 비행을 다시 시작하지 않았다 하지만 그렇더라도 오랫동안
동명사(전치사 to의 목적어)
exciting life nonetheless. She married, / moved to Canada, /
흥미진진한 삶을 살았다 그녀는 결혼하여 캐나다로 이주했고
and had a kid. Eventually, she moved back to England, /
아이를 낳았다 결국 그녀는 잉글랜드로 돌아왔다
and lived there for the rest of her life.
그리고 여생을 그곳에서 살았다

지문 해석

Lilian Bland는 1878년 잉글랜드 Kent에서 태어났다. 그 당시 대부분의 다른 여자아이와 달리 그녀는 바지를 입었고, 승마와 사냥 같은 모험적인 활동을 즐기며 시간을 보냈다. Lilian은 영국 신문사의 스포츠와 야생 동물 사진작가로 자신의 경력을 시작했다. 1910년에 그녀는 자신의 비행기를 설계하고, 제작하고, 비행한 최초의 여성이 되었다. 약간 더 안전한 활동을 하도록 그녀를 설득하기 위해, Lilian의 아버지는 그녀에게 자동차를 사 주었다. 곧 Lilian은 뛰어난 운전자가 되었고 결국 자동차 판매원으로 일하게 되었다. 그녀는 결코 비행을 다시 시작하지 않았지만, 그렇더라도 오랫동안 흥미진진한 삶을 살았다. 그녀는 결혼하여 캐나다로 이주했고, 아이를 낳았다. 결국 잉글랜드로 돌아와 여생을 그곳에서 살았다.

친절한 오답 풀이

오답 선택지	선택률	오답 이유
① 승마와 사냥 같은 모험적인 활동을 즐겼다.	1%	두 번째 문장의 spent her time enjoying adventurous activities like horse riding and hunting에서 알 수 있다.
② 스포츠와 야생 동물 사진작가로 경력을 시작했다.	1%	세 번째 문장의 Lilian began her career as a sports and wildlife photographer에서 알 수 있다.
③ 자신의 비행기를 설계하고 제작했다.	2%	네 번째 문장의 she became the first woman to design, build, and fly her own airplane에서 알 수 있다.
④ 자동차 판매원으로 일하기도 했다.	3%	여섯 번째 문장의 ended up working as a car dealer에서 알 수 있다.

05 정답 ④ 정답률 93%

정답 풀이

Nobel Prize는 진화 생물학 분야의 연구를 인정하지 않아서 상을 받지 못했다고 했으므로, ④ '진화 생물학 분야에서 Nobel Prize를 수상했다'는 글의 내용과 일치하지 않는다.

친절한 지문분석

Edward O. Wilson was born in Birmingham, Alabama, / in 1929.
Edward O. Wilson은 Alabama주 Birmingham에서 태어났다 1929년에

In his early childhood, / he became interested in nature / and spent
아주 어린 시절에 그는 자연에 관심을 갖게 되었다(동사 1) 그리고 야외에서(동사 2(병렬구조))

much time in the outdoors. At age seven, / he was partially blinded /
많은 시간을 보냈다 7살 때 그는 부분적으로 실명했다

in a fishing accident; / his reduced sight led Wilson to the study
낚시 사고로 그의 좁아진 시야는 Wilson을 개미 연구로 이끌었다

of ants. He could not observe larger animals / from a distance.
그는 더 큰 동물을 관찰할 수 없었다 멀리서

Instead, / he concentrated on smaller creatures / [(which/that) he could study up
대신 그는 더 작은 생물에 집중했다 그가 가까이에서 연구할 수 (목적격 관계대명사절)

close]. [After studying evolutionary biology / at the University of
있는 진화 생물학을 공부한 후(접속사+분사구문) Alabama 대학에서

Alabama], / Wilson transferred to Harvard University, [where he
Wilson은 Harvard 대학으로 옮겼고 그곳에서 그는(관계부사절(계속적 용법))

became a professor / in 1956]. He never received a Nobel Prize /
교수가 되었다 1956년에 그는 Nobel Prize를 한 번도 받지 못했다

—the prize didn't recognize research / in the field of evolutionary
그 상은 연구를 인정하지 않았다 진화 생물학 분야의

biology. However, / he was awarded the Crafoord Prize / in 1990.
그러나 그는 Crafoord Prize를 수상하였다 1990년에

Wilson, [known to some as the "modern-day Darwin"], / died at
몇몇에게 '현대의 Darwin'으로 알려진 Wilson은(과거분사구, as: ~로(전치사)) 92세에

the age of 92 / in Massachusetts.
사망했다 Massachusetts에서

지문 해석

Edward O. Wilson은 1929년 Alabama주 Birmingham에서 태어났다. 아주 어린 시절에, 그는 자연에 관심을 갖게 되었고 야외에서 많은 시간을 보냈다. 7살 때, 그는 낚시 사고로 부분적으로 실명했고; 그의 좁아진 시야는 Wilson을 개미 연구로 이끌었다. 그는 멀리서 더 큰 동물을 관찰할 수 없었다. 대신, 그는 가까이에서 연구할 수 있는 더 작은 생물에 집중했다. Alabama 대학에서 진화 생물학을 공부한 후, Wilson은 Harvard 대학으로 옮겼고, 그곳에서 1956년에 교수가 되었다. 그는 Nobel Prize를 한 번도 받지 못했다—그 상은 진화 생물학 분야의 연구를 인정하지 않았다. 그러나, 그는 1990년에 Crafoord Prize를 수상하였다. 몇몇에게 '현대의 Darwin'으로 알려진 Wilson은 Massachusetts에서 92세에 사망했다.

친절한 오답 풀이

오답 선택지	선택률	오답 이유
① 어린 시절에 자연에 관심을 갖게 되었다.	1%	두 번째 문장의 In his early childhood, he became interested in nature에서 알 수 있다.
② 7세에 낚시 사고를 겪었다.	3%	세 번째 문장의 At age seven, he was partially blinded in a fishing accident에서 알 수 있다.
③ 1956년에 Harvard 대학 교수가 되었다.	2%	여섯 번째 문장의 Wilson transferred to Harvard University, where he became a professor in 1956에서 알 수 있다.
⑤ Massachusetts에서 92세에 사망했다.	1%	마지막 문장의 died at the age of 92 in Massachusetts에서 알 수 있다.

배경지식

진화 생물학

진화 생물학은 생물이 시간에 따라 어떻게 변화해 왔는지를 연구하는 생물학의 한 분야이다. 진화 생물학자들은 생물의 형태, 유전자, 행동 등을 조사해 과거의 공통 조상에서 오늘날의 다양한 생물이 어떻게 갈라져 나왔는지를 탐구한다. 오늘날 진화 생물학은 유전학, 분자 생물학, 생태학 등 다양한 분야와 연결되어 생명의 다양성과 역사, 그리고 인간을 포함한 생물의 기원을 이해하는 데 중요한 역할을 하고 있다.

06 정답 ③ 정답률 90%

정답 풀이

프린스턴 대학에서의 경제학 교육이 현실적인 문제를 다루고 있는 것처럼 보이지 않았기 때문에 Becker는 그것에 불만족했다고 했으므로, ③ 'Princeton University에서의 경제학 교육에 만족했다'는 글의 내용과 일치하지 않는다.

친절한 지문분석

Gary Becker was born in Pottsville, Pennsylvania in 1930 / and
Gary Becker는 1930년에 펜실베이니아주 Pottsville에서 태어났다

grew up in Brooklyn, New York City. His father, / [who was not
그리고 뉴욕 시티의 브루클린에서 자랐다 그의 아버지는 교육을 제대로 받지 못했는데(주격 관계대명사절(계속적 용법))

well educated], / had a deep interest in financial and political issues.
금융과 정치 문제에 깊은 관심이 있었다

[After graduating from high school], / Becker went to Princeton
고등학교를 졸업한 후(접속사+분사구문) Becker는 프린스턴 대학에

University, / [where he majored in economics]. He was dissatisfied
진학했다 거기서 그는 경제학을 전공했다(관계부사절(계속적 용법)) 그는 프린스턴 대학의(be dissatisfied with: ~을 불만스럽게 여기다)

with his economic education at Princeton University / because
경제학 교육에 불만족했다 왜냐하면

"it didn't seem to be handling real problems." He earned a doctor's
'그것이 현실적인 문제를 다루고 있는 것처럼 보이지 않았기' 때문이다(it = his economic education at Princeton University) 그는 경제학 박사

degree in economics / from the University of Chicago in 1955. His
학위를 취득했다 1955년에 시카고 대학에서

doctoral paper on the economics of discrimination / was mentioned
차별의 경제학에 대한 그의 박사 논문은 노벨상 위원회에
수동태

by the Nobel Prize Committee / as an important contribution to
의해 언급되었다 경제학에 대한 중요한 기여로
~로서(전치사)

economics. Since 1985, / Becker had written a regular economics
1985년부터 Becker는 경제학 칼럼을 정기적으로 기고했다
과거완료(계속)

column / in Business Week, / [explaining economic analysis and
Business Week에 경제학적 분석과 아이디어를 설명하며
분사구문(동시동작)

ideas / to the general public]. In 1992, / he was awarded the Nobel
일반 대중에게 1992년에 그는 노벨 경제학상을 수상했다
수동태

Prize in economic science.

지문 해석

Gary Becker는 1930년에 펜실베이니아주 Pottsville에서 태어났고 뉴욕 시티의 브루클린에서 자랐다. 교육을 제대로 받지 못한 그의 아버지는 금융과 정치 문제에 깊은 관심이 있었다. 고등학교를 졸업한 후, Becker는 프린스턴 대학에 진학했고, 거기서 그는 경제학을 전공했다. 그는 프린스턴 대학의 경제학 교육에 불만족했는데, 왜냐하면 '그것이 현실적인 문제를 다루고 있는 것처럼 보이지 않았기' 때문이다. 그는 1955년에 시카고 대학에서 경제학 박사 학위를 취득했다. 차별의 경제학에 대한 그의 박사 논문은 노벨상 위원회에 의해 경제학에 대한 중요한 기여로 언급되었다. 1985년부터, Becker는 Business Week에 경제학적 분석과 아이디어를 일반 대중에게 설명하는 경제학 칼럼을 정기적으로 기고했다. 1992년에, 그는 노벨 경제학상을 수상했다.

친절한 오답 풀이

오답 선택지	선택률	오답 이유
① New York City의 Brooklyn에서 자랐다.	1%	첫 번째 문장인 Gary Becker was born in Pottsville, Pennsylvania in 1930 and grew up in Brooklyn, New York City에서 알 수 있다.
② 아버지는 금융과 정치 문제에 깊은 관심이 있었다.	3%	두 번째 문장인 His father, who was not well educated, had a deep interest in financial and political issues에서 알 수 있다.
④ 1955년에 경제학 박사 학위를 취득했다.	5%	다섯 번째 문장인 He earned a doctor's degree in economics from the University of Chicago in 1955에서 알 수 있다.
⑤ Business Week에 경제학 칼럼을 기고했다.	2%	일곱 번째 문장인 Since 1985, Becker had written a regular economics column in Business Week, explaining economic analysis and ideas to the general public에서 알 수 있다.

08 실용문

코드 접속하기

pp.79~82

Q1 ③ Q2 ④ Q3 ② Q4 ④

Q1

정답 ③ 정답률 89%

정답 풀이

1인당 한 장의 작품만 출품할 수 있다고 했으므로, ③ '1인당 사진 여러 장을 출품할 수 있다'는 안내문의 내용과 일치하지 않는다.

친절한 지문분석

Science Selfie Competition
과학 셀카 사진 대회

For a chance [to win science goodies], / just submit a selfie /
기회를 얻으려면 좋은 과학 용품을 상으로 받을 셀카 사진을 출품하기만 하면 됩니다
to부정사의 형용사적 용법

of yourself enjoying science outside of school!
자신이 학교 밖에서 과학을 즐기는
의미상 주어 동명사

Deadline: Friday, March 20, 2020, 6 p.m.
마감 기한: 2020년 3월 20일 금요일 오후 6시

Details:
세부 사항:

- Your selfie should include / a visit to any science museum /
당신의 셀카 사진은 포함해야 합니다 과학 박물관 방문이나
or a science activity at home.
집에서 하는 과학 활동을

- Be as creative as you like, / and write one short sentence /
당신 마음껏 창의력을 발휘하고 하나의 짧은 문장을 쓰세요
동사 1 as+형용사+as ~: ~만큼 …한 동사 2
about the selfie.
셀카 사진에 관한

- Only one entry / per person!
한 장의 출품작만 1인당

- Email your selfie / with your name and class /
당신의 셀카 사진을 이메일로 보내세요 당신의 이름 및 소속 학급과 함께
to mclara@oldfold.edu.
mclara@oldfold.edu로

Winners will be announced / on March 27, 2020.
수상자는 발표될 것입니다 2020년 3월 27일에
미래시제 수동태

Please visit www.oldfold.edu / to learn more about the competition.
www.oldfold.edu를 방문하세요 대회에 대해 더 알아보려면
to부정사의 부사적 용법(목적)

지문 해석

과학 셀카 사진 대회

좋은 과학 용품을 상으로 받을 기회를 얻으려면, 자신이 학교 밖에서 과학을 즐기는 셀카 사진을 출품하기만 하면 됩니다!

마감 기한: 2020년 3월 20일 금요일 오후 6시

세부 사항:

- 당신의 셀카 사진은 과학 박물관 방문이나 집에서 하는 과학 활동을 포함해야 합니다.

• 마음껏 창의력을 발휘하고, 셀카 사진에 관한 하나의 짧은 문장을 쓰세요.
• 1인당 한 장의 출품작만!
• 당신의 셀카 사진을 이름 및 소속 학급과 함께 mclara@oldfold.edu로 이메일로 보내세요.

수상자는 2020년 3월 27일에 발표될 것입니다.
대회에 대해 더 알아보려면 www.oldfold.edu를 방문하세요.

친절한 오답 풀이

오답 선택지	선택률	오답 이유
① 학교 밖에서 과학을 즐기는 셀카 사진을 출품한다.	4%	첫 번째 문장의 submit a selfie of yourself enjoying science outside of school에서 알 수 있다.
② 셀카 사진에 관한 하나의 짧은 문장을 써야 한다.	2%	Details 두 번째 항목의 write one short sentence about the selfie에서 알 수 있다.
④ 셀카 사진을 이름 및 소속 학급과 함께 이메일로 보내야 한다.	2%	Details 네 번째 항목의 Email your selfie with your name and class에서 알 수 있다.
⑤ 수상자는 2020년 3월 27일에 발표될 것이다.	1%	안내문 하단의 Winners will be announced on March 27, 2020에서 알 수 있다.

Q2 정답 ④ 정답률 94%

정답 풀이

온라인이나 전화로 수업을 등록할 수 있다고 하였으므로, ④ '수업 등록은 전화로만 할 수 있다'는 안내문의 내용과 일치하지 않는다.

친절한 지문분석

Rachel's Flower Class
Rachel의 꽃 교실

Make Your Life More Beautiful!
인생을 더 아름답게 만드세요
make+목적어+목적격보어: (목적어)를 ~하게 만들다

Class Schedule (Every Monday to Friday)
수업 일정 (매주 월요일부터 금요일까지)

Flower Arrangement 꽃꽂이	11 a.m. – 12 p.m. 오전 11시 ~ 정오
Flower Box Making 플라워 박스 만들기	1 p.m. – 2 p.m. 오후 1시 ~ 오후 2시

Price
가격

• $50 for each class
각 수업당 $50

(flowers and other materials included)
(꽃값과 다른 재료비 포함)

• Bring your own scissors and a bag.
본인의 가위와 가방을 가져오세요
명령문

Other Info.
다른 정보

• You can sign up for classes / either online or by phone.
수업을 등록 할 수 있습니다 / 온라인이나 전화로
either A or B: A나 B

• No refund / for cancellations [on the day of your class]
환불 불가 / 수업 당일 취소 시
전치사구(형용사구)

To contact, / visit www.rfclass.com / or call 03-221-2131.
연락하시려면 / www.rfclass.com을 방문하시거나 / 03-221-2131로 전화주세요
to부정사의 부사적 용법(목적)

지문 해석

Rachel의 꽃 교실
인생을 더 아름답게 만드세요!

수업 일정 (매주 월요일부터 금요일까지)

꽃꽂이	오전 11시 ~ 오후 12시
플라워 박스 만들기	오후 1시 ~ 오후 2시

가격
• 각 수업당 $50
(꽃값과 다른 재료비 포함)
• 본인의 가위와 가방을 가져오세요.

다른 정보
• 온라인이나 전화로 수업 등록을 할 수 있습니다.
• 수업 당일 취소 시 환불 불가

연락하시려면, www.rfclass.com을 방문하시거나, 03-221-2131로 전화주세요.

친절한 오답 풀이

오답 선택지	선택률	오답 이유
① 플라워 박스 만들기 수업은 오후 1시에 시작된다.	2%	Class Schedule에서 플라워 박스 만들기 수업은 오후 1시부터 2시까지 진행되는 것을 알 수 있다.
② 수강료에 꽃값과 다른 재료비가 포함된다.	1%	Price 항목의 flowers and other materials included에서 알 수 있다.
③ 수강생은 가위와 가방을 가져와야 한다.	2%	Price 항목의 두 번째 부분인 Bring your own scissors and a bag에서 알 수 있다.
⑤ 수업 당일 취소 시 환불을 받을 수 없다.	2%	Other Info. 항목의 두 번째 부분인 No refund for cancellations on the day of your class에서 알 수 있다.

Q3 정답 ② 정답률 87%

정답 풀이

워크숍 장소가 Clanton Center의 커뮤니티 홀이라고 했으므로, ② 'Clanton Center의 커뮤니티 홀에서 진행된다'는 안내문의 내용과 일치한다.

친절한 지문분석

Sock DIY Workshop
양말 DIY 워크숍

Join us for a fun and creative Sock DIY (Do It Yourself) Workshop /
재미있고 창의적인 양말 DIY(손수 만들기) 워크숍에 함께하세요
명령문

for all ages!
모든 연령대를 위한

When & Where
일시 및 장소

• Saturday, / April 19th, / from 1 p.m. to 3 p.m.
토요일 / 4월 19일 / 오후 1시부터 오후 3시까지

• The community hall, Clanton Center
Clanton Center 커뮤니티 홀

Workshop Program
워크숍 프로그램

Time 시간	DIY Item DIY 품목	Things [to Do] 할 일 to부정사의 형용사적 용법

1 p.m. – 2 p.m. 오후 1시 – 오후 2시	Toys 장난감	Create stuffed toys with socks 양말로 봉제 인형 만들기
2 p.m. – 3 p.m. 오후 2시 – 오후 3시	Flowerpot Covers 화분 커버	Transform socks into decorative 양말을 장식 커버로 변형하기 transform A into B: A를 B로 변형시키다 covers / for small flowerpots 소형 화분용

What Participants Should Prepare
참가자가 준비해야 할 것

- Used but clean socks
  사용했지만 깨끗한 양말
  과거분사

Participation Fee
참가비

- $5 per person / (including the cost for materials)
  1인당 5달러 재료비를 포함하여

※ For more details, / visit the Clanton Center website / or call us
세부 사항을 위해서는 Clanton Center 웹사이트를 방문하세요 또는
동사 1 동사 2(병렬구조)
at 555-123-4567.
555-123-4567로 전화하세요

지문 해석

양말 DIY 워크숍

모든 연령대를 위한 재미있고 창의적인 양말 DIY(손수 만들기) 워크숍에 함께하세요!

일시 및 장소
- 4월 19일 토요일, 오후 1시부터 오후 3시까지
- Clanton Center 커뮤니티 홀

워크숍 프로그램

시간	DIY 품목	할 일
오후 1시 – 오후 2시	장난감	양말로 봉제 인형 만들기
오후 2시 – 오후 3시	화분 커버	양말을 소형 화분용 장식 커버로 변형하기

참가자가 준비해야 할 것
- 사용했지만 깨끗한 양말

참가비
- 1인당 5달러(재료비를 포함함)

※ 세부 사항은 Clanton Center 웹사이트를 방문하거나 555-123-4567로 전화하세요.

| 친절한 오답 풀이 |

오답 선택지	선택률	오답 이유
① 4월 19일 토요일 오후 1시부터 4시까지 열린다.	2%	4월 19일 토요일 오후 1시부터 3시까지 열린다.
③ 참가자는 오후 2시부터 양말로 장난감을 만든다.	2%	참가자는 오후 1시부터 2시까지 양말로 장난감을 만든다.
④ 참가자는 사용하지 않은 깨끗한 양말을 준비해야 한다.	5%	참가자는 사용했지만 깨끗한 양말을 준비하면 된다.
⑤ 참가비는 재료비를 제외하고 1인당 5달러이다.	3%	참가비는 재료비를 포함하여 1인당 5달러이다.

Q4 정답 ④ 정답률 84%

정답 풀이

회의 10분 전에 문자 메시지로 전송되는 접속 링크를 받아서 클릭하라고 했으므로, ④ '접속 링크를 문자로 받는다'는 안내문의 내용과 일치한다.

친절한 지문분석

Virtual Idea Exchange
가상의 아이디어 교환

Connect in real time / and have discussions / about the
실시간으로 접속하시오 그리고 토론하시오
동사 1 동사 2(병렬구조)
upcoming school festival.
다가오는 학교 축제에 관해

□ **Goal**
목표

- Plan the school festival / and share ideas for it.
  학교 축제를 계획하시오 그리고 그것에 관한 아이디어를 공유하시오
  동사 1 동사 2(병렬구조)

□ **Participants**: Club leaders only
참가자: 동아리장만

□ **What to Discuss**
토론 내용
what to-v: 무엇을 ~할지

- Themes 주제 • Ticket sales 티켓 판매 • Budget 예산

□ **Date & Time**: 5 to 7 p.m. / on Friday, / June 25th, 2021
날짜 & 시간: 오후 5시~7시 금요일에 2021년 6월 25일

□ **Notes**
참고사항

- Get the access link / by text message / 10 minutes before
  접속 링크를 받으시오 문자 메시지로 전송되는 회의 10분 전에
  동사 1
  the meeting / and click it.
  그리고 그것을 클릭하시오
  동사 2(병렬구조)
- Type your real name / [when you enter the chatroom].
  실명을 입력하시오 당신이 대화방에 들어올 때
  시간의 부사절

지문 해석

가상의 아이디어 교환

실시간으로 접속하여 다가오는 학교 축제에 관해 토론하시오.

□ **목표**
- 학교 축제를 계획하고 아이디어를 공유하시오.

□ **참가자:** 동아리장만

□ **토론 내용**
- 주제 • 티켓 판매 • 예산

□ **날짜 & 시간:** 2021년 6월 25일 금요일 오후 5시~7시

□ **참고사항**
- 회의 10분 전에 문자 메시지로 전송되는 접속 링크를 받아서 클릭하시오.
- 대화방에 들어올 때 실명을 입력하시오.

| 친절한 오답 풀이 |

오답 선택지	선택률	오답 이유
① 동아리 회원이라면 누구나 참여 가능하다.	2%	동아리장만 참가할 수 있다고 하였다.
② 티켓 판매는 논의 대상에서 제외된다.	2%	토론 내용은 주제, 티켓 판매, 예산이라고 하였다.
③ 회의는 3시간 동안 열린다.	5%	회의는 오후 5시부터 7시까지로 2시간 동안 열린다.
⑤ 채팅방 입장 시 동아리명으로 참여해야 한다.	4%	채팅방에 들어올 때 실명을 입력하라고 하였다.

코드 공략하기

pp.83~86

01 ④	02 ④	03 ②	04 ⑤	05 ⑤	06 ③	07 ④	08 ②

01 정답 ④ 정답률 95%

정답 풀이

만화가가 하는 페이스 페인팅이 주요 행사 중에 있으므로, ④ '페이스 페인팅 행사가 있다'는 안내문의 내용과 일치한다.

친절한 지문분석

2025 Summer Cartoon Festival
2025 여름 만화 축제

It's the 8th annual Summer Cartoon Festival! The festival
제8회 연례 여름 만화 축제입니다 이 축제는

drew a lot of visitors / last year. Why not be one of them / this year?
많은 방문객을 끌었습니다 작년에 여러분도 그 중 한 명이 되어보는 것은 어떨까요 올해
Why not+동사원형?: ~하지 그래?

Dates: July 5 – 6
날짜: 7월 5일 - 6일

Time: 9 a.m. – 6 p.m.
시간: 오전 9시 - 오후 6시

Place: Merryville Park
장소: Merryville Park

Featured Events
주요 행사

- Cartoon drawing classes / for beginners only
  만화 그리기 수업 초급자만을 위한
- Face painting by cartoonists
  만화가에 의한 페이스 페인팅
- Parade of costumed characters
  의상을 갖춰 입은 캐릭터의 퍼레이드

Notes
참고 사항

- All visitors will receive character stickers.
  모든 방문객들은 캐릭터 스티커를 받을 것입니다
- For a more detailed timetable and other information, / check out www.SummerCartoonFest.com.
  더 자세한 시간표와 기타 정보를 위해서 명령문
  www.SummerCartoonFest.com을 확인하세요

지문 해석

2025 여름 만화 축제

제8회 연례 여름 만화 축제입니다! 이 축제는 작년에 많은 방문객을 끌었습니다. 여러분도 올해 그 중 한 명이 되어보는 것은 어떨까요?

날짜: 7월 5일 - 6일
시간: 오전 9시 - 오후 6시
장소: Merryville Park

주요 행사
- 초급자만을 위한 만화 그리기 수업
- 만화가에 의한 페이스 페인팅
- 의상을 갖춰 입은 캐릭터의 퍼레이드

참고 사항
- 모든 방문객들은 캐릭터 스티커를 받을 것입니다.
- 더 자세한 시간표와 기타 정보를 위해서, www.SummerCartoonFest.com을 확인하세요.

친절한 오답 풀이

오답 선택지	선택률	오답 이유
① 처음으로 개최되는 축제이다.	0%	8번째 열리는 연례 축제이다.
② 오전 9시부터 오후 7시까지 진행된다.	2%	오전 9시부터 오후 6시까지 진행된다.
③ 상급자를 위한 만화 그리기 수업이 있다.	1%	초급자만을 위한 만화 그리기 수업이 있다.
⑤ 방문객 중 일부만 캐릭터 스티커를 받을 것이다.	2%	모든 방문객들이 캐릭터 스티커를 받을 것이다.

02 정답 ④ 정답률 95%

정답 풀이

참가비는 간식을 포함하여 50달러라고 했으므로, ④ '참가비에 간식비는 포함되지 않는다'는 안내문의 내용과 일치하지 않는다.

친절한 지문분석

Kids Taekwondo Program
어린이 태권도 프로그램

Enjoy our taekwondo program / this summer vacation.
태권도 프로그램을 즐기세요 이번 여름방학에
명령문

□ **Schedule**
일정

- Dates: August 8th – August 10th
  날짜: 8월 8일 - 8월 10일
- Time: 9:00 a.m. – 11:00 a.m.
  시간: 오전 9시 - 오전 11시

□ **Participants**
참가자

- Any child aged 5 and up
  5세 이상 어린이 누구나

□ **Activities**
활동

- Self-defense training
  자기 방어 훈련
- Team building games [to develop social skills]
  팀 빌딩 게임 사교성 개발을 위한
  to부정사의 형용사적 용법

□ **Participation Fee**
참가비

- $50 per child (includes snacks)
  1인당 $50 (간식 포함)

□ **Notice**
알림

- What to bring: water bottle, towel
  가져올 것: 물병, 수건
  what to-v: 무엇을 ~할지
- What not to bring: chewing gum, expensive items
  가져오지 말아야 할 것: 껌, 비싼 물건

지문 해석

어린이 태권도 프로그램

이번 여름방학에 태권도 프로그램을 즐기세요.

□ 일정
• 날짜: 8월 8일 – 8월 10일
• 시간: 오전 9시 – 오전 11시

□ 참가자
• 5세 이상 어린이 누구나

□ 활동
• 자기 방어 훈련
• 사교성 개발을 위한 팀 빌딩 게임

□ 참가비
• 1인당 $50 (간식 포함)

□ 알림
• 가져올 것: 물병, 수건
• 가져오지 말아야 할 것: 껌, 비싼 물건

| 친절한 오답 풀이 |

오답 선택지	선택률	오답 이유
① 8월 8일부터 3일간 운영한다.	2%	Schedule 항목의 Dates를 보면 8월 8일부터 10일까지 3일간 운영되는 것을 알 수 있다.
② 5세 이상의 어린이가 참가할 수 있다.	1%	Participants 항목의 Any child aged 5 and up에서 알 수 있다.
③ 자기 방어 훈련 활동을 한다.	1%	Activities 항목의 Self-defense training에서 알 수 있다.
⑤ 물병과 수건을 가져와야 한다.	1%	Notice 항목의 What to bring: water bottle, towel에서 알 수 있다.

03 정답 ② 정답률 93%

정답 풀이

운영 시간은 오후 4시 30분까지이고 마지막 입장이 3시 30분이라고 했으므로, ② '운영 시간은 오후 3시 30분까지이다'는 안내문의 내용과 일치하지 않는다.

친절한 지문분석

Welcome to Blackwood Zoo
Blackwood 동물원에 오신 것을 환영합니다

Get ready to explore! You can watch amazing animals / on our
탐험할 준비를 하세요 여러분은 놀라운 동물들을 볼 수 있습니다 10km의

10km walking path.
보행로에서

Hours of Operation
운영 시간

• Every day, all year round!
매일, 1년 내내

• 9:30 a.m. – 4:30 p.m. (Last admission at 3:30 p.m.)
오전 9:30–오후 4:30 (오후 3:30에 마지막 입장)

Ticket Prices
티켓 가격

• Age 13 – 64: $30
13세–64세: 30달러

• Age 3 – 12: $20
3세–12세: 20달러

• Others: Free
그 외: 무료

Seasonal Note
계절에 따른 안내

[Since the weather is still cold], / some animals [like snakes and
날씨가 여전히 추워서 뱀과 거북이 같은 일부 동물은
이유의 부사절 전치사구

turtles] / will stay only indoors.
실내에만 머무를 것입니다

※ Free shuttle bus departs from Blackwood Subway Station /
무료 셔틀버스는 Blackwood 지하철역에서 출발합니다

every 30 minutes.
30분마다
every+기수+복수명사: 매 ~, ~마다

지문 해석

Blackwood 동물원에 오신 것을 환영합니다

탐험할 준비를 하세요! 여러분은 10km의 보행로에서 놀라운 동물들을 볼 수 있습니다.

운영 시간
• 매일, 1년 내내!
• 오전 9:30–오후 4:30 (오후 3:30에 마지막 입장)

티켓 가격
• 13세–64세: 30달러
• 3세–12세: 20달러
• 그 외: 무료

계절에 따른 안내
날씨가 여전히 추워서, 뱀과 거북이 같은 일부 동물은 실내에만 머무를 것입니다.
※ 무료 셔틀버스는 30분마다 Blackwood 지하철역에서 출발합니다.

| 친절한 오답 풀이 |

오답 선택지	선택률	오답 이유
① 10km의 보행로에서 동물들을 볼 수 있다.	1%	두 번째 문장의 You can watch amazing animals on our 10km walking path에서 알 수 있다.
③ 3세부터 12세까지의 티켓 가격은 20달러이다.	4%	가격 항목의 Age 3-12: $20에서 알 수 있다.
④ 날씨가 여전히 추워서 일부 동물은 실내에만 머무를 것이다.	1%	계절에 따른 안내 항목의 Since the weather is still cold, some animals like snakes and turtles will stay only indoors에서 알 수 있다.
⑤ 무료 셔틀버스가 30분마다 출발한다.	1%	마지막 문장의 Free shuttle bus departs from Blackwood Subway Station every 30 minutes에서 알 수 있다.

04 정답 ⑤ 정답률 85%

정답 풀이

5명 미만이 참가할 경우 취소된다고 했으므로, ⑤ '참가자 수에 따라 취소될 수 있다'는 안내문의 내용과 일치한다.

친절한 지문분석

Wolf Howls in Algonquin Park
Algonquin 공원에서의 Wolf Howls

Wolf Howls in Algonquin Park is offering you /
'Algonquin 공원에서의 Wolf Howls'는 당신에게 선사할 것입니다
미래를 나타내는 현재진행형 간접목적어

a once-in-a-lifetime experience / tonight! Don't miss the chance /
평생 한 번밖에 없을 만한 경험을 오늘밤 기회를 놓치지 마세요
직접목적어

to hear the wolves communicate with our staff.
늑대들이 우리 직원과 의사소통하는 것을 들을
hear+목적어+동사원형: (목적어)가 ~하는 것을 듣다

When & Where
언제 & 어디에서

- 8 p.m. Wednesday, August 25th, 2021
  2021년 8월 25일 수요일 오후 8시

  (only if)
  (Only if the weather permits / and a wolf pack is nearby.)
  날씨가 허락할 때만 가능 그리고 늑대 무리가 근처에 있을 때만
  ~해야만

- Meet our staff at the outdoor theater / and travel with them /
  야외극장에서 우리 직원을 만나세요 그리고 그들과 함께 오세요
  동사 1 동사 2(병렬구조)

  to the wolf howling location.
  늑대울음 장소까지

Fee
이용 요금

- $18.00 per person / (Free for Ontario residents 65 and older)
  1인당 18달러 65세 이상 Ontario 거주자는 무료

Note
공지

- Dress warmly / for this special program / [which will last
  옷을 따뜻하게 입으세요 이 특별한 프로그램을 위해 3시간 이상
  주격 관계대명사절

  longer than three hours].
  진행될
  비교급 비교

- No dogs are allowed / during the event.
  반려견을 동반할 수 없습니다 행사 동안
  전체부정 수동태

- [If there are less than 5 people for the event], / it will be
  행사에 5인 미만이 있을 경우 그것은
  조건의 부사절 ~보다 적은

  cancelled.
  취소될 것입니다
  미래시제 수동태(will be+p.p.)

※ Visit our website at www.algonquinpark.on / for more
우리 웹 사이트 www.algonguinpark.on에 방문하세요 더 많은

information.
정보를 원하시면

지문 해석

Algonquin 공원에서의 Wolf Howls

'Algonquin 공원에서의 Wolf Howls'는 오늘밤 당신에게 평생 한 번밖에 없을 만한 경험을 선사할 것입니다! 늑대들이 우리 직원과 나누는 대화를 들을 기회를 놓치지 마세요.

언제 & 어디에서
- 2021년 8월 25일 수요일 오후 8시
  (날씨가 허락하고 늑대 무리가 근처에 있을 때만 가능)
- 야외극장에서 직원을 만나서 늑대울음 장소까지 그들과 함께 오세요.

이용 요금
- 1인당 18달러(65세 이상 Ontario 거주자는 무료)

공지
- 3시간 이상 진행될 이 특별한 프로그램을 위해 옷을 따뜻하게 입으세요.
- 행사가 진행되는 동안 반려견을 동반할 수 없습니다.
- 행사에 5인 미만 신청 시, 행사가 취소됩니다.

※ 더 많은 정보를 원하시면, 우리 웹 사이트 www.algonguinpark.on에 방문하세요.

친절한 오답 풀이

오답 선택지	선택률	오답 이유
① 날씨에 상관없이 진행된다.	2%	날씨가 허락하고 늑대 무리가 근처에 있을 때만 가능하다고 했다.
② Ontario 거주자 모두에게 무료이다.	2%	65세 이상 Ontario 거주자에게는 무료라고 했다.
③ 소요 시간은 3시간 미만이다.	6%	프로그램이 3시간 이상 진행된다고 했다.
④ 행사 내내 반려견을 동반할 수 있다.	4%	행사 내내 반려견을 동반할 수 없다고 했다.

05 정답 ⑤ 정답률 89%

정답 풀이

적어도 수업 시작 5일 전까지 등록해야 한다고 했으므로, ⑤ '적어도 수업 시작 5일 전까지 등록해야 한다'는 안내문의 내용과 일치한다.

친절한 지문분석

Summer Scuba Diving One-day Class
여름 스쿠버 다이빙 1일 수업

Join our summer scuba diving lesson / for beginners, / and become
우리의 여름 스쿠버 다이빙 수업에 참여하여 초보자를 위한
동사 1 동사 2(병렬구조)

an underwater explorer!
수중 탐험가가 되세요

Schedule
일정

- 10:00–12:00 Learning the basics
  10시-12시 기초 배우기
- 13:00–16:00 Practicing diving skills in a pool
  13시-16시 수영장에서 다이빙 기술 연습하기

Price
가격

- Private lesson: $150
  개인 수업: $150
- Group lesson (up to 3 people): $100 per person
  그룹 수업 (최대 3명): 1인당 $100
- Participants can rent our diving equipment for free.
  참가자는 다이빙 장비를 무료로 빌릴 수 있습니다

Notice
알림

- Participants must be 10 years old or over.
  참가자는 10세 이상이어야 합니다
- Participants must register / at least 5 days [before the class begins].
  참가자는 등록해야 합니다 적어도 수업 시작 5일 전까지
  시간의 부사절

For more information, / please go to www.ssdiver.com.
더 많은 정보를 원하시면 www.ssdiver.com을 방문하세요

지문 해석

여름 스쿠버 다이빙 1일 수업

초보자를 위한 우리의 여름 스쿠버 다이빙 수업에 참여하여, 수중 탐험가가 되세요!

일정
- 10시-12시 기초 배우기
- 13시-16시 수영장에서 다이빙 기술 연습하기

가격
- 개인 수업: $150
- 그룹 수업 (최대 3명): 1인당 $100
- 참가자는 다이빙 장비를 무료로 빌릴 수 있습니다.

알림
- 참가자는 10세 이상이어야 합니다.
- 참가자는 적어도 수업 시작 5일 전까지 등록해야 합니다.

더 많은 정보를 원하시면, www.ssdiver.com을 방문하세요.

친절한 오답 풀이

오답 선택지	선택률	오답 이유
① 오후 시간에 바다에서 다이빙 기술을 연습한다.	3%	Schedule 항목의 13:00 - 16:00을 보면 오후 시간에 수영장에서 다이빙 기술을 연습한다는 것을 알 수 있다.
② 그룹 수업의 최대 정원은 4명이다.	2%	Price 항목의 Group lesson에서 그룹 수업의 최대 정원은 3명이라는 것을 알 수 있다.
③ 다이빙 장비를 유료로 대여할 수 있다.	2%	Price 항목의 Participants can rent our diving equipment for free에서 알 수 있듯이 참가자들은 다이빙 장비를 무료로 빌릴 수 있다.
④ 연령에 관계없이 참가할 수 있다.	4%	Notice 항목의 Participants must be 10 years old or over에서 알 수 있듯이 참가자들은 10세 이상이어야 한다.

06 정답 ③ 정답률 93%

정답 풀이

사진 한 장에 5달러씩 지급한다고 하였으므로, ③ '사진 한 장에 5센트씩 지급한다'는 안내문의 내용과 일치하지 않는다.

친절한 지문분석

Call for Articles
기사 모집

Do you want to get your stories published? *New Dream Magazine*
여러분의 이야기가 출간되기를 원하시나요 〈New Dream Magazine〉은
get+목적어+p.p.: (목적어)가 ~되도록 하다

is looking for future writers! This event is open to anyone / [aged
미래의 작가를 찾고 있습니다 이 행사는 누구에게나 열려 있습니다
과거분사구

13 to 18].
13세에서 18세까지

Articles
기사

- Length of writing: 300–325 words
  원고 길이: 300~325 단어
- Articles should also include high-quality color photos.
  기사에는 또한 고화질 컬러 사진이 포함되어야 합니다

Rewards
사례금

- Five cents per word
  단어당 5센트
- Five dollars per photo
  사진당 5달러

Notes
주의 사항

- You should send us your phone number / together with your writing.
  여러분의 전화번호를 저희에게 보내야 합니다 원고와 함께
  send(수여동사)+간접목적어+직접목적어
- Please email your writing to us / at article@ndmag.com.
  원고를 저희에게 이메일로 보내세요 article@ndmag.com으로

지문 해석

기사 모집

여러분의 이야기가 출간되기를 원하시나요? 〈*New Dream Magazine*〉은 미래의 작가를 찾고 있습니다! 이 행사는 13세에서 18세까지 누구나 참여할 수 있습니다.

기사
- 원고 길이: 300~325 단어
- 기사에는 또한 고화질 컬러 사진이 포함되어야 합니다.

사례금
- 단어당 5센트
- 사진당 5달러

주의 사항
- 여러분의 전화번호를 원고와 함께 보내야 합니다.
- 원고를 이메일 article@ndmag.com으로 보내세요.

친절한 오답 풀이

오답 선택지	선택률	오답 이유
① 13세에서 18세까지의 누구나 참여할 수 있다.	1%	세 번째 문장의 This event is open to anyone aged 13 to 18에서 알 수 있다.
② 기사는 고화질 컬러 사진을 포함해야 한다.	2%	Articles 두 번째 항목의 Articles should also include high-quality color photos에서 알 수 있다.
④ 전화번호를 원고와 함께 보내야 한다.	2%	Notes 첫 번째 항목의 You should send us your phone number together with your writing에서 알 수 있다.
⑤ 원고를 이메일로 제출해야 한다.	2%	Notes 두 번째 항목의 Please email your writing to us에서 알 수 있다.

07 정답 ④ 정답률 90%

정답 풀이

공원에서 요가 수업에 참가하는 사람들에게 매트는 제공되지 않으며 본인 것을 가지고 와야 한다고 했으므로, ④ '매트가 제공된다'는 안내문의 내용과 일치하지 않는다.

친절한 지문분석

2022 Springfield Park Yoga Class
2022 Springfield Park 요가 수업

The popular yoga class in Springfield Park returns!
Springfield Park에서의 인기 있는 요가 수업이 돌아옵니다

Enjoy yoga / [hosted on the park lawn]. [If you can't make it /
요가를 즐겨보세요 공원 잔디밭에서 열리는 만약 여러분이 오지 못하면
명령문 과거분사구 조건의 부사절

to the park] / join us online / on our social media platforms!
공원에 온라인으로 저희와 함께하세요 저희의 소셜 미디어 플랫폼에서
명령문

◈ **When:** / Saturdays, 2 p.m. to 3 p.m., September
언제: 토요일마다, 오후 2시부터 오후 3시까지, 9월

◈ **Registration:** / At least TWO hours / [before each class starts], / sign up here.
등록: 적어도 두 시간 / 매 수업이 시작하기 전 / 전치사구(형용사구) / 여기에서 등록하세요

◈ **Notes**
주의 사항

• For online classes: / find a quiet space / with enough room / for you [to stretch out].
온라인 수업 대상: / 조용한 장소를 찾으세요(명령문) / 충분한 공간을 가진 / 여러분이(to부정사의 의미상 주어) / 스트레칭을 할 만큼(to부정사의 형용사적 용법)

• For classes in the park: / mats are not provided, / so bring your own!
공원에서의 수업 대상: / 매트는 제공되지 않습니다(수동태) / 그러므로 본인 것을 가져오세요(명령문)

※ The class will be canceled / [if the weather is unfavorable].
수업은 취소될 것입니다(수동태) / 만약 날씨가 좋지 않으면(조건의 부사절)

For more information, / click here.
더 많은 정보를 위해서 / 여기를 클릭하세요.

지문 해석

2022 Springfield Park 요가 수업

Springfield Park에서의 인기 있는 요가 수업이 돌아옵니다! 공원 잔디밭에서 열리는 요가를 즐겨보세요. 만약 여러분이 공원에 오지 못한다면, 저희의 소셜 미디어 플랫폼에서 온라인으로 저희와 함께하세요!

◈ **언제:** 9월, 토요일마다, 오후 2시부터 오후 3시까지
◈ **등록:** 매 수업이 시작하기 적어도 두 시간 전까지, 여기에서 등록하세요.
◈ **주의 사항**
• 온라인 수업 대상: 여러분이 스트레칭을 할 만큼 충분한 공간을 가진 조용한 장소를 찾으세요.
• 공원에서의 수업 대상: 매트는 제공되지 않으니, 본인 것을 가져오세요!
※ 만약 날씨가 좋지 않으면 수업은 취소될 것입니다.
더 많은 정보를 위해서는, 여기를 클릭하세요.

| 친절한 오답 풀이 |

오답 선택지	선택률	오답 이유
① 온라인으로도 참여할 수 있다.	3%	세 번째 문장의 join us online on our social media platforms에서 알 수 있다.
② 9월 중 토요일마다 진행된다.	2%	When 항목의 Saturdays, 2 p.m. to 3 p.m., September에서 알 수 있다.
③ 수업 시작 2시간 전까지 등록해야 한다.	2%	Registration 항목의 At least TWO hours before each class starts에서 알 수 있다.
⑤ 날씨가 좋지 않으면 취소될 것이다.	2%	지문 하단의 The class will be canceled if the weather is unfavorable에서 알 수 있다.

08 정답 ② 정답률 94%

정답 풀이

안내문의 Activities 부분에서 알 수 있듯이 투어 중 초콜릿 제조 과정 견학이 있으므로, ② '초콜릿 제조 과정을 볼 수 있다'는 안내문의 내용과 일치한다.

친절한 지문분석

Moonlight Chocolate Factory Tour
Moonlight 초콜릿 공장 투어

Take this special tour / and have a chance / [to enjoy our most popular chocolate bars].
이 특별한 투어에 참여하세요(동사 1) / 그리고 기회를 가지세요(동사 2(병렬구조)) / 우리의 가장 인기 있는 초콜릿 바를 즐길(to부정사의 형용사적 용법)

□ **Operating Hours**
운영 시간

• Monday – Friday, 2:00 p.m. – 5:00 p.m.
월요일 – 금요일, 오후 2시 – 오후 5시

□ **Activities**
활동

• Watching our chocolate-making process
초콜릿 제조 과정 견학(동명사구)

• Tasting 3 types of chocolate (dark, milk, and mint chocolate)
초콜릿 3종 시식(다크, 밀크 및 민트 초콜릿)(동명사구)

□ **Notice**
알림

• Ticket price: $30
티켓 가격 : $30

• Wearing a face mask is required.
마스크 착용은 필수입니다 / 주어(동명사구) / 동사(수동태)

• Taking pictures is not allowed [inside the factory].
공장 내부에서 사진 촬영은 허용되지 않습니다 / 주어(동명사구) / 동사(수동태) / 전치사구

지문 해석

Moonlight 초콜릿 공장 투어

이 특별한 투어에 참여하여 우리의 가장 인기 있는 초콜릿 바를 즐길 기회를 가지세요.
□ **운영 시간**
• 월요일 – 금요일, 오후 2시 – 오후 5시
□ **활동**
• 초콜릿 제조 과정 견학
• 초콜릿 3종(다크, 밀크 및 민트 초콜릿) 시식
□ **알림**
• 티켓 가격: $30
• 마스크 착용은 필수입니다.
• 공장 내부에서 사진 촬영은 허용되지 않습니다.

| 친절한 오답 풀이 |

오답 선택지	선택률	오답 이유
① 주말 오후 시간에 운영한다.	1%	주말에는 운영하지 않는다.
③ 네 가지 종류의 초콜릿을 시식한다.	2%	세 가지 종류의 초콜릿을 시식한다.
④ 마스크 착용은 참여자의 선택 사항이다.	2%	마스크 착용은 필수이다.
⑤ 공장 내부에서 사진 촬영이 가능하다.	1%	공장 내부에서 사진 촬영은 허용되지 않는다.

09 함의 추론

코드 접속하기

pp.89~92

Q1 ① **Q2** ① **Q3** ⑤ **Q4** ⑤

Q1

정답 ① 정답률 62%

정답 풀이

유전자 편집이 가능해지면 질병 예방이나 능력 향상을 위해 태어나지 않은 아이들의 유전자를 바꾸려는 유혹이 커지고, 이는 결국 우리가 원하지 않는 방향으로 나아갈 수 있다는 내용이므로, 밑줄 친 start down this slippery slope는 ① '인간을 향상시키기 위한 유전자 변형을 허용하다'를 의미한다.

친절한 지문분석

[Assuming / (that) {gene editing in humans proves to be safe and
가정한다면 / 인간 유전자 편집이 안전하고 효과적이라고 입증된다고
분사구문(조건) / 목적절

effective}], it might seem logical, even preferable, / [to correct
합리적이고, 심지어 바람직해 보일 수도 있다 / 질병을 유발하는
가주어 / 진주어

disease-causing mutations / at the earliest possible stage of life], /
돌연변이를 교정하는 것이 / 생애의 가능한 한 가장 이른 단계에서

[*before* harmful genes begin causing serious problems]. Yet /
해로운 유전자가 심각한 문제를 일으키기 시작하기 '전에' / 하지만
시간의 부사절

[once it becomes possible / {to transform an embryo's mutated
일단 가능해지면 / 배아의 돌연변이가 된 유전자를 '정상적인' 유전자로
조건의 부사절 / 진주어
가주어

genes into "normal" ones}], / there will certainly be temptations /
변형하는 것이 / 유혹이 분명히 있을 것이다

[to upgrade normal genes to superior versions]. Should we begin
정상적인 유전자를 더 우수한 버전으로 업그레이드하려는 / 우리가 유전자를 편집하는
동격의 to부정사

editing genes / in unborn children / to lower their lifetime risk
것을 시작해야 할까 / 태어나지 않은 아이들의 / 심장병이나 암의 평생 위험을 낮추기 위해
to부정사의 부사적 용법(목적)

of heart disease or cancer? What about giving unborn children
유익한 특성을 태어나지 않은 아이들에게 부여하는 것은
동명사 1

beneficial features, / like greater strength and increased mental
어떨까 / 더 강한 체력과 향상된 인지 능력 같은

abilities, / or changing physical characteristics, / like eye and hair
또는 신체적 특징을 바꾸는 것(은 어떨까) / 눈과 머리카락 색 같은
동명사 2(병렬구조)

color? The pursuit for perfection seems almost natural to human
완벽에 대한 추구는 인간의 본성에 거의 자연스러워 보인다

nature, / but [if we start down this slippery slope], / we may not
하지만 만약 우리가 이 미끄러운 경사길을 내려가기 시작한다면 / 우리는 마음에 들지
조건의 부사절

like / [where we end up].
않을 수도 있다 / 우리가 결국 놓일 곳이
관계부사절

지문 해석

인간 유전자 편집이 안전하고 효과적이라고 입증된다고 가정한다면, 해로운 유전자가 심각한 문제를 일으키기 시작하기 '전에' 생애의 가능한 한 가장 이른 단계에서 질병을 유발하는 돌연변이를 교정하는 것이 합리적이고, 심지어 바람직해 보일 수도 있다. 하지만 일단 배아의 돌연변이가 된 유전자를 '정상적인' 유전자로 변형하는 것이 가능해지면, 정상적인 유전자를 더 우수한 버전으로 업그레이드하려는 유혹이 분명히 있을 것이다. 우리가 심장병이나 암의 평생 위험을 낮추기 위해 태어나지 않은 아이들의 유전자를 편집하는 것을 시작해야 할까? 더 강한 체력과 향상된 인지 능력 같은 유익한 특성을 태어나지 않은 아이들에게 부여하거나 눈과 머리카락 색 같은 신체적 특징을 바꾸는 것은 어떨까? 완벽에 대한 추구는 인간의 본성에 거의 자연스러워 보이지만, 만약 우리가 이 미끄러운 경사길을 내려가기 시작한다면, 우리는 결국 놓일 곳이 마음에 들지 않을 수도 있다.

지문 흐름

유전자 편집이 안전하고 효과적이라면, 질병 유발 돌연변이를 조기에 교정하는 것이 바람직해 보일 수 있음	········	도입
정상 유전자를 더 우수한 유전자로 바꾸려는 유혹이 생길 수 있음	········	전개
질병 예방뿐 아니라 신체 능력이나 외모 개선 등 다양한 유전자 편집 시도가 가능해짐	········	부연
아직 태어나지 않은 아이들의 유전자를 바꿔도 되는 것인가에 대한 의문이 제기됨	········	문제 제기
유전자를 개선하려는 시도는 자연스러워 보이지만, 결국 원치 않는 결과로 이어질 수 있음	········	결론

친절한 오답 풀이

오답 선택지	선택률	오답 이유
② 인간 본성에 대한 전통적인 믿음을 고수하다	4%	인간 본성에 대한 전통적인 믿음은 언급되지 않았다.
③ 인간의 유전자를 바꾸려는 유혹에 저항하다	15%	유혹에 저항해야 한다는 내용이 아니라, 유전자 편집을 시작했을 때 결과의 위험성을 말하고 있다.
④ 질병으로 인한 고통의 위험을 줄이는 데 실패하다	11%	질병의 고통을 줄이기 위해 유전자 편집을 하는 상황을 말하고 있으므로, 지문의 주제와 반대이다.
⑤ 유전학의 도덕적 문제에 대해 더 깊이 고려하다	8%	유전학의 도덕적 문제를 고려할 때 원하지 않는 결과에 이를 수 있다는 내용은 지문과 상반된다.

배경지식

유전자 편집(gene editing)

유전자 편집은 생명체의 DNA를 정밀하게 수정하는 기술이다. 대표적인 방법인 '크리스퍼 유전자 가위'는 원하는 유전자를 자르고 바꿀 수 있어, 유전병 치료나 작물 개량에 활용된다. 하지만 인간 유전자 편집은 윤리적인 문제가 커서 사회적 논의가 필요하다.

Q2

정답 ① 정답률 59%

정답 풀이

Macpherson은 아리스토텔레스가 동물의 감각을 5가지로 분류한 것에 반론을 제기하며 그것들을 존재하는 그대로 연구해야 한다고 말하고 있으므로, 밑줄 친 push animal senses into Aristotelian buckets는 ① '다양한 동물의 감각을 고정된 범주로 분류하다'를 의미한다.

친절한 지문분석

Consider the seemingly simple question / *How many senses are*
겉으로 보기에 단순한 질문을 고려해 봐라 / '얼마나 많은 감각이 존재하는가?'라는

there? Around 2,370 years ago, / Aristotle wrote / [that there are
약 2,370년 전 / 아리스토텔레스는 썼다 / 다섯(감각)이 있다고 / 목적절

five, / in both humans and animals / — sight, hearing, smell,
인간과 동물 둘 다에게 / 시각, 청각, 후각, 미각, 그리고 촉각의 / both A and B: A와 B 둘 다

taste, and touch]. However, / according to the philosopher Fiona
그러나 / 철학자 Fiona Macpherson에 따르면 / ~에 따르면

Macpherson, / there are reasons [to doubt it]. For a start, /
그것을 의심할 이유가 존재한다 / 우선 / to부정사의 형용사적 용법

Aristotle missed a few in humans: / the perception of your own
아리스토텔레스는 인간에게서 몇 가지를 빠뜨렸다 / 여러분 자신의 신체에 대한 인식 / 명사구 1

body / [which is different from touch] / and the sense of balance /
촉각과는 다른 / 그리고 균형 감각 / 주격 관계대명사절 / 명사구 2(병렬구조)

[which has links to both touch and vision]. Other animals have
촉각과 시각 모두에 관련되어 있는 / 다른 동물들은 감각을 가지고 있다 / 주격 관계대명사절 / both A and B: A와 B 둘 다

senses / [that are even harder to categorize]. Many vertebrates
범주화하기 훨씬 더 어려운 / 많은 척추동물은 다른 감각 / 주격 관계대명사절 / 비교급 강조 / to부정사의 부사적 용법(형용사 수식)

have a different sense system / [for detecting odors]. Some snakes
체계를 가지고 있다 / 냄새를 탐지하기 위한 / 어떤 뱀은 그들의 / 전치사구(형용사구)

can detect the body heat of their prey. These examples tell us / [that
먹잇감의 체열을 감지할 수 있다 / 이러한 사례는 우리에게 알려 준다 / 명사절(직접목적어)

"senses cannot be clearly divided into a limited number of specific
'감각은 제한된 수의 특정한 종류로 명확하게 나누어지지 않을 수 있다.'라는 것을 / 조동사 수동태

kinds,"] / Macpherson wrote in *The Senses*. Instead of trying to
Macpherson이 〈*The Senses*〉에서 쓰기를 / 동물의 감각을 아리스토텔레스의 / ~ 대신에

push animal senses into Aristotelian buckets, / we should study
양동이로 밀어 넣으려고 하는 대신 / 우리는 그것들을 연구해야 / push A into B: A를 B로 밀어넣다

them / for what they are.
한다 / 존재하는 그대로

지문 해석

'얼마나 많은 감각이 존재하는가?'라는 겉으로 보기에 단순한 질문을 고려해 봐라. 약 2,370년 전 아리스토텔레스는 인간과 동물 둘 다에게 시각, 청각, 후각, 미각, 그리고 촉각의 다섯(감각)이 있다고 썼다. 그러나, 철학자 Fiona Macpherson에 따르면, 그것을 의심할 이유가 존재한다. 우선, 아리스토텔레스는 인간에게서 몇 가지를 빠뜨렸는데, 그것은 촉각과는 다른 여러분 자신의 신체에 대한 인식과, 촉각과 시각 모두에 관련되어 있는 균형 감각이었다. 다른 동물들은 범주화하기 훨씬 더 어려운 감각을 가지고 있다. 많은 척추동물은 냄새를 탐지하기 위한 다른 감각 체계를 가지고 있다. 어떤 뱀은 그들의 먹잇감의 체열을 감지할 수 있다. Macpherson이 〈*The Senses*〉에서 쓰기를, 이러한 사례는 우리에게 '감각은 제한된 수의 특정한 종류로 명확하게 나누어지지 않을 수 있다.'라는 것을 알려 준다. 동물의 감각을 아리스토텔레스의 양동이로 밀어 넣으려고 하는 대신, 우리는 그것들을 존재하는 그대로 연구해야 한다.

지문 흐름

얼마나 많은 감각이 존재하는지에 대한 질문을 제시함	………	도입
아리스토텔레스는 인간과 동물에게 시각, 청각, 후각, 미각, 촉각의 오감이 있다고 씀	………	통념
Fiona Macpherson은 이를 의심할 이유가 있다고 말함	………	반론
인간에게는 촉각과는 다른 자신의 신체에 대한 인식과 촉각과 시각 모두에 관련되어 있는 균형 감각이 있는데 이를 아리스토텔레스가 빠뜨림	………	반론의 근거 1
동물들은 범주화하기 더 어려운 감각을 가지고 있는데, 많은 척추동물은 냄새 탐지를 위한 다른 감각 체계를 갖추고 있고, 뱀은 먹잇감의 체열을 감지할 수 있음	………	반론의 근거 2
동물의 감각을 아리스토텔레스가 제시한 제한된 수의 특정한 종류로만 분류하지 말고 존재하는 그대로 연구해야 함	………	결론

친절한 오답 풀이

오답 선택지	선택률	오답 이유
② 실제 감각들을 이해하기 위해 균형 잡힌 시각을 유지하다	9%	감각을 이해하기 위해 균형 잡힌 시각을 유지하지 말아야 한다는 내용은 언급되지 않았다.
③ 모든 감각을 분류하는 전통적인 방법을 의심하다	11%	우리가 의심해야 하는 것은 아리스토텔레스의 5가지 분류 체계이다.
④ 아리스토텔레스로부터 얻은 감각의 교훈을 무시하다	8%	아리스토텔레스의 바구니에 감각을 넣는다는 의미는 아리스토텔레스의 분류 체계를 따른다는 의미이다.
⑤ 실제 감각들을 찾기 위해 더 많은 동물을 분석하다	12%	실제 감각을 찾기 위해 더 많은 동물을 분석하지 말아야 한다는 내용은 언급되지 않았다.

Q3

정답 ⑤ 정답률 51%

정답 풀이

나무가 쓰러질 때 그것을 듣는 사람이 없으면 소리가 나는 것이 아니듯, 과학 논문도 그것이 이해되지 않으면 소리가 아닌 압력파에 지나지 않는다고 했으므로, 밑줄 친 fall silently in the woods는 ⑤ '출판되었지만 독자들은 그것(논문)을 이해하지 못하다'를 의미한다.

친절한 지문분석

Most people have no doubt heard this question: / [If a tree falls /
대부분의 사람들은 틀림없이 이 질문을 들어 봤을 것이다 / 만약 나무가 쓰러진다면 / 틀림없이 / 조건의 부사절

in the forest / and there is no one there / {to hear it fall}], / does
숲에서 / 그리고 거기에 사람이 없다면 / 그것이 쓰러지는 것을 들을 / to부정사의 형용사적 용법 / = the tree

it make a sound? The correct answer is no. Sound is more than
소리가 나는 것일까 / 정답은 '아니요'이다 / 소리는 압력파 이상이다 / 비교급

pressure waves, / and indeed / there can be no sound / without
그리고 정말로 / 소리가 있을 수 없다 / 듣는 사람 없이는

a hearer. And similarly, / scientific communication is a two-way
그리고 마찬가지로 / 과학적 커뮤니케이션은 양방향 프로세스이다

process. [Just as a signal of any kind is useless / {unless it is
어떠한 종류의 신호든 쓸모가 없는 것처럼 / 그것이 감지되지 않으면 / 부사절 ~인 것과 같이 / 조건의 부사절

perceived}], / a published scientific paper (signal) is useless /
출판된 과학 논문(신호)은 쓸모가 없다

[unless it is both received *and* understood / by its intended
그것이 수신 '그리고' 이해가 둘 다 되지 않으면 의도된 독자에 의해
조건의 부사절 수동태
both A and B: A와 B 둘 다

audience]. Thus / we can restate the axiom of science / as follows: /
따라서 우리는 과학의 자명한 이치를 재진술할 수 있다 다음과 같이

A scientific experiment is not complete / [until the results have
과학 실험은 완성되지 않는다 결과가 출판되고 '그리고 이해될' 때까지
시간의 부사절

been published *and understood*]. Publication is no more than
출판은 압력파에 지나지 않는다
현재완료 수동태 단지 ~에 지나지 않다

pressure waves / [unless the published paper is understood]. Too
출판된 논문이 이해되지 않으면 너무
조건의 부사절 수동태

many scientific papers fall silently / in the woods.
많은 과학 논문이 소리 없이 쓰러진다 숲속에서

지문 해석

대부분의 사람들은 틀림없이 이 질문을 들어 봤을 것이다. 만약 숲에서 나무가 쓰러지고 그것이 쓰러지는 것을 들을 사람이 거기에 없다면, 소리가 나는 것일까? 정답은 '아니요'이다. 소리는 압력파 이상이며, 정말로 듣는 사람 없이는 소리가 있을 수 없다. 그리고 마찬가지로, 과학적 커뮤니케이션은 양방향 프로세스이다. 어떠한 종류의 신호든 그것이 감지되지 않으면 쓸모가 없는 것처럼, 출판된 과학 논문(신호)은 그것이 의도된 독자에 의해 수신 '그리고' 이해가 둘 다 되지 않으면 쓸모가 없다. 따라서 우리는 과학의 자명한 이치를 다음과 같이 재진술할 수 있다. 과학 실험은 결과가 출판되고 '그리고 이해될' 때까지 완성되지 않는다. 출판된 논문이 이해되지 않으면 출판은 압력파에 지나지 않는다. 너무 많은 과학 논문이 소리 없이 숲속에서 쓰러진다.

지문 흐름

숲에서 나무가 쓰러지는데 그것을 들을 사람이 없다면 소리가 난다고 할 수 없음	········	도입
소리는 압력파 이상이며 듣는 사람 없이는 소리가 있을 수 없음	········	상술
이와 마찬가지로 과학적 커뮤니케이션도 양방향 프로세스임	········	전개
출판된 논문이 독자에 의해 수신되고 이해되지 않으면 쓸모없음	········	주제
과학 실험은 결과가 출판되고 이해될 때까지 완성된 것이 아니며, 출판된 논문이 이해되지 않는다면 압력파에 지나지 않음	········	주제 재진술
너무 많은 과학 논문이 소리 없이 숲속에서 쓰러짐(독자들에 의해 이해되지 않음)	········	상술

친절한 오답 풀이

오답 선택지	선택률	오답 이유
① 이전의 연구를 포함하지 못한다	4%	과학 논문이 이전의 연구를 포함한다는 내용은 언급되지 않았다.
② 결국 완전히 거짓으로 여겨지게 된다	7%	과학 논문이 거짓으로 여겨진다는 내용은 언급되지 않았다.
③ 그것들이 출판되지 않아서 쓸모 없어진다	32%	과학 논문이 출판되지 않아서 쓸모 없어지는 것이 아니라, 출판이 되더라도 독자들에 의해 이해되지 않으면 쓸모없다고 했다.
④ 대중의 요구를 충족시키기 위해 의사소통에 중점을 둔다	7%	과학 논문이 대중의 요구를 충족시키기 위해 의사소통에 중점을 둔다는 내용은 언급되지 않았다.

Q4 정답 ⑤ 정답률 62%

정답 풀이

밑줄 친 문장은 '그런 활동들은 나머지 양들이 하도록 남겨 두라'라는 뜻이며, 여기서 '그런 활동들'은 온라인 취업 게시판을 검색하고 가끔 이력서를 이메일로 보내는 것에만 의존하는 수동적인 활동을 의미하므로, 밑줄 친 문장은 ⑤ '다른 구직자들로부터 눈에 띄도록 더 적극적으로 행동하라'는 의미이다.

친절한 지문분석

A job search is not a passive task. [When you are searching], /
구직 활동은 수동적인 일이 아니다 구직 활동을 할 때
시간의 부사절

you are not browsing, / nor are you "just looking". Browsing is
당신은 둘러보지 않는다 당신은 '그냥 구경만 하지'도 않는다 둘러보고 다니는 것은
not A nor B: A도 B도 아니다 부정어 도치 (which/that) 주어(동명사)

not an effective way / [to reach a goal / {you claim to want to
효과적인 방법이 아니다 목표에 도달할 수 있는 당신이 도달하기를 원한다고 주장하는
to부정사의 형용사적 용법 목적격 관계대명사절

reach}]. [If you are acting with purpose], / [if you are serious about
만약 당신이 목적을 가지고 행동한다면 만약 당신이 하고자 선택한 어떤 것에
조건의 부사절 조건의 부사절

anything you chose to do], / then you need to be direct, / focused /
대해 진지하다면 그러면 당신은 직접적이어야 한다 집중해야 한다
동사 주격보어 1 주격보어 2

and whenever possible, / clever. Everyone else [searching for a job]
그리고 가능한 한 영리해야 한다 일자리를 찾는 다른 모든 사람이 지니고 있다
주격보어 3 주어 현재분사구

has / the same goal, / competing / for the same jobs. You must do
같은 목표를 그리고 경쟁한다 같은 일자리를 위해 당신은 더 많은 것을
동사 분사구문(동시동작) ~해야 한다

more / than the rest of the herd. Regardless of how long it may
해야 한다 그 무리의 나머지 사람들보다 얼마나 오랜 시간이 걸리든 간에
(to) ~와 관계없이 how+형용사: 얼마나 ~한지

take you / to find / and get / the job you want, / being proactive
찾는 데 그리고 얻는 데 당신이 원하는 직업을 진취적인 것이
병렬구조(to A and B) 주어(동명사구)

will logically get you results faster / than [if you rely only on /
논리적으로 더 빨리 결과를 얻도록 해줄 것이다 당신이 의존하는 것보다는
명사절

{browsing online job boards} / and {emailing an occasional
온라인 취업 게시판을 검색하는 것에 그리고 가끔 이력서를 이메일로 보내는 것에
동명사구 1 병렬구조(rely on A and B) 동명사구 2

resume}]. Leave those activities / to the rest of the sheep.
그런 활동들은 남겨 두라 나머지 양들에게

지문 해석

구직 활동은 수동적인 일이 아니다. 구직 활동을 할 때, 당신은 이것저것 둘러보고 다니지 않으며 '그냥 구경만 하지'도 않는다. 둘러보고 다니는 것은 당신이 도달하기를 원한다고 주장하는 목표에 도달할 수 있는 효과적인 방법이 아니다. 만약 당신이 목적을 가지고 행동한다면, 만약 하고자 선택한 어떤 것에 대해 당신이 진지하다면, 당신은 직접적이고, 집중해야 하며, 가능한 한 영리해야 한다. 일자리를 찾는 다른 모든 사람이 같은 목표를 지니고 있으며, 같은 일자리를 얻기 위해 경쟁한다. 당신은 그 무리의 나머지 사람들보다 더 많은 것을 해야 한다. 원하는 직업을 찾아서 얻는 데 얼마나 오랜 시간이 걸리든 간에, 온라인 취업 게시판을 검색하고 가끔 이력서를 이메일로 보내는 것에만 의존하는 것보다는 진취적인 것이 논리적으로 당신이 더 빨리 결과를 얻도록 해줄 것이다. 그런 활동들은 나머지 양들에게 남겨 두라.

지문 흐름

구직 활동은 수동적인 일이 아니므로 그저 둘러보고 다니는 것은 당신의 목표에 도달할 수 있는 효과적인 방법이 아님	········	도입
구직을 하기 위해서는 직접적이고, 집중해야 하며, 가능한 한 영리해야 함	········	주제
일자리를 찾는 모든 사람들은 같은 목표를 지니고 경쟁하므로 당신은 그 무리의 나머지 사람들보다 더 많은 것을 해야 함	········	상술
수동적인 활동보다는 진취적인 활동이 당신이 더 빨리 결과를 얻도록 해줄 것임	········	주제 재진술

| 친절한 오답 풀이 |

오답 선택지	선택률	오답 이유
① 다른 구직자들의 기분을 이해하려고 하라.	5%	자신이 원하는 직업을 얻기 위해 다른 구직자들의 기분을 이해하라는 것은 지문의 내용과 무관하다.
② 침착함을 유지하고 당신의 현재 위치를 고수하라.	8%	적극으로 직업을 찾기 위해 노력하라고 했으므로 침착함을 유지하고 현재 위치를 고수하라는 것은 지문의 내용과 상반된다.
③ 구직 경쟁을 두려워하지 마라.	16%	구직 활동에 있어서 진취적인 태도로 더 많은 활동을 하라고 하고 있지만 구직 경쟁에 대한 두려움을 없애라는 내용은 언급되지 않았다.
④ 미래의 고용주들에게 가끔 이메일을 보내라.	9%	가끔 이력서를 이메일로 보내는 것과 같은 활동에 의지하는 것은 직업을 얻는 것에 크게 도움이 되지 않는다고 했다.

코드 공략하기

pp.93~95

01 ④ 02 ② 03 ② 04 ② 05 ⑤ 06 ⑤

01 정답 ④ 정답률 29%

정답 풀이

실제적이고 효과적인 몸짓 언어는 개별 전달 신호의 총합 이상인데, 단순히 기계적 암기에 근거해 의사전달을 하면 사회적 인식의 모든 다양한 측면을 보지 못하게 되고 실제적인 의사 전달을 할 수 없게 된다는 내용이므로, 밑줄 친 by reading a body language dictionary는 ④ '사회적 측면들을 이해하지 못한 채'를 의미한다.

친절한 지문분석

Authentic, effective body language is / more than the sum of individual signals.
실제적이고 효과적인 몸짓 언어는 (주어) 개별 전달 신호의 총합 이상이다 (is: 동사)

[When people work from this rote-memory, / dictionary approach], they stop seeing the bigger picture, / all the diverse aspects of social perception.
사람들이 이러한 기계적 암기로부터 의사전달을 할 때 사전식 접근법인 (시간의 부사절) / 동격의 쉼표
그들은 더 큰 그림을 보지 않게 된다 (stop v-ing: ~하는 것을 멈추다) / 동격의 쉼표
즉 사회적 인식의 모든 다양한 측면들을

Instead, they see a person [with crossed arms] / and think, / "Reserved, angry."
대신, 그들은 사람을 보고 (see: 동사 1) 팔짱을 낀 (전치사구(형용사구)) 생각한다 (think: 동사 2) '과묵하고 화가 난' 것으로

They see a smile / and think, / "Happy." They use a firm handshake / to show other people ["who is boss."]
그들은 미소를 보고 (동사 1) 생각한다 (동사 2) '행복한' 것으로 그들은 세게 악수를 한다
다른 사람들에게 '누가 윗사람인가'를 보여 주기 위해 (to부정사의 부사적 용법(목적), show A B: A에게 B를 보여 주다)

[Trying to use body language / by reading a body language dictionary] / is like [trying to speak French / by reading a French dictionary].
몸짓 언어를 사용하려고 하는 것은 (주어(동명사구), try to-v: ~하려고 노력하다) 몸짓 언어 사전을 읽는 것으로 (by v-ing: ~함으로써) (is: 동사)
프랑스어를 말하려고 하는 것과 같다 (like: ~와 같은(전치사)) 프랑스어 사전을 읽는 것으로

Things tend to fall apart / in an inauthentic mess. Your actions seem robotic; / your body language signals are disconnected / from one another.
(의미 구성의) 요소들이 분리되는 경향이 있다 (tend to-v: ~하는 경향이 있다) 실제적이지 않은 상태로 당신의 행동은 로봇처럼 보인다 당신의 몸짓 언어 신호는 단절된다 (수동태) 서로

You end up confusing the very people (that) you're trying to attract [because your body language just rings false].
당신은 결국 바로 그 사람들을 혼란스럽게 한다 (end up v-ing: 결국 ~하게 되다) 당신이 마음을 끌려고 하는 (목적격 관계대명사절)
당신의 몸짓 언어가 단지 잘못 전달되기 때문에 (이유의 부사절)

지문 해석

실제적이고 효과적인 몸짓 언어는 개별 전달 신호의 총합 이상이다. 사람들이 사전식 접근법인 이러한 기계적 암기로부터 의사전달을 할 때, 그들은 더 큰 그림, 즉 사회적 인식의 모든 다양한 측면들을 보지 않게 된다. 대신, 그들은 팔짱을 낀 사람을 보고 '과묵하고 화가 난' 것으로 생각한다. 그들은 미소를 보고 '행복한' 것으로 생각한다. 그들은 다른 사람들에게 '누가 윗사람인가'를 보여 주기 위해 세게 악수를 한다. 몸짓 언어 사전을 읽어서 몸짓 언어를 사용하려고 하는 것은 프랑스어 사전을 읽어서 프랑스어를 말하려고 하는 것과 같다. (의미 구성의) 요소들이 실제적이지 않은 상태로 분리되는 경향이 있다. 당신의 행동은 로봇처럼 보인다; 즉, 당신의 몸짓 언어 신호는 서로 단절된다. 당신의 몸짓 언어가 단지 잘못 전달되기 때문에 당신은 결국 당신이 마음을 끌려고 하는 바로 그 사람들을 혼란스럽게 한다.

지문 흐름

효과적인 몸짓 언어는 개별 전달 신호의 총합 이상인데, 기계적 암기를 통해 의사전달을 하면 사회적 인식의 다양한 측면들을 놓치게 됨	········	주제
팔짱 낀 사람을 보고 '과묵하고 화가 난' 것으로 생각하고, 미소를 보고 '행복한' 것으로 생각하고, '누가 윗사람인가'를 보여 주기 위해 세게 악수함	········	예시
몸짓 언어 사전을 읽어서 몸짓 언어를 사용하는 것은 프랑스어 사전을 읽어서 프랑스어를 말하는 것과 같음	········	비유
의미 구성 요소들이 분리되기에 당신의 행동은 로봇처럼 보이고 몸짓 언어 신호는 서로 단절됨	········	문제점
몸짓 언어가 잘못 전달되기 때문에 마음을 끌고 싶은 사람을 혼란스럽게 함	········	상술

| 친절한 오답 풀이 |

오답 선택지	선택률	오답 이유
① 사회적 맥락 안에서 몸짓 언어를 배움으로써	40%	몸짓 언어 사전을 읽음으로써 몸짓 언어를 사용한다는 것은 사회적 인식의 다양한 측면을 고려하지 않고 기계적인 학습만 한다는 의미이므로, 이는 지문의 내용과 상반된다.
② 몸짓 언어와 프랑스어를 비교함으로써	10%	프랑스어 사전을 읽어서 프랑스어를 말하려고 하는 것이 몸짓 언어 사전을 읽음으로써 몸짓 언어를 사용하려고 하는 것과 같다고 비유하고 있지만, 몸짓 언어와 프랑스어를 비교한다는 내용은 지문과 무관하다.

③ 몸짓 언어 전문가의 도움으로	11%	몸짓 언어 전문가의 도움을 받는다는 내용은 지문에서 언급되지 않았다.
⑤ 사람들이 그들의 모국어를 배우는 방식으로	8%	모국어를 배우는 방식으로 의사소통한다는 내용은 지문과 무관하다.

02 정답 ② 정답률 75%

정답 풀이

밑줄 친 부분이 포함된 문장은 '그것을 과거 시제에서 미래 시제로 바꿀 때이다'라는 뜻인데, 여기서 '그것'의 내용은 과거의 잘못으로부터 다음에 무엇을 할지 아는 것을 의미하므로, 밑줄 친 translate it from the past tense to the future tense는 ② '후회를 극복하고 다음 번을 위한 계획을 세워라'를 의미한다.

친절한 지문분석

Get past / the 'I wish I hadn't done that!' reaction. If
지나가라 / '내가 그것을 하지 말았어야 했는데!'라는 반응을 (I wish+가정법 과거완료) / 만일 (조건의 if)

the disappointment (which/that) you're feeling] / is linked / to an exam (which/that) you
여러분이 느끼는 실망이 (목적격 관계대명사절) / 연관되어 있다면 / 통과하지 못한 (목적격 관계대명사절)

didn't pass / {because you didn't study for it}], / or a job (which/that) you
시험과 / 그것에 대비해 공부를 하지 않았기 때문에 (이유의 부사절) / 또는 얻지 못한 (목적격 관계대명사절)

didn't get / {because you said silly things at the interview}], / or
일자리와 / 면접에서 바보 같은 말을 해서 (이유의 부사절) / 또는

a person (who/that) you didn't impress / {because you took entirely
좋은 인상을 주지 못한 사람과 (목적격 관계대명사절) / 완전히 잘못된 접근 방법을 택해서 (이유의 부사절)

the wrong approach}], / accept [that it's *happened* now].
이제는 그 일이 '일어나 버렸다'는 것을 받아들여라 (목적절, 현재완료(결과))

The only value of 'I wish I hadn't done that!' / is [that you'll know
'내가 그것을 하지 말았어야 했는데!'의 유일한 가치는 (주어) / 당신이 더 잘 알게 되리라는 점이다 (동사 보어절)

better / what to do next time]. The learning pay-off is useful and
다음에 무엇을 할지 (what to-v: 무엇을 ~할지) / 배움으로 얻게 되는 이득은 유용하고

significant. This 'if only I ...' agenda is virtual. [Once you
의미가 있다 / 이러한 '내가 …하기만 했다면'이라는 의제는 가상의 것이다 (주어, 동사) / 일단 (조건의 부사절)

have worked that out], / it's time to translate it / from the past
여러분이 그것을 파악했다면 (현재완료(결과)) / 이제 그것을 바꿀 때이다 (it is time to-v: ~할 시간이다) / (from A to B: A에서 B까지)

tense to the future tense: / '[Next time I'm in this situation],
과거 시제에서 미래 시제로 / 다음에 내가 이 상황에 처할 때 (시간의 부사절)

I'm going to try to ...'.
나는 …하려고 할 것이다

지문 해석

'내가 그것을 하지 말았어야 했는데!'라는 반응을 넘어서라. 만일 여러분이 느끼는 실망이 시험공부를 하지 않았기 때문에 통과하지 못한 시험이나 면접에서 바보 같은 말을 해서 얻지 못한 일자리, 또는 완전히 잘못된 접근 방법을 택하는 바람에 좋은 인상을 주지 못한 사람과 연관되어 있다면, 이제는 그 일이 '일어나 버렸다'는 것을 받아들여라. '내가 그것을 하지 말았어야 했는데!'의 유일한 가치는 다음에 무엇을 할지 더 잘 알게 되리라는 점이다. 배움으로 얻게 되는 이득은 유용하고 의미가 있다. 이러한 '내가 …하기만 했다면'이라는 의제는 가상의 것이다. 일단 여러분이 그것을 파악했다면, 이제 그것을 과거 시제에서 미래 시제로 바꿀 때이다: '다음에 내가 이 상황일 때 나는 …하려고 할 것이다.'

지문 흐름

'내가 그것을 하지 말았어야 했는데'라는 반응을 넘어서야 함	………	도입
통과 못한 시험, 얻지 못한 일자리, 좋은 인상을 주지 못한 사람 등이 있다면, 그 일이 일어나 버렸다는 것을 받아들여야 함	………	상술
'내가 그것을 하지 말았어야 했는데'의 유일한 가치는 다음에 무엇을 할지 더 잘 알게 되리라는 것인데, 이는 유용하고 의미 있음	………	주제
'내가 …하기만 했다면'은 가상의 것이므로, 이 과거 시제를 '다음에 이런 상황일 때 나는 …하려고 할 것이다'라는 미래 시제로 바꿔야 함	………	상술

친절한 오답 풀이

오답 선택지	선택률	오답 이유
① 당신의 흥미와 관련된 직업을 찾아라	5%	면접에서 바보 같은 말을 해서 얻지 못한 일자리에 대해서는 언급되었으나, 흥미와 관련된 직업을 찾으라는 내용과는 거리가 멀다.
③ 지지하는 사람들로 자신을 둘러싸라	5%	당신을 지지하는 사람들로 자신을 둘러싸라는 내용과 무관하다.
④ 문법을 공부하고 명료한 문장을 써라	8%	문법을 공부하고 명료한 문장을 쓰라는 것은 지문에서 언급되지 않았다.
⑤ 당신이 말하는 방식을 검토하고 사과하라	4%	말하는 방식을 검토하고 사과하라는 내용은 언급되지 않았다.

03 정답 ② 정답률 58%

정답 풀이

영양분이 풍부하고 충분한 물이 공급되는 땅은 농작물에게도 좋지만, 잡초가 자라기에도 좋은 땅이 된다는 내용이므로, 밑줄 친 luxury real estate는 ② '식물들에게 필수적인 것이 풍부한 들판'을 의미한다.

친절한 지문분석

The soil of a farm field / is forced to be the perfect environment /
농지의 토양은 / 완벽한 환경이어야 한다 (be forced to-v: ~하도록 강요당하다)

for monoculture growth. This is achieved / by adding nutrients in
단일 작물 재배를 위한 / 이것은 이루어진다 (수동태) / 비료 형태로 양분을 더함으로써 (by v-ing: ~함으로써, 목적어 1)

the form of fertilizer / and water by way of irrigation. During the
그리고 관개로 물을 (더함으로써) (목적어 2(병렬구조)) / 지난 50년 동안

last fifty years, / engineers and crop scientists have helped
기술자와 농작물 연구자들은 농부들이 훨씬 더 효율적일 수 있도록 (help+목적어+동사원형: (목적어)가 ~하는 것을 돕다)

farmers become much more efficient / at supplying exactly the
도움을 주었다 / 양쪽 모두의 정확한 적정량을 공급하는 데

right amount of both. World usage of fertilizer has tripled / since
전 세계 비료 사용량은 세 배가 되었다 (동사 1) / 1969년 (~부터(전치사))

1969, / and the global capacity for irrigation has almost doubled; /
이래로 / 그리고 전체 관개 능력은 거의 두 배가 되었다 (동사 2(병렬구조))

we are feeding and watering our fields more than ever, / and our
우리는 그 어느 때보다도 들판을 기름지게 하고 물을 대고 있다 / 그리고 우리의

crops are loving it. Unfortunately, / these luxurious conditions
농작물은 이를 좋아한다 불행히도 이러한 호사스러운 상황은 관심도 끌어들였다

have also excited the attention / [of certain agricultural undesirables].
농업에서는 달갑지 않은 것들의
전치사구(형용사구)

[Because farm fields are loaded with nutrients and water / relative
농지는 영양분과 물이 풍족히 채워져 있기 때문에 주위를
이유의 부사절 be loaded with: ~로 가득 차다 ~에 비례하여

to the natural land {that surrounds them}], / they are desired as
둘러싼 자연 지대에 비해 그것들은 고급 부동산으로
주격 관계대명사절 = farm fields 수동태 ~로서(전치사)

luxury real estate / by every random weed / in the area.
희망된다 어떤 잡초에 의해서라도 그 지역의

지문 해석

농지의 토양은 단일 작물 재배를 위한 완벽한 환경이어야 한다. 이것은 비료 형태로 양분을 더하고 관개로 물을 댐으로써 이루어진다. 지난 50년 동안 기술자와 농작물 연구자들은 농부들이 양쪽 모두의 정확한 적정량을 공급하는 데 훨씬 더 효율적일 수 있도록 도움을 주었다. 전 세계 비료 사용량은 1969년 이래로 세 배가 되었고, 전체 관개 능력은 거의 두 배가 되었다. 우리는 그 어느 때보다도 들판을 기름지게 하고 물을 대고 있으며, 우리의 농작물은 이를 좋아한다. 불행히도, 이러한 호사스러운 상황은 농업에서는 달갑지 않은 것들의 관심도 끌어들였다. 농지는 주위를 둘러싼 자연 지대에 비해 영양분과 물이 풍족히 채워져 있기 때문에 그 지역의 어떤 잡초에게든 고급 부동산으로 희망된다.

지문 흐름

완벽한 환경의 농지는 비료로 주는 양분과 관개로 물을 댐으로써 이루어짐	………	도입
⬇		
지난 50년간 기술자와 농작물 연구자들의 도움으로 전 세계 비료 사용량은 세 배, 관개 능력은 거의 두 배가 되어 효율성이 높아짐	………	전개
⬇		
현재 들판은 어느 때보다 기름지고 충분한 물이 있어 농작물이 좋아함	………	결과
⬇		
농지는 영양분과 물이 풍부하여 농작물뿐 아니라 어떤 잡초라도 원하는 환경이 됨	………	부작용

친절한 오답 풀이

오답 선택지	선택률	오답 이유
① 과학자의 지원이 매우 필요한 농장	13%	이미 영양분과 물이 풍족한 땅이므로 과학자의 지원이 필요한 농장이라는 의미와는 상반된다.
③ 부자들만이 접근할 수 있는 지역	7%	누가 농지에 접근할 수 있는지에 관한 내용은 언급되지 않았다.
④ 생태계를 위해 보존된 장소	13%	생태계를 위해 보존된 장소라는 내용은 언급되지 않았다.
⑤ 더 높은 경제적 가치를 지닌 지역	8%	작물들뿐 아니라 잡초에게도 좋은 영양분과 물이 풍부한 땅을 더 높은 경제적 가치를 지닌 지역으로 볼 근거는 없다.

04 정답 ② 정답률 69%

정답 풀이

사람의 내적 신념이 행동에 영향을 미칠 뿐만 아니라, 행동 또한 사고방식에 영향을 줄 수 있다는 내용이므로, 밑줄 친 the arrow is as likely to point in the reverse direction은 ② '우리의 행동이 우리가 믿는 것을 형성할 수도 있다'를 의미한다.

친절한 지문분석

It is common sense / [that people's inner beliefs may drive their
상식이다 사람들의 내적 신념이 그들의 외적인 행동을 이끌 수 있다는 것은
가주어 진주어

external behavior]. [If you're attracted to a certain person], / you
만약 당신이 어떤 사람에게 끌린다면 당신은
조건의 부사절

should be more likely to socialize with that person. [If you favor
그 사람과 더 어울리려고 할 것이다 만약 당신이
조건의 부사절

a brand of toothpaste], / you're more likely to buy it. Of course, /
한 브랜드의 치약을 선호한다면 당신이 그것을 구매할 가능성은 더 높다 물론

our internal thoughts don't *always* predict our public behavior, /
우리의 내적 사고가 '항상' 공개적인 행동을 예측하지는 않는다

but, / overall, / [what we do] / obviously reflects / [what we think].
하지만 전반적으로 우리가 행동하는 것은 분명히 반영한다 우리가 생각하는 바를
관계대명사절 관계대명사절

But / beliefs and behaviors are also related / in a more remarkable
그러나 신념과 행동은 또한 관련이 있다 보다 더 놀라운 방식으로

way. It turns out / [that the arrow is as likely to point in the reverse
드러난다 화살이 반대 방향을 가리킬 가능성이 그만큼 높다는 것이
명사절

direction]. As social psychologist David Myers observes, / "[If
사회 심리학자 David Myers가 말하듯
~하듯이(접속사) 조건의 부사절

social psychology has taught us anything / during the last 25
사회 심리학이 우리에게 무언가를 가르쳐주었다면 지난 25년간

years], it is [that we are likely not only to think ourselves into a
그것은 우리가 생각하여 행동방식에 이를 뿐만 아니라
보어절 not only A but also B: A뿐만 아니라 B도

way of acting / but also to act ourselves into a way of thinking.]"
우리가 행동하여 사고방식에 이를 (가능성도 있다는 것이다)

지문 해석

사람들의 내적 신념이 그들의 외적인 행동을 이끌 수 있다는 것은 상식이다. 만약 당신이 어떤 사람에게 끌린다면, 당신은 그 사람과 더 어울리려고 할 것이다. 만약 당신이 한 브랜드의 치약을 선호한다면, 당신이 그것을 구매할 가능성은 더 높다. 물론, 우리의 내적 사고가 '항상' 공개적인 행동을 예측하지는 않지만, 전반적으로, 우리가 행동하는 것은 분명히 우리가 생각하는 바를 반영한다. 그러나 신념과 행동은 보다 더 놀라운 방식으로도 관련이 있다. 화살이 반대 방향을 가리킬 가능성이 그만큼 높다는 것이 드러난다. 사회 심리학자 David Myers가 말하듯, "지난 25년간 사회 심리학이 우리에게 가르쳐준 것이 있다면, 그것은 우리가 생각하여 행동방식에 이를 뿐만 아니라 우리가 행동하여 사고방식에 이를 가능성도 있다는 것이다."

지문 흐름

사람들의 내적 신념이 외적 행동에 영향을 줌	………	도입
⬇		
호감이나 선호가 행동으로 이어질 수 있다는 점에서 내적 사고는 행동을 예측할 수 있음	………	전개
⬇		
신념과 행동은 역방향으로도 연관됨	………	요지
⬇		
사회 심리학은 우리가 생각을 행동으로 옮길 뿐만 아니라, 행동이 사고방식에도 영향을 줄 수 있음을 보여줌	………	근거

친절한 오답 풀이

오답 선택지	선택률	오답 이유
① 행동은 신념과 완전히 분리되어 있을 수 있다	8%	행동과 신념이 놀라운 방식으로 관련되어 있다고 했으므로 글의 내용과 상반된다.
③ 우리의 생각은 감정에 좌우될 수 있다	5%	생각이 감정에 좌우된다는 내용은 언급되지 않았다.
④ 행동은 그 사람의 주변 환경을 분명하게 반영할 수 있다	9%	행동이 주변 환경을 반영한다는 내용은 언급되지 않았다.
⑤ 우리가 생각하는 것이 우리가 행동하는 것보다 더 중요할 수 있다	9%	생각과 행동이 연관되어 있다고 했지, 생각하는 것이 더 중요하다고는 하지 않았다.

05 정답 ⑤ 정답률 58%

정답 풀이

밑줄 친 부분은 '머리로부터 손이 단절되는 것'이라는 뜻으로, 여기서는 '기술 발달에 따라 육체 노동이 줄어들게 되었고, 앉아서 디지털 세계에서 일을 하는 것'을 의미하므로, ⑤ '직장에서의 첨단 기술 사용 증가'가 가장 적절하다.

친절한 지문분석

If we adopt technology, / we need to pay its costs. Thousands of
만약 우리가 기술을 받아들이면 우리는 그것의 비용을 치러야 한다 수천 개의

traditional livelihoods have been pushed aside by progress, /
전통적인 생계 수단이 발전에 의해 밀려났다
현재완료 수동태

(have been)
and the lifestyles [around those jobs] ∨removed. Hundreds of
그리고 생활 방식이 그 직업과 관련된 없어졌다
전치사구(형용사구)

(which/that)
millions of humans today / work at jobs / ∨[they hate], /
오늘날 수억 명의 사람들이 일자리에서 일한다 자기가 싫어하는
목적격 관계대명사절

(which/that)
[producing things / ∨{they have no love for}]. Sometimes these jobs
것들을 생산하며 자신이 아무런 애정을 느끼지 못하는 때때로 이러한 일자리는
분사구문(동시동작) 목적격 관계대명사절

cause / physical pain, disability, or chronic disease. Technology
유발한다 육체적 고통, 장애 또는 만성 질환을 기술은

creates many new jobs / [that are certainly dangerous]. At the same
새로운 많은 일자리를 창출한다 확실히 위험한 동시에
주격 관계대명사절

time, / mass education and media train humans / to avoid low-tech
대중 교육과 대중 매체는 인간을 길들인다 낮은 기술의 육체노동을
train+목적어+to-v: (목적어)가 ~하도록 길들이다 to부정사 1

physical work, / to seek jobs [working in the digital world].
피하도록 디지털 세계에서 일하는 직업을 찾도록
to부정사 2(병렬구조) 현재분사구

The divorce of the hands from the head / puts a stress on the
머리로부터 손이 단절되는 것은 인간의 정신에 부담을 준다
주어 동사

human mind. Indeed, / the sedentary nature [of the best-paying
실제로 가장 보수가 좋은 직업의 주로 앉아서 하는 특성은
전치사구(형용사구)

jobs] / is a health risk — for body and mind.
건강 위험 요소이다 신체와 정신에

지문 해석

만약 우리가 기술을 받아들이면, 우리는 그것의 비용을 치러야 한다. 수천 개의 전통적인 생계 수단이 발전에 의해 밀려났으며, 그 직업과 관련된 생활 방식이 없어졌다. 오늘날 수억 명의 사람들이 자기가 싫어하는 일자리에서 일하면서, 자신이 아무런 애정을 느끼지 못하는 것들을 생산한다. 때때로 이러한 일자리는 육체적 고통, 장애 또는 만성 질환을 유발한다. 기술은 확실히 위험한 많은 새로운 일자리를 창출한다. 동시에, 대중 교육과 대중 매체는 낮은 기술의 육체노동을 피하고 디지털 세계에서 일하는 직업을 찾도록 인간을 길들인다. 머리로부터 손이 단절되는 것은 인간의 정신에 부담을 준다. 실제로, 가장 보수가 좋은 직업들의 주로 앉아서 하는 특성은 신체와 정신에 건강 위험 요소이다.

지문 흐름

기술의 발달로 많은 전통적인 직업과 생활 방식이 사라짐 ……… 도입
↓
오늘날의 많은 사람들은 자신의 일을 싫어하고, 이로부터 질병을 얻기도 함 ……… 전개 1
↓
기술은 많은 위험한 일자리를 창출하고, 대중 교육과 대중 매체는 육체 노동을 피하고 디지털 세계의 일을 선택하라고 함 ……… 전개 2
↓
하지만 육체를 쓰지 않고 주로 앉아서 하는 일은 신체와 정신에 모두 부정적인 영향을 줌 ……… 주제

친절한 오답 풀이

오답 선택지	선택률	오답 이유
① 현대 기술에 대한 무지	11%	현대 기술에 관한 내용은 맞지만, 현대 기술에 대한 무지와는 관련이 없다.
② 노동 시장에서의 끝없는 경쟁	4%	노동 시장에서의 끝없는 경쟁에 관련된 내용은 언급되지 않았다.
③ 동료들과 사이가 좋지 않은 것	6%	동료들과 사이가 좋지 않은 것과 관련된 내용은 언급되지 않았다.
④ 자신의 경력에 대한 현실적인 목표 없이 일하는 것	21%	현실적인 목표 없이 일하는 것에 관련된 내용은 언급되지 않았다.

코드+α 배경지식

의자병(sitting disease)

현대인들은 직장이나 학교에서 많은 시간을 앉아서 보내는데, 이러한 생활 습관이 다양한 병을 일으키고 있다. 세계보건기구(WHO)는 이러한 병을 '의자병'으로 명명하고, 오래 앉아 있는 것이 건강에 심각한 악영향을 미치고 있음을 경고하고 있다. 의자병의 대표적인 예로는 소화불량, 혈액순환 장애, 허리 · 목 디스크, 손목 터널 증후군, 거북목 증후군 등이 있다. 의자병 예방법은 간단하다. 의자에 앉아 있는 시간을 가급적 줄이고 30분이나 한 시간마다 한 번씩 일어나 걷거나 스트레칭을 하는 것이다. 직장인이라면 스탠딩 데스크를 이용하여 서서 일하는 환경을 만드는 것도 한 방법이 될 수 있다.

06 정답 ⑤ 정답률 80%

정답 풀이

무력함과 우울감 등의 부정적인 상태에서 벗어나기 위해서는 이 문제를 해결해 본 긍정적인 사고 형태를 가지고 있는 사람들과 함께 하라는 내용이므로, 밑줄 친 hanging out with the winners는 ⑤ '부정적인 상태를 극복한 긍정적인 사람들과 함께하기'를 의미한다.

친절한 지문분석

One valuable technique [for getting out of helplessness, depression, /
무력함, 우울감에서 벗어나기 위한 한 가지 유용한 기술은
주어 전치사구(형용사구)

and situations {which are predominantly being run by the thought,
그리고 '나는 할 수 없다'는 생각에 의해 대부분 지배당하는 상황(에서)
주격 관계대명사절
현재진행형 수동태

"I can't,"}] / is to choose to be with other persons / [who have
타인과 함께 있기로 선택하는 것이다 문제를 해결해 본
동사 to부정사의 명사적 용법(보어) 주격 관계대명사절
to부정사의 명사적 용법(목적어)

resolved the problem / {with which we struggle}]. This is one of
우리가 고심하고 있는 이것은 자조 집단의
전치사+관계대명사

the great powers of self-help groups. [When we are in a negative
큰 힘 중 하나이다 우리가 부정적인 상태에 있을 때
시간의 부사절

state], / we have given a lot of energy to negative thought forms, /
우리는 부정적인 사고 형태에 많은 에너지를 투입해 왔다

and the positive thought forms are weak. Those [who are in a
그리고 긍정적인 사고 형태는 약하다 더 높은 진동에 있는 사람들은
주격 관계대명사절

higher vibration] / are free of the energy from their negative
그들의 부정적인 사고에서 나오는 에너지가 없다
동사 1 ~이 없는

thoughts / and have energized positive thought forms. Merely
그리고 에너지가 가득한 긍정적인 사고 형태를 가지고 있다 단지 그들이
동사 2

to be in their presence is beneficial. In some self-help groups, /
있는 자리에 있기만 하는 것도 유익하다 일부 자조 집단에서
to부정사의 명사적 용법(주어)

this is called "hanging out with the winners." The benefit here
이것은 '승자들과 어울리기'라고 불린다 여기에서의 이점은 의식의

is on the psychic level of consciousness, / and there is a transfer
정신적 수준에 있다 그리고 긍정적인 에너지의 전달이 있다

of positive energy / and relighting of one's own latent positive
그리고 자신의 잠재적인 긍정적인 사고 형태의 재점화(가 있다)

thought forms.

지문 해석

무력함, 우울감, 그리고 '나는 할 수 없다'는 생각에 의해 대부분 지배당하는 상황에서 벗어나기 위한 한 가지 유용한 기술은 우리가 고심하고 있는 문제를 해결해 본 타인과 함께 있기로 선택하는 것이다. 이것은 자조 집단의 큰 힘 중 하나이다. 우리가 부정적인 상태에 있을 때, 우리는 부정적인 사고 형태에 많은 에너지를 투입해 왔고 긍정적인 사고 형태는 약하다. 더 높은 진동에 있는 사람들은 그들의 부정적인 사고에서 나오는 에너지가 없고, 에너지가 가득한 긍정적인 사고 형태를 가지고 있다. 단지 그들이 있는 자리에 있기만 하는 것도 유익하다. 일부 자조 집단에서 이것은 '승자들과 어울리기'라고 불린다. 여기에서의 이점은 의식의 정신적 수준에 있으며, 긍정적인 에너지의 전달과 자신의 잠재적인 긍정적인 사고 형태의 재점화가 있다.

지문 흐름

무력함과 우울감에서 벗어나기 위한 유용한 방법 중 하나는 문제를 해결해 본 사람들과 함께 있는 것임 ········· 주제

↓

우리는 부정적인 상태에 있을 때 부정적인 사고 형태에 많은 에너지를 투입하는 반면, 더 높은 진동에 있는 사람들은 긍정적인 사고 형태를 가지고 있음 ········· 상술

↓

그들이 있는 자리에 있는 것만으로도 유익하며, 일부 자조 집단에서 이는 '승자들과 어울리기'라고 불림 ········· 주제 재진술

↓

긍정적인 에너지의 전달과 자신의 잠재적인 긍정적인 사고 형태의 재점화의 이점이 있음 ········· 부연

친절한 오답 풀이

오답 선택지	선택률	오답 이유
① 다른 사람을 위해 자신을 희생하는 사람들과 함께하기	5%	다른 사람을 위해 자신을 희생하는 사람들에 대한 내용은 언급되지 않았다.
② 경쟁에서 성공한 사람들로부터 배우기	6%	경쟁에서 성공한 사람들에 대한 내용은 언급되지 않았다.
③ 더 높은 사회적 지위에 있는 사람들과 관계 유지하기	6%	높은 사회적 지위에 있는 사람들에 대한 내용은 언급되지 않았다.
④ 사회적 기술 개발이 필요한 사람들과 시간 보내기	3%	사회적 기술 개발이 필요한 사람들에 대한 내용은 언급되지 않았다.

10 빈칸 추론

코드 접속하기

pp.99~102

Q1 ② Q2 ② Q3 ② Q4 ①

Q1

정답 ② 정답률 44%

정답 풀이

로봇은 실수를 줄이고 생산성을 최대화하기 위해 인간 작업자들에게 매우 세밀한 지시 사항을 전달하며, 인간은 이에 맞춰 일하면서 생각하거나 적응하려고 하지 않고 점점 기계화된다는 내용의 글로, 로봇이 우리에게서 빼앗고 있는 것을 묻는 빈칸에는 ② '판단력'이 들어가는 것이 가장 적절하다.

친절한 지문분석

We worry / [that the robots are taking our jobs], / but just as
우리는 걱정한다 로봇이 우리의 직업을 빼앗고 있다고 하지만 그만큼
명사절(목적어)

common a problem is / [that the robots are taking our judgment].
흔한 문제는 로봇이 우리의 판단력을 빼앗고 있다는 것이다
명사절(보어)

In the large warehouses / [so common behind the scenes of today's
거대한 창고에서 오늘날의 경제 배후에서 아주 흔한
형용사구

economy], / human 'pickers' hurry around [grabbing products off
인간 '집게'는 서둘러서 선반에서 상품을 집어내면서
분사구문(동시동작)

shelves / and moving them / to {where they can be packed and
그리고 그것들을 이동시키면서 포장되고 발송될 수 있는 곳으로
의문사절(전치사의 목적어)

dispatched}]. In their ears are headpieces: / the voice of 'Jennifer', /
그들의 귀에는 헤드폰이 있다 'Jennifer'의 목소리가
도치구문(부사구+동사+주어) 주어

a piece of software, / tells them where to go and what to do, /
한 소프트웨어 프로그램인 그들에게 어디로 갈지와 무엇을 할지를 말한다
동사 where to-v: 어디로 ~할지 what to-v: 무엇을 ~할지

[controlling the smallest details / of their movements]. Jennifer
가장 작은 세부 사항들을 조종하면서 그들의 움직임의 Jennifer는
분사구문(동시동작)

breaks down instructions / into tiny chunks, / to minimise error
지시 사항을 쪼갠다 아주 작은 덩어리로 실수를 줄이기 위해
to부정사의 부사적 용법(목적)

and (to) maximise productivity — for example, / rather than [picking /
그리고 생산성을 최대화하기 위해 예를 들어, 집어내기보다는
~보다는 동명사구

eighteen copies of a book off a shelf], / the human worker would
선반에서 책 18권을 인간 작업자는 정중하게 지시받을 것이다

be politely instructed / to pick five. Then another five. Then yet
5권을 집어내라고 그러고 나서 또 다른 5권을 그러고 나서 다시
수동태

another five. Then another three. [Working in such conditions]
또 다른 5권을 그러고 나서 또 다른 3권을 그러한 조건에서 일하는 것은 사람을 격하시킨다
동명사구(주어)

reduces people / to machines / [made of flesh]. Rather than [asking
기계로 살로 만들어진 우리에게 생각하거나
과거분사구 ~보다는 동명사구

us to think or adapt], / the Jennifer unit takes over the thought
적응하라고 요구하기보다는 Jennifer라는 장치는 사고 과정을 가져간다
주어 동사 1

process / and treats workers / as an inexpensive source / of some
그리고 작업자들을 취급한다 값싼 자원으로 약간의
동사 2(병렬구조) ~로(전치사)

visual processing / and a pair of opposable thumbs.
시각적인 처리 과정 그리고 한 쌍의 마주 볼 수 있는 엄지손가락을 가진

지문 해석

우리는 로봇이 우리의 직업을 빼앗고 있다고 걱정하지만, 그만큼 흔한 문제는 로봇이 우리의 판단력을 빼앗고 있다는 것이다. 오늘날의 경제 배후에서 아주 흔한 거대한 창고에서 인간 '집게'는 서둘러서 선반에서 상품을 집어내고 그것들이 포장되고 발송될 수 있는 곳으로 이동시킨다. 그들의 귀에는 헤드폰이 있는데, 한 소프트웨어 프로그램인 'Jennifer'의 목소리가 그들의 움직임의 가장 작은 세부 사항들을 조종하면서, 그들에게 어디로 갈지와 무엇을 할지를 말한다. Jennifer는 실수를 줄이고 생산성을 최대화하기 위해 지시 사항을 아주 작은 덩어리로 쪼갠다—예를 들어, 인간 작업자는 선반에서 책 18권을 집어내기보다는, 5권을 집어내라고 정중하게 지시받을 것이다. 그러고 나서 또 다른 5권을. 그러고 나서 다시 또 다른 5권을. 그러고 나서 또 다른 3권을. 그러한 조건에서 일하는 것은 사람을 살로 만들어진 기계로 격하시킨다. 우리에게 생각하거나 적응하라고 요구하기보다는, Jennifer라는 장치는 사고 과정을 가져가고 작업자들을 약간의 시각적인 처리 과정과 한 쌍의 마주 볼 수 있는 엄지손가락을 가진 값싼 자원으로 취급한다.

지문 흐름

우리는 로봇이 우리의 직업을 빼앗는 것을 걱정하지만 로봇이 우리의 판단력을 빼앗고 있다는 것도 문제임 ……… 주제

↓

창고에서 인간 '집게'는 거대한 창고에서 상품을 집어내고 포장 및 발송하는 곳으로 이동시킴 ……… 예시

↓

이러한 일들은 그들의 헤드폰에서 들리는 소프트웨어인 'Jennifer'의 지시에 따라 이루어짐 ……… 상술 1

↓

Jennifer는 실수를 줄이고 생산성을 최대화하기 위해 지시 사항을 아주 작은 덩어리로 쪼개고, 이는 사람을 기계화시킴 ……… 상술 2

↓

기계는 우리에게 생각하거나 적응하라고 요구하지 않으며 작업자들을 값싼 자원으로 취급함 ……… 주제 재진술

친절한 오답 풀이

오답 선택지	선택률	오답 이유
① 신뢰성	15%	로봇이 우리의 신뢰성을 빼앗고 있다는 내용은 언급되지 않았다.
③ 지구력	10%	로봇이 우리의 지구력을 빼앗고 있다는 내용은 언급되지 않았다.
④ 사교성	18%	로봇이 우리의 사교성을 빼앗고 있다는 내용은 언급되지 않았다.
⑤ 협력	12%	로봇이 우리의 협력을 빼앗고 있다는 내용은 언급되지 않았다.

Q2

정답 ② 정답률 57%

정답 풀이

재생 에너지를 확대할수록 오히려 건설 과정에서 화석 에너지 사용이 늘어나 비용과 배기가스 감축 노력을 훼손한다는 내용의 글이므로, 빈칸에는 ② '우리는 건설 과정에서 화석 에너지를 사용해야 한다'가 들어가는 것이 가장 적절하다.

친절한 지문분석

Richard Heinberg, an American journalist, argues / [that in building
미국인 저널리스트인 Richard Heinberg는 주장한다 재생 가능 에너지 기반
동격 목적절

the renewable energy infrastructure / to stop global warming, /
시설을 구축할 때 지구 온난화를 막기 위해
to부정사의 부사적 용법(목적)

we are actually involved in one of the greatest change projects /
우리는 실제로 가장 큰 변화 프로젝트 중 하나에 관여하는 것이라고

in human history]. In addition to solar panels and wind turbines, /
인류 역사상 태양광 패널과 풍력 터빈에 더하여 ~에 더하여

we have to build an alternative transport infrastructure, farming
우리는 대체 교통 기반 시설, 농업 절차 그리고 산업 프로세스를 구축해야 한다 목적어 1 목적어 2

procedures and industrial processes. This transformation cannot
이 변화는 일어날 수 없다 목적어 3

happen / without fossil fuels. For instance, / production of concrete
화석 연료 없이는 예를 들어 콘크리트 구조물과

structures and steel elements require / amounts of energy [that is
강철 요소의 생산은 필요로 한다 주격 관계대명사절

only possible to produce with fossil energy]. Production of solar
화석 에너지로만 생산 가능한 에너지의 양을 태양광 패널의 생산은 to부정사의 부사적 용법(형용사 수식)

panels requires scarce and expensive minerals / [which must be
희귀하고 값비싼 광물들을 필요로 한다 발굴되어야 하는 주격 관계대명사절

excavated], / again [requiring the use of fossil fuels]. Thus, /
이는 또한 화석 연료 사용을 필요로 한다 분사구문(결과) 따라서

the harder we push / towards a renewable energy system, / the faster
우리가 더 세게 밀고 나아갈수록 재생 가능 에너지 시스템을 향하여 더 빠르게
the+비교급 ~, the+비교급 …: ~할수록 더욱 …하다

we have to use fossil energy / for the construction process. This
우리는 화석 에너지를 사용해야 한다 건설 과정에서 이는

is not only expensive, / but also an undermining factor / for
단지 비용이 많이 들 뿐만 아니라 훼손하는 요인이 된다
not only A but also B: A뿐만 아니라 B도

our efforts to cut global emissions. Heinberg remarks / [that the
전 세계적 배기가스를 줄이려는 우리의 노력을 Heinberg는 말한다 이러한
to부정사의 형용사적 용법 목적절

cost of building this new energy infrastructure / is seldom counted
새로운 에너지 기반 시설을 구축하는 비용이 전환 제안에서 거의 계산되지

in transition proposals, / {which tend to focus just on energy supply
않는다고 이는 에너지 공급 요구 사항에만 집중하는 경향이 있다 주격 관계대명사절(계속적 용법)

requirements}].

지문 해석

미국인 저널리스트인 Richard Heinberg는 지구 온난화를 막기 위해 재생 가능 에너지 기반 시설을 구축할 때, 우리는 실제로 인류 역사상 가장 큰 변화 프로젝트 중 하나에 관여하는 것이라고 주장한다. 태양광 패널과 풍력 터빈에 더하여 우리는 대체 교통 기반 시설, 농업 절차 그리고 산업 프로세스를 구축해야 한다. 이 변화는 화석 연료 없이는 일어날 수 없다. 예를 들어, 콘크리트 구조물과 강철 요소의 생산은 화석 에너지로만 생산 가능한 에너지의 양을 필요로 한다. 태양광 패널의 생산은 발굴되어야 하는 희귀하고 값비싼 광물들을 필요로 하며, 이는 또한 화석 연료 사용을 필요로 한다. 따라서, 우리가 재생 가능 에너지 시스템을 향하여 더 세게 밀고 나아갈수록, 더 빠르게 우리는 건설 과정에서 화석 에너지를 사용해야 한다. 이는 단지 비용이 많이 들 뿐만 아니라, 전 세계적 배기가스를 줄이려는 우리의 노력을 훼손하는 요인이 된다. Heinberg는 이러한 새로운 에너지 기반 시설을 구축하는 비용이 전환 제안에서 거의 계산되지 않는데, 이는 에너지 공급 요구 사항에만 집중하는 경향이 있다고 말한다.

지문 흐름

Heinberg는 재생 에너지 기반 시설 구축이 인류 역사상 가장 큰 변화 프로젝트 중 하나라고 주장함	·········	도입
태양광 패널과 풍력 터빈뿐만 아니라 교통, 농업, 산업 전반의 새로운 기반 시설이 필요하며 이는 화석 연료 없이는 불가능함	·········	전개
콘크리트와 강철 생산, 태양광 패널의 생산에는 화석 연료 사용이 필요함	·········	예시
재생 에너지를 더 빠르게 확대할수록 건설 과정에서 화석 에너지 사용이 증가해 비용 부담과 배기가스 감축 노력에 역행함	·········	요지
Heinberg는 이러한 막대한 구축 비용이 전환 논의에서 간과되고 있으며, 논의가 에너지 공급 요구에만 치중된다고 비판함	·········	결론

친절한 오답 풀이

오답 선택지	선택률	오답 이유
① 우리는 재생 에너지 자원을 최대한 활용하고 있다	11%	우리가 재생 에너지 지원을 최대한으로 활용하고 있다는 내용은 언급되지 않았다.
③ 우리는 환경을 위해 더 많은 천연자원에 투자한다	11%	재생 가능 에너지 기반 시설을 구축하는데 화석 연료가 쓰인다는 내용이므로 천연자원에 대한 투자와는 거리가 멀다.
④ 우리는 지구 온난화 속도를 줄일 수 있다	15%	재생 가능 에너지 기반 시설을 구축하는데 오히려 화석 연료가 쓰인다는 내용이므로 글의 요지와 상반된다.
⑤ 대체 에너지 시장이 경쟁력을 갖게 된다	5%	대체 에너지 시장이 경쟁력을 갖게 된다는 내용은 언급되지 않았다.

Q3

정답 ② 정답률 57%

정답 풀이

일반적인 수요의 법칙과 반대로 가격이 상승할수록 더 많이 소비되는 '기펜재'에 대해 중국의 쌀을 예로 들어 설명하는 내용이므로, 쌀값이 상승한 상황에 대한 결과가 나와야 하는 빈칸에는 ② '더 많은 쌀을 소비한다'가 들어가는 것이 가장 적절하다.

친절한 지문분석

The law of demand is / [that the demand for goods and services
수요의 법칙은 ~이다 상품과 서비스에 대한 수요가 증가하는 것 명사절(보어) 1 (that)

increases / {as prices fall}], / and [the demand falls / {as prices
가격이 하락할수록 그리고 수요가 감소하는 (것이다) 가격이 상승할수록
시간의 부사절 명사절(보어) 2 시간의 부사절

increase}]. *Giffen goods* are special types of products / for which
'기펜재'는 특별한 유형의 상품이다 전치사+관계대명사

the traditional law of demand does not apply. Instead of [switching
전통적인 수요 법칙이 적용되지 않는 저렴한 대체품으로 바꾸는 것 ~ 대신에 동명사구

to cheaper replacements], / consumers demand more of giffen
대신에 소비자들은 더 많은 기펜재를 수요한다 (demand) 동사

goods / [when the price increases] / and less of them / [when
가격이 상승할 때 더 적은 (기펜재를) 수요한다
시간의 부사절 = giffen goods 시간의 부사절

the price decreases]. Taking an example, / rice in China is a giffen
가격이 하락할 때 예를 들자면 중국의 쌀은 기펜재이다 분사구문

good / [because people tend to purchase less of it / {when the price falls}]. The reason for this is, / [when the price of rice falls], / people have more money / [to spend on other types of products / such as meat and dairy] / and, therefore, change their spending pattern. On the other hand, / [as rice prices increase], / people consume more rice.

사람들이 덜 구매하는 경향이 있기 때문에 / 가격이 하락할 때 / 이유의 부사절 / tend to-v: ~하는 경향이 있다 / 시간의 부사절 / 그 이유는 ~이다 / 쌀값이 하락하면 / 시간의 부사절 / 사람들은 돈이 많아진다 / 다른 종류의 상품에 쓸 / to부정사의 형용사적 용법 / 고기나 유제품 같은 / such as: ~ 같은 / 그리고 그 결과 소비 패턴을 바꾼다 / 반면에 / 쌀값이 상승하면 / 시간의 부사절 / 사람들은 / 더 많은 쌀을 소비한다

지문 해석

수요의 법칙은 가격이 하락할수록 상품과 서비스에 대한 수요가 증가하고, 가격이 상승할수록 수요가 감소하는 것이다. '기펜재'는 전통적인 수요 법칙이 적용되지 않는 특별한 유형의 상품이다. 저렴한 대체품으로 바꾸는 대신 소비자들은 가격이 상승할 때 기펜재를 더 많이, 가격이 하락할 때 덜 수요한다. 예를 들자면, 중국의 쌀은 가격이 하락할 때 사람들이 덜 구매하는 경향이 있기 때문에 기펜재이다. 그 이유는, 쌀값이 하락하면, 사람들이 고기나 유제품 같은 다른 종류의 상품에 쓸 돈이 많아지고, 그 결과 소비 패턴을 바꾸기 때문이다. 반면에, 쌀값이 상승하면, 사람들은 더 많은 쌀을 소비한다.

지문 흐름

수요의 법칙은 가격이 하락할수록 상품과 서비스에 대한 수요가 증가하고, 가격이 상승할수록 수요가 감소하는 것임 ········· 도입

↓

'기펜재'는 전통적인 수요 법칙이 적용되지 않는 특별한 유형의 상품임 ········· 요지

↓

소비자들은 가격이 상승할 때 기펜재를 더 많이, 가격이 하락할 때 덜 수요함 ········· 부연

↓

중국의 쌀은 가격이 하락할 때 사람들이 덜 구매하는 경향이 있음 ········· 예시

↓

쌀값이 하락하면 고기나 유제품 같은 다른 종류의 상품에 쓸 돈이 많아지고 소비 패턴을 바꾸는 반면에, 쌀값이 상승하면 사람들은 더 많은 쌀을 소비함 ········· 상술

친절한 오답 풀이

오답 선택지	선택률	오답 이유
① 고기를 더 주문한다	16%	기펜재인 쌀의 가격이 하락하면 고기 등의 상품에 쓸 수 있는 돈이 많아진다고 했으므로 쌀값이 상승하면 고기를 더 주문한다는 내용은 이 글의 내용과 상반된다.
③ 새 직장을 구하려고 한다	4%	쌀값이 상승하면 사람들이 새 직장을 구하려고 한다는 내용은 언급되지 않았다.
④ 저축액을 늘린다	19%	쌀값이 상승하면 사람들이 저축액을 늘린다는 내용은 언급되지 않았다.
⑤ 해외에 투자하기 시작한다	5%	쌀값이 상승하면 사람들이 해외에 투자하기 시작한다는 내용은 언급되지 않았다.

Q4

정답 ① 정답률 21%

정답 풀이

홈 경기의 이점으로 알려진 인식된 자원이 오히려 스포츠 팀에 부담과 압박이 될 수 있다는 내용이므로, 이러한 부담과 압박을 덜 느끼기 위해 스포츠 팀들이 하는 행동에 대한 내용이 들어가야 하는 빈칸에는 ① '길을 떠나는 것(원정 경기를 가는 것)을 보통 반긴다'가 들어가는 것이 가장 적절하다.

친절한 지문분석

One dynamic / [that can change dramatically in sport] / is the concept / of the homefield advantage, / in which perceived demands and resources / seem to play a role. Under normal circumstances, / the home ground would appear to provide greater perceived resources / (fans, home field, and so on). However, / researchers Roy Baumeister and Andrew Steinhilber were among the first [to point out / {that these competitive factors can change}]; / for example, / the success percentage for home teams / in the final games of a playoff or World Series / seems to drop. Fans can become / part of the perceived demands / rather than resources / under those circumstances. This change in perception can also explain / [why a team that's struggling at the start of the year / will often welcome a road trip / to reduce perceived demands and pressures].

한 가지 역학은 / 스포츠에서 극적으로 바뀔 수 있는 / 주격 관계대명사절 / 개념이다 / 홈 이점이라는 / 여기에서는 인식된 부담과 자원이 / 전치사+관계대명사 / 역할을 하는 것처럼 보인다 / seem to-v: ~처럼 보이다 / 일반적인 상황에서 / 홈그라운드는 인식된 자원을 더 많이 제공하는 것처럼 보이기 마련이다 / ~하게 마련이다 / appear to-v: ~처럼 보이다 / (팬, 홈 경기장 등) / 하지만 / 연구원 Roy Baumeister와 Andrew Steinhilber는 처음으로 지적한 사람 중 하나였다 / 이러한 경쟁력이 있는 요소들이 바뀔 수도 있다고 / to부정사의 형용사적 용법 / 목적절 / 문장 연결 / 예를 들어 / 홈 팀들의 성공률은 / 우승 결정전이나 월드 시리즈에서 / 떨어지는 것처럼 보인다 / seem to-v: ~처럼 보이다 / 팬들은 / 될 수 있다 / 인식된 부담의 일부가 / 자원보다는 / A rather than B: B라기보다는 A / 이러한 상황에서 / 이러한 인식의 변화는 또한 설명할 수 있다 / 왜 연초에 고전하는 팀이 / 의문사절 / 길을 떠나는 것을 보통 반기기 마련인지 / ~하게 마련이다(습성·경향) / 인식된 부담과 압박을 줄이기 위해 / to부정사의 부사적 용법(목적)

지문 해석

스포츠에서 극적으로 바뀔 수 있는 한 가지 역학은 홈 이점이라는 개념으로, 여기에서는 인식된 부담과 자원이 역할을 하는 것처럼 보인다. 일반적인 상황에서, 홈그라운드는 인식된 자원(팬, 홈 경기장 등)을 더 많이 제공하는 것처럼 보이기 마련이다. 하지만, 연구원 Roy Baumeister와 Andrew Steinhilber는 이러한 경쟁력이 있는 요소들이 바뀔 수도 있다고 처음으로 지적한 사람 중 하나였다. 예를 들어, 우승 결정전이나 월드 시리즈에서 홈 팀들의 성공률은 떨어지는 것처럼 보인다. 이러한 상황에서 팬들은 자원보다는 인식된 부담의 일부가 될 수 있다. 이러한 인식의 변화는 왜 연초에 고전하는 팀이 인식된 부담과 압박을 줄이기 위해 길을 떠나는 것(원정 경기를 가는 것)을 보통 반기기 마련인지 또한 설명할 수 있다.

지문 흐름

홈 이점에는 인식된 부담과 자원이 역할을 하며, 흔히 홈 그라운드는 인식된 자원을 더 많이 제공하는 것처럼 보임	………	도입
Roy Baumeister와 Andrew Steinhilber는 홈그라운드에서 경쟁력이 있는 요소들이 바뀔 수도 있다고 함	………	요지
우승 결정전이나 미국 프로 야구 선수권의 마지막 경기에서 홈 팀들의 성공률은 떨어지는데, 이는 팬들이 자원보다는 인식된 부담의 일부가 될 수 있기 때문임	………	근거
연초에 고전하는 팀들은 인식된 부담과 압박을 줄이기 위해 원정 경기를 가는 것을 반김	………	부연

친절한 오답 풀이

오답 선택지	선택률	오답 이유
② 국제 경기를 회피한다	31%	연초에 고전하는 팀이 인식된 부담과 압박을 줄이기 위해 국제 경기를 회피한다는 것은 글의 내용과 무관하다.
③ 티켓 판매량을 늘리는 것에 집중한다	12%	연초에 고전하는 팀이 인식된 부담과 압박을 줄이기 위해 티켓 판매량을 늘리는 것에 집중한다는 것은 글의 내용과 무관하다.
④ 환경 친화적인 경기장을 가지고 싶어 한다	9%	연초에 고전하는 팀이 인식된 부담과 압박을 줄이기 위해 환경 친화적인 경기장을 가지고 싶어 한다는 것은 글의 내용과 무관하다.
⑤ 곧 있을 그들의 경기를 홍보하려고 한다	26%	연초에 고전하는 팀이 인식된 부담과 압박을 줄이기 위해 곧 있을 경기를 홍보하는 것은 글의 내용과 무관하다.

코드 공략하기

pp.103~107

01 ① 02 ② 03 ⑤ 04 ① 05 ① 06 ③ 07 ②
08 ④ 09 ② 10 ③

01

정답 ① 정답률 67%

정답 풀이

공원에 가는 것을 예시로 들며 편안한 안락 지대에서 벗어나 다른 새로운 것을 시도해야 자신에게 어떤 대단한 일이 일어날지 알 수 있으며 앞으로 나아가 스스로를 이롭게 하는 다른 어떤 것을 할 수 있다는 내용이므로, 빈칸에는 ① '다양성은 인생의 향신료이다'가 들어가는 것이 가장 적절하다.

친절한 지문분석

Say (that) [you normally go to a park / to walk or work out]. Maybe
~라고 하자 여러분이 보통 어떤 공원에 간다고 (목적절) 산책이나 운동을 하러 (to부정사의 부사적 용법(목적)) 어쩌면 오늘

today / you should choose a different park. Why? Well, / who
여러분은 다른 공원을 선택하는 것이 좋겠다 왜 글쎄 누가

knows? Maybe / it's because you need the connection / to the
알겠는가 어쩌면 여러분이 연결되는 것이 필요하기 때문이다 (~ 때문이다)

different energy / in the other park. Maybe / you'll run into
다른 기운과 다른 공원에서 어쩌면 여러분은 거기서 사람들과 우연히

people there [that you've never met before]. You could make
마주치게 될 것이다 여러분이 전에 만난 적 없는 (목적격 관계대명사절, 현재완료(경험)) 여러분은 새로운 가장 친한 친구를

a new best friend / simply by visiting a different park. You never
사귈 수 있다 다른 공원을 그저 방문함으로써 여러분은 절대
by v-ing: ~함으로써 never ~ until ...: …하고 나서야 비로소 ~하다

know [what great things will happen to you] / [until you step
모른다 어떤 대단한 일들이 여러분에게 일어날지 (의문사절(목적절)) 여러분이 지대 밖으로 (시간의 부사절)

outside the zone {where you feel comfortable}]. [If you're staying
나갈 때까지 여러분이 편안함을 느끼는 (관계부사절) 만약 여러분이 (조건의 부사절)

in your comfort zone / and you're not pushing yourself / past that
안락 지대에 머무르고 있고 자신을 밀어붙이지 않는다면 지나서, 넘어서서(전치사)

same old energy], then you're not going to move forward / on your
그 똑같은 낡은 기운을 넘어서게 여러분은 앞으로 나아가지 못할 것이다 (be going to-v(예정)) 여러분의 진로에서

path. By forcing yourself to do something different, / you're
여러분 자신에게 다른 어떤 것을 하게 함으로써
by v-ing: ~함으로써 force+목적어+to-v: (목적어)가 ~하게 하다

awakening yourself / on a spiritual level / and you're forcing
여러분은 자신을 깨우치고 정신적인 차원에서 자신이 어떤 일을 하게 하고 있다
force+목적어+to-v: (목적어)가 ~하게 하다

yourself to do something / [that will benefit you / in the long run].
자신을 이롭게 할 (주격 관계대명사절) 결국에는

As they say, / variety is the spice of life.
사람들이 말하듯이 (~하듯이(접속사)) 다양성은 인생의 향신료이다

지문 해석

여러분이 보통 어떤 공원에 산책이나 운동을 하러 간다고 하자. 어쩌면 오늘 여러분은 다른 공원을 선택하는 것이 좋겠다. 왜? 글쎄, 누가 알겠는가? 어쩌면 여러분이 다른 공원에서 다른 기운과 연결되는 것이 필요하기 때문일 것이다. 어쩌면 여러분은 거기서 전에 만난 적 없는 사람들과 우연히 마주치게 될 것이다. 여러분은 그저 다른 공원을 방문함으로써 새로운 가장 친한 친구를 사귈 수 있다. 여러분이 편안함을 느끼는 지대 밖으로 나가고 나서야 비로소 자신에게 어떤 대단한 일이 일어날지 안다. 만약 여러분이 안락 지대에 머무르고 있고, 그 똑같은 낡은 기운을 넘어서게 자신을 밀어붙이지 않는다면, 자신의 진로에서 앞으로 나아가지 못할 것이다. 여러분 자신에게 다른 어떤 것을 하게 함으로써, 여러분은 정신적인 차원에서 자신을 깨우치고, 결국에는 자신을 이롭게 할 어떤 일을 자신이 하도록 만들고 있는 것이다. 사람들이 말하듯이, 다양성은 인생의 향신료이다.

지문 흐름

여러분이 어떤 공원에 산책이나 운동을 하러 간다고 가정함	………	가정
어쩌면 오늘 여러분은 다른 공원을 선택하는 편이 좋을 것임	………	전개
다른 공원에서 다른 기운과 연결되는 것이 필요하거나, 새로운 사람을 만나 가장 친한 친구가 될 수 있음	………	부연
편안함을 느끼는 지대 밖으로 나가고 나서야 비로소 자신에게 어떤 대단한 일이 일어날지 알 수 있고, 안락 지대에 머무르면 앞으로 나아가지 못함	………	주제
다른 어떤 것을 함으로써, 정신적인 차원에서 자신을 깨우치고, 결국에는 자신을 이롭게 할 어떤 일을 하는 것임	………	주제 재진술
사람들은 다양성은 인생의 향신료라고 말함	………	인용

친절한 오답 풀이

오답 선택지	선택률	오답 이유
② 공상은 현실을 비추는 거울이다	6%	공상이 현실을 반영한다는 내용은 지문과 무관하다.
③ 실패는 성공보다 더 많이 가르친다	9%	실패에서 많은 것을 배울 수 있다는 내용은 지문에서 언급되지 않았다.
④ 게으름은 발명의 어머니이다	4%	게으름으로부터 발명이 나온다는 내용은 지문과 무관하다.

⑤ 갈등은 관계를 강화한다	10%	갈등과 관계 강화에 대한 내용은 지문에서 언급되지 않았다.

02 정답 ② 정답률 62%

정답 풀이

다른 사람의 보디랭귀지를 따라 하는 것이나 자신의 행동으로 인해 감정이 발생할 수 있다는 내용이므로, 빈칸에는 ② '감정이 우리 신체에서 발생한다'가 들어가는 것이 가장 적절하다.

친절한 지문분석

Someone else's body language / affects our own body, / [which then creates an emotional echo / {that makes us feel accordingly}].
다른 사람의 보디랭귀지는 / 우리 자신의 신체에 영향을 미친다 / 그리고 그것은 그 후 감정적인 메아리를 만들어 낸다 / 우리가 그에 따라 느끼도록 하는
(주격 관계대명사절(계속적 용법) / 주격 관계대명사절 / make(사역동사)+목적어+동사원형: (목적어)가 ~하게 하다)

As Louis Armstrong sang, / "When you're smiling, / the whole world smiles with you."
루이 암스트롱이 노래했듯이 / "당신이 미소 지을 때 / 전 세계가 당신과 함께 미소 짓는다."

[If copying another's smile / makes us feel happy], / the emotion of the smiler / has been transmitted via our body.
만약 다른 사람의 미소를 따라 하는 것이 / 우리를 행복하게 한다면 / 그 미소 짓는 사람의 감정은 / 우리의 신체를 통해 전달된 것이다
(조건의 부사절 / 주어(동명사구) / 동사 / 현재완료 수동태)

❶ Strange as it may sound, / this theory states / [that emotions arise from our bodies].
이상하게 들릴지 모르지만 / 이 이론은 말한다 / 감정이 우리 신체에서 발생한다고
(양보의 부사절 / 목적절 / ~에서 발생하다)

For example, / our mood can be improved / by simply lifting up the corners of our mouth.
예를 들어 / 우리의 기분은 좋아질 수 있다 / 단순히 입꼬리를 올리는 것으로
(by v-ing: ~함으로써)

If people are asked / to bite down on a pencil lengthwise, / [taking care not to let the pencil touch their lips] / [(thus forcing the mouth into a smile-like shape)], / they judge cartoons funnier / than if they have been asked to frown.
만약 사람들이 요구받으면 / 연필을 긴 방향으로 꽉 물라고 / 연필이 그들의 입술에 닿지 않도록 조심하면서 / (그리하여 억지로 입을 미소 짓는 것과 같은 모양이 되도록) / 그들은 만화를 더 재미있다고 판단한다 / 인상을 찌푸리라고 요구받은 경우보다
(분사구문(동시동작) / let(사역동사)+목적어+동사원형: (목적어)가 ~하게 두다 / 분사구문(결과) / 비교급 / 현재완료 수동태)

The primacy [of the body] / is sometimes summarized in the phrase / "I must be afraid, / because I'm running."
신체가 우선함은 / 때때로 ~라는 구절로 요약된다 / "나는 두려운 것이 분명하다 / 왜냐하면 나는 도망치고 있기 때문이다."
(주어 / 전치사구(형용사구) / 동사(수동태))

❶ 강조를 위해 보어 Strange가 문두에 왔다.

지문 해석

다른 사람의 보디랭귀지는 우리 자신의 신체에 영향을 미치며, 그것은 그 후 우리가 그에 따라 느끼도록 하는 감정적인 메아리를 만들어 낸다. 루이 암스트롱이 노래했듯이, "당신이 미소 지을 때, 전 세계가 당신과 함께 미소 짓는다." 만약 다른 사람의 미소를 따라 하는 것이 우리를 행복하게 한다면, 그 미소 짓는 사람의 감정은 우리의 신체를 통해 전달된 것이다. 이상하게 들릴지 모르지만, 이 이론은 감정이 우리 신체에서 발생한다고 말한다. 예를 들어, 우리의 기분은 단순히 입꼬리를 올리는 것으로 좋아질 수 있다. 만약 사람들이 연필을 긴 방향으로 꽉 물라고 요구받으면, 연필이 그들의 입술에 닿지 않도록 조심하면서 (그리하여 억지로 입을 미소 짓는 것과 같은 모양이 되도록), 그들은 인상을 찌푸리라고 요구받은 경우보다 만화를 더 재미있다고 판단한다. 신체가 우선함은 "나는 두려운 것이 분명하다, 왜냐하면 나는 도망치고 있기 때문이다."라는 구절로 때때로 요약된다.

지문 흐름

다른 사람의 보디랭귀지는 우리의 신체에 영향을 미치며, 이는 결국에 감정적인 메아리를 만들어 냄 ········ 도입
⬇
다른 사람의 미소를 따라 함으로써 우리가 행복해지므로, 그 미소 짓는 사람의 감정은 우리의 신체를 통해 전달된 것임 ········ 예시
⬇
이상하게 들릴 수 있겠지만, 이 이론은 감정이 우리 신체에서 발생한다고 말함 ········ 주제
⬇
예를 들어, 우리는 단순히 입꼬리를 올리는 것으로 기분이 좋아질 수 있는데, 만약 사람들이 연필을 긴 방향으로 연필이 그들의 입술에 닿지 않게 조심하면서 물고 있으라는 요구를 받으면 그들의 입은 미소 짓는 것과 같은 모양이 됨. 이 상태에서 그들이 인상을 찌푸리라고 요구받았을 때보다 만화가 더 재미있다고 판단함 ········ 예시
⬇
신체가 우선함은 "나는 도망치고 있기 때문에 두려운 것이 분명하다"라는 구절로 요약되기도 함 ········ 주제 재진술

친절한 오답 풀이

오답 선택지	선택률	오답 이유
① 언어는 우리의 행동을 인도한다	8%	다른 사람의 보디랭귀지나 우리의 행동이 감정을 이끈다는 내용이므로, 언어가 우리의 행동을 인도한다는 내용은 이 글의 내용과 다르다.
③ 보디랭귀지는 우리의 감정을 숨긴다	15%	보디랭귀지에 관한 내용이 등장하기는 했지만, 다른 사람의 보디랭귀지가 우리의 감정에 영향을 미칠 수 있다고 한 것이므로, 보디랭귀지가 우리의 감정을 숨긴다는 내용은 이 글의 내용과 다르다.
④ 다른 사람들이 하는 말이 우리의 기분에 영향을 준다	12%	다른 사람의 보디랭귀지가 우리의 감정에 영향을 미칠 수 있다고 했으므로, 다른 사람이 하는 말이 우리의 기분에 영향을 준다는 것은 글의 내용과 다르다.
⑤ 부정적인 감정은 쉽게 사라진다	4%	부정적인 감정이 쉽게 사라진다는 내용은 지문의 내용과 무관하다.

03 정답 ⑤ 정답률 36%

정답 풀이

법적으로 허용되는 것과 실제로 그것을 할 수 있는 것을 구별하는 것이 중요한데, 법적으로 허용되더라도 그것을 할 능력이 없다면 실질적 자유를 증가시키지 않는다고 했으므로, 빈칸에는 ⑤ '그들이 선택하는 것을 할 수 있는 수단과 능력을 갖추고 있는 것'이 들어가는 것이 가장 적절하다.

친절한 지문분석

It is important / to distinguish / between [being legally allowed to do something], / and [actually being able to go and do it].
중요하다 / 구별하는 것은 / 법적으로 어떤 일을 할 수 있도록 허용되는 것과 / 실제로 그것을 해 버릴 수 있는 것을
(가주어 / 진주어 / between A and B: A와 B 사이에 / 동명사구 / 동명사구 / be able to-v: ~할 수 있다 / 해 버리다)

❶ A law could be passed / allowing everyone, / if they so wish, /
법이 통과될 수도 있다 / 모든 사람을 허용하는 / 그들이 그렇게 원한다면
(수동태 / allow+목적어+to-v: (목적어)로 하여금 ~하도록 하다 / 삽입절)

to run a mile in two minutes. ❷ That would not, however,
2분 안에 1마일을 달리도록 그러나 그것이 그들의 '실질적' 자유를
(they are)
increase their *effective* freedom, / [because, / {although allowed
증가시키지는 않을 것이다 ~ 때문에 그렇게 하는 것이
이유의 부사절 양보의 부사절
to do so}, / they are physically incapable of it]. [Having a minimum
허용되더라도 물리적으로 그렇게 할 수 없기 (때문에) 최소한의 제약과
be incapable of: ~을 할 수 없다 주어(동명사구)
of restrictions and a maximum of possibilities] / is fine. But /
최대한의 가능성을 두는 것은 괜찮다 하지만
동사
in the real world / most people will never have the opportunity /
현실 세계에서 대부분의 사람에게는 가능성이 전혀 없을 것이다
either to become all / [that they are allowed to become], / or
모든 것이 되거나 자신이 되도록 허용된
to부정사의 형용사적 용법(the opportunity 수식)
either A or B: A나 B 둘 중 하나 관계대명사절(선행사가 to become의 보어 역할)
to need to be restrained from doing everything / [that is
모든 것을 하는 것을 저지될 필요가 있는 그들이
to부정사의 형용사적 용법(the opportunity 수식) 주격 관계대명사절
restrain+목적어+from v-ing: (목적어)가 ~하는 것을 저지하다
possible for them to do]. Their effective freedom depends on /
하는 것이 가능한 그들의 실질적 자유는 ~에 달려 있다
to부정사의 의미상 주어
actually [having the means and ability / to do {what they choose}].
사실 수단과 능력을 갖추고 있는 것(에) 그들이 선택하는 것을 할 수 있는
동명사구(전치사의 목적어) to부정사의 형용사적 용법 관계대명사절

❶ 주어(A law)를 수식하는 현재분사절 allowing ~ minutes가 너무 길어 문장 뒤에 두었다.
❷ 부사절의 주어가 주절의 주어와 같고 동사가 be동사인 경우, 부사절의「주어+be동사」는 생략할 수 있다.

지문 해석

어떤 일을 할 수 있도록 법적으로 허용되는 것과 실제로 그것을 해 버릴 수 있는 것을 구별하는 것은 중요하다. 모든 사람이 원한다면 2분 안에 1마일을 달릴 수 있도록 허용하는 법이 통과될 수도 있다. 그러나 그렇게 하는 것이 허용되더라도, 물리적으로 그렇게 할 수 없기 때문에 그것이 그들의 '실질적' 자유를 증가시키지는 않을 것이다. 최소한의 제약과 최대한의 가능성을 두는 것은 괜찮다. 하지만 현실 세계에서, 대부분의 사람에게는 자신이 되도록 허용된 모든 것이 될 가능성이 전혀 없고, 할 수 있는 모든 것을 하는 것을 저지당할 필요가 있을 가능성도 전혀 없을 것이다. 그들의 실질적 자유는 사실 그들이 선택하는 것을 할 수 있는 수단과 능력을 갖추고 있는 것에 달려 있다.

지문 흐름

어떤 일을 할 수 있도록 법적으로 허용되는 것과 실제로 그것을 해 버릴 수 있는 것을 구별하는 것은 중요함	도입
모든 사람이 2분 안에 1마일을 달릴 수 있도록 허용하는 법이 통과될 수도 있지만 물리적으로 불가능하므로 '실질적' 자유를 증가시키지는 않을 것임	예시
최소한의 제약과 최대한의 가능성을 두는 것은 괜찮지만, 현실에서 대부분의 사람들이 자신에게 허용된 모든 것이 될 가능성이 없고, 할 수 있는 모든 것을 하는 것을 저지당할 가능성도 없음	전개
실질적 자유는 선택하는 것을 할 수 있는 수단과 능력을 갖추고 있는가에 달려 있음	요지

친절한 오답 풀이

오답 선택지	선택률	오답 이유
① 자유에 대한 타인의 권리를 존중하는 것	21%	실질적 자유가 자유에 대한 타인의 권리를 존중하는 것에 달려 있다는 것은 지문의 내용과 무관하다.
② 빈곤한 사람들을 보호하고 돕는 것	12%	빈곤한 사람들을 보호하고 돕는 것에 대해서는 언급되지 않았다.
③ 사회적으로 용인되는 행동이 무엇인지 배우는 것	19%	실질적 자유는 사회적으로 용인되는 행동과 달리 자신이 할 수 있는 수단과 능력을 갖추는 것에 달려 있으므로, 이는 지문의 내용과 반대된다.
④ 그들이 다른 사람들에게 얼마나 기대할 수 있는지 결정하는 것	10%	다른 사람들에게 얼마나 기대할 수 있는지 결정하는 것은 지문의 내용과 거리가 멀다.

04 정답 ① 정답률 51%

정답 풀이

각 종들은 생존에 최적화되어 진화하기 때문에 서로의 포식과 피식 관계는 그대로 남아 있다는 내용의 글이므로, 빈칸에는 ① '제자리에 머무를 뿐이다'가 들어가는 것이 가장 적절하다.

친절한 지문분석

In Lewis Carroll's *Through the Looking-Glass*, / the Red Queen
Lewis Carroll의 〈*Through the Looking-Glass*〉에서 붉은 여왕은
takes Alice on a race / [through the countryside]. They run and
Alice를 한 경주에 데리고 간다 시골을 통과하는 그들은 달리고
전치사구(형용사구)
they run, / but then Alice discovers [that they're still under
또 달린다 하지만 그러다가 Alice는 발견한다 자신들이 여전히 같은 나무 아래에
목적절
the same tree {that they started from}]. The Red Queen explains
있음을 자신들이 출발했던 붉은 여왕은 Alice에게 설명한다
목적격 관계대명사절
(that)
to Alice: / "*here*, you see, / it takes all the running [you can do], /
'여기서는' 보다시피 모든 뜀박질을 필요로 한다 네가 할 수 있는
가주어 목적격 관계대명사절
to keep in the same place." Biologists sometimes use this Red
같은 장소에 머물러 있는 것은 생물학자들은 때때로 이 '붉은 여왕 효과'를 사용한다
진주어
Queen Effect / to explain an evolutionary principle. If foxes
진화 원리를 설명하기 위해 만약 여우가
to부정사의 부사적 용법(목적)
evolve / to run faster / so they can catch more rabbits, / then only
진화한다면 더 빨리 달리도록 더 많은 토끼를 잡기 위해 그러면 오직
to부정사의 부사적 용법(목적) so (that)+S+V: ~하기 위하여, ~하도록
the fastest rabbits will live long enough / to make a new generation
가장 빠른 토끼만이 충분히 오래 살 것이다 새로운 세대의 토끼를 낳을 만큼
부사+enough+to-v: ~할 만큼 충분히 …하게
of bunnies / [that run even faster]—in which case, of course, /
훨씬 더 빨리 달리는 이 경우에 물론
주격 관계대명사절 비교급 강조 관계형용사
only the fastest foxes will catch enough rabbits / to thrive and pass
가장 빠른 여우만이 충분한 토끼를 잡아 번성하여 자신들의 유전자를
to부정사의 부사적 용법(결과)
on their genes. [Even though they might run], / the two species
물려줄 것이다 그것들이 달린다 해도 그 두 종은 제자리에
양보의 부사절
just stay in place.
머무를 뿐이다

지문 해석

루이스 캐럴의 〈*Through the Looking-Glass*〉에서 붉은 여왕은 Alice를 시골을 통

과하는 한 경주에 데리고 간다. 그들은 달리고 또 달리지만, 그러다가 Alice는 자신들이 출발했던 같은 나무 아래에 여전히 있음을 발견한다. 붉은 여왕은 Alice에게 "'여기서는' 보다시피 같은 장소에 머물러 있으려면 네가 할 수 있는 모든 뜀박질을 해야 한단다."라고 설명한다. 생물학자들은 때때로 이 '붉은 여왕 효과'를 사용해 진화 원리를 설명한다. 만약 여우가 더 많은 토끼를 잡기 위해 더 빨리 달리도록 진화한다면, 그러면 오직 가장 빠른 토끼만이 충분히 오래 살아 훨씬 더 빨리 달리는 새로운 세대의 토끼들을 낳을 텐데, 물론 이 경우 가장 빠른 여우만이 충분한 토끼를 잡아 번성하여 자신들의 유전자를 물려줄 것이다. 그 두 종이 달린다 해도 그것들은 제자리에 머무를 뿐이다.

지문 흐름

Lewis Carroll의 〈*Through the Looking-Glass*〉에서 붉은 여왕이 Alice를 한 경주에 데려감	……… 도입
붉은 여왕이 Alice에게 같은 장소에 머무르려면 최대한 열심히 뜀박질을 해야 한다는 사실을 알려줌	……… 전개
생물학자들이 '붉은 여왕 효과'를 사용하여 진화 원리를 설명함	……… 요지
여우가 빨리 달리도록 진화한다면, 토끼도 살아남기 위해 훨씬 더 빨리 달리는 새로운 세대를 번성시킴	……… 예시
여우와 토끼가 아무리 열심히 달려도 그들의 관계는 그대로임	……… 결론

친절한 오답 풀이

오답 선택지	선택률	오답 이유
② 결국 천천히 걷게 된다	10%	각 종은 생존을 위해 더 빨리 뛰게 되므로 천천히 걷게 된다는 것은 지문의 내용과 상반된다.
③ 서로와 절대 충돌하지 않는다	16%	서로와 충돌하지 않는다는 내용은 지문의 내용과 무관하다.
④ 변화에 적응할 수 없을 것이다	13%	모든 종은 각자의 생존에 최적화되어 진화하고 있으므로, 변화에 적응할 수 없다는 것은 지문의 내용과 상반된다.
⑤ 그들의 부모보다 더 빨리 달릴 수 없다	10%	각 종들은 생존을 위해 진화했기 때문에 부모보다 더 빨리 달릴 수 없다는 것은 지문의 내용과 상반된다.

코드+α 배경지식

루이스 캐럴(Lewis Carroll)

〈이상한 나라의 앨리스〉로 유명한 동화 작가 루이스 캐럴은 1832년 영국의 부유한 성직자 집안에서 태어났다. 그는 동화 작가이면서 수학자이기도 했는데, 옥스퍼드 대학교 크라이스트처치 칼리지에서 수학을 공부했으며 이후에는 모교에서 수학을 가르쳤다. 그의 대표작인 〈이상한 나라의 앨리스〉는 당대 획기적인 스토리로 1865년 출시되자마자 세계적인 베스트셀러가 되었다. 기존의 동화들은 천편일률적으로 도덕적인 교훈과 순종을 강조했지만, 〈이상한 나라의 앨리스〉는 주인공이 신기한 캐릭터들과 환상적인 모험을 하는 파격적인 동화였다. 〈이상한 나라의 앨리스〉의 속편격인 〈거울 나라의 앨리스〉를 뒤이어 출간해 매력적인 판타지 세계와 유머를 선사함으로써 어린이 독자들의 많은 사랑을 받았다.

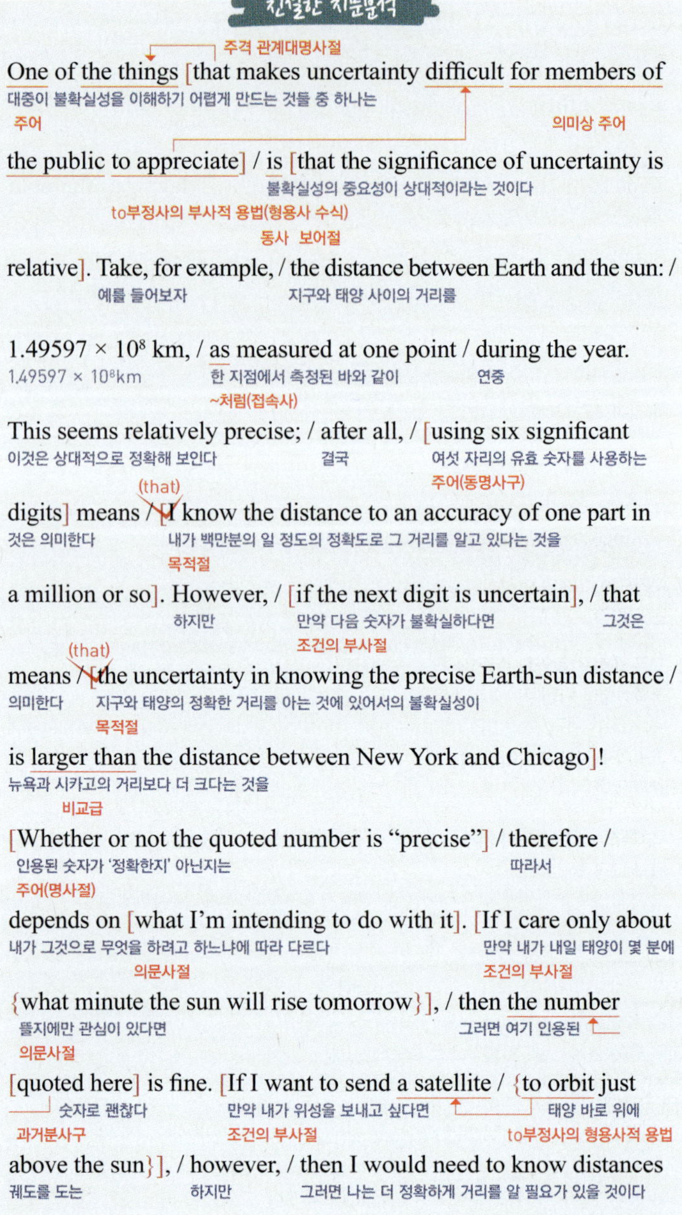

친절한 지문분석

One of the things [that makes uncertainty difficult for members of the public to appreciate] / is [that the significance of uncertainty is relative]. Take, for example, / the distance between Earth and the sun: / 1.49597 × 10^8 km, / as measured at one point / during the year. This seems relatively precise; / after all, / [using six significant digits] means / (that) [I know the distance to an accuracy of one part in a million or so]. However, / [if the next digit is uncertain], / that means / (that) [the uncertainty in knowing the precise Earth-sun distance / is larger than the distance between New York and Chicago]! [Whether or not the quoted number is "precise"] / therefore / depends on [what I'm intending to do with it]. [If I care only about {what minute the sun will rise tomorrow}], / then the number [quoted here] is fine. [If I want to send a satellite / {to orbit just above the sun}], / however, / then I would need to know distances more accurately.

- One of the things [that makes uncertainty difficult for members of the public to appreciate]: 대중이 불확실성을 이해하기 어렵게 만드는 것들 중 하나는 — 주어 / that: 주격 관계대명사절 / for members of the public: 의미상 주어 / to appreciate: to부정사의 부사적 용법(형용사 수식)
- is [that the significance of uncertainty is relative]: 불확실성의 중요성이 상대적이라는 것이다 — 동사, 보어절
- Take, for example: 예를 들어보자 / the distance between Earth and the sun: 지구와 태양 사이의 거리를
- 1.49597 × 10^8 km: 1.49597 × 10^8km / as measured at one point: 한 지점에서 측정된 바와 같이 — as: ~처럼(접속사) / during the year: 연중
- This seems relatively precise: 이것은 상대적으로 정확해 보인다 / after all: 결국 / using six significant digits: 여섯 자리의 유효 숫자를 사용하는 것은 — 주어(동명사구) / means: 의미한다
- (that) I know the distance to an accuracy of one part in a million or so: 내가 백만분의 일 정도의 정확도로 그 거리를 알고 있다는 것을 — 목적절
- However: 하지만 / if the next digit is uncertain: 만약 다음 숫자가 불확실하다면 — 조건의 부사절 / that: 그것은 / means: 의미한다
- (that) the uncertainty in knowing the precise Earth-sun distance: 지구와 태양의 정확한 거리를 아는 것에 있어서의 불확실성이 — 목적절 / is larger than the distance between New York and Chicago: 뉴욕과 시카고의 거리보다 더 크다는 것을 — 비교급
- Whether or not the quoted number is "precise": 인용된 숫자가 '정확한지' 아닌지는 — 주어(명사절) / therefore: 따라서
- depends on [what I'm intending to do with it]: 내가 그것으로 무엇을 하려고 하느냐에 따라 다르다 — 의문사절
- If I care only about {what minute the sun will rise tomorrow}: 만약 내가 내일 태양이 몇 분에 뜰지에만 관심이 있다면 — 조건의 부사절, 의문사절
- then the number [quoted here] is fine: 그러면 여기 인용된 숫자로 괜찮다 — 과거분사구
- If I want to send a satellite / {to orbit just above the sun}: 만약 내가 위성을 보내고 싶다면 / 태양 바로 위에 궤도를 도는 — 조건의 부사절, to부정사의 형용사적 용법
- however: 하지만 / then I would need to know distances more accurately: 그러면 나는 더 정확하게 거리를 알 필요가 있을 것이다

지문 해석

대중이 불확실성을 이해하기 어렵게 만드는 것들 중 하나는 불확실성의 중요성이 상대적이라는 것이다. 지구와 태양 사이의 거리, 즉 연중 한 지점에서 측정된 바와 같이 1.49597 × 10^8km의 예를 들어보자. 이것은 상대적으로 정확해 보이지만, 결국, 여섯 자리의 유효 숫자를 사용하는 것은 백만분의 일 정도의 정확도로 그 거리를 알고 있다는 것을 의미한다. 하지만, 만약 다음 숫자가 불확실하다면, 그것은 지구와 태양의 정확한 거리를 아는 것에 있어서의 불확실성이 뉴욕과 시카고의 거리보다 더 크다는 것을 의미한다! 따라서, 인용된 숫자가 '정확한지' 아닌지는 내가 그것으로 무엇을 하려고 하느냐에 따라 다르다. 만약 내가 내일 태양이 몇 분에 뜰지에만 관심이 있다면, 여기 인용된 숫자로 괜찮다. 하지만 만약 내가 태양 바로 위에 궤도를 돌 위성을 보내고 싶다면, 나는 더 정확하게 거리를 알 필요가 있을 것이다.

05 정답 ① 정답률 43%

정답 풀이

숫자의 정확성은 그것을 어떤 목적에 사용하느냐에 따라 상대적으로 달라진다는 내용의 글이므로, 빈칸에는 ① '불확실성의 중요성은 상대적이다.'가 들어가는 것이 가장 적절하다.

지문 흐름

불확실성의 중요성은 상대적이기 때문에 이해하기 어려움 ……… 도입
↓
연중 한 지점에서 측정된 지구와 태양 사이의 거리는 1.49597 × 10^8km인데, 겉보기에는 정확해 보이나 사실 그 거리를 백만분의 일 정도의 정확도로 알고 있는 것임 ……… 예시
↓
만약 다음 자릿수가 불확실하다면 그 불확실성은 뉴욕과 시카고 사이 거리보다 더 클 수도 있음 ……… 부연
↓
인용된 숫자가 '정확한지' 여부는 그것을 무엇에 사용하려는지에 따라 달라짐 ……… 주제
↓
내일 해 뜨는 시간처럼 대략적 용도에는 충분하지만, 태양 근처에 위성을 보내려면 훨씬 더 정밀한 거리가 필요함 ……… 상술

친절한 오답 풀이

오답 선택지	선택률	오답 이유
② 시간의 상대성을 인식하기는 어렵다	9%	시간의 상대성에 관한 내용은 언급되지 않았다.
③ 모든 측정은 동일한 수준의 불확실성을 가진다	14%	인용된 숫자의 정확성은 그것을 사용하는 용도에 따라 달라진다고 했으므로 글의 내용과 상반된다.
④ 거리의 측정은 의도에 달려 있지 않다	18%	숫자의 정확성은 절대적인 것이 아니라, 그것을 어떤 목적에 사용하느냐에 따라 다르다고 했으므로 글의 내용과 상반된다.
⑤ 구체적인 숫자는 사람들이 의심 없이 믿게 만든다	17%	구체적인 숫자가 사람들로 하여금 의심 없이 믿게 만든다는 내용은 언급되지 않았다.

06 정답 ③ 정답률 62%

정답 풀이

수면 상태에서는 지각 이탈이 일어나서 시각적 정보가 들어오더라도 제대로 처리되지 않는다고 했으므로, 빈칸에는 ③ '기능적으로는 실명 상태이다'가 들어가는 것이 가장 적절하다.

친절한 지문분석

One of the most striking characteristics of a sleeping animal or person is / [that they do not respond normally to environmental stimuli]. [If you open the eyelids of a sleeping mammal] / the eyes will not see normally / — they are functionally blind. Some visual information apparently gets in, / but it is not normally processed / [as it is shortened or weakened]; / same with the other sensing systems. Stimuli are registered but not processed normally / and they fail to wake the individual. Perceptual disengagement probably serves the function of protecting sleep, / so some authors do not count it / as part of the definition of sleep itself. But / [as sleep would be impossible without it], / it seems essential to its definition. Nevertheless, / many animals (including humans) use the intermediate state of drowsiness / to derive some benefits of sleep / without total perceptual disengagement.

- One of the most striking characteristics of a sleeping animal or person: 잠을 자고 있는 동물이나 사람의 가장 두드러진 특징 중 하나는 (one of the+복수명사: ~ 중 하나)
- that they do not respond normally to environmental stimuli: 그들이 환경의 자극에 정상적으로 반응하지 않는다는 것이다 (보어절)
- If you open the eyelids of a sleeping mammal: 만약 당신이 잠을 자고 있는 포유류의 눈꺼풀을 열면 (조건의 부사절)
- the eyes: 그 눈은
- will not see normally: 정상적으로 볼 수 없을 것이다
- they are functionally blind: 즉 그 눈은 기능적으로는 실명 상태이다
- Some visual information apparently gets in: 어떤 시각적 정보는 명백히 눈으로 들어온다
- but it is not normally processed: 하지만 그것은 정상적으로 처리되지 않는다
- as it is shortened or weakened: 짧아지거나 약화되어서 (이유의 부사절)
- same with the other sensing systems: 이는 다른 감각 체계도 마찬가지다
- Stimuli are registered but not processed normally: 자극은 등록되지만 정상적으로 처리되지 않는다
- and they fail to wake the individual: 그리고 사람을 깨우는 데 실패한다
- Perceptual disengagement probably serves the function of protecting sleep: 지각 이탈은 추측하건대 수면을 보호하는 기능을 제공한다
- so some authors: 그래서 어떤 저자는
- do not count it: 그것을 여기지 않는다
- as part of the definition of sleep itself: 수면 자체의 정의의 일부로 (as: ~로서(전치사))
- But: 그러나
- as sleep would be impossible without it: 수면이 그것 없이는 불가능하기 때문에 (이유의 부사절)
- it seems essential to its definition: 그것(지각 이탈)은 그것(수면)의 정의에 필수적인 것으로 보인다 (it = perceptual disengagement, its = sleep's)
- Nevertheless: 그럼에도
- many animals (including humans) use the intermediate state of drowsiness: (인간을 포함한) 많은 동물은 졸음이라는 중간 상태를 이용한다 (of: 동격의 of)
- to derive some benefits of sleep: 수면의 일부 이득을 끌어내기 위해서 (to부정사의 부사적 용법(목적))
- without total perceptual disengagement: 완전한 지각 이탈 없이

지문 해석

잠을 자고 있는 동물이나 사람의 가장 두드러진 특징 중 하나는 그들이 환경의 자극에 정상적으로 반응하지 않는다는 것이다. 만약 당신이 잠을 자고 있는 포유류의 눈꺼풀을 열면, 그 눈은 정상적으로 볼 수 없을 것인데, 즉 그 눈은 기능적으로는 실명 상태이다. 어떤 시각적 정보는 명백히 눈으로 들어오지만, 그것은 짧아지거나 약화되어서 정상적으로 처리되지 않는데, 이는 다른 감각 체계도 마찬가지다. 자극은 등록되지만 정상적으로 처리되지 않고 사람을 깨우는 데 실패한다. 지각 이탈은 추측하건대 수면을 보호하는 기능을 제공해서 어떤 저자는 그것을 수면 자체의 정의의 일부로 여기지 않는다. 그러나 수면이 그것 없이는 불가능하기 때문에 그것(지각 이탈)은 그것(수면)의 정의에 필수적인 것으로 보인다. 그럼에도 (인간을 포함한) 많은 동물은 완전한 지각 이탈 없이 수면의 일부 이득을 끌어내기 위해서 졸음이라는 중간 상태를 이용한다.

지문 흐름

수면 중에는 환경의 자극에 정상적으로 반응하지 않음 ……… 도입
↓
수면 중에는 시각적 정보가 들어오더라도 정상적으로 처리되지 않음 ……… 예시
↓
자극이 등록은 되지만 정상적으로 처리되지 않기에 자는 사람을 깨우는 데는 실패함 ……… 상술
↓
수면을 보호하는 기능을 하는 지각 이탈을 수면의 일부로 여기지 않는 사람도 있음 ……… 전개
↓
지각 이탈 없이는 수면이 불가능하기에 지각 이탈은 수면의 정의에 필수적임 ……… 반론
↓
완전한 지각 이탈 없이 수면의 일부 이득을 얻기 위해 졸음이라는 중간 상태를 이용함 ……… 전개

친절한 오답 풀이

오답 선택지	선택률	오답 이유
① 쉽게 회복된다.	10%	수면 상태에서 눈이 회복된다는 내용은 언급되지 않았다.
② 훨씬 더 잘 볼 것이다	6%	수면 상태에서는 시각적 정보가 정상적으로 처리되지 않는다고 했으므로 지문의 내용과 상반된다.
④ 완전히 활성화된다	7%	수면 상태에서는 정보가 들어오더라도 정상적으로 처리되지 않는다고 했으므로 지문의 내용과 상반된다.
⑤ 시각적 정보를 처리한다	15%	수면 상태에서는 시각적 정보가 정상적으로 처리되지 않는다고 했으므로 지문의 내용과 상반된다.

 배경지식

지각 이탈(perceptual disengagement)

특정 감각 자극에서 주의를 의식적 또는 자동으로 전환하여 더 관련성 있거나 중요한 정보를 우선시하는 인지 메커니즘이다. 이 과정은 산만함을 필터링하고 감각 과부하를 방지하며, 시끄러운 방에서 대화에 집중하거나 불필요한 배경 소음을 무시하는 등 특정 작업이나 환경 신호에 집중할 수 있는 능력을 향상시킨다.

07 정답 ② 정답률 58%

정답 풀이

Samuel Taylor Coleridge가 뜻밖의 손님의 방문으로 인해 자신의 시를 미완성인 채로 남겼고, 갑작스러운 방해가 전문가들에게 심각한 결과를 초래할 뿐 아니라 대부분의 사람들에게도 영향을 미쳐 업무 생산성을 떨어뜨리고 스트레스 수준을 높인다는 내용이므로, 빈칸에는 ② '방해'가 들어가는 것이 가장 적절하다.

친절한 지문분석

The costs of interruptions are well-documented. Martin Luther
방해로 인한 대가는 잘 기록되어 있다 / Martin Luther
수동태

King Jr. lamented them / [when he described / "that lovely poem
King Jr.는 이를 슬퍼했다 / 묘사하며 / 쓰여지지 못한 그 사랑스러운
= the costs of interruptions / 시간의 부사절

{that didn't get written / <because someone knocked on the
시를 / 누군가 문을 두드리는 바람에
주격 관계대명사절 / 이유의 부사절

door.">}] Perhaps the most famous literary example happened /
아마도 가장 유명한 문학적 사례가 일어났다

in 1797 / [when Samuel Taylor Coleridge started writing his poem
1797년에 / Samuel Taylor Coleridge가 *Kubla Khan*이라는 시를 쓰기 시작했을 때
시간의 부사절 / (which/that) / 동사 1

Kubla Khan / from a dream {he had} / but then was visited
그가 꾼 꿈에서부터 / 그런데 뜻밖의 손님이 방문했을 때
목적격 관계대명사절 / 동사 2(병렬구조)

by an unexpected guest]. For Coleridge, / by coincidence, / the
Coleridge에게 / 공교롭게도

untimely visitor came / at a particularly bad time. He forgot his
이 불청객은 찾아왔다 / 특히 좋지 않은 시기에 / 그는 영감을 잊었다

inspiration / and left the work unfinished. [While there are many
그리고 작품을 미완성으로 남겼다 / 갑작스러운 방해의 사례가 많이
leave+목적어+형용사: (목적어)가 ~한 상태로 두다 / 양보의 부사절

documented cases of sudden disruptions / {that have had significant
기록되어 있지만 / 전문가들에게 심각한 결과를
주격 관계대명사절

consequences for professionals / in critical roles / such as doctors,
초래한 / 중요한 역할을 담당하는 / 의사, 간호사, 관제실
~ 같은

nurses, control room operators, stock traders, and pilots}], / they
운영자, 주식 거래자, 조종사와 같은 / 그것들은
= sudden disruptions

also impact most of us / in our everyday lives, / [slowing down
대부분의 사람들에게도 영향을 미친다 / 일상 생활에서 / 업무 생산성을 떨어뜨린다
분사구문 1

work productivity] / and [generally increasing stress levels].
그리고 일반적으로 스트레스 수준을 높인다
분사구문 2(병렬구조)

지문 해석

방해로 인한 대가는 잘 기록되어 있다. Martin Luther King Jr.는 '누군가 문을 두드리는 바람에 쓰여지지 못한 그 사랑스러운 시'를 묘사하며 이를 슬퍼했다. 아마도 가장 유명한 문학적 사례는 1797년 Samuel Taylor Coleridge가 꿈을 꾸고 〈*Kubla Khan*〉이라는 시를 쓰기 시작했는데 뜻밖의 손님이 찾아왔을 때 일어났던 일일 것이다. 공교롭게도 Coleridge에게 이 불청객은 특히 좋지 않은 시기에 찾아왔다. 그는 영감을 잊고 작품을 미완성으로 남겼다. 의사, 간호사, 관제실 운영자, 주식 거래자, 조종사와 같은 중요한 역할을 담당하는 전문가들에게 심각한 결과를 초래한 갑작스러운 방해의 사례가 많이 기록되어 있지만, 갑작스러운 방해는 일상 생활에서 대부분의 사람들에게도 영향을 미쳐 업무 생산성을 떨어뜨리며 일반적으로 스트레스 수준을 높인다.

지문 흐름

방해로 인한 대가는 잘 기록되어 있음 ········· 도입

↓

Martin Luther King Jr.는 '누군가 문을 두드리는 바람에 쓰여지지 못한 사랑스러운 시'를 두고 슬퍼함 ········· 전개

↓

1797년 Samuel Taylor Coleridge가 꿈을 꾸고 〈*Kubla Khan*〉이라는 시를 쓰려는데 갑자기 뜻밖의 손님이 찾아와서 영감을 잊고 작품을 미완성으로 남김 ········· 예시

↓

갑작스러운 방해는 전문가들에게 심각한 결과를 초래할 뿐 아니라, 대부분의 사람들에게도 영향을 미쳐 업무 생산성을 떨어뜨리고 스트레스 수준을 높임 ········· 주제

친절한 오답 풀이

오답 선택지	선택률	오답 이유
① 오해	9%	오해로 인해 일어난 일은 언급되지 않았다.
③ 불평등	12%	불평등으로 인해 일어난 일은 언급되지 않았다.
④ 규정	15%	규정으로 인해 일어난 일은 언급되지 않았다.
⑤ 논쟁	6%	논쟁으로 인해 일어난 일은 언급되지 않았다.

08 정답 ④ 정답률 52%

정답 풀이

창조성은 행위자와 창작물 사이의 관계와 주로 관련이 있다고 가정하는 통념과 달리 창작 행위는 관객이 부재한 상황에서는 완전하지 않으며, 외부 관점은 창작 행위와 그 결과물에 새로운 의미와 가치를 부여하기 때문에 창조성에는 필수적이라는 내용이므로, 빈칸에는 ④ '다른 사람의 관점을 자신의 작품 속에 내면화하는 것'이 들어가는 것이 가장 적절하다.

친절한 지문분석

It is common to assume / [that creativity concerns primarily
가정하는 것이 일반적이다 / 창조성은 주로 관계와 관련이 있다고
가주어 / 진주어 / 목적절

the relation / between actor(creator) and artifact(creation)].
행위자(창작자)와 창작물(창작) 사이의
between A and B: A와 B 사이

However, / from a sociocultural standpoint, / the creative act is
그러나 / 사회 문화적 관점에서 볼 때 / 창작 행위는

never "complete" / in the absence of a second position /
결코 '완전하지' 않다 / 제2의 입장이 부재한 상황에서는

—that of an audience. While the actor or creator him/herself is
즉 관객의 부재 / 행위자나 창작자 자신은
= the absence / 반면에(접속사)

the first audience / of the artifact / [being produced], / this kind
첫 번째 관객이지만 / 창작물의 / 만들어지고 있는
현재분사구

of distantiation can only be achieved / by internalizing /
이런 종류의 거리두기는 오직 이루어질 수 있다 / 내면화하는 것으로서
수동태 / by v-ing: ~함으로써

the perspective of others on one's work. This means / [that,
다른 사람의 관점을 자신의 작품 속에 / 이것은 의미한다
목적절

in order to be an audience to your own creation, / a history of
자신의 창작 활동에 관객이 되기 위해서는 다른 사람들과
in order to-v: ~하기 위하여

interaction with others is needed]. We exist in a social world /
상호 작용하는 역사가 필요하다는 것을 우리는 사회에 살고 있다
수동태 선행사

[that constantly confronts us with the "view of the other."] It is
우리가 '상대방의 관점'을 끊임없이 마주하는 그것은
주격 관계대명사절

the view / [we include and blend into our own activity, /
관점이다 우리가 우리 자신의 활동에 포함시켜 뒤섞이게 하는
(which/that) 목적격 관계대명사절

including creative activity]. This outside perspective is essential
창조적인 행위를 포함하여 이러한 외부 관점은 창조성에는
전치사

for creativity / [because it gives new meaning and value / to the
필수적이다 그것은 새로운 의미와 가치를 부여하기 때문에
이유의 부사절

creative act and its product].
창작 행위와 그 결과물에

지문 해석

창조성은 주로 행위자(창작자)와 창작물(창작) 사이의 관계와 관련이 있다고 가정하는 것이 일반적이다. 그러나 사회 문화적 관점에서 볼 때, 창작 행위는 관객의 부재, 즉, 제2의 입장이 부재한 상황에서는 결코 '완전하지' 않다. 행위자나 창작자 자신은 만들어지고 있는 창작물의 첫 번째 관객이지만, 이런 종류의 거리두기는 다른 사람의 관점을 자신의 작품 속에 내면화하는 것으로서만 이루어진다. 이것은 자신의 창작 활동에 관객이 되기 위해서는 다른 사람들과 상호 작용하는 역사가 필요하다는 것을 의미한다. 우리는 '상대방의 관점'을 끊임없이 마주하는 사회에 살고 있다. 그것은 창조적인 행위를 포함하여 우리가 우리 자신의 활동에 포함시켜 섞이게 하는 관점이다. 이러한 외부 관점은 창작 행위와 그 결과물에 새로운 의미와 가치를 부여하기 때문에 창조성에는 필수적이다.

지문 흐름

창조성은 행위자(창작자)와 창작물(창작) 사이의 관계와 관련이 있다고 일반적으로 가정함	·········	통념
⬇		
그러나 사회 문화적 관점에서 창작 행위는 관객이 부재한 상황에서는 결코 완전하지 않음	·········	반론
⬇		
행위자(창작자) 자신은 만들어지고 있는 창작물의 첫 번째 관객이지만, 이런 거리두기는 다른 사람의 관점을 자신의 작품 속에 내면화하는 것으로서만 이루어짐	·········	주제
⬇		
이는 자신의 창작 활동에 관객이 되기 위해서는 타인과 상호 작용하는 것이 필요함을 의미함	·········	부연
⬇		
우리는 타인의 관점을 계속 마주하는 사회에 살고 있고, 그것은 창조적인 행위를 포함해서 우리가 자신의 활동에 통합시키게 되는 관점임	·········	상술 1
⬇		
이러한 외부 관점은 창작 행위와 그 결과물에 새로운 의미와 가치를 부여하기 때문에 창조성에는 필수적임	·········	상술 2

친절한 오답 풀이

오답 선택지	선택률	오답 이유
① 존재의 절대적인 진리를 탐구하는 것	10%	존재의 절대적인 진리를 탐구한다는 내용은 언급되지 않았다.
② 일련의 정확하고 논리적인 단계를 따르는 것	11%	정확하고 논리적인 단계를 따르라는 것은 지문의 내용과 무관하다.
③ 밖을 바라보며 자연에서 영감을 끌어내는 것	13%	외부 관점이 창조성에 필수적이라고 언급되었으나, 물리적으로 밖을 바라보며 자연에서 영감을 끌어내라는 내용이 아니다.
⑤ 관객을 인내심의 한계까지 밀어붙이는 것	11%	관객의 관점이 필요하다는 것은 언급되었으나, 그들을 인내심의 한계까지 밀어붙인다는 내용은 언급되지 않았다.

09 정답 ② 정답률 57%

정답 풀이

모든 것들은 세상에 나오기 전에 사람의 마음속에서 만들어지고 완벽하게 다듬어진다는 내용의 글이므로, 빈칸에는 ② '미래에 대해 마음속으로 완성하다'가 들어가는 것이 가장 적절하다.

친절한 지문분석

Everything in the world around us / was finished / in the mind
우리 주변 세상의 모든 것은 완성되었다 그것을 만들어 낸 사람의
전치사구(형용사구) 전치사구(형용사구)

of its creator / before it was started. The houses / [we live in], /
마음속에서 그것이 시작되기 전에 집 우리가 사는
(which/that) = everything 목적격 관계대명사절

the cars [we drive], / and our clothing — all of these began with an
자동차 우리가 운전하는 그리고 우리의 옷은 이 모든 것이 아이디어에서 시작했다
(which/that) 목적격 관계대명사절

idea. Each idea was then studied, refined and perfected / [before
각각의 아이디어는 그런 다음 연구되고, 다듬어지고, 완성되었다
each+단수명사+단수동사 시간의 부사절

the first nail was driven / or the first piece of cloth was cut]. Long
첫 번째 못이 박히기 전에 또는 첫 번째 천 조각이 재단되기 전에
수동태 수동태

before the idea was turned into a physical reality, / the mind had
그 아이디어가 물리적 실체로 바뀌기 훨씬 전에 마음은
훨씬 이전에 수동태 과거완료

clearly pictured the finished product. The human being designs
완제품을 분명하게 그렸다 인간은 자신의 미래를 설계한다

his or her own future / [through much the same process]. We begin
거의 같은 과정을 통해 우리는 ~에 대한
전치사구(부사구)

with an idea about [how the future will be]. Over a period of time /
아이디어로 시작한다 미래가 어떨지 일정 기간에 걸쳐서
의문사절(전치사의 목적어)

we refine and perfect the vision. Before long, / our every thought,
우리는 그 미래상을 다듬어 완성한다 머지않아 우리의 모든 생각,
주어(복수)

decision and activity / are all working in harmony / to bring into
결정, 활동은 모두 조화롭게 작용한다 생겨나게 하려고
동사(현재진행형) to부정사의 부사적 용법(목적)

existence [what we have mentally concluded / about the future].
우리가 마음속으로 완성한 것을 미래에 대해
관계대명사절

지문 해석

우리 주변 세상의 모든 것은 시작되기 전에 그것을 만들어 낸 사람의 마음속에서 완성되었다. 우리가 사는 집, 우리가 운전하는 자동차, 우리의 옷, 이 모든 것이 아이디어에서 시작했다. 각각의 아이디어는 그런 다음, 첫 번째 못이 박히거나 첫 번째 천 조각이 재단되기 전에, 연구되고, 다듬어지고, 완성되었다. 그 아이디어가 물리적 실체로 바뀌기 훨씬 전에 마음은 완제품을 분명하게 그렸다. 인간은 거의 같은 과정을 통해 자신의 미래를 설계한다. 우리는 미래가 어떨지에 대한 아이디어로 시작한다. 일정 기간에 걸쳐서 우리는 그 미래상을 다듬어 완성한다. 머지않아, 우리의 모든 생각, 결정, 활동은 우리가 미래에 대해 마음속으로 완성한 것을 생겨나게 하려고 모두 조화롭게 작용하게 된다.

지문 흐름

이 세상의 모든 것은 시작되기 전에 마음속에서 완성되었고, 그 모든 것은 아이디어에서 시작됨	………	도입
⬇		
아이디어는 실현되기 전에 연구되고 다듬어지고 완성되는데, 아이디어가 실체화되기 훨씬 전에 마음은 완제품을 분명하게 상상함	………	상술
⬇		
인간은 이와 같은 과정으로 자신의 미래를 설계함	………	요지
⬇		
우리는 미래상에 대한 아이디어를 구상하고 이를 다듬어 완성시킴	………	상술
⬇		
완성된 미래상을 현실화하기 위해 우리의 생각, 결정, 활동이 모두 조화롭게 작용하게 됨	………	결론

친절한 오답 풀이

오답 선택지	선택률	오답 이유
① 성취할 수 있는 잠재력조차 없었다	10%	성취할 수 있는 잠재력조차 없다는 내용은 지문의 내용과 무관하다.
③ 우리의 마음속에 상상할 수 없었다	16%	지문에서는 모든 것이 세상에 나오기 전에 사람들의 마음속에서 상상되어진다고 했으므로, 이는 지문의 내용과 상반된다.
④ 부주의하고 무책임한 것으로 간주했다	9%	부주의하고 무책임한 것에 대한 내용은 지문의 내용과 무관하다.
⑤ 일부 전문가에게서 목격하다	9%	전문가에게서 보여지는 것에 대한 내용은 지문의 내용과 무관하다.

10 정답 ③ 정답률 60%

정답 풀이

감정적인 순간에는 자녀에게 직접 질문하기보다 관찰한 사실을 말하며 반응을 기다리는 것이 더 효과적인 소통 방식이라는 내용이므로, 빈칸에는 ③ '단순한 관찰 결과를 공유하는 것'이 들어가는 것이 가장 적절하다.

친절한 지문분석

[As you listen to your child / in an emotional moment], be aware /
여러분이 자녀의 말을 들을 때 / 어떤 감정적인 순간에 놓인 / 인식해라
시간의 부사절 / ~을 인식하다

that [sharing simple observations] usually works better / than
단순한 관찰 결과를 공유하는 것이 대개는 더 효과적임을 / 질문을
주어(동명사구)

asking questions / to get a conversation rolling. You may ask your
하는 것보다 / 대화가 계속 굴러가게 하기 위해 / 여러분이 자녀에게 물을지도
to부정사의 부사적 용법(목적)

child / "Why do you feel sad?" / and she may not have a clue. As a
모른다 / "왜 슬픈 기분이 드니?"라고 / 그리고 그녀는 짐작조차 못할 수도 있다 / 아이라서

child, / she may not have an answer / on the tip of her tongue. Maybe
그녀는 답이 없을지도 모른다 / 말이 입 끝에서 뱅뱅 돌 뿐 / 어쩌면

she's feeling sad about her parents' arguments, / or [because she
그녀는 부모님의 말다툼에 대해 슬픔을 느끼고 있을지도 모른다 / 혹은 그녀가 극도로 지쳤기
이유의 부사절

feels overtired], / or she's worried about a piano recital. But she
때문이거나 / 혹은 그녀가 피아노 연주회를 걱정할(지도 모른다) / 그러나 그녀는

may or may not be able to explain any of this. And even [when she
이것에 대해 설명할 수도 있고 어떤 것도 설명하지 못할 수도 있다 / 그리고 그녀가 정말로 답이
시간의 부사절

does come up with an answer], / she might be worried / that the
떠오를 때조차도 / 그녀는 걱정할 수도 있다 / 그 대답이

answer is not good enough / [to justify the feeling]. Under these
충분하지 않다고 / 그 감정을 정당화하기에는 / 이러한 상황에서는
to부정사의 부사적 용법(형용사 수식)

circumstances, / a series of questions can just make a child silent.
연속된 질문들이 그저 자녀를 침묵하게 만들 수 있다
make+목적어+목적격보어: (목적어)를 ~하게 만들다

It's better [to simply reflect / {what you notice}]. You can say, /
단순히 나타내는 것이 더 낫다 / 여러분이 인지하는 것을 / 당신은 말할 수 있다
가주어 / 진주어 / 관계대명사절 / 동사 1

"You seem a little tired today," / or, / "I noticed [that you frowned /
너 오늘 조금 피곤해 보이네 / 또는 / 네가 얼굴을 찡그린 것을 나는 알아챘어
목적절

{when I mentioned the recital}]," / and (can) wait for her response.
내가 연주회를 언급했을 때 / 그리고 그녀의 반응을 기다려 볼 (수 있다)
시간의 부사절 / 동사 2(병렬구조)

지문 해석

여러분이 어떤 감정적인 순간에 놓인 자녀의 말을 들을 때, 대화가 계속 굴러가게 하기 위해 질문을 하는 것보다 단순한 관찰 결과를 공유하는 것이 대개는 더 효과적임을 인식해라. 여러분이 자녀에게 "왜 슬픈 기분이 드니?"라고 물으면 그녀는 짐작조차 못할 수도 있다. 아이라서, 그녀는 말이 입 끝에서 뱅뱅 돌 뿐 답이 없을지도 모른다. 어쩌면 그녀는 부모님의 말다툼에 대해 슬픔을 느끼고 있거나, 혹은 그녀가 극도로 지쳤기 때문이거나, 혹은 피아노 연주회를 걱정할지도 모른다. 그러나 그녀는 이것에 대해 설명할 수도 있고 어떤 것도 설명하지 못할 수도 있다. 그리고 그녀가 정말로 답이 떠오를 때조차도 그 대답이 그 감정을 정당화하기에는 충분하지 않다고 걱정할 수도 있다. 이러한 상황에서는 연속된 질문들이 그저 자녀를 침묵하게 만들 수 있다. 여러분이 인지하는 것을 단순히 나타내는 것이 더 낫다. "너 오늘 조금 피곤해 보이네." 또는 "내가 연주회를 언급했을 때 네가 얼굴을 찡그린 것을 나는 알아챘어."라고 말하고, 그녀의 반응을 기다려 볼 수 있다.

지문 흐름

감정적인 순간의 자녀와의 대화에서는 질문보다 관찰을 공유하는 것이 더 효과적일 수 있음	………	주제
⬇		
아이는 다양한 이유로 자신의 감정을 명확히 이해하지 못할 수 있음	………	이유 1
⬇		
아이는 감정을 이해하더라도 말로 표현하거나 설명하는 데 어려움을 겪을 수 있음	………	이유 2
⬇		
계속된 질문은 아이를 오히려 침묵하게 만들 수 있음	………	전개
⬇		
관찰한 내용을 자녀에게 말하고 반응을 기다리는 것이 바람직함	………	제안

친절한 오답 풀이

오답 선택지	선택률	오답 이유
① 빠른 조언을 하는 것	8%	조언을 하는 것이 좋다는 내용은 언급되지 않았다.
② 그녀에게 대답을 재촉하는 것	13%	계속된 질문은 오히려 아이를 침묵하게 만들 수 있다고 했으므로 글의 내용과 상반된다.
④ 당신 자신의 인생 이야기를 들려주는 것	6%	본인의 이야기를 들려주라는 내용은 언급되지 않았다.
⑤ 그녀가 진정하도록 혼자 두는 것	12%	관찰한 사실을 말하고 반응을 기다리라고 했지, 혼자 두라는 언급은 없었다.

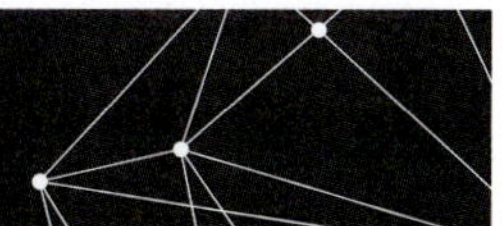

11 글의 순서

코드 접속하기

pp.111~114

Q1 ⑤ Q2 ② Q3 ③ Q4 ③

Q1

정답 ⑤ 정답률 64%

정답 풀이

관리자들은 항상 높은 생산성을 위한 방법을 찾는데, 제조 산업이 새로 등장했을 때 애덤 스미스가 제시한 효율적인 생산 방법인 '노동 분업'에 관한 내용이 주어진 후에, 스미스의 핀 제조 과정이 나오는 (C)가 가장 먼저 이어지고, 한 명의 노동자가 모든 과정들을 작업하여 20개의 핀을 만들어 내지만, 사실 이 일은 별개의 과정으로 분리될 수 있다는 내용의 (B)가 이어진 후, 각 노동자가 한 가지 작업을 전문으로 하기 때문에 생산성이 높아진다는 내용의 (A)로 이어지는 것이 가장 자연스럽다.

친절한 지문분석

Managers are always looking for ways / to increase productivity, /
관리자들은 항상 방법을 찾고 있다 / 생산성을 높일 수 있는 (to부정사의 형용사적 용법)

[which is the ratio of costs to output / in production]. Adam Smith, /
이는 비용 대비 생산량의 비율이다 (주격 관계대명사절(계속적 용법)) / 생산에서 / 애덤 스미스는

[writing when the manufacturing industry was new], / described
제조 산업이 새로 등장했을 때 저술한 (현재분사구) / 방식을 설명했다

a way / [that production could be made more efficient], / (being) known
생산이 더 효율적으로 될 수 있는 (관계부사절) (make+목적어+목적격보어: (목적어)를 ~하게 만들다) / 그것은

as the "division of labor]."
'노동 분업'으로 알려져 있다 (분사구문(부대상황))

(C) [Making most manufactured goods] / involves / several
대부분의 공산품을 만드는 것은 (주어(동명사구)) / 포함한다 (동사) / 여러 가지

different processes / [using different skills]. Smith's example was
다른 과정을 / 다른 기술을 사용하는 (현재분사구) / 스미스의 예는

the manufacture of pins: the wire is straightened, / sharpened, /
핀의 제조였다 / 철사는 곧게 펴지고 (수동태) / 뾰족해지고

a head is put on, / and then it is polished.
상부가 놓이고 / 그러고 나서 그것이 다듬어진다

(B) One worker could do all these tasks, / and make 20 pins in
한 명의 노동자가 이 모든 작업들을 할 수 있고 / 하루에 20개의 핀을 만들 수도 있다

a day. But this work can be divided into its separate processes, /
그러나 이 일은 별개의 과정으로 분리될 수 있다 (수동태)

with a number of workers each performing one task.
많은 노동자가 각각 한 가지 작업을 수행하며 (with+목적어+v-ing: (목적어)가 ~한 채로, ~한 상태로)

(A) Because each worker specializes in one job, / he or she can
각 노동자는 한 가지 작업을 전문으로 하기 때문에 / 그 또는 그녀는 훨씬 더

work much faster / without changing from one task to another.
빠르게 일할 수 있다 (비교급 강조) / 한 작업에서 다른 작업으로 변경하지 않고 (without v-ing: ~하지 않은 채)

Now 10 workers can produce thousands of pins in a day, a huge
이제 10명의 노동자가 하루에 수천 개의 핀을 생산할 수 있다 / 이는 (부연 설명)

increase in productivity / from the 200 [(which/that) they would have produced
생산성 측면에서 크게 증가한 것이다 / 이전에 그들이 생산했었을 200개로부터 (목적격 관계대명사절) (would have+p.p.: ~했을 것이다)

before].

지문 해석

관리자들은 항상 생산성을 높일 수 있는 방법을 찾고 있는데, 생산성은 생산에서 비용 대비 생산량의 비율이다. 제조 산업이 새로 등장했을 때 저술한 애덤 스미스는 생산이 더 효율적으로 될 수 있는 방식을 설명했고, 그것은 '노동 분업'으로 알려져 있다.
(C) 대부분의 공산품을 만드는 것은 다른 기술을 사용하는 여러 가지 다른 과정을 포함한다. 스미스의 예는 핀의 제조였다. 철사는 곧게 펴지고, 뾰족해지고, 상부가 놓이고, 그러고 나서 그것이 다듬어진다.
(B) 한 명의 노동자가 이 모든 작업들을 할 수 있고, 하루에 20개의 핀을 만들 수도 있다. 그러나 이 일은 많은 노동자가 각각 한 가지 작업을 수행하며 별개의 과정으로 분리될 수 있다.
(A) 각 노동자는 한 가지 작업을 전문으로 하기 때문에 그 또는 그녀는 한 작업에서 다른 작업으로 변경하지 않고 훨씬 더 빠르게 일할 수 있다. 이제 10명의 노동자가 하루에 수천 개의 핀을 생산할 수 있다. 이는 이전에 그들이 생산했었을 200개로부터 생산성 측면에서 크게 증가한 것이다.

지문 흐름

관리자들은 항상 비용 대비 생산량의 비율인 생산성을 높일 수 있는 방법을 찾음	도입
제조 산업이 처음 등장했을 때, 애덤 스미스는 더 효율적인 생산 방식인 '노동 분업'을 소개함	전개 1
대부분 공산품을 만드는 것은 다른 기술을 사용하는 여러 가지 과정을 포함하는데, 그 예시로 핀의 제조가 설명됨	전개 2
핀을 만들기 위해서 핀은 곧게 펴지고, 뾰족해지고, 상부가 놓이고, 다듬어지는 과정을 거치는데, 한 노동자가 이 모든 작업들을 하면 하루에 20개의 핀을 만들 수 있음	예시 1
하지만 많은 노동자가 각각 한가지 작업을 수행하면 이는 별개의 과정으로 분리될 수 있고, 각 노동자는 한 가지 작업을 전문으로 하기 때문에 훨씬 더 빠르게 일할 수 있음	예시 2
이제 10명의 노동자로 하루 수천 개의 핀을 생산할 수 있고, 이는 이전에 그들이 200개를 생산했었을 것보다 생산성 측면에서 크게 증가한 것임	결과

친절한 오답 풀이

오답 선택지	선택률	오답 이유
① (A) – (C) – (B)	3%	(B)와 (A)는 모두 핀 제조 노동자 예시가 등장하고 있으므로, 스미스의 핀 제조 예시가 처음 나오는 (C)보다 앞에 올 수 없다.
② (B) – (A) – (C)	11%	
③ (B) – (C) – (A)	10%	
④ (C) – (A) – (B)	12%	(B)는 노동자가 아직 분업을 하기 전의 모습을 보이고, (A)는 노동자가 분업을 한 모습을 보이며 분업하기 전보다 생산성이 더 높아졌다는 내용이므로, (B)에서 (A)로 이어지는 것이 가장 자연스럽다.

Q2

정답 ② 정답률 70%

정답 풀이

사람들은 종종 역사가 반복된다고 말하며, 고대 문명을 보면 실제로 반복되는 것처럼 보이는 일들이 있다는 주어진 글에 이어, 로마 제국과 대영제국은 문명이 확장되다가 과도한 확장 끝에 붕괴되었는데, 항상 이런 것인지 의문을 제기하는 (B)가 가장 먼저 이어지고, 갑자기 멸망한 Aztec과 Inca처럼 항상 그런 것은 아니라는 내용의 (A)가 이어진 후, 그렇기

때문에 "역사는 반복된다"는 말은 문명의 역사에 있어 지나치게 단순화된 말이라는 내용의 (C)로 이어지는 것이 자연스럽다.

친절한 지문분석

History, / [people often say], / repeats itself. And [looking at the historical records of the ancient civilizations], / some things do seem to happen again and again.
역사는 / 사람들이 종종 말하길(삽입절) / 반복한다 / 그리고 고대 문명의 역사적 기록들을 보면(분사구문(시간)) / 몇 가지 일들이 정말로(조동사 do(강조)) / 반복해서 일어나는 것처럼 보인다

(B) Civilizations expand, get overextended, and then collapse / as in the cases of Rome, / [which went under in 476 AD], / and the British Empire, / [which fell apart more than a thousand years later in the post-World War II era]. But / is this always the case?
문명은 팽창되고, 과도하게 확장되다가, 결국 붕괴된다(동사 1, 동사 2, 동사 3(병렬구조)) / 로마의 경우처럼(명사 1) / 서기 476년에 멸망한(주격 관계대명사절(계속적 용법)) / 그리고(명사 2(병렬구조)) / 대영제국(처럼) / 천 년 이상 지난 후 제2차 세계 대전 이후 시대에 해체된(주격 관계대명사절(계속적 용법)) / 하지만 이것이 항상 그런가

(A) If so, / archaeology would be pretty boring; / one thing would happen again and again. But / that's not [what archaeologists see]. Some civilizations end suddenly, / like the Aztec and Inca, / [conquered by invaders / in the 1520s AD].
만약 그렇다면 / 고고학은 꽤 지루할 것이다 / 한 가지 일이 반복해서 일어날 테니 말이다 / 하지만 그것은 고고학자들이 보는 것이 아니다(관계대명사절) / 어떤 문명들은 갑작스럽게 끝난다 / Aztec과 Inca처럼 / 침략자들에 의해 정복된(과거분사구) / 서기 1520년대에

(C) Those empires never had the chance / [to collapse as a result of overexpansion]. So / in the case of civilizations, / "history repeats itself" seems to be an oversimplification.
그러한 제국들은 기회조차 없었다 / 과도한 확장의 결과로 붕괴될(동격의 to부정사, the chance = to collapse) / 그래서 / 문명의 경우에 / "역사는 반복한다"라는 말은 지나친 단순화인 것처럼 보인다

지문 해석

역사는, 사람들이 종종 말하길, 반복한다. 그리고 고대 문명의 역사적 기록들을 보면, 몇 가지 일들이 정말로 반복해서 일어나는 것처럼 보인다.
(B) 문명은 서기 476년에 멸망한 로마의 경우와, 천 년 이상 지난 후 제2차 세계 대전 이후 시대에 해체된 대영제국의 사례에서처럼 팽창되고, 과도하게 확장되다가, 결국 붕괴된다. 하지만 이것이 항상 그런가?
(A) 만약 그렇다면, 고고학은 꽤 지루할 것이다; 한 가지 일이 반복해서 일어날 테니 말이다. 하지만 그것은 고고학자들이 보는 것이 아니다. 어떤 문명들은, 서기 1520년대에 침략자들에 의해 정복된 Aztec과 Inca처럼 갑작스럽게 끝난다.
(C) 그러한 제국들은 과도한 확장의 결과로 붕괴될 기회조차 없었다. 그래서 문명의 경우에, "역사는 반복한다"라는 말은 지나친 단순화인 것처럼 보인다.

지문 흐름

사람들은 종종 역사가 반복된다고 말하며, 고대 문명을 보면 실제로 반복되는 것처럼 보이는 일들이 있음	········	도입
로마 제국과 대영제국처럼 문명이 확장되다가 과도한 확장 끝에 붕괴하는 사례가 있음	········	사례
하지만 모든 문명이 그런 것은 아니며, Aztec과 Inca처럼 갑작스럽게 멸망한 경우도 있음	········	반론
"역사는 반복된다"는 말은 문명의 역사에 있어 지나치게 단순화된 말임	········	결론

친절한 오답 풀이

오답 선택지	선택률	오답 이유
① (A) – (C) – (B)	5%	(B)의 마지막 부분에 "이것이 항상 그런가?"라고 질문한 뒤, (A)의 첫 문장에서 "만약 그렇다면, …"이라고 시작하며 질문에 대한 답을 하고 있으므로 (B) 다음에 (A)가 와야 한다.
③ (B) – (C) – (A)	16%	(C)의 첫 문장 문장의 주어 Those empires는 (A)에서 언급된 Aztec과 Inca를 가리키는 말이므로 (A) 다음에 (C)가 와야 한다.
④ (C) – (A) – (B)	4%	
⑤ (C) – (B) – (A)	4%	

Q3 정답 ③ 정답률 64%

정답 풀이

수학 등식을 쓸 때 너무 오래 걸리고 빨리 읽기 어렵기 때문에 상세히 풀어서 쓰지 않을 것이라는 주어진 글에 이어, 화학도 마찬가지로 상세히 풀어서 쓰지 않고 화학 방정식으로 써야 한다는 (B)가 가장 먼저 이어지고, 그래서 화학자들은 수학에서 하는 것처럼 기호를 사용한다는 내용과 그 방법을 설명하는 (C)가 이어진 후, 물의 화학식을 쓰는 방법을 예로 설명하는 (A)로 이어지는 것이 자연스럽다.

친절한 지문분석

If you had to write a math equation, / you probably wouldn't write, / "Twenty-eight plus fourteen equals forty-two." It would take too long to write / and it would be hard to read quickly.
만일 여러분이 수학 등식을 써야 한다면(가정법 과거) / 여러분은 아마 쓰지 않을 것이다 / 스물 여덟 더하기 열 넷은 마흔 둘과 같다 / 그것은(가정법 과거) 쓰기에 너무 오래 걸릴 것이다(too ~ to-v: …하기에 너무 ~한/하게) / 그리고 그것은 빨리 읽기 어려울 것이다(가정법 과거, to부정사의 부사적 용법(정도))

(B) You would write, / "28 + 14 = 42." Chemistry is the same way. Chemists have to write chemical equations all the time, / and it would take too long to write and read / if they had to spell everything out.
여러분은 쓸 것이다(가정법 과거) / '28+14=42'라고 / 화학도 마찬가지이다 / 화학자들은 항상 화학 방정식을 써야 한다 / 그리고 쓰고 읽는 데 너무 오래 걸릴 것이다(가정법 과거, too ~ to-v: …하기에 너무 ~한/하게) / 만약 그들이 모든 것을 상세히 다 써야 한다면

(C) So chemists use symbols, / just like we do in math.
그래서 화학자들은 기호를 사용한다 / 우리가 수학에서 하는 것처럼(~처럼(접속사), 대동사(=use symbols))

A chemical formula lists all the elements / [that form each
화학식은 모든 원소를 나열한다 / 각 분자를 구성하는(주격 관계대명사절)

molecule] / and uses a small number / to the bottom right of
그리고 작은 숫자를 사용한다 원소 기호의 오른쪽 아래에

an element's symbol / to stand for the number of atoms of
그 원소의 원자 수를 나타내기 위해
to부정사의 부사적 용법(목적) ~의 수

that element.

(A) For example, / the chemical formula for water is H_2O.
예를 들어 물의 화학식은 H_2O이다
주어 동사

That tells us / [that a water molecule is made up of /
그것은 우리에게 말해 준다 하나의 물 분자는 ~로 이루어져 있다는 것을
tell+간접목적어+직접목적어(that절) be made up of: ~로 이루어지다

two hydrogen ("H" and "2") atoms and one oxygen ("O") atom].
두 개의 수소 원자('H'와 '2')와 하나의 산소 원자('O')(로)

지문 해석

만일 여러분이 수학 등식을 써야 한다면, 여러분은 아마 '스물 여덟 더하기 열 넷은 마흔 둘과 같다.'라고 쓰지 않을 것이다. 그것은 쓰는 데 너무 오래 걸리고 빨리 읽기가 어려울 것이다.
(B) 여러분은 '28 + 14 = 42'라고 쓸 것이다. 화학도 마찬가지이다. 화학자들은 항상 화학 방정식을 써야 하고, 만약 그들이 모든 것을 상세히 다 써야 한다면 쓰고 읽는 데 너무 오래 걸릴 것이다.
(C) 그래서 화학자들은 우리가 수학에서 하는 것처럼 기호를 사용한다. 화학식은 각 분자를 구성하는 모든 원소를 나열하고 그 원소의 원자 수를 나타내기 위해 원소 기호의 오른쪽 아래에 작은 숫자를 사용한다.
(A) 예를 들어, 물의 화학식은 H_2O이다. 그것은 우리에게 하나의 물 분자는 두 개의 수소 원자('H'와 '2')와 하나의 산소 원자('O')로 이루어져 있다는 것을 말해 준다.

지문 흐름

수학 등식을 써야 한다면 '스물 여덟 더하기 열 넷은 마흔 둘과 같다.'라고 쓰지 않을 것인데, 그것은 쓰는 데 너무 오래 걸리고 빨리 읽기가 어렵기 때문임	········	도입
'28 + 14 = 42'라고 쓰고, 화학도 마찬가지임	········	전개
화학자들은 항상 화학 방정식을 써야 하고, 만약 그들이 모든 것을 상세히 다 써야 한다면 쓰고 읽는 데 너무 오래 걸릴 것임	········	주제
화학식은 각 분자를 구성하는 모든 원소를 나열하고 그 원소의 원자 수를 나타내기 위해 원소 기호의 오른쪽 아래에 작은 숫자를 사용함	········	상술
예를 들어, 물의 화학식은 H_2O인데, 하나의 물 분자는 두 개의 수소 원자('H'와 '2')와 하나의 산소 원자('O')로 이루어져 있다는 것을 의미함	········	예시

친절한 오답 풀이

오답 선택지	선택률	오답 이유
① (A) - (C) - (B)	3%	화학자들이 기호를 사용하는 방법을 설명하는 (C) 다음에, 물의 화학식을 쓰는 방법을 예로 설명하는 (A)가 이어지는 것이 적절하다.
② (B) - (A) - (C)	19%	
④ (C) - (A) - (B)	7%	수학 등식을 쓸 때 너무 오래 걸리고 빨리 읽기 어렵기 때문에 풀어서 쓰지 않을 것이라는 주어진 글 다음에, 화학도 마찬가지로 상세히 풀어서 쓰지 않고 화학 방정식으로 써야 한다는 (B)가 이어지는 것이 자연스럽다.
⑤ (C) - (B) - (A)	4%	

Q4 정답 ③ 정답률 61%

정답 풀이

19세기 말에 산업 건축을 추하고 비인간적인 것으로 여기는 새로운 사고방식이 나타났다는 주어진 글에 이어, 그런 접근에서 벗어나 도구와 재료 둘 다에 숙달한 과거 시골 건축업자들의 작업 방식을 따르는 것을 제안하는 (B)가 가장 먼저 이어지고, 시골 건축업자들이 사용하는 재료의 특징에 대해 언급하는 (C)가 이어진 후, 그 재료들이 사람들의 필요를 충족시켰고 아름다움까지 갖추고 있었다는 (A)로 이어지는 것이 자연스럽다.

친절한 지문분석

Toward the end of the 19th century, / a new architectural attitude
19세기 말이 되면서 새로운 건축학적 사고방식이 나타났다

emerged. Industrial architecture, / [the argument went], / was ugly
산업 건축은 그 주장에 따르면 추하고
삽입절

and inhuman; past styles had more to do with pretension / than
비인간적이었다 과거의 스타일은 허세와 더욱 관련이 있었다 사람들이
부연 설명 have to do with: ~에 관한 것이다[~와 관련이 있다]

[what people needed / in their homes].
필요했던 것보다 그들의 집에서
관계대명사절

(B) Instead of these approaches, / why not look at the way /
이러한 접근 대신에 방식을 살펴보는 것은 어떠한가?
~ 대신에 why not+원형부정사: ~하지 그래?
(that)
[ordinary country builders worked / in the past]? They developed /
평범한 시골 건축업자들이 일했던 과거에 그들은 발전시켰다
관계부사절

their craft skills / over generations, / demonstrating mastery /
그들의 공예 기술을 세대를 거쳐 숙달한 기술을 보이며
분사구문(동시동작)

of both tools and materials.
도구와 재료 둘 다에
both A and B: A와 B 둘 다

(C) Those materials were local, / and used with simplicity; /
그 재료는 지역적이었다 그리고 단순하게 사용되었다
(which[that] were) 부연 설명

houses [built this way] had / plain wooden floors and whitewashed
이러한 방식으로 건축된 집들은 가지고 있었다 실내에 평범한 나무 바닥과 회반죽을 칠한 벽을
과거분사구 동사 목적어 1 목적어 2

walls inside.

(A) But they supplied / people's needs perfectly / and, at their
그러나 그것들은 충족시켰다 사람들의 필요를 완벽하게 그리고 가장 잘 된 경우
주어 동사 1 목적어

best, / had a beauty / [that came from the craftsman's skill / and
에는 아름다움을 갖추고 있었다 장인의 솜씨에서 비롯된 그리고
동사 2 목적어 주격 관계대명사절

the rootedness of the house in its locality].
그 집의 지역에 뿌리내림에서 비롯된

지문 해석

19세기 말이 되면서, 새로운 건축학적 사고방식이 나타났다. 그 주장에 따르면, 산업 건축은 추하고 비인간적이었다. 과거의 스타일은 사람들이 그들의 집에서 필요했던 것보다는 허세와 더욱 관련이 있었다.
(B) 이러한 접근 대신에, 평범한 시골 건축업자들이 과거에 일했던 방식을 살펴보는 것은 어떠한가? 그들은 도구와 재료 둘 다에 숙달한 기술을 보이며, 세대를 거쳐 공예 기술을 발전시켰다.
(C) 그 재료는 지역적이고, 단순하게 사용되었는데, 이러한 방식으로 건축된 집들은 실내가 평범한 나무 바닥과 회반죽을 칠한 벽으로 되어 있었다.
(A) 그러나 그것들은 사람들의 필요를 완벽하게 충족시켰고, 가장 잘 된 경우에는, 장인의 솜씨와 그 집의 지역에 뿌리내림에서 비롯된 아름다움을 갖추고 있었다.

지문 흐름

19세기 말이 되면서 나타난 새로운 건축학적 사고방식에 따르면, 산업 건축은 추하고 비인간적이었으며 실용적이지 못함	………	도입
⬇		
산업 건축 대신 도구와 재료에 숙달한 기술을 보이며, 세대를 거쳐 공예 기술을 발전시킨 평범한 시골 건축업자들이 일했던 방식을 살펴보기를 제안함	………	전개
⬇		
시골 건축업자들의 재료는 지역적이고, 단순하게 사용되었으며, 이러한 방식으로 건축된 집들은 실내가 평범한 나무 바닥과 회반죽을 칠한 벽으로 되어 있었음	………	상술
⬇		
시골 건축업자들의 집은 사람들의 필요를 완벽하게 충족시켰고, 장인의 솜씨와 뿌리내림에서 비롯된 아름다움까지 갖춤	………	결론

친절한 오답 풀이

오답 선택지	선택률	오답 이유
① (A) – (C) – (B)	8%	평범한 시골 건축업자들이 일하는 방식에 대해 대략적으로 설명하는 (B)에 이어 그들이 사용하는 재료에 대해 상술하는 (C)가 오는 것이 적절하다.
② (B) – (A) – (C)	12%	
④ (C) – (A) – (B)	12%	주어진 글에서 19세기 말부터 산업 건축이 추하고 비인간적이라고 여겨지게 되었다고 했으므로 주어진 글 다음에는 산업 건축으로의 접근 대신 평범한 시골 건축업자들의 방식을 살펴볼 것을 제안하는 내용인 (B)가 오는 것이 적절하다.
⑤ (C) – (B) – (A)	6%	

코드 공략하기

pp.115~118

01 ⑤ 02 ⑤ 03 ④ 04 ② 05 ① 06 ② 07 ② 08 ③

01 정답 ⑤ 정답률 66%

정답 풀이

한 연구자가 흡혈귀는 실존할 수 없다는 것을 증명하는 간단한 계산법을 생각해냈다는 내용인 주어진 글에 이어, 그 계산법은 1600년 1월 1일의 인구가 5억 명이 넘는다는 가정 하에 시작된다는 (C)가 가장 먼저 이어지고, 최초의 흡혈귀가 등장한 이후 흡혈귀의 수는 계속 기하급수적으로 늘 것이라는 내용의 (B)가 이어진 후, 흡혈귀가 실존한다면 흡혈귀 출현 불과 2년 반 만에 인류는 모두 흡혈귀가 되었어야하지만 그렇지 않으므로 흡혈귀는 존재하지 않는다고 설명하는 (A)로 이어지는 것이 자연스럽다.

친절한 지문분석

According to legend, / once a vampire bites a person, / that
전설에 따르면 / 흡혈귀가 사람을 물면
~에 따르면(전치사구) / 일단 ~하면(접속사)

person turns into a vampire / [who seeks the blood of others].
그 사람은 흡혈귀로 변한다 / 다른 사람의 피를 갈구하는
turn into: ~로 변하다 / 주격 관계대명사절

A researcher came up with / some simple math, / [which proves
한 연구자가 생각해냈다 / 간단한 계산법을
come up with: ~을 생각해내다 / 주격 관계대명사절(계속적 용법)

{that these highly popular creatures can't exist}].
이 잘 알려진 존재가 실존할 수 없다는 것을 증명하는
목적절

(C) University of Central Florida physics professor Costas
University of Central Florida의 물리학과 교수인 Costas Efthimiou의 연구가

Efthimiou's work breaks down the myth. Suppose that /
그 미신을 무너뜨렸다 / 가정해 보아라
break down: 깨부수다[허물어뜨리다] / suppose that ~: ~라고 가정해 보아라

on January 1st, 1600, / the human population was just over five
1600년 1월 1일에 / 인구가 5억 명이 넘는다고

hundred million.

(B) If the first vampire came into existence that day / and bit one
그날 최초의 흡혈귀가 생겨났다면 / 그리고 한 달에
동사 1 / 동사 2

person a month, / there would have been two vampires / by
한 명을 물었다면 / 흡혈귀가 둘 있었을 것이다
would have p.p.: ~했었을 것이다

February 1st, 1600. A month later / there would have been four, /
1600년 2월 1일까지 / 한 달 뒤에는 / 넷이 있었을 것이다
(there would have been) (there would have been)

the next month eight, / then sixteen, / and so on.
그 다음 달은 여덟(이 있었을 것이다) / 그리고 열 여섯(이 있었을 것이다) / 그리고 등등으로 (계속 늘어났을 것이다)

(A) In just two-and-a-half years, / the original human population
불과 2년 반 만에 / 원래의 인류는

would all have become vampires / with no humans left.
모두 흡혈귀가 되었을 것이다 / 인간은 남아 있지 않은 채로
with+(대)명사+과거분사: ~이 …된 채

But look around you. Have vampires taken over the world? No, /
하지만 주위를 둘러보아라 / 흡혈귀가 세상을 정복하였는가? / 아니다
현재완료(결과)

because there's no such thing.
왜냐하면 그런 것(= 흡혈귀)은 존재하지 않으니까

지문 해석

전설에 따르면, 흡혈귀가 사람을 물면 그 사람은 다른 사람의 피를 갈구하는 흡혈귀로 변한다. 한 연구자가 이 잘 알려진 존재가 실존할 수 없다는 것을 증명하는 간단한 계산법을 생각해냈다.
(C) University of Central Florida의 물리학과 교수 Costas Efthimiou의 연구가 그 미신을 무너뜨렸다. 1600년 1월 1일에 인구가 5억 명이 넘는다고 가정해 보자.
(B) 그날 최초의 흡혈귀가 생겨나서 한 달에 한 명을 물었다면, 1600년 2월 1일까지 흡혈귀가 둘 있었을 것이다. 한 달 뒤면 넷, 그 다음 달은 여덟, 그리고 열 여섯 등등으로 계속 늘어나는 것이다.
(A) 불과 2년 반 만에, 원래의 인류는 모두 흡혈귀가 되어 더 이상 남아있지 않았을 것이다. 하지만 주위를 둘러보아라. 흡혈귀가 세상을 정복하였는가? 아니다. 왜냐하면 흡혈귀는 존재하지 않으니까.

지문 흐름

한 연구자가 흡혈귀는 실존할 수 없다는 것을 증명하는 간단한 계산법을 생각해냄	………	도입
⬇		
1600년 1월 1일에 인구가 5억 명이 넘으며, 이때 최초의 흡혈귀가 생겨남	………	가정
⬇		
1월에 한 명을 물었다면 이후 흡혈귀의 수는 한 달에 두 배씩 증가할 것임	………	전개
⬇		
2년 반 후에는 인류가 모두 흡혈귀가 되어 있어야 함	………	예상 결과
⬇		
하지만 흡혈귀는 현재 세상을 정복하지 않았으므로 실존하지 않음	………	실제 결과

친절한 오답 풀이

오답 선택지	선택률	오답 이유
① (A) – (C) – (B)	4%	한 연구자가 흡혈귀는 실존할 수 없다는 것을 증명하는 간단한 계산법을 생각해냈다는 주어진 글 뒤에, 그 계산법을 생각해낸 연구자에 대한 소개와 계산법의 전제가 되는 상황을 설명하는 (C)가 이어지는 것이 적절하다.
② (B) – (A) – (C)	11%	

③ (B) - (C) - (A)	11%	계산법의 전제를 제시한 (C) 다음에는 최초의 흡혈귀의 등장 이후의 흡혈귀의 수가 점차 늘어나는 상황에 대한 내용인 (B)가 이어지는 것이 적절하다.
④ (C) - (A) - (B)	8%	

02 정답 ⑤ 정답률 63%

정답 풀이

연골은 특히 무게를 지탱하는 무릎 관절의 건강한 기능에 매우 중요하다는 주어진 글에 이어, 무릎의 내부 작동 방식을 생각해보면, 왼쪽 다리에서 오른쪽 다리로 체중을 옮길 때 왼쪽 무릎의 압력이 풀린다는 내용의 (C)가 가장 먼저 이어지고, 걸을 때 체중 이동에 따라 무릎 연골이 스펀지처럼 윤활액을 흡수하고 다시 내보낸다는 내용의 (B)가 이어진 후, 이런 윤활액의 흐름은 연골이 반복적인 걷기의 압력에도 잘 견디게 해준다는 내용의 (A)로 이어지는 것이 자연스럽다.

친절한 지문분석

Cartilage is extremely important / for the healthy functioning of
연골은 아주 중요하다 관절의 건강한 기능에

a joint, / especially [if that joint bears weight, / like your knee].
특히 그 관절이 체중을 지탱한다면 당신의 무릎처럼
조건의 부사절

(C) Imagine for a moment / [that you're looking into the inner
잠시 상상해 봐라 당신이 왼쪽 무릎의 내부 작동 방식을 들여다본다고
목적절

workings of your left knee / {as you walk down the street}].
당신이 길을 걸을 때
시간의 부사절

[When you shift your weight / from your left leg to your right], /
당신이 체중을 옮길 때 왼쪽 다리에서 오른쪽 다리로
시간의 부사절

the pressure [on your left knee] is released.
당신의 왼쪽 무릎의 압력이 풀린다
전치사구(형용사구) 수동태

(B) The cartilage in your left knee then "drinks in" synovial fluid, /
그러면 당신의 왼쪽 무릎의 연골은 윤활액을 '흡수'한다

in much the same way / [that a sponge soaks up liquid / {when (being) put
거의 같은 방식으로 스펀지가 액체를 흡수하는 것과 물에 담겼을 때
관계부사절 접속사+분사구문

in water}]. [When you take another step / and transfer the weight
당신이 또 다른 한 걸음을 내딛을 때 그리고 체중을 다시 왼쪽 다리로
시간의 부사절 동사 1 동사 2(병렬구조)

back onto your left leg], / much of the fluid squeezes out of the
옮길 (때) 윤활액의 상당 부분이 압착되어 연골 밖으로 나간다

cartilage.

(A) This squeezing of joint fluid into and out of the cartilage /
이러한 관절 윤활액의 연골 안팎으로의 압착은

helps it respond to the off-and-on pressure of walking / without
그것(연골)이 걷는 것의 반복적인 압력에 반응하도록 돕는다 압력에
help+목적어+동사원형/to부정사: (목적어)가 ~하는 것을 돕다

breaking under the pressure.
부서지지 않고

지문 해석

연골은 관절의 건강한 기능에 아주 중요하며, 특히 그 관절이 당신의 무릎처럼 체중을 지탱한다면 그렇다.
(C) 당신이 길을 걸으며 왼쪽 무릎의 내부 작동 방식을 들여다본다고 잠시 상상해 봐라. 당신이 왼쪽 다리에서 오른쪽 다리로 체중을 옮길 때, 당신의 왼쪽 무릎의 압력이 풀린다.
(B) 그러면 당신의 왼쪽 무릎의 연골은 스펀지가 물에 담겼을 때 액체를 흡수하는 것과 거의 같은 방식으로 윤활액을 '흡수'한다. 당신이 또 다른 한 걸음을 내딛어 체중을 다시 왼쪽 다리로 옮길 때, 윤활액의 상당 부분이 압착되어 연골 밖으로 나간다.
(A) 이러한 관절 윤활액의 연골 안팎으로의 압착은 연골이 걷는 것의 반복적인 압력에 부서지지 않고 반응하도록 돕는다.

지문 흐름

연골은 특히 무게를 지탱하는 무릎 관절의 건강한 기능에 매우 중요함 ········· 주제
↓
걸을 때 체중 이동에 따라 무릎 연골이 스펀지처럼 윤활액을 흡수하고 다시 내보냄 ········· 상술
↓
이런 윤활액의 흐름은 연골이 반복적인 걷기의 압력에도 잘 견디게 함 ········· 결론

친절한 오답 풀이

오답 선택지	선택률	오답 이유
① (A) - (C) - (B)	5%	(B)의 마지막 부분에서 윤활액이 압착되어 연골 밖으로 나간다는 설명을 하고, (A)에서 윤활액의 연골 안팎으로의 압착이 관절에 어떻게 도움을 주는지 설명하고 있으므로 (B) 다음에 (A)가 와야 한다.
② (B) - (A) - (C)	14%	(C)에서 무릎의 내부 작동 방식을 생각해보라며, 왼쪽 다리에서 오른쪽 다리로 체중을 옮길 때 왼쪽 무릎의 압력이 풀린다는 내용이 나오고 (B)에서 그러면 왼쪽 무릎의 연골이 윤활액을 흡수한다는 내용이 이어지므로 (C) 다음에 (B)가 와야 한다.
③ (B) - (C) - (A)	9%	(B)의 마지막 부분에서 윤활액이 압착되어 연골 밖으로 나간다는 설명을 하고, (A)에서 윤활액의 연골 안팎으로의 압착이 관절에 어떻게 도움을 주는지 설명하고 있으므로 (B) 다음에 (A)가 와야 한다.
④ (C) - (A) - (B)	9%	

03 정답 ④ 정답률 39%

정답 풀이

구석기 시대에는 사람들이 식량을 구하기 위해 돌아다녔지만, 농사를 짓기 시작하면서 정착하게 되었다는 주어진 글에 이어, 마을과 공동체가 커지면서 더 효율적으로 조직하며 분업을 하게 되었다는 (C)가 가장 먼저 이어지고, 분업의 사례로 농작물을 키우는 노동자와 집과 도구를 만드는 노동자가 있었으며 더 빠르게 일하기 위해 협업했다는 내용의 (A)가 이어진 후, 협업의 예시로 도구 제작자들이 함께 일함으로써 같은 시간 안에 더 많은 도구를 만들었다는 내용의 (B)로 이어지는 것이 자연스럽다.

친절한 지문분석

In the Old Stone Age, / small bands of 20 to 60 people / wandered
구석기 시대에는 20~60명의 작은 무리가 이곳저곳을

from place to place / in search of food. [Once people began
돌아다녔다 식량을 찾아서 일단 농사를 짓기 시작하면서
~을 찾아서 시간의 부사절

farming], / they could settle down near their farms.
사람들은 자신들의 농경지 근처에 정착할 수 있었다

(C) As a result, / towns and villages grew larger. Living in
그 결과 도시와 마을이 더 커졌다 공동체
주어(동명사구)

communities allowed people / to organize themselves / more
생활은 사람들에게 허용했다 자신들을 조직할 수 있도록 더
allow+목적어+to-v: (목적어)로 하여금 ~하도록 하다

efficiently. They could divide up / the work of producing food and
효율적으로 그들은 나눌 수 있었다 식량과 다른 것들을 생산하는 일을

(which/that)
other things [they needed].
자신들에게 필요한
목적격 관계대명사절

(A) ❶ [While some workers grew crops], / others built new houses
어떤 노동자들은 농작물을 재배한 반면 다른 노동자들은 새로운 집을 짓고
대조의 부사절

and made tools. Village dwellers also learned to work together /
도구를 만들었다 마을 거주자들은 또한 함께 일하는 것도 배웠다
to부정사의 명사적 용법(목적어)

to do a task faster.
일을 더 빨리 하기 위해
to부정사의 부사적 용법(목적)

(B) For example, / toolmakers could share the work / [of making
예를 들어 도구 제작자들은 작업을 함께 할 수 있었다 돌도끼와
전치사구(형용사구)

stone axes and knives]. By working together, / they could make
돌칼을 만드는 함께 일함으로써 그들은 더 많은 도구를 만들 수
by v-ing: ~함으로써

more tools / in the same amount of time.
있었다 같은 시간 안에

❶ 「some ~, others ...」는 '어떤 사람들은 ~, 어떤 사람들은 …'이라는 뜻이다.

지문 해석

구석기 시대에는 20~60명의 작은 무리가 식량을 찾아 이곳저곳을 돌아다녔다. 일단 농사를 짓기 시작하면서, 사람들은 자신들의 농경지 근처에 정착할 수 있었다.
(C) 그 결과, 도시와 마을이 더 커졌다. 공동체 생활을 통해 사람들은 자신들을 더 효율적으로 조직할 수 있었다. 그들은 식량과 자신들에게 필요한 다른 것들을 생산하는 일을 나눌 수 있었다.
(A) 어떤 노동자들은 농작물을 재배한 반면, 다른 노동자들은 새로운 집을 짓고 도구를 만들었다. 마을 거주자들은 또한 일을 더 빨리 하기 위해 함께 일하는 것도 배웠다.
(B) 예를 들어, 도구 제작자들은 돌도끼와 돌칼을 만드는 작업을 함께 할 수 있었다. 함께 일함으로써, 그들은 같은 시간 안에 더 많은 도구를 만들 수 있었다.

지문 흐름

구석기 시대에 사람들은 식량을 찾아 이동하였지만, 농사를 시작하게 된 이후 사람들은 농경지 근처에 정착함 ········· 도입
↓
정착한 결과 공동체를 형성할 수 있었고, 이에 따라 사람들을 더 효율적으로 조직함 ········· 전개
↓
어떤 노동자는 농작물을 재배하고 어떤 노동자는 집을 짓고 도구를 만듦 ········· 분업의 사례
↓
도구 제작자들이 돌도끼와 돌칼 제작 작업을 함께 함으로써 같은 시간 안에 더 많은 도구를 만들어 냄 ········· 협업의 사례

친절한 오답 풀이

오답 선택지	선택률	오답 이유
① (A) – (C) – (B)	13%	(C)의 As a result는 주어진 글의 내용에 대한 결과를 설명하는 것이므로, 주어진 글 뒤에 (C)가 오는 것이 자연스럽다.
② (B) – (A) – (C)	28%	(B)의 For example은 협업의 예시를 보여 주고 있으므로, 문맥상 (A) 뒤에 이어지는 것이 자연스럽다.
③ (B) – (C) – (A)	7%	
⑤ (C) – (B) – (A)	12%	

04 정답 ② 정답률 69%

정답 풀이

사람들은 미디어와 상호작용하는 데 많은 시간을 소비하지만 이를 분석하고 이해하는 데 중요한 기술을 가지고 있는 것은 아니라는 주어진 글에 이어, 젊은이들이 잘못된 정보에 쉽게 속는다는 것을 보여주는 한 연구 사례를 든 후 이러한 약점이 젊은이들에게서만 발견되는 것이 아니라는 (B)가 가장 먼저 이어지고, 65세 이상의 사람들이 젊은이들보다 7배나 더 많은 잘못된 정보를 공유한다는 예시를 보여준 후 잘못된 정보에 대한 해결책이 무엇인지 의문을 제기하는 (A)가 이어진 후, 이에 대해 정부, 기술 플랫폼, 개인의 책임을 강조하는 (C)의 순서로 이어지는 것이 자연스럽다.

친절한 지문분석

People spend much of their time / interacting with media, / but
사람들은 많은 시간을 소비한다 미디어와 상호작용하는 데 그러나
spend+시간+v-ing: ~하면서 시간을 보내다

that does not mean / [that people have the critical skills / to
그것이 의미하지는 않는다 사람들이 중요한 기술을 가지고 있다는 것을
목적절 to부정사의 형용사적 용법

analyze and understand it].
그것을 분석하고 이해하는
= media

(B) One well-known study [from Stanford University] [in 2016] /
2016년 Stanford 대학의 한 잘 알려진 연구는
주어 전치사구 1 전치사구 2

demonstrated / [that youth are easily fooled by misinformation, /
보여주었다 젊은이들이 잘못된 정보에 쉽게 속는다는 것을
동사 목적절 수동태

especially when it comes through social media channels]. This
특히 소셜 미디어 채널을 통해서라면 이러한
= misinformation

weakness is not found only in youth, / however.
약점은 젊은이에게서만 발견되는 것은 아니다 그러나
수동태

(A) Research [from New York University] found / [that people over
New York 대학의 조사는 발견했다 65세 이상의 사람들이
주어 전치사구 동사 목적절

65 shared / seven times as much misinformation / as their
공유한다는 것을 7배나 더 많은 잘못된 정보를 (비교 대상인)
배수사+as ~ as ...: …보다 (몇) 배 더 ~한

younger counterparts]. ❶ All of this raises a question: / What's
젊은이들보다 이 모든 것이 의문을 제기한다 해결책은

the solution / to the misinformation problem?
무엇인가 잘못된 정보 문제에 대한

(C) Governments and tech platforms certainly have a role to play /
정부와 기술 플랫폼은 분명 해야 할 역할이 있다
to부정사의 형용사적 용법

in blocking misinformation. However, / every individual needs
잘못된 정보를 막아내는 데 있어 그러나 모든 개인은 책임을 지닐
전치사의 목적어(동명사구)

to take responsibility / [for combating this threat] / by becoming
필요가 있다 이러한 위협에 맞서 싸울 정보를 더 잘
전치사구(형용사구) by v-ing: ~함으로써

more information literate.
분별함으로써

❶ 「all of+명사」가 주어로 쓰일 때 동사의 수는 of 뒤에 오는 명사에 일치시킨다.

지문 해석

사람들은 미디어와 상호작용하는 데 많은 시간을 소비하지만, 그렇다고 해서 사람들이 미디어를 분석하고 이해하는 데 중요한 기술을 가지고 있는 것은 아니다.
(B) 2016년 Stanford 대학의 한 잘 알려진 연구는 특히 소셜 미디어 채널을 통해 젊은이들이 잘못된 정보에 쉽게 속는다는 것을 보여주었다. 그러나 이러한 약점은 젊은이에게서만 발견되는 것은 아니다.
(A) New York 대학의 조사에 따르면 65세 이상의 사람들이 젊은이들보다 7배나 더 많은 잘못된 정보를 공유한다고 한다. 이 모든 것이 의문을 제기한다: 잘못된 정보 문제에 대

한 해결책은 무엇인가?
(C) 정부와 기술 플랫폼은 분명 잘못된 정보를 막아내는 데 있어 해야 할 역할이 있다. 그러나 모든 개인은 정보를 더 잘 분별함으로써 이러한 위협에 맞서 싸울 책임을 지닐 필요가 있다.

지문 흐름

사람들은 미디어와 상호작용하는 데 많은 시간을 소비하지만, 미디어를 분석하고 이해하는 데 중요한 기술을 가지고 있는 것은 아님 ········· 도입

↓

2016년 Stanford 대학의 한 연구는 특히 소셜 미디어 채널을 통해 젊은이들이 잘못된 정보에 쉽게 속는다는 것을 보여줌 ········· 연구 결과 1

↓

이러한 약점은 젊은이에게서만 발견되는 것은 아니며, New York 대학의 조사는 65세 이상의 사람들이 젊은이들보다 7배나 더 많은 잘못된 정보를 공유한다고 함 ········· 연구 결과 2

↓

정부와 기술 플랫폼은 잘못된 정보를 막아내는 역할을 가지고 있으나, 모든 개인은 정보를 더 잘 분별함으로써 이러한 위협에 맞서 싸울 책임을 지닐 필요가 있음 ········· 주제

친절한 오답 풀이

오답 선택지	선택률	오답 이유
① (A) – (C) – (B)	5%	(B)에서 젊은이들만 잘못된 정보에 쉽게 속는다는 것은 아니라고 했으므로, 바로 뒤에 65세 이상의 사람들에 관한 연구 사례가 나오는 (A)가 오는 것이 적절하다.
③ (B) – (C) – (A)	8%	
④ (C) – (A) – (B)	11%	(A)의 마지막 문장에서 잘못된 정보에 대한 해결책이 무엇인지 의문을 제기하고 (C)에서 답변이 나오므로, (A) 뒤에 (C)가 나와야 한다.
⑤ (C) – (B) – (A)	4%	

05 정답 ① 정답률 53%

정답 풀이

공부에 관심 없을 때도 좋은 성적을 받으려고 공부하고, 이미 가진 직업에 행복해 할 때도 더 나은 직업을 추구한다는 주어진 글에 이어, 이와 비슷한 예시로 붐비는 축구장에서 앞 줄의 관중이 일어나면 연쇄 반응이 일어난다는 (A)가 가장 먼저 이어지고, 그 이후 모든 사람이 일어서고 어느 누구의 위치도 나아지지 않는다는 내용의 (C)가 이어진 후, 일어서기를 거부하면 경기에 있지 않는 것이 낫다는 내용의 (B)로 이어지는 것이 자연스럽다.

친절한 지문분석

Students work / to get good grades / [even when they have no
학생들은 공부한다 / 좋은 성적을 얻기 위해 (to부정사의 부사적 용법(목적)) / 그들이 관심이 없을 때조차도 (시간의 부사절)

interest / in their studies]. People seek job advancement / [even
공부에 / 사람들은 더 나은 직업을 추구한다 / 심지어 (시간의 부사절)

when they are happy / with the jobs / {they already have}].
그들이 만족할 때조차도 / 직업에 / 그들이 이미 가지고 있는 ((which/that) 목적격 관계대명사절)

(A) It's like being in a crowded football stadium, / [watching the
그것은 마치 붐비는 축구 경기장에 있는 것과 같다 (전치사+동명사) / 중요한 경기를 (분사구문(동시동작))

crucial play]. A spectator / [several rows in front] / stands up / to get
관람하면서 / 한 관중이 (주어 1) (who is) / 몇 줄 앞에 있는 / 일어선다 (동사 1) / 더 나은 (to부정사의 부사적 용법(목적))

a better view, / and a chain reaction follows.
시야를 얻기 위해 / 그리고 연쇄 반응이 뒤따른다 (주어 2, 동사 2)

(C) Soon / everyone is standing, / just to be able to see as well as
곧 / 모든 사람들이 일어서게 된다 / 단지 이전처럼 볼 수 있기 위해 (to부정사의 부사적 용법(목적)) (be able to-v: ~할 수 있다)

before. Everyone is on their feet / rather than sitting, / but no one's
모두가 일어선다 / 앉기보다는 (~보다는) / 그러나 그 누구의

position has improved.
위치도 나아지지 않았다 (현재완료)

(B) And [if someone refuses to stand], he might just as well not be
그리고 만약 누군가가 일어서기를 거부한다면 (조건의 부사절) (refuse to-v: ~하는 것을 거부하다) / 그는 경기에 있지 않는 것이 나을 것이다 (might (just) as well: ~하는 것이 낫다)

at the game / at all. [When people pursue goods {that are
아예 / 사람들이 재화(이익)를 추구할 때 (시간의 부사절) / 위치에 관련된 (주격 관계대명사절)

positional}], they can't help being in the rat race. To choose not
그들은 치열하고 무의미한 경쟁을 하지 않을 수 없다 (cannot help v-ing: ~하지 않을 수 없다) / 뛰지 않기로 선택하는 (주어(to부정사의 명사적 용법))

to run is to lose.
것은 지는 것이다 (동사) (목적어(to부정사의 명사적 용법))

지문 해석

학생들은 그들이 공부에 관심이 없을 때조차도 좋은 성적을 얻기 위해 공부한다. 사람들은 심지어 그들이 이미 가지고 있는 직업에 만족할 때조차도 더 나은 직업을 추구한다.
(A) 그것은 마치 중요한 경기를 관람하면서 붐비는 축구 경기장에 있는 것과 같다. 몇 줄 앞에 있는 한 관중이 더 나은 시야를 얻기 위해 일어서고, 연쇄 반응이 뒤따른다.
(C) 단지 이전처럼 볼 수 있기 위해 곧 모든 사람들이 일어서게 된다. 모두가 앉기보다는 일어서지만, 그 누구의 위치도 나아지지 않았다.
(B) 그리고 만약 누군가가 일어서기를 거부한다면, 그는 경기에 아예 있지 않는 것이 나을 것이다. 사람들이 위치에 관련된 재화(이익)를 추구할 때, 그들은 치열하고 무의미한 경쟁을 하지 않을 수 없다. 뛰지 않기로 선택하는 것은 지는 것이다.

지문 흐름

공부에 관심이 없을 때도 좋은 성적을 얻기 위해 공부하고, 이미 가지고 있는 직업에 만족할 때조차도 더 나은 직업을 추구함 ········· 도입

↓

이는 마치 붐비는 축구 경기장에서 한 관중이 더 잘 보기 위해 일어서고 연쇄 반응이 뒤따르는 것과 같음 ········· 예시

↓

곧 모든 사람들이 일어서게 되지만, 그 누구의 위치도 나아지지 않음 ········· 결과

↓

만약 누군가가 일어서기를 거부한다면, 그는 경기에 아예 있지 않는 것이 나을 것임 ········· 부연

↓

사람들이 위치에 관련된 재화(이익)를 추구할 때 그들은 치열하고 무의미한 경쟁을 할 수 밖에 없으며, 뛰지 않기로 선택하는 것은 지는 것임 ········· 주제

친절한 오답 풀이

오답 선택지	선택률	오답 이유
② (B) – (A) – (C)	13%	사람들이 더 나은 것은 추구하려는 상황을 설명한 주어진 글 뒤에 그 상황과 비슷한 예시를 드는 (A)가 이어지는 것이 자연스럽다.
③ (B) – (C) – (A)	11%	
④ (C) – (A) – (B)	12%	축구장에서 모든 사람이 자리에서 일어서게 되면 누구의 위치도 나아지지 않는다는 (C)에 이어 이처럼 일어서기를 거부하면 경기에 있지 않는 것이 낫다고 보충 설명하는 (B)가 이어지는 것이 자연스럽다.
⑤ (C) – (B) – (A)	9%	축구장에서 앞 줄의 관중이 일어나면 연쇄 반응이 일어난다는 (A) 뒤에는 그 이후의 상황으로 모든 사람이 일어서지만 어느 누구의 위치도 나아지지 않는다는 내용의 (C)가 오는 것이 자연스럽다.

06 정답 ② 정답률 46%

정답 풀이

마그마가 지구의 표면에 닿거나 표면 아래에 갇혀 있을 때, 마그마가 식으면서 화합물로 결합한다는 주어진 글에 이어, 화합물로 결합하는 과정 동안 마그마 안에 있는 원소의 종류와 양이 형성되는 광물의 종류를 일부 결정한다는 (B)가 가장 먼저 이어지고, 또한 형성되는 결정의 크기는 마그마의 식는 속도에 달려 있는데, 마그마가 천천히 식으면 큰 결정이 형성된다는 내용의 (A)가 이어진 후, 큰 결정이 형성되는 이유를 설명해 주고 마그마가 빠르게 식었을 때는 작은 결정이 만들어진다는 (C)로 이어지는 것이 자연스럽다.

친절한 지문분석

Natural processes form minerals / in many ways. For example, /
자연 과정은 광물을 형성한다 많은 방법으로 예를 들어

hot melted rock material, / [called magma], / cools / [when it
뜨거운 용암 물질은 마그마라고 불리는(과거분사구) 식는다 (시간의 부사절)

reaches the Earth's surface], / or [even if it's trapped / below the
지구의 표면에 도달할 때 또는 심지어 갇혀 있을 때도(양보의 부사절) 표면 아래에

surface]. [As magma cools], / its atoms lose heat energy, / move
마그마가 식으면서(시간의 부사절) 마그마의 원자는 열 에너지를 잃고(동사 1) 서로 더(동사 2)

closer together, / and begin to combine into compounds.
가까이 이동한다 그리고 화합물로 결합하기 시작한다(동사 3(병렬구조))

(B) [During this process], / atoms [of the different compounds] /
이 과정 동안(전치사구(부사구)) 서로 다른 화합물의 원자가(전치사구(형용사구))

arrange themselves / into orderly, repeating patterns. ❶ The type
스스로를 배열한다 질서 있고 반복적인 패턴으로

and amount of elements / [present in a magma] / partly determine /
원소의 종류와 양이 마그마에 존재하는(형용사구) 부분적으로 결정한다

[which minerals will form].
어떤 광물이 형성될지를(목적절(의문사절))

(A) Also, the size of the crystals [that form] / depends partly on /
또한, 결정의 크기는 형성되는(주격 관계대명사절) 부분적으로 달려 있다

[how rapidly the magma cools]. ❷ When magma cools slowly, /
마그마가 얼마나 빨리 식느냐에(목적절(의문사절)) 마그마가 천천히 식으면

the crystals [that form] / are generally large enough / to see with
결정은 형성되는(주격 관계대명사절) 일반적으로 충분히 크다(형용사+enough to-v: ~할 만큼 충분히 …한) 육안으로

the unaided eye.
볼 수 있을 만큼

(C) ❸ This is because the atoms have enough time / to move
이것은 원자가 충분한 시간을 가지기 때문이다(enough+명사+to-v: ~하기에 충분한 (명사)) 함께 이동해

together and (to) form into larger crystals. When magma cools rapidly, /
더 큰 결정을 형성하기에 마그마가 빠르게 식으면

the crystals [that form] will be small. In such cases, / you can't
결정은 형성되는(주격 관계대명사절) 작을 것이다 그런 경우에는 쉽게 볼 수 없다

easily see / individual mineral crystals.
개별 광물 결정을

❶ 간접의문문의 형태로 의문사가 명사절을 이끌 때는 「의문사+주어+동사」 또는 의문사가 주어이면 「의문사+동사」의 어순으로 쓴다. 이 문장에서는 의문형용사 which가 쓰였으므로, 「의문사(which)+명사(minerals)+동사(will form)」의 어순으로 썼다.
❷, ❸ enough가 부사로 쓰일 때는 형용사 뒤에 쓰고, 형용사로 쓰일 때는 명사 앞에 쓴다.

지문 해석

자연 과정은 많은 방법으로 광물을 형성한다. 예를 들어, 마그마라고 불리는 뜨거운 용암 물질은 지구의 표면에 도달할 때, 또는 심지어 표면 아래에 갇혀 있을 때도 식는다. 마그마가 식으면서, 마그마의 원자는 열에너지를 잃고, 서로 더 가까이 이동해, 화합물로 결합하기 시작한다.
(B) 이 과정 동안, 서로 다른 화합물의 원자가 질서 있고 반복적인 패턴으로 배열된다. 마그마에 존재하는 원소의 종류와 양이 어떤 광물이 형성될지를 부분적으로 결정한다.
(A) 또한, 형성되는 결정의 크기는 부분적으로는 마그마가 얼마나 빨리 식느냐에 달려 있다. 마그마가 천천히 식으면, 형성되는 결정은 일반적으로 육안으로 볼 수 있을 만큼 충분히 크다.
(C) 이것은 원자가 함께 이동해 더 큰 결정을 형성할 충분한 시간을 가지기 때문이다. 마그마가 빠르게 식으면, 형성되는 결정은 작을 것이다. 그런 경우에는 개별 광물 결정을 쉽게 볼 수 없다.

지문 흐름

자연 과정은 많은 방법으로 광물을 형성함	·········	도입
↓		
마그마가 지구 표면에 닿을 때, 또는 지구 표면 아래에 갇혀 있을 때에도 열이 식으면서 마그마의 원자는 열에너지를 잃고, 서로 가까이 이동하여, 화합물로 결합함	·········	예시: 마그마의 광물 형성 과정
↓		
화합물로 결합하는 과정에서 서로 다른 화합물의 원자가 질서있고 반복적인 패턴으로 배열되고, 마그마에 존재하는 원소의 종류와 양이 광물의 종류를 일부 결정함	·········	광물의 종류를 결정하는 요인
↓		
형성되는 결정의 크기는 마그마의 식는 속도에 달려있음	·········	광물의 크기를 결정하는 요인
↓		
마그마가 천천히 식으면 원자가 함께 이동해 더 큰 결정을 형성할 만큼 충분한 시간을 가지기 때문에 큰 결정이 형성되고, 마그마가 빠르게 식으면 형성되는 결정은 작음	·········	부연

친절한 오답 풀이

오답 선택지	선택률	오답 이유
① (A) - (C) - (B)	5%	(A)의 crystals는 주어진 글에 등장한 적이 없으므로, (A)가 주어진 글 뒤에 오는 것은 적절하지 않다.
③ (B) - (C) - (A)	29%	(C)의 This is because는 (A)에서 언급한 마그마가 천천히 식으면 큰 결정이 형성되는 것의 이유를 설명하는 것이므로, (C)가 (A) 뒤에 오는 것이 적절하다.
④ (C) - (A) - (B)	13%	
⑤ (C) - (B) - (A)	7%	

07 정답 ② 정답률 71%

정답 풀이

외래종이 갑자기 생태계에 유입되면 문제가 발생한다는 주어진 글에 이어, 1870년대 미국에서 온 회색 다람쥐가 동일한 먹이와 서식지를 놓고 경쟁하여 영국 토종의 붉은 다람쥐를 압박했다는 (B)가 가장 먼저 이어지고, 회색 다람쥐는 설익은 도토리를 먹을 수 있기에 먹이 부분에서 우위를 점했다는 내용의 (A)가 이어진 뒤, 서식지에서도 우위를 점하여 결국 붉은 다람쥐를 멸종 위기에 처하게 만들었다는 (C)로 이어지는 것이 자연스럽다.

친절한 지문분석

Problems often arise / [if an exotic species is suddenly introduced
문제가 종종 발생한다 외래종이 갑자기 생태계에 유입되면(조건의 부사절) (수동태)

to an ecosystem].

(B) Britain's red and grey squirrels provide a clear example.
영국의 붉은색 다람쥐와 회색 다람쥐가 명확한 예를 제공한다

[When the grey arrived from America / in the 1870s], / both
미국에서 회색 다람쥐가 왔을 때 1870년대에
시간의 부사절
squirrel species competed for the same food and habitat, /
두 다람쥐 종은 동일한 먹이와 서식지를 놓고 경쟁했다
[which put the native red squirrel populations under pressure].
이것이 토종의 붉은 다람쥐 개체군을 압박했다
주격 관계대명사절(계속적 용법)
(A) The grey had the edge / [because it can adapt its diet]; / it
회색 다람쥐는 우위를 점했다 먹이를 조절할 수 있기 때문에
이유의 부사절
is able, for instance, to eat green acorns, / [while the red can only
예를 들어 회색 다람쥐는 설익은 도토리를 먹을 수 있다 반면 붉은 다람쥐는 다 익은
be able to-v: ~할 수 있다 양보의 부사절
digest mature acorns]. Within the same area of forest, / grey
도토리만 소화할 수 있다 숲의 같은 지역 내에서 회색
squirrels can destroy the food supply / [before red squirrels even
다람쥐는 식량 공급을 파괴할 수 있다 붉은 다람쥐가 한 입 먹기도 전에
시간의 부사절
have a bite].

(C) Greys can also live more densely and in varied habitats, / so
회색 다람쥐는 또한 더 밀집하며 다양한 서식지에서 살 수 있다 그래서
have survived more easily / [when woodland has been destroyed].
더 쉽게 살아남았다 삼림이 파괴되었을 때
시간의 부사절 현재완료 수동태
As a result, / the red squirrel has come close to extinction / in
그 결과 붉은 다람쥐는 거의 멸종 위기에 이르렀다 영국에서
거의 ~하게 되다
England.

지문 해석

외래종이 갑자기 생태계에 유입되면 문제가 종종 발생한다.
(B) 영국의 붉은색 다람쥐와 회색 다람쥐가 명확한 예를 제공한다. 1870년대 미국에서 회색 다람쥐가 왔을 때, 두 다람쥐 종은 동일한 먹이와 서식지를 놓고 경쟁했고, 이것이 토종의 붉은 다람쥐 개체군을 압박했다.
(A) 회색 다람쥐는 먹이를 조절할 수 있기 때문에 우위를 점했다. 예를 들어 회색 다람쥐는 설익은 도토리를 먹을 수 있는 반면, 붉은 다람쥐는 다 익은 도토리만 소화할 수 있다. 숲의 같은 지역 내에서 회색 다람쥐는 붉은 다람쥐가 한 입 먹기도 전에 식량 공급을 파괴할 수 있다.
(C) 회색 다람쥐는 또한 더 밀집하며 다양한 서식지에서 살 수 있어서 삼림이 파괴되었을 때 더 쉽게 살아남았다. 그 결과, 붉은 다람쥐는 영국에서 거의 멸종 위기에 이르렀다.

지문 흐름

외래종이 갑자기 생태계에 유입되면 문제가 발생함	·········	도입
⬇ 1870년대 미국의 회색 다람쥐가 영국에 와서 영국의 토종 다람쥐인 붉은 다람쥐와 동일한 먹이 및 서식지를 두고 경쟁하여 붉은 다람쥐 개체군을 압박함	·········	예시: 미국의 다람쥐가 영국에 와서 벌어진 일
⬇ 회색 다람쥐는 설익은 도토리를 먹을 수 있는 반면, 붉은 다람쥐는 다 익은 도토리만 소화할 수 있어서 붉은 다람쥐의 식량 공급을 파괴함	·········	회색 다람쥐의 우위 요소 1
⬇ 회색 다람쥐는 다양한 서식지에서 살 수 있어서 삼림이 파괴되었을 때 더 쉽게 살아남음	·········	회색 다람쥐의 우위 요소 2
⬇ 붉은 다람쥐는 영국에서 거의 멸종 위기에 이름	·········	결과

친절한 오답 풀이

오답 선택지	선택률	오답 이유
① (A) - (C) - (B)	6%	(B)가 외래종의 유입 사례를 다루고 있으므로, (B)가 주어진 문장 바로 다음에 와야 한다.
③ (B) - (C) - (A)	11%	(A)에서 회색 다람쥐가 먹이 부분에서 붉은 다람쥐보다 우위를 점한 이유를 밝혔고, (C)의 첫 문장에서 also를 쓰며 우위를 점한 또 다른 이유를 서술하고 있다. 또한, (C)의 뒷부분에서 이러한 이유로 붉은 다람쥐가 거의 멸종 위기에 이르렀다는 결과를 말하고 있으므로, (C)는 (A) 뒤에 오는 것이 적절하다.
④ (C) - (A) - (B)	7%	(A)와 (C)는 회색 다람쥐가 붉은 다람쥐보다 우위를 점한 이유를 말하는데, (C)의 첫 문장에 also가 있기 때문에 (C)가 (A)보다 먼저 오는 것은 어색하며, 붉은색 다람쥐와 회색 다람쥐의 예시를 설명하기 시작하는 (B)가 이의 부연 설명인 (C)와 (A) 뒤에 이어지거나 (C)와 (A) 사이에 오는 것은 적절하지 않다.
⑤ (C) - (B) - (A)	5%	

08 정답 ③ 정답률 60%

정답 풀이

잉카 제국은 걸어서 메시지를 전달하는 데 탁월했다는 주어진 글에 이어, 왕의 명령을 전달하기 위해 Chasquis라 불리는 전령이 왕의 길을 따라 배치된 오두막에서 집단을 이루어 생활했다는 (B)가 가장 먼저 이어지고, 그들은 서로를 보기 위해 높은 지대에 오두막을 지었다는 내용의 (C)가 이어진 뒤, 다음 오두막에 가며 소리치며 메시지를 반복하여 메시지를 이어간다는 내용의 (A)로 이어지는 것이 자연스럽다.

친절한 지문분석

With no horses available, / the Inca empire excelled at delivering
구할 수 있는 말이 없어서 잉카 제국은 걸어서 메시지를 전달하는 데 탁월했다
excel at: ~에 탁월하다
messages on foot.
걸어서
(B) The messengers were stationed on the royal roads / to deliver
전령들은 왕의 길에 배치되었다 잉카 왕의
수동태 to부정사의 부사적 용법(목적)
the Inca king's orders and reports [coming from his lands].
명령과 그의 영토에서 오는 보고를 전달하기 위해
현재분사구
[Called Chasquis], / they lived in groups of four to six in huts, /
Chasquis라고 불리는 그들은 네 명에서 여섯 명의 집단을 이루어 오두막에서 생활했다
과거분사구
[placed from one to two miles apart along the roads].
길을 따라 1마일에서 2마일 간격으로 떨어져 배치된
과거분사구
(C) They were all young men / and especially good runners /
그들은 모두 젊은 남자였다 그리고 특히 잘 달리는 이들이었다
[who watched the road / in both directions]. [If they caught sight
길을 주시하는 양방향으로 그들은 다른 전령이 오는 것을
주격 관계대명사절 조건의 부사절
of another messenger coming], / they hurried out to meet them.
발견하면 그들은 그들(다른 전령)을 맞이하기 위해 서둘러 나갔다
to부정사의 부사적 용법(목적)
The Inca built the huts / on high ground, / in sight of one another.
잉카 사람들은 오두막을 지었다 높은 지대에 서로를 볼 수 있는
(A) [When a messenger neared the next hut], / he began to call
전령은 다음 오두막에 다가갈 때 그는 소리치기 시작했다
시간의 부사절 동사 1 to부정사의 명사적 용법(목적어)
out / and repeated the message three or four times / to the one /
그리고 메시지를 서너 번 반복했다 전령에게
동사 2(병렬구조)

[who was running out to meet him]. The Inca empire could relay
자신을 만나러 달려 나오고 있는 　 잉카 제국은 메시지를 1,000마일(1,610km)을
주격 관계대명사절 　 to부정사의 부사적 용법(목적)

messages 1,000 miles (1,610 km) / in three or four days / under
이어갈 수 있었다 　 사나흘 만에 　 사정이

good conditions.
좋으면

지문 해석

구할 수 있는 말이 없어서, 잉카 제국은 걸어서 메시지를 전달하는 데 탁월했다.
(B) 전령들은 잉카 왕의 명령과 그의 영토에서 오는 보고를 전달하기 위해 왕의 길에 배치되었다. Chasquis라고 불리는, 그들은 네 명에서 여섯 명의 집단을 이루어 길을 따라 1마일에서 2마일 간격으로 떨어져 배치된 오두막에서 생활했다.
(C) 그들은 모두 젊은 남자였고, 양방향으로 길을 주시하는 특히 잘 달리는 이들이었다. 그들은 다른 전령이 오는 것을 발견하면, 그들을 맞이하기 위해 서둘러 나갔다. 잉카 사람들은 서로를 볼 수 있는 높은 지대에 오두막을 지었다.
(A) 전령은 다음 오두막에 다가갈 때, 자신을 만나러 달려 나오고 있는 전령에게 소리치기 시작했고 메시지를 서너 번 반복했다. 잉카 제국은 사정이 좋으면 사나흘 만에 메시지를 1,000마일(1,610km)을 이어갈 수 있었다.

지문 흐름

잉카 제국에서는 Chasquis라 불리는 전령들이 걸어서 왕의 명령과 보고를 전달함	········	도입
4~6명이 집단을 이루어 길을 따라 1~2마일 간격으로 떨어져 있는 오두막에서 생활했는데 모두 젊은 남자들로 잘 달리는 사람들임	········	상술 1 (Chasquis 소개)
다른 전령이 오는 것을 발견하면 서둘러 오두막에서 나갔고, 메시지를 전하는 전령은 자신을 만나러 오는 전령에게 소리치며 메시지를 서너 번 반복함	········	상술 2 (Chasquis의 메시지 전달 방법)
사정이 좋으면 사나흘 만에 메시지를 1,000마일을 이어갈 수 있음	········	상술 3 (Chasquis의 탁월성)

친절한 오답 풀이

오답 선택지	선택률	오답 이유
① (A) - (C) - (B)	5%	(B)에서 잉카의 전령인 Chasquis가 처음 언급되며, (A)와 (C)에서 이들이 무슨 일을 어떻게 하는지 자세하게 서술하고 있으므로, 주어진 글 바로 다음에 (B)가 와야 한다.
② (B) - (A) - (C)	18%	(C)의 맨 마지막 부분에서 오두막을 서로 볼 수 있는 높은 곳에 지었다는 말이 나온 후, 전령이 그 다음 오두막(the next hut)에 다가와서 소리치며 메시지를 반복했다는 (A)의 앞 문장으로 연결되므로 (C) 다음에 (A)가 와야 한다.
④ (C) - (A) - (B)	7%	(C)의 첫 문장의 주어가 They로 시작하는데, 주어진 문장에는 They에 해당하는 말이 없으므로, (C)가 주어진 글 바로 다음에 이어지는 것은 적절하지 않다.
⑤ (C) - (B) - (A)	10%	

배경지식

차스키스(Chasquis)

차스키스(Chasquis)는 잉카 제국의 중요한 통신원으로, 제국 전역에서 빠른 정보 전달을 담당했다. 이들은 체력이 뛰어나며 특별히 훈련받은 전령으로, 제국의 도로망을 통해 왕이나 관리들의 명령, 키푸(Khipu)와 같은 기록 장치 등을 릴레이 방식으로 전달했다. 차스키스는 일정한 거리에 위치한 탄보(Tambo)라는 휴식 장소에서 교대하며 임무를 수행했다. 이를 통해 잉카 제국은 광범위한 영토 내에서 신속하고 효율적으로 소통할 수 있었다.

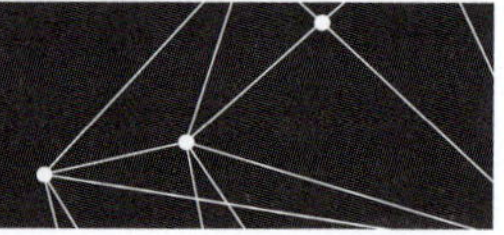

12 문장 삽입

코드 접속하기

pp.123~126

Q1 ④ 　 Q2 ② 　 Q3 ④ 　 Q4 ④

Q1

정답 ④ 　 정답률 61%

정답 풀이

주어진 문장은 '반면에 나쁜 탄수화물은 단당류이다'라는 내용이다. ④ 앞에는 복당류 화합물의 장점에 대해서 이야기하고 있고, ④ 뒤에는 나쁜 탄수화물에 관한 내용이 이어지고 있으므로, 주어진 문장은 ④에 들어가는 것이 가장 적절하다.

친절한 지문분석

All carbohydrates are basically sugars. Complex carbohydrates
모든 탄수화물은 기본적으로 당이다 　 복합 탄수화물은

are the good carbohydrates for your body. These complex sugar
몸에 좋은 탄수화물이다 　 이러한 복당류 화합물은
주어

compounds / are very difficult to break down / and can trap other
분해하기 매우 어렵다 　 그리고 다른 영양소를 가두어
동사 1 　 to부정사의 부사적 용법(한정) 　 동사 2(병렬구조)

nutrients / [like vitamins and minerals] / in their chains. [As they
둘 수 있다 　 비타민과 미네랄과 같은 　 그것의 사슬 안에 　 그것들이
전치사구 　 = These complex sugar compounds 　 시간의 부사절

slowly break down], / the other nutrients are also released into
천천히 분해되면서 　 다른 영양소도 여러분의 몸으로 방출된다
수동태

your body, / and can provide you with fuel / for a number of hours.
그리고 여러분에게 연료를 공급할 수 있다 　 많은 시간 동안
provide A with B: A에게 B를 제공하다

Bad carbohydrates, on the other hand, are simple sugars. [Because
반면에 나쁜 탄수화물은 단당류이다 　 그것의
주어 　 동사 　 이유의 부사절

their structure is not complex], / they are easy to break down /
구조는 복잡하지 않기 때문에 　 그것은 분해되기 쉽다
= Bad carbohydrates 　 = Bad carbohydrates 　 to부정사의 부사적 용법(한정)

and hold few nutrients for your body / other than the sugars /
그리고 몸을 위한 영양소를 거의 가지고 있지 않다 　 당 외에
~ 외에

from which they are made. Your body breaks down these
그것이 만들어지는 　 여러분의 몸은 이러한 탄수화물을 분해한다
전치사+관계대명사

carbohydrates / rather quickly / and [what it cannot use] / is
상당히 빨리 　 그리고 그것(몸)이 사용할 수 없는 것은
관계대명사절 　 단수동사

converted to fat / and stored in the body.
지방으로 바뀐다 　 그리고 몸에 저장된다
수동태 p.p. 1 　 p.p. 2(병렬구조)

지문 해석

모든 탄수화물은 기본적으로 당이다. 복합 탄수화물은 몸에 좋은 탄수화물이다. 이러한 복당류 화합물은 분해하기 매우 어렵고, 비타민과 미네랄 같은 다른 영양소를 그것의 사슬 안에 가두어 둘 수 있다. 그것들이 천천히 분해되면서, 다른 영양소도 여러분의 몸으로 방출되고, 많은 시간 동안 여러분에게 연료를 공급할 수 있다. 반면에 나쁜 탄수화물은 단당류이다. 그것의 구조는 복잡하지 않기 때문에, 그것은 분해되기 쉽고 그것이 만들어지는 당 외에 몸을 위한 영양소를 거의 가지고 있지 않다. 여러분의 몸은 이러한 탄수화물을 상당히 빨리 분해하고 그것(몸)이 사용할 수 없는 것은 지방으로 바뀌어 몸에 저장된다.

지문 흐름

모든 탄수화물은 기본적으로 당이고, 복합 탄수화물은 몸에 좋은 탄수화물임	·········	도입
이런 복당류 화합물은 분해하기 어렵고 다른 영양소들을 그것의 사슬 안에 가두어 둘 수 있음	·········	복당류 탄수화물의 특징
복당류 화합물이 분해되면서 다른 영양소들이 몸으로 방출되어 몸의 연료가 됨	·········	복당류 탄수화물의 장점
반면 나쁜 탄수화물은 단당류임	·········	반론
단당류 탄수화물의 구조는 복잡하지 않아서, 분해되기가 쉽고 당 외의 몸을 위한 영양소를 가지고 있지 않음	·········	단당류 탄수화물의 단점 1
우리의 몸은 단당류 탄수화물을 빨리 분해하고 몸이 사용할 수 없는 것은 지방으로 바꾸어 몸에 저장함	·········	단당류 탄수화물의 단점 2

친절한 오답 풀이

오답 선택지	선택률	오답 이유
①	5%	반면에 나쁜 탄수화물은 단당류라는 주어진 문장이 좋은 탄수화물인 복당류 탄수화물의 장점을 설명하는 ①, ②, ③에 들어가는 것은 적절하지 않다.
②	15%	
③	11%	
⑤	8%	④ 이후부터 나쁜 탄수화물인 단당류 탄수화물에 관련된 내용이 이어지므로 주어진 문장이 ⑤에 들어가는 것은 부자연스럽다.

Q2

정답 ② 정답률 52%

정답 풀이

주어진 문장은 '또한 환경적 요인은 치료 중에 동물이 어떻게 반응할지를 결정할 수 있다'라는 내용이므로, 환경적 요인에 따라 다르게 반응하는 동물들의 예가 나오는 문장의 앞인 ②에 들어가는 것이 가장 적절하다.

친절한 지문분석

No two animals are alike. Animals [from the same litter] / will
어떤 두 동물도 똑같지 않다 / 한 배에서 태어난 동물은 / 똑같은
전치사구(형용사구)

display some of the same features, / but will not be exactly the
몇몇 특성을 보여 줄 것이다 / 하지만 서로 정확히 같지는 않을 것이다
be not the same as: ~와 같지 않다

same as each other; / therefore, / they may not respond / in entirely
그런 까닭에 / 그들은 반응하지 않을지도 모른다 / 완전히

the same way / during a healing session. Environmental factors
똑같은 방식으로 / 치료 활동 중에 / 또한 환경적 요인은 결정할 수 있다
~ 동안(전치사)

can also determine / [how the animal will respond / during the
어떻게 동물이 반응할지를 / 치료 중에
의문사절

treatment]. For instance, / a cat [in a rescue center] will respond
예를 들어 / 구조 센터에 있는 고양이는 매우 다르게 반응할 것이다
전치사구(형용사구)

very differently / than a cat [within a domestic home environment].
가정집 환경 내에 있는 고양이와는
전치사구(형용사구)

In addition, / animals [that experience healing for physical illness] /
게다가 / 신체적 질병의 치료를 받는 동물은
주격 관계대명사절

will react differently / than those [accepting healing for emotional
다르게 반응할 것이다 / 감정적 동요의 치료를 받는 동물과는
= animals 현재분사구

confusion]. With this in mind, / every healing session needs to
이를 염두에 두어 / 모든 치료 활동은 다르게 탐구되어야 한다

be explored differently, / and each healing treatment should be
그리고 각각의 치료법은 조정되어야 한다
to be+p.p.: to부정사의 수동태 / 조동사 수동태

adjusted / to suit the specific needs of the animal. You will learn /
동물의 특정한 필요에 맞도록 / 여러분은 배우게 될 것이다
to부정사의 부사적 용법(목적)

[as you go]; / healing is a constant learning process.
직접 겪으면서 / 치료가 끊임없는 학습의 과정인 것을
시간의 부사절

지문 해석

어떤 두 동물도 똑같지 않다. 한 배에서 태어난 동물은 똑같은 몇몇 특성을 보여 주겠지만, 서로 정확히 같지는 않을 것이다. 그런 까닭에, 그들은 치료 활동 중에 완전히 똑같은 방식으로 반응하지 않을지도 모른다. 또한 환경적 요인은 치료 중에 동물이 어떻게 반응할지를 결정할 수 있다. 예를 들어, 구조 센터에 있는 고양이는 가정집 환경 내에 있는 고양이와는 매우 다르게 반응할 것이다. 게다가, 신체적 질병의 치료를 받는 동물은 감정적 동요의 치료를 받는 동물과는 다르게 반응할 것이다. 이를 염두에 두어, 모든 치료 활동은 다르게 탐구되어야 하고, 각각의 치료법은 동물의 특정한 필요에 맞도록 조정되어야 한다. 여러분은 치료가 끊임없는 학습의 과정인 것을 직접 겪으면서 배우게 될 것이다.

지문 흐름

어떤 두 동물도 똑같지 않기 때문에, 치료 활동 중에 완전히 같은 방식으로 반응하지 않을 수 있음	·········	도입
환경적 요인 또한 치료 중에 동물이 어떻게 반응할지를 결정할 수 있음	·········	전개
구조 센터에 있는 고양이와 가정 환경에 있는 고양이는 다르게 반응할 것이고, 신체적 질병의 치료를 받는 동물과 감정적 동요의 치료를 받는 동물도 다르게 반응할 것임	·········	예시
모든 치료 활동은 다르게 탐구되어야 하고, 각각의 치료법은 각 동물의 필요에 맞게 조정되어야 함	·········	주제
치료가 끊임없는 학습의 과정임을 직접 겪으면서 배우게 될 것임	·········	부연

친절한 오답 풀이

오답 선택지	선택률	오답 이유
①	4%	① 앞뒤 문장에서 어떤 두 동물도 똑같지 않기 때문에 치료 활동 중에 완전히 똑같은 방식으로 반응하지 않을지 모른다는 인과 관계를 기술하고 있으므로, 환경적 요인 또한 치료 중에 동물이 어떻게 반응할지 결정할 수 있다는 주어진 문장이 ①에 들어가는 것은 적절하지 않다.
③	19%	주어진 문장에서 환경적 요인은 치료 중에 동물이 어떻게 반응할지 결정할 수 있다고 했는데, ② 뒤 문장부터 바로 이에 대한 예시가 나오고 있으므로 ③, ④, ⑤에 들어가는 것은 적절하지 않다.
④	19%	
⑤	5%	

Q3

정답 ④ 정답률 77%

정답 풀이

주어진 문장은 손을 비비면 손이 따뜻해질 것이라는 내용의 예이므로, 마찰이 열을 발생시킨다는 내용 다음인 ④에 들어가는 것이 가장 적절하다.

친절한 지문분석

Friction is a force / [between two surfaces / {that are sliding, or
마찰력은 힘이다 / 두 표면 사이의 / 미끄러지거나 미끄러지려고
전치사구 / 주격 관계대명사절

trying to slide, / across each other}]. For example, / [when you try
하는 / 서로 엇갈리게 / 예를 들어 / 당신이 책을 밀려고
시간의 부사절

to push a book / along the floor], / friction makes this difficult.
할 때 / 바닥을 따라 / 마찰이 이를 어렵게 만든다
= trying to push a book along the floor

Friction always works / in the direction / opposite to the direction /
마찰은 항상 작용한다 / 방향으로 / 방향과 반대 방향으로
(which[that] is)

[in which the object is moving, / or trying to move]. So, / friction
물체가 움직이고 있는 / 혹은 움직이려고 하는 / 그래서 마찰은
전치사+관계대명사

always slows a moving object down. The amount of friction
항상 움직이는 물체를 느리게 만든다 / 마찰의 양은 (~에) 따라 달라진다
slow down: (속도·진행을) 늦추다

depends on / the surface materials. The rougher the surface is, /
표면 물질에 / 표면이 거칠수록
depend on: ~에 달려 있다, ~에 의해 결정되다 / the+비교급 ~, the+비교급 ...: ~할수록 더욱 …하다

the more friction is produced. Friction also produces heat.
더 많은 마찰력이 발생한다 / 마찰은 또한 열을 발생시킨다

For example, / [if you rub your hands together quickly], / they will
예를 들어 / 만약 당신이 빠르게 손을 비비면 / 그것들은 더
조건의 부사절 / = your hands

get warmer. Friction can be a useful force / [because it prevents /
따뜻해질 것이다 / 마찰력은 유용한 힘이 될 수 있다 / 왜냐하면 그것은 방지한다
이유의 부사절

our shoes slipping on the floor / {when we walk} / and stops car
우리의 신발이 바닥에서 미끄러지는 것을 / 우리가 걸을 때 / 그리고 자동차 타이어가
의미상 주어 / 동명사구(목적어) / 시간의 부사절 / 의미상 주어

tires skidding on the road]. [When you walk], / friction is caused /
도로에서 미끄러지는 것을 막는다 / 당신이 걸을 때 / 마찰은 발생한다
동명사구(목적어) / 시간의 부사절 / 수동태

between the tread on your shoes and the ground, / [acting to grip
당신의 신발 접지면과 바닥 사이에 / 땅을 붙잡는 역할을
between A and B: A와 B 사이에 / 분사구문(동시동작)

the ground / and (to) prevent sliding].
하면서 / 그리고 미끄러지는 것을 방지하는 (역할을 하면서)
접속사 / 병렬구조(to A and (to) B)

지문 해석

마찰력은 서로 엇갈리게 미끄러지거나 미끄러지려고 하는 두 표면 사이의 힘이다. 예를 들어, 당신이 바닥 위 책을 밀려고 할 때, 마찰이 이를 어렵게 만든다. 마찰은 항상 물체가 움직이거나 움직이려고 하는 방향과 반대 방향으로 작용한다. 그래서 마찰은 항상 움직이는 물체를 느리게 만든다. 마찰의 양은 표면 물질에 따라 달라진다. 표면이 거칠수록 더 많은 마찰력이 발생한다. 마찰은 또한 열을 발생시킨다. 예를 들어, 만약 당신이 손을 빠르게 비비면, 손이 더 따뜻해질 것이다. 마찰력은 우리가 걸을 때 신발이 바닥에서 미끄러지는 것을 방지하고 자동차 타이어가 도로에서 미끄러지는 것을 막아주므로 유용한 힘이 될 수 있다. 걸을 때, 마찰은 당신의 신발 접지면과 바닥 사이에 발생하며, 이 마찰은 땅을 붙잡아 미끄러지는 것을 방지하는 역할을 한다.

지문 흐름

마찰력은 서로 엇갈리게 미끄러지거나 미끄러지려고 하는 두 표면 사이의 힘	········	정의
↓		
마찰은 물체가 움직이거나 움직이려고 하는 방향과 반대 방향으로 작용하기 때문에 움직이는 물체를 느리게 만듦. 또한 마찰의 양은 표면 물질에 따라 달라지며, 표면이 거칠수록 더 많은 마찰력이 발생하고, 마찰은 열을 발생시킴	········	마찰력의 특징
↓		
마찰력은 걸을 때 신발이 바닥에서 미끄러지는 것이나 자동차 타이어가 도로에서 미끄러지는 것을 막아줌	········	예시

친절한 오답 풀이

오답 선택지	선택률	오답 이유
①	4%	마찰이 열을 발생시킨다는 내용인 주어진 문장이 마찰력이 어떻게 움직이는 물체를 느리게 만드는지, 그리고 표면 물질에 따라 마찰력의 발생이 어떻게 달라지는지에 대한 내용인 ①, ②, ③에 들어가는 것은 적절하지 않다.
②	5%	
④	9%	
⑤	5%	⑤의 앞 문장은 마찰력이 우리가 걸을 때 신발이 바닥에서 미끄러지는 것과 자동차 타이어가 도로에서 미끄러지는 것을 막아주므로 유용한 힘이 될 수 있다는 내용이므로 주어진 문장이 ⑤에 들어가는 것은 적절하지 않다.

Q4

정답 ④ 정답률 39%

정답 풀이

주어진 문장은 '이에 비해 유년기가 가장 길고 부모와 함께 이동하는 새는 가장 효율적인 이동 경로를 가지고 있는 경향이 있다'라는 내용이므로, 이와 대조적으로 유년기가 없는 새들에 대해 설명하는 내용 다음인 ④에 들어가는 것이 가장 적절하다.

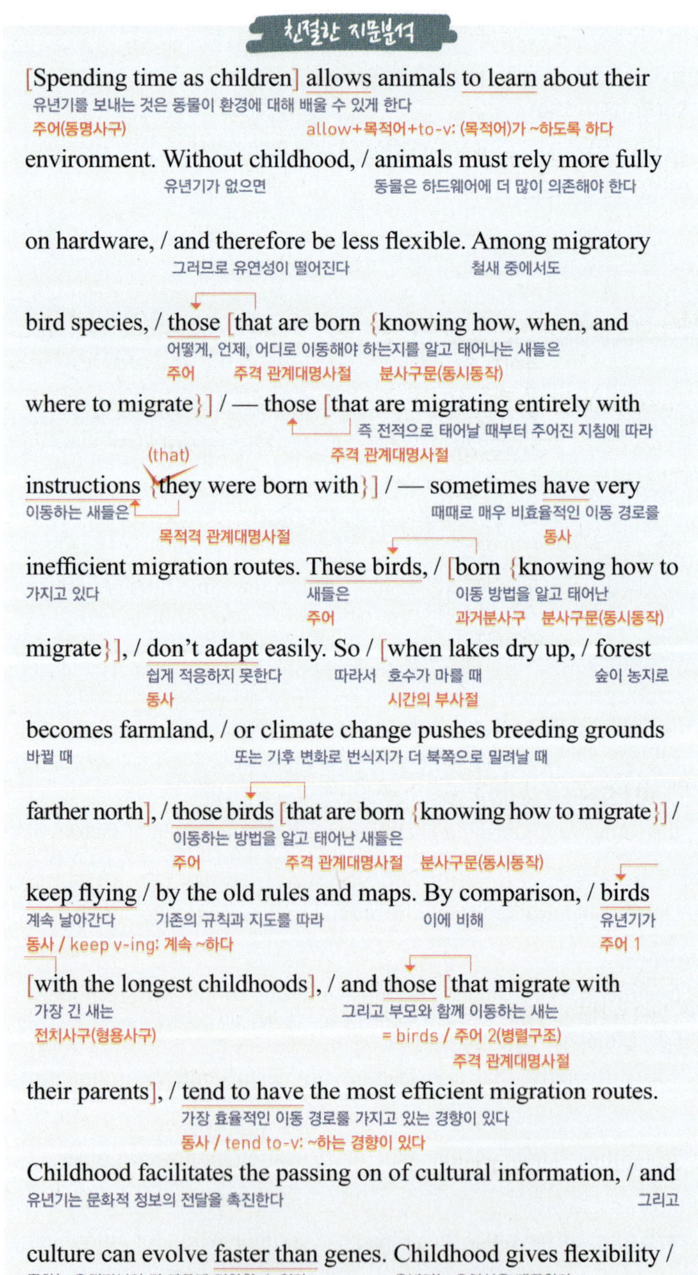

친절한 지문분석

[Spending time as children] allows animals to learn about their
유년기를 보내는 것은 동물이 환경에 대해 배울 수 있게 한다
주어(동명사구) / allow+목적어+to-v: (목적어)가 ~하도록 하다

environment. Without childhood, / animals must rely more fully
유년기가 없으면 / 동물은 하드웨어에 더 많이 의존해야 한다

on hardware, / and therefore be less flexible. Among migratory
그러므로 유연성이 떨어진다 / 철새 중에서도

bird species, / those [that are born {knowing how, when, and
어떻게, 언제, 어디로 이동해야 하는지를 알고 태어나는 새들은
주어 / 주격 관계대명사절 / 분사구문(동시동작)

where to migrate}] / — those [that are migrating entirely with
즉 전적으로 태어날 때부터 주어진 지침에 따라
주격 관계대명사절

instructions {(that) they were born with}] / — sometimes have very
이동하는 새들은 / 때때로 매우 비효율적인 이동 경로를
목적격 관계대명사절 / 동사

inefficient migration routes. These birds, / [born {knowing how to
가지고 있다 / 새들은 / 이동 방법을 알고 태어난
주어 / 과거분사구 / 분사구문(동시동작)

migrate}], / don't adapt easily. So / [when lakes dry up, / forest
쉽게 적응하지 못한다 / 따라서 호수가 마를 때 / 숲이 농지로
동사 / 시간의 부사절

becomes farmland, / or climate change pushes breeding grounds
바뀔 때 / 또는 기후 변화로 번식지가 더 북쪽으로 밀려날 때

farther north], / those birds [that are born {knowing how to migrate}] /
이동하는 방법을 알고 태어난 새들은
주어 / 주격 관계대명사절 / 분사구문(동시동작)

keep flying / by the old rules and maps. By comparison, / birds
계속 날아간다 / 기존의 규칙과 지도를 따라 / 이에 비해 / 유년기가
동사 / keep v-ing: 계속 ~하다 / 주어 1

[with the longest childhoods], / and those [that migrate with
가장 긴 새는 / 그리고 부모와 함께 이동하는 새는
전치사구(형용사구) / = birds / 주어 2(병렬구조) / 주격 관계대명사절

their parents], / tend to have the most efficient migration routes.
가장 효율적인 이동 경로를 가지고 있는 경향이 있다
동사 / tend to-v: ~하는 경향이 있다

Childhood facilitates the passing on of cultural information, / and
유년기는 문화적 정보의 전달을 촉진한다 / 그리고

culture can evolve faster than genes. Childhood gives flexibility /
문화는 유전자보다 더 빠르게 진화할 수 있다 / 유년기는 유연성을 제공한다
비교급

in a changing world.
변화하는 세상에서

지문 해석

동물은 유년기를 보내면서 환경에 대해 배울 수 있다. 유년기가 없으면, 동물은 하드웨어에 더 많이 의존해야 하므로 유연성이 떨어질 수밖에 없다. 철새 중에서도 어떻게, 언제, 어디로 이동해야 하는지를 알고 태어나는 새들, 즉 전적으로 태어날 때부터 주어진 지침에 따라 이동하는 새들은 때때로 매우 비효율적인 이동 경로를 가지고 있다. 이동 방법을 알고 태어난 새들은 쉽게 적응하지 못한다. 따라서 호수가 마르거나 숲이 농지로 바뀌거나 기후 변화로 번식지가 더 북쪽으로 밀려날 때, 이동하는 방법을 알고 태어난 새들은 기존의 규칙과 지도를 따라 계속 날아간다. 이에 비해 유년기가 가장 길고 부모와 함께 이동하는 새는 가장 효율적인 이동 경로를 가지고 있는 경향이 있다. 유년기는 문화적 정보의 전달을 촉진하며, 문화는 유전자보다 더 빠르게 진화할 수 있다. 유년기는 변화하는 세상에서 유연성을 제공한다.

지문 흐름

동물은 유년기를 보내면서 환경에 대해 배울 수 있기 때문에, 유년기가 없으면 유연성이 떨어짐 ········· 도입

⬇

이동 방법을 알고 태어난 철새들은 환경 변화에 잘 적응하지 못한 채, 기존의 규칙과 지도를 따라 날아가기 때문에 때때로 이동 경로가 비효율적임 ········· 예시(유년기가 없는 새)

⬇

유년기가 길고 부모와 함께 이동하는 새는 효율적인 이동 경로를 가지고 있음 ········· 대조(유년기가 있는 새)

⬇

유년기는 문화적 정보 전달의 촉진을 통해 변화하는 세상에서 유연성을 제공함 ········· 주제

친절한 오답 풀이

오답 선택지	선택률	오답 이유
①	10%	주어진 문장은 역접의 연결어(By comparison) 다음에 긴 유년기를 보낸 새들을 설명하고 있는데, ① 앞에 유년기가 없는 동물에 대해 포괄적으로 설명하고 새들에 관한 내용은 아직 언급되지 않았으므로, ①에 들어가는 것은 적절하지 않다.
②	24%	주어진 문장에서 긴 유년기를 보낸 새들에 관한 내용이 언급되는데, ②, ③ 전후의 문장들은 모두 유년기가 없는 새들에 관한 내용이 이어지고 있으므로, ②, ③에 들어가는 것은 적절하지 않다.
③	22%	
⑤	5%	주어진 문장의 역접의 연결어를 근거로 주어진 문장 앞에는 유년기가 없는 새들에 관한 내용이 와야 하므로, ⑤에 들어가는 것은 적절하지 않다.

코드 공략하기

pp.127~129

01 ④ 02 ⑤ 03 ④ 04 ⑤ 05 ② 06 ⑤

01

정답 ④ 정답률 72%

정답 풀이

주어진 문장은 '부분적으로 이는 더 빨리 나갈 수 있다는 명확한 편리함이었다'라는 내용이므로, 많은 승객들이 기차의 문 근처에 자리 잡기를 좋아한다는 내용 뒤에서 이유를 설명하는 내용으로 이어지는 흐름이 되도록 ④에 들어가는 것이 가장 적절하다.

친절한 지문분석

[To monitor our surroundings] / is [to focus on {what's outside of ourselves}]: / [what we see, hear, smell, feel, and perhaps even taste]. But sometimes [what really marks a place] / is something less specific / —a *feeling* within us. An interesting example emerged / from a study of subway passenger behavior. Researchers [trying to understand / {why people sit <where they sit> / or stand <where they stand> / in subway and metro trains}] / examined the factors / [that shape the way / {riders used and navigated that space / in different situations}]. One of their findings involved the reasons / [many riders like to plant themselves close to the train's doors]. Partly this was the obvious convenience / of being able to exit more quickly. But it was shaped partly by a more abstract sensation / —the desire [to avoid the sometimes uncomfortable feeling / of accidentally making eye contact with seated passengers]. We can't see feelings / —but they're very real, / and they influence our experience of the world.

- To monitor our surroundings: 우리 주변을 살피는 것은 (to부정사의 명사적 용법(주어))
- to focus on what's outside of ourselves: 우리 자신 바깥에 있는 것에 집중하는 것이다 (to부정사의 명사적 용법(보어)); what's outside: 관계대명사절
- what we see, hear, smell, feel, and perhaps even taste: 우리가 보고, 듣고, 냄새 맡고, 느끼고, 어쩌면 맛보기도 하는 것 (관계대명사절)
- But sometimes what really marks a place: 그러나 때로는 어떤 장소를 진정으로 특징짓는 것은 (관계대명사절)
- is something less specific: 덜 구체적인 것이다 (형용사구)
- a feeling within us: 우리 안에 있는 '감정'
- An interesting example emerged: 흥미로운 예가 나왔다
- from a study of subway passenger behavior: 지하철 승객 행동에 관한 연구에서
- Researchers trying to understand: 이해하려고 노력하는 연구자들은 (주어, 현재분사구)
- why people sit: 왜 사람들이 앉는지를 (의문사절(목적절), 동사 1)
- where they sit: 그들이 앉는 곳에 (관계부사절)
- or stand: 또는 그들이 (동사 2(병렬구조))
- where they stand: 서는 곳에 서는지를 (관계부사절)
- in subway and metro trains: 지하철이나 전철에서
- examined the factors: 요인들을 조사했다 (동사)
- that shape the way: 방식을 형성하는 (주격 관계대명사절)
- riders used and navigated that space: 승객들이 그 공간을 사용하고 탐색하는 (관계부사절)
- in different situations: 다양한 상황에서
- One of their findings involved the reasons: 연구 결과 중 하나는 이유들과 관련이 있었다
- many riders like to plant themselves close to the train's doors: 많은 승객들이 기차의 문 근처에 자리 잡기를 좋아하는 (관계부사절)
- Partly this was the obvious convenience: 부분적으로 이는 명확한 편리함이었다
- of being able to exit more quickly: 더 빨리 나갈 수 있다는
- But it was shaped partly by a more abstract sensation: 그러나 이는 부분적으로 더 추상적인 느낌에 의해 형성되었다
- the desire = to avoid the sometimes uncomfortable feeling: 이따금씩의 불편한 느낌을 피하려는 욕구 (동격의 to부정사)
- of accidentally making eye contact with seated passengers: 앉아 있는 승객들과 우연히 눈이 마주치는
- We can't see feelings: 우리는 감정들을 볼 수 없다
- but they're very real: 그러나 그것들은 엄연히 실재한다
- and they influence our experience of the world: 그리고 그것들은 세상에 대한 우리의 경험에 영향을 미친다

지문 해석

우리 주변을 살피는 것은 우리 자신 바깥에 있는 것에 집중하는 것이다: 우리가 보고, 듣고, 냄새 맡고, 느끼고, 어쩌면 맛보기도 하는 것. 그러나 때로는 어떤 장소를 진정으로 특징짓는 것은 덜 구체적인 것—우리 안에 있는 '감정'이다. 흥미로운 예가 지하철 승객 행동에 관한 연구에서 나왔다. 지하철이나 전철에서 왜 사람들이 그들이 앉는 곳에 앉거나 그들이 서는 곳에 서는지를 이해하려고 노력하는 연구자들은 다양한 상황에서 승객들이 그 공간을 사용하고 탐색하는 방식을 형성하는 요인들을 조사했다. 연구 결과 중 하나는 많은 승객들이 기차의 문 근처에 자리 잡기를 좋아하는 이유들과 관련이 있었다. 부분적으로 이는 더 빨리 나갈 수 있다는 명확한 편리함이었다. 그러나 이는 부분적으로 더 추상적인 느낌—앉아 있는 승객들과 우연히 눈이 마주치는 이따금씩의 불편한 느낌을 피하려는 욕구에 의해 형성되었다. 우리는 감정들을 볼 수 없다—그러나 그것들은 엄연히 실재하고, 그것들은 세상에 대한 우리의 경험에 영향을 미친다.

지문 흐름

주변을 살피는 것은 외부 감각에 집중하는 것이지만, 때로 장소를 특징짓는 것은 우리 안의 감정일 수 있음 ········· 도입

⬇

연구자들은 사람들이 지하철에서 특정 자리를 선택하는 이유를 밝히기 위해, 다양한 상황에서 승객의 공간 사용 방식을 조사함 ········· 연구 사례

⬇

승객들이 문 근처를 선호하는 이유는 빠른 하차 외에도 앉아 있는 다른 승객의 시선을 피하려는 감정 때문임 ········· 연구 결과

⬇

감정은 눈에 보이지 않지만, 우리의 세상 경험에 영향을 미침 ········· 결론

| 친절한 오답 풀이 |

오답 선택지	선택률	오답 이유
①	3%	주어진 문장의 주어 this가 가리키는 것이 '승객들이 기차의 문 근처에 자리 잡기를 좋아하는 이유'이므로, 승객들이 이곳에 자리잡기를 좋아한다는 내용이 나오기 전인 ①, ②, ③에 들어가는 것은 적절하지 않다.
②	6%	
③	10%	
⑤	9%	⑤번 전후로 감정이 우리의 공간 선택에 영향을 미친다는 내용이 이어지고 있으므로, 주어진 문장이 들어가기에 적절하지 않다.

02 정답 ⑤ 정답률 48%

정답 풀이

주어진 문장은 '그러나 열을 다루는 방법에 대한 이 모든 지혜는, 수 세기의 실제적인 경험을 하면서 축적됐는데, 정말 너무 자주 간과된다'라는 내용이므로, 열을 다루는 전통 건축의 다양한 예시가 나온 후, 냉방 설비가 망각의 기술이라는 문장 앞인 ⑤에 들어가는 것이 가장 적절하다.

친절한 지문분석

The rise of air-conditioning accelerated the construction of sealed
냉방 설비의 부상은 밀폐된 구조물의 건설을 가속화했는데

boxes, / [where the building's only airflow is through the filtered
그곳에서 건물의 유일한 공기 흐름은 냉방 설비 장치의 여과된 배관을 통해서 이루어진다
관계부사절(계속적 용법)

ducts of the air-conditioning unit]. It doesn't have to be this way.
그것이 이러한 방식일 필요는 없다

Look at any old building / in a hot climate, / [whether it's in Sicily
오래된 아무 건물이나 보아라 / 더운 기후에 있는 / Sicily에 있든 Marrakesh에
명령문 / 양보의 부사절

or Marrakesh or Tehran]. Architects understood the importance / of
있든 Tehran에 있든 간에 / 건축가들은 중요성을 이해했다
to부정사의 부사적 용법(목적)

shade, airflow, light colors. They oriented buildings / to capture
그늘, 공기 흐름, 밝은 색상의 / 그들은 건물을 향하게 했다 / 시원한 산들바람을
to부정사 1

cool breezes / and (to) block the worst heat of the afternoon. They
붙잡아 두도록 / 그리고 오후의 가장 혹독한 열기를 막도록 / 그들은
to부정사 2(병렬구조)

built with thick walls and white roofs and transoms over doors /
두꺼운 벽과 흰색 지붕과 문 위의 채광창을 지었다

to encourage airflow. Anyone [who has ever spent a few minutes /
공기 흐름을 촉진하기 위해서 / 몇 분을 보내 본 어느 누구든
to부정사의 부사적 용법(목적) / 주어 / 주격 관계대명사절 / 동사 1

in a mudbrick house in Tucson, / or (has) walked on the narrow streets of
Tucson의 진흙 벽돌 집에서 / 또는 옛 Seville의 좁은 길을 걸어 본
동사 2(병렬구조)

old Seville], / knows / [how well these construction methods work].
안다 / 이 건설 방법이 얼마나 잘 작동하는지
동사 / 의문사절(목적절)

But all this wisdom [about how to deal with heat], / [accumulated
그러나 열을 다루는 방법에 대한 이 모든 지혜는 / 수 세기의 실제적인
주어 / how to-v: ~하는 방법 / 과거분사구

over centuries of practical experience], / is all too often ignored.
경험을 하면서 축적됐는데 / 정말 너무 자주 간과된다
동사

In this sense, / air-conditioning is not just a technology of personal
이러한 의미에서 / 냉방 설비는 개인적인 안락의 기술일 뿐만 아니라

comfort; / it is also a technology of forgetting.
이것은 망각의 기술이기도 하다

지문 해석

냉방 설비의 부상은 밀폐된 구조물의 건설을 가속화했는데, 그곳에서 건물의 유일한 공기 흐름은 냉방 설비 장치의 여과된 배관을 통해서 이루어진다. 그것이 이러한 방식일 필요는 없다. Sicily에 있든 Marrakesh에 있든 Tehran에 있든 간에, 더운 기후에 있는 오래된 아무 건물이나 보아라. 건축가들은 그늘, 공기 흐름, 밝은 색상의 중요성을 이해했다. 그들은 시원한 산들바람을 붙잡아 두고 오후의 가장 혹독한 열기를 막도록 건물을 향하게 했다. 그들은 공기 흐름을 촉진하기 위해서 두꺼운 벽과 흰색 지붕과 문 위의 채광창을 지었다. Tucson의 진흙 벽돌 집에서 몇 분을 보내 봤거나, 옛 Seville의 좁은 길을 걸어 본 어느 누구든 이 건설 방법이 얼마나 잘 작동하는지 안다. 그러나 열을 다루는 방법에 대한 이 모든 지혜는, 수 세기의 실제적인 경험을 하면서 축적됐는데, 정말 너무 자주 간과된다. 이러한 의미에서, 냉방 설비는 개인적인 안락의 기술일 뿐만 아니라, 이것은 망각의 기술이기도 하다.

지문 흐름

냉방 설비는 밀폐된 구조물의 건설을 촉진하며, 이때 공기 흐름은 냉방 설비 장치의 배관을 통해서만 이루어짐	도입
더운 지역의 오래된 건축물은 냉방 설비 없이도 그늘, 공기 흐름, 밝은 색상 등을 활용함	전개
전통 건축가들은 열기를 피하고 공기 흐름을 극대화하기 위해 건물의 방향을 조정하고, 두꺼운 벽과 흰 지붕, 채광창 등을 활용함	사례
Tucson이나 Seville의 전통 건축을 실제로 경험해 본 사람은 이러한 방식이 효과적이라는 것을 알게 됨	부연
이러한 전통적 기술은 수 세기의 경험에서 나온 것이지만 자주 잊히며, 그렇기에 냉방 설비는 안락의 기술일 뿐 아니라 망각의 상징이기도 함	결론

| 친절한 오답 풀이 |

오답 선택지	선택률	오답 이유
①	7%	주어진 문장에서 '열을 다루는 이 모든 지혜'라고 하였는데 ①, ② 전에는 그러한 지혜가 언급되지 않았다.
②	7%	
③	13%	③, ④ 전후로 열을 다루는 전통 건축법에 대한 내용이 이어지고 있으므로, 이러한 지혜가 너무 자주 간과된다는 주어진 문장이 들어가기에 적절하지 않다.
④	24%	

03 정답 ④ 정답률 61%

정답 풀이

주어진 문장의 the potential energy는 식품 에너지를 의미하며, 주어진 문장에서 이동 단계를 거치며 잠재적 에너지의 상당 부분이 열로 손실된다고 했으므로, 그 결과(hence) 하나의 연쇄(사슬) 안에 있는 단계나 연결의 수가 제한된다는 문장 앞인 ④에 들어가는 것이 가장 적절하다.

친절한 지문분석

Food chain means the transfer of food energy / from the source
먹이 사슬은 식품 에너지의 이동을 의미한다 / 식물 안에 있는

in plants / through a series of organisms / with the repeated
에너지원으로부터 / 일련의 유기체를 통해 / 먹고 먹히는 반복되는

process of eating and being eaten. In a grassland, / grass is eaten
과정 속에서 / 초원에서 / 풀은 토끼에게
전치사의 목적어(동명사구) / 수동태

by rabbits / while rabbits in turn are eaten by foxes. This is an
먹힌다 / 반면에 토끼는 차례로 여우에게 먹힌다 / 이것은
반면에(접속사) / 수동태

example of a simple food chain. This food chain implies the
이것은 단순한 먹이사슬의 예이다 / 이런 먹이 사슬은 연쇄를 의미한다

sequence / [in which food energy is transferred / from producer
식품 에너지가 전달되는 생산자부터
목적격 관계대명사절(전치사+관계대명사) 수동태 from A to B: A에서 B까지

to consumer or higher trophic level]. It has been observed / [that
소비자 또는 더 높은 영양 수준으로 관찰되어 왔다
가주어 현재완료 수동태 진주어절

at each level of transfer, / a large proportion, 80 – 90 percent, [of
각 이동 단계에서 잠재적 에너지의 상당한 부분인 80-90%가
주어 삽입구

the potential energy] / is lost as heat]. Hence / the number of
열로 손실된다 그래서 단계나 연결의 수는
전치사구(형용사구) 동사(수동태) ~로서(전치사) the number of: ~의 수

steps or links / in a sequence / is restricted, / usually to four or
하나의 연쇄(사슬) 안에 있는 제한된다 보통 4-5개로
주어 동사(수동태)

five. The shorter the food chain / or the nearer the organism is to
먹이 사슬이 짧을수록 또는 유기체가 먹이 사슬의
the+비교급 ~, the+비교급 ...: ~할수록 더 …한

the beginning of the chain, / the greater the available energy
하위 단계에 가까울수록 이용 가능한 에너지 섭취량이 더 커진다

intake is.

지문 해석

먹이 사슬은 식물 안에 있는 에너지원으로부터 먹고 먹히는 반복되는 과정 속에서 일련의 유기체를 통해 식품 에너지가 이동하는 것을 의미한다. 초원에서 풀은 토끼에게 먹히지만 차례로 토끼는 여우에게 먹힌다. 이것은 단순한 먹이 사슬의 예이다. 이런 먹이 사슬은 식품 에너지가 생산자로부터 소비자 또는 더 높은 영양 수준으로 전달되는 연쇄를 의미한다. 각 이동 단계에서 잠재적 에너지의 상당한 부분인 80-90%가 열로 손실되는 것이 관찰되어 왔다. 그래서 하나의 연쇄(사슬) 안에 있는 단계나 연결의 수는 보통 4-5개로 제한된다. 먹이 사슬이 짧을수록 또는 유기체가 먹이 사실의 하위 단계에 가까울수록 이용 가능한 에너지 섭취량이 더 커진다.

지문 흐름

먹이 사슬은 식물 안에 있는 에너지원으로부터 먹고 먹히는 반복되는 과정 속에서 유기체를 통해 식품 에너지가 이동하는 것을 의미함	정의
풀은 토끼에게 먹히고 토끼는 여우에게 먹히는 것은 단순한 먹이 사슬의 예임	예시
이 먹이 사슬은 식품 에너지가 생산자로부터 소비자 또는 더 높은 영양 수준으로 전달되는 연쇄를 의미함	재정의
각 이동 단계에서 잠재적 에너지의 상당한 부분인 80-90%가 열로 손실되는 것으로 관찰되어 옴	상술 1
그래서 하나의 연쇄(사슬) 안에 있는 단계나 연결의 수는 보통 4-5개로 제한됨	상술 2
먹이 사슬이 짧을수록 또는 유기체가 하위 단계에 가까울수록 이용 가능한 에너지 섭취량이 더 커짐	결론

친절한 오답 풀이

오답 선택지	선택률	오답 이유
①	5%	①의 앞 문장은 먹이 사슬의 정의이고, 뒤 문장은 예시에 해당하는 내용이므로, 주어진 문장이 들어가기에 부적절하다.
②	7%	②의 앞 문장은 먹이 사슬의 예시를 설명하는 문장이고, 뒤 문장의 This가 그 예시를 받으므로, 주어진 문장이 들어가기에 부적절하다.
③	13%	③의 앞 문장은 그 앞 문장이 무엇인지 언급하는 문장이고, 뒤 문장은 그것이 의미하는 것을 설명하는 내용이므로, 주어진 문장이 들어가기에 부적절하다.
⑤	12%	주어진 문장은 ④의 뒤 문장의 원인에 해당하는 내용이므로, 주어진 문장이 들어가기에 부적절하다.

04 정답 ⑤ 정답률 39%

정답 풀이

주어진 문장은 우리에게 필요한 것은 에너지 전도율이 아닌 물체의 상대적인 뜨거움과 차가움을 측정하기 위한 수단이라는 내용이므로, 우리의 피부는 실제 온도가 아닌 열 에너지 전도율을 측정한다는 내용 다음인 ⑤에 들어가는 것이 가장 적절하다.

친절한 지문분석

We often associate the concept of temperature / with [how hot or
우리는 종종 온도 개념을 연관 짓는다 그것이 얼마나 뜨겁게 또는
associate A with B: A를 B와 연관시키다 전치사의 목적어(의문사절)

cold an object feels / {when we touch it}]. In this way, / our senses
차갑게 느껴지는지와 우리가 물건을 만졌을 때 이런 식으로 우리의 감각은
시간의 부사절

provide us / with a qualitative indication of temperature.
제공한다 우리에게 온도의 정성적인 지표를
provide A with B: A에게 B를 제공하다

Our senses, however, are unreliable / and often mislead us.
그러나 우리의 감각은 신뢰할 수 없다 그리고 종종 우리를 잘못 인도한다

For example, / [if you stand in bare feet / with one foot on carpet
예를 들어 여러분이 맨발로 서 있다면 한쪽 발은 카페트 위에 둔 채
조건의 부사절

and the other on a tile floor], / the tile feels colder than the carpet /
그리고 다른 한쪽 발은 타일 바닥 위에 타일이 카페트보다 더 차갑게 느껴진다

[*even though both are at the same temperature*]. The two objects
둘 다 같은 온도임에도 불구하고 그 두 물체는
양보의 부사절

feel different / [because tile transfers energy by heat / at a higher
다르게 느껴진다 타일이 에너지를 열의 형태로 전달하기 때문에 더 높은 비율로
이유의 부사절

rate / than carpet does]. Your skin "measures" / the rate of energy
카페트가 전달하는 것보다 여러분의 피부는 측정한다 에너지 전도율을

transfer / by heat / rather than the actual temperature. [What we
열로써 실제 온도보다는 우리가
A rather than B: B라기보다는 A 명사절(주어)

need] is a reliable and reproducible method / for [measuring the
필요로 하는 것은 신뢰할 수 있고 재현 가능한 수단이다 물체의 상대적인 뜨거움과
동명사구

relative hotness or coldness of objects / rather than the rate of
차가움을 측정하기 위한 에너지 전도율보다는
A rather than B: B라기보다는 A

energy transfer]. Scientists have developed a variety of
과학자들은 다양한 온도계를 개발해 왔다
현재완료 다양한

thermometers / for [making such quantitative measurements].
그런 정량적인 측정을 하기 위해
동명사구

지문 해석

우리는 종종 온도 개념을 우리가 물건을 만졌을 때 그것이 얼마나 뜨겁게 또는 차갑게 느껴지는지와 연관 짓는다. 이런 식으로, 우리의 감각은 우리에게 온도의 정성적인 지표를 제공한다. 그러나, 우리의 감각은 신뢰할 수 없으며 종종 우리를 잘못 인도한다. 예를 들어, 여러분이 맨발로 한쪽 발은 카페트 위에, 다른 한쪽 발은 타일 바닥 위에 놓고 서 있다면, '둘 다 같은 온도임에도 불구하고' 카페트보다 타일이 더 차갑게 느껴진다. 타일이 카페트가 전달하는 것보다 더 높은 비율로 에너지를 열의 형태로 전달하기 때문에 그 두 물체는 다르게 느껴진다. 여러분의 피부는 실제 온도보다는 열로써 에너지 전도율을 "측정한다". 우리가 필요로 하는 것은 에너지 전도율보다는 물체의 상대적인 뜨거움과 차가움을 측정하기 위한 신뢰할 수 있고 재현 가능한 수단이다. 과학자들은 그런 정량적인 측정을 하기 위해 다양한 온도계를 개발해 왔다.

지문 흐름

우리는 물건을 만졌을 때 느껴지는 것으로 온도 개념을 연관 지음	········	통념
하지만 우리의 감각은 신뢰할 수 없으며 오도할 수 있음	········	반박
맨발로 한쪽 발은 카페트 위에, 다른 쪽 발은 타일 위에 서 있으면 타일이 카페트보다 더 차갑게 느껴지는데, 이는 열에너지 전도율 때문임	········	예시
우리의 피부는 실제 온도보다 열에너지 전도율을 측정함	········	설명
우리는 에너지 전도율이 아닌 물체의 상대적인 뜨거움과 차가움을 측정하기 위한 수단이 필요함	········	결론

친절한 오답 풀이

오답 선택지	선택률	오답 이유
①	9%	⑤의 앞에서, 우리가 피부 감각으로 온도를 측정하는 것은 실제 온도가 아닌 열에너지 전도율에 의해 결정된다는 것을 예시와 함께 설명하고 있으므로 주어진 문장이 ①, ②, ③, ④에 들어가는 것은 적절하지 않다.
②	16%	
③	16%	
⑤	19%	

05

정답 ② 정답률 43%

정답 풀이

주어진 문장은 '그러나 우리는 거울로부터 우리를 쳐다보는 얼굴이 10분 전에 그랬던 것과 같지 않고, 같을 수 없다는 것을 안다'는 내용이다. 이때 문장이 Yet으로 시작하는 것으로 보아, 해당 문장 앞에 주어진 문장과 상반되는 내용이 등장함을 알 수 있다. 따라서 '오늘 아침 거울 속에 비춰진 당신이 본 얼굴은 아마도 당신이 그 전날 또는 일주일이나 한 달 전에 본 얼굴과 다르지 않은 것처럼 보였을 것이다'라는 내용이 앞에 나와야 하므로, 주어진 문장은 ②에 들어가는 것이 가장 적절하다.

친절한 지문분석

Sometimes the pace of change is far slower. The face (which/that) you saw /
때때로 변화의 속도는 훨씬 더 느리다 / 당신이 본 얼굴은 / 비교급 강조 / 목적격 관계대명사절

reflected in your mirror this morning] / probably appeared no
오늘 아침 거울 속에 비춰진 / 얼굴과 다르지 않은 것처럼 / see(지각동사)+목적어+p.p.: ~가 …된 것을 보다 / appear+형용사: ~처럼 보이다

different from the face / [you saw the day before — or a week or
보였을 것이다 / 아마도 당신이 그 전날 또는 일주일이나 / 목적격 관계대명사절

a month ago]. Yet we know [that the face {that stares back at us
한 달 전에 본 / 그러나 우리는 안다 / 거울로부터 우리를 쳐다보는 얼굴이 / 목적절 / 주격 관계대명사절

from the glass} is not the same, / cannot be the same, / as it was
같지 않다는 것을 / 같을 수 없다는 것을 / = the face

10 minutes ago]. The proof is in your photo album: ❶ Look at
10분 전에 그랬던 것과 / 증거는 당신의 사진 앨범에 있다

a photograph / [taken of yourself 5 or 10 years ago] and you see
사진을 보라 / 5년 또는 10년 전에 찍힌 당신의 / 그러면 당신은 명확한 / 과거분사구

clear differences / between the face [in the snapshot] and the face
차이를 보게 될 것이다 / 스냅 사진 속의 얼굴과 거울 속 얼굴 사이의 / between A and B: A와 B 사이에 / 전치사구(형용사구)

[in your mirror]. If you lived in a world / [without mirrors for a
전치사구(형용사구) / 만약 당신이 세상에 산다면 / 가정법 과거 / 일 년간 거울이 없는 / 전치사구(형용사구)

year] / and then saw your reflection, / you might be surprised by
그리고 그 이후 거울에 비친 당신의 모습을 본다면 / 당신은 그 변화 때문에 깜짝 놀랄지도

the change. After an interval of 10 years / without seeing yourself, /
모른다 / 10년의 기간이 지난 후 / 당신 자신을 보지 않고 / without v-ing: ~하지 않은 채

you might not at first recognize the person [peering from the
당신은 사람을 처음에는 알아보지 못할지도 모른다 / 거울에서 쳐다보고 있는 / 현재분사구

mirror]. Even something as basic as our own face / changes from
심지어 우리 자신의 얼굴같이 아주 기본적인 것조차도 / 주어 / 원급 비교 / 동사

moment to moment.
순간순간 변한다

❶ 「명령문, and+주어+동사」는 '~해라, 그러면 ~일 것이다'라는 의미이다.

지문 해석

때때로 변화의 속도는 훨씬 더 느리다. 오늘 아침 거울 속에 비춰진 당신이 본 얼굴은 아마도 당신이 그 전날 또는 일주일이나 한 달 전에 본 얼굴과 다르지 않은 것처럼 보였을 것이다. 그러나 우리는 거울로부터 우리를 쳐다보는 얼굴이 10분 전에 그랬던 것과 같지 않고, 같을 수 없다는 것을 안다. 증거는 당신의 사진 앨범에 있다: 5년 또는 10년 전에 찍힌 당신의 사진을 보면 당신은 스냅 사진 속의 얼굴과 거울 속 얼굴 사이의 명확한 차이를 보게 될 것이다. 만약 당신이 일 년간 거울이 없는 세상에 살고 그 이후 거울에 비친 당신의 모습을 본다면, 당신은 그 변화 때문에 깜짝 놀랄지도 모른다. 당신 자신을 보지 않고 10년의 기간이 지난 후, 당신은 거울에서 쳐다보고 있는 사람을 처음에는 알아보지 못할지도 모른다. 심지어 우리 자신의 얼굴같이 아주 기본적인 것조차도 순간순간 변한다.

지문 흐름

오늘 아침 거울 속에 비춰진 당신의 얼굴이 전날이나 일주일 전, 혹은 한 달 전에 본 얼굴과 다르지 않게 보이는 것처럼 때때로 변화의 속도는 훨씬 더 느림	········	통념
하지만 거울에 비친 얼굴이 10분 전과 같을 수 없다는 것을 앎	········	반박
그 증거는 5년, 10년 전에 찍힌 당신의 사진이 거울 속 얼굴과 명백한 차이를 보인다는 것을 통해 찾을 수 있음	········	근거 1
만약 1년 동안 거울이 없는 세상에서 산 후에 거울을 본다면 그 변화에 깜짝 놀랄 것이고, 10년 동안 자신을 보지 않고 거울을 본다면 처음에는 자신을 알아보지 못할 수도 있음	········	근거 2
심지어 우리 자신의 얼굴같이 아주 기본적인 것조차도 순간순간 변함	········	주제

친절한 오답 풀이

오답 선택지	선택률	오답 이유
①	7%	①의 앞뒤로는 내용의 변화가 없으므로 '그러나'로 시작하는 주어진 문장이 들어가는 것이 적절하지 않다.
③	20%	당신의 얼굴이 5년, 10년 전과 다르다는 점, 1년 동안 거울이 없는 곳에 살다가 거울을 보게 되면 놀랄 것이라는 점, 10년 동안 거울을 보지 않고 살다가 거울을 보게 되면 자신을 알아보지 못할지도 모른다는 점은 모두 얼굴이 변화한다는 내용이므로, 주어진 문장이 ③, ④, ⑤에 들어가는 것은 자연스럽지 않다.
④	16%	
⑤	14%	

06 정답 ⑤ 정답률 52%

정답 풀이

주어진 문장은 강사가 따뜻할 것이라 기대한 학생들이 그와 더 많이 소통하는 경향이 있었다는 내용이고, 여기서 also는 앞에서 밝혀진 내용에 추가적으로 더 밝혀냈다는 의미이므로, 강사에 대한 학생들의 인상이 최초 정보에 따라 큰 차이가 있었다는 첫 번째 연구 결과 뒤인 ⑤에 들어가는 것이 가장 적절하다.

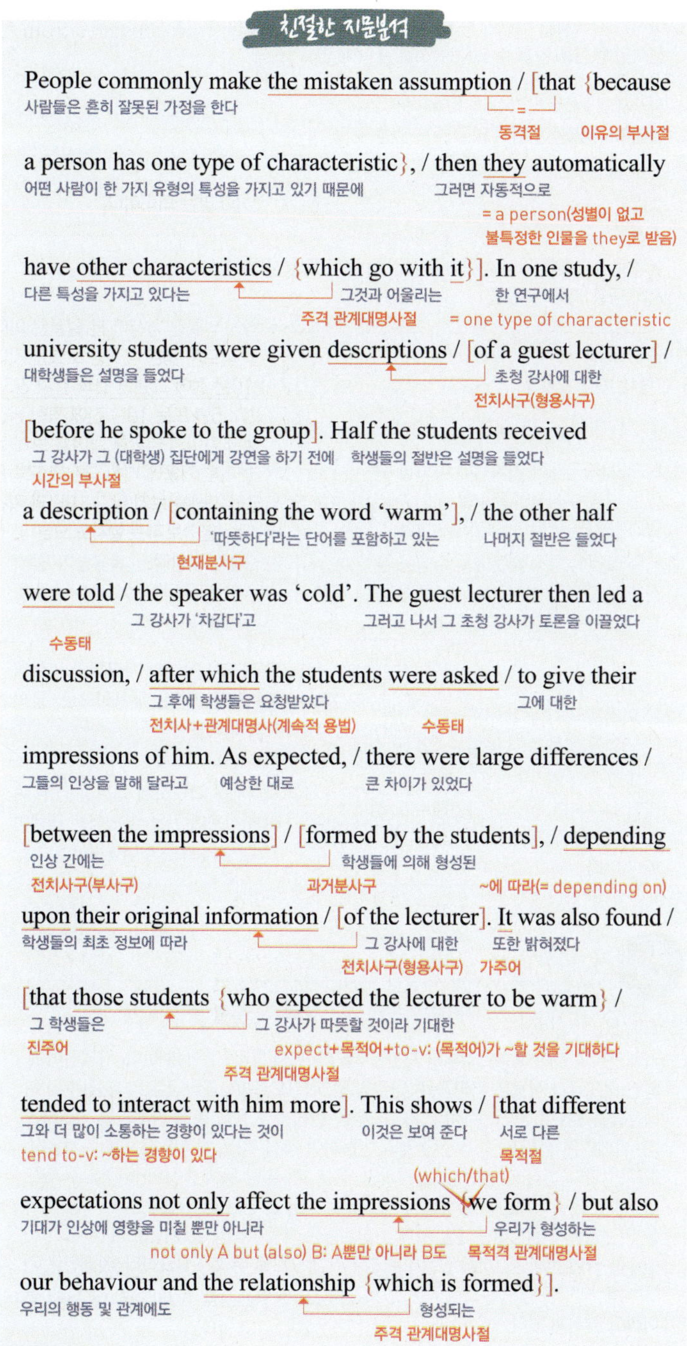

친절한 지문분석

People commonly make the mistaken assumption / [that {because
사람들은 흔히 잘못된 가정을 한다 (= 동격절) (이유의 부사절)

a person has one type of characteristic}, / then they automatically
어떤 사람이 한 가지 유형의 특성을 가지고 있기 때문에 그러면 자동적으로 (they = a person(성별이 없고 불특정한 인물을 they로 받음))

have other characteristics / {which go with it}]. In one study, /
다른 특성을 가지고 있다는 그것과 어울리는 (주격 관계대명사절) (it = one type of characteristic) 한 연구에서

university students were given descriptions / [of a guest lecturer] /
대학생들은 설명을 들었다 초청 강사에 대한 (전치사구(형용사구))

[before he spoke to the group]. Half the students received
그 강사가 그 (대학생) 집단에게 강연을 하기 전에 (시간의 부사절) 학생들의 절반은 설명을 들었다

a description / [containing the word 'warm'], / the other half
'따뜻하다'라는 단어를 포함하고 있는 (현재분사구) 나머지 절반은 들었다

were told / the speaker was 'cold'. The guest lecturer then led a
(수동태) 그 강사가 '차갑다'고 그러고 나서 그 초청 강사가 토론을 이끌었다

discussion, / after which the students were asked / to give their
그 후에 학생들은 요청받았다 (전치사+관계대명사(계속적 용법)) (수동태) 그에 대한

impressions of him. As expected, / there were large differences /
그들의 인상을 말해 달라고 예상한 대로 큰 차이가 있었다

[between the impressions] / [formed by the students], / depending
인상 간에는 (전치사구(부사구)) 학생들에 의해 형성된 (과거분사구) (~에 따라(= depending on))

upon their original information / [of the lecturer]. It was also found /
학생들의 최초 정보에 따라 그 강사에 대한 (전치사구(형용사구)) 또한 밝혀졌다 (가주어)

[that those students {who expected the lecturer to be warm} /
그 학생들은 (진주어) 그 강사가 따뜻할 것이라 기대한 (주격 관계대명사절) (expect+목적어+to-v: (목적어)가 ~할 것을 기대하다)

tended to interact with him more]. This shows / [that different
그와 더 많이 소통하는 경향이 있다는 것이 (tend to-v: ~하는 경향이 있다) 이것은 보여 준다 서로 다른 (목적절)

expectations not only affect the impressions {(which/that) we form} / but also
기대가 인상에 영향을 미칠 뿐만 아니라 (not only A but (also) B: A뿐만 아니라 B도) 우리가 형성하는 (목적격 관계대명사절)

our behaviour and the relationship {which is formed}].
우리의 행동 및 관계에도 형성되는 (주격 관계대명사절)

지문 해석

흔히 사람들은 어떤 사람이 한 가지 유형의 특성을 가지고 있기 때문에, 그러면 자동적으로 그것과 어울리는 다른 특성을 가지고 있다는 잘못된 가정을 한다. 한 연구에서, 대학생들은 초청 강사가 그 (대학생) 집단에게 강연을 하기 전에 그 강사에 대한 설명을 들었다. 학생들의 절반은 '따뜻하다'라는 단어가 포함된 설명을 들었고 나머지 절반은 그 강사가 '차갑다'는 말을 들었다. 그러고 나서 그 초청 강사가 토론을 이끌었고, 그 후에 학생들은 그(강사)에 대한 그들의 인상을 말해 달라고 요청 받았다. 예상한 대로, 학생들에 의해 형성된 인상 간에는 그 강사에 대한 학생들의 최초 정보에 따라 큰 차이가 있었다. 또한, 그 강사가 따뜻할 것이라 기대한 학생들은 그와 더 많이 소통하는 경향이 있다는 것이 밝혀졌다. 이것은 서로 다른 기대가 우리가 형성하는 인상뿐만 아니라 우리의 행동 및 형성되는 관계에도 영향을 미친다는 것을 보여 준다.

지문 흐름

흔히 사람들은 어떤 사람이 한 가지 유형의 특성을 가지기 때문에 이와 어울리는 다른 특성을 가진다는 잘못된 가정을 함	········	잘못된 통념
↓ 한 연구에서, 대학생들이 강연을 듣기 전, 초청 강사에 대한 설명을 들음	········	연구 도입
↓ 학생들 중 절반은 강사에 대해 '따뜻하다'는 설명을 들었고, 나머지 절반은 '차갑다'는 설명을 들음	········	연구 전개
↓ 대학생들에게 초청 강사에 대한 인상을 물어보자, 학생들에 의해 형성된 인상은 그 강사에 대한 최초 정보에 따라 큰 차이가 있었음	········	연구 결과 1
↓ 또한, 강사가 따뜻할 것이라 예상한 학생이 초청 강사와 더 많이 소통하는 경향을 보임	········	연구 결과 2
↓ 최초의 정보에 따른 서로 다른 기대가 우리가 형성하는 인상, 우리가 하는 행동 및 형성되는 관계에도 영향을 미침	········	연구 결론

친절한 오답 풀이

오답 선택지	선택률	오답 이유
①	5%	아직 연구 실험에 관한 내용이 등장하지 않았다.
②	8%	주어진 문장에서는 실험을 진행한 후 그 실험에서 밝혀낸 또 다른 결과를 설명하고 있으므로, 주어진 문장이 ②, ③, ④에 들어가는 것은 적절하지 않다.
③	15%	
④	21%	

13 무관한 문장

코드 접속하기

pp.133~136

Q1 ④ Q2 ④ Q3 ② Q4 ④

Q1

정답 ④ 정답률 61%

정답 풀이

커피와 탄산음료에 있는 자극제가 기억력에 이로울 수 있지만, 부정적인 영향이 있으며 이상적인 복용량은 알 수 없다는 내용의 글이므로, 커피를 마시는 것보다 차를 마시는 것이 건강에 더 좋다는 내용의 ④는 글의 흐름과 무관하다.

친절한 지문분석

Who hasn't used a cup of coffee / to help themselves stay awake /
커피 한 잔을 이용해 보지 않은 사람이 있을까 / 깨어 있는 것을 돕기 위해
현재완료(경험) / to부정사의 부사적 용법(목적)

while studying? Mild stimulants [commonly found in tea,
공부하는 동안 / 차, 커피 또는 탄산음료에서 흔히 발견되는 가벼운 자극제는
접속사+분사구문 / 과거분사구

coffee, or sodas] / possibly make you more attentive / and,
여러분을 더 주의 깊게 만든다
make+목적어+형용사: (목적어를) ~하게 만들다

thus, better able to remember. However, you should know /
따라서 더 잘 기억할 수 있게 한다 / 하지만 여러분은 알아야 한다

that stimulants are as likely to have negative effects on memory /
자극제가 기억력에 부정적인 영향을 미칠 수도 있다는 것을
(likely) be likely to-v: ~할 가능성이 있다

as they are to be beneficial. [Even if they could improve
그것들이 이로울 수 있는 만큼 / 비록 그것이 특정 수준에서 수행을
양보의 부사절

performance at some level], / the ideal doses are currently
향상할 수 있다고 할지라도 / 이상적인 복용량은 현재 알려지지 않았다

unknown. [If you are wide awake and well-rested], /
만약 여러분이 완전히 깨어 있고 잘 쉬었다면
조건의 부사절

mild stimulation from caffeine can do little / to further improve
카페인으로부터의 가벼운 자극은 거의 영향을 주지 못할 수 있다 / 여러분의 기억력을
거의 ~ 않다

your memory performance. In contrast, many studies
더욱 향상하는 데 / 반면에, 많은 연구에서 밝혀졌다

have shown / [that drinking tea is healthier than drinking coffee].
커피를 마시는 것보다 차를 마시는 것이 건강에 더 좋다는 것이
현재완료(결과) / 목적절 / 동명사구 / 동명사구

Indeed, / [if you have too much of a stimulant], / you will become
실제로 / 만약 여러분이 자극제를 너무 많이 섭취하면 / 당신이 신경이 과민해질
조건의 부사절

nervous, / find it difficult to sleep, / and your memory
것이다 / 잠을 자기 어려워질 것이다 / 그리고 당신의 기억력이 저하될 것이다
(will) 가목적어 / 진목적어(to부정사)

performance will suffer.

지문 해석

공부하는 동안 깨어 있는 것을 돕기 위해 커피 한 잔을 이용해 보지 않은 사람이 있을까? 차, 커피 또는 탄산음료에서 흔히 발견되는 가벼운 자극제는 여러분을 더 주의 깊게 만들고, 따라서 더 잘 기억할 수 있게 한다. 하지만, 자극제가 기억력에 이로울 수 있는 만큼 부정적인 영향을 미칠 수도 있다는 것을 여러분은 알아야 한다. 비록 그것이 특정 수준에서 수행을 향상할 수 있다고 할지라도, (자극제의) 이상적인 복용량은 현재 알려지지 않았다. 만약 여러분이 완전히 깨어 있고 잘 쉬었다면, 카페인으로부터의 가벼운 자극은 여러분의 기억력을 더욱 향상하는 데 거의 영향을 주지 못할 수 있다. (반면에, 많은 연구에서 커피를 마시는 것보다 차를 마시는 것이 건강에 더 좋다는 것이 밝혀졌다.) 실제로 만약 여러분이 자극제를 너무 많이 섭취하면, 신경이 과민해지고, 잠을 자기 어려워지며, 기억력도 저하될 것이다.

지문 흐름

가벼운 자극제는 우리를 더 주의 깊게 만들고 더 잘 기억할 수 있게 함	………	도입
하지만 자극제는 이로울 수도 있지만 그만큼 기억력에 부정적인 영향을 미칠 수 있다는 것을 알아야 함	………	주제
자극제의 이상적인 복용량은 알려져 있지 않으며 몸의 상태에 따라 영향이 거의 없을 수도 있음	………	전개
많은 연구에서 커피를 마시는 것보다 차를 마시는 것이 건강에 더 좋다고 밝혀짐	………	무관한 내용
실제로 자극제를 과다 섭취하면 신경 과민, 불면증, 기억력 저하 등을 겪을 수 있음	………	근거

친절한 오답 풀이

오답 선택지	선택률	오답 이유
① 하지만, 자극제가 기억력에 이로울 수 있는 만큼 부정적인 영향을 미칠 수도 있다는 것을 여러분은 알아야 한다.	5%	자극제가 긍정적인 영향도 주지만 부정적인 내용도 줄 수 있다는 내용이므로, 글의 흐름과 어울린다.
② 비록 그것이 특정 수준에서 수행을 향상할 수 있다고 할지라도, 이상적인 복용량은 현재 알려지지 않았다.	7%	자극제의 이상적인 복용량이 알려지지 않았다는 내용이므로, 글의 흐름과 어울린다.
③ 만약 여러분이 완전히 깨어 있고 잘 쉬었다면, 카페인으로부터의 가벼운 자극은 여러분의 기억력을 더욱 향상하는 데 거의 영향을 주지 못할 수 있다.	2%	우리의 몸 상태와 자극제의 영향에 대해서 설명하는 내용이므로, 글의 흐름과 어울린다.
⑤ 실제로 만약 여러분이 자극제를 너무 많이 섭취하면, 신경이 과민해지고, 잠을 자기 어려워지며, 기억력도 저하될 것이다.	4%	자극제를 과도하게 섭취할 경우 여러 부작용이 있을 수 있다는 내용이므로, 글의 흐름과 어울린다.

코드 +α 배경지식

카페인(caffeine)

카페인은 식물이 해충으로부터 자신을 지키기 위해 분비하는 성분이다. 카페인이 포함된 대표적인 식물은 커피콩, 차나무의 잎, 카카오 열매, 콜라나무 열매 등이다. 이 식물들을 원료로 만드는 커피, 차, 초콜릿, 탄산음료 등을 통해 카페인을 섭취하는데, 카페인은 섭취 시 중추 신경계와 반응하여 각성, 피로 회복의 효과를 가져온다. 하지만 과다 섭취 시 불면증, 신경과민, 흥분, 손 떨림 등의 증상이 나타날 수 있으며, 심한 경우 카페인에 중독될 수 있으므로 적당한 양을 섭취해야 한다. 식품 의약품 안전청에서 권장하는 1일 카페인 섭취량은 체중(kg)당 2.5mg으로, 나이가 어릴수록 카페인에 민감하게 반응하는 경우가 많으므로 주의가 필요하다. 카페인은 기호 식품, 의약품 등으로 소비되며 전 세계적으로 소비되는 양은 1년에만 약 12만 톤이라고 알려져 있다.

Q2

정답 ④ 정답률 78%

정답 풀이

집단 음악 치료가 정신적인 건강 문제가 있는 사람들에게 큰 효과가 있다는 글이므로, 음악의 부정적인 효과는 심리학자가 예상했던 것보다 더 컸다는 내용의 ④는 글의 흐름과 무관하다.

친절한 지문분석

A group of psychologists studied individuals / [with severe mental
한 심리학자 그룹이 사람들을 연구했다 　 심각한 정신 질환이 있는
전치사구(형용사구)

illness] / [who experienced weekly group music therapy, / including
집단 음악 치료를 매주 경험한 　 친숙한 노래
주격 관계대명사절 　 ~를 포함하여(전치사)

{singing familiar songs} and {composing original songs}]. The
부르기와 독창적인 작곡하기를 포함한 　 그 연구
전치사의 목적어(동명사구) 1 　 전치사의 목적어(동명사구) 2(병렬구조)

results showed / [that the group music therapy improved the quality
결과는 보여 주었다 　 집단 음악 치료가 참여자의 삶의 질을 개선하였음을
목적절

of participants' life, / with those {participating in a greater number
(치료) 활동에 더 많은 횟수를 참여한 참여자가 가장 큰 효과를 경험하며
with+목적어+현재분사: (목적어)가 ~하는 상태로
현재분사구

of sessions} experiencing the greatest benefits]. [Focusing on
노래 부르기에 초점을
분사구문(동시동작)

singing], / another group of psychologists reviewed articles / on
두고 　 또 다른 그룹의 심리학자는 논문을 검토했다
~에 대한(전치사)

the efficacy of group singing / as a mental health treatment / for
집단 가창의 효능에 대한 　 정신 건강 치료로서
~로서(전치사)

individuals [living with a mental health condition / in a community
정신적인 건강 문제를 가지고 살고 있는 이들에게 미치는 　 집단생활의 환경에서
현재분사구

setting]. The findings showed / [that, {when people with mental
결과는 보여 주었다 　 정신적인 건강 문제를 가진 사람이
목적절 　 시간의 부사절

health conditions participated in a choir}, / their mental health and
합창단에 참여했을 때 　 정신 건강과 행복이 상당히

wellbeing significantly improved]. The negative effects of music
개선되었음을 　 음악의 부정적인 효과는 더 컸다

were greater / than the psychologists expected. Group singing
심리학자가 예상했던 것보다 　 집단 가창은 즐거움을
비교급

provided enjoyment, / improved emotional states, / developed a
제공했다 　 감정 상태를 개선했다 　 소속감을 키웠다
동사 1 　 동사 2 　 동사 3

sense of belonging / and enhanced self-confidence.
그리고 자신감을 강화했다
동사 4(병렬구조)

지문 해석

한 심리학자 그룹이 친숙한 노래 부르기와 독창적인 작곡하기를 포함한 집단 음악 치료를 매주 경험한 심각한 정신 질환이 있는 사람들을 연구했다. 그 연구 결과는 (치료) 활동에 참여한 횟수가 많은 참여자가 가장 큰 효과를 경험했기에, 집단 음악 치료가 참여자의 삶의 질을 개선하였음을 보여 주었다. 노래 부르기에 초점을 두고, 또 다른 그룹의 심리학자는 집단생활의 환경에서 정신적인 건강 문제를 가지고 살고 있는 이들에게 미치는 정신 건강 치료로서의 집단 가창의 효능에 대한 논문을 검토했다. 결과는, 정신적인 건강 문제를 가진 사람이 합창단에 참여했을 때 정신 건강과 행복이 상당히 개선되었음을 보여 주었다. (음악의 부정적인 효과는 심리학자가 예상했던 것보다 더 컸다.) 집단 가창은 즐거움을 제공했고 감정 상태를 개선했으며 소속감을 키웠고 자신감을 강화했다.

지문 흐름

노래 부르기와 작곡을 포함한 집단 음악 치료를 매주 경험한 심각한 정신 질환자들을 연구함	·········	연구 1
⬇		
치료 활동에 참여한 횟수가 많은 참여자가 큰 효과를 경험했기에, 집단 음악 치료가 참여자의 삶의 질을 개선했음을 보여 줌	·········	연구 결과
⬇		
정신 건강 문제를 가진 사람들에게 미치는 집단 가창의 효능에 대한 논문을 검토함	·········	연구 2
⬇		
합창단에 참여한 사람들은 정신 건강과 행복이 개선됨을 보여 줌	·········	연구 결과
⬇		
음악의 부정적인 효과는 심리학자가 예상했던 것보다 더 큼	·········	무관한 내용
⬇		
집단 가창은 즐거움을 제공했고 감정 상태를 개선시켰으며 소속감을 키웠고 자신감을 강화했음	·········	부연

친절한 오답 풀이

오답 선택지	선택률	오답 이유
① 그 연구 결과는 (치료) 활동에 참여한 횟수가 많은 참여자가 가장 큰 효과를 경험했기에, 집단 음악 치료가 참여자의 삶의 질을 개선하였음을 보여 주었다.	3%	앞 문장에서 언급한 연구 결과에 대한 내용이므로, 글의 흐름과 어울린다.
② 노래 부르기에 초점을 두고, 또 다른 그룹의 심리학자는 집단생활의 환경에서 정신적인 건강 문제를 가지고 살고 있는 이들에게 미치는 정신 건강 치료로서의 집단 가창의 효능에 대한 논문을 검토했다.	4%	정신 건강에 문제가 있는 사람에게 있어서 집단 음악 치료의 효용성을 보여 준 연구와 비슷한 집단 가창의 효능에 대한 또다른 논문을 검토했다는 내용이므로, 글의 흐름과 어울린다.
③ 결과는, 정신적인 건강 문제를 가진 사람이 합창단에 참여했을 때 정신 건강과 행복이 상당히 개선되었음을 보여 주었다.	12%	앞에서 언급된 연구에 나오는 집단 가창의 효능에 대한 설명이므로, 글의 흐름과 어울린다.
⑤ 집단 가창은 즐거움을 제공했고 감정 상태를 개선했으며 소속감을 키웠고 자신감을 강화했다.	4%	집단 가창의 효능에 대한 앞의 내용에 이어 집단 가창의 장점에 대해 부연 설명하고 있으므로, 글의 흐름과 어울린다.

Q3 　 정답 ② 　 정답률 46%

정답 풀이

관객의 감정적 반응을 끌어내기 위해서는 등장인물이 친구나 적으로 인식될 수 있도록 조정되어야 한다는 내용의 글이므로, 친구와 적 사이의 선이 현실에서는 명확하지 않다는 내용의 ②는 글의 흐름과 무관하다.

친절한 지문분석

What does it mean / for a character [to be a hero as opposed to a
무슨 의미인가 　 등장인물이 악당과 대비되는 영웅이라는 것은
가주어 　 의미상 주어 　 to부정사의 명사적 용법(진주어)
~와 대비되는

villain]? In artistic and entertainment descriptions, / it's essential /
예술적이고 오락적인 묘사에서 　 필수적이다
가주어

for the author [to establish a positive relationship / between a
작가가 긍정적인 관계를 수립하는 것이 　 주인공과 관객 사이에
의미상 주어 　 to부정사의 명사적 용법(진주어)

protagonist and the audience]. In order for tragedy or misfortune
비극 또는 불행이 관객에게서 감정적 반응을 끌어내기
in order for A to-v: A가 ~하기 위해서

to draw out an emotional response in viewers, / the character must
위해서 　 등장인물은 조정되어야 한다

be adjusted / so as to be recognizable / as either friend or enemy.
인식될 수 있도록 / 친구 또는 적 둘 중의 하나로
so as to-v: ~하기 위해서 / either A or B: A 또는 B

Likewise, / the line between friends and enemies is not clear /
마찬가지로 / 친구와 적 사이의 선이 명확하지 않다

in reality. [Whether the portrayal is fictional or documentary], /
현실에서는 / 묘사가 허구적이든 또는 사실을 기록하든 간에
양보의 부사절

we must feel / [that the protagonist is someone / {whose actions
우리는 느껴야 한다 / 주인공은 누군가라고 / 행동이 우리에게
목적절 / 소유격 관계대명사절

benefit us}]; / the protagonist is, or would be, a worthy companion
이로움을 주는 / 주인공은 가치 있는 동료나 소중한 협력자이고, 혹은 그렇게 될 (존재일) 것이라고

or valued ally. Violent action films are often filled / with dozens
폭력적인 액션 영화는 흔히 가득 차 있다 / 비중이 적은 등장인물

of incidental deaths of minor characters / [that draw out little
의 많은 부수적인 죽음으로 / 관객에게서 반응을 거의 끌어내지
주격 관계대명사절

response in the audience]. In order to feel strong emotions, /
않는 / 강한 감정을 느끼기 위해
in order to-v: ~하기 위해서

the audience must be emotionally invested in a character / as either
관객은 등장인물에게 감정적으로 깊이 연관되어 있어야 한다 / 협력자 또는

ally or enemy.
적 둘 중 하나로

지문 해석

등장인물이 악당과 대비되는 영웅이라는 것은 무슨 의미인가? 예술적이고 오락적인 묘사에서, 작가가 주인공과 관객 사이에 긍정적인 관계를 수립하는 것이 필수적이다. 비극 또는 불행이 관객에게서 감정적 반응을 끌어내기 위해서, 등장인물은 친구 또는 적 둘 중의 하나로 인식될 수 있도록 조정되어야 한다. (마찬가지로, 친구와 적 사이의 선이 현실에서는 명확하지 않다.) 묘사가 허구적이든 또는 사실을 기록하든 간에, 주인공은 행동이 우리에게 이로움을 주는 누군가이며, 주인공은 가치 있는 동료나 소중한 협력자이고, 혹은 그렇게 될 (존재일) 것이라고 우리는 느껴야 한다. 폭력적인 액션 영화는 흔히 관객에게서 반응을 거의 끌어내지 않는 비중이 적은 등장인물의 많은 부수적인 죽음으로 가득 차 있다. 강한 감정을 느끼기 위해, 관객은 협력자 또는 적 둘 중 하나로 등장인물에게 감정적으로 깊이 연관되어 있어야 한다.

지문 흐름

등장인물이 영웅이라는 것은 그가 악당과 대비되어 관객과 긍정적인 관계를 맺는 존재라는 뜻임	·········	도입
관객의 감정적 반응을 끌어내기 위해 등장인물은 친구나 적으로 인식될 수 있도록 구성되어야 함	·········	전개
현실에서는 친구와 적 사이의 선이 명확하지 않음	·········	무관한 내용
주인공은 우리에게 이로움을 주는 존재로, 가치 있는 협력자라고 느껴져야 함	·········	부연
폭력적인 액션 영화에는 관객의 반응을 거의 이끌어내지 않는 단역들의 부수적인 죽음이 많이 등장함	·········	예시
관객이 강한 감정을 느끼려면 등장인물을 협력자나 적으로 느끼며 깊이 감정적으로 연관되어야 함	·········	결론

친절한 오답 풀이

오답 선택지	선택률	오답 이유
① 비극 또는 불행이 관객에게서 감정적 반응을 끌어내기 위해서, 등장인물은 친구 또는 적 둘 중의 하나로 인식될 수 있도록 조정되어야 한다.	4%	앞 문장에서 언급된 주인공과 관객 사이의 긍정적 관계 수립에 대해 더 나아가 설명하고 있으므로, 글의 흐름과 어울린다.
③ 묘사가 허구적이든 또는 사실을 기록하든 간에, 주인공은 행동이 우리에게 이로움을 주는 누군가이며, 주인공은 가치 있는 동료나 소중한 협력자이고, 혹은 그렇게 될 (존재일) 것이라고 우리는 느껴야 한다.	14%	주인공을 가치 있는 동료나 소중한 협력자로 느낀다는 것은 관객과 긍정적 관계가 수립되는 것이므로, 글의 흐름과 어울린다.
④ 폭력적인 액션 영화는 흔히 관객에게서 반응을 거의 끌어내지 않는 비중이 적은 등장인물의 많은 부수적인 죽음으로 가득 차 있다.	31%	액션 영화 속 부수적인 죽음이 관객의 반응을 이끌지 못하는 것은 그들이 관객과 정서적으로 연결되어 있지 않기 때문임을 나타내므로, 글의 흐름과 어울린다.
⑤ 강한 감정을 느끼기 위해, 관객은 협력자 또는 적 둘 중 하나로 등장인물에게 감정적으로 깊이 연관되어 있어야 한다.	5%	등장인물을 협력자나 적으로 느끼면 깊이 감정적으로 연관된다는 내용이므로, 글의 흐름과 어울린다.

Q4 정답 ④ 정답률 70%

정답 풀이

패션은 우리에게 사회적 가치를 개발하고 나타내는 수단을 제공함으로써 우리의 삶에 도움을 준다는 내용의 글이므로, 패션 산업은 유럽과 미국에서 처음 발달했지만 오늘날에는 국제적이고 세계화된 산업이 되었다는 내용의 ④는 글의 흐름과 무관하다.

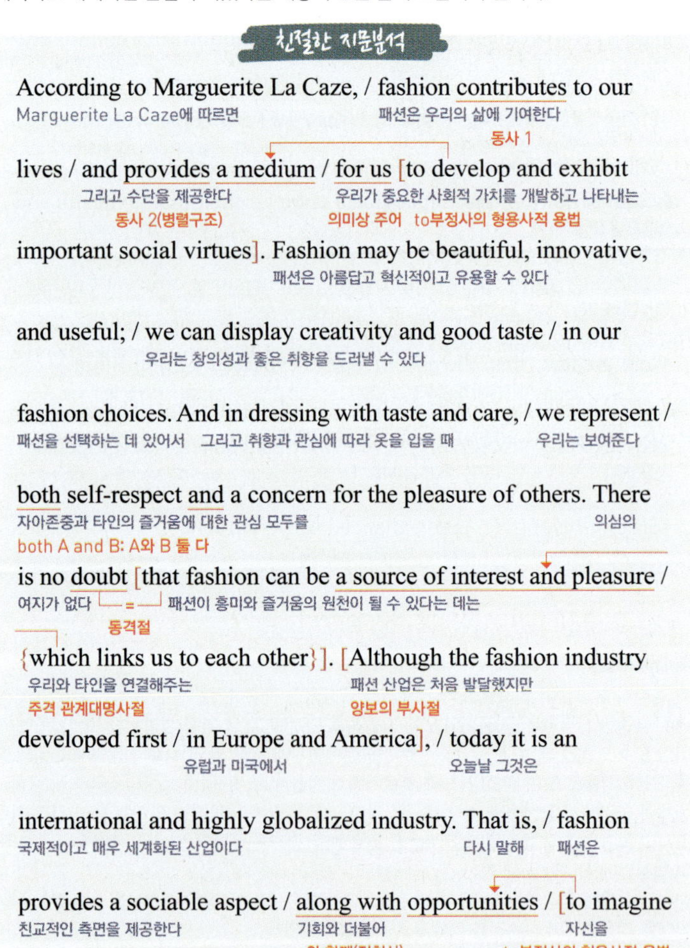
친절한 지문분석

According to Marguerite La Caze, / fashion contributes to our
Marguerite La Caze에 따르면 / 패션은 우리의 삶에 기여한다
동사 1

lives / and provides a medium / for us [to develop and exhibit
그리고 수단을 제공한다 / 우리가 중요한 사회적 가치를 개발하고 나타내는
동사 2(병렬구조) / 의미상 주어 / to부정사의 형용사적 용법

important social virtues]. Fashion may be beautiful, innovative,
패션은 아름답고 혁신적이고 유용할 수 있다

and useful; / we can display creativity and good taste / in our
우리는 창의성과 좋은 취향을 드러낼 수 있다

fashion choices. And in dressing with taste and care, / we represent /
패션을 선택하는 데 있어서 / 그리고 취향과 관심에 따라 옷을 입을 때 / 우리는 보여준다

both self-respect and a concern for the pleasure of others. There
자아존중과 타인의 즐거움에 대한 관심 모두를 / 의심의
both A and B: A와 B 둘 다

is no doubt [that fashion can be a source of interest and pleasure /
여지가 없다 = 패션이 흥미와 즐거움의 원천이 될 수 있다는 데는
동격절

{which links us to each other}]. [Although the fashion industry
우리와 타인을 연결해주는 / 패션 산업은 처음 발달했지만
주격 관계대명사절 / 양보의 부사절

developed first / in Europe and America], / today it is an
유럽과 미국에서 / 오늘날 그것은

international and highly globalized industry. That is, / fashion
국제적이고 매우 세계화된 산업이다 / 다시 말해 / 패션은

provides a sociable aspect / along with opportunities / [to imagine
친교적인 측면을 제공한다 / 기회와 더불어 / 자신을
~와 함께(전치사) / to부정사의 형용사적 용법

oneself differently / = to try on different identities].
다르게 상상하는 / 즉 다른 정체성을 시도하는
부연 설명

지문 해석

Marguerite La Caze에 따르면, 패션은 우리의 삶에 기여하고 우리가 중요한 사회적 가치를 개발하고 나타내는 수단을 제공한다. 패션은 아름다울 수 있고, 혁신적일 수 있으며, 유용할 수 있다. 우리는 패션을 선택하는 데 있어서 창의성과 좋은 취향을 드러낼 수 있다. 그리고 취향과 관심에 따라 옷을 입을 때, 우리는 자아존중과 타인의 즐거움에 대한 관심 모

두를 보여준다. 의심할 여지없이, 패션은 우리와 타인을 연결해 주는 흥미와 즐거움의 원천이 될 수 있다. (패션 산업은 유럽과 미국에서 처음 발달했지만, 오늘날에는 국제적이고 매우 세계화된 산업이 되었다.) 다시 말해, 패션은 자신을 다르게 상상하는, 즉, 다른 정체성을 시도하는 기회와 더불어 친교적인 측면을 제공한다.

지문 흐름

패션은 우리의 삶에 기여하고 우리가 중요한 사회적 가치를 개발하고 나타내는 수단을 제공함 ········· 주제
↓
패션은 아름답고 혁신적이고 유용하며, 패션을 선택할 때 창의성과 취향을 드러낼 수 있음 ········· 상술 1
↓
취향과 관심에 따라 옷을 입을 때 자아존중과 타인의 즐거움에 대한 관심을 보여줌 ········· 상술 2
↓
패션은 우리와 타인을 연결하는 흥미와 즐거움의 원천이 됨 ········· 상술 3
↓
패션 산업은 유럽과 미국에서 처음 발달했지만, 오늘날에는 국제적이고 매우 세계화된 산업이 됨 ········· 무관한 내용
↓
즉, 패션은 다른 정체성을 시도하는 기회와 함께 친교적 측면을 제공함 ········· 주제 재진술

친절한 오답 풀이

오답 선택지	선택률	오답 이유
① 패션은 아름다울 수 있고, 혁신적일 수 있으며, 유용할 수 있다. 우리는 패션을 선택하는 데 있어서 창의성과 좋은 취향을 드러낼 수 있다.	3%	패션을 통해 창의성과 취향을 드러낸다는 패션의 이점을 설명하는 내용이므로, 글의 흐름과 어울린다.
② 그리고 취향과 관심에 따라 옷을 입을 때, 우리는 자아존중과 타인의 즐거움에 대한 관심 모두를 보여준다.	12%	패션이 제공하는 자아존중 및 타인 지향적 가치에 대한 내용이므로, 글의 흐름과 어울린다.
③ 의심할 여지없이, 패션은 우리와 타인을 연결해 주는 흥미와 즐거움의 원천이 될 수 있다.	13%	패션은 우리와 타인을 연결하는 흥미와 즐거움의 원천이라는 패션의 사회적 가치에 대한 내용이므로, 글의 흐름과 어울린다.
⑤ 다시 말해, 패션은 자신을 다르게 상상하는, 즉, 다른 정체성을 시도하는 기회와 더불어 친교적인 측면을 제공한다.	3%	패션이 다양한 정체성 시도의 기회와 함께 친교적 측면도 제공한다는 내용이므로, 글의 흐름과 어울린다.

코드 공략하기

pp.137~139

01 ④ 02 ③ 03 ③ 04 ③ 05 ④ 06 ④

01 정답 ④ 정답률 63%

정답 풀이

우리의 당면 과제는 고갈되고 있는 소량의 한정적인 에너지에 집중하는 것이 아니라, 태양으로부터 지구에 매일 도달하는 에너지를 효율적이고 저비용으로 사용하는 것을 배우는 것이라는 내용의 글이므로, 화석 연료를 사용하는 기술을 개발하는 노력이 성과를 보여주었다는 내용의 ④는 글의 흐름과 무관하다.

친절한 지문분석

In a single week, / the sun delivers more energy to our planet /
단 한 주 만에 / 태양은 더 많은 에너지를 지구에 전달한다 / 비교급

❶ than humanity has used / through the burning of coal, oil,
인간이 사용해온 것보다 / 석탄, 석유, 그리고 천연가스의 연소를 통해 / 현재완료(계속) / ~을 통해(전치사)

and natural gas / through *all of human history*. And the sun
모든 인류 역사 내내 / 그리고 태양은 / 내내, 줄곧(전치사)

will keep shining on our planet / for billions of years.
계속해서 지구를 비출 것이다 / 수십억 년 동안 / keep v-ing: 계속 ~하다

Our challenge isn't [that we're running out of energy]. It's [that
우리의 당면 과제는 아니다 / 우리의 에너지가 고갈되고 있다는 것이 / 그것은 / 보어절 / 보어절

we have been focused / on the wrong source—the small, finite one
우리가 집중해 왔다는 것이다 / 잘못된 원천에 / 즉 적고 한정적인 것 / 현재완료 수동태 / 부연 설명

{that we're using up}]. Indeed, / all the coal, natural gas, and oil
우리가 고갈시키고 있는 / 사실 / 모든 석탄, 천연가스, 그리고 석유는 / 목적격 관계대명사절 / 주어

[we use today] is just solar energy from millions of years ago, /
우리가 오늘날 사용하는 / 수백만 년 전에 온 태양 에너지일 뿐이며 / (that) / 동사 / 목적격 관계대명사절

[a very tiny part of which was preserved / deep underground].
그것의 극히 일부분만이 보존되어 있었다 / 지하 깊은 곳에 / 소유격 관계대명사절(계속적 용법) / 수동태

Our efforts [to develop technologies {that use fossil fuels}] /
우리의 노력은 / 기술을 개발하기 위한 / 화석 연료를 사용하는 / 주어 / to부정사의 형용사적 용법 / 주격 관계대명사절

have shown meaningful results. Our challenge, and
의미 있는 결과를 보여주었다 / 우리의 기회이자 당면 과제는 / 동사(현재완료)

our opportunity, / is to learn to efficiently and cheaply use /
효율적이고 저비용으로 사용하는 것을 배우는 것이다 / 동사 / 명사적 용법(보어) / 명사적 용법(목적어)

the *much more abundant* source [that is the new energy
훨씬 더 풍부한 원천을 / 새로운 에너지인 / much(훨씬): 비교급 강조 / 주격 관계대명사절

{striking our planet each day / from the sun}].
매일 지구에 도달하는 / 태양으로부터 / 현재분사구

❶ 비교급 문장에서 than이 접속사 역할과 목적격 관계대명사 역할을(has used의 목적어) 겸하는 유사 관계대명사이다.

지문 해석

단 한 주 만에, 태양은 모든 인류 역사 내내 인간이 석탄, 석유, 그리고 천연가스의 연소를 통해 사용해온 것보다 더 많은 에너지를 지구에 전달한다. 그리고 태양은 수십억 년 동안, 계속하여 지구를 비출 것이다. 우리의 당면 과제는 우리의 에너지가 고갈되고 있다는 것이 아니다. 그것은 우리가 잘못된 원천, 즉 우리가 고갈시키고 있는 적고 한정적인 것에 집중해 왔다는 것이다. 사실, 우리가 오늘날 사용하는 모든 석탄, 천연가스, 그리고 석유는 수백만 년 전에 온 태양 에너지일 뿐이며, 그것의 극히 일부분만이 지하 깊은 곳에 보존되어 있었다. (화석 연료를 사용하는 기술을 개발하기 위한 우리의 노력은 의미 있는 결과를 보여주었다.) 우리의 기회이자 당면 과제는 태양으로부터 매일 지구에 도달하는 새로운 에너지인 '훨씬 더 풍부한' 원천을 효율적이고 저비용으로 사용하는 것을 배우는 것이다.

지문 흐름

단 일주일 만에 태양은 인간이 이제까지 석탄, 석유, 천연가스의 연소를 통해 사용해온 것보다 많은 에너지를 지구에 전달하고, 태양은 수십억 년 동안 계속하여 지구를 비출 것임 ········· 도입
↓
우리의 당면 과제는 우리의 에너지가 고갈되고 있다는 것이 아니라, 우리가 잘못된 원천, 즉 적고 한정적인 것에 집중하고 있다는 것임 ········· 주제
↓
석탄, 천연가스, 석유는 수백만 년 전에 온 태양 에너지일 뿐이며, 그것의 극히 일부분만이 지하 깊은 곳에 보존되어 있었음 ········· 부연
↓
화석 연료를 사용하는 기술을 개발하기 위한 우리의 노력은 의미 있는 결과를 보여줌 ········· 무관한 내용
↓
우리의 기회이자 당면 과제는 태양으로부터 매일 지구에 도달하는 새로운 에너지인 '훨씬 더 풍부한' 원천을 효율적으로 그리고 저비용으로 사용하는 것을 배우는 것임 ········· 주제 재진술

친절한 오답 풀이

오답 선택지	선택률	오답 이유
① 우리의 당면 과제는 우리의 에너지가 고갈되고 있다는 것이 아니다.	8%	우리의 당면 과제가 에너지가 고갈되고 있다는 사실이 아니라는 내용이므로, 글의 흐름과 어울린다.
② 그것은 우리가 잘못된 원천, 즉 우리가 고갈시키고 있는 적고 한정적인 것에 집중해 왔다는 것이다.	11%	우리가 잘못된 원천, 즉 적고 한정적인 에너지에 집중하고 있다는 내용이므로, 글의 흐름과 어울린다.
③ 사실, 우리가 오늘날 사용하는 모든 석탄, 천연가스, 그리고 석유는 수백만 년 전에 온 태양 에너지일 뿐이며, 그것의 극히 일부분만이 지하 깊은 곳에 보존되어 있었다.	13%	우리가 사용하는 석탄, 천연가스, 석유는 예전에 태양에서 온 에너지이며 이는 극히 일부에 불과하다는 내용이므로, 글의 흐름과 어울린다.
⑤ 우리의 기회이자 당면 과제는 태양으로부터 매일 지구에 도달하는 새로운 에너지인 '훨씬 더 풍부한' 원천을 효율적이고 저비용으로 사용하는 것을 배우는 것이다.	3%	우리의 당면 과제는 무한한 태양 에너지를 효율적이고 저비용으로 사용하는 것을 배우는 것이라는 내용이므로, 글의 흐름과 어울린다.

02　정답 ③　정답률 67%

정답 풀이

오늘날의 뮤지션들은 과거와 달리 외부의 도움 없이 청취자에게 자신들의 음악을 직접 내놓고 팬들과의 관계를 형성한다는 글이므로, TV 오디션을 이용하여 나이 어린 뮤지션들을 마케팅하는 데에 대한 우려가 증가한다는 내용의 ③은 글의 흐름과 무관하다.

친절한 지문분석

Today's music business has allowed / musicians to take matters
오늘날의 음악 사업은 가능하게 했다　뮤지션들이 스스로 일을 처리하는 것을
allow+목적어+to-v: (목적어)로 하여금 ~하도록 하다

into their own hands. ❶ Gone are the days / [of ❷ musicians
시대는 지났다　뮤지션들이
도치구문　전치사구　동명사의 의미상 주어

waiting for a gatekeeper / (someone / {who holds power and
문지기를 기다리던　사람　권력을 쥐고
wait for+목적어+to-v: (목적어)가 ~하기를 기다리다　주격 관계대명사절　동사 1

prevents you from being let in}) / at a label or TV show / to say /
사람들이 들어가는 것을 막는　음반사나 TV 프로그램의　말해주기를
동사 2　prevent+목적어+from v-ing: (목적어)가 ~하는 것을 막다

{they are worthy of the spotlight}]. In today's music business, /
그들(뮤지션들)이 주목 받을 만하다고　오늘날의 음악 사업에서는
(that) 목적절

you don't need to ask for permission / to build a fanbase /
당신은 허락을 요청할 필요가 없다　팬층을 만들기 위해
to부정사의 부사적 용법(목적)

and you no longer need to pay thousands of dollars / to a
그리고 당신은 수천 달러를 지불할 필요가 더 이상 없다　회사에
더 이상 ~ 않다

company / to do it. There are rising concerns / over the
그렇게 하려고　우려가 증가하고 있다　어린 뮤지션들을
to부정사의 부사적 용법(목적)

marketing of child musicians / [using TV auditions]. Every day, /
마케팅하는 데에 대한　TV 오디션을 이용하여　매일
분사구문(부대상황)

musicians are getting their music out / to thousands of listeners /
뮤지션들은 자신들의 음악을 내놓고 있다　수천 명의 청취자에게

without any outside help. They simply deliver it to the fans
어떤 외부의 도움도 없이　그들은 간단히 그것을 팬들에게 직접 전달한다

directly, / without [asking for permission or outside help] / to
허락이나 외부의 도움을 요청하지 않고
전치사의 목적어(동명사구)

receive exposure / or connect with thousands of listeners.
노출을 얻기 위해　또는 수천 명의 청취자와 연결되기 (위해)
to부정사의 부사적 용법(목적)　(to)

❶ 주어가 길어 문장의 뒤로 보내고 「과거분사+be동사+주어」의 순서로 도치되었다.
❷ 동명사의 주어는 소유격으로 나타내는 것이 원칙이지만, 동명사가 동사/전치사의 목적어일 때 흔히 목적격을 쓰며 all, this, both 등 소유격이 없는 경우에도 목적격을 쓴다.

지문 해석

오늘날의 음악 사업은 뮤지션들이 스스로 일을 처리할 수 있게 했다. 뮤지션들이 음반사나 TV 프로그램의 문지기(권력을 쥐고 사람들이 들어가는 것을 막는 사람)가 그들(뮤지션들)이 주목 받을 만하다고 말해주기를 기다리던 시대는 지났다. 오늘날의 음악 사업에서는 팬층을 만들기 위해 허락을 요청할 필요가 없으며, 그렇게 하려고 회사에 수천 달러를 지불할 필요도 더 이상 없다. (TV 오디션을 이용하여 나이 어린 뮤지션들을 마케팅하는 데에 대한 우려가 증가하고 있다.) 매일 뮤지션들은 어떤 외부의 도움도 없이 수천 명의 청취자에게 자신들의 음악을 내놓고 있다. 그들은 노출을 얻거나 수천 명의 청취자와 연결되기 위해 허락이나 외부의 도움을 요청하지 않고, 간단히 자신들의 음악을 팬들에게 직접 전달한다.

지문 흐름

오늘날의 음악 사업은 뮤지션들이 스스로 일을 처리할 수 있게 함 ……… 도입
↓
뮤지션들이 음반사나 TV 프로그램의 문지기가 그들이 주목 받을 만하다고 말해주기를 기다리던 시대는 지났음 ……… 상술 1
↓
팬층을 만들기 위해 허락을 요청할 필요가 없으며, 회사에 수천 달러를 지불할 필요도 없음 ……… 상술 2
↓
TV 오디션을 이용하여 나이 어린 뮤지션들을 마케팅하는 데에 대한 우려가 증가하고 있음 ……… 무관한 내용
↓
뮤지션들은 어떤 외부의 도움도 없이 매일 수천 명의 청취자에게 자신들의 음악을 내놓고 있음 ……… 주제
↓
그들은 노출을 얻거나 수천 명의 청취자와 관계를 형성하기 위해 허락이나 외부의 도움을 요청하지 않고, 간단히 자신들의 음악을 팬들에게 직접 전달함 ……… 주제 재진술

친절한 오답 풀이

오답 선택지	선택률	오답 이유
① 뮤지션들이 음반사나 TV 프로그램의 문지기(권력을 쥐고 사람들이 들어가는 것을 막는 사람)가 그들(뮤지션들)이 주목 받을 만하다고 말해주기를 기다리던 시대는 지났다.	6%	오늘날 뮤지션들이 팬을 확보하기 위해 하지 않아도 되는 일을 언급하고 있으므로, 글의 흐름과 어울린다.
② 오늘날의 음악 사업에서는 팬층을 만들기 위해 허락을 요청할 필요가 없으며, 그렇게 하려고 회사에 수천 달러를 지불할 필요도 더 이상 없다.	8%	
④ 매일 뮤지션들은 어떤 외부의 도움도 없이 수천 명의 청취자에게 자신들의 음악을 내놓고 있다.	11%	오늘날 뮤지션들이 음악을 직접 내놓고 팬을 확보하는 현상을 언급하고 있으므로, 글의 흐름과 어울린다.
⑤ 그들은 노출을 얻거나 수천 명의 청취자와 연결되기 위해 허락이나 외부의 도움을 요청하지 않고, 간단히 자신들의 음악을 팬들에게 직접 전달한다.	5%	

03 정답 ③ 정답률 74%

정답 풀이

인간의 기억은 낯선 정보를 자신의 기존 지식 구조에 맞게 재구성하는 상상의 과정이라는 내용의 글이므로, 많은 청중을 끌어 모으기 위해 사람들의 흥미를 유발하는 주제에 초점을 맞춰야 한다는 내용의 ③은 글의 흐름과 무관하다.

친절한 지문분석

In the 1930s, / the British psychologist Sir Frederic Bartlett asked
1930년대에 / 영국의 심리학자 Frederic Bartlett 경은 사람들에게 요청했다
ask+목적어+to-v: (목적어)에게 ~하도록 요청하다

people / to listen to folktales from other countries / and then (to) recall
다른 나라의 민간 설화를 듣도록 / 그런 다음에 이 이야기
to부정사 1 / to부정사 2(병렬구조)

these stories / at a later date. [As you might guess], / unfamiliar
들을 기억해 내도록 / 나중에 / 당신이 아마 추측할 수 있듯이 / 낯선 이야기는
부사절

stories were not remembered / as well as familiar stories.
기억되지 않았다 / 익숙한 이야기만큼 잘
as+원급+as: ~만큼 …한[하게]

Surprisingly, / however, / errors in memory were not random.
놀랍게도 / 그러나 / 기억의 오류들은 무작위적인 것이 아니었다

Rather, / subjects often rewrote similar parts of the stories / in their
오히려 / 피험자들은 이야기의 비슷한 부분을 종종 다시 썼다 / 자신의

own minds / —particularly the parts / [that made the least sense to
마음 속에서 / 특히 부분을 / 그들에게 가장 이해가 되지 않는
주격 관계대명사절

them]. To attract a wide audience, / stories should focus on topics /
많은 청중을 끌어 모으기 위해서 / 이야기들은 주제에 초점을 맞춰야 한다
to부정사의 부사적 용법(목적)

[that interest many people]. Bartlett concluded / [that {when facing
많은 사람들의 흥미를 유발하는 / Bartlett은 결론을 내렸다 / 문제에 직면할 때
주격 관계대명사절 / 목적절 접속사+분사구문

problems}, / humans draw upon mental schemata, or shelves of
인간은 정신적 스키마타, 즉 뇌에 저장된 지식의 선반을 활용한다고
동격의 or

stored knowledge in our brains, / to fill in any minor gaps in our
우리 기억의 사소한 틈을 메우기 위해
to부정사의 부사적 용법(목적)

memories]. Therefore, / remembering is an imaginative process /
따라서 / 기억하는 것은 상상의 과정이다
동명사(주어)

[that involves building upon past experiences].
과거의 경험을 기반으로 하는 것을 포함하는
주격 관계대명사절

지문 해석

1930년대에, 영국의 심리학자 Frederic Bartlett 경은 사람들에게 다른 나라의 민간 설화를 듣고 난 다음 나중에 이 이야기들을 기억해 내도록 요청했다. 당신이 아마 추측할 수 있듯이, 낯선 이야기는 익숙한 이야기만큼 잘 기억되지 않았다. 그러나 놀랍게도 기억의 오류들은 무작위적인 것이 아니었다. 오히려 피험자들은 자신의 마음 속에서 이야기의 비슷한 부분—특히 그들에게 가장 이해가 되지 않는 부분을 종종 다시 썼다. (많은 청중을 끌어 모으기 위해서, 이야기들은 많은 사람들의 흥미를 유발하는 주제에 초점을 맞춰야 한다.) Bartlett은 문제에 직면할 때, 인간은 우리 기억의 사소한 틈을 메우기 위해 정신적 스키마타, 즉 뇌에 저장된 지식의 선반을 활용한다고 결론을 내렸다. 따라서, 기억하는 것은 과거의 경험을 기반으로 하는 것을 포함하는 상상의 과정이다.

지문 흐름

1930년대 Bartlett은 사람들이 타국의 민간 설화를 얼마나 잘 기억하는지 실험함	·········	실험 소개
사람들은 낯선 이야기를 잘 기억하지 못했는데, 이때 기억의 오류는 무작위적이지 않음	·········	실험 결과
피험자들은 특히 이해하기 어려운 부분을 자신에게 익숙한 방식으로 바꾸어 기억함	·········	실험 결과 부연
청중을 끌려면 다수의 흥미를 끄는 주제에 이야기의 초점을 맞춰야 함	·········	무관한 내용
Bartlett은 사람들이 기억의 틈을 메우기 위해 머릿속의 스키마타를 활용한다고 봄	·········	실험 분석
기억은 과거 경험을 바탕으로 한 상상의 과정이라고 할 수 있음	·········	결론

친절한 오답 풀이

오답 선택지	선택률	오답 이유
① 그러나 놀랍게도 기억의 오류들은 무작위적인 것이 아니었다.	8%	①번 문장 뒷부분에 기억의 오류가 무작위적인 것이 아니라 오히려 자신에게 이해되지 않는 부분에 대해 다시 썼다는 내용이 나오므로, 글의 흐름과 어울린다.
② 오히려 피험자들은 자신의 마음 속에서 이야기의 비슷한 부분—특히 그들에게 가장 이해가 되지 않는 부분을 종종 다시 썼다.	4%	앞 문장에서 언급된 오류가 무작위적이 아님을 설명하는 내용이므로, 글의 흐름과 어울린다.
④ Bartlett은 문제에 직면할 때, 인간은 우리 기억의 사소한 틈을 메우기 위해 정신적 스키마타, 즉 뇌에 저장된 지식의 선반을 활용한다는 결론을 내렸다.	10%	우리의 기억에 문제가 생겼을 때, 그 틈을 메우기 위해 스키마타를 사용한다는 내용이므로, 글의 흐름과 어울린다.
⑤ 따라서, 기억하는 것은 과거의 경험을 기반으로 하는 것을 포함하는 상상의 과정이다.	4%	우리의 기억이 과거의 경험을 기반으로 하여 틈을 메운다는 앞의 문장과 이어지는 내용이므로, 글의 흐름과 어울린다.

배경지식

스키마타(schemata)

스키마타는 경험을 통해 머릿속에 만들어진 지식의 틀이다. 예를 들어 '식당'을 떠올리면 메뉴판, 종업원, 계산대 등이 자동으로 생각나는 것처럼, 우리는 이미 알고 있는 정보를 바탕으로 새로운 상황을 이해한다. 스키마타는 학습과 경험을 통해 점점 정교해지며, 기억, 이해, 판단 같은 인지 과정에 중요한 역할을 한다. 따라서 교육에서 새로운 지식을 기존 스키마타와 잘 연결하는 것이 중요하다.

04 정답 ③ 정답률 58%

정답 풀이

직원들에게 주인의식을 부여함으로써 업무 생산성을 향상시킬 수 있다는 글이므로, 결정이 합치되거나 목표 달성에 초점이 맞춰지지 않아 효율성이 낮아진다는 내용의 ③은 글의 흐름과 무관하다.

친절한 지문분석

[Simply giving employees a sense of agency] / — a feeling [that they are in control], / [that they have genuine decision-making authority] / — can radically increase / [how much energy and focus they bring to their jobs]. One 2010 study / at a manufacturing plant / in Ohio, / for instance, / carefully examined assembly-line workers / [who were empowered to make small decisions / {about their schedules and work environment}]. They designed their own uniforms / and had authority over shifts / [while all the manufacturing processes and pay scales stayed the same].

단순히 직원들에게 주인의식을 주는 것만으로도 (주어(동명사구)) / 그들이 통제하고 있다는 (동격의 that) 느낌 / 그들이 진정한 의사 결정 권한을 가지고 있다는 (느낌) (동격의 that) / 급격하게 높일 수 있다 (동사) / 그들이 자신의 업무에 쏟는 에너지와 집중력을 (명사절) / 2010년의 한 연구는 / 한 제조 공장에서의 / 오하이오주의 / 예를 들어 / 조립 라인 근로자를 주의 깊게 살펴보았다 / 작은 결정을 하도록 권한을 부여받은 (주격 관계대명사절, 수동태, to부정사의 명사적 용법(목적격보어)) / 그들의 일정과 작업 환경에 대한 (전치사구(형용사구)) / 그들은 그들 자신의 유니폼을 디자인했다 / 그리고 근무 교대에 대한 권한을 가졌다 / 모든 생산 과정과 임금 규모는 동일하게 유지된 반면에 (양보의 부사절)

It led to decreased efficiency / [because their decisions were not uniform / or focused on meeting organizational goals]. Within two months, / productivity at the plant increased by 20 percent, / [with workers taking shorter breaks and making fewer mistakes]. [Giving employees a sense of control] improved / [how much self-discipline they brought to their jobs].

그것은 효율성을 낮추는 결과를 낳았다 / 결정이 합치되지 않았기 때문에 (이유의 부사절) / 또는 조직의 목표 달성에 초점이 맞춰지지 (않았기 때문에) / 두 달 만에 / 그 공장의 생산성은 20퍼센트 증가했다 / 직원들은 휴식 시간을 더 짧게 가졌고 실수를 더 적게 했다 (with+목적어+현재분사: (목적어)가 ~하는 상태로, 현재분사 1, 현재분사 2(병렬구조)) / 자신들이 통제권을 쥐고 있다는 느낌을 직원들에게 부여한 것이 향상시켰다 (주어(동명사구)) / 그들이 업무에 끌어들이는 자기 통제력을 (명사절)

지문 해석

단순히 직원들에게 주인의식(그들이 통제하고 있다는 느낌, 진정한 의사 결정 권한이 있다는 느낌)을 주는 것만으로도 그들이 자신의 업무에 쏟는 에너지와 집중력을 급격하게 높일 수 있다. 예를 들어, 오하이오주의 한 제조 공장에서 진행된 2010년의 한 연구는 그들의 일정과 작업 환경에 대한 작은 결정 권한을 부여받은 조립 라인 근로자를 주의 깊게 살펴보았다. 그들은 그들 자신의 유니폼을 디자인했고, 근무 교대에 대한 권한을 가진 반면에, 모든 생산 과정과 임금 규모는 동일하게 유지되었다. (결정이 합치되거나 조직의 목표 달성에 초점이 맞춰지지 않았기 때문에 그것은 효율성을 낮추는 결과를 낳았다.) 두 달 만에 직원들은 휴식 시간을 더 짧게 가졌고, 실수를 더 적게 하였으며, 그 공장의 생산성은 20퍼센트 증가했다. 자신들이 통제권을 쥐고 있다는 느낌을 직원들에게 부여한 것이 그들이 업무에 끌어들이는 자기 통제력을 향상시켰다.

지문 흐름

직원들에게 주인의식을 주는 것만으로도 업무에 쏟는 에너지와 집중력을 급격히 높일 수 있음	주제
2010년 오하이오주의 한 제조 공장에서 직원들은 일정과 작업 환경에 대한 결정권을 부여받음	연구 내용
직원들은 자신의 유니폼을 디자인했고, 근무 교대에 대한 권한을 가진 반면, 모든 생산 과정과 임금은 동일하게 유지됨	상술
결정이 합치되거나 목표 달성에 초점이 맞춰지지 않아 효율성이 낮아짐	무관한 내용
직원들은 휴식 시간을 더 짧게 가지고 실수도 더 적게 해서 공장의 생산성이 20퍼센트 증가함	연구 결과
직원들에게 통제권을 가지고 있다는 느낌을 부여함으로써 그들이 업무에 임하는 자기 통제력을 향상시킴	결론

친절한 오답 풀이

오답 선택지	선택률	오답 이유
① 예를 들어, 오하이오주의 한 제조 공장에서 진행된 2010년의 한 연구는 그들의 일정과 작업 환경에 대한 작은 결정 권한을 부여받은 조립 라인 근로자를 주의 깊게 살펴보았다.	4%	앞 문장에서 언급된 내용인 직원들에게 주인의식을 주는 것만으로도 업무에 쏟는 에너지와 집중력을 높일 수 있다는 것에 대한 예시이므로, 글의 흐름과 어울린다.
② 그들은 그들 자신의 유니폼을 디자인했고, 근무 교대에 대한 권한을 가진 반면에, 모든 생산 과정과 임금 규모는 동일하게 유지되었다.	11%	앞 문장에서 언급된 오하이오주의 한 제조 공장에서 진행된 연구 내용을 상술하고 있으므로, 글의 흐름과 어울린다.
④ 두 달 만에 직원들은 휴식 시간을 더 짧게 가졌고, 실수를 더 적게 하였으며, 그 공장의 생산성은 20퍼센트 증가했다.	23%	오하이오주의 공장에서 진행된 연구의 결과를 설명하고 있으므로, 글의 흐름과 어울린다.
⑤ 자신들이 통제권을 쥐고 있다는 느낌을 직원들에게 부여한 것이 그들이 업무에 끌어들이는 자기 통제력을 향상시켰다.	4%	앞서 언급한 연구가 보여 주는 결론을 언급하고 있으므로, 글의 흐름과 어울린다.

05 정답 ④ 정답률 64%

정답 풀이

이야기의 주인공이 누구이냐에 따라 다른 이야기가 될 수 있다는 내용의 글이므로, 신데렐라 왕국이 존재하지 않는 허구라는 것을 알지만 기꺼이 그곳에 간다는 내용의 ④는 글의 흐름과 무관하다.

친절한 지문분석

[*Whose* story it is] affects / [*what* the story is]. Change the main character, / and the focus of the story must also change. If we look at the events / [through another character's eyes], / we will interpret them differently. We'll place our sympathies with

'누구의' 이야기인지가 영향을 미친다 (의문사절) / '무슨' 이야기인지에 (의문사절) / 주인공을 바꿔라 (명령문+and: ~해라, 그러면) / 그러면 이야기의 초점도 틀림없이 바뀐다 / 만약 우리가 사건을 본다면 / 다른 등장인물의 눈을 통해 (전치사구(부사구)) / 우리는 그것을 다르게 해석할 것이다 (= the events) / 우리는 새로운 누군가에게 공감을 둘 것이다

someone new. When the conflict arises / [that is the heart of the
갈등이 발생할 때 / 이야기의 핵심인 / 주격 관계대명사절

story], / we will be praying for a different outcome. Consider, / for
우리는 다른 결과를 간절히 바랄 것이다 / 생각해 보라 / will be v-ing(미래진행형) / (it were)

example, / [how the tale of Cinderella would shift / if told from
예를 들어 / 신데렐라 이야기가 어떻게 바뀔지 / 의문사절(목적절) / 가정법 과거 / 수동태

the viewpoint of an evil stepsister]. We know / [Cinderella's
사악한 의붓언니의 관점에서 이야기된다면 / 우리는 안다 / 신데렐라의 / 목적절

kingdom does not exist], / but we willingly go there anyway.
왕국이 존재하지 않는다는 것을 / 하지만 우리는 어쨌든 기꺼이 그곳에 간다

Gone with the Wind is Scarlett O'Hara's story, / but what if we
〈바람과 함께 사라지다〉는 스칼렛 오하라의 이야기이다 / 하지만 만약 같은 / what if+과거시제: 만약 ~라면 어떨까?

were shown the same events / from the viewpoint of Rhett Butler
사건이 우리에게 제시된다면 어떠할 것인가? / 레트 버틀러나 멜라니 윌크스의 관점에서 / 수동태

or Melanie Wilkes?

지문 해석

'누구의' 이야기인지가 '무슨' 이야기인지에 영향을 미친다. 주인공을 바꾸면, 이야기의 초점도 틀림없이 바뀐다. 만약 우리가 다른 등장인물의 눈을 통해 사건을 본다면, 우리는 그것을 다르게 해석할 것이다. 우리는 새로운 누군가에게 공감할 것이다. 이야기의 핵심인 갈등이 발생할 때, 우리는 다른 결과를 간절히 바랄 것이다. 예를 들어, 신데렐라 이야기가 사악한 의붓언니의 관점에서 이야기된다면 어떻게 바뀔지 생각해 보라. (우리는 신데렐라의 왕국이 존재하지 않는다는 것을 알지만, 어쨌든 기꺼이 그곳에 간다.) 〈바람과 함께 사라지다〉는 스칼렛 오하라의 이야기이지만, 만약 같은 사건이 레트 버틀러나 멜라니 윌크스의 관점에서 우리에게 제시된다면 어떠할 것인가?

지문 흐름

이야기의 주인공에 따라서 이야기의 내용과 초점이 영향을 받음	·········	주제
만약 다른 등장인물의 관점에서 사건을 보면, 사건이 다르게 해석됨	·········	부연 1
사건을 다르게 해석하면 우리는 다른 등장인물에게 공감하게 되고, 이는 우리가 다른 결과를 간절히 바라도록 함	·········	부연 2
예를 들면, 신데렐라 이야기가 의붓언니의 관점에서 이야기된다면, 내용이 달라질 것임	·········	예시 1
우리는 신데렐라의 왕국이 존재하지 않는다는 것을 알지만, 어쨌든 기꺼이 그곳에 감	·········	무관한 내용
〈바람과 함께 사라지다〉는 스칼렛 오하라의 이야기이지만, 만약 같은 사건이 레트 버틀러나 멜라니 윌크스의 관점에서 우리에게 제시된다면 이는 다른 내용의 이야기가 될 것임	·········	예시 2

친절한 오답 풀이

오답 선택지	선택률	오답 이유
① 우리는 새로운 누군가에게 공감할 것이다.	8%	같은 사건을 다른 인물의 눈을 통해 볼 때의 반응에 해당하므로, 글의 흐름과 어울린다.
② 이야기의 핵심인 갈등이 발생할 때, 우리는 다른 결과를 간절히 바랄 것이다.	11%	이야기의 관점이 바뀌게 되면 우리는 다른 결과를 원하게 될 것이라는 내용이므로, 글의 흐름과 어울린다.
③ 예를 들어, 신데렐라 이야기가 사악한 의붓언니의 관점에서 이야기된다면 어떻게 바뀔지 생각해 보라.	7%	신데렐라 이야기가 사악한 의붓언니의 관점에서 서술된다면, 이야기의 내용이 바뀔 것이라는 예시이므로, 글의 흐름과 어울린다.
⑤ 〈바람과 함께 사라지다〉는 스칼렛 오하라의 이야기이지만, 만약 같은 사건이 레트 버틀러나 멜라니 윌크스의 관점에서 우리에게 제시된다면 어떠할 것인가?	9%	〈바람과 함께 사라지다〉를 예로 들어, 주인공이 아닌 다른 인물의 관점에서 말해진다면 이야기의 내용이 달라질 것이라는 내용이므로, 글의 흐름과 어울린다.

06 정답 ④ 정답률 62%

정답 풀이

전염병의 확산은 도시가 작동하는 방식과 밀접하게 연관되어 있는데, 도시는 회복력이 있어 많은 도시가 과거에 전염병을 경험했지만, 살아남았을 뿐만 아니라 발전했다는 내용의 글이므로, 재건 노력에도 불구하고 도시가 쇠퇴했고 많은 사람이 떠나기 시작했다고 언급하는 ④는 글의 흐름과 무관하다.

친절한 지문분석

Health and the spread of disease / are very closely linked /
건강과 질병의 확산은 / 매우 밀접하게 연관되어 있다 / 주어 / 동사(수동태)

to [how we live] / and [how our cities operate]. The good news is /
우리가 어떻게 사느냐에 / 그리고 우리 도시가 어떻게 작동하느냐에 / 좋은 소식은 ~이다 / 의문사절 / 의문사절

[that cities are incredibly resilient]. Many cities have experienced
도시가 엄청나게 회복력이 있다는 것이다 / 많은 도시는 전염병을 / 보어절 / 현재완료(경험)

epidemics / in the past / and have not only survived, /
경험했다 / 과거에 / 그리고 살아남았을 뿐만 아니라 / (have) / 현재완료(경험) / not only A but (also) B: A뿐만 아니라 B도

but advanced. The nineteenth and early-twentieth centuries
발전했다 / 19세기와 20세기 초는 / 현재완료(경험) / 주어

saw / destructive outbreaks of cholera, typhoid, and influenza /
목격했다 / 콜레라와 장티푸스, 독감의 파괴적인 창궐을 / 동사

in European cities. Doctors / such as Jon Snow, from England, /
유럽의 도시들에서 / 의사들은 / 영국 출신의 Jon Snow와 같은 / 주어 / ~와 같은

and Rudolf Virchow, of Germany, / saw the connection /
독일의 Rudolf Virchow(와 같은) / 연관성을 알게 되었다 / 동사

between poor living conditions, overcrowding, sanitation, and
열악한 주거 환경, 인구 과밀, 위생과 질병의 / between A and B: A와 B 사이에

disease. A recognition of this connection led / to the replanning
이 연관성에 대한 인식은 이어졌다 / 도시 재계획과

and rebuilding of cities / to stop the spread of epidemics. In
재건축으로 / 전염병의 확산을 막기 위한 / to부정사의 형용사적 용법

spite of reconstruction efforts, / cities declined in many areas /
재건 노력에도 불구하고 / 도시는 많은 지역에서 쇠퇴했다 / ~에도 불구하고

and many people started to leave. In the mid-nineteenth century, /
그리고 많은 사람이 떠나기 시작했다 / 19세기 중반에 / start to-v[v-ing]: ~하기 시작하다

London's pioneering sewer system, / [which still serves it today], /
런던의 선구적인 하수 처리 시스템은 / 오늘날까지도 사용되고 있는 / 주어 / 주격 관계대명사절(계속적 용법) = London

was built / as a result [of understanding the importance of clean
만들어졌다 / 깨끗한 물의 중요성을 이해하는 결과로 / 동사(수동태) / ~로서(전치사) / 전치사구(형용사구)

water / {in stopping the spread of cholera}].
콜레라의 확산을 막는 데
전치사구(부사구)

지문 해석

건강과 질병의 확산은 우리가 어떻게 살고 우리의 도시가 어떻게 작동하느냐에 매우 밀접하게 연관되어 있다. 좋은 소식은 도시가 엄청나게 회복력이 있다는 것이다. 많은 도시는 과거에 전염병을 경험했고 살아남았을 뿐만 아니라 발전했다. 19세기와 20세기 초 유럽의 도시들은 콜레라와 장티푸스, 독감의 파괴적인 창궐을 목격했다. 영국 출신의 Jon Snow와 독일의 Rudolf Virchow와 같은 의사들은 열악한 주거 환경, 인구 과밀, 위생과 질병의 연관성을 알게 되었다. 이 연관성에 대한 인식은 전염병의 확산을 막기 위한 도시 재계획과 재건축으로 이어졌다. (재건 노력에도 불구하고 도시는 많은 지역에서 쇠퇴했고 많은 사람이 떠나기 시작했다.) 19세기 중반에, 오늘날까지도 사용되고 있는 런던의 선구적인 하수 처리 시스템은 깨끗한 물이 콜레라의 확산을 막을 수 있다는 점에서 중요하다는 이해의 결과로 만들어졌다.

지문 흐름

건강과 질병의 확산은 우리가 어떻게 살고 도시가 어떻게 작동하느냐와 밀접하게 연관되어 있음	주제
↓	
도시는 회복력이 있어서, 많은 도시는 과거에 전염병을 경험했으나 살아남았을 뿐만 아니라 발전했음	전개
↓	
19세기와 20세기 초 유럽의 도시들은 콜레라, 장티푸스, 독감의 창궐을 목격했고 의사들은 열악한 주거 환경, 인구 과밀, 위생과 질병의 연관성을 알게 됨	예시 1
↓	
이 연관성에 대한 인식은 전염병의 확산을 막기 위한 도시 재계획과 재건축으로 이어짐	결과
↓	
재건 노력에도 불구하고 도시는 많은 지역에서 쇠퇴했고 많은 사람이 떠나기 시작함	무관한 내용
↓	
19세기 중반에, 오늘날까지도 사용되고 있는 런던의 하수 처리 시스템은 깨끗한 물이 콜레라의 확산을 막을 수 있다는 이해의 결과로 만들어짐	예시 2

친절한 오답 풀이

오답 선택지	선택률	오답 이유
① 19세기와 20세기 초 유럽의 도시들은 콜레라, 장티푸스, 독감의 파괴적인 창궐을 목격했다.	4%	과거 도시에 전염병이 발생한 예시를 들고 있으므로, 글의 흐름과 어울린다.
② 영국 출신의 Jon Snow와 독일의 Rudolf Virchow와 같은 의사들은 열악한 주거 환경, 인구 과밀, 위생과 질병의 연관성을 알게 되었다.	13%	전염병과 도시 환경의 연관성을 알게 되었다는 내용이므로, 글의 흐름과 어울린다.
③ 이 연관성에 대한 인식은 전염병의 확산을 막기 위한 도시 재계획과 재건축으로 이어졌다.	11%	전염병과 도시 환경이 연관되어 있으므로 이를 막기 위해 도시를 다시 계획하고 건축한다는 내용이므로, 글의 흐름과 어울린다.
⑤ 19세기 중반에, 오늘날까지도 사용되고 있는 런던의 선구적인 하수 처리 시스템은 깨끗한 물이 콜레라의 확산을 막을 수 있다는 점에서 중요하다는 이해의 결과로 만들어졌다.	8%	전염병 확산을 막기 위한 도시 재계획과 재건축의 예로 런던의 하수 처리 시스템에 대해 설명하고 있으므로, 글의 흐름과 어울린다.

14 요약문

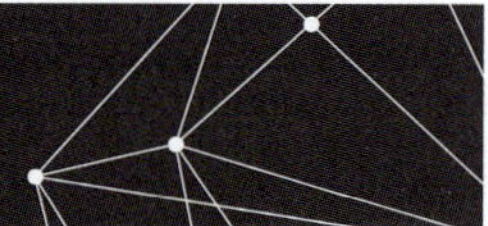

코드 접속하기

pp.143~146

Q1 ① Q2 ① Q3 ① Q4 ③

Q1

정답 ① 정답률 56%

정답 풀이

common blackberry는 뿌리를 통해 망가니즈를 깊은 층에서 얕은 층으로 이동시켜 재분배하고, 망가니즈를 흡수해 잎에 저장하면 잎이 떨어져 주변 토양을 오염시킨다고 했으므로, (A)에는 increase(증가시키다), (B)에는 deadly(치명적인)가 들어가는 것이 적절하다.

친절한 지문분석

The common blackberry (*Rubus allegheniensis*) has an amazing
common blackberry(*Rubus allegheniensis*)는 놀라운 능력이 있다

ability / [to move manganese / from one layer of soil to another /
망가니즈를 옮기는 / 토양의 한 층에서 다른 층으로
to부정사의 형용사적 용법 / from A to B: A에서 B로

using its roots]. This may seem like a funny talent / for a plant
뿌리를 이용하여 / 이것은 기이한 재능처럼 보일 수도 있다 / 식물이
의미상 주어

to have, / but it all becomes clear / [when you realize the effect /
가지기에는 / 하지만 전부 명확해진다 / 영향을 깨닫고 나면
to부정사의 형용사적 용법 / 시간의 부사절

{it has on nearby plants}]. Manganese can be very harmful
그것이 근처의 식물에 미치는 / 망가니즈는 식물에 매우 해로울 수 있다
(that) 목적격 관계대명사절

to plants, / especially at high concentrations. Common blackberry
특히 고농도일 때 / common blackberry는

is unaffected / by damaging effects of this metal / and has evolved
영향을 받지 않는다 / 이 금속 원소의 해로운 효과에 / 그리고 망가니즈를
동사 1(수동태) / 동사 2(현재완료)

two different ways of using manganese / to its advantage. First, it
사용하는 두 가지 다른 방법을 발달시켰다 / 자신에게 유리하게 / 첫째로
to one's advantage: ~에게 유리하게

redistributes manganese / from deeper soil layers to shallow soil
그것은 망가니즈를 재분배한다 / 깊은 토양층으로부터 얕은 토양층으로

layers / using its roots as a small pipe. Second, it absorbs
뿌리를 작은 관으로 사용하여 / 둘째로 그것은 망가니즈를
분사구문(동시동작)

manganese / [as it grows], / [concentrating the metal in its leaves].
흡수한다 / 성장하면서 / 금속 원소를 잎에 농축하면서
시간의 부사절 / 분사구문(동시동작)

[When the leaves drop and decay], / their concentrated
잎이 떨어지고 부패할 때 / 그것의 농축된
시간의 부사절

manganese deposits further poison the soil / around the plant.
망가니즈 축적물은 토양은 더욱 오염시킨다 / 그 식물 주변의

For plants / [that are not immune / to the toxic effects of
식물에게 / 면역이 없는 / 망가니즈의 유독한 영향에
주격 관계대명사절

manganese], / this is very bad news. Essentially, the common
이것은 매우 나쁜 소식이다 / 본질적으로 common blackberry는

blackberry eliminates competition / by poisoning its neighbors /
경쟁을 제거한다 / 그것의 이웃을 중독시킴으로써
by v-ing: ~함으로써

with heavy metals.
중금속으로

→ The common blackberry has an ability / [to increase the amount
common blackberry는 능력이 있다 망가니즈의 양을
to부정사의 형용사적 용법

of manganese / in the surrounding upper soil], / [which makes the
증가시키는 주변의 위쪽 토양의 그것은 근처의
주격 관계대명사절(계속적 용법)

nearby soil quite deadly / for other plants].
토양이 치명적이게 만든다 다른 식물에게

지문 해석

common blackberry(*Rubus allegheniensis*)는 뿌리를 이용하여 토양의 한 층에서 다른 층으로 망가니즈를 옮기는 놀라운 능력이 있다. 이것은 식물이 가지기에는 기이한 재능처럼 보일 수도 있지만, 그것이 근처의 식물에 미치는 영향을 깨닫고 나면 전부 명확해진다. 망가니즈는 식물에 매우 해로울 수 있으며, 특히 고농도일 때 그렇다. common blackberry는 이 금속 원소의 해로운 효과에 영향을 받지 않으며, 망가니즈를 자신에게 유리하게 사용하는 두 가지 다른 방법을 발달시켰다. 첫째로, 그것은 뿌리를 작은 관으로 사용하여 망가니즈를 깊은 토양층으로부터 얕은 토양층으로 재분배한다. 둘째로, 그것은 성장하면서 망가니즈를 흡수하여 그 금속 원소를 잎에 농축한다. 잎이 떨어지고 부패할 때, 그것의 농축된 망가니즈 축적물은 그 식물 주변의 토양을 독성 물질로 더욱 오염시킨다. 망가니즈의 유독한 영향에 면역이 없는 식물에게 이것은 매우 나쁜 소식이다. 본질적으로, common blackberry는 중금속으로 그것의 이웃을 중독시켜 경쟁자를 제거한다.

→ common blackberry는 주변의 위쪽 토양의 망가니즈의 양을 (A) 증가시키는 능력이 있는데, 그것은 근처의 토양이 다른 식물에게 (B) 치명적이게 만든다.

지문 흐름

common blackberry는 뿌리를 이용해 토양의 망가니즈를 다른 층으로 옮기는 능력이 있음	도입
이는 기이해 보일 수 있지만 그것이 근처 식물에 미치는 영향을 알면 전부 명확해짐	전개
망가니즈는 식물에 매우 해로울 수 있으나 common blackberry는 이러한 영향을 받지 않고 망가니즈를 유리하게 사용하는 두 가지 방법을 발달시킴	주제
첫째로, 그것은 뿌리를 사용해 망가니즈를 깊은 토양층으로부터 얕은 토양층으로 재분배함	상술 1
둘째로, 성장하면서 망가니즈를 흡수해 잎에 농축하며, 잎이 떨어지고 부패할 때 농축된 망가니즈 축적물이 주변 토양을 독성 물질로 오염시키며, 이는 망가니즈에 면역이 없는 식물에게 매우 나쁜 소식임	상술 2
본질적으로, common blackberry는 중금속으로 이웃 식물을 중독시켜 경쟁자를 제거함	주제 재진술

친절한 오답 풀이

오답 선택지	선택률	오답 이유
② (A) 증가시키다 (B) 이로운	17%	망가니즈는 다른 식물들에게 해로울 수 있다고 했으므로, 망가니즈 양이 증가한 근처 토양이 다른 식물에게 이롭다는(advantageous) 것은 지문의 내용과 상반된다.
③ (A) 나타내다 (B) 영양분이 많은	7%	common blackberry가 위쪽 토양의 망가니즈 양을 나타낸다는(indicate) 것은 언급되지 않았으며, 망가니즈 양을 가리키는 것이 근처 토양을 영양분이 많게(nutritious) 해준다는 것은 지문과 무관하다.
④ (A) 줄이다 (B) 건조한	12%	common blackberry가 위쪽 토양의 망가니즈 양을 줄인다는(reduce) 것은 지문의 내용과 상반되며, 이것이 근처 토양을 건조하게(dry) 해준다는 내용은 언급되지 않았다.
⑤ (A) 줄이다 (B) 따뜻한	7%	common blackberry가 위쪽 토양의 망가니즈 양을 줄인다는(reduce) 것은 지문의 내용과 상반되며, 이것이 근처 토양을 따뜻하게(warm) 해준다는 내용은 언급되지 않았다.

Q2 정답 ① 정답률 69%

정답 풀이

논리적 사고는 익숙한 문제를 해결하는 데 유용하지만, 새로운 문제를 다룸에 있어서는 기존의 논리적 · 선형적 사고에서 벗어나 창의적으로 생각해야 한다는 내용이므로, (A)에는 logical(논리적인), (B)에는 innovative(혁신적인)가 들어가는 것이 적절하다.

친절한 지문분석

In the course of trying to solve a problem with an invention, / you
어떤 발명품이 가진 문제를 해결하려고 하는 과정에서

may encounter a brick wall of resistance / [when you try to think
여러분은 저항이라는 벽돌 벽에 맞닥뜨릴지도 모른다 여러분이 문제를 논리적으로 생각해
시간의 부사절

your way logically through the problem]. Such logical thinking is
나가려고 애쓸 때 그러한 논리적 사고는 선형적

a linear type of process, / [which uses our reasoning skills]. This
과정으로 우리의 추론 능력을 활용한다 이는
주격 관계대명사절(계속적 용법)

works fine / [when we're operating in the area of {what we know
잘 작동한다 우리가 알고 있거나 경험해 본 영역에서 작업할 때
시간의 부사절 관계대명사절

or have experienced}]. However, / [when we need to deal with
그러나 우리가 새로운 정보, 아이디어, 관점을
시간의 부사절

new information, ideas, and viewpoints], / linear thinking will
다뤄야 할 때 선형적 사고로는 흔히 충분하지

often come up short. On the other hand, / creativity by definition
않을 것이다 반면 창의성은 정의상 포함한다

involves / the application of new information to old problems / and
기존 문제에 대한 새로운 정보의 적용을 그리고
목적어 1

the conception of new viewpoints and ideas. For this / you will be
새로운 관점과 아이디어의 구상을 이를 위해서 여러분은 가장
목적어 2(병렬구조)

most effective / [if you learn to operate in a nonlinear manner]; /
효과적이 될 것이다 여러분이 비선형적 방식으로 작업하는 법을 배운다면
조건의 부사절

that is, / use your creative brain. Stated differently, / [if you think
즉 창의적인 뇌를 사용하는 (법을 배운다면) 다시 말해 여러분이 선형적인
조건의 부사절

in a linear manner], / you'll tend to be conservative / and keep
방식으로 사고하면 여러분은 보수적으로 될 것이다 그리고
동사 1 동사 2(병렬구조)

coming up with techniques / [which are already known]. This, /
기술을 계속 떠올리려 (할 것이다) 이미 알려진 이것은
주격 관계대명사절

of course, / is just [what you don't want].
물론 여러분이 원하지 않는 바로 그것이다
관계대명사절

→ Logical thinking works well with familiar problems / but falls
논리적 사고는 익숙한 문제에서는 잘 작동한다 하지만 새로운
동사 1 동사 2(병렬구조)

short in dealing with new ideas, / [for which creative thinking is
아이디어를 다루는 데에는 불충분한데 이를 위해서는 창의적 사고가 필요하다
전치사+관계대명사

needed / to come up with innovative solutions].
혁신적인 해결책을 생각해내는 데
to부정사의 부사적 용법(목적)

지문 해석

어떤 발명품이 가진 문제를 해결하려고 하는 과정에서, 여러분이 문제를 논리적으로 생각해 나가려고 애쓸 때 저항이라는 벽돌 벽에 맞닥뜨릴지도 모른다. 그러한 논리적 사고는 선형적 과정으로, 우리의 추론 능력을 활용한다. 이는 우리가 알고 있거나 경험해 본 영역에서 작업할 때는 잘 작동한다. 그러나 우리가 새로운 정보, 아이디어, 관점을 다뤄야 할 때 선형

적 사고로는 흔히 충분하지 않을 것이다. 반면, 창의성은 정의상 기존 문제에 대한 새로운 정보의 적용과 새로운 관점과 아이디어의 구상을 포함한다. 이를 위해서 여러분이 비선형적 방식으로 작업하는 법, 즉, 창의적인 뇌를 사용하는 법을 배운다면 여러분은 가장 효과적이 될 것이다. 다시 말해, 여러분이 선형적인 방식으로 사고하면, 보수적으로 되고 이미 알려진 기술을 계속 떠올리려 할 것이다. 이것이 물론 여러분이 원하지 않는 바로 그것이다.

→ (A) 논리적인 사고는 익숙한 문제에서는 잘 작동하지만, 새로운 아이디어를 다루는 데에는 불충분한데, 이를 위해서는 창의적 사고가 (B) 혁신적인 해결책을 생각해내는 데 필요하다.

지문 흐름

어떤 발명품의 문제를 해결하려 할 때 논리적 사고로는 벽에 부딪힐 수 있음	········	도입
↓		
익숙한 문제에는 논리적 사고가 유용하지만 새로운 정보나 관점을 다룰 때는 한계가 있음	········	전개
↓		
창의성은 새로운 관점을 요구하므로, 비선형적 사고 방식이 더 효과적임	········	대조
↓		
선형적으로만 사고하면 기존의 방식만 반복하게 되어 창의성을 발휘할 수 없음	········	결론

친절한 오답 풀이

오답 선택지	선택률	오답 이유
② (A) 유연한 (B) 즉각적인	4%	유연한(flexible) 사고가 익숙한 문제에서 잘 작동한다는 것은 글의 내용과 반대되며, 창의적 사고가 즉각적인(instant) 해결책을 생각해내는 데 필요하다는 내용은 언급되지 않았다.
③ (A) 논리적인 (B) 증명된	12%	논리적(logical) 사고가 익숙한 문제에서 잘 작동한다는 것은 맞지만, 창의적 사고가 증명된(proven) 해결책을 생각해내는 데 필요하다는 것은 글의 내용과 무관하다.
④ (A) 유연한 (B) 우수한	3%	유연한(flexible) 사고가 익숙한 문제에서 잘 작동한다는 것은 글의 내용과 반대된다.
⑤ (A) 논리적인 (B) 공동의	12%	논리적(logical) 사고가 익숙한 문제에서 잘 작동한다는 것은 맞지만, 창의적 사고가 공동의(collaborative) 해결책을 생각해내는 데 필요하다는 것은 글의 내용과 무관하다.

Q3 정답 ① 정답률 66%

정답 풀이

음악이 감정을 표현하는 두 가지 방법에 대한 글로, 우리가 음악을 문화적으로 학습된 연관을 통해서 이해하거나, 음악과 감정 사이의 유사한 연결 고리에 의해서 이해한다는 내용이므로, (A)에는 culturally(문화적으로), (B)에는 similarity(유사성)가 들어가는 것이 적절하다.

친절한 지문분석

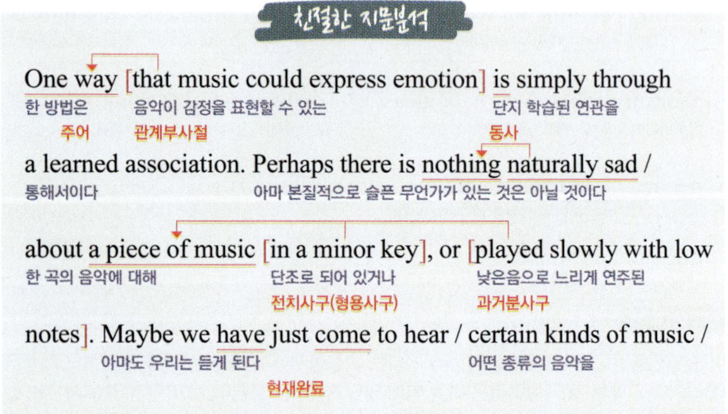

One way [that music could express emotion] is simply through
한 방법은 / 음악이 감정을 표현할 수 있는 / 단지 학습된 연관을
주어 / 관계부사절 / 동사

a learned association. Perhaps there is nothing naturally sad /
통해서이다 / 아마 본질적으로 슬픈 무언가가 있는 것은 아닐 것이다

about a piece of music [in a minor key], or [played slowly with low
한 곡의 음악에 대해 / 단조로 되어 있거나 / 낮은음으로 느리게 연주된
전치사구(형용사구) / 과거분사구

notes]. Maybe we have just come to hear / certain kinds of music /
아마도 우리는 듣게 된다 / 어떤 종류의 음악을
현재완료

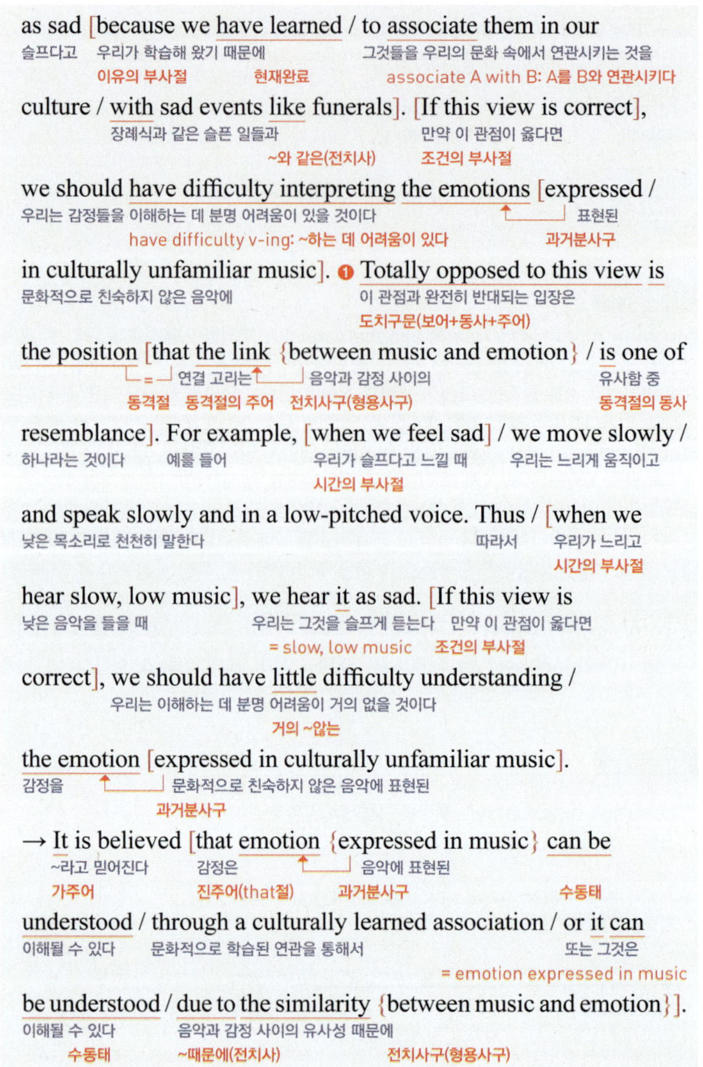

as sad [because we have learned / to associate them in our
슬프다고 / 우리가 학습해 왔기 때문에 / 그것들을 우리의 문화 속에서 연관시키는 것을
이유의 부사절 / 현재완료 / associate A with B: A를 B와 연관시키다

culture / with sad events like funerals]. [If this view is correct],
장례식과 같은 슬픈 일들과 / 만약 이 관점이 옳다면
~와 같은(전치사) / 조건의 부사절

we should have difficulty interpreting the emotions [expressed /
우리는 감정들을 이해하는 데 분명 어려움이 있을 것이다 / 표현된
have difficulty v-ing: ~하는 데 어려움이 있다 / 과거분사구

in culturally unfamiliar music]. ❶ Totally opposed to this view is
문화적으로 친숙하지 않은 음악에 / 이 관점과 완전히 반대되는 입장은
도치구문(보어+동사+주어)

the position [that the link {between music and emotion} / is one of
= 연결 고리는 / 음악과 감정 사이의 / 유사함 중
동격절 / 동격절의 주어 / 전치사구(형용사구) / 동격절의 동사

resemblance]. For example, [when we feel sad] / we move slowly /
하나라는 것이다 / 예를 들어 / 우리가 슬프다고 느낄 때 / 우리는 느리게 움직이고
시간의 부사절

and speak slowly and in a low-pitched voice. Thus / [when we
낮은 목소리로 천천히 말한다 / 따라서 / 우리가 느리고
시간의 부사절

hear slow, low music], we hear it as sad. [If this view is
낮은 음악을 들을 때 / 우리는 그것을 슬프게 듣는다 / 만약 이 관점이 옳다면
= slow, low music / 조건의 부사절

correct], we should have little difficulty understanding /
우리는 이해하는 데 분명 어려움이 거의 없을 것이다
거의 ~않는

the emotion [expressed in culturally unfamiliar music].
감정을 / 문화적으로 친숙하지 않은 음악에 표현된
과거분사구

→ It is believed [that emotion {expressed in music} can be
~라고 믿어진다 / 감정은 / 음악에 표현된
가주어 / 진주어(that절) / 과거분사구 / 수동태

understood / through a culturally learned association / or it can
이해될 수 있다 / 문화적으로 학습된 연관을 통해서 / 또는 그것은
= emotion expressed in music

be understood / due to the similarity {between music and emotion}].
이해될 수 있다 / 음악과 감정 사이의 유사성 때문에
수동태 / ~때문에(전치사) / 전치사구(형용사구)

❶ 보어로 쓰인 형용사구 Totally opposed to this view가 강조되어 문장 맨 앞으로 오면서 주어와 동사의 순서가 바뀌는 도치가 일어난 구문으로, 「보어+동사+주어」의 어순을 취한다.

지문 해석

음악이 감정을 표현할 수 있는 한 방법은 단지 학습된 연관을 통해서이다. 아마 단조로 되어 있거나 낮은음으로 느리게 연주된 음악 한 곡에 대해 본질적으로 슬픈 무언가가 있는 것은 아닐 것이다. 우리가 어떤 종류의 음악을 슬프다고 듣게 되는 것은 아마도 우리가 우리 문화 속에서 그것들을 장례식과 같은 슬픈 일들과 연관시키는 것을 학습해 왔기 때문일 것이다. 만약 이 관점이 옳다면, 우리는 문화적으로 친숙하지 않은 음악에 표현된 감정들을 이해하는 데 분명 어려움이 있을 것이다. 이 관점과 완전히 반대되는 입장은 음악과 감정 사이의 연결 고리는 유사함 중 하나라는 것이다. 예를 들어, 우리는 슬프다고 느낄 때, 느리게 움직이고 낮은 목소리로 천천히 말한다. 따라서 우리가 느리고 음이 낮은 음악을 들을 때, 우리는 그것을 슬프게 듣는다. 만약 이 관점이 옳다면, 우리는 문화적으로 친숙하지 않은 음악에 표현된 감정을 이해하는 데 분명 어려움이 거의 없을 것이다.

→ 음악에 표현된 감정은 (A) 문화적으로 학습된 연관을 통해서 이해될 수 있거나, 음악과 감정 사이의 (B) 유사성 때문에 이해될 수 있다고 믿어진다.

지문 흐름

음악이 감정을 표현할 수 있는 한 방법은 학습된 연관을 통해서임 ········ 관점 1

⬇

단조나 낮은음으로 느리게 연주된 음악에 대해 본질적으로 슬픈 무언가가 있는 것은 아니라, 우리가 우리의 문화 속에서 그것들을 슬픈 일들과 연관시키는 것을 학습해 왔기 때문임 ········ 상술

⬇

만약 이 관점이 옳다면, 우리는 문화적으로 친숙하지 않은 음악에 표현된 감정들을 이해하는 데 분명 어려움이 있을 것임 ········ 부연

⬇

이 관점과 완전히 반대되는 입장은 음악과 감정 사이의 유사함이라는 연결 고리가 있다는 것임 ········ 관점 2

⬇

예를 들어, 슬프다고 느낄 때 우리는 느리게 움직이고 낮은 목소리로 천천히 말하므로, 우리가 느리고 낮은 음의 음악을 들을 때 그것을 슬프게 들음 ········ 예시

⬇

만약 이 관점이 옳다면, 우리는 문화적으로 친숙하지 않은 음악에 표현된 감정을 이해하는 데 분명 어려움이 거의 없을 것임 ········ 부연

친절한 오답 풀이

오답 선택지	선택률	오답 이유
② (A) 문화적으로 (B) 균형	13%	음악을 문화적으로(culturally) 학습된 연관을 통해 이해한다는 내용은 맞지만, 음악과 감정 사이의 균형(balance) 때문에 이해한다는 것은 글의 내용과 무관하다.
③ (A) 사회적으로 (B) 차이	5%	음악을 사회적으로(socially) 학습된 연관을 통해 이해한다는 내용은 언급되지 않았으며, 음악과 감정 사이의 차이(difference) 때문에 이해한다는 것은 글의 내용과 반대된다.
④ (A) 부정확하게 (B) 연결	10%	음악과 감정 사이의 연결(connection) 때문에 이해한다는 내용은 맞지만, 음악을 부정확하게(incorrectly) 학습된 연관을 통해 이해한다는 것은 글의 내용과 무관하다.
⑤ (A) 부정확하게 (B) 대조	4%	음악을 부정확하게(incorrectly) 학습된 연관을 통해 이해한다는 것은 글의 내용과 무관하며, 음악과 감정 사이의 대조(contrast) 때문에 이해한다는 것은 글의 내용과 반대된다.

Q4

정답 ③ 정답률 68%

정답 풀이

연구에 따르면 권위적인 양육 방식에 노출된 아이들은 실패를 덜 두려워하고 부모가 학교 활동에 관여하고자 적극적으로 노력하기 때문에 학습을 더 잘한다는 내용이므로, (A)에는 willing(기꺼이 ~하는), (B)에는 active(적극적인)가 들어가는 것이 적절하다.

친절한 지문분석

According to a study of Swedish adolescents, / an important factor
스웨덴 청소년들에 대한 연구에 따르면 청소년들의 학문적

of adolescents' academic success / is [how they respond to
성공의 중요한 요인은 그들이 어려움에 반응하는
보어절(의문사절)

challenges]. The study reports / [that {when facing difficulties},
방식이다 이 연구는 보고한다 어려움을 직면했을 때
목적절 접속사+분사구문

adolescents {exposed to an authoritative parenting style} / are less
권위가 있는 양육 방식에 노출된 청소년들은
과거분사구

likely to be passive, helpless, and afraid to fail]. Another study /
덜 수동적이고 덜 무기력하며 실패를 덜 두려워할 가능성이 크다고 또 다른 연구는
be likely to-v: ~할 가능성이 크다

[of nine high schools in Wisconsin and northern California] /
Wisconsin과 northern California의 9개 고교에서 진행된
전치사구(형용사구)

indicates / [that children of authoritative parents do well in school, /
밝힌다 권위가 있는 부모들의 아이들이 학습을 잘 한다고
목적절

{because these parents put a lot of effort / into getting involved
이러한 부모들이 많은 노력을 기울이기 때문에 아이들의 학교 활동에
이유의 부사절

in their children's school activities}]. That is, authoritative parents
관여하는 데 즉, 권위가 있는 부모들은

are significantly more likely / to help their children with homework, /
가능성이 훨씬 더 크다 아이들의 숙제를 도와줄
be likely to-v: ~할 가능성이 크다 to부정사 1

to attend school programs, / to watch their children in sports, /
학교 프로그램에 참여할 스포츠에 참여하는 아이들을 지켜볼
to부정사 2 to부정사 3

and to help students select courses. Moreover, these parents are
아이들의 과목 선택을 도와줄 게다가 이러한 부모들은 더 잘
to부정사 4 (병렬구조)

more aware of / [what their children do] / and [how they perform
인지하고 있다 그들의 아이들이 무엇을 하는지 그리고 그들이 학교에서 어떻게 수행하는지
be aware of: ~을 알다 의문사절 1 의문사절 2

in school]. Finally, authoritative parents praise / academic excellence
마지막으로 권위가 있는 부모들은 칭찬한다 학문적 탁월함과

and the importance of working hard / more than other parents do.
근면함의 중요성을 다른 부모들에 비해 더 많이
대동사(= praise academic ... working hard)

→ The studies above show / [that the children of authoritative
위 연구는 보여준다 권위가 있는 부모의 아이들이
목적절

parents / often succeed academically, / {since they are more
흔히 학업적으로 성공한다는 것을 그들이 어려움에 더 기꺼이
이유의 부사절 동사 1(be willing to-v: 기꺼이 ~하다)

willing to deal with their difficulties / and are affected / by their
대처하려 하기 때문에 그리고 영향을 받기 때문에 그들의
동사 2(수동태)

parents' active involvement}].
부모들의 적극적인 관여에

지문 해석

스웨덴 청소년들에 대한 연구에 따르면, 청소년들의 학문적 성공의 중요한 요인은 그들이 어려움에 반응하는 방식이다. 이 연구는, 어려움을 직면했을 때, 권위가 있는 양육 방식에 노출된 청소년들은 덜 수동적이고, 덜 무기력하며, 실패를 덜 두려워할 가능성이 크다고 보고하고 있다. Wisconsin과 northern California의 9개 고교에서 진행된 또 다른 연구는 권위가 있는 부모들의 아이들이 학습을 잘 하는데, 그 이유는 이러한 부모들이 아이들의 학교 활동에 관여하고자 많은 노력을 기울이기 때문이라고 밝히고 있다. 즉, 권위가 있는 부모들은 아이들의 숙제를 도와주고, 학교 프로그램에 참여하며, 스포츠에 참여하는 아이들을 지켜보고, 아이들의 과목 선택을 도와줄 가능성이 훨씬 더 크다. 게다가, 이러한 부모들은 그들의 아이들이 학교에서 무엇을 하고 있는지와 어떻게 수행하는지에 대해 더 잘 인지하고 있다. 마지막으로, 권위가 있는 부모들은 다른 부모들에 비해 학문적 탁월함과 근면함의 중요성을 더 많이 칭찬한다.

→ 위 연구는 권위가 있는 부모의 아이들이 어려움에 더 (A) 기꺼이 대처하려 하며, 그 부모들의 (B) 적극적인 관여에 영향을 받기 때문에 학업 성취가 좋다는 것을 보여준다.

지문 흐름

스웨덴 청소년 연구에 따르면, 청소년들의 학문적 성공의 중요 요인은 어려움에 반응하는 방식임	········	연구 1
이 연구에 따르면, 권위 있는 양육 방식에 노출된 청소년들이 어려움에 직면했을 때 덜 수동적이고, 덜 무기력하며, 실패를 더 두려워했음	········	상술
또 다른 연구에 따르면, 권위 있는 부모의 아이들이 학습을 잘하며, 그 이유는 학교 활동에 대한 부모의 적극적 관여 때문임	········	연구 2
권위 있는 부모는 숙제를 도와주고, 학교 프로그램에 참여하며, 아이들의 스포츠 참여를 지켜보고, 과목 선택을 도와줄 가능성이 훨씬 더 큼	········	상술 1
게다가, 이러한 부모들은 아이들이 학교에서 하는 일과 수행 방식에 대해 더 잘 인지하고 있음	········	상술 2
마지막으로, 권위 있는 부모들은 다른 부모들에 비해 학문적 탁월함과 근면의 중요성을 더 많이 칭찬함	········	상술 3

친절한 오답 풀이

오답 선택지	선택률	오답 이유
① (A) ~할 것 같은 (B) 임의적인	5%	권위 있는 부모들은 아이들의 학교 활동에 적극적으로 관여한다고 했으므로, 부모들의 임의적인(random) 관여로 학업 성취가 좋다는 것은 글의 내용과 상반된다.
② (A) 기꺼이 ~하는 (B) 최소한의	6%	권위 있는 부모들은 아이들의 학교 활동에 적극적으로 관여한다고 했으므로, 부모들의 최소한의(minimal) 관여로 학업 성취가 좋다는 것은 글의 내용과 상반된다.
④ (A) 망설이는 (B) 원치 않는	7%	권위 있는 부모의 아이들이 어려움에 대처하기를 더 망설인다는(hesitant) 것은 글의 내용과 상반되며, 그 부모들의 원치 않는(unwanted) 관여로 학업 성취가 좋다는 것은 글의 내용과 상반된다.
⑤ (A) 망설이는 (B) 지속적인	14%	권위 있는 부모의 아이들이 어려움에 대처하기를 더 망설인다는(hesitant) 것은 글의 내용과 상반된다.

코드 공략하기

pp.147~149

01 ① **02** ① **03** ② **04** ① **05** ③ **06** ②

01

정답 ① 정답률 65%

정답 풀이

우리 마음의 두 부분인 의식적 마음과 잠재의식적 마음에 대한 글로, 의식적 마음은 생각과 감정을 다루고, 잠재의식적 마음은 빠르게 작동하여 우리의 반응을 기록하고 이는 실제 두려움이 된다는 내용이므로, (A)에는 emotions(감정), (B)에는 forming(형성한다)이 들어가는 것이 적절하다.

친절한 지문분석

The mind has parts / [that are known as the conscious mind and
마음은 부분을 갖고 있다 / 의식적 마음과 잠재의식적 마음이라고 알려진
주격 관계대명사절 be known as: ~라고 알려져 있다

the subconscious mind]. The subconscious mind is very fast to act /
잠재의식적 마음은 매우 빠르게 작동한다
to부정사의 부사적 용법(형용사 수식)

and doesn't deal with emotions. It deals with memories of your
그리고 감정을 다루지 않는다 / 그것은 여러분의 삶에 대한 반응의 기억, 기억 및
목적어 1

responses to life, your memories and recognition. However, / the
인식을 다룬다 / 그러나
목적어 2 목적어 3(병렬구조)

conscious mind is the one / [that you have more control over].
의식적 마음은 부분이다 / 여러분이 더 많은 통제력을 갖고 있는
목적격 관계대명사절

You think. You can choose / whether to carry on a thought / or
여러분은 생각한다 / 여러분은 선택할 수 있다 / 생각을 계속할지 / 또는
whether to-v or to-v: ~일지 아니면 ~일지

to add emotion to it / and this is the part of your mind / [that lets
그 생각에 감정을 더할지를 / 그리고 이것은 마음의 부분이기도 하다 / 여러분을
= the thought 주격 관계대명사절

you down frequently] / [because / — fueled by emotions / — you
빈번하게 낙담시키는 / 왜냐하면 / 감정에 북받쳐
이유의 부사절

make the wrong decisions / time and time again]. [When your
잘못된 결정을 내리게 만들기 (때문에) / 반복해서 / 감정에 의해 여러분의
시간의 부사절

judgment is clouded by emotions], / this puts in biases and all kinds
판단력이 흐려질 때 / 이것은 편견과 그 밖의 모든 종류의 부정성을
수동태

of other negativities / [that hold you back]. Scared of spiders?
자리 잡게 만든다 / 여러분을 억제하는 / 거미를 무서워하는가
주격 관계대명사절

Scared of the dark? There are reasons for all of these fears, / but
어둠을 무서워하는가 / 이러한 두려움 전부 이유가 있다 / 하지만

they originate in the conscious mind. They only become real fears /
그것들은 의식적 마음에서 비롯된다 / 그것들은 오직 실제 두려움이 된다

[when the subconscious mind records your reactions].
잠재의식적 마음이 여러분의 반응을 기록할 때
시간의 부사절

→ [While the controllable conscious mind deals with thoughts
통제할 수 있는 의식적 마음은 생각과 감정을 다루지만
양보의 부사절

and emotions], / the fast-acting subconscious mind stores your
빠르게 작동하는 잠재의식적 마음이 여러분의 반응을 저장한다

responses, / [forming real fears].
이는 실제 두려움을 형성한다
분사구문(연속동작)

지문 해석

마음은 의식적 마음과 잠재의식적 마음이라고 알려진 부분을 갖고 있다. 잠재의식적 마음은 매우 빠르게 작동하며 감정을 다루지 않는다. 그것은 여러분의 삶에 대한 반응의 기억, 기억 및 인식을 다룬다. 그러나 의식적 마음은 여러분이 더 많은 통제력을 갖고 있는 부분이다. 여러분은 생각한다. 여러분은 생각을 계속할지 또는 그 생각에 감정을 더할지를 선택할 수 있다. 그리고 이것은 감정에 북받쳐 잘못된 결정을 반복해서 내리게 만들기 때문에 여러분을 빈번하게 낙담시키는 마음의 부분이기도 하다. 감정에 의해 여러분의 판단력이 흐려질 때 이것은 편견과 그 밖의 여러분을 억제하는 모든 종류의 부정성을 자리 잡게 만든다. 거미를 무서워하는가? 어둠을 무서워하는가? 이러한 두려움 전부 이유가 있지만 그것들은 의식적 마음에서 비롯된다. 그것들은 오직 잠재의식적 마음이 여러분의 반응을 기록할 때 실제 두려움이 된다.

→ 통제할 수 있는 의식적 마음은 생각과 (A) 감정을 다루지만, 빠르게 작동하는 잠재의식적 마음이 여러분의 반응을 저장하고, 이는 실제 두려움을 (B) 형성한다.

지문 흐름

마음에는 의식적 마음과 잠재의식적 마음이 있음	·········	도입
⬇		
잠재의식적 마음은 매우 빠르게 작동하며 감정을 다루지 않고, 삶에 대한 반응의 기억 및 인식 등을 다룸	·········	잠재의식적 마음의 역할
⬇		
의식적 마음은 더 많은 통제력을 갖고 있는 부분으로서, 생각을 계속할지 또는 그 생각에 감정을 더할지 선택할 수 있음	·········	의식적 마음의 역할
⬇		
감정에 북받쳐 잘못된 결정을 반복해서 내리게 만들고, 감정에 의해 판단력이 흐려질 때 편견과 모든 종류의 부정성이 자리 잡게 됨	·········	의식적 마음의 문제점
⬇		
두려움은 의식적 마음에서 비롯된 것이며, 잠재의식적 마음이 반응을 기록할 때 실제 두려움이 됨	·········	상술(두려움의 형성 과정)

친절한 오답 풀이

오답 선택지	선택률	오답 이유
② (A) 행동 (B) 극복한다	8%	의식적 마음이 생각과 행동(actions)을 다룬다는 내용은 언급되지 않았고, 잠재의식적 마음이 반응을 저장하고, 이는 실제 두려움을 극복한다(overcoming)는 것은 글의 내용과 상반된다.
③ (A) 감정 (B) 극복한다	22%	의식적 마음이 생각과 감정(emotions)을 다룬다는 내용은 맞지만, 잠재의식적 마음이 반응을 저장하고, 이는 실제 두려움을 극복한다(overcoming)는 것은 글의 내용과 상반된다.
④ (A) 행동 (B) 피한다	3%	의식적 마음이 생각과 행동(actions)을 다룬다는 내용은 언급되지 않았고, 잠재의식적 마음이 반응을 저장하고, 이는 실제 두려움을 피한다(avoiding)는 것은 글의 내용과 상반된다.
⑤ (A) 도덕성 (B) 형성한다	2%	의식적 마음이 생각과 도덕성(moralities)을 다룬다는 내용은 언급되지 않았다.

02 정답 ① 정답률 54%

정답 풀이

사람들이 예상에 맞는 의복이되 하나의 눈에 띄는 예외가 있는 것을 선호한다는 것을 발견한 연구에 대해 소개하고 있으므로, (A)에는 positively(긍정적으로), (B)에는 challenges(도전할)가 들어가는 것이 적절하다.

친절한 지문분석

It's not news to anyone / [that we judge others based on their clothes]. In general, / studies [that investigate these judgments] find / [that people prefer clothing / {that matches expectations} — surgeons in scrubs, little boys in blue — / with one notable exception]. A series of studies / [published in an article in June 2014 in the *Journal of Consumer Research*] / explored observers' reactions to people / [who broke established norms only slightly].

누구에게도 뉴스거리가 아니다 (가주어) / 우리가 다른 사람들을 그들의 의복을 보고 판단하는 것은 (진주어(명사절)) / 일반적으로 / 이러한 판단을 조사하는 연구는 발견한다 (주격 관계대명사절) / 사람들이 의복을 선호한다는 것을 (목적절) / 예상에 맞는 (주격 관계대명사절) / 부연 설명 / 수술복을 입은 외과 의사, 파란 옷을 입은 남자아이와 같이 / 하나의 눈에 띄는 예외가 있는 / 부연 설명 / 일련의 연구는 / 《Journal of Consumer Research》의 2014년 6월 기사에 실린 ((which[that] were)) / 사람들에 대한 관찰자들의 반응을 탐구했다 / 확립된 규범을 아주 약간 어긴 (주격 관계대명사절)

In one scenario, / a man [at a black-tie affair] / was viewed as having higher status and competence / [when wearing a red bow tie]. The researchers also found / [that valuing uniqueness increased / audience members' ratings of the status and competence of a professor / {who wore red sneakers while giving a lecture}].

한 시나리오에서는 / 정장 차림의 모임에서 한 남자가 (전치사구) / 더 높은 지위와 능력을 가진 것으로 보여졌다 / 빨간 나비넥타이를 맸을 때 (접속사+분사구문) / 연구자들은 또한 발견했다 / 독특함을 중시하는 것이 높였다는 것을 (목적절, 동명사) / 교수의 지위와 역량에 대한 청중들의 평가를 / 강의를 하는 동안 빨간 운동화를 신은 (주격 관계대명사절)

The results suggest / [that people judge these slight deviations from the norm as positive / because they suggest / {that the individual is powerful enough / to risk the social costs of such behaviors}].

그 결과들은 시사한다 / 사람들이 규범으로부터의 이러한 약간의 일탈들을 긍정적으로 판단한다는 것을 (목적절) / 왜냐하면 그것들은 시사하기 때문이다 / 그 사람이 충분히 강하다는 것을 (목적절) / 그러한 행동으로 인한 사회적 비용을 감수할 만큼 (형용사[부사]+enough to-v: ~할 만큼 충분히 …한[하게])

→ A series of studies show / [that people view an individual positively / {when the individual only slightly challenges the norm / for what people should wear}].

일련의 연구는 나타낸다 / 사람들이 그 사람을 긍정적으로 본다는 것을 (목적절) / 한 사람이 규범에 아주 약간 도전할 때 (시간의 부사절) / 사람들이 무엇을 착용해야 하는지에 대한

지문 해석

우리가 다른 사람들을 그들의 의복을 보고 판단하는 것은 누구에게도 뉴스거리가 아니다. 일반적으로, 이러한 판단을 조사하는 연구는 사람들이 수술복을 입은 외과 의사, 파란 옷을 입은 남자아이와 같이 예상에 맞는 의복이되 하나의 눈에 띄는 예외가 있는 것을 선호한다는 것을 발견한다. 《Journal of Consumer Research》의 2014년 6월 기사에 실린 일련의 연구는 확립된 규범을 아주 약간 어긴 사람들에 대한 관찰자들의 반응을 탐구했다. 한 시나리오에서는, 정장 차림의 모임에서 한 남자가 빨간 나비넥타이를 맸을 때 더 높은 지위와 능력을 가진 것으로 보여졌다. 연구자들은 독특함을 중시하는 것이 강의를 하는 동안 빨간 운동화를 신은 교수의 지위와 역량에 대한 청중들의 평가를 높였다는 것을 또한 발견했다. 그 결과들은 사람들이 규범으로부터의 이러한 약간의 일탈들을 긍정적으로 판단한다는 것을 시사하는데, 왜냐하면 그것들은 그 사람이 그러한 행동으로 인한 사회적 비용을 감수할 만큼 충분히 강하다는 것을 시사하기 때문이다.

→ 일련의 연구는 사람들이 무엇을 착용해야 하는지에 대한 규범에 한 사람이 아주 약간 (B) 도전할 때 사람들이 그 사람을 (A) 긍정적으로 본다는 것을 나타낸다.

지문 흐름

우리가 다른 사람들을 그들의 의복을 보고 판단하는 것은 누구에게도 뉴스거리가 아님	………	도입
연구는 사람들이 예상에 맞는 의복이되 하나의 눈에 띄는 예외가 있는 것을 선호한다는 것을 발견함	………	요지
연구는 확립된 규범을 아주 약간 어긴 사람들에 대한 관찰자들의 반응을 탐구함	………	예시
정장 차림의 모임에서 한 남자가 빨간 나비넥타이를 맸을 때 더 높은 지위와 능력을 가진 것으로 보여짐	………	상술 1
연구자들은 독특함을 중시하는 것이 강의를 하는 동안 빨간 운동화를 신은 교수의 지위와 역량에 대한 청중들의 평가를 높였다는 것도 발견함	………	상술 2
그 결과들은 그 사람이 그러한 행동으로 인한 사회적 비용을 감수할 만큼 충분히 강하다는 것을 시사하기 때문에 사람들이 규범으로부터의 이러한 약간의 일탈들을 긍정적으로 판단한다는 것을 시사함	………	결과

친절한 오답 풀이

오답 선택지	선택률	오답 이유
② (A) 부정적으로 (B) 도전하다	12%	규범에 아주 약간 도전할 때 사람들이 긍정적으로 본다고 했으므로, 부정적으로(negatively) 본다는 내용은 글의 내용과 상반된다.
③ (A) 무관심하게 (B) 무시하다	4%	규범을 아주 약간 무시할(neglects) 때 사람들이 무관심하게(indifferently) 본다는 내용은 글의 내용과 무관하다.
④ (A) 부정적으로 (B) 부합하다	7%	규범에 아주 약간 부합할(meets) 때 사람들이 부정적으로(negatively) 본다는 내용은 글의 내용과 무관하다.
⑤ (A) 긍정적으로 (B) 부합하다	23%	규범에 아주 약간 도전할 때 사람들이 긍정적으로 본다고 했으므로, 규정에 부합할(meets) 때는 글의 내용과 상반된다.

03 정답 ② 정답률 60%

정답 풀이

일반적인 믿음과 달리, 음식을 좋고 나쁨으로 정의하는 것은 적절하지 않고, 건강에 좋은 식단은 대체로 그 식단이 무엇으로 구성되는지에 의해 결정된다고 했으므로, (A)에는 appropriate(적절한), (B)에는 composed of(~으로 구성된)가 들어가는 것이 적절하다.

친절한 지문분석

Nearly eight of ten U.S. adults believe / [(that) there are "good foods"
미국 성인 10명 중 거의 8명이 믿는다 / '좋은 음식'과
거의 / ~중에(전치사) / 목적절

and "bad foods]." [Unless we're talking / about spoiled stew,
'나쁜 음식'이 있다고 / 우리가 이야기하고 있지 않는 한 / 상한 스튜,
조건의 부사절

poison mushrooms, or something similar], / however, / no foods
독버섯, 또는 이와 유사한 것에 대해 / 하지만 / 어떤 음식도

can be labeled / as either good or bad. There are, however,
분류될 수 없다 / 좋고 나쁨으로 / 하지만,
수동태 / either A or B: A나 B 중의 하나

combinations of foods / [that add up to a healthful or unhealthful
음식들의 조합이 있다 / 결국 건강에 좋거나 건강에 좋지 않은 식단이 되는
주격 관계대명사절

diet]. Consider the case of an adult / [who eats only foods / {thought
성인의 경우를 생각해보라 / 음식만 먹는 / '좋은'
명령문 / 주격 관계대명사절 / 과거분사구

of as "good"} — for example, raw broccoli, apples, orange juice,
음식이라고 생각되는 / 예를 들어, 생 브로콜리, 사과, 오렌지 주스,

boiled tofu, and carrots]. [Although all these foods are nutrient-
삶은 두부와 당근 / 비록 이 모든 음식들이 영양이 풍부하지만
양보의 부사절

dense], / they do not add up to a healthy diet / because they don't
그것들은 결국 건강한 식단이 되지 않는다

supply a wide enough variety of the nutrients / [(which/that) we need]. Or take
그것들은 다양한 영양소를 충분히 공급하지 않기 때문에 / 우리가 필요로 하는
(which/that) = all these foods
목적격 관계대명사절 / 명령문

the case of the teenager / [who occasionally eats fried chicken, /
또는 십 대의 경우를 예로 들어 보자 / 튀긴 치킨을 가끔 먹는
주격 관계대명사절 / 관계사절 동사 1

but otherwise stays away from fried foods]. The occasional fried
하지만 이 경우가 아니라면 튀긴 음식을 멀리하는 / 가끔 먹는 튀긴 치킨은
관계사절 동사 2(병렬구조)

chicken / isn't going to knock his or her diet off track. But the
그나 그녀의 식단을 궤도에서 벗어나게 하지 않을 것이다 / 하지만

person [who eats fried foods every day, / {with few vegetables or
매일 튀긴 음식을 먹는 사람은 / 채소나 과일을 거의 먹지 않으면서
주어 / 주격 관계대명사절 / 전치사구(부사구)
관계사절 동사 1

fruits}, / and loads up on supersized soft drinks, candy, and chips
간식으로 초대형 탄산음료, 사탕, 그리고 감자 칩으로 배를 가득 채우는
관계사절 동사 2(병렬구조)

for snacks] / has a bad diet.
나쁜 식단을 가지고 있다
동사

→ Unlike the common belief, / [defining foods as good or bad] /
일반적인 믿음과 달리 / 음식을 좋고 나쁨으로 정의하는 것은
~와는 달리(전치사) / 주어(동명사구)

is not appropriate; in fact, / a healthy diet / is determined largely
적절하지 않다 / 사실 / 건강에 좋은 식단은 / ~에 의해 대체로 결정된다
동사 / 수동태

by / [what the diet is composed of].
그 식단이 무엇으로 구성되는지
의문사절(전치사의 목적어)
be composed of: ~으로 구성되다

지문 해석

미국 성인 10명 중 거의 8명이 '좋은 음식'과 '나쁜 음식'이 있다고 믿는다. 하지만, 우리가 상한 스튜, 독버섯, 또는 이와 유사한 것에 대해 이야기하고 있지 않는 한, 어떤 음식도 좋고 나쁨으로 분류될 수 없다. 하지만, 결국 건강에 좋은 식단이나 건강에 좋지 않은 식단이 되는 음식들의 조합이 있다. '좋은' 음식이라고 생각되는 음식만 먹는 성인의 경우를 생각해보라 — 예를 들어, 생 브로콜리, 사과, 오렌지 주스, 삶은 두부와 당근. 비록 이 모든 음식들이 영양이 풍부하지만, 그것들은 우리가 필요로 하는 충분히 다양한 영양소를 공급하지 않기 때문에 그것들은 결국 건강한 식단이 되지 않는다. 또는 튀긴 치킨을 가끔 먹지만, 이 경우가 아니라면 튀긴 음식을 멀리하는 십 대의 경우를 예로 들어 보자. 가끔 먹는 튀긴 치킨은 그나 그녀의 식단을 궤도에서 벗어나게 하지 않을 것이다. 하지만 채소나 과일을 거의 먹지 않으면서 매일 튀긴 음식을 먹고, 간식으로 초대형 탄산음료, 사탕, 그리고 감자 칩으로 배를 가득 채우는 사람은 나쁜 식단을 가지고 있다.

→ 일반적인 믿음과 달리, 음식을 좋고 나쁨으로 정의하는 것은 (A) 적절하지 않다; 사실, 건강에 좋은 식단은 대체로 그 식단이 무엇으로 (B) 구성되는지에 의해 결정된다.

지문 흐름

미국 성인 중 대부분은 '좋은 음식'과 '나쁜 음식'이 있다고 믿음	………	통념
하지만, 우리가 상한 음식이나 독이 있는 음식을 이야기하고 있지 않는 한, 어떤 음식도 좋고 나쁨으로 분류될 수 없음	………	반박
하지만, 결국 건강에 좋은 식단이나 건강에 좋지 않은 식단이 되는 음식들의 조합이 있음	………	주제
'좋은' 음식이라고 생각되는 음식만 먹는 성인의 경우, 이 음식들이 영양이 풍부하지만, 그것들은 우리가 필요로 하는 충분히 다양한 영양소를 공급하지 않기 때문에 그것들은 결국 건강한 식단이 되지 않음	………	뒷받침 사례 1
반대로, 튀긴 음식을 멀리하지만 가끔 튀긴 치킨을 먹는 십 대의 경우 가끔 먹는 튀긴 치킨은 그나 그녀의 식단을 궤도에서 벗어나게 하지 않는 반면, 채소나 과일을 거의 먹지 않으면서 매일 튀긴 음식을 먹고, 간식으로 초대형 탄산음료, 사탕, 그리고 감자 칩으로 배를 가득 채우는 사람은 나쁜 식단을 가지고 있는 것임	………	뒷받침 사례 2

친절한 오답 풀이

오답 선택지	선택률	오답 이유
① (A) 부정확한 (B) ~으로 한정된	14%	(A) 앞에 not이 있으므로 부정확한(incorrect)은 지문의 내용과 상반되고 식단이 무엇으로 한정되는지(limited to)는 글의 내용과 무관하다.
③ (A) 틀린 (B) ~을 목표로 한	7%	(A) 앞에 not이 있으므로 틀린(wrong)은 지문의 내용과 상반되고, 식단이 무엇을 목표로 하는지(aimed at)는 언급되지 않았다.
④ (A) 적절한 (B) ~에 대해 실험된	10%	건강에 좋은 식단은 대체로 그 식단이 무엇으로 구성되는지에 의해 결정된다고 하였으므로, 식단이 실험된다(tested on)는 것은 지문의 내용과 무관하다.
⑤ (A) 부정확한 (B) ~으로 조정된	10%	(A) 앞에 not이 있으므로 부정확한(incorrect)은 지문의 내용과 상반되고, 식단이 무엇으로 조정되는지(adjusted to)에 관한 내용은 언급되지 않았다.

04

정답 ① 정답률 53%

정답 풀이

진화의 관점에서 볼 때, 불확실한 상황에서 집단을 따르는 것이 긍정적이고, 잘 모르는 상황에서 대개는 주변에 있는 사람들의 행동을 따르는 것이 좋다고 했으므로, (A)에는 numbers(다수), (B)에는 uncertain(불확실한)이 들어가는 것이 적절하다.

친절한 지문분석

To help decide / [what's risky] and [what's safe], / [who's
결정하는 것을 돕기 위해 (to부정사의 부사적 용법(목적)) 무엇이 위험하고 무엇이 안전한지 (의문사절 1, 의문사절 2) 누구를 (의문사절 3) (trustworthy)

trustworthy] and [who's not], / we look for *social evidence*. From
신뢰할 수 있고 누구를 신뢰할 수 없는지를 (의문사절 4) 우리는 '사회적 증거'를 찾는다

an evolutionary view, / following the group is almost always
진화의 관점에서 집단을 따르는 것이 거의 항상 긍정적이다 (주어(동명사구))

positive / for our prospects of survival. "[If everyone's doing it], / it
우리의 생존 전망에 모든 사람이 그것을 하고 있다면 (조건의 부사절)

must be a sensible thing [to do]," / explains / famous psychologist
그것은 해야 할 합리적인 일인 것이 틀림없다 (~임에 틀림없다(조동사)) (to부정사의 형용사적 용법) 라고 설명한다 유명한 심리학자이자

and best-selling writer of *Influence*, Robert Cialdini. While we can
〈*Influence*〉를 쓴 베스트셀러 작가인 Robert Cialdini는 (동격의 쉼표) 오늘날

frequently see this today in product reviews, / [even subtler cues
상품평에서 이것을 자주 볼 수 있지만 환경 내의 훨씬 더 (비교급 강조, 주어)

within the environment] / can signal trustworthiness. Consider
미묘한 신호가 신뢰성을 나타낼 수 있다 (동사) 이것을 생각해

this: / [when you visit a local restaurant], / are they busy? Is there
보라 여러분이 어떤 지역의 음식점을 방문할 때 (시간의 부사절) 그들이 바쁜가 밖에

a line outside / or is it easy to find a seat? It is a hassle to wait, /
줄이 있는가 아니면 자리를 찾기가 쉬운가 (가주어, 진주어) 기다리는 것은 성가신 일이다 (가주어, 진주어)

but a line can be a powerful cue / [that the food's tasty, / and these
하지만 줄은 강력한 신호일 수 있다 (=) 음식이 맛있다는 (동격절) 그리고 이곳의

seats are in demand]. More often than not, / it's good to adopt / the
좌석은 수요가 많다는 대개는 (대개, 자주) 따르는 것이 좋다 (가주어, 진주어)

practices of those around you.
주변에 있는 사람들의 행동을

→ We tend to feel safe and secure in numbers / when we decide
우리는 다수에서 안전하고 안심된다고 느끼는 경향이 있다 (tend to-v: ~하는 경향이 있다) 어떻게 행동할지 결정할 때

[how to act], / particularly [when faced with uncertain conditions].
(목적어, how to-v: 어떻게 ~할지) 특히 불확실한 상황에 직면할 때 (접속사+분사구문)

지문 해석

무엇이 위험하고 무엇이 안전한지, 누구를 신뢰할 수 있고 누구를 신뢰할 수 없는지를 결정하는 것을 돕기 위해, 우리는 '사회적 증거'를 찾는다. 진화의 관점에서 볼 때, 집단을 따르는 것이 거의 항상 우리의 생존 전망에 긍정적이다. "모든 사람이 그것을 하고 있다면, 그것은 해야 할 합리적인 일인 것이 틀림없다."라고 유명한 심리학자이자 〈*Influence*〉를 쓴 베스트셀러 작가인 Robert Cialdini는 설명한다. 오늘날 상품평에서 이것을 자주 볼 수 있지만, 환경 내의 훨씬 더 미묘한 신호가 신뢰성을 나타낼 수 있다. 이것을 생각해 보라. 여러분이 어떤 지역의 음식점을 방문할 때, 그들이 바쁜가? 밖에 줄이 있는가, 아니면 자리를 찾기가 쉬운가? 기다리는 것은 성가신 일이지만, 줄은 음식이 맛있고 이곳의 좌석은 수요가 많다는 강력한 신호일 수 있다. 대개는 주변에 있는 사람들의 행동을 따르는 것이 좋다.

→ 우리는 어떻게 행동할지 결정할 때, 특히 (B) 불확실한 상황에 직면할 때 (A) 다수에서 안전하고 안심된다고 느끼는 경향이 있다.

지문 흐름

우리는 '사회적 증거'를 찾아 안전한 것과 신뢰할 수 있는 것을 결정함	………	도입
진화의 관점에서 볼 때, 집단을 따르는 것이 생존 전망에 긍정적임	………	요지
유명한 심리학자이자 베스트셀러 작가인 Robert Cialdini는 모든 사람이 하고 있다면, 그것은 해야 할 합리적인 일임을 밝힘	………	인용
예를 들어, 우리가 어떤 지역의 음식점을 방문할 때, 식당이 바쁜가, 밖에 줄이 있는가, 자리를 찾기가 쉬운가 등을 확인하고, 줄이 길다는 것은 음식이 맛있고 좌석은 수요가 많다는 신호일 수 있음	………	예시
대개는 주변에 있는 사람들의 행동을 따르는 것이 좋음	………	주제

❙친절한 오답 풀이❙

오답 선택지	선택률	오답 이유
② (A) 다수 (B) 비현실적인	12%	사람들은 어떻게 행동할지 결정할 때 대중의 선택, 즉 다수(numbers)를 따른다는 내용은 맞지만, 비현실적인(unrealistic) 상황이 아니라 안전하고 신뢰할 수 있는지 모르는 상황이라고 했다.
③ (A) 경험 (B) 비현실적인	7%	불확실한 상황에서 사람들은 대중의 선택, 즉 다수에서 안전감을 느낀다고 했으므로, 비현실적인(unrealistic) 상황에서 경험(experiences)을 통해 안전감을 느낀다는 것은 글의 내용과 무관하다.
④ (A) 규칙 (B) 불확실한	20%	불확실한(uncertain) 상황에서 일어나는 것은 맞지만, 사람들이 규칙(rules)을 통해 안전감을 느낀다는 것은 언급되지 않았다.
⑤ (A) 규칙 (B) 불쾌한	9%	안전하고 신뢰할 수 있는지 모르는 상황에서 사람들은 대중의 선택을 따른다고 했으므로, 규칙(rules)과 불쾌한(unpleasant) 상황은 글의 내용과 무관하다.

05 정답 ③ 정답률 45%

정답 풀이

우리가 사물을 볼 때 기능적 관계와 선입견에 따라 시각적 기대가 형성되는데 이 때문에 카메라처럼 객관적으로 보는 우리의 능력이 제한된다는 내용이므로, (A)에는 interrupts(방해한다), (B)에는 objective(객관적인)가 들어가는 것이 적절하다.

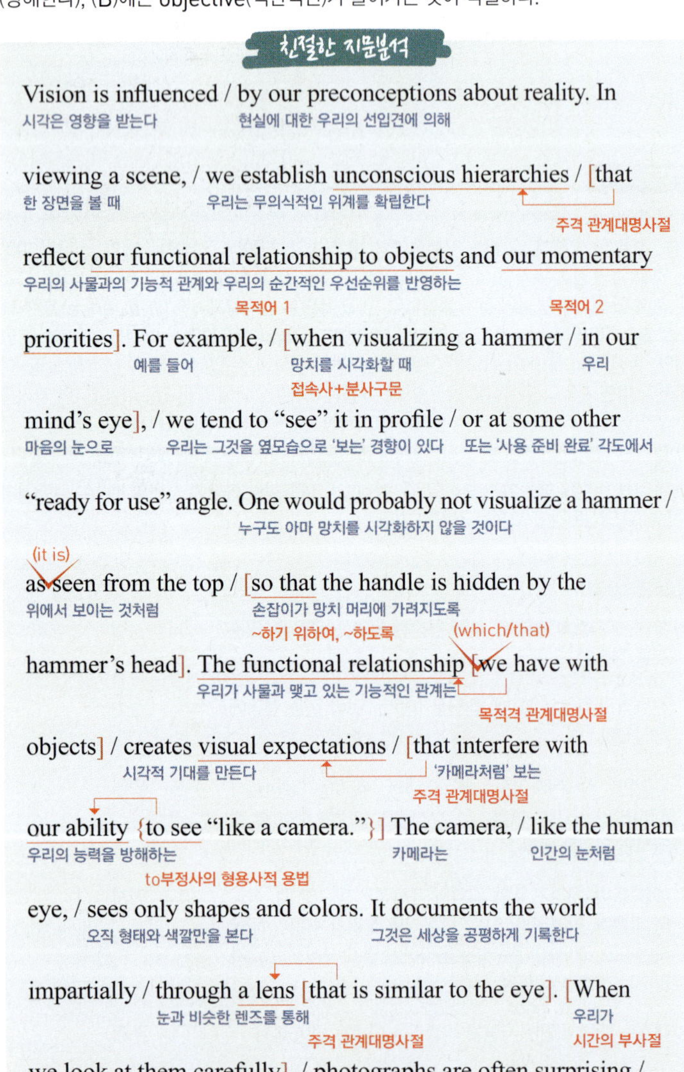

친절한 지문분석

Vision is influenced / by our preconceptions about reality. In
시각은 영향을 받는다 / 현실에 대한 우리의 선입견에 의해

viewing a scene, / we establish unconscious hierarchies / [that
한 장면을 볼 때 / 우리는 무의식적인 위계를 확립한다 / 주격 관계대명사절

reflect our functional relationship to objects and our momentary
우리의 사물과의 기능적 관계와 우리의 순간적인 우선순위를 반영하는 / 목적어 1 / 목적어 2

priorities]. For example, / [when visualizing a hammer / in our
예를 들어 / 망치를 시각화할 때 / 우리 / 접속사+분사구문

mind's eye], / we tend to "see" it in profile / or at some other
마음의 눈으로 / 우리는 그것을 옆모습으로 '보는' 경향이 있다 / 또는 '사용 준비 완료' 각도에서

"ready for use" angle. One would probably not visualize a hammer /
누구도 아마 망치를 시각화하지 않을 것이다

as (it is) seen from the top / [so that the handle is hidden by the
위에서 보이는 것처럼 / 손잡이가 망치 머리에 가려지도록 / ~하기 위하여, ~하도록

hammer's head]. The functional relationship (which/that) we have with
우리가 사물과 맺고 있는 기능적인 관계는 / 목적격 관계대명사절

objects] / creates visual expectations / [that interfere with
시각적 기대를 만든다 / '카메라처럼' 보는 / 주격 관계대명사절

our ability {to see "like a camera."}] The camera, / like the human
우리의 능력을 방해하는 / to부정사의 형용사적 용법 / 카메라는 / 인간의 눈처럼

eye, / sees only shapes and colors. It documents the world
오직 형태와 색깔만을 본다 / 그것은 세상을 공평하게 기록한다

impartially / through a lens [that is similar to the eye]. [When
눈과 비슷한 렌즈를 통해 / 주격 관계대명사절 / 우리가 / 시간의 부사절

we look at them carefully], / photographs are often surprising /
그것들을 주의 깊게 들여다볼 때 / 사진들은 종종 놀랍다

[because they don't interpret confusing details / but simply
그것들이 혼란을 주는 세부 사항들을 해석하는 것이 아니라 / 우리에게 그것들을 / 이유의 부사절 / not A but B: A가 아니라 B

serve them up to us / with a mechanical indifference]. And /
단순히 제공해주기 (때문에) / 기계적인 무관심으로 / 그리고

because of their flatness, / photographs often contain / areas [that
그것들의 평면성 때문에 / 사진들은 종종 포함한다 / 주격 관계대명사절

appear as unrecognizable colors and shapes].
알아보기 어려운 색과 형태들로 보이는 영역을

→ Our visual perception is shaped / by an established hierarchy /
우리의 시각적 인식은 형성된다 / 확립된 위계에 의해

[based on functional relationships], / [which interrupts our ability
기능적 관계에 기반한 / 과거분사구 / 이는 사물을 있는 그대로 보는 / 주격 관계대명사절(계속적 용법)

{to see objects <as they truly are>}], / unlike the objective
우리의 능력을 방해한다 / to부정사의 형용사적 용법 / ~한 대로(접속사) / 카메라의 객관적인 시각과는 달리

perspective of a camera.

지문 해석

시각은 현실에 대한 우리의 선입견에 의해 영향을 받는다. 한 장면을 볼 때, 우리는 우리의 사물과의 기능적 관계와 우리의 순간적인 우선순위를 반영하는 무의식적인 위계를 확립한다. 예를 들어, 우리 마음의 눈으로 망치를 시각화할 때, 우리는 망치를 옆모습이나 '사용 준비 완료' 각도에서 '보는' 경향이 있다. 아마 손잡이가 망치 머리에 가려지도록 망치가 위에서 보이는 것처럼 시각화하지 않을 것이다. 우리가 사물과 맺고 있는 기능적인 관계는 '카메라처럼' 보는 우리의 능력을 방해하는 시각적 기대를 만든다. 카메라는 인간의 눈처럼 오직 형태와 색깔만을 본다. 그것은 눈과 비슷한 렌즈를 통해 세상을 공평하게 기록한다. 우리가 사진들을 주의 깊게 들여다볼 때, 그것들은 혼란을 주는 세부 사항들을 해석하는 것이 아니라 기계적인 무관심으로 우리에게 그것들을 단순히 제공해주기 때문에 종종 놀랍다. 그리고 그것들의 평면성 때문에 사진들은 종종 알아보기 어려운 색과 형태들로 보이는 영역을 포함한다.

→ 우리의 시각적 인식은 기능적 관계에 기반한 확립된 위계에 의해 형성되며, 이는 카메라의 (B) 객관적인 시각과는 달리 사물을 있는 그대로 보는 우리의 능력을 (A) 방해한다.

지문 흐름

시각은 우리의 선입견에 영향을 받으며, 한 장면을 볼 때 사물과의 기능적 관계와 순간적 우선순위를 반영하는 무의식적 위계를 세움	········	도입
⬇		
망치를 떠올릴 때 주로 옆모습이나 '사용 준비' 각도로 시각화하며, 이러한 기능적 관계는 '카메라처럼' 보는 우리의 능력을 방해하는 시각적 기대를 만듦	········	예시
⬇		
카메라는 색과 형태만을 보며 렌즈를 통해 공평하게 세상을 기록함	········	대조
⬇		
사진은 기계적 무관심으로 해석 없이 세부 사항을 제공하며, 평면성 때문에 알아보기 어려운 색과 형태 영역을 포함함	········	상술

❙친절한 오답 풀이❙

오답 선택지	선택률	오답 이유
① (A) 향상시키다 (B) 정확한	22%	우리의 시각적 인식이 사물을 있는 그대로 보는 능력을 향상시킨다(enhances)는 것은 글의 내용과 상반된다.
② (A) 단순화하다 (B) 고정된	8%	우리의 시각적 인식이 사물을 있는 그대로 보는 능력을 단순화한다(simplifies)는 것은 글의 내용과 무관하며 카메라의 고정된(fixed) 시각에 관해서는 언급되지 않았다.
④ (A) 향상시키다 (B) 중립적인	15%	우리의 시각적 인식이 사물을 있는 그대로 보는 능력을 향상시킨다(enhances)는 것은 글의 내용과 상반된다.

⑤ (A) 방해하다 (B) 일관되지 않은	11%	카메라의 일관되지 않은(inconsistent) 시각이란 말은 글의 내용과 상반된다.

06 정답 ② 정답률 53%

정답 풀이

대화할 때 휴대폰이 탁자에 놓여 있으면 휴대폰의 메시지를 확인하지 않고 있더라도 대화에 참여했던 사람들이 상대가 공감을 덜 보여주었다고 생각한다는 내용의 글이므로, (A)에는 weakens(약화시키다), (B)에는 ignored(무시되다)가 들어가는 것이 적절하다.

친절한 지문분석

In one study, / researchers asked pairs of strangers / to sit down
한 연구에서 연구자들은 모르는 사람들끼리 이룬 짝에게 요청했다
ask+목적어+to-v: (목적어)에게 ~할 것을 요청하다

in a room and (to) chat. In half of the rooms, / a cell phone was placed /
한 방에 앉아서 이야기하도록 절반의 방에는 휴대폰이 놓여 있었다
수동태

on a nearby table; / in the other half, no phone was present.
근처 탁자 위에 나머지 절반에는 휴대폰이 없었다

[After the conversations had ended], the researchers asked
대화가 끝난 후 연구자들은 참가자들에게 물었다
시간의 부사절 과거완료(완료)

the participants / [what they thought of each other]. Here's
서로에 대해 어떻게 생각하는지를 여기에
간접목적어 직접목적어(의문사절)

[what they learned]: / [when a cell phone was present in the
그들이 알게 된 것이 있다 방에 휴대폰이 있을 때
관계대명사절 시간의 부사절 (that)

room], / the participants reported / [the quality of their
참가자들은 말했다 자신들의 관계의 질이
목적절

relationship was worse / than those {who'd talked in a cell
더 나빴다고 휴대폰이 없는 방에서 대화했던 사람들보다
=participants 주격 관계대명사절

phone-free room}]. The pairs [who talked in the rooms with cell
휴대폰이 있는 방에서 대화한 짝들은
주어 주격 관계대명사절

phones] / thought [their partners showed less empathy]. Think of
(that) 자신의 상대가 공감을 덜 보여 주었다고 생각했다 모든 순간을
동사 목적절

all the times / [you've sat down / to have lunch with a friend /
떠올려 보라 (when) 자리에 앉았던 친구와 점심을 먹기 위해
관계부사절 현재완료(경험) to부정사의 부사적 용법(목적)

and (have) set your phone on the table]. You might have felt good about
그리고 탁자 위에 휴대폰을 놓았던 당신은 잘했다고 느꼈을지 모르지만
현재완료(경험) might have+p.p.: ~했을지도 모른다

yourself / [because you didn't pick it up / to check your messages], /
휴대폰을 집어 들지 않았으므로 메시지를 확인하려고
이유의 부사절 to부정사의 부사적 용법(목적)

but your unchecked messages were still hurting your connection /
하지만 확인하지 않은 당신의 메시지는 여전히 관계를 망치고 있었다

with the person [sitting across from you].
맞은편에 앉아 있는 사람과의
현재분사구

→ The presence of a cell phone / weakens the connection /
휴대폰의 존재는 관계를 약화시킨다
주어 동사

between people [involved in conversations], / [even when
대화에 참여하는 사람들 간의 심지어 휴대폰이
과거분사구 시간의 부사절

the phone is being ignored].
무시되고 있을 때조차
현재진행형 수동태

지문 해석

한 연구에서, 연구자들은 서로 모르는 사람들끼리 짝을 이루어 한 방에 앉아서 이야기하도록 했다. 절반의 방에는 근처 탁자 위에 휴대폰이 놓여 있었고, 나머지 절반에는 휴대폰이 없었다. 대화가 끝난 후, 연구자들은 참가자들에게 서로에 대해 어떻게 생각하는지를 물었다. 여기에 그들이 알게 된 것이 있다. 휴대폰이 없는 방에서 대화했던 참가자들에 비해 방에 휴대폰이 있을 때 참가자들은 자신들의 관계의 질이 더 나빴다고 말했다. 휴대폰이 있는 방에서 대화한 짝들은 자신의 상대가 공감을 덜 보여 주었다고 생각했다. 친구와 점심을 먹기 위해 자리에 앉아 탁자 위에 휴대폰을 놓았던 모든 순간을 떠올려 보라. 메시지를 확인하려고 휴대폰을 집어 들지 않았으므로 잘했다고 느꼈을지 모르지만, 확인하지 않은 여러분의 메시지는 여전히 맞은편에 앉아 있는 사람과의 관계를 망치고 있었다.

→ 휴대폰의 존재는 심지어 휴대폰이 (B) 무시되고 있을 때조차 대화에 참여하는 사람들 간의 관계를 (A) 약화시킨다.

지문 흐름

한 연구에서, 연구자들은 서로 모르는 사람들끼리 짝을 이루어 한 방에 앉아 이야기하도록 함. 절반의 방에는 근처 탁자 위에 휴대폰이 놓여 있었고, 나머지 절반에는 휴대폰이 없었음 ········ 실험 내용

⬇

휴대폰이 없는 방의 참가자들에 비해 방에 휴대폰이 있었던 참가자들은 자신들의 관계의 질이 더 나빴다고 응답함 ········ 실험 결과

⬇

휴대폰이 있는 방에서 대화한 짝들은 자신의 상대가 공감을 덜 보여 주었다고 생각함 ········ 부연

⬇

친구와 점심을 먹을 때 탁자 위에 휴대폰을 놓으면, 메시지를 확인하려고 휴대폰을 집어 들지 않았더라도 여전히 맞은편에 앉아 있는 사람과의 관계를 상하게 하고 있었음 ········ 예시

친절한 오답 풀이

오답 선택지	선택률	오답 이유
① (A) 약화시키다 (B) 응답되다	19%	휴대폰의 존재가 대화 참여자 간의 관계를 약화시키는(weakens) 것은 맞지만, 휴대폰이 응답되는(answered) 상황이 아니라 무시되는 상황을 설명하고 있으므로 글의 내용과 반대된다.
③ (A) 새롭게 하다 (B) 응답되다	4%	휴대폰의 존재가 대화 참여자 간의 관계를 새롭게 하는(renews) 것은 글의 내용과 무관하며, 휴대폰이 응답되는(answered) 상황이 아니라 무시되는 상황을 설명하고 있으므로 글의 내용과 반대된다.
④ (A) 유지시키다 (B) 무시되다	14%	휴대폰의 존재가 대화 참여자 간의 관계를 유지시키는(maintains) 것이 아니라 약화시키므로 글의 내용과 반대되며, 대화 상황 중 휴대폰이 무시되는(ignored) 상황을 설명하므로 이는 적절하다.
⑤ (A) 유지시키다 (B) 업데이트되다	7%	휴대폰의 존재가 대화 참여자 간의 관계를 유지시키는(maintains) 것이 아니라 약화시키므로 글의 내용과 반대되며, 휴대폰이 업데이트되는(updated) 상황은 글의 내용과 무관하다.

15 장문

코드 접속하기

pp.153~156

Q1 ② Q2 ⑤ Q3 ② Q4 ④ Q5 ⑤ Q6 ① Q7 ④

Q1

정답 ② 정답률 77%

정답 풀이

신용카드는 지불의 부정적인 감정을 둔화시켜 사람들이 더 많이, 더 무모하게 소비하게 만든다는 내용이므로, 글의 제목으로는 ② '왜 우리는 신용카드를 쓸 때 더 많이 소비할까?'가 가장 적절하다.

친절한 지문분석

[Paying with plastic] / fundamentally changes the way / [we spend money], / [altering the calculus of our financial decisions]. [When you buy something with cash], / the purchase involves an actual loss / —your wallet is literally lighter. Credit cards, / however, / make the purchase abstract, / [so that you don't really feel the downside of spending money]. Brain-imaging experiments suggest / [that {paying with credit cards} actually reduces activity in the insula, / a brain region {associated with negative feelings}]. As George Loewenstein, a neuroeconomist at Carnegie Mellon, says, / "The nature of credit cards ensures / [that your brain is anesthetized against the pain of payment.]" [Spending money] doesn't feel bad, / so you spend more money.

신용카드로 지불하는 것은(주어(동명사구)) 방식을 근본적으로 바꾼다 우리가 돈을 소비하는(관계부사절) 우리의 재정적 결정에 대한 계산법을 변화시키며(분사구문(동시동작)) 당신이 무언가를 현금으로 구매할 때(시간의 부사절) 그 구매는 실제 손실을 수반한다 당신의 지갑이 말 그대로 더 가벼워진다 신용카드는 하지만 구매를 추상화시켜(make+목적어+형용사: (목적어)를 ~하게 만들다) 당신은 돈을 소비하는 것의 부정적인 면을 실제로 느끼지 못한다(부사절(결과)) 뇌 영상 실험은 보여준다 신용카드로 지불하는 것이 뇌섬엽에서의 활동을 실제로 감소시킨다는 것을(목적절, 주어(동명사구)) 부정적인 감정과 관련된 뇌 영역인(동격의 쉼표, 과거분사구) Carnegie Mellon의 신경경제학자 George Loewenstein이 말하듯이(~하듯이(접속사), 동격의 쉼표) 신용카드의 본질은 확실하게 한다 당신의 뇌가 지불의 고통에 대해 마비되는 것을(목적절) 돈을 쓰는 것이(주어(동명사구)) 나쁘게 느껴지지 않는다 그래서 당신은 더 많은 돈을 쓴다

Consider this experiment: / Drazen Prelec and Duncan Simester, two business professors at MIT, / organized a real-life, sealed-bid auction / for tickets to a Boston Celtics game. Half the participants in the auction were informed / [that they had to pay with cash]; / the other half were told / [they had to pay with credit cards]. Prelec and Simester then averaged the bids / for the two different groups.

이 실험을 생각해 보자(명령문) MIT의 두 경영학 교수인 Drazen Prelec과 Duncan Simester는(동격의 쉼표) 실제의 봉인 입찰 경매를 준비했다 Boston Celtics 경기 티켓을 위한 경매에 참여한 사람들 중 절반은 안내받았다 그들이 현금으로 지불해야 한다고(목적절) 나머지 절반은 말을 들었다 그들이 신용카드로 지불해야 한다고(목적절) Prelec과 Simester는 그러고 나서 입찰가의 평균을 냈다 다른 두 집단의

It turns out / that the average credit card bid was *twice* as high as the average cash bid. [When people used their credit cards], / their bids were much more reckless. They no longer felt the need / [to limit their expenses].

나타났다 평균 신용카드 입찰 금액은 평균 현금 입찰 금액의 '두 배' 더 높은 것으로(배수사+as ~ as ...: …보다 (몇) 배 더 ~한) 사람들이 신용카드를 사용했을 때(시간의 부사절) 그들의 입찰은 훨씬 더 무모했다 그들은 더 이상 필요성을 느끼지 못했다 지출을 억제해야 할(동격의 to부정사)

지문 해석

신용카드로 지불하는 것은 우리가 돈을 소비하는 방식을 근본적으로 바꾸며, 우리의 재정적 결정에 대한 계산법을 변화시킨다. 당신이 무언가를 현금으로 구매할 때, 그 구매는 실제 손실을 수반한다—당신의 지갑이 말 그대로 더 가벼워진다. 하지만, 신용카드는 구매를 추상화시켜, 당신은 돈을 소비하는 것의 부정적인 면을 실제로 느끼지 못한다. 뇌 영상 실험은 신용카드로 지불하는 것이 부정적인 감정과 관련된 뇌 영역인 뇌섬엽에서의 활동을 실제로 감소시킨다는 것을 보여준다. Carnegie Mellon의 신경경제학자 George Loewenstein이 말하듯이, "신용카드의 본질은 당신의 뇌가 지불의 고통에 대해 마비되는 것을 확실하게 한다." 돈을 쓰는 것이 나쁘게 느껴지지 않아서, 당신은 더 많은 돈을 쓴다. 이 실험을 생각해 보자: MIT의 두 경영학 교수인 Drazen Prelec과 Duncan Simester는 Boston Celtics 경기 티켓을 위한 실제의 봉인 입찰 경매를 준비했다. 경매에 참여한 사람들 중 절반은 현금으로 지불해야 한다고 안내를 받았고; 나머지 절반은 신용카드로 지불해야 한다는 말을 들었다. 그러고 나서 Prelec과 Simester는 다른 두 집단의 입찰가의 평균을 냈다. 평균 신용카드 입찰 금액은 평균 현금 입찰 금액의 '두 배' 더 높은 것으로 나타났다. 사람들이 신용카드를 사용할 때, 그들의 입찰은 훨씬 더 무모했다. 그들은 더 이상 지출을 억제해야 할 필요성을 느끼지 못했다.

지문 흐름

신용카드는 우리가 돈을 소비하고 계산하는 방식을 근본적으로 바꿈 ········· 도입

↓

현금은 실제 손실을 느끼게 하지만, 신용카드는 소비의 부정적인 감각을 둔화시킴 ········· 전개

↓

뇌 영상 실험은 신용카드 사용 시 지불의 고통과 관련된 뇌 활동이 줄어든다는 것을 보여줌 ········· 근거

↓

신용카드는 지불의 고통을 느끼지 못하게 만들어 소비를 늘리게 함 ········· 상술

↓

MIT 실험에서 신용카드 지불 집단은 현금 집단보다 두 배 높은 입찰가를 제시함 ········· 실험 사례

↓

신용카드 사용 시 지출 억제 필요성을 느끼지 못하여 더 무모하게 소비함 ········· 결론

친절한 오답 풀이

오답 선택지	선택률	오답 이유
① 일단 형성되면, 소비 습관은 좀처럼 바뀌지 않는다	3%	소비 습관이 좀처럼 바뀌지 않는다는 내용은 언급되지 않았다.
③ 신용카드: 현금보다 더 안전한 결제 수단	6%	신용카드가 현금보다 더 안전한 결제 수단이라는 내용은 언급되지 않았다.
④ 신용카드 결제: 돈을 절약하는 비결	7%	신용카드 사용이 오히려 소비를 늘린다고 했으므로, 글의 내용과 상반된다.
⑤ 현금 사용은 더 많은 재정적 위험을 초래한다	6%	신용카드 사용 시 현금을 사용할 때보다 더 무모하게 소비하게 된다고 했으므로, 글의 내용과 상반된다.

Q2 정답 ⑤ 정답률 72%

정답 풀이

신용카드 사용자의 평균 입찰가가 현금 사용자보다 두 배 더 높았던 것으로 보아, 신용카드 사용자의 입찰이 훨씬 더 '무모했다'라는 내용이 적절하므로, (e) careful(신중한)은 reckless(무모한) 등이 되어야 한다.

친절한 오답 풀이

오답 선택지	선택률	오답 이유
① (a)	3%	현금으로 구매할 때, 지갑이 말 그대로 더 가벼워진다고 했으므로, 구매는 실제 손실(loss)을 수반한다는 말은 적절하다.
② (b)	11%	신용카드 사용이 돈을 소비하는 것의 부정적인 감정과 관련된 뇌섬엽의 활동을 감소시킨다(reduce)는 말은 적절하다.
④ (c)	7%	신용카드는 뇌가 지불의 고통을 느끼지 않게 해 주어 더 많은 돈을 쓰게 한다고 했으므로, 돈을 쓰는 것이 나쁘게(bad) 느껴지지 않는다는 말은 적절하다.
⑤ (d)	6%	신용카드 사용자의 평균 입찰가가 현금 사용자보다 두 배 더 높았다는(high) 말은 적절하다.

Q3 정답 ② 정답률 69%

정답 풀이

한 젊은이가 여행 중에 수도승을 만나서 질문을 해도 되겠냐고 묻는 내용의 (A)에 이어, 젊은이가 목적지인 골짜기의 마을이 어떤지 물었더니 수도승이 젊은이가 떠나온 마을과 같다고 대답하여 실망한 채로 떠나는 내용인 (C)가 이어지고, 같은 길을 걸어온 한 중년 남자가 수도승에게 같은 질문을 한 후, 수도승이 중년 남자에게 떠나온 마을이 어떠냐고 되묻자 멋진 경험이었다고 대답하는 (B)가 이어진 후, 왜 그렇게 느꼈냐고 수도승이 묻는 (D)로 이어지는 것이 가장 자연스럽다.

친절한 지문분석

(A)

One day / a young man was walking / along a road / on his journey /
어느 날 / 한 젊은이가 걷고 있었다 / 길을 따라 / 그의 여행 중에

from one village to another. [As he walked] / he noticed /
한 마을로부터 다른 마을로의 / 그는 걸으면서 (시간의 부사절) / 그는 보게 되었다

a monk [working / in the fields]. The young man turned to the
일하는 수도승을 (현재분사구) / 들판에서 / 그 젊은이는 그 수도승을 향해 돌아봤다

monk / and said, / "Excuse me. / Do you mind if I ask you a
그리고 말했다 / 실례합니다 / 질문을 하나 드려도 되겠습니까?

question?" / "Not at all," / replied the monk.
물론입니다 / 그 수도승은 대답했다

(C)

"I am traveling / from the village in the mountains / to the village
저는 가고 있습니다 (be v-ing(현재진행형)) / 산속의 마을로부터 / 골짜기의 마을로

in the valley / and I was wondering / [if you knew / {what it is
그리고 저는 궁금해하고 있었습니다 (과거진행형) / 스님께서 아시는지 (명사절) / 골짜기의 마을은 (목적절(의문사절))

like in the village in the valley}]." "Tell me," / said the monk, /
어떤지 / 저에게 말해 보십시오 / 수도승은 말했다

"what was your experience / of the village in the mountains?"
당신의 경험은 어땠습니까 / 산속의 마을에서의

"Terrible," / replied the young man. "I am glad / to be away /
끔찍했습니다 / 그 젊은이는 대답했다 / 저는 기쁩니다 / 떠나게 된 것이 (to부정사의 부사적 용법(감정의 원인))

from there. I found / the people most unwelcoming.
그곳에서 / 저는 생각했습니다 / 그 사람들이 정말로 불친절하다고 (목적어 / 목적격보어)

So tell me, / what can I expect / in the village in the valley?"
그러니 제게 말해 주세요 / 제가 무엇을 기대할 수 있을까요 / 골짜기의 마을에서

"I am sorry to tell you," / said the monk, / "but I think /
말씀드리기에 유감입니다 (to부정사의 부사적 용법(감정의 원인)) / 수도승이 말했다 / 하지만 저는 생각합니다

your experience will be much the same there."
선생님의 경험은 그 곳에서도 거의 같을 것 같습니다 (거의 다를 게 없는)

The young man lowered his head helplessly / and walked on.
그 젊은이는 힘없이 고개를 숙였다 (주어 / 동사 1) / 그리고 계속 걸어갔다 (동사 2)

(B)

A while later / a middle-aged man journeyed down / the same road /
잠시 후 / 한 중년 남자가 걸어왔다 (주어 / 동사 1) / 같은 길을

and came upon the monk. "I am going / to the village in the valley," /
그리고 그 수도승을 만났다 (동사 2) / 저는 가고 있습니다 / 골짜기의 마을로

said the man. "Do you know / [what it is like]?" "I do," /
그 남자가 말했다 / 당신은 아십니까 / 그곳이 어떤지 (목적절(의문사절)) / 알고 있습니다

replied the monk, / "but first tell me / about the village / [where
그 수도승은 대답했다 / 하지만 먼저 저에게 말해 주십시오 / 마을에 관해 (관계부사절)

you came from]." "I've come from the village in the mountains," /
선생님이 떠나 오신 / 저는 산속의 마을로부터 왔습니다 (현재완료(결과))

said the man. "It was a wonderful experience. I felt / as though
그 남자는 말했다 / 그것은 멋진 경험이었습니다 / 저는 느꼈습니다 / 마치 ~인 것처럼

I was a member of the family in the village."
마치 그 마을의 가족의 일원인 것처럼

(D)

"Why did you feel like that?" / asked the monk. "The elders gave
왜 그렇게 느끼셨습니까 / 수도승은 물었다 / 어르신들은 저에게 많은

me much advice, / and people were kind and generous. I am sad /
조언을 해 주셨습니다 (셀 수 없는 명사의 양) / 그리고 사람들은 친절하고 너그러웠습니다 / 저는 슬픕니다

to have left there. And what is the village in the valley like?" /
그곳을 떠나서 (완료부정사, to부정사의 부사적 용법(감정의 원인)) / 그런데 골짜기의 마을은 어떻습니까

he asked again. "I think / you will find it much the same," /
그는 다시 물었다 / 저는 생각합니다 / 선생님은 그곳이 거의 같다고 생각하실 것입니다 (거의 다를 게 없는)

replied the monk. "I'm glad to hear that," the middle-aged man
수도승은 대답했다 / 저는 그 말을 들어서 기쁩니다 (to부정사의 부사적 용법(감정의 원인)) / 그 중년 남자는 말했다 (주어)

said / smiling / and journeyed on.
(동사 1) 미소를 지으며 / 그리고 여행을 계속했다 (동사 2)

지문 해석

(A)

어느 날 한 젊은이가 한 마을로부터 다른 마을로의 여행 중에 길을 따라 걷고 있었다. 그는 걷다가 들판에서 일하는 한 수도승을 보게 되었다. 그 젊은이는 그 수도승을 향해 돌아보며 "실례합니다. 제가 스님께 질문을 하나 드려도 되겠습니까?"라고 말했다. "물론입니다."라고 그 수도승은 대답했다.

(C)

"저는 산속의 마을로부터 골짜기의 마을로 가고 있는데 스님께서 골짜기의 마을은 어떤지 아시는지 궁금합니다." 수도승은 "저에게 말해 보십시오. 산속의 마을에서의 경험은 어땠습니까?"라고 말했다. 그 젊은이는 "끔찍했습니다."라고 대답했다. "그곳을 벗어나게 되어 기

뿝니다. 그곳 사람들이 정말로 불친절하다고 생각했습니다. 그러니 저에게 말씀해 주십시오, 제가 골짜기의 마을에서 무엇을 기대할 수 있을까요?" "말씀드리기에 유감이지만, 제 생각에 선생님의 경험은 그 곳에서도 거의 같을 것 같다고 생각합니다." 수도승이 말했다. 그 젊은이는 힘없이 고개를 숙이고 계속 걸어갔다.

(B)

잠시 후 한 중년 남자가 같은 길을 걸어와서 그 수도승을 만났다. 그 남자는 "저는 골짜기의 마을로 가고 있습니다. 그곳이 어떤지 아십니까?"라고 말했다. "알고 있습니다만, 먼저 저에게 선생님께서 떠나오신 마을에 관해 말해 주십시오."라고 그 수도승은 대답했다. 그 남자는 "저는 산속의 마을로부터 왔습니다. 그것은 멋진 경험이었습니다. 저는 마치 그 마을의 가족의 일원인 것처럼 느꼈습니다."라고 말했다.

(D)

수도승은 "왜 그렇게 느끼셨습니까?"라고 물었다. "어르신들은 저에게 많은 조언을 해 주셨고, 사람들은 친절하고 너그러웠습니다. 그곳을 떠나서 슬픕니다. 그런데 골짜기의 마을은 어떻습니까?"라고 그는 다시 물었다. "저는 선생님은 그곳이 (산속 마을과) 거의 같다고 생각하실 거로 생각합니다."라고 수도승은 대답했다. "그 말씀을 들으니 기쁩니다."라고 그 중년 남자는 미소를 지으며 말하고서 여행을 계속했다.

지문 흐름

한 젊은이가 다른 마을로의 여행 중에 수도승을 만나서 질문을 해도 되겠냐고 묻고, 수도승은 질문을 해도 된다고 대답함	(A) 여행 중에 수도승을 만난 젊은이
⬇	
젊은이가 자신의 목적지인 골짜기의 마을이 어떤지 묻자, 수도승은 젊은이가 떠나 온 산속 마을에서의 경험이 어땠는지 들은 후 골짜기의 마을에서의 경험이 산속 마을에서의 경험과 같을 것이라고 대답하고 젊은이는 실망한 채로 계속 걸어 감	(C) 젊은이가 향하고 있는 마을이 어떤지 묻자 떠나온 마을과 같을 것이라고 대답하는 수도승
⬇	
같은 길을 걸어온 한 중년 남자가 수도승에게 젊은이와 같은 질문을 하고 수도승이 떠나온 마을에서의 경험이 어땠는지 묻자 남자는 멋진 경험이었다고 대답함	(B) 수도승에게 같은 질문을 하는 중년 남자
⬇	
그렇게 생각한 이유를 묻는 수도승에게 중년 남자가 사람들이 친절했다고 대답하자 수도승은 마찬가지로 골짜기의 마을에서의 경험이 산속 마을에서의 경험과 같을 것이라고 대답하고 중년 남자는 미소를 지으며 계속 걸어 감	(D) 중년 남자의 질문에 젊은이에게 해 주었던 대답을 똑같이 하는 수도승

| 친절한 오답 풀이 |

오답 선택지	선택률	오답 이유
① (B)-(D)-(C)	6%	한 젊은이가 수도승을 만나 질문을 해도 되겠냐고 묻는 내용인 주어진 글 다음에는 젊은이가 질문을 하는 내용인 (C)가 와야 한다.
③ (C)-(D)-(B)	13%	한 중년 남자가 수도승에게 질문을 하고 떠나 온 마을에 대한 경험을 공유하는 내용인 (B) 다음에는 수도승이 중년 남자의 질문에 대한 답을 해주는 (D)가 와야 한다.
④ (D)-(B)-(C)	9%	
⑤ (D)-(C)-(B)	3%	

Q4 정답 ④ 정답률 66%

정답 풀이

(d)의 me는 젊은이를 가리키며, 나머지는 모두 수도승을 가리킨다.

| 친절한 오답 풀이 |

오답 선택지	선택률	오답 이유
① (a) you	6%	젊은이가 질문을 하나 해도 되는지 물은 대상은 수도승이다.
② (b) me	11%	중년 남성에게 떠나 온 마을은 어땠는지 말해달라고 한 사람은 수도승이다.
③ (c) you	10%	젊은이가 골짜기의 마을이 어떤지 알고 있는지 물은 대상은 수도승이다.
⑤ (e) I	7%	중년 남성에게 골짜기의 마을에서의 경험이 산속 마을에서의 경험과 같을 것이라고 말한 사람은 수도승이다.

Q5 정답 ⑤ 정답률 74%

정답 풀이

떠나온 산속 마을이 어땠는지에 대한 수도승의 질문에 중년 남자는 산속 마을을 떠나게 되어 슬프다고 했으므로 ⑤ '중년 남자는 산속에 있는 마을을 떠나서 기쁘다고 말했다'는 글의 내용과 일치하지 않는다.

| 친절한 오답 풀이 |

오답 선택지	선택률	오답 이유
① 한 수도승이 들판에서 일하고 있었다.	5%	(A)의 두 번째 문장의 a monk working in the fields를 보면 알 수 있다.
② 중년 남자는 골짜기에 있는 마을로 가는 중이었다.	5%	(B)의 두 번째 문장인 "I am going to the village in the valley," said the man을 보면 알 수 있다.
③ 수도승은 골짜기에 있는 마을에 대해 질문받았다.	6%	(B)의 두 번째 문장과 세 번째 문장의 "I am going to the village in the valley," said the man. "Do you know what it is like?"와 (C)의 첫 번째 문장의 I was wondering if you knew what it is like in the village in the valley를 보면 알 수 있다.
④ 수도승의 말을 듣고 젊은이는 고개를 숙였다.	10%	(C)의 여덟 번째 문장의 The young man lowered his head helplessly를 보면 알 수 있다.

Q6 정답 ① 정답률 66%

정답 풀이

'감사합니다'라는 말이 Anglo 사회에서 사용될 때와 타 문화에서 사용될 때 다른 규범이 적용될 수 있다는 예시를 통해 다른 집단의 규범을 모르면 소통에 문제가 생길 수 있다는 내용이므로, 글의 제목으로는 ① '규범: 사회적 생활과 문화적 소통을 위해'가 가장 적절하다.

친절한 지문분석

Norms are everywhere, / [defining {what is "normal"}] / and
규범은 어디에나 존재한다 / 무엇이 '정상적'인지를 규정하며 / 그리고
분사구문 1(동시동작) / 의문사절

[guiding our interpretations of social life / at every turn]. As a
사회적 생활에 대한 우리의 해석을 안내해 주며 / 모든 순간 / 간단한 예로
분사구문 2(병렬구조)

simple example, / there is a norm / in Anglo society / [to say
규범이 있다 / Anglo 사회에 / '감사합니다'라고
동격의 to부정사

Thank you / to strangers {who have just done something to help, /
말하는 / 도움을 줄 수 있는 무언가를 이제 막 해준 낯선 사람에게
주격 관계대명사절 / to부정사의 형용사적 용법

such as open a door for you, / point out <that you've just dropped
문을 열어 주는 것과 같이 / 여러분이 물건을 방금 떨어뜨렸다는 것을 짚어 주는 것
목적절

something>, / or give you directions}]. There is no law / [that
또는 길을 알려주는 것(과 같이) / 법은 없다 / 여러분이
주격 관계대명사절

forces you to say *Thank you*]. But / [if people don't say *Thank*
'감사합니다'라고 말하도록 강요하는 / 하지만 / 사람들이 '감사합니다'라고 말하지 않으면
force+목적어+to-v: (목적어)가 ~하도록 강요하다 / 조건의 부사절

you / in these cases] / it is marked. People expect / [that you will
이런 상황에서 그것은 눈에 띄게 된다 사람들은 기대한다 여러분이 그렇게
목적절

say it]. You become responsible. [Failing to say it] / will be both
말하기를 여러분은 책임을 지게 되는 것이다 그렇게 말하지 못하는 것은 (주변을) 놀라게
주어(동명사구) both A and B: A와 B 둘 다

surprising and worthy of criticism. [Not knowing the norms of
하기도 하고 비판을 받을 만하다 다른 집단의 규범을 모른다는 것은
주어(동명사구)

another community] / is the central problem of cross-cultural
문화 간 의사소통에서 중심적인 문제이다

communication. To continue the *Thank you* example, / [even
'감사합니다'의 예를 이어 보자면 비록
to부정사의 부사적 용법(문장 전체 수식) 양보의 부사절

though another culture may have an expression / {that appears
또 다른 문화권이 어떤 표현을 가지고 있다 할지라도 번역할 수 있는 것처럼
주격 관계대명사절

translatable}] / (many don't), / there may be different norms for
보이는 (다수는 그렇지 못하지만) 그것의 사용법에 대해 다른 규범이 있을 수 있다

its usage, / for example, / such that you should say *Thank you* /
예를 들어 '감사합니다'라고 말해야 한다는 것처럼

(that/which)
[only when the cost {someone has caused} is considerable]. In such
누군가가 초래한 대가가 상당할 때만 그 같은
시간의 부사절 목적격 관계대명사절

a case / it would sound ridiculous (i.e., unexpected, surprising,
상황에서 그것은 우스꽝스럽게(즉, 예상치 못하게, 놀랍게, 비판을 받을 만하게) 들릴 수 있을 것이다
가정법 과거

and worthy of criticism) / if you were to thank someone for
만약 여러분이 혹시라도 아주 사소한 일에 대해

something so minor / as holding a door open for you.
누군가에게 감사해한다면 여러분을 위해 문을 잡아주는 것과 같이

지문 해석

규범은 무엇이 '정상적'인지를 규정하고 모든 순간 사회적 생활에 대한 우리의 해석을 안내해 주며 어디에나 존재한다. 간단한 예로, 문을 열어 주거나, 여러분이 물건을 방금 떨어뜨렸다는 것을 짚어 주거나, 길을 알려주는 것과 같이 도움을 줄 수 있는 무언가를 이제 막 해 준 낯선 사람에게 '감사합니다'라고 말하는 규범이 Anglo 사회에 있다. 여러분이 '감사합니다'라고 말하도록 강요하는 법은 없다. 하지만 이런 상황에서 사람들이 '감사합니다'라고 말하지 않으면 그것은 눈에 띄게 된다. 사람들은 여러분이 그렇게 말하기를 기대한다. 여러분은 책임을 지게 되는 것이다. 그렇게 말하지 못하는 것은 (주변을) 놀라게 하기도 하고 비판을 받을 만하다. 다른 집단의 규범을 모른다는 것은 문화 간 의사소통에서 중심적인 문제이다. '감사합니다'의 예를 이어 보자면, 비록 또 다른 문화권이 번역할 수 있는 것처럼 보이는 어떤 표현(다수는 그렇지 못하지만)을 가지고 있다 할지라도, 그것의 사용법에 대해, 예를 들어, 누군가가 초래한 대가가 상당할 때만 '감사합니다'라고 말해야 한다는 것처럼 다른 규범이 있을 수 있다. 그 같은 상황에서 만약 여러분이 혹시라도, 여러분을 위해 문을 잡아 주는 것과 같이 아주 사소한 일에 대해 누군가에게 감사해한다면, 그것은 우스꽝스럽게(즉, 예상치 못하게, 놀랍게, 비판을 받을 만하게) 들릴 수 있을 것이다.

지문 흐름

규범은 무엇이 '정상적'인지를 규정하고 사회적 생활에 대한 우리의 해석을 안내해 줌	········	도입
↓		
Anglo 사회에는 도움을 준 사람에게 '감사합니다'라고 말하는 규범이 있는데, 이렇게 말하도록 강요하는 법은 없지만 말하지 않는다면 눈에 띄게 되고 주변으로부터 비판받을 만함	········	Anglo 문화권에서 '감사합니다'라고 말하는 규범
↓		
다른 문화권에서는 '감사합니다'라는 말을 누군가가 상당히 큰 일을 해주었을 때만 해야 해서 사소한 일에 대해 감사하다고 하면 우스꽝스럽게 들릴 수 있음	········	다른 문화권에서 '감사합니다'라고 말하는 규범

친절한 오답 풀이

오답 선택지	선택률	오답 이유
② 항상 "감사합니다"라고 말하는 것을 잊지 마라	25%	'감사합니다'라는 말이 Anglo 사회에서 사용될 때와, 타 문화에서 사용될 때 다른 규범이 적용될 수 있다는 내용이므로, 항상 '감사합니다'라고 말해야 하는 것은 글의 내용과 무관하다.
③ 자신의 행동에 책임을 지는 방법	6%	자신의 행동에 책임을 지는 방법에 대해서는 언급되지 않았다.
④ 자신을 해치지 말고 비판을 받아들여라	2%	비판을 받아들여야 한다는 내용은 언급되지 않았다.
⑤ 다양한 언어들은 어떻게 발전했을까?	2%	다양한 언어들이 어떻게 발전했는지에 대해서는 언급되지 않았다.

Q7 정답 ④ 정답률 44%

정답 풀이

다른 문화권에서는 Anglo 문화권에서와 달리 상대방이 상당히 큰 일을 해주었을 때에만 '감사합니다'라고 말해야 하는 규범이 있을 수도 있다고 했으므로, (d) similar(유사한)는 different(다른) 등이 되어야 한다.

친절한 오답 풀이

오답 선택지	선택률	오답 이유
① (a)	3%	Anglo 사회에서 '감사합니다'라고 말하는 규범에 대해 설명하고 있으므로, 도움(help)을 준 낯선 이에게 '감사합니다'라고 말하는 것은 적절하다.
② (b)	14%	도움을 받았을 때 '감사합니다'라고 말하는 것이 규범인데, 그렇게 하지 않는 것은(failing) 주변을 놀라게 하고 비판 받을 만하다는 말은 적절하다.
③ (c)	10%	다른 집단의 규범을 모른다는 것이 문화 간 의사소통에 미치는 영향에 대해 설명하고 있으므로 그 문제가 중심적(central)이라는 말은 적절하다.
⑤ (e)	29%	누군가가 상당한 일을 해주었을때만 '감사합니다'라고 말하는 문화에서는, 문을 잡아 주는 것과 같은 사소한(minor)일에 대해 감사해하는 것이 어색할 것이므로 우스꽝스럽게 들릴 수 있다는 말은 적절하다.

코드 공략하기

pp.157~163

01 ①	02 ⑤	03 ②	04 ⑤	05 ②	06 ①	07 ④
08 ⑤	09 ②	10 ④	11 ②	12 ③	13 ①	14 ②
15 ④	16 ②	17 ④				

01 정답 ① 정답률 75%

정답 풀이

매장에서 제품을 어떻게 배치하느냐가 소비자들의 구매 행동에 영향을 미치듯이 집에서 식품을 어디에 배치하는가가 건강한 식품에 더 손이 많이 가도록 영향을 미칠 수 있다는 내용이므로, 글의 제목으로는 ① '왜 우리는 음식 배치를 고려해야 하는가'가 가장 적절하다.

친절한 지문분석

Marketers have known / for decades [that you buy {what you
마케팅 담당자들은 알고 있었다 수십 년 동안 당신이 산다는 것을 당신이 먼저
현재완료(계속) 목적절 관계대명사절

see first}]. You are far more likely to purchase items [placed at
보는 것을 당신은 상품을 더욱 구매할 것 같다 눈높이에 놓인
be likely to-v: ~할 것 같다, ~하기 쉽다 과거분사구

eye level / in the grocery store], / for example, / than items [on
식료품점에서 예를 들어 상품보다 더
전치사구(형용사구)

the bottom shelf]. There is an entire body of research / about the
아래쪽 선반에 있는 매우 많은 연구가 있다 방식에 대한

way ["product placement" in stores influences your buying
매장에서의 '제품 배치'가 당신의 구매 행동에 영향을 미치는
관계부사절

behavior]. This gives you a chance to use product placement / to
이것은 당신에게 제품 배치를 이용할 기회를 준다
to부정사의 형용사적 용법

your advantage. Healthy items / like produce / are often the least
당신에게 유리하게 건강 품목은 농산물과 같은 종종 가장 눈에 띄지 않는
주어 ~ 같은(전치사) 동사

visible foods / at home. You won't think to eat [what you don't
음식이다 집에서 당신은 먹으려고 생각하지 않을 것이다 당신에게 보이지 않는
관계대명사절

see]. This may be part of the reason [why 85 percent of Americans /
것을 이것이 이유의 일부일지도 모른다 85%의 미국인들이
관계부사절

do not eat enough fruits and vegetables]. [If produce is hidden /
과일과 채소를 충분히 먹지 않는 만약 농산물이 숨겨져 있으면
조건의 부사절 수동태

in a drawer {at the bottom of your refrigerator}], these good foods
서랍에 당신의 냉장고 밑의 이 좋은 음식들은 시야와
전치사구(형용사구)

are out of sight and mind. The same holds true / for your pantry.
마음에서 벗어나 있다 마찬가지다 당신의 식료품 저장실에도

I used to have a shelf [lined with salty crackers and chips / at eye
나는 선반을 가지고 있었다 짭짤한 크래커와 칩이 줄지어 놓여 있는 눈높이에
used to-v: ~하곤 했다 과거분사구

level]. [When these were the first things {I noticed}], they were
이것들이 첫 번째 것들이었을 때 내게 눈에 띄는
=salty crackers and chips (that) 목적격 관계대명사절

my primary snack foods. That same shelf is now filled with healthy
그것들이 나의 주된 간식이었다 그 동일한 선반은 이제 건강한 간식으로 가득 차 있다
be filled with: ~로 가득 차다

snacks, [which makes good decisions easy]. Foods [that sit out on
좋은 결정을 내리기 쉽게 해준다 음식들은 식탁에 나와 있는
주격 관계대명사절(계속적 용법) 목적격보어 주어 주격 관계대명사절
make+목적어+목적격보어: (목적어)를 ~하게 만들다

tables] are even more critical. [When you see food / every time
훨씬 더 중요하다 당신이 음식을 보면 당신이 지나갈
동사 비교급 강조 시간의 부사절

you walk by], you are likely to grab it. So / to improve your
때마다 당신은 그것을 잡아채기 쉽다 따라서 당신의 선택을 개선하기 위해
to부정사의 부사적 용법(목적)

choices, / leave good foods / like apples and pistachios /
좋은 음식이 ~하도록 두어라 사과와 피스타치오 같은
동사 목적어 ~ 같은(전치사)
leave+목적어+목적격보어: (목적어)가 ~하게 두다

sitting out / instead of crackers and candy.
나와 있도록 크래커와 사탕 대신
목적격보어 ~ 대신에(전치사)

지문 해석

마케팅 담당자들은 당신이 먼저 보는 것을 산다는 것을 수십 년 동안 알고 있었다. 예를 들어, 당신은 식료품점에서 아래쪽 선반에 있는 상품보다 눈높이에 놓인 상품을 더 구매하기 쉽다. 매장에서의 '제품 배치'가 당신의 구매 행동에 영향을 미치는 방식에 대한 매우 많은 연구가 있다. 이것은 당신에게 유리하게 제품 배치를 이용할 기회를 준다. 농산물과 같은 건강 품목은 종종 집에서 가장 눈에 띄지 않는 음식이다. 당신은 보이지 않는 것을 먹으려고 생각하지 않을 것이다. 이것이 85%의 미국인들이 과일과 채소를 충분히 먹지 않는 이유의 일부일지도 모른다. 만약 농산물이 당신의 냉장고 밑의 서랍에 숨겨져 있으면, 이 좋은 음식들은 시야와 마음에서 벗어나 있다. 당신의 식료품 저장실에도 마찬가지다. 나는 눈높이에 짭짤한 크래커와 칩이 줄지어 놓여 있는 선반을 가지고 있었다. 이것들이 내게 눈에 띄는 첫 번째 것들이었을 때, 나의 주된 간식이었다. 그 동일한 선반은 이제 건강한 간식으로 가득 차 있어, 좋은 결정을 내리기 쉽게 해준다. 식탁에 나와 있는 음식들은 훨씬 더 중요하다. 당신이 지나갈 때마다 음식을 보면, 당신은 그것을 잡아채기 쉽다. 따라서 당신의 선택을 개선하기 위해, 크래커와 사탕 대신 사과와 피스타치오 같은 좋은 음식이 나와 있도록 두어라.

지문 흐름

마케팅 담당자들은 당신이 먼저 보는 것을 산다는 것을 알고 있었음	········	도입
⬇ 아래쪽 선반에 있는 상품보다 눈높이에 있는 상품을 구매할 가능성이 더 높음	········	예시
⬇ 매장에서의 제품 배치가 구매 행동에 영향을 미치는 방식에 대한 연구가 많으며, 이는 당신에게 유리하게 제품 배치할 기회를 줌	········	주제
⬇ 농산물과 같은 건강한 식품은 냉장고 밑 서랍 속에 숨겨져 있으면 가장 눈에 띄지 않아서 먹고 싶은 생각이 들지 않음	········	예시 1
⬇ 식료품 저장실에 짭짤한 크래커와 칩이 눈높이의 선반에 있을 때는 그것이 주된 간식이었으나, 지금은 건강한 간식으로 채워서 좋은 결정을 내리기 쉬움	········	예시 2
⬇ 식탁에 나와 있는 음식은 지나갈 때마다 그것을 보면 그것을 잡아채기 쉽기 때문에, 더 나은 선택을 위해 크래커와 사탕 대신 사과와 피스타치오 같은 좋은 음식이 나와 있도록 해야 함	········	예시 3

친절한 오답 풀이

오답 선택지	선택률	오답 이유
② 즐거움은 당신이 사는 것에서 오지 않는다	5%	즐거움과 구매 행동의 관계에 대해서는 언급되지 않았다.
③ 당신은 보이는 것과 보이지 않는 것 중 어느 쪽을 믿는가?	8%	눈에 더 잘 보이는 음식을 더 많이 먹는다는 내용은 나왔지만, 보이는 것과 보이지 않는 것 중 어느 쪽을 믿느냐는 내용은 글과 무관하다.
④ 건강의 비결: 덜 먹고, 더 많이 움직여라	7%	적게 먹고 많이 움직이라는 내용은 글의 내용과 무관하다.
⑤ 물건을 정리하는 세 가지 효과적인 방법	2%	물건을 정리하는 방법은 지문의 글과 무관하다.

02 　정답 ⑤ 　정답률 54%

정답 풀이

글 전체에서 눈에 보이지 않는 것은 먹으려고 생각하지 않고 눈에 먼저 띄는 음식을 먼저 먹는다고 했고, 지나갈 때마다 음식을 보면 그것을 집어 먹기 쉽다고 하는 것이 자연스러우므로 (e) avoid(피하다)는 grab(잡아채다, 붙잡다) 등이 되어야 한다.

친절한 오답 풀이

오답 선택지	선택률	오답 이유
① (a)	8%	뒷 문장에서 당신은 보이지 않는 것을 먹으려고 생각하지 않는다고 했으며, 85%의 미국인들이 과일과 채소를 충분히 먹지 않는 이유일지도 모른다고 한 것으로 보아, 건강한 식품이 집에서 가장 덜(least) 눈에 띄는 음식이라는 말은 적절하다.
② (b)	9%	농산물이 서랍 안에 있고 마음과 시야에서 벗어나 있다고 했으므로, 숨겨져(hidden) 있다는 말은 적절하다.
③ (c)	11%	나에게 제일 먼저 눈에 띄는 것이라고 했으므로, 그것들이 주된(primary) 간식이라는 말은 적절하다.
④ (d)	15%	선반이 건강에 좋은 간식으로 차 있다고 했으므로, 좋은 결정, 즉 몸에 좋은 간식을 먹는 것을 쉽게(easy) 만들어 주었다는 말은 적절하다.

03 정답 ② 정답률 83%

정답 풀이

사냥에 대해 엄청난 열정을 가진 젊은 왕이 매년 한 번씩 왕국 근처의 숲으로 사냥하러 갔다는 내용의 (A)에 이어, 사냥철에 왕이 큰 수사슴을 잡아서 그 사슴의 가죽으로 사냥용 북을 만들도록 명령하였다는 (C)가 이어지고, 다음 해에 그 북으로 동물을 몰았는데, 암사슴 한 마리가 도망가지 않고 그 북을 핥기 시작했다는 (B)가 이어진 후, 동물도 상실의 고통을 느낀다는 것을 깨달은 왕이 다시는 결코 야생 동물을 사냥하지 않겠다고 약속한다는 (D)로 이어지는 것이 가장 자연스럽다.

친절한 지문분석

(A)

Once upon a time, / there lived a young king / [who had a great
옛날 옛적에 / 젊은 왕이 살았다 / 엄청난 열정을
주격 관계대명사절

passion / for hunting]. His kingdom was located / at the foot of
가진 / 사냥에 대해 / 그의 왕국은 위치해 있었다 / 히말라야 산맥의
수동태

the Himalayas. Once every year, he would go hunting / in the
기슭에 / 매년 한 번씩 그는 사냥하러 가고는 했다
~하곤 했다(과거의 습관) go v-ing: ~하러 가다

nearby forests. He would make all the necessary preparations, /
근처의 숲으로 / 그는 모든 필요한 준비를 하곤 했다
~하곤 했다(과거의 습관)

and then (would) set out for his hunting trip.
그러고 나서 자신의 사냥 여행을 떠나고는 했다

(C)

Like all other years, / the hunting season had arrived.
다른 모든 해처럼 / 사냥철이 왔다
~처럼(전치사)

Preparations began in the palace / and the king got ready
궁궐에서 준비가 시작되었다 / 그리고 왕은 자신의 사냥 여행을

for his hunting trip. Deep in the forest, / he spotted a beautiful
갈 준비를 했다 / 숲속 깊은 곳에서 / 그는 아름다운 야생 사슴을
부사구

wild deer. It was a large stag. His aim was perfect. [When he
발견했다 / 그것은 큰 수사슴이었다 / 그의 겨냥은 완벽했다 / 그가
시간의 부사절

killed the deer / with just one shot of his arrow], / the king was
그 사슴을 죽였을 때 / 단 한 발의 화살로 / 왕은

filled with pride. The proud hunter ordered / a hunting drum to
의기양양했다 / 그 의기양양한 사냥꾼은 명령했다 / 사냥용 북이
order+목적어+to-v: (목적어)가 ~하도록 명령하다

be made / out of the skin of the deer.
만들어지도록 / 그 사슴의 가죽으로
to be+p.p.: to부정사의 수동태

(B)

Seasons changed. A year passed by. And it was time to go
계절이 바뀌었다 / 1년이 지나갔다 / 그리고 또다시 사냥하러
it is time to-v: ~할 시간이다

hunting once again. The king went to the same forest / as the
갈 때가 되었다 / 왕은 같은 숲으로 갔다 / 작년과
the same+명사+as: ~와 같은 (명사)

previous year. He used his beautiful deerskin drum / to round
그는 아름다운 사슴 가죽으로 만든 북을 사용했다 / 동물을 몰았다
to부정사의 부사적 용법(결과)

up animals. But none came. All the animals ran for safety, /
그러나 아무도 오지 않았다 / 모든 동물이 안전한 곳으로 도망쳤다

except one doe. She came closer and closer to the drummer.
암사슴 한 마리를 제외하고 / 암사슴은 북 치는 사람에게 점점 더 가까이 다가왔다
비교급+and+비교급: 점점 더 ~한/하게

Suddenly, / she started fearlessly licking the deerskin drum.
갑자기 / 암사슴은 두려움 없이 사슴가죽으로 만든 북을 핥기 시작했다
start v-ing[to-v]: ~하는 것을 시작하다

(D)

The king was surprised / by this sight. An old servant had an
왕은 놀랐다 / 이 광경을 보고 / 한 나이 든 신하가 이유를

answer / to this strange behavior. "The deerskin / [used to
알고 있었다 / 이 이상한 행동에 대한 / 사슴 가죽은 / 이 북을
주어 / 과거분사구

make this drum] / belonged to her mate, the deer / [who we
만드는 데 사용된 / 암사슴의 짝의 것인데 그 사슴입니다 / 우리가
to부정사의 부사적 용법(목적) / 동사 / 동격의 쉼표 / 목적격 관계대명사절

hunted last year]. This doe is mourning the death of her mate," /
작년에 사냥한 / 이 암사슴은 짝의 죽음을 애도하고 있는 것입니다
be v-ing(현재진행형)

the man said. Upon hearing this, / the king had a change of
그 남자는 말했다 / 이 말을 듣자마자 / 왕은 마음을 바꾸었다
(up)on v-ing: ~하자마자

heart. He had never realized / [that an animal, too, felt the pain
그는 전혀 몰랐었다 / 동물도 역시 상실의 고통을 느낀다는
과거완료 / 목적절

of loss]. He made a promise, / from that day on, / to never again
것을 / 그는 약속했다 / 그날 이후 / 다시는 결코
삽입구 / to부정사의 형용사적 용법

hunt wild animals.
야생 동물을 사냥하지 않겠다고

지문 해석

(A)

옛날 옛적에 사냥에 대해 엄청난 열정을 가진 젊은 왕이 살았다. 그의 왕국은 히말라야 산맥의 기슭에 위치해 있었다. 매년 한 번씩, 그는 근처의 숲으로 사냥하러 가고는 했다. (a) 그는 모든 필요한 준비를 하고 자신의 사냥 여행을 떠나고는 했다.

(C)

다른 모든 해처럼 사냥철이 왔다. 궁궐에서 준비가 시작되었고 왕은 (c) 자신의 사냥 여행을 갈 준비를 했다. 숲속 깊은 곳에서 그는 아름다운 야생 사슴을 발견했다. 그것은 큰 수사슴이었다. 그의 겨냥은 완벽했다. 단 한 발의 화살로 그 사슴을 잡고서 왕은 의기양양했다. (d) 그 의기양양한 사냥꾼은 그 사슴의 가죽으로 사냥용 북을 만들도록 명령했다.

(B)

계절이 바뀌었다. 1년이 지나갔다. 그리고 또다시 사냥하러 갈 때가 되었다. 왕은 작년과 같은 숲으로 갔다. (b) 그는 아름다운 사슴 가죽으로 만든 북을 사용하여 동물을 몰았다. 그러나 아무도 오지 않았다. 모든 동물이 안전한 곳으로 도망쳤는데, 암사슴 한 마리는 예외였다. 암사슴은 북 치는 사람에게 점점 더 가까이 다가왔다. 갑자기, 암사슴은 두려움 없이 사슴가죽으로 만든 북을 핥기 시작했다.

(D)

이 광경을 보고 왕은 놀랐다. 한 나이 든 신하가 이 이상한 행동의 이유를 알고 있었다. "이 북을 만드는 데 사용된 사슴 가죽은 암사슴의 짝의 것인데, 우리가 작년에 사냥한 그 사슴입니다. 이 암사슴은 짝의 죽음을 애도하고 있는 것입니다."라고 (e) 그 남자는 말했다. 이 말을 듣자마자, 왕은 마음을 바꾸었다. 그는 동물도 역시 상실의 고통을 느낀다는 것을 전혀 몰랐었다. 그는 그날 이후 다시는 결코 야생 동물을 사냥하지 않겠다고 약속했다.

지문 흐름

사냥에 대해 엄청난 열정을 가진 젊은 왕이 매년 한 번씩 왕국 근처의 숲으로 사냥하러 감 ········	(A) 사냥을 좋아하는 왕
↓ 왕이 큰 수사슴을 잡아서 그 사슴의 가죽으로 사냥용 북을 만들도록 명령함 ········	(C) 사냥한 수사슴의 가죽으로 사냥용 북을 만듦
↓ 다음 해에 그 북으로 동물을 몰았는데, 암사슴 한 마리가 도망가지 않고 북을 핥기 시작함 ········	(B) 그 북을 핥는 암사슴
↓ 동물도 상실의 고통을 느낀다는 것을 깨닫고 왕은 다시는 결코 야생 동물을 사냥하지 않겠다고 약속함 ········	(D) 다시는 사냥을 하지 않겠다고 약속하는 왕

| 친절한 오답 풀이 |

오답 선택지	선택률	오답 이유
① (B) – (D) – (C)	2%	수사슴을 잡아 그 가죽으로 북을 만들었다는 (C)가 암사슴이 사슴 가죽으로 만든 북을 핥기 시작했다는 (B)보다 먼저 와야 하고, (B)가 왕이 그 모습을 보고 동물도 상실의 고통을 느낀다고 깨닫는 (D)보다 먼저 와야 한다.
③ (C) – (D) – (B)	6%	
④ (D) – (B) – (C)	3%	
⑤ (D) – (C) – (B)	3%	

04 정답 ⑤ 정답률 82%

정답 풀이

(e)의 the man은 한 나이 든 신하를 가리키며, 나머지는 모두 왕을 가리킨다.

| 친절한 오답 풀이 |

오답 선택지	선택률	오답 이유
① (a) He	2%	모든 필요한 준비를 하고 자신의 사냥 여행을 떠난 사람은 왕이다.
② (b) He	4%	아름다운 사슴 가죽으로 만든 북을 사용하여 동물을 몬 것은 왕이다.
③ (c) his	3%	왕이 그의 사냥 여행을 갈 준비를 한 것이다.
④ (d) The proud hunter	7%	사슴의 가죽으로 사냥용 북을 만들도록 명령한 것은 왕이다.

05 정답 ② 정답률 80%

정답 풀이

암사슴은 도망가지 않고 북 치는 사람에게 점점 더 가까이 다가와서 두려움 없이 사슴 가죽으로 만든 북을 핥기 시작했다고 했으므로, ② '암사슴은 북 치는 사람으로부터 도망갔다'는 글의 내용과 일치하지 않는다.

| 친절한 오답 풀이 |

오답 선택지	선택률	오답 이유
① 왕은 매년 근처의 숲으로 사냥 여행을 갔다.	2%	(A)의 세 번째 문장 Once every year, he would go hunting in the nearby forests를 보면 알 수 있다.
③ 왕은 화살로 단번에 수사슴을 맞혔다.	7%	(C)의 여섯 번째 문장 When he killed the deer with just one shot of his arrow를 보면 알 수 있다.
④ 한 나이 든 신하가 암사슴의 행동의 이유를 알고 있었다.	6%	(D)의 두 번째 문장 An old servant had an answer to this strange behavior를 보면 알 수 있다.
⑤ 왕은 다시는 야생 동물을 사냥하지 않겠다고 약속했다.	2%	(D)의 마지막 문장 He made a promise, from that day on, to never again hunt wild animals를 보면 알 수 있다.

06 정답 ① 정답률 85%

정답 풀이

실험 결과, 이른 혹은 늦은 취침 시간이 심장 혈관 건강과 체내 시계에 부정적인 결과를 초래할 수 있으므로 밤 10시와 밤 11시 사이의 취침 시간이 가장 좋다고 설명하는 내용이므로, 글의 제목으로는 ① '당신의 심장을 위한 가장 좋은 취침 시간'이 가장 적절하다.

친절한 지문분석

U.K. researchers say / [(that) a bedtime of between 10 p.m. and 11 p.m. is best]. They say / [(that) people {who go to sleep between these times} have / a lower risk of heart disease]. Six years ago, / the researchers collected data on the sleep patterns / of 80,000 volunteers. The volunteers had to wear / a special watch / for seven days / so (that) the researchers could collect data / on their sleeping and waking times. The scientists then monitored / the health of the volunteers. Around 3,000 volunteers later showed heart problems. They went to bed / earlier or later / than the ideal 10 p.m. to 11 p.m. timeframe.

영국 연구원들은 이야기한다 / 밤 10시와 밤 11시 사이의 취침 시간이 가장 좋다는 것을 (목적절) / 그들은 이야기한다 / 이 시간대 사이에 잠드는 사람들이 가지고 있다는 것을 (목적절, 주격 관계대명사절) / 더 낮은 심장 질환의 위험성을 / 6년 전 / 그 연구원들은 / 수면 패턴 데이터를 수집했다 / 8만명의 자원자들의 / 그 자원자들은 착용해야만 했다 / 특별한 시계를 / 7일간 / 연구원들이 데이터를 수집할 수 있도록 (so (that)+S+V: ~하기 위하여, ~하도록) / 그들의 수면과 기상 시간에 대한 (현재분사 1, 현재분사 2(times 수식)) / 그리고 나서 연구원들은 관찰했다 / 그 자원자들의 건강에 대해 / 약 3천명의 자원자들이 이후에 심장 문제를 보였다 / 그들은 잠자리에 들었다 (They = the volunteers) / 더 이르게 혹은 더 늦게 / 밤 10시에서 밤 11시 사이의 이상적인 시간대보다

One of the authors of the study, / Dr. David Plans, commented / on his research / and the effects of bedtimes on the health of our heart. He said / (that) the study could not give / a certain cause / for their results, but it suggests / {that early or late bedtimes may be more likely to disrupt the body clock, / with negative consequences for cardiovascular health}]. He said / [that it was important / for our body to wake up / to the morning light], / and [that the worst time to go to bed was after midnight / {because it may reduce / the likelihood of seeing morning light / [which resets the body clock]}]. He added / [that we risk cardiovascular disease / {if our body clock is not reset properly}].

그 연구 저자중 한 명 (one of the+복수명사: ~ 중에 하나) / Dr. David Plans는 언급했다 / 그의 연구에 대해 (목적어 1) / 그리고 취침 시간이 우리의 심장 건강에 끼치는 영향(에 대해) (목적어 2(병렬구조)) / 그는 이야기했다 / 그 연구가 제시할 수는 없다 (목적절) / 특정한 원인을 / 그들의 결과에 대한 / 하지만 그것은 제시한다 (it = the study) / 이른 혹은 늦은 취침 시간이 (목적절) / 체내 시계를 혼란케 할 가능성이 더 높을 수 있다는 것을 (be likely to-v: ~할 가능성이 있다) / 심장 혈관 건강에 부정적인 결과와 함께 / 그는 이야기했다 / 중요하다는 것을 (목적절 1) / 우리의 몸이 일어나는 것이 / 아침 빛에 맞추어 / 그리고 / 잠자리에 드는 가장 나쁜 시간이 자정 이후라는 것을 (목적절 2(병렬구조)) / 왜냐하면 (이유의 부사절) / 낮출 수도 있다 / 아침 빛을 볼 가능성을 / 우리의 체내 시계를 재설정하는 (주격 관계대명사절) / 그는 덧붙였다 / 우리가 심장 혈관 질환의 위험을 안게 된다는 것을 (목적절) / 만약 우리의 체내 시계가 적절하게 재설정되지 않으면 (조건의 부사절)

지문 해석

영국 연구원들은 밤 10시와 밤 11시 사이의 취침 시간이 가장 좋다고 이야기한다. 그들은 이 시간대 사이에 잠드는 사람들이 더 낮은 심장 질환의 위험성을 가지고 있다고 이야기한

다. 6년 전, 그 연구원들은 8만명의 자원자들의 수면 패턴 데이터를 수집했다. 그 자원자들은 연구원들이 그들의 수면과 기상 시간에 대한 데이터를 수집할 수 있도록 7일간 특별한 시계를 착용해야만 했다. 그리고 나서 연구원들은 그 자원자들의 건강에 대해 관찰했다. 약 3천명의 자원자들이 이후에 심장 문제를 보였다. 그들은 밤 10시에서 밤 11시 사이의 이상적인 시간대보다 더 이른 혹은 더 늦은 시간에 잠자리에 들었다.
그 연구 저작자 중 한 명인, Dr. David Plans는 그의 연구와 우리의 심장 건강에 취침 시간이 끼치는 영향에 대해 언급했다. 그는 그 연구가 그들의 결과에 특정한 원인을 제시할 수는 없지만, 이른 혹은 늦은 취침 시간이 심장 혈관 건강에 부정적인 결과와 함께 체내 시계를 혼란케 할 가능성이 더 높을 수 있다고 그 연구가 제시한다고 이야기했다. 그는 우리의 몸이 아침 빛에 맞추어 일어나는 것이 중요하고, 잠자리에 드는 가장 나쁜 시간이 자정 이후인데 그것은 우리의 체내 시계를 재설정하는 아침 빛을 볼 가능성을 낮출 수도 있기 때문이다. 그는 만약 우리의 체내 시계가 적절하게 재설정되지 않으면 우리가 심장 혈관 질환의 위험을 안게 된다고 덧붙였다.

지문 흐름

영국 연구원들에 의하면 밤 10시와 밤 11시 사이의 취침 시간이 가장 좋으며 이 시간대 사이에 잠드는 사람들이 더 낮은 심장 질환의 위험성을 가지고 있음 ········ 요지

↓

6년 전, 8만명의 자원자들의 수면 패턴 데이터를 분석하고 그들의 건강에 대해 관찰한 결과 밤 10시에서 밤 11시 사이의 이상적인 시간대보다 더 이른 혹은 더 늦은 시간에 잠자리에 든 약 3천명의 자원자들이 이후에 심장 문제를 보임 ········ 근거

↓

Dr. David Plans는 이른 혹은 늦은 취침 시간이 심장 혈관 건강에 부정적인 결과와 함께 체내 시계를 혼란케 할 가능성이 더 높을 수 있다고 함 ········ 부연

↓

우리의 몸이 아침 빛에 맞추어 일어나는 것이 중요하기 때문에 우리의 체내 시계를 재설정하는 아침 빛을 볼 가능성이 낮은 자정 이후가 잠자리에 드는 가장 나쁜 시간이고, 우리의 체내 시계가 적절하게 재설정되지 않으면 심장 혈관 질환의 위험을 안게 될 것임 ········ 상술

친절한 오답 풀이

오답 선택지	선택률	오답 이유
② 늦은 취침 시간은 나이의 문제이다	3%	취침 시간과 나이의 상관관계에 대해서는 언급되지 않았다.
③ 깊은 잠을 위해: 불을 꺼라	3%	깊은 잠을 자기 위해서는 불을 꺼야 한다는 내용은 언급되지 않았다.
④ 취침 패턴은 성격을 반영한다	6%	취침 패턴과 성격의 상관관계에 대해서는 언급되지 않았다.
⑤ 규칙적인 운동: 좋은 잠을 위한 기적	3%	규칙적인 운동을 하면 수면의 질이 올라간다는 내용은 언급되지 않았다.

07 정답 ④ 정답률 73%

정답 풀이

밤 10시에서 밤 11시 사이의 이상적인 시간대보다 더 이른 혹은 더 늦은 시간에 잠자리에 든 약 3천명의 실험자들이 이후에 심장 문제를 보였다는 점에서 너무 이른 혹은 늦은 취침 시간은 '부정적인' 결과를 초래할 수 있다는 내용이 적절하므로 (d) positive(긍정적인)는 negative(부정적인)가 되어야 한다.

친절한 오답 풀이

오답 선택지	선택률	오답 이유
① (a)	4%	밤 10시와 밤 11시 사이에 잠드는 사람들이 더 낮은(lower) 심장 질환의 위험성을 가지고 있다는 말은 적절하다.
② (b)	8%	밤 10시에서 밤 11시 사이의 시간대는 취침하기에 이상적인(ideal) 시간대라는 말은 적절하다.
③ (c)	5%	심장 건강에 취침 시간이 영향(effects)를 미친다는 말은 적절하다.
⑤ (e)	10%	자정 이후에 잠드는 것은 우리의 체내 시계를 재설정하는 아침 빛을 볼 가능성을 낮춘다(reduce)는 말은 적절하다.

배경지식

체내 시계

체내 시계 또는 생체 시계는 내재성 기구로 생체리듬을 나타낸다. 포유동물의 시상하부에는 시교차상핵이 존재한다. 이곳에 시신경의 일부가 통하여, 바깥 세계의 명암, 즉 낮과 밤의 주기에 따라 시각을 맞추게 된다. 이 몸속의 기제를 통해 생리 활동이 주기적으로 반복된다. 즉, 체내 시계에 따라 외부 환경이 변하더라도 일정한 시간에 일어나고, 식사를 하고, 잠이 드는 등의 활동을 하게 된다. 기계적인 시계의 오차나 고장과 마찬가지로 개체가 빛이나 소리 등 외부의 자극으로부터 완전히 단절된 시간이 지속되면 체내 시계도 소실될 수 있다. 최근 생체리듬을 일정하게 유지하는 것이 우리 몸의 면역력을 지키고 정신질환을 예방하는 데 도움이 된다는 연구가 잇따라 발표되며 체내 시계의 중요성이 강조되고 있다.

08 정답 ⑤ 정답률 76%

정답 풀이

파일럿 교육생이 바다 위를 날고 있고, 옆에 탄 비행 교관이 비행 중 돌발 비상 상황 대처 훈련을 시작할 때를 기다리고 있다는 내용의 (A)에 이어, 비행기가 난기류를 만났을 때 교관이 숨겨진 버튼을 눌러서 비행기 안의 모니터가 꺼졌고, 이로 인해 교육생이 당황한 내용의 (D)가, 그다음 당황한 교육생에게 교관이 차분히 비행에 집중하라고 용기를 준 내용의 (C)가 이어진 뒤, 한 줄을 이뤄 항해하는 배들을 발견하여 안전하게 복귀하는 길을 알 수 있게 되었다는 (B)로 이어지는 것이 가장 자연스럽다.

친절한 지문분석

(A)

An airplane flew high above the deep blue seas / far from any land.
비행기가 깊고 푸른 바다 위를 높이 날았다 / 육지에서 멀리 떨어진

❶ Flying the small plane was a student pilot / [who was sitting alongside an experienced flight instructor]. [As the student looked out the window], / she was filled with wonder and appreciation / for the beauty of the world. Her instructor, / meanwhile, / waited patiently for the right time / [to start a surprise flight emergency training exercise].
소형 비행기를 조종하고 있는 것은 한 파일럿 교육생이었다 (도치구문) / 노련한 비행 교관과 나란히 앉아 있는 (주격 관계대명사절) / 교육생이 창문 밖을 바라볼 때 (시간의 부사절) / 그녀는 경이로움과 감탄으로 가득 찼다 (be filled with: ~로 가득 차다) / 세상의 아름다움에 대한 / 비행 교관은 / 한편 / 적절한 때를 인내심을 가지고 기다리고 있었다 / 비행 중 돌발 비상 상황 대처 훈련을 시작할 (to부정사의 형용사적 용법)

(D)

[When the plane hit a bit of turbulence], / the instructor pushed a hidden button. Suddenly, / all the monitors [inside the plane] flashed
비행기가 약간의 난기류를 만났을 때 (시간의 부사절) / 교관은 숨겨진 버튼을 눌렀다 / 갑자기 / 비행기 안의 모든 모니터가 여러 번 깜박였다 (전치사구(형용사구))

several times / then went out completely! Now the student was
그러고 나서 완전히 꺼졌다 이제 교육생은 비행기를 조종하고

in control of an airplane / [that was flying well], / but she had no
있었다 잘 날고 있는 하지만 그녀는 알 방도가
be in control of ~을 장악[통제]하다 주격 관계대명사절

indication / of [where she was or where she should go]. She did
없었다 자신이 어디에 있는지 혹은 어디로 가야 하는지에 대해 그녀는 지도는
의문사절(전치사의 목적어) 조동사 do(강조)

have a map, / but no other instruments. She was at a loss / and then
가지고 있었다 하지만 다른 도구는 가지고 있지 않았다 그녀는 어쩔 줄 몰라 했다 그리고 그때
어쩔 줄을 모르는

the plane shook again.
비행기가 다시 흔들렸다

(C)

[When the student began to panic], / the instructor said, / "Stay
교육생이 당황하기 시작하자 교관은 말했다 침착하세요
시간의 부사절 to부정사의 명사적 용법(목적어)

calm and steady. / You can do it." Calm as ever, / the instructor
당신은 할 수 있습니다 여느 때처럼 침착하게 교관은 교육생에게
(Being) 분사구문(동시동작)

told her student, / "Difficult times always happen / during flight. /
말했다 항상 어려운 상황이 발생합니다 비행 중에는

The most important thing is to focus on your flight / in those
가장 중요한 것은 비행에 집중하는 것입니다 그러한 상황에서는
to부정사의 명사적 용법(보어)

situations." Those words encouraged the student to focus on flying
그 말이 교육생이 먼저 비행에 집중할 수 있게끔 용기를 주었다
encourage+목적어+to-v: (목적어)가 ~하도록 격려하다

the aircraft first. "Thank you, / I think [(that) I can make it]," / she said, /
감사합니다 제가 해낼 수 있을 것 같아요 그녀는 말했다
목적절

"As I've been trained, / I should search for visual markers."
훈련받은 대로 저는 시각 표식을 찾아야겠어요
~한 대로(접속사) 현재완료 수동태

(B)

Then, / the student carefully flew low enough to see / [if she could
그런 다음 교육생은 확인할 수 있을 정도로 충분히 낮게 조심히 비행하였다 배가 보이는지
부사+enough+to-v: ~할 만큼 충분히 …하게
목적절

find any ships / {making their way across the surface of the
바다 표면을 가로지르는
현재분사구

ocean}]. Now / the instructor and the student could see some ships.
이제 교관과 교육생은 배 몇 척을 볼 수 있었다

[Although the ships were far apart], / they were all sailing in a line. /
배들은 멀리 떨어져 있었지만 모두 한 줄을 이루고 항해하고 있었다
양보의 부사절

With the line of ships in view, / the student could see the way to
배들이 줄을 지어 있는 것이 보이자 교육생은 안전하게 복귀하는 길을 알 수 있었다
전치사구

home and safety. The student looked at her in relief, / [who smiled
교육생은 안도하며 그녀를 바라봤고 그녀도 교육생을
주격 관계대명사절(계속적 용법)

proudly back at her student].
향해 자랑스럽게 웃어보였다

❶ 주어가 길어 문장의 뒤로 보내고 「현재분사+be동사+주어」의 순서로 도치되었다.

지문 해석

(A)

비행기가 육지에서 멀리 떨어진 깊고 푸른 바다 위를 높이 날았다. 소형 비행기를 조종하고 있는 것은 노련한 비행 교관과 나란히 앉아 있는 한 파일럿 교육생이었다. 교육생이 창문 밖을 바라볼 때, 그녀는 세상의 아름다움에 대한 경이로움과 감탄으로 가득 찼다. 한편, 비행 교관은 비행 중 돌발 비상 상황 대처 훈련을 시작할 적절한 때를 인내심을 가지고 기다리고 있었다.

(D)

비행기가 약간의 난기류를 만났을 때, 교관은 숨겨진 버튼을 눌렀다. 갑자기, 비행기 안의 모든 모니터가 여러 번 깜박이다가 완전히 꺼졌다! 이제 교육생은 잘 날고 있는 비행기를 조종하고 있었지만, 그녀는 자신이 어디에 있는지 혹은 어디로 가야 하는지 알 방도가 없었다. 그녀는 지도는 가지고 있었지만, 다른 도구는 가지고 있지 않았다. 그녀는 어쩔 줄 몰라 했고 그때 비행기가 다시 흔들렸다.

(C)

교육생이 당황하기 시작하자 교관은 "침착하세요. 당신은 할 수 있습니다."라고 말했다. 여느 때처럼 침착하게, 교관은 교육생에게 "비행 중에는 항상 어려운 상황이 발생합니다. 그러한 상황에서 가장 중요한 것은 비행에 집중하는 것입니다."라고 말했다. 그 말이 교육생이 먼저 비행에 집중할 수 있게끔 용기를 주었다. "감사합니다. 제가 해낼 수 있을 것 같아요."라고 그녀는 말했다. "훈련받은 대로, 저는 시각 표식을 찾아야겠어요."

(B)

그런 다음 교육생은 바다 표면을 가로지르는 배가 보이는지 확인할 수 있을 정도로 충분히 낮게 조심히 비행하였다. 이제 교관과 교육생은 배 몇 척을 볼 수 있었다. 배들은 멀리 떨어져 있었지만 모두 한 줄을 이루고 항해하고 있었다. 배들이 줄을 지어 있는 것이 보이자, 교육생은 안전하게 복귀하는 길을 알 수 있었다. 교육생은 안도하며 그녀를 바라봤고, 그녀도 교육생을 향해 자랑스럽게 웃어보였다.

지문 흐름

파일럿 교육생이 소형 비행기를 조종하며 푸른 바다 위를 날고 있고, 옆에 탄 비행 교관은 비행 중 돌발 비상 상황 대처 훈련을 시작할 때를 기다리고 있음	(A) 비행훈련 시작
↓	
비행기가 난기류를 만났을 때 교관이 숨겨진 버튼을 눌러서 비행기 안의 모니터가 꺼졌고, 이로 인해 교육생은 어쩔 줄 몰라함	(D) 비행훈련 중 돌발 상황 발생
↓	
당황한 교육생에게 교관은 차분히 비행에 집중하라고 용기를 주고, 교육생은 그 말에 따라 훈련받은 대로 시각 표식을 찾아보겠다고 함	(C) 당황한 교육생에게 용기를 준 교관
↓	
조심스럽게 낮게 비행하며 한 줄을 이뤄 항해하는 배들을 발견하여 안전하게 복귀하는 길을 알 수 있게 되자 교관이 자랑스럽게 웃음	(B) 돌발 상황 해결

친절한 오답 풀이

오답 선택지	선택률	오답 이유
① (B)-(D)-(C)	5%	비행기의 모니터가 모두 꺼져서 교육생이 당황했다는 내용의 (D)가, 그 상황을 헤쳐 나가는 내용인 (C)와 (B)보다 먼저 나와야 한다.
② (C)-(B)-(D)	5%	
③ (C)-(D)-(B)	9%	
④ (D)-(B)-(C)	7%	(C)의 맨 마지막에 시각 표식을 찾아보겠다고 하는 교육생의 말이 나오고 (B) 맨 앞에 (시각 표식으로서) 바다 위를 항해하는 배를 찾고자 낮게 비행했다는 내용이 이어지므로, (C) 다음에 (B)로 이어져야 한다.

09 정답 ② 정답률 73%

정답 풀이

(b)의 her는 비행 교관을 가리키며, 나머지는 모두 교육생을 가리킨다.

친절한 오답 풀이

오답 선택지	선택률	오답 이유
① (a) she	3%	창문 밖을 바라보며 세상의 아름다움에 대한 경이로움과 감탄으로 가득 찬 사람은 교육생이다.

③ (c) You	11%	교관이 교육생에게 "당신은 할 수 있어요."라고 말했으므로 여기서 You는 교육생을 가리킨다.
④ (d) I	8%	스스로 해낼 수 있다고 말한 사람은 교육생이다.
⑤ (e) she	4%	모니터가 꺼진 바람에 자신이 어디에 있는지, 어디로 가야 하는지 알 방도가 없는 사람은 교육생이다.

10 정답 ④ 정답률 74%

정답 풀이

비행기가 난기류를 만났을 때, 교관이 숨겨진 버튼을 눌러서 비행기 안의 모든 모니터가 여러 번 깜박이다가 완전히 꺼졌다고 했으므로 ④ '비행기 내부의 모니터가 깜박이다가 다시 정상 작동했다'는 글의 내용과 일치하지 않는다.

친절한 오답 풀이

오답 선택지	선택률	오답 이유
① 교관과 교육생이 소형 비행기에 타고 있었다.	4%	(A)의 두 번째 문장의 Flying the small plane was a student pilot who was sitting alongside an experienced flight instructor를 보면 알 수 있다.
② 배들은 서로 떨어져 있었지만 한 줄을 이루고 있었다.	7%	(B)의 세 번째 문장의 Although the ships were far apart, they were all sailing in a line을 보면 알 수 있다.
③ 교관은 어려운 상황에서는 집중이 가장 중요하다고 말했다.	5%	(C)의 세 번째 문장의 The most important thing is to focus on your flight in those situations를 보면 알 수 있다.
⑤ 교육생은 지도 이외의 다른 도구는 가지고 있지 않았다.	10%	(D)의 네 번째 문장의 She did have a map, but no other instruments를 보면 알 수 있다.

11 정답 ② 정답률 69%

정답 풀이

체스, 음악, 발레 전문가들의 사례를 통해 알 수 있듯이, 우리는 정해진 패턴 내에서 일어난 사건들을 더욱 잘 기억할 수 있다는 내용이므로, 글의 제목으로는 ② '친숙한 구조는 우리가 기억하는 것을 도와준다'가 가장 적절하다.

친절한 지문분석

Chess masters [shown a chess board / in the middle of a game / for
체스의 달인들은 (주어) 체스판이 보여진 (과거분사구) 게임 중간에

5 seconds / with 20 to 30 pieces still in play] / can immediately
5초 동안 20~30개의 말들이 아직 놓여 있는 상태로 즉시 말들의 (동사)

reproduce the position of the pieces / from memory. Beginners, /
위치를 재현할 수 있다 기억으로부터 초보자들은

of course, / are able to place only a few. Now take the same pieces /
물론 겨우 몇 개만 기억해 낼 수 있다 이제 같은 말들을 가져다가

and place them on the board randomly / and the difference is
체스판에 무작위로 놓으면 (= the same pieces) 그 차이는

much reduced. The expert's advantage is only for familiar patterns /
크게 줄어든다 전문가의 유리함은 익숙한 패턴에 대해서만 있다

— those [previously stored in memory]. (Being) Faced with unfamiliar
즉 이전에 기억에 저장된 것들 (= patterns, 과거분사구) 익숙하지 않은 패턴에 직면하면 (분사구문(때))

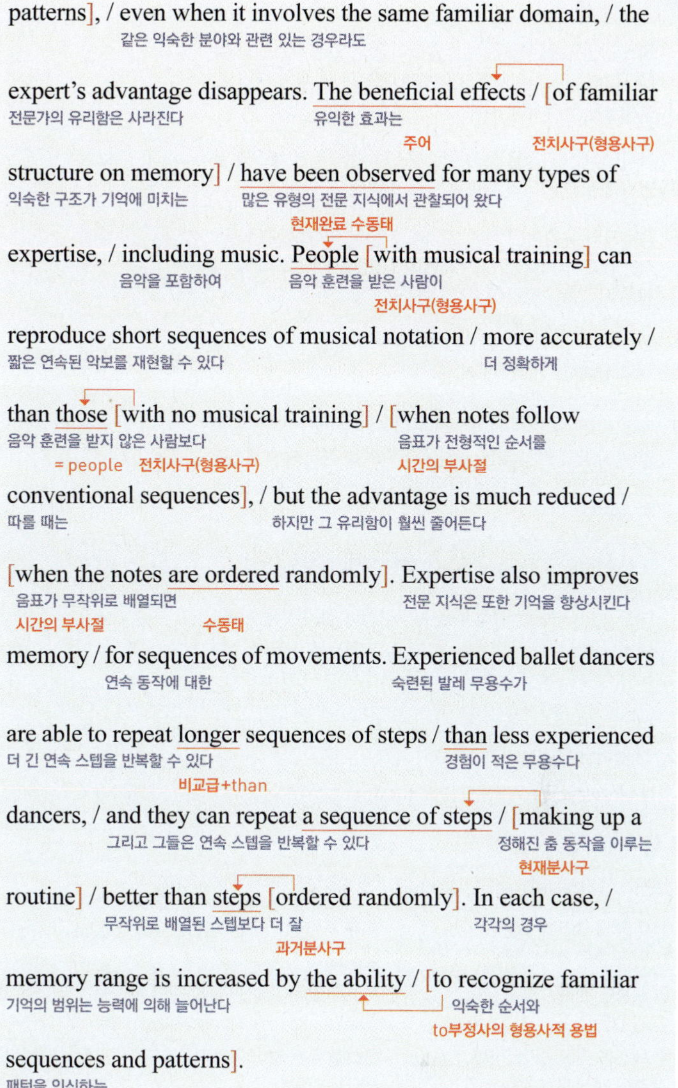
patterns], / even when it involves the same familiar domain, / the
같은 익숙한 분야와 관련 있는 경우라도

expert's advantage disappears. The beneficial effects / [of familiar
전문가의 유리함은 사라진다 유익한 효과는 (주어) (전치사구(형용사구))

structure on memory] / have been observed for many types of
익숙한 구조가 기억에 미치는 많은 유형의 전문 지식에서 관찰되어 왔다 (현재완료 수동태)

expertise, / including music. People [with musical training] can
음악을 포함하여 음악 훈련을 받은 사람이 (전치사구(형용사구))

reproduce short sequences of musical notation / more accurately /
짧은 연속된 악보를 재현할 수 있다 더 정확하게

than those [with no musical training] / [when notes follow
음악 훈련을 받지 않은 사람보다 (= people, 전치사구(형용사구)) 음표가 전형적인 순서를 (시간의 부사절)

conventional sequences], / but the advantage is much reduced /
따를 때는 하지만 그 유리함이 훨씬 줄어든다

[when the notes are ordered randomly]. Expertise also improves
음표가 무작위로 배열되면 (시간의 부사절, 수동태) 전문 지식은 또한 기억을 향상시킨다

memory / for sequences of movements. Experienced ballet dancers
연속 동작에 대한 숙련된 발레 무용수가

are able to repeat longer sequences of steps / than less experienced
더 긴 연속 스텝을 반복할 수 있다 (비교급+than) 경험이 적은 무용수다

dancers, / and they can repeat a sequence of steps / [making up a
그리고 그들은 연속 스텝을 반복할 수 있다 정해진 춤 동작을 이루는 (현재분사구)

routine] / better than steps [ordered randomly]. In each case, /
무작위로 배열된 스텝보다 더 잘 (과거분사구) 각각의 경우

memory range is increased by the ability / [to recognize familiar
기억의 범위는 능력에 의해 늘어난다 익숙한 순서와 (to부정사의 형용사적 용법)

sequences and patterns].
패턴을 인식하는

지문 해석

체스판을 게임 중간에 20~30개의 말들이 아직 놓여 있는 상태로 5초 동안 본 체스의 달인들은 그 말들의 위치를 기억으로부터 즉시 재현할 수 있다. 물론 초보자들은 겨우 몇 개(의 위치)만 기억해 낼 수 있다. 이제 같은 말들을 가져다가 체스판에 무작위로 놓으면 그 차이는 크게 줄어든다. 전문가의 유리함은 익숙한 패턴, 즉 이전에 기억에 저장된 패턴에 대해서만 있다. 익숙하지 않은 패턴에 직면하면, 같은 익숙한 분야와 관련 있는 경우라도 전문가의 유리함은 사라진다. 익숙한 구조가 기억에 미치는 유익한 효과는 음악을 포함하여 많은 유형의 전문 지식에서 관찰되어 왔다. 음표가 전형적인 순서를 따를 때는 음악 훈련을 받은 사람이 음악 훈련을 받지 않은 사람보다 짧은 연속된 악보를 더 정확하게 재현할 수 있지만, 음표가 무작위로 배열되면 그 유리함이 훨씬 줄어든다. 전문 지식은 또한 연속 동작에 대한 기억을 향상시킨다. 숙련된 발레 무용수가 경험이 적은 무용수보다 더 긴 연속 스텝을 반복할 수 있고, 무작위로 배열된 스텝보다 정해진 춤 동작을 이루는 연속 스텝을 더 잘 반복할 수 있다. 각각의 경우, 기억의 범위는 익숙한 순서와 패턴을 인식하는 능력에 의해 늘어난다.

지문 흐름

체스의 달인들은 많은 체스 말들이 놓여 있는 체스판을 짧은 시간 보고 그 위치를 기억하여 재현해 낼 수 있으나 초보자들은 하지 못함	········	도입
하지만 체스 말들을 무작위로 체스판 위에 두면 체스의 달인과 초보자 사이의 차이는 크게 줄어듦	········	부연
전문가의 유리함은 전에 기억에 저장된 익숙한 패턴에만 적용되고, 익숙하지 않은 패턴에 직면하면 전문가의 유리함은 사라짐	········	주제
익숙한 구조가 기억에 미치는 영향은 여러 전문 지식에서 관찰됨	········	부연
예를 들어, 음표가 전형적인 순서를 따르면, 음악 훈련을 받은 사람이 받지 않은 사람보다 악보를 정확하게 재현해 낼 수 있지만, 음표가 무작위로 배열되면 그 유리함은 훨씬 줄어듦	········	예시 1
또한 전문 지식은 연속 동작에 대한 기억을 향상시킴	········	부연
예를 들어, 숙련된 발레 무용수가 경험이 적은 무용수보다 더 긴 연속 스텝을 반복할 수 있고, 무작위로 배열된 스텝보다 정해진 춤 동작을 이루는 연속 스텝을 더 잘 반복함	········	예시 2
기억의 범위는 익숙한 순서와 패턴을 인식하는 능력에 의해 늘어남	········	결론

친절한 오답 풀이

오답 선택지	선택률	오답 이유
① 어떻게 우리가 좋은 루틴을 만들 수 있을까?	6%	좋은 루틴을 만드는 방법은 지문의 내용과 무관하다.
③ 지능이 전문성을 보장하지 않는다	8%	지능과 전문성의 관계에 대한 내용은 언급되지 않았다.
④ 체스를 두는 것이 기억력을 향상시킬까?	13%	체스를 두는 것이 기억력을 향상시킨다는 내용은 언급되지 않았다.
⑤ 창작 예술 공연은 연습에서 출발한다.	4%	창작 예술 공연이 연습에서 출발한다는 것은 지문의 내용과 무관하다.

12 정답 ③ 정답률 50%

정답 풀이

음악 훈련을 받은 사람이 받지 않은 사람보다 정확하게 재현해 낼 수 있는 경우는, 음표가 전형적인 순서를 따를 때이므로, (c) unusual(전형적이지 않은)은 conventional(전형적인) 등이 되어야 한다.

친절한 오답 풀이

오답 선택지	선택률	오답 이유
① (a)	12%	체스 경기에서 체스 전문가들은 체스 말의 배치를 초보자보다 더 잘 기억하지만, 말이 무작위로 배치된다면 전문가와 초보자 사이의 차이는 줄어든다고 했으므로, 전문가와 초보자 사이의 차이(difference)는 흐름상 적절하다.
② (b)	24%	전문가의 유리함은 익숙한 패턴에 대해서만 있다고 했으므로, 익숙하지 않은 패턴에 직면했을 때 전문가들의 장점은 사라진다(disappears)는 말은 적절하다.
④ (d)	8%	이어지는 문장에 발레 전문가들의 춤 동작에 관련된 내용이 나오므로, 동작(movements)의 연속이라는 말은 흐름상 적절하다.
⑤ (e)	7%	앞서 발레 전문가의 예시에서 제시되었듯이, 사람은 익숙한 순서와 패턴을 더 잘 기억한다고 했으므로, 익숙한 순서와 패턴에 의해 기억의 범위가 늘어난다(increased)는 말은 흐름상 적절하다.

13 정답 ① 정답률 60%

정답 풀이

숫자와 통계는 중립적이고 정확한 묘사의 도구처럼 보이지만, 실제로는 인간 삶의 맥락과 고통을 지우고 우리로 하여금 그 현실로부터 도망치게 만들 수 있으므로, 수량화에는 도덕적이고 신중한 접근이 필요하다는 내용이므로, 글의 제목으로는 ① '숫자는 우리에게 모든 것을 말해주지 않는다'가 가장 적절하다.

친절한 지문분석

Some researchers view spoken languages as incomplete devices /
일부 연구자는 발화된 언어를 불완전한 도구로 여긴다
view A as B: A를 B로 여기다

for capturing precise differences. They think / (that) [numbers represent
정확한 차이를 포착하는 데에 / 그들은 생각한다 / 숫자가 묘사의 가장 중립적인
목적절

the most neutral language of description]. However, / [when our
언어를 나타낸다고 / 그러나 / 우리의 묘사의
시간의 부사절

language of description is changed to numbers], / we do not move
언어가 숫자로 바뀔 때 / 우리가 더 큰 정확성으로

toward greater accuracy. Numbers are no more appropriate 'pictures
나아가지는 않는다 / 숫자가 더 적절한 '세상의 묘사'는 아니다

of the world' / than words, music, or painting. [While (being) useful for
말, 음악, 또는 그림보다 / 특정한 목적에는 유용하지만
접속사+분사구문

specific purposes / (e.g. census taking, income distribution)], / they
예를 들어, 인구 조사, 소득 분포

eliminate information of enormous value. For example, / the future
그것들은 엄청난 가치를 지닌 정보를 제거한다 / 예를 들어 / 어린 학생들의

lives of young students are tied / to their scores on national tests.
미래의 삶은 매여 있다 / 그들의 전국 단위 시험 점수에

In effect, / [whether they can continue with their education, /
사실상 / 그들이 교육을 지속할 수 있는지
주어(명사절)

where, and at what cost] / depends importantly on a handful of
어디에서일지, 그리고 얼마의 비용일지가 / 한 줌의 숫자에 중대하게 달려 있다
동사

numbers. These numbers do not account for [the quality of
이들 숫자는 학교의 질을 설명하지 않는다
목적어 1

schools / {(which/that) they have attended}], / [whether they have been tutored], /
그들이 다닌 / 그들이 개인 교습을 받아 왔는지
(목적격 관계대명사절) / 목적어 2

[(whether they) have supportive parents], / [(whether they) have test anxiety], / and so on. Finally, /
지지적인 부모가 있는지 / 시험 불안이 있는지 / 등등을 / 마지막으로
목적어 3 / 목적어 4

[putting aside the many ways / {in which statistical results can
많은 방식을 제쳐 두더라도 / 통계 결과가 조작될 수 있는
분사구문(양보) / 전치사+관계대명사

be manipulated}], / there are ways / [in which {turning people's
측면이 있다 / 사람들의 삶을 숫자로 바꾸는 것이
전치사+관계대명사 / 주어(동명사구)

lives into numbers} is morally insulating]. Statistics [on crime,
도덕적으로 차단하는 / 범죄,
전치사구(형용사구)

homelessness, or the spread of a disease] / say nothing of people's
노숙자 문제, 질병의 확산에 관한 통계는 사람들의 고통에 대해 아무것도 말하지

suffering. We read the statistics / as reports on events / at a distance, /
않는다 우리는 그 통계를 읽는다 사건에 대한 보고서처럼 멀리 있는
~처럼(전치사)

thus / [allowing us to escape without being disturbed]. Statistics
그러므로 우리가 동요되지 않고 도망가도록 해준다 통계는
분사구문(결과) allow+목적어+to-v: (목적어)로 하여금 ~하도록 하다

are human beings / with the tears wiped off. Quantify with caution.
인간이다 눈물이 닦인 신중하게 수량화하라
with+목적어+과거분사: ~이 …된 채 명령문

지문 해석

일부 연구자는 발화된 언어를 정확한 차이를 포착하는 데에 불완전한 도구로 여긴다. 그들은 숫자가 묘사의 가장 중립적인 언어를 나타낸다고 생각한다. 그러나, 우리의 묘사의 언어가 숫자로 바뀔 때, 우리가 더 큰 정확성으로 나아가지는 않는다. 숫자가 말, 음악, 또는 그림보다 더 적절한 '세상의 묘사'는 아니다. 특정한 목적(예를 들어, 인구 조사, 소득 분포)에는 유용하지만, 숫자는 엄청난 가치를 지닌 정보를 제거한다. 예를 들어, 어린 학생들의 미래의 삶은 그들의 전국 단위 시험 점수에 매여 있다. 사실상, 그들이 교육을 지속할 수 있는지, 어디에서일지, 그리고 얼마의 비용일지가 한 줌의 숫자에 중대하게 달려 있다. 이들 숫자는 그들이 다닌 학교의 질, 그들이 개인 교습을 받아 왔는지, 지지적인 부모가 있는지, 시험 불안이 있는지 등의 여부를 설명하지 않는다. 마지막으로, 통계 결과가 조작될 수 있는 많은 방식을 제쳐 두더라도, 사람들의 삶을 숫자로 바꾸는 것이 도덕적으로 차단하는 측면이 있다. 범죄, 노숙자 문제, 질병의 확산에 관한 통계는 사람들의 고통에 대해 아무것도 말하지 않는다. 우리는 그 통계를 멀리 있는 사건에 대한 보고서처럼 읽는데, 그러므로 이것은 우리가 동요되지 않고 도망가도록 해준다. 통계는 눈물이 닦인 인간이다. 신중하게 수량화하라.

지문 흐름

일부 연구자는 숫자가 언어보다 더 정확하고 중립적인 묘사의 수단이라고 생각함	………	문제 제기
↓ 그러나 숫자가 현실을 더 정확히 묘사하는 것은 아님	………	반론
↓ 학생들의 미래가 시험 점수라는 숫자에 좌우되지만, 그 숫자는 교육 환경이나 심리적 상태 같은 요소를 반영하지 못함	………	예시
↓ 사람들의 삶을 수치화하는 것은 도덕적으로도 문제가 있는데, 범죄, 노숙, 질병 등의 통계는 사람들의 고통을 지움	………	비판
↓ 통계는 멀리 있는 사건의 보고서처럼 읽혀, 우리로 하여금 동요 없이 현실에서 도망치게 만들 수 있으므로, 수량화에 신중해야 함	………	결론

친절한 오답 풀이

오답 선택지	선택률	오답 이유
② 숫자를 통해 드러난 사람 이야기들	15%	숫자는 오히려 사람들의 구체적 상황이나 고통들을 나타내지 못한다고 했으므로, 글의 주제와 상반된다.
③ 데이터: 인간을 이해하기 위한 하나의 틀	11%	통계는 사람들의 삶의 구체적 상황이나 고통을 지워버린다고 했으므로, 글의 주제와 상반된다.
④ 진실을 전달하는 데 있어서 언어의 한계	8%	진실을 전하는 데 있어서 언어의 한계에 대한 내용은 언급되지 않았다.
⑤ 인간 경험을 수량화하는 것의 이점	6%	수량화 할때는 항상 신중하라고 경고하고 있으므로, 글의 내용과 상반된다.

14 정답 ② 정답률 29%

정답 풀이

숫자와 통계는 인간 삶의 구체적인 맥락과 상황을 반영하지 못하고 인간의 고통을 지우기도 한다는 내용이다. 따라서 숫자는 엄청난 가치를 지닌 정보를 '제거한다'라는 내용이 적절하므로 (b) include(포함하다)는 eliminate(제거하다) 등이 되어야 한다.

친절한 오답 풀이

오답 선택지	선택률	오답 이유
① (a)	7%	일부 사람들이 숫자가 가장 중립적인 언어라고 생각하는 것과 달리 숫자가 세상을 적절히 묘사하지 못한다고 했으므로, 숫자가 우리로 하여금 더 큰 정확성(accuracy)으로 나아가지 못하게 한다는 말은 적절하다.
③ (c)	12%	숫자는 학생들 개개인의 교육 환경이나 심리적 상태 같은 요소를 반영하지 못한다고 했으므로, 그들이 다니는 학교의 질(quality)을 설명하지 못한다는 말은 적절하다.
④ (d)	27%	통계는 사람의 고통을 지운다고 했으므로, 사람들의 삶을 숫자로 바꾸는 것이 도덕적으로(morally) 차단하는 측면이 있다는 말은 적절하다.
⑤ (e)	25%	통계는 사람의 고통을 지워서 마치 멀리 있는 사건에 대한 보고서처럼 읽힌다고 했으므로, 우리가 동요되지 않고 도망갈(escape) 수 있게 해준다는 말은 적절하다.

15 정답 ④ 정답률 81%

정답 풀이

한 농부가 헛간에서 귀중한 시계를 잃어버려서 혼자 그것을 찾다가 지쳤다는 내용의 (A)에 이어, 한 무리의 아이들에게 시계를 찾는 일을 도와 달라고 했지만 곧 아이들도 지쳐서 찾는 것을 포기했다는 (D)가 이어지고, 시계를 찾는 것을 포기하려고 하던 그때 한 소년이 한번의 기회를 더 요청하여 농부가 소년을 헛간 안으로 들여보냈다는 (B)가 이어진 후, 그 소년이 침묵 속에서 시계 소리의 방향을 따라가서 시계를 찾았고 농부는 아주 기뻐하며 그 소년에게 보상을 해 주었다는 (C)로 이어지는 것이 가장 자연스럽다.

친절한 지문분석

(A)

Once, / a farmer lost / his precious watch / while working in his
어느 날 한 농부가 잃어버렸다 그의 귀중한 시계를 그의 헛간에서 일하는 동안
~하는 동안

barn. It may have appeared to be an ordinary watch / to others, /
그것은 평범한 시계인 것으로 보일 수 있었다 다른 이들에게는
appear to-v: ~처럼 보이다

but it brought / a lot of happy childhood memories / to him. It was
하지만 그것은 불러왔다 어린 시절의 많은 행복한 기억을 그에게 그것은

one of the most important things / to him. After searching for it /
가장 중요한 것들 중에 하나였다 그에게 그것을 찾아본 뒤에
one of the+최상급+복수명사: 가장 ~ 한 것들 중 하나 ~한 후에

for a long time, / the old farmer became exhausted.
오랜 시간 동안 그 나이 든 농부는 지쳐버렸다

(D)

However, / the tired farmer did not want / [to give up on the search /
그러나 그 지친 농부는 원하지 않았다 찾는 것을 포기하는 것을
to부정사의 명사적 용법

for his watch] / and asked a group of children / [playing outside] /
그의 시계를 그래서 한 무리의 아이들에게 요청했다 밖에서 놀던
ask+목적어+to-v: (목적어)에게 ~해달라고 요청하다 현재분사구

to help him. He promised / an attractive reward / for the person /
그를 도와 달라고 그는 약속했다 매력적인 보상을 그 사람에게

[who could find it]. After hearing about the reward, / the children
그것을 찾을 수 있는 보상에 대해 듣고 난 뒤 그 아이들은 서둘러
주격 관계대명사절 ~한 후에 주어

hurried / [inside the barn] / and went [through and round] / the
들어갔다 헛간 안으로 그리고 사이와 주변으로 걸어갔다
동사 1 전치사구 동사 2 전치사구

entire pile of hay / [looking for the watch]. After a long time /
전체 건초 더미의 시계를 찾으며 오랜 시간이 지난 후
분사구문(동시동작)

searching for it, / some of the children got tired / and gave up.
시계를 찾으면서 아이들 중 일부는 지쳐버렸다 그리고 포기했다
주어 동사 1 동사 2

(B)

The number of children [looking for the watch] / slowly decreased /
시계를 찾는 아이들의 수가 천천히 줄어들었다
현재분사구

and only a few tired children were left. The farmer gave up /
그리고 지친 아이들 몇 명만이 남았다 그 농부는 포기했다

all hope / of finding it / and called off the search. Just when the
모든 희망을 그것을 찾는 것에 대한 그리고 찾는 것을 멈추었다 농부가 막 닫고 있었을 때
call off: ~을 취소[철회/중지]하다 ~하려는 참에

farmer was closing / the barn door, / a little boy came up to him /
헛간 문을 한 어린 소년이 농부에게 다가왔다

and asked the farmer / to give him another chance. The farmer
그리고 그에게 요청했다 자신에게 또 한 번의 기회를 달라고 농부는
ask+목적어+to-v: (목적어)에게 ~해달라고 요청하다

did not want / to lose out on / any chance / of finding the watch /
원하지 않았다 놓치는 것을 어떤 가능성도 시계를 찾을
~을 놓치다

so let him in the barn.
그래서 그를 헛간 안으로 들어오게 해주었다

(C)

After a little while / the boy came out / with the farmer's watch /
잠시 후 그 소년이 나왔다 농부의 시계를 들고

in his hand. He was happily surprised / and asked / [how he had
그의 손에 그는 행복에 겨워 놀랐다 그리고 물었다 소년이 어떻게
의문사절

succeeded / {to find the watch}] / while everyone else had failed.
성공했는지 시계를 찾는 것에 다른 모두가 실패했던 반면
to부정사의 명사적 용법 과거완료

He replied / "I just sat there and tried listening / for the sound of
그는 답했다 저는 그저 거기에 앉아서 들으려고 했어요 시계의 소리를
try v-ing: ~를 해 보다

the watch. In silence, / it was much easier / [to hear it / and follow
침묵 속에서 훨씬 쉬웠어요 그것을 듣는 것이 그리고 소리의
가주어 훨씬(비교급 강조) 진주어

the direction of the sound]. "He was delighted / to get his watch
방향을 따라가는 것이 그는 기뻤다 시계를 되찾은 것이

back / and rewarded the little boy / as promised.
그래서 그 어린 소년에게 보상해 주었다 약속했던 대로
~한 것처럼[대로]

지문 해석

(A)

어느 날, 한 농부가 헛간에서 일하는 동안 그의 귀중한 시계를 잃어버렸다. 그것은 다른 이들에게는 평범한 시계로 보일 수도 있었지만 그것은 그에게 어린 시절의 많은 행복한 기억을 불러왔다. 그것은 그에게 가장 중요한 것들 중 하나였다. 오랜 시간 동안 그것을 찾아본 뒤에 그 나이 든 농부는 지쳐버렸다.

(D)

그러나, 그 지친 농부는 그의 시계를 찾는 것을 포기하고 싶지 않았기에 밖에서 놀던 한 무리의 아이들에게 도와 달라고 요청했다. 그는 그의 시계를 찾는 사람에게 매력적인 보상을 약속했다. 보상에 대해 듣고 난 뒤, 그 아이들은 헛간 안으로 서둘러 들어갔고 시계를 찾으며 전체 건초 더미 사이와 주변으로 걸어갔다. 시계를 찾느라 오랜 시간을 보낸 후, 아이들 중 일부는 지쳐서 포기했다.

(B)

시계를 찾는 아이들의 수가 천천히 줄어들었고 지친 아이들 몇 명만이 남았다. 그 농부는 시계를 찾을 거라는 모든 희망을 포기하고 찾는 것을 멈추었다. 농부가 막 헛간 문을 닫고 있었을 때 한 어린 소년이 그에게 다가와서 자신에게 또 한 번의 기회를 달라고 요청했다. 농부는 시계를 찾을 어떤 가능성도 놓치고 싶지 않아서 그를 헛간 안으로 들어오게 해주었다.

(C)

잠시 후 그 소년이 그의 손에 농부의 시계를 들고 나왔다. 그는 행복에 겨워 놀랐고 다른 모두가 실패했던 반면 소년이 어떻게 시계를 찾는 데 성공했는지를 물었다. 그는 "저는 그저 거기에 앉아서 시계의 소리를 들으려고 했어요. 침묵 속에서, 그것을 듣고 소리의 방향을 따라가는 것이 훨씬 쉬웠어요."라고 답했다. 그는 시계를 되찾아 기뻤고 그 어린 소년에게 약속했던 대로 보상해 주었다.

지문 흐름

한 농부가 헛간에서 잃어버린 귀중한 시계를 찾다가 지침	········	(A) 잃어버린 귀중한 시계를 찾는 농부
⬇		
밖에서 놀던 아이들에게 시계를 찾는 것을 도와 달라고 했지만, 아이들은 곧 지쳐서 포기함	········	(D) 아이들에게 도움을 요청했지만 시계를 찾지 못함
⬇		
농부도 포기하려던 참에 한 소년이 기회를 한 번 더 달라고 요청해서 농부는 헛간 안으로 들여 보내줌	········	(B) 시계를 찾을 기회를 한 번 더 달라고 하는 소년
⬇		
소년이 침묵 속에서 시계 소리를 듣고 소리의 방향을 따라 가서 시계를 찾았고, 농부는 기쁜 마음으로 보상해 줌	········	(C) 소년이 침묵 속에서 시계 소리의 방향을 따라가서 시계를 찾음

친절한 오답 풀이

오답 선택지	선택률	오답 이유
① (B)-(D)-(C)	6%	한 농부가 헛간에서 귀중한 시계를 잃어버려서 혼자 그것을 찾다가 지쳤다는 내용인 주어진 글 뒤에, 그의 시계를 찾는 것을 포기하고 싶지 않았기에 밖에서 놀던 한 무리의 아이들에게 도움을 요청했다는 내용인 (D)가 이어지는 것이 적절하다.
② (C)-(B)-(D)	4%	
③ (C)-(D)-(B)	6%	
⑤ (D)-(C)-(B)	4%	농부의 요청에 시계를 찾느라 오랜 시간을 보낸 아이들 중 일부는 지쳐서 포기했다는 내용인 (D) 뒤에, 시계를 찾는 아이들의 수가 줄어들어서 농부 역시 포기하려고 하던 때, 한 소년이 한 번의 기회를 더 달라고 했다는 내용인 (B)가 이어지는 것이 적절하다.

16 정답 ② 정답률 77%

정답 풀이

(b)의 him은 소년을 가리키며, 나머지는 모두 농부를 가리킨다.

친절한 오답 풀이

오답 선택지	선택률	오답 이유
① (a) him	3%	시계를 가장 중요한 것들 중 하나로 여긴 사람은 농부이다.
③ (c) He	10%	시계를 찾은 것에 기쁨에 겨워 놀란 사람은 농부이다.
④ (d) He	6%	시계를 찾은 것에 기뻐하며 소년에게 보상을 해 준 사람은 농부이다.
⑤ (e) He	5%	시계를 찾는 사람에게 매력적인 보상을 약속한 사람은 농부이다.

독해

체계적인 초·중·고등 독해 프로그램

Starter 1 | 2 | 3
Junior 1 | 2 | 3 | 4
Challenger 1 | 2 | 3

READING EXPERT

중고등 대상 7단계 원서 독해 교재

Level 1 | Level 2 | Level 3 | Level 4 | Level 5 | Advanced 1 | Advanced 2

기강 잡고

기본을 강하게 잡아주는 고등영어

독해 잡는 필수 문법 | 기초 잡는 유형 독해

빠른 독해를 위한 바른 선택

기초세우기 | 구문독해 | 유형독해 | 수능실전

독해 기본기에서 수능 실전 대비까지

직독직해편 | 문법독해편 | 구문편 | 수능유형편 | 어법·어휘+유형편

수능

맞수

맞춤형 수능영어 단기특강 시리즈

구문독해 기본편 | 실전편
수능유형 기본편 | 실전편
수능문법어법 기본편 | 실전편
수능듣기 기본편 | 실전편
빈칸추론

핵심만 콕 찍어주는 수능유형 필독서

독해 기본 | 독해 실력 | 듣기

특급

수능 1등급 만드는 특급 시리즈

독해 유형별 모의고사 | 듣기 실전 모의고사 24회 | 어법 | 빈칸추론 | 수능·EBS 기출 VOCA

얇빠

얇고 빠른 미니 모의고사 10+2회

수능 핵심유형들만 모아 얇게! 회당 10문항으로 빠르게!

입문 | 기본 | 실전

수능만만

만만한 수능영어 모의고사

기본 영어듣기 20회 | 기본 영어듣기 35회+5회 | 기본 영어독해 10+1회 | 기본 문법·어법·어휘 150제 | 영어듣기 20회 | 영어듣기 35회 | 영어독해 20회 | 어법·어휘 228제

NE능률 영어교육연구소

NE능률 영어교육연구소는 전문성과 탁월성을 기반으로
영어 교육 트렌드를 선도합니다.

2026 학평대비 다빈출 코드 고1 독해

펴 낸 날	2026년 1월 5일 (개정판 제1쇄)
펴 낸 이	주민홍
펴 낸 곳	(주)NE능률
지 은 이	NE능률 영어교육연구소
개발책임	김지현
개 발	전성호
영문교열	Curtis Thompson
디자인책임	오영숙
디 자 인	장혜진
제작책임	한성일
등록번호	제1-68호
I S B N	979-11-253-5077-4

대표전화	02 2014 7114
홈페이지	www.neungyule.com
주 소	서울시 마포구 월드컵북로 396(상암동) 누리꿈스퀘어 비즈니스타워 10층